U0142966

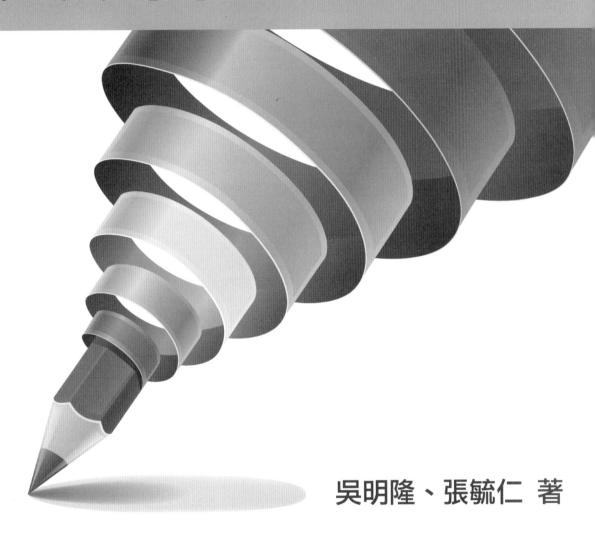

研究&方法

SPSS(PASW)
與統計應用分析II

吳明隆、張毓仁 著

五南圖書出版公司 印行

序　言

　　《SPSS 與統計應用分析》一書於 2005 年出版上市後一直受到許多研究生或讀者的喜愛，除了作為高等統計學領域的課堂用書，也成為許多研究生或從事量化研究者自學的工具書，筆者常收到許多讀者對於書籍內容的讚賞與肯定，「淺顯化、明白化、完整化、易懂性與高可讀性」是讀者共同反映的心聲。

　　SPSS 統計分析軟體是「社會科學統計套裝軟體」(Statistical Package for the Social Science) 的簡稱，從視窗版軟體 (SPSS for Windows) 界面的問世，資料處理速度更快，富人性化的視窗操作，讓統計軟體使用的普及率更大，應用範圍更廣，後來雖更名為「Statistical Products and Services Solutions」，但視窗界面與功能大同小異。2009 年由 IBM 公司收購後，又將 SPSS 作一次更名，改以 PASW (Predictive Analysis SoftWare) 名稱出現，其實 SPSS、SPSS (PASW)、PASW 等名稱之統計軟體應用，所指的都是同一軟體，軟體的差異只在於版本不同而已。

　　有效的教師除具備愛心與榜樣外，最重要的是還有要策略方法，才能達到有效能與高效率的目標；學習量化研究與資料處理，除要有耐心與策略外，最重要的是還有要一本相關量化研究的工具書，此書內容經由自學也可看得懂，如此，工具書才能突顯其價值性與實用性。筆者撰述統計應用相關書籍即以「使用者導向」為出發點，儘量以淺顯易懂的範例或說明來解析統計內涵，輔以完整的圖表加以說明，讓使用者自學也能熟悉量化研究與資料處理的知能。

　　考量讀者的需求與便利，《SPSS (PASW) 與統計應用分析》的再版改以上、下二冊出版，《SPSS (PASW) 與統計應用分析 I》為初等統計與高等統計學內涵，《SPSS (PASW) 與統計應用分析 II》為進階統計學內涵，上、下二冊各成一個獨立而系統的內容，但上、下二冊又構成完整有系統的連結。

　　本書得以順利出版，首先要感謝五南圖書公司持續鼎力的支持與協助，其次是感謝許多的讀者來信的支持與鼓勵，這是激發筆者撰寫書籍的動力。期望本書的再版，對正在習作研究論文研究生或對量化統計應用分析有興趣的初學者，或正從事量化研究的研究者，提供實質上的幫助。由於筆者所學有限，拙作歷經一

年多的琢磨，著述雖經校對再三，謬誤或疏漏之處在所難免，尚祈各方先進及學者專家不吝指正。

吳明隆　張毓仁　謹誌於

2011 年 11 月 1 日

CONTENTS ▶ 目 錄

12章 二因子變異數分析   1

第一節 統計原理與分析程序   2

第二節 二因子獨立樣本變異數分析——交互作用不顯著   13
壹、操作程序   13
貳、報表說明   18
參、結果說明   26

第三節 獨立樣本二因子變異數分析——交互作用顯著   27
壹、操作說明   27
貳、報表說明   33
參、結果說明   41
肆、以條件篩選進行單純主要效果比較   42

第四節 執行分割檔案程序進行單純主要效果檢定   46
壹、獨立樣本二因子變異數分析   47
貳、以檔案分割進行單純主要效果檢定   51
參、以條件篩選方式進行單純主要效果檢定   60
肆、結果說明   66

第五節 二因子混合設計變異數分析   68
壹、二因子變異數分析操作程序   70
貳、二因子混合設計變異數分析報表解析   74
參、單純主要效果檢定   81

13章　交互作用項迴歸分析　　93

第一節　混合交互作用迴歸一　　102
　　壹、操作程序　　104
　　貳、報表說明　　108
　　參、混合交互作用迴歸的事後比較　　112

第二節　混合交互作用迴歸二　　128

第三節　一般交互作用迴歸分析　　138

14章　多變量變異數分析　　159

第一節　統計原理與範例解析　　160

第二節　獨立樣本單因子 MANOVA　　171
　　壹、MANOVA 操作步驟　　173
　　貳、報表解析　　177
　　參、結果說明　　186

第三節　二因子 MANOVA 分析——交互作用顯著　　192
　　壹、二因子多變量變異數分析操作　　194
　　貳、結果解析　　196
　　參、單純主要效果檢定操作　　202

第四節　二因子 MANOVA 分析——交互作用項不顯著　　222

15章　典型相關分析　　231

第一節　典型相關統計原理　　232

第二節　典型相關的操作程序　　247
　　壹、MANOVA 語法　　247
　　貳、報表解析　　254

參、結果說明　　　　　　　　　　　　　269

第三節　**CANCORR 語法**　　　　　　　　　**273**
　　壹、語法分析　　　　　　　　　　　　273
　　貳、結果解析　　　　　　　　　　　　276
　　參、結果統整　　　　　　　　　　　　286

第四節　**數學焦慮構面與數學態度構面的典型相關分析**　　**290**
　　壹、典型相關語法　　　　　　　　　　291
　　貳、典型相關結果與簡要說明　　　　　292
　　參、表格統整說明　　　　　　　　　　302

16章　　**共變數分析**　　　　　　　　　**309**

第一節　**共變數分析統計原理**　　　　　　**310**

第二節　**獨立樣本單因子共變數分析**　　　**318**
　　壹、操作說明　　　　　　　　　　　　319
　　貳、報表說明　　　　　　　　　　　　330
　　參、結果說明　　　　　　　　　　　　338
　　肆、統計控制法實例探究　　　　　　　339

第三節　**雙共變量 ANCOVA 程序**　　　　　**350**

第四節　**二因子 ANCOVA 分析程序——單共變量**　**357**
　　壹、操作說明　　　　　　　　　　　　358
　　貳、二因子共變數分析程序　　　　　　360
　　參、共變數分析報表　　　　　　　　　362
　　肆、單純主要效果考驗　　　　　　　　366
　　伍、單純主要效果考驗報表　　　　　　372
　　陸、綜合說明　　　　　　　　　　　　381

17章 項目分析與試題分析 **383**

第一節 項目分析 **384**
壹、反項題重新計分 391
貳、求出量表總分 393
參、按照總分高低排序 394
肆、高低分組 397
伍、以 t 檢定考驗高低二組在題項上的差異 401
陸、報表說明 403
柒、項目分析的結果說明 406
捌、同質性考驗法 406
玖、量表項目分析結果 412

第二節 試題分析 **413**
壹、操作步驟 418

18章 因素分析與信度考驗 **439**

第一節 因素分析統計原理 **440**

第二節 因素分析操作與結果解析 **464**
壹、操作說明 464
貳、報表說明 476
參、結果說明 494

第三節 信度分析 **496**
壹、操作說明 500
貳、報表說明 503
參、結果說明 512

第四節 逐題刪除法求量表建構效度 **513**

19 章　區別分析 (判別分析)　**545**

第一節　**區別分析統計原理**　**546**
　　　壹、理論基礎　546

第二節　**區別分析的實例**　**560**
　　　壹、操作程序　560
　　　貳、結果解析　567
　　　參、結果說明　585

第三節　**MANOVA 與區別分析**　**586**
　　　壹、MANOVA 分析程序　588
　　　貳、區別分析結果　593

第四節　**二個群體區別分析**　**608**
　　　壹、研究架構　609
　　　貳、區別分析結果　611

參考書目　**619**

第 **12** 章

二因子變異數分析

　　雙因子變異數分析 (two-way ANOVA) 中，自變項有二個，亦即研究者一次同時操弄二個自變項，以探討其對依變項的影響。採用二因子變異數分析除了可以考驗每一個自變項的「主要效果」(main effect) 外，進一步可以檢定自變項與自變項的「交互作用效果」(interaction effect)。主要效果考驗即是對每個自變項進行獨立樣本變異數分析或 t 檢定，當二個固子因子在依變項的交互作用項達顯著水準時 (顯著性 p<.05)，表示 A 固定因子在依變項的差異會受到 B 因子水準群體不同而不同，或 B 固定因子在依變項的差異會受到 A 因子水準群體不同而不同，進一步的差異檢定比較為「單純主要效果」(simple main effect) 考驗。

第一節　統計原理與分析程序

　　在實驗設計中，二因子變異數分析屬「多因子實驗」(factorial experiment) 的一種，採用多因子實驗設計，除了可探討自變項間是否有交互作用存在，此外，還有二個優點：一為較為經濟、二為可以當作控制實驗誤差來源，在實驗設計中研究者可將干擾實驗結果的系統誤差來源當作自變項納入實驗設計之中，然後將其所解釋的變異來源自總變異中予以排除，如此，可以使誤差變異變小，而使實驗效果更明顯 (林清山，民 81)。

　　在二因子實驗設計中，假設二個自變項分別為 A、B，隨著研究者對二個自變項操弄方式的不同，大致可分為三種情形：

1. 自變項 A 因子與 B 因子都是獨立樣本設計，此種設計又稱二因子受試者間設計，它是屬於完全隨機化因子設計 (completely randomized factorial design)；

2. 自變項 A 因子與 B 因子皆是相依樣本設計，此種設計又稱二因子受試者內設計，它是屬於隨機化區組因子設計 (randomized block factorial design)；

3. 為混合設計，二個自變項中一個因子為獨立樣本設計、另一個因子為相依樣本設計，此種又稱分割區設計 (split-plot design)。

單因子變異數分析模式常以下式表示：

$$Y_{ij} = \mu + \alpha_i + \varepsilon_{ij}$$

其中

μ 表示所有處理的總平均數，為一常數

$\alpha_i = \mu_1 - \mu$ 為一參數，表示第 i 個處理的效果

ε_{ij} 為獨立的常態 $N(0，\sigma^2)$ 隨機變數，表示隨機誤差項

i=1, 2, 3, ..., a；j=1, 2, 3, ..., n_i

二因子變異數分析的模式如下：

$$Y_{ijk} = \mu + \alpha_i + \beta_j + (\alpha\beta)_{ij} + \varepsilon_{ijk}$$

i=1, 2, 3, ..., p，是 A 因子的第 i 個水準。

j=1, 2, 3, ..., q，是 B 因子的第 j 個水準。

k=1, 2, 3, ..., n，是細格中的第 m 個人。

Y_{ijk} 表示安排在 A 因子第 i 個水準與 B 因子的第 j 個水準之實驗細格中的第 k 個實驗單位反應值，此反應效果可分解為以下組合：

1. μ：共同效果，是所有處理的總平均數，為一常數。

2. α_i 是 A 因子的第 i 個水準的效果，即 A 因子的主要效果。

3. β_j 是 B 因子的第 j 個水準的效果，即 B 因子的主要效果。

4. $(\alpha\beta)_{ij}$ 是 A 因子的第 i 個水準與 B 因子的第 j 個水準之間的交互作用效果。

5. ε_{ijk} 誤差項 (個別效果) ε_{ijk}，是獨立樣本的隨機變數，表示隨機誤差的大小 (呂金河，民 86；Kirk, 1995)。誤差項滿足以下二個條件：

(1) 所有 ε_{ijk} 間相互獨立。

(2) $\varepsilon_{ijk} \sim N(0, \sigma^2)$。

如果二個自變項之間有交互作用存在，而研究者並未採用二因子變異數分析，分別進行二個單因子變異分析 (或 t 檢定)，則可能會獲致不同的結果。如下表所列，在自變項中 A 因子有 2 個水準、B 因子也有二個水準 2，則二者構成一個 2×2 的細格，各細格的平均數與邊緣平均數如下，假設各細格人數各有 30 人 (即全部樣本有 60 位)。

		自變項 A		平均數
		a1(A=1)	a2(A=2)	
自變項 B	b1(B=1)	80	30	110
	b2(B=2)	30	80	110
	平均數	110	110	

上表 2×2 資料中，研究者如果探究自變項 A 在依變項上的差異或分析自變項 B 在依變項上的差異，可以進行二個獨立樣本的 t 檢定或二個獨立單因子變異數分析，因為 A 因子二個水準的邊緣平均數差異值等於 0、B 因子二個水準的邊緣平均數差異值也等於 0，其結果均是接受虛無假設，自變項 A／自變項 B 在依變項的差異均未達顯著；但如果研究者進行二因子變異數分析，則二者交互作用可能達到顯著，自變項 A 不同的處理水準在依變項的差異，會因自變項 B 不同水準時而有所顯著；相同的，自變項 B 不同的處理水準在依變項的差異，會因自變項 A 不同水準時而有所不同，此即細格間的比較。如在 A=1 時，b1 在依變項的得分顯著的高於 b2；但在 A=2 時，b1 在依變項的得分顯著的低於 b2。同樣的，在 B=1 時，a1 在依變項的得分顯著的高於 a2；但在 B=2 時，a1 在依變項的得分顯著的低於 a2。單因子變異數分析在檢定邊緣平均數間的差異；而二因子變異數分析則進一步可分析細格間的差異是否也有所不同。

二因子變異數分析的問題如：不同地區之高職學生在生活壓力的差異是否隨不同年級而有顯著不同；或不同年級之高職學生在生活壓力的差異是否隨地區不同而有顯著不同。其中地區為二分名義變項，二個群體類別為北區學生、南區學生；年級為三分名義變項，三個群體類別為高職一年級、高職二年級、高職三年級，搜集的資料交叉表如下 (每位細格各有 2 位觀察值)：

地區＼年級	一年級	二年級	三年級	邊緣平均數
北區	9.5	6.0	4.5	6.68
南區	3.5	7.0	9.0	6.50
邊緣平均數	6.50	6.50	6.75	

將上述的數據細格繪成交互作用剖面圖可以看出：就北區群體而言，一年級、二年級、三年級三個年級群體平均數分別為 9.5、6.0、4.5，以一年級群體的平均數最高、三年級群體的平均數最低；就南區群體而言，一年級、二年級、三年級三個年級群體平均數分別為 3.5、7.0、9.0，以三年級群體的平均數最高、一年級群體的平均數最低。

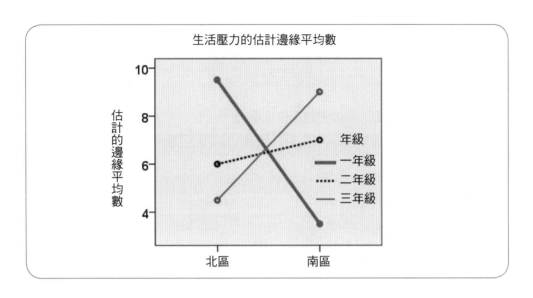

就一年級群體而言，北區高職學生學習壓力 (M=9.5) 高於南區高職學生學習壓力 (M=3.5)；就三年級群體而言，北區高職學生學習壓力 (M=4.5) 低於南區高職學生學習壓力 (M=9.0)，就二年級群體而言，北區學生的平均數 (M=6.0) 與南區學生的平均數 (M=7.0) 差不多。

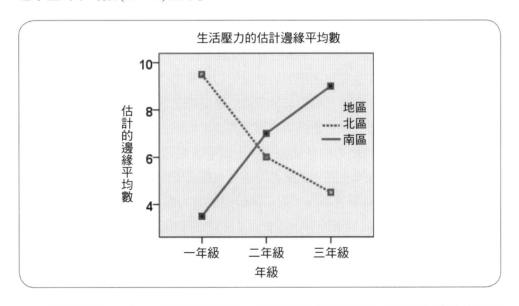

從單因子 ANOVA 分析結果來看，不同地區之高職學生生活壓力感受的平均數分別為 6.68、6.50，差異不大；不同年級之高職學生生活壓力感受的平均數分別為 6.50、6.50、6.75，差異也不大。若是進行單因子 ANOVA 分析程序，不同

地區之高職學生生活壓力感受可能沒有顯著不同 (顯著性 p>.05)，不同年級之高職學生生活壓力感受可能沒有顯著不同 (顯著性 p>.05)。但若就因子水準群體分別獨立分析討論，細格間的差異可能是顯著的。

受試者間效應項的檢定　　依變數：生活壓力

來源	型 III 平方和	df	平均平方和	F	顯著性
地區	.083	1	.083	.067	.805
年級	.167	2	.083	.067	.936
地區 * 年級	57.167	2	28.583	22.867	.002
誤差	7.500	6	1.250		
校正後的總數	64.917	11			

a. R 平方 = .884 (調過後的 R 平方 = .788)。

　　從上述二因子變異數分析摘要表可以看出，不同地區之高職學生在生活壓力整體平均數差異考驗的 F 檢定統計量為 .067，顯著性 p=.805>.05，表示不同地區之高職學生在生活壓力的感受沒有顯著不同 (二個群體的平均數相等)；不同年級之高職學生在生活壓力整體平均數差異考驗的 F 檢定統計量為 .067，顯著性 p=.936>.05，表示不同年級之高職學生在生活壓力的感受也沒有顯著不同 (三個群體的平均數相等)。就交互作用項考驗而言，F 檢定統計量為 22.867，顯著性 p=.002<.05，表示地區與年級在生活壓力的交互作用達到顯著，交互作用項顯著表示不同地區之高職學生在生活壓力的感受隨年級變項之水準群體不同而不同；或不同年級之高職學生在生活壓力的感受隨地區變項之水準群體不同而不同。此結果與交互作用剖面圖及平均數摘要表顯示的結果相同。

　　在高職學生之生活壓力的差異檢定中，如果研究者只進行以下二個假設檢定：1. 不同地區之高職學生在生活壓力的感受有顯著不同；2. 不同年級之高職學生在生活壓力的感受有顯著不同；則二個研究假設均無法獲得支持，因為 A 因子主要效果檢定未達 .05 顯著水準，而 B 因子主要效果檢定也未達 .05 顯著水準，表示 A 因子二個水準群體在生活壓力的平均數沒有顯著不同、B 因子三個水準群體在生活壓力的平均數也沒有顯著不同。此時，如果研究者將因子二個水準群組分開討論，探究北區高職學生群組中，三個年級水準群體在生活壓力的平均數是否有顯著不同，或南區高職學生群組中，三個年級水準群體在生活壓力的平均數是否有顯著不同，便會有不同結果發現；或將 B 因子三個水準群組分別獨立

討論，探究一年級高職學生群組中，北區、南區二個地區水準群體在生活壓力的平均數是否有顯著不同；二年級高職學生群組中，北區、南區二個地區水準群體在生活壓力的平均數是否有顯著不同；三年級高職學生群組中，北區、南區二個地區水準群體在生活壓力的平均數是否有顯著不同，也會得到不同的發現或結果。

雙因子設計的檢定有二：一為主要效果 (main effect)；另一為交互作用效果 (interaction effect)。所謂主要效果是 A、B 二個因子 (自變項) 對依變項 (反應變項) 的效果。所謂交互作用效果是 A、B 二個因子組合所產生的效果。因而二因子變異數分析的假設有三個：

1. A 因子的主要效果

$H_0 : \alpha_1 = \alpha_2 = \alpha_3 = \cdots\cdots = \alpha_p = 0$

$H_1 :$ A 因子的 p 個水準中至少有一個 $\alpha_i \neq 0$

驗證假設：如不同地區之高職學生在生活壓力的平均數有顯著不同。

2. B 因子的主要效果

$H_0 : \beta_1 = \beta_2 = \beta_3 = \cdots\cdots = \beta_q = 0$

$H_1 :$ B 因子的 q 個水準中至少有一個 $\beta_J \neq 0$

驗證假設：如不同年級之高職學生在生活壓力的平均數有顯著不同。

3. AB 因子交互作用效果

$H_0 :$ 所有 p×q 細格的 $(\alpha\beta)_{ij} = 0$

$H_1 :$ 所有 p×q 細格中至少有一細格的 $(\alpha\beta)_{ij} \neq 0$

驗證假設：地區與年級之高職學生在生活壓力的交互作用顯著。

雙因子變異數分析流程圖可以簡單圖示如下：

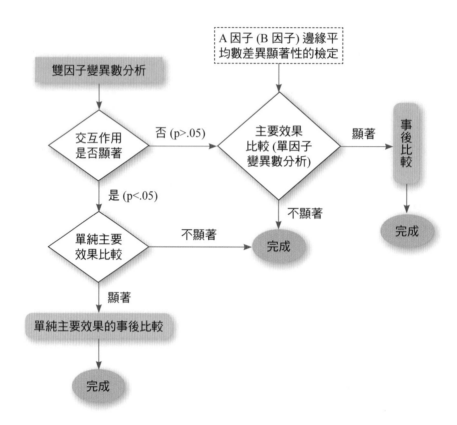

雙因子變異數分析步驟：

如果交互作用不顯著，則進行主要效果的比較，此時即直接比較邊緣平均數，其結果與個別進行獨立樣本單因子變異數分析一樣。以學生性別 (分為男生、女生二個水準) 及家庭狀況 (分為單親家庭組、他人照顧組、雙親家庭組三個水準) 為自變項，探究二者在數學成就上是否有顯著的交互作用來看，如果學生性別與家庭狀況在學生數學成就的交互作用不顯著，不必進行「單純主要效果」(simple main effects) 比較，而直接進行主要效果比較，所要驗證的假設成為：

1. 不同性別的學生，其數學成就有顯著差異 (A 因子邊緣平均數的比較)。
2. 不同家庭狀況的學生，其數學成就有顯著差異 (B 因子邊緣平均數的比較)。

如果雙因子變異數分析交互作用顯著，則繼續進行「單純主要效果」的比較分析，事後比較的目的在於比較細格平均數間的差異，其詳細的比較，請看下面圖示說明。

在完全隨機化 2×3 因子的設計中，二個因子分別假設為 A、B，A 因子有二個水準 (levels)，分別為 a1、a2，B 因子有三個水準，分別為 b1、b2、b3，各細格與邊緣平均數的代號如下：

B 因子		B 因子			邊緣平均數
A 因子		b1	b2	b3	
A 因子	a1	a1 b1	a1 b2	a1 b3	A1
	a2	a2 b1	a2 b2	a2 b3	A2
邊緣平均數		B1	B2	B3	

B 因子主要效果檢定的水準群體平均數　A 因子主要效果檢定的水準群體平均數

如果交互作用不顯著，即比較 A 因子的邊緣平均數，A1 水準組與 A2 水準組那一個組別較佳，此外，B 因子邊緣平均數的比較，在於比較 B1 水準組、B2 水準組、B3 水準組三個組別那一個較優，邊緣平均數的比較，即是單因子變異數分析結果比較 (A 因子雖只有二個水準，也可以使用變異數分析 F 值加以考驗)。各因子邊緣平均數的比較，即為主要效果比較，因而進行二因子變異數分析時，如果 A 因子與 B 因子的交互作用不顯著，則個別進行分析二個因子的主要效果，此時也就是進行了二個單因子的變異數分析。

如果交互作用顯著，比較邊緣平均數 (個別進行二個單因子變異數分析) 即沒有其實質意義，因為有交互作用，A 因子水準組效果受到 B 因子的影響，而B 因子水準組效果也會受到 A 因子的影響。交互作用顯著時，所要比較的是：

1. a1b1、a1b2、a1b3 細格間的平均數是否有顯著的不同？這個比較是 B 因子在 a1 水準方面之效果比較。這個比較在有條件性的單因子變異數分析中變為：

[在 A=1 的情況下，進行 b1、b2、b3 三組的比較]

B 因子		B 因子		
A 因子		b1	b2	b3
A 因子	a1	a1 b1(M_{11})	a1 b2(M_{12})	a1 b3(M_{13})
	a2	a2 b1(M_{21})	a2 b2(M_{22})	a2 b3(M_{23})

統計檢定之虛無假設為：$M_{11} = M_{12} = M_{13}$

2. a2b1、a2b2、a2b3 細格間的平均數是否有顯著的不同？這個比較是 B 因子在 a2 水準方面之效果比較。這個比較在有條件性的單因子變異數分析中變為：

[在 A=2 的情況下，進行 b1、b2、b3 三組的比較]

B 因子		B 因子		
A 因子		b1	b2	b3
A 因子	a1	a1 b1(M_{11})	a1 b2(M_{12})	a1 b3(M_{13})
	a2	a2 b1(M_{21})	a2 b2(M_{22})	a2 b3(M_{23})

統計檢定之虛無假設為：$M_{21} = M_{22} = M_{23}$

3. a1b1、a2b1 細格間的平均數是否有顯著的不同？這個比較是 A 因子在 b1 水準方面之效果比較。這個比較在有條件性的單因子變異數分析 (或 t 考驗) 中變為：

[在 B=1 的情況下，進行 a1、a2 二組的比較]

B 因子		B 因子		
A 因子		b1	b2	b3
A 因子	a1	a1 b1(M_{11})	a1 b2(M_{12})	a1 b3(M_{13})
	a2	a2 b1(M_{21})	a2 b2(M_{22})	a2 b3(M_{23})

統計檢定之虛無假設為：$M_{11} = M_{21}$

4. a1b2、a2b2 細格間的平均數是否有顯著的不同？這個比較是 A 因子在 b2 水準方面之效果比較。這個比較在有條件性的單因子變異數分析（或 t 考驗）中變為：

[在 B=2 的情況下，進行 a1、a2 二組的比較]

B 因子		B 因子		
A 因子		b1	b2	b3
A 因子	a1	a1 b1(M_{11})	a1 b2(M_{12})	a1 b3(M_{13})
	a2	a2 b1(M_{21})	a2 b2(M_{22})	a2 b3(M_{23})

統計檢定之虛無假設為：$M_{12} = M_{22}$

5. a1b3、a2b3 細格間的平均數是否有顯著的不同？這個比較是 A 因子在 b3 水

準方面之效果比較。這個比較在有條件性的單因子變異數分析 (或 t 考驗)
中變為：

[在 B=3 的情況下，進行 a1、a2 二組的比較]

B 因子		B 因子		
A 因子		b1	b2	b3
A 因子	a1	a1 b1(M_{11})	a1 b2(M_{12})	a1 b3(M_{13})
	a2	a2 b1(M_{21})	a2 b2(M_{22})	a2 b3(M_{23})

統計檢定之虛無假設為：$M_{13} = M_{23}$

這些比較就是單純主要效果比較，也就是細格平均數間的比較。

單變量單因子變異數分析、單變量多因子變異數分析或單變量共變數分析均
可使用 SPSS 之「分析 / 一般線性模式 / 單變量」語法，進行統計分析。獨立樣
本二因子變異數分析摘要表如下：

變異來源	離均差 平方和 (SS)	自由度 (df)	均方 (MS)	F 值
A 因子	SS_A	a-1	$MS_A = SS_A \div (a-1)$	$MS_A \div MS_E$
B 因子	SS_B	b-1	$MS_B = SS_B \div (b-1)$	$MS_B \div MS_E$
A*B 交互作用	SS_{AB}	(a-1)×(b-1)	$MS_{AB} = SS_{AB} \div [(a-1)\times(b-1)]$	$MS_{AB} \div MS_E$
細格誤差	SS_E	A×b×(n-1)	$MS_E = SS_E \div [a \times b \times (n-1)]$	
總和	SS_T	N-1		

其中 $SS_T = (SS_A + SS_B + SS_{AB}) + SS_E = SS_{b.cell} + SS_E$

自由度：abn-1=(a-1)+(b-1)+(a-1)×(b-1)+a×b×(n-1)

總離均差平方和等於組間離均差平方和＋組內離均差平方和，而組間離均差
平方和又等於 A 因子組間離均差平方和＋ B 因子組間離均差平方和＋ A 因子與
B 因子交互作用之離均差平方和。

離均差平方和的定義公式如下 (吳冬冬、楊玉坤，民 92)：

1. SS_T

雙因子設計總離均差平方和 (total sum of square of deviation from the mean)，
簡稱總平方和 (total sum of square) 表示每一筆資料與全體總平均數之差異平方的
總和，常以符號 SS_T 表示，其自由度等於 (abn-1)。

2. SS_A

雙因子設計 A 因子平方和 (sum of square between levels of factor A) 表示每一列的平均數 (A 因子每一水準的平均數) 與總平均數之差異平方的加權總和，其中權數為各列內的樣本數 bn，常以符號 SS_A 表示，其自由度等於 (a-1)。

3. SS_B

雙因子設計 B 因子平方和 (sum of square between levels of factor B) 表示每一行的平均數 (B 因子每一水準的平均數) 與總平均數之差異平方的加權總和，其中權數為各行內的樣本數 an，常以符號 SS_B 表示，其自由度等於 (b-1)。

4. SS_{AB}

雙因子設計 AB 交互作用平方和 (sum of square owing to interactions) 表示每一個實驗細格平均數 (AB 兩因子組合實驗細格內的平均數) 和扣除共同效果及相對應的 A、B 兩因子效果後平方的加權總和，其中權數為該實驗細格中的樣本數 n，常以符號 SS_{AB} 表示，其自由度等於 (a-1)×(b-1)。

5. SS_E

雙因子設計誤差平方和 (error sum of square) 表示所有實驗值與它所屬的實驗細格平均數之差異的平方總和，以符號 SS_E 表示，其自由度等於 a×b×(n-1)。

各離均差平方和除以其相對的自由度等於均方和 (MS)，包括 A 因子均方和 (mean square for factor A；MS_A)、B 因子均方和 (mean square for factor B；MS_B)、交互作用均方和 (mean square for due to interaction；MS_{AB})、誤差均方和 (error mean square；MS_E)。

$$MS_A = \text{A 因子均方和} = \text{A 因子平方和} \div \text{A 因子自由度} = \frac{SS_A}{a-1}$$

$$MS_B = \text{B 因子均方和} = \text{B 因子平方和} \div \text{B 因子自由度} = \frac{SS_B}{b-1}$$

$$MS_{AB} = \text{A、B 因子交互作用均方和} \div \text{交互作用平方和自由度} = \frac{SS_{AB}}{(a-1)(b-1)}$$

$$MS_{AB} = \text{誤差均方和} = \text{誤差平方和} \div \text{誤差平方和自由度} = \frac{SS_E}{ab(n-1)}$$

第二節 二因子獨立樣本變異數分析——交互作用不顯著

當二因子交互作用項的 F 值統計量未達顯著時 (p>.05)，進行 A 因子、B 因子二個個別固定因子主要效果的影響，主要效果的影響類似單因子 ANOVA 分析程序，進行比較的平均數為各因子水準群體的邊緣平均數。

【研究問題】：學生性別與其家庭狀況變項是否在數學成就變項上有顯著的交互作用？

【統計方法】：雙因子變異數分析 (two-way ANOVA)。

自變項為學生性別 (包含男、女二個水準)、家庭狀況 (包含單親家庭、他人照顧家庭與完整家庭三個水準)，依變項為數學成就，自變項有二個類別變項，有一個依變項，適合採用獨立樣本二因子變異數分析。

壹、操作程序

【操作 1】

執行功能表列「分析 (A)」/「一般線性模式 (G)」/「單變量 (U)」程序，開啟「單變量」主對話視窗。

【操作 2】

將左邊依變項「數學成就」選入右邊「依變數 (D)」(Dependent Variable)下的方格中；將左邊自變項「學生性別」、「家庭狀況」選入右邊「固定因子 (F)」(Fixed Factor) 下的方格中 (固定因子即自變項)。

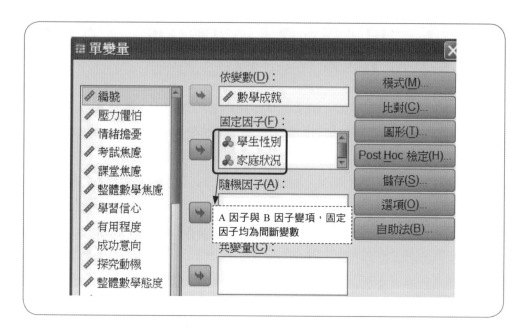

「單變量」主對話視窗中，每次只能從變數清單中選取一個依變項至右邊「依變數 (D)」下的方格中，如果統計分析為共變數分析，要再從變數清單中選取共變項至右邊「共變量 (C)」下的方格中。

【操作 3】

按『Post Hoc 檢定 (H)』，開啟「單變量：觀察值平均數的 Post Hoc 多重比較」(Univariate: Post Hoc Multiple Comparisons for Observed Means) 次對話視窗。

將左邊「因子」(Factors) 方盒中自變項「學生性別」、「家庭狀況」二個選入右邊「Post Hoc 檢定 (P)」(Post Hoc Tests for) 下的方盒中。

如果交互作用不顯著，則直接印出「學生性別」、「家庭狀況」二個因子的事後比較 (結果與獨立樣本 t 考驗或單因子變異數分析相同，進行的是邊緣平均數的比較)。在「假設相同的變異數」(Equal Variance Assumed) 方盒內選取一種事後比較的方法，圖示中勾選「☑Scheffe 法 (C)」選項，按『繼續』鈕，回到「單變量」主對話視窗。

　　如果 A 因子與 B 因子的交互作用項達到 .05 顯著水準，則「學生性別」、「家庭狀況」二個因子變項邊緣平均數的多重事後比較就可以忽略不管，視窗界面的功能在於分別進行二個因子變項在依變項差異的多重比較。

【操作 4】

　　按『選項 (O)』(Options) 鈕，開啟出現「單變量：選項」 (Univariate : Options) 次對話視窗。

　　將左邊「因子與因子交互作用 (F)」(Factor and Factor Interactions) 下的「學生性別」、「家庭狀況」、「學生性別 * 家庭狀況」選入右邊「顯示平均數 (M)」(Display Means for) 下的空盒中，以顯示細格及邊緣平均數，此選項的功能可於輸出報表中，呈現各細格平均數與因子的邊緣平均數，細格平均數的選取，在左邊方盒要同時選取「學生性別」與「家庭狀況」二個，再按移至鈕 ➡，則於右邊「顯示平均數 (M)」下方盒中會出現「學生性別 * 家庭狀況」的訊息。

　　在「顯示」(Display) 方盒中選取下列幾項：

　　「☑ 敘述統計 (D)」(Descriptive statistics)」：呈現描述性統計量。如果研究者於「顯示平均數 (M)」方盒中有點選「學生性別」、「家庭狀況」二個因子變

項，會出現二個因子的邊緣平均數；點選「學生性別 * 家庭狀況」交互作用項，會增列細格平均數，則「☑ 敘述統計 (D)」選項可以不用勾選，因而二者呈現的數據是相同的，只是表格的型式不同而已。

「☑ 效果大小估計值 (E)」(Estimate effect size)：增列各因子效果值的大小。

「☑ 觀察的檢定能力 (B)」(Observed power)：增列統計考驗力統計量。

「☑ 同質性檢定 (H)」(Homogeneity tests)：增列同質性考驗統計量。

按『繼續』鈕，回到「單變量」主對話視窗，按『確定』鈕。

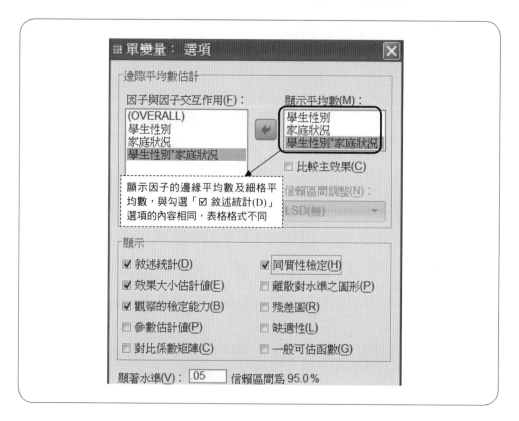

在「單變量」主對話視窗中按『圖形 (T)』(Plot) 鈕，可以開啟「單變量：剖面圖」(Univariate: Porfile Plots) 次對話視窗，次對話視窗可以繪製二個自變項在依變項上平均數之趨勢圖。如果獨立樣本二因子變異數分析之交互作用顯著，則繪製出的平均數之趨勢圖即是二個自變項在依變項的交互作用圖，其操作如下：將 A 因子「學生性別」選入右邊「水平軸 (H)」(Horizontal Axis) 下的方格中，將 B 因子「家庭狀況」選入右邊「個別線 (S)」(Separate Lines) 下的方格中，按

『新增 (A)』鈕，於下方「圖形 (T)」方盒中會出現「學生性別＊家庭狀況」的提示；如果將 A 因子「學生性別」選入右邊「個別線 (S)」下的方格中，將 B 因子「家庭狀況」選入右邊「水平軸 (H)」下的方格中，按『新增 (A)』鈕，於下方「圖形 (T)」方盒中會出現「家庭狀況＊學生性別」的提示。

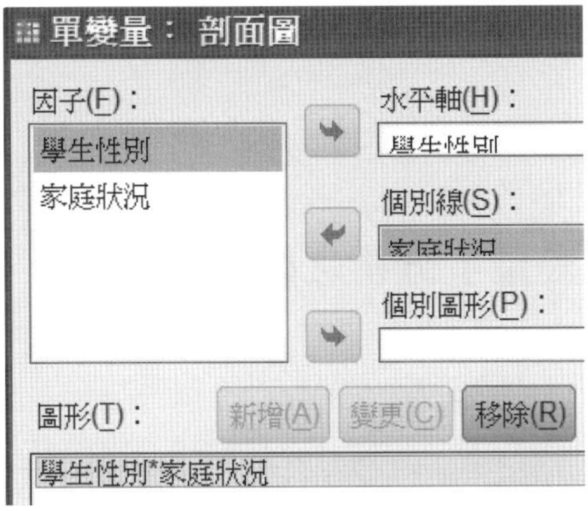

　　「單變量：剖面圖」之「圖形 (T)」方盒中的訊息「學生性別＊家庭狀況」，第一個變數為點選至「水平軸 (H)」方格內的變項，第二個變數為點選至「個別線 (S)」方格內的變項，「學生性別＊家庭狀況」與「家庭狀況＊學生性別」圖形所呈現交互作用圖的圖示意義是不同的。

在「單變量」主對話視窗中按『對比 (C) 』(Contrasts) 鈕，可以開啟「單變量：對比」(Univariate: Contrasts) 次對話視窗。對比代表參數的線性組合，用以檢定因子水準間之差異。「Change Contrast」的方盒中可以點選對比的方法，包括離差、簡單、差異、Helmert、重複和多項式，對於離差和簡單對比而言，可以選擇是否讓參考類別變成第一個或最後一個類別。若要在各受者因子之間進行對比，可使用重複量數對比模式。

貳、報表說明

➲ 一、執行「單變量」分析之報表

警告

因為組別少於 3 組，所以未執行 學生性別 的 Post Hoc 檢定。

因為「學生性別」為二分名義變項，因而不用進行多重比較，此顯示表格指的是性別固定因子為二分名義變項，當因子只有二個水準群體時，不用進行事後比較。

受試者間因子

		班級	數學態度
學生性別	1	男生	146
	2	女生	154
家庭狀況	1	單親家庭組	100
	2	他人照顧組	100
	3	雙親家庭組	100

二個因子變數的變項名稱、變項的水準數值編碼及水準數值註解與各水準的有效觀察值個數，總樣本數為 300。

敘述統計　　依變數：數學成就

學生性別	家庭狀況	平均數	標準離差	個數
1 男生	1 單親家庭組【C】	23.74	9.921	54
	2 他人照顧組【C】	25.21	9.938	42
	3 雙親家庭組【C】	20.80	11.384	50
	總數【A】	23.16	10.534	146
2 女生	1 單親家庭組【C】	24.46	10.927	46
	2 他人照顧組【C】	28.50	9.660	58
	3 雙親家庭組【C】	25.16	10.603	50
	總數【A】	26.21	10.448	154
總數【B】	1 單親家庭組	24.07	10.349	100
	2 他人照顧組	27.12	9.863	100
	3 雙親家庭組	22.98	11.162	100
	總數	24.72	10.583	300

　　【A】橫列為 A 因子 (學生性別) 的邊緣平均數，水準數值 1 男生群體有 146 位，數學成就的平均數為 23.16 分、水準數值 2 女生群體有 154 位，數學成就的平均數為 26.21 分。【B】橫列為 B 因子 (家庭狀況) 的邊緣平均數，水準數值 1 單親家庭組群體的平均數為 24.07、水準數值 2 他人照顧組群體的平均數為 27.12、水準數值 3 雙親家庭組群體的平均數為 22.98。【C】橫列資料為交互作用項細格平均數、標準差及個數。

　　上表包含各細格及邊緣的平均數、標準差及有效觀察值的個數，亦即各自變項水準數在依變項上的統計量，可將上述的表格整理成下面的資料，交互作用即在檢定中間六個細格平均數與有效樣本之總平均數 24.72 間的差異是否達到顯著，其中只要有一個細格的平均數與總平均數間的差異值達到顯著水準，則二因子交互作用的效果就會達到顯著 (括號內為有效觀察值人數)。

家庭狀況 學生性別	單親家庭組 (100)	他人照顧組 (100)	雙親家庭組 (100)	邊緣平均數
男生 (146)	23.74	25.21	20.80	23.16
	(54)	(42)	(50)	(146)
女生 (154)	24.46	28.5	25.16	26.21
	(46)	(58)	(50)	(154)
邊緣平均數	24.07	27.12	22.98	24.72
	(100)	(100)	(100)	(300)

PASW 輸出的報表中，有一項「估計邊緣平均數」(Estimated Marginal Means)，其內容包括三種表格：因子間細格的描述統計量、A 因子的描述統計量、B 因子的描述統計量，各包括平均數、標準誤與平均數 95% 的信賴區間。此三種表格的內容即上述描述性統計量的個別呈現。

誤差變異量的 Levene 檢定等式[a] 　　**依變數：數學成就**

F	df1	df2	顯著性
.856	5	294	.511

檢定各組別中依變數誤差變異量的虛無假設是相等的。
a. Design：截距 + 學生性別 + 家庭狀況 + 學生性別 * 家庭狀況。

上表為變異數同質性考驗結果，使用 Levene 法檢定，變異數同質性考驗結果之 F 值統計量等於 .856，顯著性 p=.511>.05，未達 .05 顯著水準，接受虛無假設，表示各組間之變異數相等，符合變異數同質假定，資料結構不用進行轉換，可直接使用傳統變異數分析法進行各群組平均數間的差異檢定。

受試者間效應項的檢定 　　**依變數：數學成就**

來源	型 III 平方和	df	平均平方和	F	顯著性	淨相關 Eta 平方	Noncent. 參數	觀察的檢定能力[b]
校正後的模式	1671.962[a]	5	334.392	3.090	.010	.050	15.450	.871
截距	180251.057	1	180251.057	1665.630	.000	.850	1665.630	1.000
學生性別【A】	576.337	1	576.337	5.326	.022	.018	5.326	.633
家庭狀況【B】	783.621	2	391.811	3.621	.028	.024	7.241	.666
學生性別 * 家庭狀況【C】	174.479	2	87.240	.806	.448	.005	1.612	.187
誤差	31816.075	294	108.218					
總數	216861.000	300						
校正後的總數	33488.037	299						

a. R 平方 = .050 (調過後的 R 平方 = .034)。
b. 使用 alpha = .05 計算。

「受試者間效應項的檢定」表為二因子變異數分析摘要表，此表中標記為【A】橫列的數據為「學生性別」A 因子變項的主要效果，橫列主要效果檢定的是不同學生性別在數學成就的差異；【B】橫列的數據為「家庭狀況」B 因子變項的主要效果，橫列主要效果檢定的是不同家庭狀況學生在數學成就的差異。

【C】橫列為二個因子變項交互作用統計量數，交互作用項的型 III 平方和等於 174.479、自由度為 2、平均平方和等於 87.240，交互作用項顯著性檢定的 F 值統計量 .806，顯著性 p=.448>.05，接受虛無假設，學生性別與家庭狀況在數學成就的交互作用不顯著；由於交互作用項不顯著，研究者須進一步分別查看二個因子變數在數學成就的主要效果是否顯著，因而須再看 A 因子與 B 因子「主要效果」的 F 值及顯著性 p 值，二個主要效果平均數差異的 F 值統計量分別為 5.326 (p=.022<.05)、3.621 (p=.028<.05)，均達 .05 顯著水準。由於 A 因子 (學生性別) 只有二個水準，可直接從邊緣平均數的高低進行二個群組的比較，男、女生數學成就的平均數分別為 23.16、26.21，表示女學生的數學成就顯著的優於男學生 (結果值可與下述報表中 t 考驗結果可相互對照)。由於 B 因子有三個水準，組別間的差異情形，要由下面事後多重比較方能得知。

　　表中第二列截距 (Intercept) 之 SS 估計值及其 F 值考驗結果，在二因子變異數分析中並沒有實質的意義存在。獨立樣本二因子變異數分析中，A、B 二個因子在依變項的總離均差平方和可以分成四個獨立的效果項，分別為 A 因子離均差平方和、B 因子離均差平方和、A 因子與 B 因子交互作用的離均差平方和、誤差項 (組內離均差平方和)。上表中總離均差平方和為 $SS_T = SS_A + SS_B + SS_{AB} + SS_w = 576.337+783.621+174.479+31816.075=33488.037$。33488.037 為「校正後的總數」橫列的數據，自由度為 299 (=N-1=300-1)。

估計的邊緣平均數

1. 學生性別　　依變數：數學成就

學生性別	平均數	標準誤差	95% 信賴區間	
			下界	上界
1 男生	23.252	.866	21.548	24.955
2 女生	26.039	.842	24.381	27.696

　　學生性別二個水準數值群體的描述性統計量，包括水準數值編碼及註解、群體平均數、標準誤差、95% 信賴區間統計量數，此表的數據為 A 因子的邊緣平均數，即 A 因子主要效果項要檢定的二個平均數。

2. 家庭狀況　　依變數：數學成就

家庭狀況	平均數	標準誤差	95% 信賴區間	
			下界	上界
1 單親家庭組	24.099	1.044	22.045	26.153
2 他人照顧組	26.857	1.054	24.783	28.931
3 雙親家庭組	22.980	1.040	20.933	25.027

　　　　家庭狀況三個水準數值群體的描述性統計量，包括水準數值編碼及註解、群體平均數、標準誤差、95% 信賴區間統計量數，此表的數據為 B 因子的邊緣平均數，即 B 因子主要效果項要檢定的三個平均數。

3. 學生性別 * 家庭狀況　　依變數：數學成就

學生性別	家庭狀況	平均數	標準誤差	95% 信賴區間	
				下界	上界
1 男生	1 單親家庭組	23.741	1.416	20.955	26.527
	2 他人照顧組	25.214	1.605	22.055	28.373
	3 雙親家庭組	20.800	1.471	17.905	23.695
2 女生	1 單親家庭組	24.457	1.534	21.438	27.475
	2 他人照顧組	28.500	1.366	25.812	31.188
	3 雙親家庭組	25.160	1.471	22.265	28.055

　　　　「學生性別 * 家庭狀況」表為二個因子變數構成的細格平均數。

　　　　上述三個表格與之前「敘述統計」摘要表內容數據是相同的，「敘述統計」表的呈現是以「單變量：選項」次對話視窗中勾選「顯示」方盒之「☑ 敘述統計 (D)」選項產出的表格，上述的三個表格為點選至「顯示平均數 (M)」方格中的變項產出的報表，範例中點選的變項包括「學生性別」(A 因子邊緣平均數)、「家庭狀況」(B 因子邊緣平均數)、「學生性別 * 家庭狀況」(交互作用項細格平均數)，在實務應用中，如果研究者勾選「☑ 敘述統計 (D)」選項，「顯示平均數 (M)」方格中就不用再選入變項。

多重比較：數學成就　Scheffe 法

(I) 家庭狀況	(J) 家庭狀況	平均差異 (I-J)	標準誤差	顯著性	95% 信賴區間 下界	上界
1 單親家庭組	2 他人照顧組	-3.05	1.471	.118	-6.67	.57
	3 雙親家庭組	1.09	1.471	.760	-2.53	4.71
2 他人照顧組	1 單親家庭組	3.05	1.471	.118	-.57	6.67
	3 雙親家庭組	4.14*	1.471	.020	.52	7.76
3 雙親家庭組	1 單親家庭組	-1.09	1.471	.760	-4.71	2.53
	2 他人照顧組	-4.14*	1.471	.020	-7.76	-.52

根據觀察值平均數。
誤差項為平均平方和 (錯誤) = 108.218。
*. 平均差異在 .05 水準是顯著的。

上表為變異數分析中 B 因子主要效果的事後比較表。由於 B 因子 (家庭狀況) 有三個水準，因而要從其事後比較中才能得知那幾個配對群組間平均數的差異達到顯著，從表中可以發現水準數值 2 群體與水準數值 3 群體的平均數間達到 .05 顯著水準，群組間平均數差異值為 4.14，他人照顧組群體的數學成就顯著的優於雙親家庭組群體。二個因子變數在依變項差異的主要效果檢定結果與進行獨立樣本變異數分析 (或獨立樣本 t 檢定) 之報表結果相同。

⊃ 二、執行 A 因子之獨立樣本 t 考驗的報表

組別統計量

	學生性別	個數	平均數	標準差	平均數的標準誤
數學成就	1 男生	146	23.16	10.534	.872
	2 女生	154	26.21	10.448	.842

上表為 A 因子 (學生性別) 二個水準在數學成就依變項之描述性統計量，平均數欄統計量為二因子變異數分析中的邊緣平均數，男、女學生群體數學成就的平均數分別為 23.16、26.21，觀察值個數分別為 146、154。

獨立樣本檢定

| | | 變異數相等的 Levene 檢定 | | 平均數相等的 t 檢定 | | | | | | |
		F 檢定	顯著性	t	自由度	顯著性（雙尾）	平均差異	標準誤差異	差異的 95% 信賴區間 下界	差異的 95% 信賴區間 上界
數學 成就	假設變異數相等	.000	.995	-2.517	298	.012	-3.050	1.212	-5.435	-.666
	不假設變異數相等			-2.517	296.869	.012	-3.050	1.212	-5.435	-.665

上表為以「學生性別」因子變數為自變項，而以「數學成就」為依變項之獨立樣本 t 檢定結果，由於變異數同質性檢定之 F 值統計量為 .000，顯著性 p=.995>.05，未達 .05 顯著水準，接受虛無假設，表示二個群體的變異數相同，平均數差異檢定結果看「假設變異數相等」列 (Equal variances assume) 之數據，平均數差異檢定的 t 值統計量等於 -2.517，顯著性 p=.012<.05，達到顯著水準，表示學生性別二個群體的平均數間有顯著不同，男學生群組的數學成就 (M=23.16) 顯著的低於女學生群組的數學成就 (M=26.21)，此結果，即上述二因子變異數分析程序中，A 因子主要效果的分析結果。

⊃ 三、執行獨立樣本單因子變異數分析之報表

描述性統計量：數學成就

	個數	平均數	標準差	標準誤	平均數的 95% 信賴區間 下界	平均數的 95% 信賴區間 上界	最小值	最大值
1 單親家庭組	100	24.07	10.349	1.035	22.02	26.12	5	44
2 他人照顧組	100	27.12	9.863	.986	25.16	29.08	6	44
3 雙親家庭組	100	22.98	11.162	1.116	20.77	25.19	0	44
總和	300	24.72	10.583	.611	23.52	25.93	0	44

上表為 B 因子 (家庭狀況) 三個組別的個數、平均數、標準差、標準誤、平均數的 95% 信賴區間、最小值與最大值。三個水準數值群體的平均數即為二因子變異數分析中，B 因子的邊緣平均數，三個組別在數學成就的平均數分別為 24.07、27.12、22.98，三個群組的有效觀察值各為 100。

ANOVA：數學成就

	平方和	自由度	平均平方和	F	顯著性
組間	921.007	2	460.503	4.200	.016
組內	32567.030	297	109.653		
總和	33488.037	299			

　　上表為 B 因子在依變項之單因子變異數分析摘要表，整體平均數差異檢定的 F 值統計量等於 4.200，顯著性 p=.016<.05，達到顯著水準，表示三個群組至少有一組配對群間的平均數間達到 .05 顯著水準。B 因子之單因子變異數分析的 F 值之值不等於二因子變異數分析中之 B 因子之 F 值，因二者總離均差平方和的拆解不同，誤差項之值不同所致，F 值統計量數據雖然不同，但結果卻是相同。

Post Hoc 檢定

多重比較：數學成就　　Scheffe 法

		平均差異			95% 信賴區間	
(I) 家庭狀況	(J) 家庭狀況	(I-J)	標準誤	顯著性	下界	上界
1 單親家庭組	2 他人照顧組	-3.050	1.481	.122	-6.69	.59
	3 雙親家庭組	1.090	1.481	.763	-2.55	4.73
2 他人照顧組	1 單親家庭組	3.050	1.481	.122	-.59	6.69
	3 雙親家庭組	4.140[*]	1.481	.021	.50	7.78
3 雙親家庭組	1 單親家庭組	-1.090	1.481	.763	-4.73	2.55
	2 他人照顧組	-4.140[*]	1.481	.021	-7.78	-.50

*. 平均差異在 0.05 水準是顯著的。

　　上表為 B 因子三個組別在數學成就之事後比較結果摘要表，由此表可以得知第二組 (水準數值 2 之他人照顧組) 的平均數顯著高於第三組 (水準數值 3 之雙親家庭組) 的平均數 (差異值為 4.140)，此表為 B 因子在數學成就主要效果之事後比較，即家庭狀況三個組別在數學成就依變項平均數的配對群組檢定。

　　二因子變異數分析時，若是主要效果項的變異不大，可能發生在單因子 ANOVA 分析程序中，平均數整體差異檢定的 F 值顯著 (p<.05)，但在二因子變異數分析程序中，此固定因子主要效果的 F 值統計量未達顯著 (p>.05)，因為二因子變異數分析程序中，同時進行 A 因子主要效果檢定、B 因子主要效果檢定、

A×B 因子交互作用項效果檢定。

參、結果說明

綜合以上數據，可整理成如下表格。

表 I 學生性別與家庭狀況在數學成就變項之各細格平均數與邊緣平均數

家庭狀況 學生性別	單親家庭組 (100)	他人照顧組 (100)	雙親家庭組 (100)	邊緣平均數
男生 (146)	23.74 (54)	25.21 (42)	20.80 (50)	23.16 (146)
女生 (154)	24.46 (46)	28.50 (58)	25.16 (50)	26.21 (154)
邊緣平均數	24.07	27.12	22.98	

註：括號內為人數。

表 II 學生性別、家庭狀況在學生數學成就之二因子變異數分析摘要表

變異來源	SS	df	MS	F	事後比較
學生性別 (A)	576.337	1	576.337	5.326*	女生 > 男生
家庭狀況 (B)	783.621	2	391.811	3.621*	他人照顧組 > 雙親家庭組
交互作用 (A*B)	174.479	2	87.240	.806ns	
誤差	31816.075	294	108.218		
全體	33488.037	299			

*p <.05   ns p>.05

由二因子變異數分析摘要表中可以得知：學生性別與家庭狀況在數學成就交互作用項考驗之 F 值統計量未達顯著 (F=.806，p>.05)，但在個別因子之「主要效果」均達顯著，A 因子 (學生性別) 主要效果之 F 值統計量等於 5.326 (顯著性 p<.05)；B 因子 (家庭狀況) 主要效果之 F 值統計量等於 3.621 (顯著性 p<.05)。從邊緣平均數及事後比較發現，在性別變項的差異方面，女學生的數學成就 (M=26.21) 顯著的優於男學生 (M=23.16)；在家庭狀況變項的差異方面，「他人照顧組」學生的數學成就 (M=27.12) 則顯著的優於「雙親照顧組」學生 (M=22.98) 的數學成就。

第三節　獨立樣本二因子變異數分析──交互作用顯著

二因子變異數分析程序之交互作用項顯著 (p<.05)，則二個固定因子主要效果是否達到顯著 (p<.05) 皆沒有關係。

【研究問題】：不同性別與年級的學生在英文態度是否有顯著的交互作用？

【統計方法】：獨立樣本二因子變異數分析。

研究中有二個自變項，學生性別 (A 因子)、學生年級 (B 因子)。學生性別有二個水準 (男生、女生)；學生年級 (B 因子) 有三個水準 (小學四年級組、小學六年級組、國中二年級組)，此為獨立樣本之二因子變異數分析，二個因子分別為 A 因子 (二個水準) 與 B 因子 (三個水準)。依變項為英文態度，包含四個題項：

I1：我喜愛上英文課。

I2：我喜愛英文老師安排的學習活動。

I3：對於英文老師安排的學習活動我很喜愛。

I4：有機會的話我會以英文和他人溝通。

「英文態度」構面變數為 I1、I2、I3、I4 等四個題項的總分，測量值分數愈高，表示學生的英文學習態度愈積極正向。

二因子變異數分析程序，如果交互作用項顯著，要繼續進行「單純主要效果」的檢定， PASW 軟體的統計分析中，「單純主要效果」檢定除可以採用分割檔案 (Split File) 的方式外，也可以採用傳統指令「MANOVA」語法執行。

壹、操作說明

【操作 1】

開啟「英文態度 .sav」標的資料檔，先進行四個題項的加總，將 I1、I2、I3、I4 四個題項的分數相加，給予新的變項名稱「英文態度」。

```
1    SUBTITLE '獨立樣本二因子變異數分析'.
2    MANOVA 英文態度 BY A(1,2) B(1,3)
3     /PRINT=CELLINFO(MEANS) HOMOGENITY(BARTLETT,COCHRAN)
4     /DESIGN.
5    SUBTITLE 'A因子單純主要效果考驗'.
6    MANOVA 英文態度 BY A(1,2) B(1,3)
7     /CONTRAST(A)=SPECIAL(1 1 1 -1)
8     /ERROR=WITHINCELL
9     /DESIGN=A WITHIN B(1), A WITHIN B(2), A WITHIN B(3).
10   SUBTITLE 'B因子單純主要效果考驗一'.
11   MANOVA 英文態度 BY A(1,2) B(1,3)
12     /CONTRAST(B)=SPECIAL(1 1 1 1 -1 0 0 1 -1)
13     /ERROR=WITHINCELL
14     /DESIGN=B WITHIN A(1) , B WITHIN A(2).
15   SUBTITLE 'B因子單純主要效果考驗二'.
16   MANOVA 英文態度 BY A(1,2) B(1,3)
17     /CONTRAST(B)=SPECIAL(1 1 1 1 0 -1 0 1 -1)
18     /ERROR=WITHINCELL
19     /DESIGN=B WITHIN A(1) , B WITHIN A(2).
20   EXECUTE
```

　　執行功能表列「檔案 (E)」/「開啟」/「語法 (S)」程序，出現「開啟語法」
對話視窗，開啟範例語法檔「英文態度 .sps」，語法視窗標題名稱為「英文態
度 .sps-PASW Statistics Syntax Editor」(PASW 統計語法編輯器視窗)，右邊語法
出現下列文字：

```
SUBTITLE '獨立樣本二因子變異數分析 '.
MANOVA 英文態度 BY A(1,2) B(1,3)
  /PRINT=CELLINFO(MEANS)  HOMOGENITY(BARTLETT,COCHRAN)
  /DESIGN.

SUBTITLE 'A 因子單純主要效果考驗 '.
MANOVA 英文態度 BY A(1,2) B(1,3)
```

```
    /CONTRAST(A)=SPECIAL(1 1 1 -1)
    /ERROR=WITHINCELL
    /DESIGN=A WITHIN B(1), A WITHIN B(2), A WITHIN B(3).


SUBTITLE 'B 因子單純主要效果考驗一 '.
MANOVA 英文態度 BY A(1,2) B(1,3)
    /CONTRAST(B)=SPECIAL(1 1 1 1 -1 0 0 1 -1)
    /ERROR=WITHINCELL
    /DESIGN=B WITHIN A(1) , B WITHIN A(2).


SUBTITLE 'B 因子單純主要效果考驗二 '.
MANOVA 英文態度 BY A(1,2) B(1,3)
    /CONTRAST(B)=SPECIAL(1 1 1 1 0 -1 0 1 -1)
    /ERROR=WITHINCELL
    /DESIGN=B WITHIN A(1) , B WITHIN A(2).
EXECUTE.
```

【操作 2】

在「英文態度 .sps-PASW Statistics Syntax Editor」語法視窗中，執行功能表列「執行 (R)」／「全部 (A)」程序，可執行語法檔的內容，如果語法檔有錯誤會出現錯誤訊息。

MANOVA 語法檔說明如下：

⊃ 一、二因子變異數分析

```
1. SUBTITLE ' 獨立樣本二因子變異數分析 '.
2. MANOVA 英文態度 BY A(1,2) B(1,3)
3.    /PRINT=CELLINFO(MEANS) HOMOGENITY(BARTLETT,COCHRAN)
4.    /DESIGN.
```

第一行為統計分析註解，不會被執行。

第二行為「MANOVA」的語法：MANOVA 依變項 By 自變項一 自變項二

第三行「PRINT」副指令為界定輸出的項目，包括細格個數、平均數、標準差及變異數的同質性檢定。其中關鍵字「CELLINFO(統計量數)」可呈現細格之基本統計量，在此界定的統計量數為「MEANS」，可產生細格平均數、標準差及個數；關鍵字 HOMOGENITY(統計量數) 可產生同質性檢定之量數，在此呈現 Bartlett-Box F 考驗及 Cochran's C 考驗。

第四行「DESIGN」副指令為完全因子模式的輸出，包含主要效果及交互作用效果。

⊃ 二、A 因子單純主要效果考驗

```
1. SUBTITLE 'A 因子單純主要效果考驗 '.
2. MANOVA 英文態度 BY A(1,2) B(1,3)
3.   /CONTRAST(A)=SPECIAL(1 1 1 -1)
4.   /ERROR=WITHINCELL
5.   /DESIGN=A WITHIN B(1), A WITHIN B(2), A WITHIN B(3).
```

第二行為雙因子變異數分析之 MANOVA 語法。

第三行「CONTRAST」副指令為變項水準間之參數比較，關鍵字「SPECIAL」為使用者自定之比較參數矩陣 (有關比較參數矩陣請看下面說明)。

第四行「ERROR」副指令為細格誤差值。

第五行「DESIGN」副指令為界定分析的模式，這裡界定為 A 因子在 B(1)、B(2)、B(3) 的單純主要效果比較。

⊃ 三、B 因子單純主要效果考驗一

```
1. SUBTITLE 'B 因子單純主要效果考驗一 '.
2. MANOVA 英文態度 BY A(1,2) B(1,3)
```

3.　/CONTRAST(B)=SPECIAL(1 1 1 1 -1 0 0 1 -1)
4.　/ERROR=WITHINCELL
5.　/DESIGN=B WITHIN A(1) , B WITHIN A(2).

第三行參數比較為 b1(水準一) 與 b2(水準二) 的比較、b2(水準二) 與 b3(水準三) 的比較。

第五行「DESIGN」副指令為界定分析的模式，在此界定為 B 因子在 A(1)、A(2) 的單純主要效果比較。

⊃ 四、B 因子單純主要效果考驗二

1. SUBTITLE 'B 因子單純主要效果考驗二 '.
2. MANOVA 英文態度 BY A(1,2) B(1,3)
3.　/CONTRAST(B)=SPECIAL(1 1 1 1 0 -1 0 1 -1)
4.　/ERROR=WITHINCELL
5.　/DESIGN=B WITHIN A(1) , B WITHIN A(2).

B 因子單純主要效果考驗二與 B 因子單純主要效果考驗一語法大多一樣，二者不同之處在於第三行自訂之比較參數。

第三行參數比較為 b1(水準一) 與 b3(水準三) 的比較、b2(水準二) 與 b3(水準三) 的比較。

第五行「DESIGN」副指令為界定分析的模式，在此界定為 B 因子在 A(1)、A(2) 的單純主要效果比較。

【事後比較參數說明】

A 因子在 B(1)、B(2) 的事後比較中，A 因子有二個水準：a1 男生、a2 女生，事後比較矩陣為 2*2，矩陣參數說明如下：

```
        a1  a2
常數項 [ 1   1  ]--> 第一列固定為常數項的比較係數
比較一 [ 1  -1 ]--> 第一個參數 a1 與第二個參數 a2 的事後比較
橫列表示為 contrast(a)=special(1  1    1  -1)
                    常數項   因子效果
```

　　B 因子在 A(1)、A(2) 的事後比較中，B 因子有三個水準：b1 小四、b2 小六、b3 國二，事後比較矩陣為 3*3：

```
        b1  b2   b3
常數項 [ 1   1    1 ]--> 第一列固定為常數項的比較係數
比較一 [ 1  -1    0 ]--> 第一個參數 b1 與第二個參數 b2 的事後比較
比較二 [ 0   1   -1 ]--> 第二個參數 b2 與第三個參數 b3 的事後比較
事後比較橫列表示為 contrast(b)=special(1  1  1    1  -1  0    0  1  -1)
                             常數項    因子效果    因子效果
```

　　在上面的細格比較中，只進行 b1 與 b2 比較、b2 與 b3 的比較，欠缺 b1 與 b3 的比較，因而還要再進行一次 B 因子的單純主要效果比較。

```
        b1  b2   b3
常數項 [ 1   1    1 ]--> 第一列固定為常數項的比較係數
比較一 [ 1   0   -1 ]--> 第一個參數 b1 與第三個參數 b3 的事後比較
比較二 [ 0   1   -1 ]--> 第二個參數 b2 與第三個參數 b3 的事後比較
事後比較橫列表示為 contrast(b)=special(1  1  1    1  0  -1    0  1  -1)
                             常數項    因子效果    因子效果
```

　　上面比較參數中，主要進行的比較是 b1 與 b3 的比較，但由於參數比較必須是個 3*3 的矩陣，因而再增列一行 b2 與比較 b3 (與上面參數比較重複，結果一樣)。

如果 B 因子有四個水準 (b1、b2、b3、b4)，則事後比較矩陣為 4*4。

```
        b1  b2  b3  b4
常數項 [ 1   1   1   1 ]--> 第一列固定為常數項的比較係數
比較一 [ 1  -1   0   0 ]--> 第一個參數 b1 與第二個參數 b2 的事後比較
比較二 [ 1   0  -1   0 ]--> 第一個參數 b1 與第三個參數 b3 的事後比較
比較三 [ 1   0   0  -1 ]--> 第一個參數 b1 與第四個參數 b4 的事後比較
事後比較橫列表示為
contrast(b)=special(1 1 1 1   1 -1 0 0   1 0 -1 0   1 0 0 -1)
                    常數項    因子效果    因子效果   因子效果
```

```
        b1  b2  b3  b4
常數項 [ 1   1   1   1 ]--> 第一列固定為常數項的比較係數
比較一 [ 0   1  -1   0 ]--> 第二個參數 b2 與第三個參數 b3 的事後比較
比較二 [ 0   1   0  -1 ]--> 第二個參數 b2 與第四個參數 b4 的事後比較
比較三 [ 0   0   1  -1 ]--> 第三個參數 b3 與第四個參數 b4 的事後比較
事後比較橫列表示為
contrast(b)=special(1 1 1 1   0 1 -1 0   0 1 0 -1   0 0 1 -1)
                    常數項    因子效果    因子效果   因子效果
```

貳、報表說明

⊃ 一、執行 Univariate (單變量) 程序結果

第一部份為執行功能表列「分析 (A)」/「一般線性模式 (G)」/「單變量 (U)」程序之結果，依變項為「英文態度」、二個因子變數 (自變項) 為「學生性別」(A 因子) 與「學生年級」(B 因子)。

敘述統計　　依變數：英文態度

學生性別	學生年級	平均數	標準離差	個數
1 男生	1 小四【C】	16.60	3.477	53
	2 小六【C】	16.00	3.865	52
	3 國二【C】	12.83	4.661	53
	總數【A】	15.14	4.338	158
2 女生	1 小四【C】	16.04	3.243	47
	2 小六【C】	17.56	1.912	48
	3 國二【C】	16.83	3.205	47
	總數【A】	16.82	2.897	142
總數【B】	1 小四	16.34	3.364	100
	2 小六	16.75	3.170	100
	3 國二	14.71	4.495	100
	總數	15.93	3.814	300

　　敘述統計量摘要表包括二個因子變數的邊緣平均數、標準差及細格平均數、標準差。備註【A】橫列為 A 因子變數的邊緣平均數、備註【A】橫列為 A 因子變數的邊緣平均數，備註【B】橫列為 B 因子變數三個水準數值群體的邊緣平均數、備註【C】橫列為六個交互作用項的細格平均數與標準差。

受試者間效應項的檢定　　依變數：英文態度

來源	型 III 平方和	df	平均平方和	F	顯著性
A	207.795	1	207.795	16.744	.000
B	207.607	2	103.804	8.365	.000
A * B	259.486	2	129.743	10.455	.000
誤差	3648.517	294	12.410		
總數	80510.000	300			
校正後的總數	4348.667	299			

a. R 平方 = .161 (調過後的 R 平方 = .147)。

　　「受試者間效應項的檢定」表為獨立樣本二因子變異數分析摘要表，學生性別與學生年級在「英文態度」依變項之交互作用顯著，F 值統計量為 10.455 (顯著性 $p<.001$)，表示學生性別因子變數在英文態度的差異會因學生年級變數而不同，或學生年級變數在英文態度的差異會因學生性別變數而不同。除了 A 因子與 B 因子的交互作用顯著外，A 因子的主要效果與 B 因子的主要效果也均達顯

著，學生性別、學生年級在「英文態度」平均數差異顯著性整體考驗的 F 值統計量分別為 16.744（顯著性 p<.001）、8.365（顯著性 p<.001），即不同性別的學生在英文態度感受上有顯著不同；三個年級組的學生在英文態度感受上也有顯著的不同。由於 A 因子與 B 因子的交互作用顯著，單單考驗主要效果是否顯著沒有實質的意義，研究者要繼續進行的是「單純主要效果」考驗。

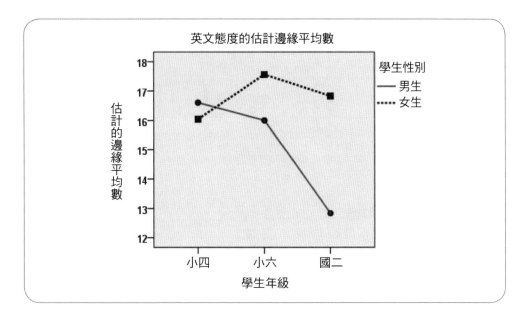

　　就小四群體而言，男生的平均數高於女生的平均數；就小六及國二群體而言，均是女生的平均數高於男生的平均數，國二群體在英文態度平均數的差異值高於小六群體及小四群體。

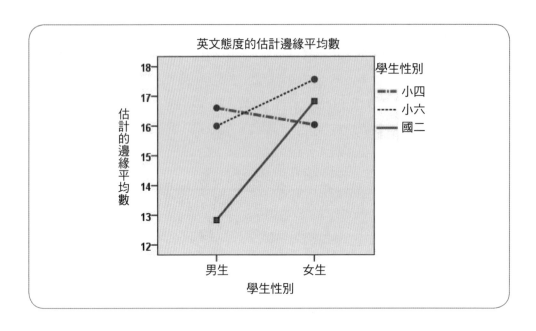

從交互作用圖可以看出，就男生群體而言，英文態度平均數的高低依序為小四群組、小六群組、國二群組；就女生群體而言，英文態度平均數的高低依序為小六群組、國二群組、小四群組。當交互作用項有交叉點存在時，表示各群體中平均數的分佈不一致，此種情形下交互作用通常會達 .05 顯著水準。

⊃ 二、MANOVA 語法執行結果

```
* * * * * *Analysis of Variance* * * * * *
Cell Means and Standard Deviations ( 細格平均數與標準差 )
Variable .. 英文態度
```

FACTOR	CODE	Mean	Std. Dev.	N	95 percent Conf. Interval	
A	男生					
B	小四	16.604	3.477	53	15.645	17.562
B	小六	16.000	3.865	52	14.924	17.076
B	國二	12.830	4.661	53	11.546	14.115
A	女生					
B	小四	16.043	3.243	47	15.090	16.995
B	小六	17.563	1.912	48	17.007	18.118
B	國二	16.830	3.205	47	15.889	17.771
For entire sample		15.933	3.814	300	15.500	16.367

【說明】

上表為各細格的平均數、標準差及有效觀察值人數。最後一列為樣本總數 (N=300) 在數學成就得分的總平均數 M=15.933。

Univariate Homogeneity of Variance Tests (單變量變異數同質性考驗)

Variable .. 英文態度

    Cochrans C(49,6) =   .29672, P = .001 (approx.)

    Bartlett-Box F(5,110435) =   7.24726, P = .000

* * * * * A n a l y s i s   o f   V a r i a n c e -- Design 1 * * * * * * * * * * * * *

Tests of Significance for 英文態度 using UNIQUE sums of squares

Source of Variation	SS	DF	MS	F	Sig of F
WITHIN CELLS	3648.52	294	12.41		
A	207.80	1	207.80	16.74	.000
B	207.61	2	103.80	8.36	.000
A BY B	259.49	2	129.74	10.45	.000
(Model)	700.15	5	140.03	11.28	.000
(Total)	4348.67	299	14.54		
R-Squared =	.161				
Adjusted R-Squared =	.147				

【說明】

由 MANOVA 語法執行結果之交互作用考驗的 F 值為 10.45，p<.001，與上述執行「單變量」程序所得之結果完全相同。除交互作用顯著外，A 因子與 B 因子的主要效果的差異也達到 .05 顯著水準。(SPSS 輸出報表中，若顯著性 p 值為 .000，最好以 p<.001 表示)。

➔ 一、A 因子單純主要效果考驗

＊＊＊＊＊＊Analysis of Variance -- design 1＊＊＊＊＊＊

Tests of Significance for 英文態度 using UNIQUE sums of squares (A 因子單純主要效果考驗)

Source of Variation	SS	DF	MS	F	Sig of F
WITHIN CELLS	3648.52	294	12.41		
A WITHIN B(1)	9.07	1	9.07	.73	.393
A WITHIN B(2)	56.09	1	56.09	4.52	.034
A WITHIN B(3)	427.45	1	427.45	34.44	.000

【說明】

在單純主要效果考驗中，A 因子 (學生性別) 在 b2、b3 水準之 F 值均達顯著，F 值分別為 4.52 (p=.034)、34.44 (p<.001)。

Estimates for 英文態度

--- Individual univariate .9500 confidence intervals (單純主要效果考驗之事後比較)

A WITHIN B(1) (b1 水準　中男女生沒有差異)

Parameter	Coeff.	Std. Err.	t-Value	Sig. T	Lower -95%	CL- Upper
2	.602559508	.70498	.85472	.39340	-.78488	1.99000

A WITHIN B(2)(b2 水準中女生優於男生)

Parameter	Coeff.	Std. Err.	t-Value	Sig. T	Lower -95%	CL- Upper
3	-1.4982937	.70474	-2.12602	.03434	-2.88527	-.11131

A WITHIN B(3) (b3 水準中女生優於男生)

Parameter	Coeff.	Std. Err.	t-Value	Sig. T	Lower -95%	CL- Upper
4	-4.1374405	.70498	-5.86889	.00000	-5.52488	-2.75000

⊃ 二、B 因子單純主要效果考驗一

```
＊＊＊＊＊＊Ａｎａｌｙｓｉｓ ｏｆ Ｖａｒｉａｎｃｅ-- design 1＊＊＊＊＊＊
 Tests of Significance for 英文態度 using UNIQUE sums of squares (B 因子單純
 主要效果考驗一 )
```

Source of Variation	SS	DF	MS	F	Sig of F
WITHIN CELLS	3648.52	294	12.41		
B WITHIN A(1)	436.15	2	218.07	17.57	.000
B WITHIN A(2)	56.21	2	28.10	2.26	.106

【說明】

　　B 因子在 a1 水準 (男生) 之單純主要效果的 F 值考驗達到顯著水準 (F=17.57，p<.001)，但在 a2 水準 (女生) 之單純主要效果的 F 值統計量則未達顯著。

```
 Estimates for 英文態度
 --- Individual univariate .9500 confidence intervals( 單純主要效果考驗之事後比
 較 )

 B WITHIN A(1)
```

Parameter	Coeff.	Std. Err.	t-Value	Sig. t	Lower -95%	CL- Upper
2	.588696769	.68760	.85617	.39260	-.76454	1.94193

(a1 因子中，b1 與 b2 的比較，二者沒有顯著差異)

| 3 | 3.18488814 | .68760 | 4.63192 | .00001 | 1.83165 | 4.53812 |

(a1 因子中，b2 與 b3 的比較，b2 優於 b3)

【說明】

　　在 B 因子單純主要效果考驗一中，事後比較參數設計之因子效果界定為 contrast(b)=special(1 1 1 1 -1 0 0 1 -1)，第一個因子效果為 b1 與 b2 的比較；第二個因子效果為 b2 與 b3 的比較。上面參數 (parameter) 2 為第一個因子效果 (b1 與 b2 的比較)、參數 3 為第二個因子效果 (b2 與 b3 的比較)；下面的參數 4 為第一個因子效果 (b1 與 b2 的比較)、參數 5 為第二個因子效果 (b2 與 b3 的比較)。

B WITHIN A(2)

Parameter	Coeff.	Std. Err.	t-Value	Sig. t	Lower -95%	CL- Upper
4	-1.5383651	.72288	-2.12810	.03416	-2.96105	-.11568

(a2 因子中，b1 與 b2 的比較，b2 優於 b1)

Parameter	Coeff.	Std. Err.	t-Value	Sig. t	Lower -95%	CL- Upper
5	.751131074	.72288	1.03908	.29962	-.67155	2.17381

(a2 因子中，b2 與 b3 的比較，二者沒有顯著差異)

⊃ 三、B 因子單純主要效果考驗二

* * * * * * Analysis of Variance -- design 1 * * * * * *

Tests of Significance for 英文態度 using UNIQUE sums of squares(B 因子單純主要效果考驗二)

Source of Variation	SS	DF	MS	F	Sig of F
WITHIN CELLS	3648.52	294	12.41		
B WITHIN A(1)	436.15	2	218.07	17.57	.000
B WITHIN A(2)	56.21	2	28.10	2.26	.106

Estimates for 英文態度

--- Individual univariate .9500 confidence intervals (單純主要效果之事後比較)

B WITHIN A(1)

Parameter	Coeff.	Std. Err.	t-Value	Sig. T	Lower -95%	CL- Upper
2	3.77358491	.68432	5.51433	.00000	2.42679	5.12038

(a1 因子中，b1 與 b3 的比較，b1 優於 b3)

Parameter	Coeff.	Std. Err.	t-Value	Sig. T	Lower -95%	CL- Upper
3	3.18488814	.68760	4.63192	.00001	1.83165	4.53812

(a1 因子中，b2 與 b3 的比較，b2 優於 b3)

【說明】

在 B 因子單純主要效果考驗二中，事後比較參數的設計之因子效果界定為 contrast(b)=special(1 1 1 1 0 -1 0 1 -1)，第一個因子效果為 b1 與 b3 的比較；第二個因子效果為 b2 與 b3 的比較。上面參數 (parameter) 2 為第一個因子效果 (b1

與 b3 的比較)、參數 3 為第二個因子效果 (b2 與 b3 的比較)；下面的參數 4 為第一個因子效果 (b1 與 b3 的比較)、參數 5 為第二個因子效果 (b2 與 b3 的比較)。

```
B WITHIN A(2)
Parameter      Coeff.      Std. Err.      t-Value      Sig. t      Lower -95%      CL- Upper
    4       -.78723404      .72669      -1.08331      .27956       -2.21741        .64294
(a2 因子中，b1 與 b3 的比較，二者沒有顯著差異 )
    5       .751131074      .72288       1.03908      .29962        -.67155        2.17381
(a2 因子中，b2 與 b3 的比較，二者沒有顯著差異 )
```

參、結果說明

由以上報表數據，可以整理成如下三個表格：

○ 表 I　學生性別與學生年級變數在英文態度變項之描述性統計量摘要表

學生年級　　　　　　　學生性別	小學四年級 (100)b1	小學六年級 (100)b2	國中二年級 (100)b3
男生 (158)a1	16.604 (53)	16.000 (52)	12.830 (53)
女生 (142)a2	16.043 (47)	17.563 (48)	16.830 (47)

註：括號內為人數。

○ 表 II　學生性別、學生年級在英文態度之二因子變異數分析摘要表

變異來源	SS	df	MS	F
A (學生性別)	207.80	1	207.80	16.74***
B (學生年級)	207.61	2	103.80	8.36***
A *B (交互作用)	259.49	2	129.74	10.45***
誤差	3648.52	294	12.41	
總和	4323.42	299		

*** $p<.001$

由以上變異數分析摘要表，可以發現，A 因子 (學生性別) 與 B 因子 (學生年級) 在英文態度的交互作用顯著，其 F 值統計量為 10.45 (p<.001)，而其二個

因子變數的主要效果亦達顯著，由於交互作用顯著，不必進行主要效果的比較，而繼續作單純主要效果的考驗分析。

○ 表 III 學生性別、學生年級在英文態度之單純主要效果的變異數分析摘要表

變異來源	SS	df	MS	F	事後比較
A 因子 (學生性別)					
在 b1 (小四)	9.07	1	9.07	.73	
在 b2 (小六)	56.09	1	56.09	4.52*	女生 > 男生
在 b3 (國二)	427.45	1	427.45	34.44***	女生 > 男生
B 因子 (學生年級)					
在 a1 (男生)	436.15	2	218.07	17.57***	小六 > 國二 小四 > 國二
在 a2 (女生)	56.21	2	28.10	2.26	
w.cell (誤差)	3648.52	294	12.41		

* p<.05；** p<.01；*** p<.001

由以上單純主要效果變異數分析結果來看，A 因子在 b2 (小六) 及在 b3 (國二) 二個水準的 F 值均達顯著水準，分別為 4.52 (p<.05)、34.44 (p<.001)，在小學六年級學生群中，女學生的英文態度顯著優於男學生的英文態度；在國中二年級學生群中，女學生的英文態度亦顯著優於男學生的英文態度。

此外，B 因子 (學生年級)，在 a1(男生) 水準之 F 值亦達顯著 (F=17.57；p<.001)，小學六年級男學生的英文態度顯著優於國中二年級的男學生；而小學四年級男學生的英文態度亦顯著的優於國中二年級男學生的英文態度。

肆、以條件篩選進行單純主要效果比較

上面提到，如果 A 因子與 B 因子的交互作用顯著，則 a1b1、a1b2、a1b3 細格間平均數的比較 (B 因子在 a1 水準方面之效果比較)，則可以進行「有條件性」的單因子變異數分析，這樣的分析即成為

[在 A=1 的情況下，進行 b1、b2、b3 三組的比較]。

也就是說，我們將條件限定為「A=1」(男生群體中)，而進行獨立樣本的單因子變異數分析。

【操作 1】

執行功能表列「資料 (D)」/「選擇觀察值 (S)」程序，開啟「選取觀察值」對話視窗。

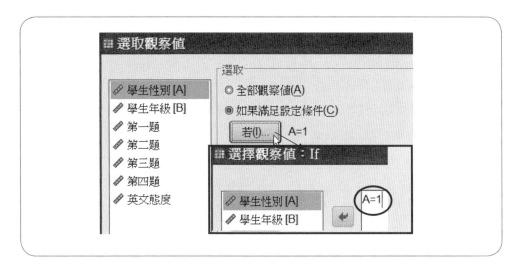

在「選取觀察值」主對話視窗中，在「選取」方盒中，選取「⊙ 如果滿足設定條件 (C)」(If condition is satisfied) 選項，按『若 (I)』鈕，開啟「選擇觀察值：If」次對話視窗，點選 A 因子變數至右邊方格中，於變數後面鍵入「=1」，按『繼續鈕』鈕，回到「選取觀察值」主對話視窗，按『確定』鈕。範例圖示中 A 因子的變數名稱為「A」，「A=1」的條件表示選取學生性別變數中水準數值等於 1 的觀察值，學生性別水準數值等於 1 的群體為男生群體，表示之後的統計分析程序只挑選男生群體進行分析。

【備註】

在「選取觀察值」(Select Cases) 主對話視窗中，如果要取消條件限制，必須改選「⊙ 全部觀察值 (A)」(All Cases) 選項，之後統計分析的程序會再以全部的觀察值為統計分析的樣本資料。如果研究者只要選取特定部份觀察值加以分析，則在「選取觀察值」主對話視窗中，選取「⊙ 以時間或觀察值範圍為準 (B)」(Based on time or case range) 選項，開啟「選擇觀察值：界定範圍」次對話視窗，於視窗界面中輸入觀察值在資料檔中的編號即可。

如果研究者按下『若 (I)』鈕，開啟「選擇觀察值：If」次對話視窗，將左邊

變項學生性別因子「A」選入右邊的方盒中,並在「A」的旁邊輸入「=2」,右邊的空格中會變成「A=2」,即選取 A 因子變項中水準數值等於 2 的觀察值。此時的觀察值為條件限定為 A=2 的情形,也就是只選擇「女學生群體」進行統計分析。

如果要選取 B=2 (小學六年級) 學生的群體,在「選擇觀察值:If 」次對話視窗中,右邊的方格設為「B=2」,如果研究者以「學生年級」為 B 因子變數名稱,選取觀察值的條件設定為「學生年級 =2」,範例圖示之變數清單中出現「學生性別 [A]」、「學生年級 [B]」的訊息,[ ] 中的名稱為變數的真正名稱,[ ] 前的名稱為變數的標記或註解。

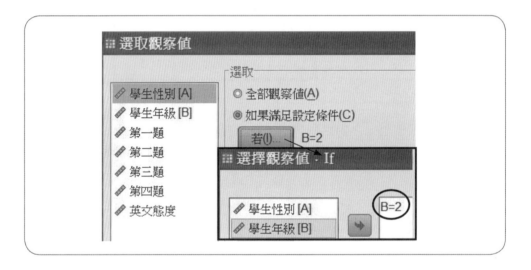

【操作 2】

獨立樣本的單因子變異數分析,自變項為 B 因子 (學生年級),依變項為「英文態度」,這個分析即是在男生群體中 (A=1),不同年級的學生 (B 因子三個水準),其英文態度的差異情形,也就是不同年級的男學生群體,其英文態度的差異比較,三個比較群組為「小四男生」、「小六男生」、「國二男生」。

【操作 3】

分別重複 [操作 1]、[操作 2] 的方法,設定條件及進行單因子變異數分析。

以下面 A 因子與 B 因子的細格為例。

A 因子 \ B 因子		B 因子			邊緣平均數
		B1 (B=1)	b2 (B=2)	b3(B=3)	
A 因子	a1(A=1)	a1 b1	a1 b2	a1 b3	A1
	a2(A=2)	a2 b1	a2 b2	a2 b3	A2
邊緣平均數		B1	B2	B3	

五種條件限定整理如下：

1. a1b1、a1b2、a1b3 單純主要效果的比較

「選取觀察值：If」條件：「A=1」（男生群體）單因子獨立樣本變異數分析程序；自變項為 B 因子 (學生年級)

單純主要效果比較一：不同年級的「男學生」，其數學英文態度的差異情形。

2. a2b1、a2b2、a2b3 單純主要效果的比較

「選取觀察值：If」條件：「A=2」（女生群體）單因子獨立樣本變異數分析程序；自變項為 B 因子 (學生年級)

單純主要效果比較二：不同年級的「女學生」，其英文態度的差異情形。

3. a1b1、a2b1 單純主要效果的比較

「選取觀察值：If」條件：「B=1」（小學四年級）單因子獨立樣本變異數分析程序；自變項為 A 因子 (學生性別)

單純主要效果比較三：「小學四年級」之男女學生中，其英文態度的差異情形。

4. a1b2、a2b2 單純主要效果的比較

「選取觀察值：If」條件：「B=2」（小學六年級）單因子獨立樣本變異數分析程序；自變項為 A 因子 (學生性別)

單純主要效果比較四：「小學六年級」之男女學生中，其英文態度的差異情形。

5. a1b3、a2b3 單純主要效果的比較

「選取觀察值：If」條件：「B=3」（國中二年級）單因子獨立樣本變異數分析程序；自變項為 A 因子 (學生性別)

單純主要效果比較五:「國中二年級」之男女學生中,其英文態度的差異情形。

上述單純主要效果分析,因為 A 因子有二個水準、B 因子有三個水準,總共要進行五次單因子變異數分析,單純主要效果的水準數在三個以上,如男學生群體中學生年級在英文態度上差異,或女學生群體中學生年級在英文態度上差異,其單純主要效果考驗的 F 值達到顯著,也要進行事後多重比較,以得知是那二個水準間的差異達到顯著。

第四節　執行分割檔案程序進行單純主要效果檢定

在上述介紹獨立樣本二因子變異數分析的探究分析說明中,提及如果交互作用顯著,研究者所要繼續進行分析的是「單純主要效果」比較,對於主要效果的顯著與否,就不是關注分析的重點。在考驗單純主要效果比較時,其方法有二:一為套用「MANOVA」語法;二為以條件篩選方式進行單純主要效果比較。

以語法檔或條件篩選方式進行單純主要效果考驗,二者統計分析方法,各有其優劣,語法方式撰寫必須對傳統 MANOVA 語法有基本了解,它最簡便之處就是可以一次包含不同語法內容,同時進行所有單純主要效果比較;而條件篩選方式的優點,就是其與視窗使用界面相同,較易了解與操作,不過,要進行單純主要效果分析則要分為數個獨立步驟,以進行統計考驗,如果是 2×2 多因子實驗設計 (A 因子二個水準、B 因子二個水準),則要分別進行四次的條件篩選與變異數分析;如果是 2×3 (A 因子二個水準、B 因子三個水準) 或 3×2 (A 因子三個水準、B 因子二個水準) 多因子實驗設計,則要分別進行五次的條件篩選與變異數分析;如果是 M×N 多因子實驗設計,則總共要進行 (M+N) 次的條件篩選與變異數分析

條件篩選後採用之「單因子變異數分析法」亦可以「一般線性模式－單變量」程序加以替代,如果因子水準數在三個以上,採用單因子變異數分析或「一般線性模式－單變量」結果均相同;而當因子水準數只有二個時,則不用選取事後比較方式。

分割檔案的做法就是依據上述條件篩選的理念來進行單純主要效果檢定,以 A 因子 (學生性別) 為例,如果將此檔案分割,則 SPSS 會根據 A 因子的水準數,

將資料檔分開，因 A 因子有二個水準 (1、2)，執行檔案分割後，會暫時分割成二個檔案，每個分割檔案如再以另一個自變項 B (因子) 進行單因子變異數分析，則可以求出此二個分割檔案的單純主要效果。檔案分割如以 B 因子為依據，因 B 因子有三個水準 (1、2、3)，執行檔案分割後，會暫時分割成三個檔案，每個分割檔案再以另一因子 A 為自變項，進行單因子變異數分析，則可以求出這三個分割檔案的單純主要效果。

以下述研究問題為例：

某心理學家想了解教學模式與學習壓力變項對學生學習成就是否有顯著的交互作用，即不同教學模式的學生在不同的學習壓力知覺程度下，其學習成就是否有顯著的差異，下表是三十位受試者學習成就的資料。

學習壓力　　　　教學模式	高學習壓力 b1	中學習壓力 b2	低學習壓力 b3
教師中心 a1	5	2	5
	11	4	10
	9	4	7
	11	5	6
	8	4	2
學生中心 a2	4	9	12
	9	4	10
	6	5	13
	7	3	14
	4	6	11

其中 A 因子 (教學模式) 有二個水準，分別為「教師中心」、「學生中心」；B 因子 (學習壓力) 有三個水準，分別為「高學習壓力」、「中學習壓力」、「低學習壓力」，依變項為「學習成就」。

壹、獨立樣本二因子變異數分析

在「單變量」對話視窗中，「依變數 (D)」方格下的變項為「學習成就」，「固定因子 (F)」方格下的變項為二個因子變數：「教學模式」、「學習壓力」。

　　「單變量：選項」次對話視窗中，「因子與因子交互作用 (F)」方格中的因子變數包括「教學模式」(A 因子)、「學習壓力」(B 因子)、「教學模式 * 學習壓力」(A 因子與 B 因子的交互作用項)。「顯示」方盒中勾選「☑ 敘述統計 (D)」、「☑ 效果大小估計值 (E)」、「☑ 觀察的檢定能力 (B)」三個選項。

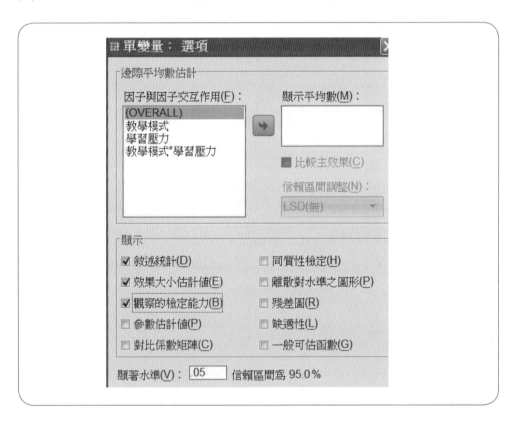

敘述統計　　依變數：學習成就

教學模式	學習壓力	平均數	標準離差	個數
1 教師中心	1 高學習壓力	8.80	2.490	5
	2 中學習壓力	3.80	1.095	5
	3 低學習壓力	8.00	2.915	5
	總數	6.87	3.114	15
2 學生中心	1 高學習壓力	6.00	2.121	5
	2 中學習壓力	5.40	2.302	5
	3 低學習壓力	12.00	1.581	5
	總數	7.80	3.610	15
總數	1 高學習壓力	7.40	2.633	10
	2 中學習壓力	4.60	1.897	10
	3 低學習壓力	10.00	3.055	10
	總數	7.33	3.346	30

　　敘述統計摘要表包括五個細格的描述統計量、A 因子二個水準數值群體的描述性統計量、B 因子三個水準數值群體的描述性統計量。

受試者間效應項的檢定　　依變數：學習成就

來源	型 III 平方和	df	平均平方和	F	顯著性	淨相關 Eta 平方	Noncent. 參數	觀察的檢定能力[b]
校正後的模式	211.867[a]	5	42.373	9.016	.000	.653	45.078	.999
截距	1613.333	1	1613.333	343.262	.000	.935	343.262	1.000
教學模式	6.533	1	6.533	1.390	.250	.055	1.390	.205
學習壓力	145.867	2	72.933	15.518	.000	.564	31.035	.998
教學模式 * 學習壓力	59.467	2	29.733	6.326	.006	.345	12.652	.857
誤差	112.800	24	4.700					
總數	1938.000	30						
校正後的總數	324.667	29						

a. R 平方 = .653 (調過後的 R 平方 = .580)。
b. 使用 alpha = .05 計算。

　　上表為獨立樣本二因子變異數分析摘要，其中「教學模式 * 學習壓力」(A*B) 列 (交互作用) 的 F 值統計量等於 6.326，顯著性 p 值 =.006<.05，表示教學模式與學習壓力二個固定因子在學習成就依變項之交互作用顯著，由於交互作

用項達到顯著，繼續進行的考驗為「單純主要效果檢定」。不同學習壓力群組中，不同教學模式觀察值在學習成就的剖面圖如下，由剖面圖可以看出：高學習壓力群組中，教師中心水準群體平均數高於學生中心水準群體平均數；中學習壓力群組與低學習壓力群組中，教師中心水準群體平均數均低於學生中心水準群體平均數。

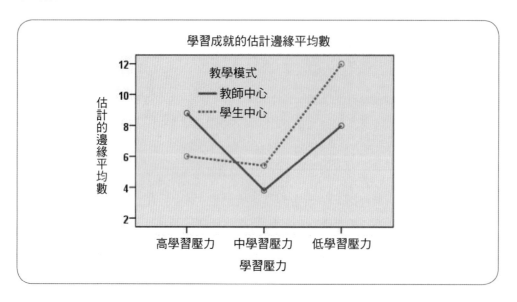

除教學模式與學習壓力變項在學習成就之交互作用顯著外，B 因子 (學習壓力變項) 在學習成就之主要效果 (B 因子的邊緣平均數) 也顯著，F 值統計量等於 15.518，顯著性 p<.001，達顯著水準。由於 A 因子與 B 因子交互作用顯著，因而 B 因子主要效果顯著沒有實質意義，在此只作為統計分析的參考指標而已。如果 A*B 的交互作用不顯著，而 B 因子主要效果顯著，就要說明 B 因子主要效果的差異，如果 B 因子的水準數在三個以上，則要進一步進行事後比較，以得知組別間的差異，組別間的比較即在比較 B 因子主要效果之邊緣平均數間之差異。

由於不同教學模式在不同學習壓力知覺感受中有不同的學習成就，二個自變項在依變項的交互作用顯著，因而繼續進行單純主要效果比較。

貳、以檔案分割進行單純主要效果檢定

➲ 一、操作程序

(一) 進行檔案分割

執行功能表列「資料(D)」(Data)/「分割檔案(S)」(Split file)程序,開啟「分割檔案」對話視窗。

(二) 根據 A 因子進行檔案分割

在「分割檔案」主對話視窗中,勾選「⊙ 依群組組織輸出 (O)」(Organize output by groups) 選項,將自變項 A 因子變數「教學模式」選入右邊「依此群組 (G)」(Groups Based on) 下的方格中,按『確定』鈕。

註:若是研究者選取第二個選項「⊙ 比較群組 (C)」選項也可以,「⊙ 比較群組 (C)」選項與「⊙ 依群組組織輸出 (O)」選項主要的差異在於輸出表格的型式不同,二者均可以根據選取的名義變項之水準數值群組將資料檔暫時分割,並個別進行統計分析,如果研究者要改為以全部觀察值為統計分析資料,要選取第一個選項「⊙ 分析所有觀察值,勿建立群組 (A)」選項。

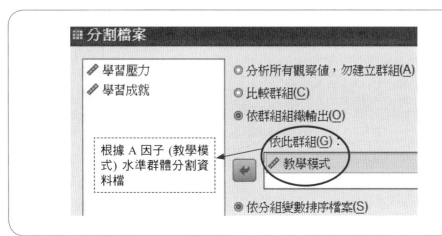

(三) 根據 B 因子執行單因子變異數分析

以另一變項 B 因子變數 (學習壓力) 為自變項，而以學習成就為依變項，執行單因子變異數分析，選取事後比較方法及描述性統計量。

分析 (Analyze)

比較平均數法 (Compare Means)

單因子變異數分析 (One-Way ANOVA)

將依變項「學習成就」選入右邊「依變數清單 (E)」下的方格中

將自變項「學習壓力」選入右邊「因子 (F)」(Factor) 下的的方格中

按『選項』(Options) 鈕，開啟「單因子變異數分析：選項」次對話視窗

勾選「☑ 描述性統計量 (D)」選項，按『繼續』鈕

按『Post Hoc 檢定 (H)』鈕，開啟「單因子變異數分析：Post Hoc 多重比較」次對話視窗勾選「☑ Scheffe 法 (C)」事後比較方法選項，按『繼續』鈕

回到「單因子變異數分析：選項」主對話視窗，按『確定』鈕

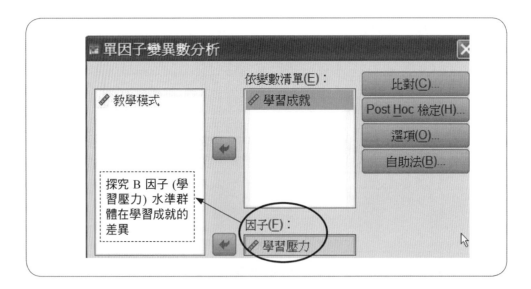

(四) 根據 B 因子進行檔案分割

執行功能表列「資料 (D)」(Data)/「分割檔案 (S)」(Split file) 程序，開啟「分割檔案」對話視窗，勾選「⊙ 依群組組織輸出 (O)」選項，將自變項 B 因子變數「學習壓力」選入右邊「依此群組 (G)」下的方格中，按『確定』鈕。

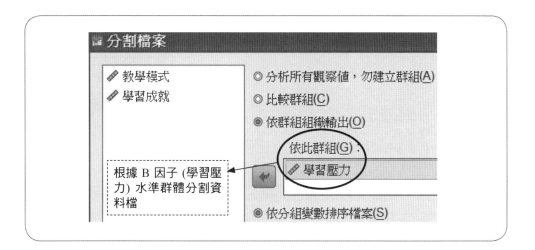

(五) 根據 A 因子執行單因子變異數分析

以另一變項 A 因子變數 (學習壓力) 為自變項，而以學習成就為依變項，執行單因子變異數分析，選取描述性統計量選項。

分析 (Analyze)

比較平均數法 (Compare Means)

單因子變異數分析 (One-Way ANOVA)

將依變項「學習成就」選入右邊「依變數清單 (E)」下的方格中

將自變項「學習壓力」選入右邊「因子 (F)」(Factor) 下的的方格中

按『選項』(Options) 鈕，開啟「單因子變異數分析：選項」次對話視窗勾選「☑ 描述性統計量 (D)」選項，按『繼續』鈕

回到「單因子變異數分析：選項」主對話視窗，按『確定』鈕

註：由於 A 因子只有二個水準，所以不用選取事後比較。如果選取事後比較方法，PASW 執行時會出現「未執行 Post Hoc 檢定，因為組別少於

> 三組」的警告訊息，此警告提示語不影響單因子變異數分析之結果，只
> 是未呈現多重比較報表的表格而已。

⇒ 二、報表解析

(一) A=1 條件時之單因子變異數分析

教學模式 = 教師中心 (水準數值編碼為 1 的群體)

描述性統計量 [a]：學習成就

	個數	平均數	標準差	標準誤	平均數的 95% 信賴區間 下界	上界	最小值	最大值
1 高學習壓力	5	8.80	2.490	1.114	5.71	11.89	5	11
2 中學習壓力	5	3.80	1.095	.490	2.44	5.16	2	5
3 低學習壓力	5	8.00	2.915	1.304	4.38	11.62	5	12
總和	15	6.87	3.114	.804	5.14	8.59	2	12

a. 教學模式 = 1 教師中心。

上表為 A 因子水準數值編碼等於 1 時 (教師中心模式群體)，B 因子三個組
別在學習成就上之描述性統計量，採用教師中心教學模式時，以高學習壓力組

學習成就最高，其平均數為 8.80，以中學習壓力組學習成就最低，其平均數為 3.80。

ANOVA [a]：學習成就

	平方和	自由度	平均平方和	F	顯著性
組間	72.133	2	36.067	6.805	.011
組內	63.600	12	5.300		
總和	135.733	14			

a. 教學模式 = 1 教師中心。

　　上表為 A 因子之水準數值等於 1 時 (教師中心模式群體)，B 因子三個水準數的單純主要效果比較。在教師中心的教學模式中 (A=1 條件下)，三個組別的學習成就有顯著差異，F 值統計量為 6.805 (p=.011<.05)，從事後比較得知 (見下面 Post Hoc 檢定：多重比較報表)「高學習壓力組」受試者之學習成就 (M=8.80) 顯著的優於「中學習壓力組」的受試者 (M=3.80)；而「低學習壓力組」受試者之學習成就 (M=8.00) 顯著的優於「中學習壓力組」之受試者 (M=3.80)，可見「中學習壓力組」的受試者較不適合教師中心的教學模式；在教師中心的教學模式中，高學習壓力組與低學習壓力組的受試者，其學習成就間沒有顯著差異存在。

多重比較 [a]：學習成就　　Scheffe 法

(I) 學習壓力	(J) 學習壓力	平均差異 (I-J)	標準誤差	顯著性	95% 信賴區間 下界	95% 信賴區間 上界
1 高學習壓力	2 中學習壓力	5.000*	1.456	.016	.94	9.06
	3 低學習壓力	.800	1.456	.862	-3.26	4.86
2 中學習壓力	1 高學習壓力	-5.000*	1.456	.016	-9.06	-.94
	3 低學習壓力	-4.200*	1.456	.042	-8.26	-.14
3 低學習壓力	1 高學習壓力	-.800	1.456	.862	-4.86	3.26
	2 中學習壓力	4.200*	1.456	.042	.14	8.26

*. 平均差異在 0.05 水準是顯著的。
a. 教學模式 = 1 教師中心。

　　全部為教師中心 (水準數值編碼為 1 的群體) 的觀察值中，學習壓力因子三個群體的事後比較，高學習壓力組與中學習壓力組在學習成就之平均數差異值達

到顯著 (平均差異值為 5.00)，低學習壓力組與中學習壓力組在學習成就之平均數差異值也達到顯著 (平均差異值為 4.20)。

(二) A=2 條件時之單因子變異數分析

教學模式 = 學生中心 (水準數值編碼為 2 的群體)

描述性統計量 [a]   學習成就

	個數	平均數	標準差	標準誤	平均數的 95% 信賴區間 下界	上界	最小值	最大值
1 高學習壓力	5	6.00	2.121	.949	3.37	8.63	4	9
2 中學習壓力	5	5.40	2.302	1.030	2.54	8.26	3	9
3 低學習壓力	5	12.00	1.581	.707	10.04	13.96	10	14
總和	15	7.80	3.610	.932	5.80	9.80	3	14

a. 教學模式 = 2 學生中心。

上表為 A 因子水準數值編碼等於 2 時 (學生中心教學模式群體)，B 因子三個組別在學習成就上之描述性統計量，採用學生中心教學模式時，以低學習壓力組學習成就最高，其平均數為 12.00。

ANOVA [a]   學習成就

	平方和	自由度	平均平方和	F	顯著性
組間	133.200	2	66.600	16.244	.000
組內	49.200	12	4.100		
總和	182.400	14			

a. 教學模式 = 2 學生中心。

上表為 A 因子水準數值編碼等於 2 時 (學生中心教學模式群體)，B 因子三個水準數的單純主要效果比較。在學生中心的教學模式中 (A=2 條件下)，三個組別的學習成就有顯著差異，F 值為 16.244 (p=.000<.05)，達顯著水準，從事後比較得知 (見下面 Post Hoc 檢定：多重比較報表)「低學習壓力組」受試者之學習成就 (M=12.00) 顯著的優於「中學習壓力組」的受試者 (M=5.40)；而「低學習壓力組」受試者之學習成就 (M=12.00) 也顯著的優於「高學習壓力組」之受試者 (M=6.00)，可見在學生中心的教學模式下，以低學習壓力組之受試者的學習成就

最佳。在學生中心的教學模式中,高學習壓力組與中學習壓力組的受試者其學習成就間沒有顯著差異存在。

Post Hoc 檢定

多重比較 [a] : 學習成就　　Scheffe 法

(I) 學習壓力	(J) 學習壓力	平均差異 (I-J)	標準誤	顯著性	95% 信賴區間 下界	上界
1 高學習壓力	2 中學習壓力	.600	1.281	.897	-2.97	4.17
	3 低學習壓力	-6.000[*]	1.281	.002	-9.57	-2.43
2 中學習壓力	1 高學習壓力	-.600	1.281	.897	-4.17	2.97
	3 低學習壓力	-6.600[*]	1.281	.001	-10.17	-3.03
3 低學習壓力	1 高學習壓力	6.000[*]	1.281	.002	2.43	9.57
	2 中學習壓力	6.600[*]	1.281	.001	3.03	10.17

*. 平均差異在 0.05 水準是顯著的。
a. 教學模式 = 2 學生中心。

　　全部為學生中心 (水準數值編碼為 2 的群體) 的觀察值中,學習壓力因子三個群體的事後比較,低學習壓力組與高學習壓力組在學習成就之平均數差異值達到顯著 (平均差異值為 6.00),低學習壓力組與中學習壓力組在學習成就之平均數差異值也達到顯著 (平均差異值為 6.60)。

(三) B=1 條件時之單因子變異數分析

警告

> 因為分割檔 學習壓力 = 1 高學習壓力 中的組別少於 3 組, 所以未執行 學習成就 的 Post hoc 檢定。
> 因為分割檔 學習壓力 = 2 中學習壓力 中的組別少於 3 組, 所以未執行 學習成就 的 Post hoc 檢定。
> 因為分割檔 學習壓力 = 3 低學習壓力 中的組別少於 3 組, 所以未執行 學習成就 的 Post hoc 檢定。

　　在單因子變異數分析程序中,以 A 因子變數 (學習壓力) 為自變項,以學習成就為依變項,如果勾選事後比較選項,由於 A 因子為二分名義變項,只有二

個水準群組，因而不用進行配對組平均數差異的多重比較，此時會出現以上的警告訊息：組別少於 3 組，不用進行事後比較。

學習壓力 = 高學習壓力 (B 因子水準數值編碼為 1 的觀察值)

描述性統計量 [a]：學習成就

	個數	平均數	標準差	標準誤	平均數的 95% 信賴區間		最小值	最大值
					下界	上界		
1 教師中心	5	8.80	2.490	1.114	5.71	11.89	5	11
2 學生中心	5	6.00	2.121	.949	3.37	8.63	4	9
總和	10	7.40	2.633	.833	5.52	9.28	4	11

a. 學習壓力 = 1 高學習壓力。

就高學習壓力群體的觀察值而言 (學習壓力因子變數的水準數值等於 1)，教師中心模式、學生中心模式二個群組學習成就的平均數分別為 8.80、6.00。

ANOVA [a]：學習成就

	平方和	自由度	平均平方和	F	顯著性
組間	19.600	1	19.600	3.664	.092
組內	42.800	8	5.350		
總和	62.400	9			

a. 學習壓力 = 1 高學習壓力。

上表為 B 因子之水準數值等於 1 時 (高學習壓力組群體)，A 因子二個水準群組的單純主要效果比較，變異數分析之 F 值統計量等於 3.664，顯著性 p=.092>.05，未達顯著水準，表示在高學習壓力的知覺感受情境下，A 因子二個水準群體間學習成就的得分沒有顯著差異，即教師中心組 (M=8.80) 與學生中心組 (M=6.00) 的受試者在學習成就表現上沒有顯著的不同，樣本統計量平均數有高低乃是抽樣誤差造成的。

(四) B=2 條件時之單因子變異數分析

學習壓力 = 中學習壓力 (B 因子水準數值編碼為 2 的觀察值)

描述性統計量 ª：學習成就

	個數	平均數	標準差	標準誤	平均數的 95%信賴區間		最小值	最大值
					下界	上界		
1 教師中心	5	3.80	1.095	.490	2.44	5.16	2	5
2 學生中心	5	5.40	2.302	1.030	2.54	8.26	3	9
總和	10	4.60	1.897	.600	3.24	5.96	2	9

a. 學習壓力 = 2 中學習壓力。

就中學習壓力群體的觀察值而言 (學習壓力因子變數的水準數值等於 2)，教師中心模式、學生中心模式二個群組學習成就的平均數分別為 3.80、5.40。

ANOVA ª：學習成就

	平方和	自由度	平均平方和	F	顯著性
組間	6.400	1	6.400	1.969	.198
組內	26.000	8	3.250		
總和	32.400	9			

a. 學習壓力 = 2 中學習壓力。

上表為 B 因子水準數值等於 2 時 (中學習壓力組群體)，A 因子二個水準數值群組平均數的單純主要效果比較檢定，變異數分析之 F 值統計量等於 1.969，顯著性 p=.198>.05，未達 .05 顯著水準，表示在中學習壓力的知覺情境下，A 因子二個水準群組之學習成就的得分平均數沒有顯著差異，即教師中心組(M=3.80)與學生中心組 (M=5.40) 的受試者在學習成就表現上沒有顯著的不同，樣本統計量平均數有高低乃是抽樣誤差造成的。

(五) B=3 條件時之單因子變異數分析

學習壓力 = 低學習壓力 (B 因子水準數值編碼為 3 的觀察值)

描述性統計量 [a]：學習成就

	個數	平均數	標準差	標準誤	平均數的 95% 信賴區間		最小值	最大值
					下界	上界		
1 教師中心	5	8.00	2.915	1.304	4.38	11.62	5	12
2 學生中心	5	12.00	1.581	.707	10.04	13.96	10	14
總和	10	10.00	3.055	.966	7.81	12.19	5	14

a. 學習壓力 = 3 低學習壓力。

　　就低學習壓力群體的觀察值而言 (學習壓力因子變數的水準數值等於 3)，教師中心模式、學生中心模式二個群組學習成就的平均數分別為 8.00、12.00。

ANOVA [a]：學習成就

	平方和	自由度	平均平方和	F	顯著性
組間	40.000	1	40.000	7.273	.027
組內	44.000	8	5.500		
總和	84.000	9			

a. 學習壓力 = 3 低學習壓力。

　　上表為 B 因子水準數值等於 3 時 (低學習壓力組群體)，A 因子二個水準數值群組的單純主要效果比較，變異數分析之 F 值統計量等於 7.273，顯著性 p=.027<.05，達 .05 顯著水準，表示在低學習壓力的知覺情境下，A 因子二個水準群組間學習成就的得分有顯著差異，經比較二組的平均數得知：教師中心組之受試者的學習成就 (M=8.00) 顯著的低於學生中心組之受試者的學習成就表現 (M=12.00)。

參、以條件篩選方式進行單純主要效果檢定

　　檔案分割即是以條件篩選的方式，進行單純主要效果檢定，以特定條件篩選觀察值後，再進行單因子變異數分析。

⊃ 一、選取 A=1 的觀察值

　　「選取觀察值：If」條件：A=1 (教師中心群體)，B 因子三個組別的差異，

細格的比較是 a1b1、a1b2、a1b3，假設考驗的虛無假設為：$M_{11} = M_{12} = M_{13}$。

A 因子	B 因子	學習壓力			邊緣平均數
		b1 (高學習壓力組) B=1 條件	b2 (中學習壓力組) B=2 條件	b3 (低學習壓力組) B=3 條件	
教學模式	a1(教師中心) A=1 條件	a1b1 (M_{11})	a1b2 (M_{12})	a1b3 (M_{13})	A1
	a2(學生中心) A=2 條件	a2b1 (M_{21})	a2b2 (M_{22})	a2b3 (M_{23})	A2
	邊緣平均數	B1	B2	B3	

選擇觀察值步驟如下：

執行功能表列「資料 (D)」/「選擇觀察值 (S)」程序，開啟「選取觀察值」對話視窗。在「選擇」方盒中，選取「⊙ 如果滿足設定條件 (C)」選項，按『若 (I)』鈕，開啟「選擇觀察值：If」次對話視窗，點選 A 因子「教學模式」變數至右邊方格中，於變數後面鍵入「=1」，按『繼續』鈕，按『確定』鈕。範例中 A 因子的變數名稱為「教學模式」，「教學模式 =1」的條件表示選取教學模式變數中水準數值等於 1 的觀察值。

　　當執行「選擇觀察值」之條件篩選後，在資料檔變項中，會多出現一個「filter_$」變項名稱，「filter_$」值不是 1 就是 0，其值如等於「1」，表示此觀察值是符合條件的觀察值，如等於「0」，表示是為未符合條件的觀察值。

　　觀察值篩選後完，選擇 A 因子水準數值等於 1 的觀察值後，繼續執行單因子變異數分析或「一般線性模式」/「單變量」程序。因為 B 因子有 b1、b2、b3 三個組別，因而在「單因子變異數分析」或「一般線性模式」/「單變量」程序中要進行事後比較。如果 B 因子只有二個水準則不用進行事後比較。

　　以下只呈現單因子變異數分析報表，細格之描述性統計量及事後比較結果省略。

ANOVA：學習成就

	平方和	自由度	平均平方和	F	顯著性
組間	72.133	2	36.067	6.805	.011
組內	63.600	12	5.300		
總和	135.733	14			

變異數分析的 F 值統計量為 6.805，顯著性 p=.011<.05，拒絕虛無假設，三個平均數間至少有一配對組的平均差異達到顯著。

二、選取 A=2 的觀察值

「選取觀察值：If」條件：A 因子水準數值 =2(學生中心群體)，B 因子三個組別的差異，細格的比較是 a2b1、a2b2、a2b3，假設考驗的虛無假設為：$M_{21} = M_{22} = M_{23}$。

A 因子 \ B 因子	學習壓力			邊緣平均數
	b1 (高學習壓力組) B=1 條件	b2 (中學習壓力組) B=2 條件	b3 (低學習壓力組) B=3 條件	
教學模式 a1(教師中心) A=1 條件	a1b1 (M_{11})	a1b2 (M_{12})	a1b3 (M_{13})	A1
a2(學生中心) A=2 條件	a2b1 (M_{21})	a2b2 (M_{22})	a2b3 (M_{23})	A2
邊緣平均數	B1	B2	B3	

選擇觀察值步驟如下：

執行功能表列「資料 (D)」/「選擇觀察值 (S)」程序，開啟「選取觀察值」對話視窗。在「選擇」方盒中，選取「⊙ 如果滿足設定條件 (C)」選項，按『若 (I)』鈕，開啟，點選 A 因子「教學模式」變數至右邊方格中，於變數後面鍵入「=2」，按『繼續』鈕，按『確定』鈕。範例中 A 因子的變數名稱為「教學模式」，「教學模式 =2」的條件表示選取教學模式變數中水準數值等於 2 的觀察值。

註：在「選擇觀察值：If」次對話視窗中，右邊的方格會保留之前程序「教學模式 =1」，可直接將數字 1 變更為數字 2；或先選取「教學模式

=1」，按下方運算式中『刪除』(Delete) 鈕，再重新設定選取觀察值的
條件。

ANOVA：學習成就

	平方和	自由度	平均平方和	F	顯著性
組間	133.200	2	66.600	16.244	.000
組內	49.200	12	4.100		
總和	182.400	14			

變異數分析的 F 值統計量為 16.244，顯著性 p<.001，拒絕虛無假設，三個
平均數間至少有一配對組的平均差異達到顯著。

⊃ 三、選取 B=1 的觀察值

「選取觀察值：If」條件： B=1 (高學習壓力組的群體)，A 因子二個教學模
式的差異，細格的比較是 a1b1、a2b1，假設考驗的虛無假設為：$M_{11} = M_{21}$。

A 因子	B 因子	學習壓力			邊緣平均數
		b1 (高學習壓力組) B=1 條件	b2 (中學習壓力組) B=2 條件	b3 (低學習壓力組) B=3 條件	
教學模式	a1(教師中心) A=1 條件	a1b1 (M_{11})	a1b2 (M_{12})	a1b3 (M_{13})	A1
	a2(學生中心) A=2 條件	a2b1 (M_{21})	a2b2 (M_{22})	a2b3 (M_{23})	A2
	邊緣平均數	B1	B2	B3	

選擇觀察值步驟如下：

執行功能表列「資料 (D)」/「選擇觀察值 (S)」程序，開啟「選取觀察值」
對話視窗。在「選擇」方盒中，選取「⊙ 如果滿足設定條件 (C)」選項，按
『若 (I)』鈕，開啟，點選 B 因子「學習壓力」變數至右邊方格中，於變數
後面鍵入「=1」，按『繼續』鈕，按『確定』鈕。範例中 B 因子的變數名
稱為「學習壓力」，「學習壓力 =1」的條件表示選取學習壓力因子變數中
水準數值等於 1 的觀察值 (符合條件的觀察值為高學習壓力者)。

ANOVA：學習成就

	平方和	自由度	平均平方和	F	顯著性
組間	19.600	1	19.600	3.664	.092
組內	42.800	8	5.350		
總和	62.400	9			

變異數分析的 F 值統計量為 3.664，顯著性 p=.092>.05，接受虛無假設，二個平均數間的差異未達到顯著。

⊃ 四、選取 B=2 的觀察值

「選取觀察值：If」條件：(中學習壓力的群體)，A 因子二個教學模式的差異，細格的比較是 a1b2、a2b2，假設考驗的虛無假設為：$M_{12} = M_{22}$。

		學習壓力			
A 因子	B 因子	b1 (高學習壓力組) B=1 條件	b2 (中學習壓力組) B=2 條件	b3 (低學習壓力組) B=3 條件	邊緣平均數
教學模式	a1(教師中心) A=1 條件	a1b1 (M_{11})	a1b2 (M_{12})	a1b3 (M_{13})	A1
	a2(學生中心) A=2 條件	a2b1 (M_{21})	a2b2 (M_{22})	a2b3 (M_{23})	A2
	邊緣平均數	B1	B2	B3	

選擇觀察值步驟如下：

執行功能表列「資料 (D)」/「選擇觀察值 (S)」程序，開啟「選取觀察值」對話視窗。在「選擇」方盒中，選取「⊙ 如果滿足設定條件 (C)」選項，按『若 (I)』鈕，開啟，點選 B 因子「學習壓力」變數至右邊方格中，於變數後面鍵入「=2」，按『繼續』鈕，按『確定』鈕。範例中 B 因子的變數名稱為「學習壓力」，「學習壓力 =2」的條件表示選取學習壓力因子變數中水準數值等於 2 的觀察值 (符合條件的觀察值為中學習壓力者)。

ANOVA：學習成就

	平方和	自由度	平均平方和	F	顯著性
組間	6.400	1	6.400	1.969	.198
組內	26.000	8	3.250		
總和	32.400	9			

變異數分析的 F 值統計量為 1.969，顯著性 p=.198>.05，接受虛無假設，二個平均數間的差異未達到顯著。

⊃ 五、選取 B=3 的觀察值

「選取觀察值：If」條件： B=3（低學習壓力群體），A 因子二個教學模式的差異，細格的比較是 a1b3、a2b3，假設考驗的虛無假設為：$M_{13} = M_{23}$。

A 因子	B 因子	學習壓力			邊緣平均數
		b1（高學習壓力組）B=1 條件	b2（中學習壓力組）B=2 條件	b3（低學習壓力組）B=3 條件	
教學模式	a1（教師中心）A=1 條件	a1b1 (M_{11})	a1b2 (M_{12})	a1b3 (M_{13})	A1
	a2（學生中心）A=2 條件	a2b1 (M_{21})	a2b2 (M_{22})	a2b3 (M_{23})	A2
	邊緣平均數	B1	B2	B3	

選擇觀察值步驟如下：

執行功能表列「資料 (D)」/「選擇觀察值 (S)」程序，開啟「選取觀察值」對話視窗。在「選擇」方盒中，選取「⊙ 如果滿足設定條件 (C)」選項，按『若 (I)』鈕，開啟，點選 B 因子「學習壓力」變數至右邊方格中，於變數後面鍵入「=3」，按『繼續』鈕，按『確定』鈕。範例中 B 因子的變數名稱為「學習壓力」，「學習壓力 =3」的條件表示選取學習壓力因子變數中水準數值等於 3 的觀察值（符合條件的觀察值為低學習壓力者）。

ANOVA：學習成就

	平方和	自由度	平均平方和	F	顯著性
組間	40.000	1	40.000	7.273	.027
組內	44.000	8	5.500		
總和	84.000	9			

變異數分析的 F 值統計量為 7.273，顯著性 p=.027<.05，拒絕虛無假設，二個平均數間的差異達到顯著，即平均數 M_{13} 與平均數 M_{23} 間的差異顯著不等於 0。

在單純主要效果考驗方面，以條件篩選後再進行變異數分析之結果與檔案分割再執行變異數分析之結果完全相同，此二種方法均可用於獨立樣本共變數分析及多變量分析之單純主要效果考驗。

肆、結果說明

如將以上各條件篩選出之數據報表加以整理，則可以將之統整成以下三個表格：雙因子變異數分析摘要表 (表 I)、各細格平均數摘要一覽表 (表 II) 及單純主要效果與單純主要效果事後比較摘要表 (表 III)。

● 表 I　不同教學模式、學習壓力在學習成就之雙因子變異數分析摘要表

變異來源	平方和 (SS)	自由度	均方和 (MS)	F 檢定	顯著性
教學模式 (A)	6.533	1	6.533	1.390ns	.250
學習壓力 (B)	145.867	2	72.933	15.518***	.000
A * B	59.467	2	29.733	6.326**	.006
誤差	112.800	24	4.700		
全體	324.667	29			

ns p>.05　** p<.01　*** p<.001
(表中「顯著性」欄可以省略)

◆ 表 II　不同教學模式、學習壓力在學習成就之各細格平均數

A 因子 ＼ B 因子	組別一 (b1)	組別二 (b2)	組別三 (b3)	全體
教師中心 (a1)	8.80 (5)	3.80 (5)	8.00 (5)	6.87 (15)
學生中心 (a2)	6.00 (5)	5.40 (5)	12.00 (5)	7.80 (15)
全體	7.40 (10)	4.60 (10)	10.00 (10)	

註：細格中括號內的數字為細格觀察值人數。

◆ 表 III　不同教學模式、組別在學習成就之單純主要效果的變異數分析摘要表

變異來源	SS	df	MS	F	事後比較
A 因子 (教學模式)					
在 b1(高學習壓力組)	19.600	1	19.600	3.664ns	
在 b2 (中學習壓力組)	6.400	1	6.400	1.969ns	
在 b3 (低學習壓力組)	40.000	1	40.000	7.273*	a2>a1
B 因子 (學習壓力)					
在 a1 (教師中心)	72.133	2	36.067	6.805*	b1>b2、b3>b2
在 a2 (學生中心)	133.200	2	66.600	16.244***	b3>b1、b3>b2
誤差	112.80	24	4.70		

ns p>.05　* p<.05　***p<.001

表 I 與表 III 中，離均差平方和 (SS) 的數據有以下關係存在：

$SS_A = 6.533$、$SS_B = 145.867$、$SS_{AB} = 59.467$

SS_A 在 b1=19.600、SS_A 在 b2=6.400、SS_A 在 b3=40.400

SS_B 在 a1=72.133、SS_B 在 a2=133.200

其中離均差的拆解如下：

(1) $SS_A + SS_{AB} = SS_A$ 在 b1+ SS_A 在 b2 + SS_A 在 b3

　　6.533+59.467=66.000=19.600+6.400+40.000

(2) $SS_B + SS_{AB} = SS_B$ 在 a1 + SS_B 在 a2

　　145.867+59.467=205.334=72.133+133.200

而總誤差項 =112.800=63.600+49.200=42.800+26.000+44.000

使用分割檔案或選擇觀察值的方式來進行各自變項的單純主要效果考驗時，均使用分割後的誤差項，而非使用原先二因子變異數分析中總誤差項值 $SS_{w.cell}$ (112.800)。根據 Keppel (1982) 的觀點：當未違反變異數同質性的假設時，檢定各單純主要效果的顯著性所用之誤差項，只要選用分割後的誤差項即可，只是此種方法對顯著性的檢定會較為保守，亦即較不容易達到顯著，且當各組的變異數同質時，這些分割的誤差項可以合併還原為原來的誤差項 (王保進，民 91)。

在上述中使用條件篩選後，再進行單純主要效果檢定與分割檔案後，再進行單純主要效果檢定，二者的操作雖稍有不同，但結果卻完全一樣，只是以檔案分割的方式較為簡易。

第五節　二因子混合設計變異數分析

所謂二因子混合設計變異數分析，是指二個自變項 A 因子與 B 因子中有一個因子是獨立樣本 (受試者間設計)；另外一個因子是相依樣本 (受試者內設計或重複量數)。獨立樣本中每個處理水準是來自同一母群體的不同樣本；而相依樣本是自變項的每個處理水準皆來自同一母群體的同一樣。當一個設計用時採用受試者間設計 (A 因子) 和受試者內設計 (B 因子) 的方法，稱為二因子混合設計。

以實例解析來看：一位教師以行動研究的模式，想得知在不同壓力情境狀態下的學習，學生的學習成就是否有所差異，他設計了四種不同的壓力情境 (簡稱為壓力情境一、壓力情境二、壓力情境三、壓力情境四) 讓學生於其中學習，每次學習完後實施標準化的測驗，以作為其學習成就的表現，這位教師總共挑選八名男學生、八名女學生。此教師進一步想要知悉不同的學生性別在不同的壓力情境狀態中學習，其學習成就是否有所不同？

上述問題中依變項為學習成就，自變項有二個，一為學生性別，內有二個水準，屬獨立樣本；另一為壓力情境，內有四個水準，全部受試者均要接受四個水準的處理，屬相依樣本。其模式表如下：從實驗設計中可以發現：就學生性別而言，男生群體的觀察值為 $S_1......S_8$ 等八位，女生群體的觀察值為 $S_9......S_{16}$ 等八位，二個群體的觀察值並沒有重複，學生性別變項屬受試者間設計；就四種壓力情境而言，接受情境一、情境二、情境三、情境四實驗處理的受試者均為

$S_1......S_8$、$S_9......S_{16}$ 等十六位，四種壓力情境的觀察值是相同的一組受試者，壓力情境變項屬受試者內設計。

自變項一	自變項二	B 因子 (壓力情境)			
		情境一	情境二	情境三	情境四
A 因子學生性別	男生 a1(A=1)	$S_1......S_8$	$S_1......S_8$	$S_1......S_8$	$S_1......S_8$
	女生 a2(A=2)	$S_9......S_{16}$	$S_9......S_{16}$	$S_9......S_{16}$	$S_9......S_{16}$

研究數據如下：請問學生性別與壓力情境變項在學業成就表現上是否有顯著的交互作用存在。

受試者	學生性別	情境一	情境二	情境三	情境四
S1	男生	3	3	3	6
S2		5	5	3	7
S3		2	4	4	7
S4		3	5	3	6
S5		2	2	4	7
S6		2	3	2	8
S7		2	4	2	7
S8		3	4	3	6
S9	女生	8	7	6	6
S10		9	8	6	4
S11		8	5	3	6
S12		7	6	5	7
S13		7	7	8	2
S14		8	4	9	4
S15		9	5	6	5
S16		8	6	6	7

壹、二因子變異數分析操作程序

分析 (Analyze)
　　一般線性模式 (General Linear Model)
　　重複量數 (Repeated Measures)
　　　　在「受試者內因子的名稱」後的方格輸入 B 因子自變項名稱「情境」
　　　　在「水準個數」(Number of Levels) 後之方格輸入 B 因子的水準數「4」
　　　　按『新增』(Add) 鈕
　　　　按『定義』(Define) 鈕
　　　　同時點選情境一、情境二、情境三、情境四變項至右邊「受試者內變
　　　　　　數」方格中
　　　　點選 A 因子學生性別至中間「受試者間的因子」方格中
　　　　按『選項』(Options...) 鈕，開啟「重複量數：選項」次對話視窗
　　　　　　點選目標清單「情境」至右邊「顯示平均數 (M)」下的方盒中，勾選
　　　　　　　　「☑ 比較主效果 (C)」選項，「信賴區間調整 (N)」選項選取內定
　　　　　　　　「LSD(無)」選項
　　　　　　在「顯示」方盒中勾選「☑ 敘述統計 (D)」及「☑ 同質性檢定 (H)」
　　　　　　　　選項
　　　　　　按『繼續』鈕，回到「重複量數」主對話視窗
　　　　　　　　按『圖形』(Plots...) 鈕，開啟「重複量數：剖面圖」次對話視窗
　　　　將 A 因子「學生性別」變數選入右邊「水平軸」(Horizontal Axis) 下
　　　　　　的方格
　　　　將 B 因子「情境」變數選入右邊「個別線」(Separate Lines) 下的方格
　　　　　　按『新增』鈕
　　　　將 B 因子「情境」變數選入右邊「水平軸」下的方格
　　　　將 A 因子「學生性別」變數選入右邊「個別線」下的方格
　　　　　　按『新增』鈕，按『繼續』鈕，回到「重複量數」主對話視窗
　　　　　　　　按『確定』鈕

「一般線性模式 (G)」主選項中選取「重複量數 (R)」次選項。

　　「受試者內因子的名稱 (W)」鍵入「情境」，「水準個數 (L)」右邊方格鍵入 4，按『新增 (A)』鈕，表示「情境」因子有 4 個水準。

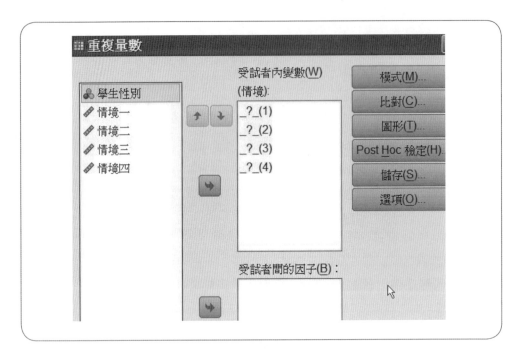

「受試者內變數 (W)」的因子為情境，「情境」因子有 4 個水準，每個水準變數尚未點選時，方格內會出現「_?_(1)」、「_?_(2)」、「_?_(3)」、「_?_(4)」。將四個水準變數點選至右邊方格中後，方格內訊息會變為「情境一 (1)」、「情境二 (2)」、「情境三 (3)」、「情境四 (4)」。

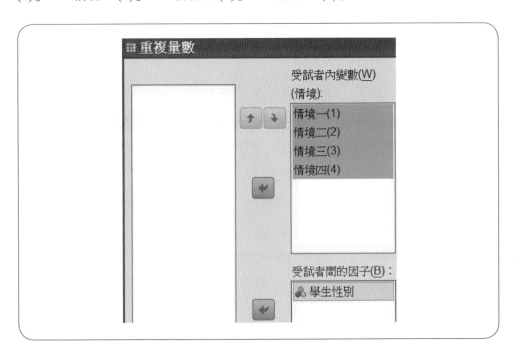

　　「重複量數」對話視窗中，「受試者內變數 (W)」下的方格為重複量數的四個水準變數，「受試者間的因子 (B)」下的方格為固定因子「學生性別」(此方格的水準群體為獨立樣本，各水準數值的觀察值互為獨立)。

　　「重複量數：選項」次對話視窗中，「顯示平均數 (M)」方格點選的為重複量數因子，勾選「☑ 比較主效果 (C)」選項可進行重複量數因子四個水準的事後比較 (B 因子主要效果的多重比較)，當交互作用項達到顯著時，重複量數因子四個水準的事後比較結果只作為參考。

「重複量數：剖面圖」次對話視窗呈現剖面圖可作為二個因子是否有交互作用的參考。

貳、二因子混合設計變異數分析報表解析

一般線性模式

受試者內因子　　測量：MEASURE_1

情境	依變數
1	情境一
2	情境二
3	情境三
4	情境四

上表為 B 因子的變數名稱及水準數，壓力情境變項為相依樣本 (設定的變數名稱為「情境」)，變數有四個水準，水準變數名稱分別為情境 1、情境 2、情境 3、情境 4，變數為受試者內因子 (Within-Subjects Factors) 設計。

受試者間因子

		數值註解	個數
學生性別	1	男生	8
	2	女生	8

上表為 A 因子學生性別的變項名稱、數值註解及有效觀察值個數，A 因子有二個水準，水準數值 1 為男生群體、水準數值 2 為女生群體，變項是獨立樣本設計，亦稱為受試者間因子 (Between-Subjects Factors) 設計。

敘述統計

	學生性別	平均數	標準離差	個數
情境一	1 男生	2.75	1.035	8
	2 女生	8.00	.756	8
	總數	5.38	2.849	16
情境二	1 男生	3.75	1.035	8
	2 女生	6.00	1.309	8
	總數	4.88	1.628	16
情境三	1 男生	3.00	.756	8
	2 女生	6.13	1.808	8
	總數	4.56	2.097	16
情境四	1 男生	6.75	.707	8
	2 女生	5.13	1.727	8
	總數	5.94	1.526	16

上表為細格及邊緣的平均數、標準差與受試者個數。男學生 (N=8) 在四種壓力情境下的學習成就平均數分別為 2.75、3.75、3.00、6.75；標準差分別為 1.04、1.04、0.76、0.71；女學生 (N=8) 在四種壓力情境下的學習成就平均數分別為 8.00、6.00、6.13、5.13；標準差分別為 0.76、1.31、1.81、1.73；全體受試者 (N=16) 在四種壓力情境下的平均數分別為 5.38、4.88、4.56、5.94。

共變量矩陣等式的 Box 檢定 [a]

Box's M	11.444
F	.781
df1	10
df2	937.052
顯著性	.648

檢定依變數的觀察共變量矩陣之虛無假設，等於交叉組別。

a. Design：截距 + 學生性別。

　受試者內設計：情境。

　　　上表為不同性別之受試者在四個依變項測量之同質性多變量檢定結果。採用的方法是 Box 法之 M 值檢定，M 值統計量等於 11.444，轉換為 F 值考驗結果，F 值統計量等於 .781，顯著性 p=.648>.05，未達顯著水準，接受虛無假設，不同性別的受試者在四個重複量數之變異數具同質性，未違反基本假設。

Mauchly 球形檢定 [b]　　　測量：MEASURE_1

受試者內效應項	Mauchly's W	近似卡方分配	df	顯著性	Epsilon[a]		
					Greenhouse-Geisser	Huynh-Feldt	下限
情境	.598	6.533	5	.259	.771	.999	.333

檢定正交化變數轉換之依變數的誤差共變量矩陣的虛無假設，是識別矩陣的一部份。

a. 可用來調整顯著性平均檢定的自由度。改過的檢定會顯示在 "Within-Subjects Effects" 表檢定中。

b. Design：截距 + 學生性別。

　受試者內設計：情境。

　　　上表為受試者在依變項得分之球面性假設的檢定，Greenhouse-Geisser 值等於 .771、Huynh-Feldt 值等於 .999 均大於 .75、 Mauchly's W 值等於 .598，轉換後的近似卡方分配值等於 6.533，p=.259>.05，未達顯著水準，應接受虛無假設，表示資料並未違反球面性的假設。

受試者內效應項的檢定　　測量：MEASURE_1

來源		型 III 平方和	df	平均平方和	F	顯著性
情境	假設為球形【A】	17.375	3	5.792	3.402	.026
	Greenhouse-Geisser	17.375	2.314	7.510	3.402	.039
	Huynh-Feldt	17.375	2.996	5.799	3.402	.026
	下限	17.375	1.000	17.375	3.402	.086
情境 * 學生性別	假設為球形【B】	99.125	3	33.042	19.409	.000
	Greenhouse-Geisser	99.125	2.314	42.845	19.409	.000
	Huynh-Feldt	99.125	2.996	33.082	19.409	.000
	下限	99.125	1.000	99.125	19.409	.001
誤差 (情境)	假設為球形	71.500	42	1.702		
	Greenhouse-Geisser	71.500	32.390	2.207		
	Huynh-Feldt	71.500	41.949	1.704		
	下限	71.500	14.000	5.107		

　　上表第一項為自變項 B 因子 (情境) 在依變項的顯著性檢定，註解【A】為 B 因子主要效果的顯著性考驗；第二項為二個自變項交互作用 (情境 * 學生性別) 的顯著性檢定結果，註解【B】為 A 因子 ×B 因子之交互作用項的顯著性考驗；第三項為組內效果的變異 (誤差項)。因為資料符合球面性的假設，因而以「假設為球形」(Sphericity Assumed) 列的資料為檢定結果的依據，如果資料違反球面性的假設，需使用矯正方法 Greenhouse-Geisser 或 Huynh-Feldt 列的數據為準。上表中二個因子交互作用項 (情境 * 學生性別) 之 F 值統計量為 19.409，顯著性 $p < .001$，達到 .05 顯著水準，表示學生性別 (A 因子) 與壓力情境 (B 因子) 在依變項的分數間有顯著的交互作用。除交互作用顯著外，B 因子的主要效果項亦達顯著，F 值統計量等於 3.402，顯著性 $p = .026 < .05$，由於交互作用顯著，因而雖然 B 因子的主要效果顯著，在結果解釋上並不具有實質意義存在。如果二個自變項的交互作用不顯著，B 因子主要效果的顯著，在結果解釋上就有其實質意義，由於其有四個水準，須進一步進行事後比較，以得知水準間差異。

　　B 因子主要效果的檢定，在考驗全體受試者在四個壓力情境下學習成就的差異，即進行全體受試者在 B 因子四個水準之相依樣本單因子變異數分析。

自變項一 \ 自變項二		B 因子 (壓力情境)			
		情境一	情境二	情境三	情境四
A 因子 學生性別	男生 a1(A=1)	$S_1......S_8$	$S_1......S_8$	$S_1......S_8$	$S_1......S_8$
	女生 a2(A=2)	$S_9......S_{16}$	$S_9......S_{16}$	$S_9......S_{16}$	$S_9......S_{16}$
	邊緣平均數	$S_1......S_8$ $S_9......S_{16}$ M = 5.38	$S_1......S_8$ $S_9......S_{16}$ M = 4.88	$S_1......S_8$ $S_9......S_{16}$ M = 4.56	$S_1......S_8$ $S_9......S_{16}$ M = 5.94

受試者間效應項的檢定：測量：MEASURE_1　　轉換的變數：均數

來源	型 III 平方和	df	平均平方和	F	顯著性
截距	1722.250	1	1722.250	2242.930	.000
學生性別	81.000	1	81.000	105.488	.000
誤差	10.750	14	.768		

　　上表為受試者間效應項的檢定 (Tests of Between-Subjects Effects)，即以學生性別為自變項，而以受試者在四個壓力情境下的得分總和為依變項，進行單因子獨立樣本的變異數分析，此為 A 因子主要效果的考驗，考驗為邊緣平均數中「$\sum S_1......S_8$」與「$\sum S_9......S_{16}$」的差異，性別變項在依變項 (學習成就) 上差異的變異數分析之 F 值統計量等於 105.488，顯著性 p<.001，經比較平均數得知，女學生的學習成就 (M=8.00+6.00+6.13+5.13=25.26) 顯著的高於男學生 (M=2.75+3.75+3.00+6.75=16.25)。由於 A 因子與 B 因子的交互作用顯著，因而 A 因子主要效果顯著在結果解釋上就不具實質意義。

自變項一 \ 自變項二		B 因子 (壓力情境)				邊緣平均數
		情境一	情境二	情境三	情境四	
A 因子 學生性別	男生 a1(A=1)	$S_1......S_8$	$S_1......S_8$	$S_1......S_8$	$S_1......S_8$	$\sum S_1......S_8$ 16.25
	女生 a2(A=2)	$S_9......S_{16}$	$S_9......S_{16}$	$S_9......S_{16}$	$S_9......S_{16}$	$\sum S_9......S_{16}$ 25.26

估計的邊緣平均數：情境　估計值

測量：**MEASURE_1**

情境	平均數	標準誤差	95% 信賴區間	
			下界	上界
1	5.375	.227	4.889	5.861
2	4.875	.295	4.242	5.508
3	4.563	.346	3.820	5.305
4	5.938	.330	5.230	6.645

　　上表為 B 因子四個水準之邊緣平均數，即全體受試者在四種壓力情境下學習成就的平均得分，其平均數分別為 5.375、4.875、4.563、5.938。

成對比較　　測量：**MEASURE_1**

(I) 情境	(J) 情境	平均差異 (I-J)	標準誤差	顯著性 [a]	差異的 95% 信賴區間 [a]	
					下界	上界
1	2	.500	.313	.133	-.172	1.172
	3	.813	.425	.076	-.098	1.723
	4	-.563	.417	.198	-1.456	.331
2	1	-.500	.313	.133	-1.172	.172
	3	.313	.474	.521	-.705	1.330
	4	-1.063*	.486	.046	-2.105	-.020
3	1	-.813	.425	.076	-1.723	.098
	2	-.313	.474	.521	-1.330	.705
	4	-1.375*	.603	.039	-2.669	-.081
4	1	.563	.417	.198	-.331	1.456
	2	1.063*	.486	.046	.020	2.105
	3	1.375*	.603	.039	.081	2.669

　　上表為 B 因子主要效果檢定中成對組的比較，即上述四個邊緣平均數間差異值的顯著性檢定，由事後比較得知，就全體受試者而言，於壓力情境四的學習環境中，其學習成就顯著的高於在壓力情境二及壓力情境三的學習環境，平均數差異值分別為 1.063、1.375，平均差異值均顯著不等於 0。

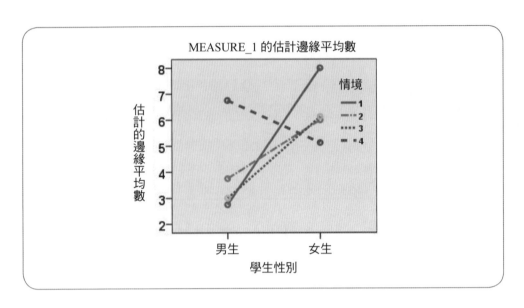

就男生群體而言，四種壓力情境平均數的高低依序為情境四 (M=6.75)、情境二 (M=3.75)、情境三 (M=3.00)、情境一 (M=2.75)；就女生群體而言，四種壓力情境平均數的高低依序為情境一 (M=8.00)、情境三 (M=6.13)、情境二 (M=6.00)、情境四 (M=5.13)。

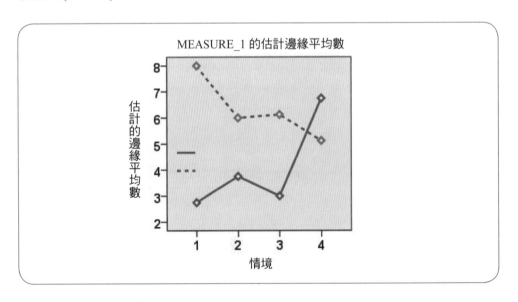

上表為二種剖面圖，即二個自變項各處理水準在學習成就得分之平均數的交互作用圖，從二個交互作用剖面圖中可以發現，學生性別與壓力情境的交互作用

顯著，以第二個圖示而言，在情境＝1、情境＝2、情境＝3水準下，女學生的學習成就的平均數均高於男學生；而在情境＝4水準下，女學生的學習成就平均數則低於男學生。

綜合以上二因子混合設計變異數分析報表，可將其摘要表整理如下：

變異來源	SS	df	MS	F
性別 SS_A	81.000	1	81.000	105.488***
壓力情境 SS_B	17.375	3	5.792	3.402*
交互作用項 SS_{AB}	99.125	3	33.042	19.409***
組內（誤差）				
受試者間 SS_S	10.750	14	.768	
殘差 SS_R	71.500	42	1.702	
全體 Total		63		

由於學生性別與壓力情境二個自變項的交互作用顯著 (F=19.409***)，因而進一步進行單純主要效果檢定。

參、單純主要效果檢定

➜ 一、A 因子獨立樣本單純主要效果檢定

A 因子學生性別獨立樣本單純主要效果檢定，主要在檢定下列四個項目：

1. 在壓力情境一中，不同性別的受試者其學習成就是否有所不同？
2. 在壓力情境二中，不同性別的受試者其學習成就是否有所不同？
3. 在壓力情境三中，不同性別的受試者其學習成就是否有所不同？
4. 在壓力情境四中，不同性別的受試者其學習成就是否有所不同？

其圖示如下：

自變項一	自變項二	情境一	情境二	情境三	情境四
A 因子 學生性別	男生 a1(A=1)	$S_1......S_8$	$S_1......S_8$	$S_1......S_8$	$S_1......S_8$
	女生 a2(A=2)	$S_9......S_{16}$	$S_9......S_{16}$	$S_9......S_{16}$	$S_9......S_{16}$

在壓力情境一水準下，學生性別因子變數二個水準群體平均數的差異比較。

自變項一	自變項二	B 因子 (壓力情境)			
		情境一	情境二	情境三	情境四
A 因子	男生 a1(A=1)	$S_1......S_8$	$S_1......S_8$	$S_1......S_8$	$S_1......S_8$
學生性別	女生 a2(A=2)	$S_9......S_{16}$	$S_9......S_{16}$	$S_9......S_{16}$	$S_9......S_{16}$

在壓力情境二水準下，學生性別因子變數二個水準群體平均數的差異比較。

自變項一	自變項二	B 因子 (壓力情境)			
		情境一	情境二	情境三	情境四
A 因子	男生 a1(A=1)	$S_1......S_8$	$S_1......S_8$	$S_1......S_8$	$S_1......S_8$
學生性別	女生 a2(A=2)	$S_9......S_{16}$	$S_9......S_{16}$	$S_9......S_{16}$	$S_9......S_{16}$

在壓力情境三水準下，學生性別因子變數二個水準群體平均數的差異比較。

自變項一	自變項二	B 因子 (壓力情境)			
		情境一	情境二	情境三	情境四
A 因子	男生 a1(A=1)	$S_1......S_8$	$S_1......S_8$	$S_1......S_8$	$S_1......S_8$
學生性別	女生 a2(A=2)	$S_9......S_{16}$	$S_9......S_{16}$	$S_9......S_{16}$	$S_9......S_{16}$

在壓力情境四水準下，學生性別因子變數二個水準群體平均數的差異比較。

對 A 因子學生性別而言，是根據受試者在四個壓力情境下求出其學習成就的差異，探究問題即是不同壓力情境下，不同性別的受試者其學習成就是否有所不同，其中自變項為「學生性別」、依變項為四個壓力情境下的學習成就。

單純主要效果的操作程序如下：

分析 (Analyze)

比較平均數法 (Compare Means)

單因子變異數分析 (One-Way ANOVA)

將 B 因子四個水準變項情境一、情境二、情境三、情境四選入右邊「依變數清單」(Dependent List Variable) 下的方格中

將 A 因子學生性別「sex」選入中間「因子」(Factor) 下的方格中

按『選項』(Option) 鈕

勾選「描述性統計量」

按『繼續』鈕

按『確定』鈕

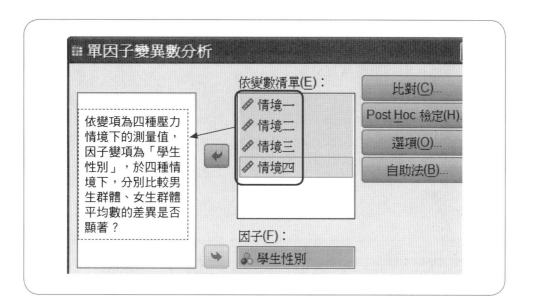

○ 二、B 因子相依樣本單純主要效果檢定

	自變項二	B 因子 (壓力情境)			
自變項一		情境一	情境二	情境三	情境四
A 因子	男生 a1(A=1)	$S_1......S_8$	$S_1......S_8$	$S_1......S_8$	$S_1......S_8$
學生性別	女生 a2(A=2)	$S_9......S_{16}$	$S_9......S_{16}$	$S_9......S_{16}$	$S_9......S_{16}$

就男生群體而言 (全部觀察值為學生性別因子變數水準數值為 1 者)，四種壓力情境下平均數差異的顯著考驗。

	自變項二	B 因子 (壓力情境)			
自變項一		情境一	情境二	情境三	情境四
A 因子	男生 a1(A=1)	$S_1......S_8$	$S_1......S_8$	$S_1......S_8$	$S_1......S_8$
學生性別	女生 a2(A=2)	$S_9......S_{16}$	$S_9......S_{16}$	$S_9......S_{16}$	$S_9......S_{16}$

就女生群體而言 (全部觀察值為學生性別因子變數水準數值為 2 者)，四種

壓力情境下平均數差異的顯著考驗。

　　B 因子相依樣本單純主要效果檢定的表示如上，由上表中，可以發現，其檢定主要在考驗在男生群體中，不同壓力情境下的學習其學習成就是否有所不同；在女生群體中，不同壓力情境下的學習其學習成就是否有所不同，即將學生性別的二個水準分開來，分別進行相依樣本的變異數分析。其操作程序如下：

(一) 依學生性別變項將檔案分割

資料 (Data) →分割檔案 (Split File) →出現「分割檔案」對話視窗，勾選「⊙依組別組織輸出」(Organize output by groups)，將目標清單中的「學生性別 [sex] 變項」選入右邊「以組別為準」(Groups Based on) 下的方格中，按『確定』(OK) 鈕

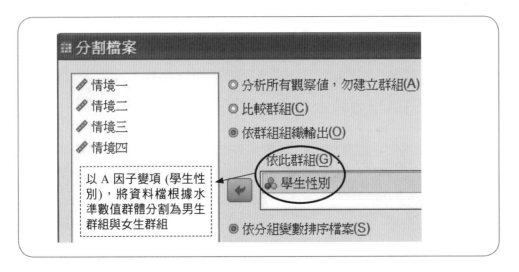

(二) 執行 B 因子相依樣本變異數分析

分析 (Analyze) →一般線性模式 (General Linear Model) →重複量數 (Repeated Measures) →出現「重複量數定義因子」(Repeated Measures Define Factors) 對話視窗，在「受試者內因子的名稱」(Within-Subject Factor Name) 後的方格輸入 B 因子自變項名稱「情境」，在「水準個數」(Number of Levels)

後之方格輸入 B 因子的水準數「4」→按『新增』(Add) 鈕→按『定義』
(Define) 鈕，出現「重複量數」(Repeated Measure) 對話視窗，分別選取左
邊清單變項中的情境 1、情境 2、情境 3、情境 4 變項移至右邊「受試者內
變數」(Within-Subjects Variables) 方格中→按『選項』(Options...) 鈕，出現
「重複量數：選項」次對話視窗，點選目標清單自變項「情境」至「顯示
平均數」(Display Means for) 下的方盒中，勾選「比較主效應」(Compare
main effects)，信賴區間調整下的選單，選取內定的「最小平方差異」(LSD
法)，以進行事後比較，在「顯示」方盒中勾選「敘述統計」→按『繼續』
(Continue) 鈕，回到「重複量數」對話視窗→按『確定』(OK) 鈕。

⊃ 三、單純主要效果檢定之報表解析

(一) A 因子性別單純主要效果檢定

描述性統計量

		個數	平均數	標準差	標準誤	平均數的 95%信賴區間 下界	上界	最小值	最大值
情境一	1 男生	8	2.75	1.035	.366	1.88	3.62	2	5
	2 女生	8	8.00	.756	.267	7.37	8.63	7	9
	總和	16	5.38	2.849	.712	3.86	6.89	2	9
情境二	1 男生	8	3.75	1.035	.366	2.88	4.62	2	5
	2 女生	8	6.00	1.309	.463	4.91	7.09	4	8
	總和	16	4.88	1.628	.407	4.01	5.74	2	8
情境三	1 男生	8	3.00	.756	.267	2.37	3.63	2	4
	2 女生	8	6.13	1.808	.639	4.61	7.64	3	9
	總和	16	4.56	2.097	.524	3.45	5.68	2	9
情境四	1 男生	8	6.75	.707	.250	6.16	7.34	6	8
	2 女生	8	5.13	1.727	.611	3.68	6.57	2	7
	總和	16	5.94	1.526	.382	5.12	6.75	2	8

　　上表為不同性別受試者在四種壓力情境中之描述性統計量，包括個數
(N)、平均數 (Mean)、標準差 (Std. Deviation)、標準誤 (Std. Error)、平均數的

95% 信賴區間 (95% Confidence Interval for Mean)、最小值 (Minimum)、最大值 (Maximum)。就情境一而言，男生群體、女生群體的平均數分別為 2.75、8.00；就情境二而言，男生群體、女生群體的平均數分別為 3.75、6.00；就情境三而言，男生群體、女生群體的平均數分別為 3.00、6.13；就情境四而言，男生群體、女生群體的平均數分別為 6.75、5.13。

ANOVA

		平方和	自由度	平均平方和	F	顯著性
情境一	組間	110.250	1	110.250	134.217	.000
	組內	11.500	14	.821		
	總和	121.750	15			
情境二	組間	20.250	1	20.250	14.538	.002
	組內	19.500	14	1.393		
	總和	39.750	15			
情境三	組間	39.063	1	39.063	20.349	.000
	組內	26.875	14	1.920		
	總和	65.938	15			
情境四	組間	10.563	1	10.563	6.067	.027
	組內	24.375	14	1.741		
	總和	34.938	15			

上表為不同性別受試者在四個依變項上之單純主要效果的顯著性檢定結果，由此表中得知：

(1) 不同性別的受試者在壓力情境一的狀態中其學習成就有顯著差異，F 值統計量等於 134.217，顯著性 $p<.001$，經比較平均數得知：在壓力情境一的學習狀態下，女學生 (M=8.00) 的學習成就顯著的優於男學生 (M=2.75)。

(2) 不同性別的受試者在壓力情境二的狀態中其學習成就有顯著差異，F 值統計量等於 14.538，顯著性 $p=.002<.05$，經比較平均數得知：在壓力情境二的學習狀態下，女學生 (M=6.00) 的學習成就顯著的優於男學生 (M=3.75)。

(3) 不同性別的受試者在壓力情境三的狀態中其學習成就有顯著差異，F 值統計量等於 20.349，顯著性 $p<.001$，經比較平均數得知：在壓力

情境三的學習狀態下，女學生 (M=6.13) 的學習成就顯著的優於男學生 (M=3.00)。

(4) 不同性別的受試者在壓力情境四的狀態中其學習成就有顯著差異，F 值統計量等於 6.067，顯著性 p=.027<.05，經比較平均數得知：在壓力情境四的學習狀態下，男學生 (M=6.75) 的學習成就反而顯著的優於女學生 (M=5.13)。

(二) B 因子壓力情境單純主要效果檢定

1. 學生性別 = 男生

敘述統計 [a]

	平均數	標準差	個數
情境一	2.75	1.035	8
情境二	3.75	1.035	8
情境三	3.00	.756	8
情境四	6.75	.707	8

a. 學生性別 = 1 男生。

上表為男生群體在壓力情境四個水準之學習成就平均數 (Mean)、標準差 (Std. Deviation)、個數 (N)。單因子相依樣本變異數分析即在檢定這四個平均數間之差異是否達到顯著，其分析的受試者為男生群體而非全部的受試者，納入統計分析的觀察值中未包含女生受試者。

受試者內效應項的檢定 (a)　　測量：MEASURE_1

來源		型 III 平方和	自由度	平均平方和	F 檢定	顯著性
情境	假設為球形	81.375	3	27.125	33.263	.000
	Greenhouse-Geisser	81.375	2.428	33.510	33.263	.000
	Huynh-Feldt 值	81.375	3.000	27.125	33.263	.000
	下限	81.375	1.000	81.375	33.263	.001
誤差 (情境)	假設為球形	17.125	21	.815		
	Greenhouse-Geisser	17.125	16.999	1.007		
	Huynh-Feldt 值	17.125	21.000	.815		
	下限	17.125	7.000	2.446		
A 學生性別 = 男生						

上表為受試者內效應項的檢定 (Tests of Within-Subjects Effects)。即男生群體中相依樣本的單因子變異數分析結果。由此表可知，未違反球面性假設下，SS=81.375、df=3、MS=27.125、F 值統計量為 33.263、顯著性 p<.001，達到顯著水準。表示八位男生的受試者在不同壓力情境中學習，其學習成就有顯著差異，因為 B 因子 (壓力情境) 有四個水準，所以應進一步進行事後比較，以得知成對水準間的差異。

成對比較 [b]　　　測量：MEASURE_1

(I) 情境	(J) 情境	平均差異 (I-J)	標準誤差	顯著性 [a]	差異的 95% 信賴區間 [a]	
					下界	上界
1	2	-1.000[*]	.327	.018	-1.774	-.226
	3	-.250	.453	.598	-1.322	.822
	4	-4.000[*]	.500	.000	-5.182	-2.818
2	1	1.000[*]	.327	.018	.226	1.774
	3	.750	.491	.170	-.411	1.911
	4	-3.000[*]	.500	.001	-4.182	-1.818
3	1	.250	.453	.598	-.822	1.322
	2	-.750	.491	.170	-1.911	.411
	4	-3.750[*]	.412	.000	-4.724	-2.776
4	1	4.000[*]	.500	.000	2.818	5.182
	2	3.000[*]	.500	.001	1.818	4.182
	3	3.750[*]	.412	.000	2.776	4.724

上表為採用最小平方差異法 (LSD 法) 之事後比較結果，就男性受試者而言，在壓力情境二狀態的學習其學習成就 (M=3.75) 顯著的優於壓力情境一的狀態 (M=2.75)，平均差異值為 1.000；而在壓力情境四狀態下的學習其學習成就 (M=6.75) 皆顯著的優於在壓力情境一 (M=2.75)、壓力情境二 (M=3.75)、壓力情境三 (M=3.00) 學習的學習成就，平均差異值分別為 4.000、3.000、3.750，這些平均差異值均顯著不等於 0。可見就男生受試者來看，在壓力情境四狀態下的學習其學習成就最高，而於壓力情境一狀態下的學習其學習成就最低。

2. 學生性別 = 女生

敘述統計 [a]

	平均數	標準差	個數
情境一	8.00	.756	8
情境二	6.00	1.309	8
情境三	6.13	1.808	8
情境四	5.13	1.727	8

a. 學生性別 = 2 女生。

　　上表為女生群體在壓力情境四個水準之學習成就平均數 (Mean)、標準差 (Std. Deviation)、個數 (N)。單因子相依樣本變異數分析即在檢定這四個平均數間之差異是否達到顯著，其分析的受試者為女生群體而非全部的受試者。就女生群體而言，在四種不同壓力情境學習，其學習成就的平均數分別為 8.00、6.00、6.13、5.13。

Mauchly 球形檢定 [b,c]　　測量：MEASURE_1

受試者內效應項	Mauchly's W	近似卡方分配	df	顯著性	Epsilon[a] Greenhouse-Geisser	Huynh-Feldt	下限
情境	.406	5.164	5	.402	.656	.910	.333

b. 學生性別 = 2 女生。

c. Design：截距；受試者內設計：情境。

　　上表為 Mauchly 球形檢定，卡方值統計量等於 5.164，顯著性 p=.402>.05，應接受虛無假設，表示未違返球面性的假設。

受試者內效應項的檢定 [a]　　測量：MEASURE_1

來源		型 III 平方和	df	平均平方和	F	顯著性
情境	假設為球形	35.125	3	11.708	4.522	.013
	Greenhouse-Geisser	35.125	1.968	17.851	4.522	.031
	Huynh-Feldt	35.125	2.731	12.864	4.522	.017
	下限	35.125	1.000	35.125	4.522	.071
誤差 (情境)	假設為球形	54.375	21	2.589		
	Greenhouse-Geisser	54.375	13.773	3.948		
	Huynh-Feldt	54.375	19.114	2.845		
	下限	54.375	7.000	7.768		

a. 學生性別 = 2 女生。

上表為受試者內效應項的檢定 (Tests of Within-Subjects Effects)。即女生群體中相依樣本的單因子變異數分析結果。由此表可知，未違反球面性假設下，SS=35.125、df=3、MS=11.708、整體平均數差異顯著性統計量 F 值為 4.522、顯著性 p=.013<.05，達到顯著水準。表示八位男生的受試者在不同壓力情境中學習，其學習成就有顯著差異，因而 B 因子 (壓力情境) 有四個水準，所以應進一步進行事後比較，以得知成對水準間的差異。

成對比較 [b]   測量：**MEASURE_1**

(I) 情境	(J) 情境	平均差異 (I-J)	標準誤差	顯著性 [a]	差異的 95% 信賴區間 [a] 下界	上界
1	2	2.000[*]	.535	.007	.736	3.264
	3	1.875[*]	.718	.035	.177	3.573
	4	2.875[*]	.666	.004	1.299	4.451
2	1	-2.000[*]	.535	.007	-3.264	-.736
	3	-.125	.811	.882	-2.044	1.794
	4	.875	.833	.329	-1.095	2.845
3	1	-1.875[*]	.718	.035	-3.573	-.177
	2	.125	.811	.882	-1.794	2.044
	4	1.000	1.134	.407	-1.681	3.681
4	1	-2.875[*]	.666	.004	-4.451	-1.299
	2	-.875	.833	.329	-2.845	1.095
	3	-1.000	1.134	.407	-3.681	1.681

上表為採用最小平方差異法 (LSD 法) 之事後比較結果，就女性受試者而言，在壓力情境一狀態下的學習其學習成就 (M=8.00) 皆顯著的優於在壓力情境二 (M=6.00)、壓力情境三 (M=6.13)、壓力情境四 (M=5.13) 學習的學習成就，平均差異值分別為 2.000、1.875、2.875，平均數差異值均顯著不等於 0。可見就女生受試者而言，在壓力情境一狀態下的學習其學習成就最高。

⊃ 四、單純主要效果檢定的報表整理

綜合上述單純主要效果顯著性檢定報表，可將其結果整理成如下：

【表格範例】

1. 描述統計量

	自變項二	B 因子 (壓力情境)				
自變項一		情境一	情境二	情境三	情境四	邊緣平均數
A 因子 學生性別	男生 a1(N=8)	2.75 (1.04)	3.75 (1.04)	3.00 (0.76)	6.75 (0.71)	16.55 (1.75)
	女生 a2(N=8)	8.00 (0.76)	6.00 (1.31)	6.13 (1.81)	5.13 (1.73)	25.26 (1.75)
	邊緣平均數	5.38 (2.85)	4.88 (1.63)	4.56 (2.10)	5.94 (1.53)	20.75 (4.94)

註：細格內的數字為平均數，括號內的數字為其標準差。

2. 單純主要效果檢定之變異數分析摘要表

變異來源	SS	Df	MS	F 值	事後比較
性別 (A 因子)					
在壓力情境一 b1	110.250	1	110.250	134.217***	女 > 男
在壓力情境二 b2	20.250	1	20.250	14.538**	女 > 男
在壓力情境三 b3	39.063	1	39.063	20.349***	女 > 男
在壓力情境四 b4	10.563	1	10.563	6.067*	男 > 女
壓力情境 (B 因子)					
在男生 (a1)	81.375	3	27.125	33.263***	d>a；d>b；d>c b>a
在女生 (a2)	35.125	3	11.708	4.522*	a>b；a>c；a>d

註：* p<.05　**p<.01　*** p<.001
　　a 表壓力情境一；b 表壓力情境二；c 表壓力情境三；d 表壓力情境四。

由上述單純主要效果顯著性的檢定結果可以得知：

1. 就壓力情境而言，在壓力情境一、壓力情境二、壓力情境三的學習狀態下，女學生的學習成就均顯著的優於男學生；但就壓力情境四的學習狀態而言，男學生的學習成就 (M=6.75) 反而優於女學生 (M=5.13)，可見於壓力情境四的學習狀態較適合男學生的學習。

2. 就性別變項而言，在男學生的群體中，在壓力情境四的學習狀態下，其

學習成就 (M=6.75) 均顯著的優於在壓力情境一 (M=2.75)、壓力情境二 (M=3.75)、壓力情境三 (M=3.00) 狀態下的學習；而在壓力情境二的學習狀態中，其學習成就 (M=3.75) 也顯著的優於在壓力情境一 (M=2.75) 的學習。

3. 在女學生的群體中，在壓力情境一的學習狀態下，其學習成就 (M=8.00) 均顯著的優於在壓力情境二 (M=6.00)、壓力情境三 (M=6.13)、壓力情境四 (M=5.13) 狀態下的學習。

在二因子相依樣本變異數分析摘要表及單純主要效果檢定變異數摘要表，可以發現離均差平方和 (SS) 有以下關係存在：

SS_A =81.000、SS_B =13.375、SS_{AB} =99.125

SS_A 在 b1=110.250、SS_A 在 b2=20.250、SS_A 在 b3=39.063、SS_A 在 b4=10.563

SS_B 在 a1=81.375、SS_B 在 a2=35.125

其中離均差的拆解如下：

(1) SS_A+SS_{AB} =SS_A 在 b1+SS_A 在 b2+SS_A 在 b3+SS_A 在 b4

81.000+99.125=180.0125=110.250+20.250+39.063+10.563

(2) SS_B +SS_{AB} =SS_B 在 a1+SS_B 在 a2

13.375+99.125=116.500=81.375+35.125

誤差項變異數如下：

SS_S =10.750、SS_R =71.500

SS_W 在 b1=11.500、SS_W 在 b2=19.500、SS_W 在 b3=26.875、SS_W 在 b4=24.375

SS_W 在 a1=17.125、SS_W 在 a2=54.375

總誤差項 = SS_S+SS_R =10.750+71.500 = 82.25

= SS_W 在 b1+SS_W 在 b2+SS_W 在 b3+SS_W 在 b4 = 24.375

=11.500+19.500+26.875+24.375

殘差值 (residual) SS_R =71.500= SS_W 在 a1+SS_W 在 a2

=17.125+54.375

第 **13** 章

交互作用項迴歸分析

　　在二因子變異數分析，探討的是二個因子對依變項的影響，如果交互作用顯著，表示一個因子對依變項的影響程度也會受到另一個自變項因子的影響。如根據經驗法則或相關文獻發現：成年人經濟壓力感受的程度與其憂鬱傾向間有顯著關係，成年人感受愈高的經濟壓力愈大，憂鬱傾向愈大，但此種關係卻因當事者人格特質的不同而不同，不同人格特質的群體，經濟壓力變項與憂鬱傾向變項的關係並未有一致的結果，若以經濟壓力變數為自變項、憂鬱傾向為效標變項進行複迴歸分析，則不同人格特質群體所得出迴歸線的係數顯著不相等，迴歸線間並非互相平行，此種結果顯示人格特質變數於經濟壓力變數對憂鬱傾向變數的迴歸分析具有調節變項 (moderator) 的效果。

　　調節變項與中介變項 (mediator) 不同，中介變項指的是變數於徑路分析圖中同時具有解釋變項與效標變項的性質，自變項對效標變項的影響除有直接效果外，也可能藉由中介變項來影響效標變項，此種影響路徑稱為間接效果。至於調節變項則是於多群組路徑分析模型中，驗證路徑分析 (path analysis) 模型圖是否跨群組 (若調節變項為間斷變數) 效度的特性，如果沒有 (多群組模型適配度無法獲得支持)，則不同群組之迴歸係數顯著不相等，間斷變數具有調節迴歸或路徑模型的作用。

　　交互作用迴歸分析 (interaction regression analysis) 又稱「調節作用迴歸分析」(moderated regression analysis)，其目的在於解釋或探討一個以上預測變項對於一個效標變項的關係，是如何受到其它自變項所影響，其中自變項與依變項必須是連續變項，自變項如果是類別變項則必須轉化為虛擬變項。在交互作用迴歸分析時，由於交互作用項或乘積項通常都是由二個預測變項的相互乘積所形成的新變項，原先的二個自變項與相互乘積項變項間會有很高的相關，因而容易形成多元共線性問題。多元共線性會影響到這二個預測變項對應的迴歸係數之標準誤，使得原本重要的預測變項，由於相對應的標準誤變大，無法達到統計上的顯著水準，而被排除於迴歸方程式外。在交互作用迴歸分析中，為解決多元共線性問題，統計學家建議最好採用「離均差化」(centering) 法來克服。所謂「離均差化」是將預測變項的觀察值與其平均值相減，再以二個預測變項的「離均差化」值相乘，以形成所謂的交互作用項變項 (Cronbach, 1987；王國川，民 93)。

　　以下述二個自變項 (均為連續變項) X_1、X_2 為例，預測變項 X_1 的平均數為 M_1、預測變項 X_2 的平均數為 M_2，所形成的交互作用項為：$(X_1 - M_1) \times (X_2 - $

M_2)。如果 X_1 為連續變項，而 X_2 為二分類別變項 (建檔時為 0,1)，則形成的交互作用項不用採用「離均差化」的方法，其交互作用項等於連續變項與虛擬變項的相乘積：$X_1 \times X_2$，此種交互作用迴歸分析也稱為「混合變項交互作用迴歸分析」。使用交互作用迴歸分析時，研究者最好根據相關理論或先前多元線性迴歸或變異數分析的資訊，藉以說明二個預測變項所形成的交互作用項可能對依變項所造成的影響，其重點在於探討交互作用項對效標變項的解釋或預測。

假設 Y 為依變項、X_1 為預測變項、X_2 為調節變項，$X_1 \times X_2$ 為交互作用項，交互作用迴歸分析的原始迴歸方程式如下：

$\hat{Y} = b_0 + b_1X_1 + b_2X_2 + b_3X_1X_2 = b_0 + b_2X_2 + (b_1 + b_3X_2)X_1$，其中 X_1 變項對 Y 變數的影響並不是單純由 b_1 反應，由右邊迴歸方程式中的 $(b_1 + b_3X_2)X_1$ 運算式可以看出，預測變項 X_1 對 Y 變數的影響除 b_1 反應外，也包括 b_3X_2 的反應，因而 X_1 變項對 Y 依變項的影響是由 $(b_1 + b_3X_2)$ 產生，$(b_1 + b_3X_2)$ 就是 X_1 變項對 Y 依變項迴歸模式中的調節效果。當 X_2 為 0 時，$(b_1 + b_3X_2)$ 的數值為 0，表示 X_1 自變項預測 Y 依變項的斜率仍為 b_1，迴歸模式中沒有調節變項；當 X_2 為 1 時，$(b_1 + b_3X_2)$ 的數值為 $b_1 + b_3$，表示 X_1 自變項預測 Y 依變項的斜率為 $b_1 + b_3$；當 X_2 為 -1 時，$(b_1 + b_3X_2)$ 的數值為 $b_1 - b_3$，表示 X_1 自變項預測 Y 依變項的斜率為 $b_1 - b_3$，若是斜率 b_3 的數值或強度很小，表示 X_2 變項對 X_1 自變項預測 Y 依變項之斜率變化影響情形不大，調節變項的影響很微弱，如果斜率 b_3 估計值未達 .05 顯著水準，表示 X_2 變項沒有顯著的影響作用，於迴歸分析中的調節效果不顯著。至於 $(b_1 + b_3X_2)$ 調節效果大小是否達到統計上的顯著水準，必須經由 t 檢定加以考驗分析 (王國川，民 93；邱皓政，民 99)。

範例資料中包含虛擬變項及計量預測變項，迴歸模式的依變項為薪資所得 (以符號 Y 表示)，自變項為工作經驗年資 (變數名稱簡稱為工作年資，以符號 X 表示)、虛變變項為觀察值的性別 (以符號 D 表示)，性別變數中水準數值 0 為女生群體、水準數值 1 為男生群體。

薪資所得	工作年資	性別	性別乘年資	薪資所得	工作年資	性別	性別乘年資
31	0	0	0	44	3	1	3
32	0	0	0	46	4	1	4
33	1	0	0	43	4	1	4
34	1	0	0	45	4	1	4
33	2	0	0	47	4	1	4
40	2	0	0	44	5	1	5
39	3	0	0	34	5	1	5
51	3	0	0	46	6	1	6
54	3	0	0	51	7	1	7
38	4	0	0	47	7	1	7
39	4	0	0	50	8	1	8
43	4	0	0	51	8	1	8
37	5	0	0	51	9	1	9
39	5	0	0	51	9	1	9
41	6	0	0	54	10	1	10
41	6	0	0	63	10	1	10
42	7	0	0	56	12	1	12
46	9	0	0	58	13	1	13
49	12	0	0	58	14	1	14
54	15	0	0	59	14	1	14
30	1	1	1	58	14	1	14
34	2	1	2	66	17	1	17
42	2	1	2	67	19	1	19
36	2	1	2	59	20	1	20
43	3	1	3	64	22	1	22

資料來源：Warner, 2008, p.468

　　迴歸方程式如下 (Warner, 2008, pp.490-495)：

　　$\hat{Y} = b_0 + b_1 D + b_2 K$，其中 b_1 是虛擬變項 D (性別) 的迴歸係數、b_2 為工作年資 (X) 的迴歸係數，若是性別變項的水準數值編碼為 0、1，迴歸係數 b_1 表示的是男生群體與女生群體在薪資所得平均數的差異。由於迴歸方程式中增列計量變數工作年資，因而迴歸方程式顯示的是統計控制計量變數工作經驗年資的差別影響後，二個群組在薪資所得平均數的差異是否達到顯著。

　　包含交互作用項「性別 × 工作年資」(D×X)，「性別 × 工作年資」產生

的交互作用項之變數名稱稱為「性別乘年資」。以「性別」(D)、「工作年資」(X)、「性別乘年資」三個自變項預測「薪資所得」(Y) 效標變數的迴歸方程式如下：

$$\hat{Y} = b_0 + b_1 D + b_2 X + b_3 (D \times X)$$
薪資所得 $= b_0 + b_1 \times$ 性別 $+ b_2 \times$ 工作年資 $+ b_3 \times$ 性別乘年資

迴歸方程式中的估計值 b_0 為截距項 (常數項)、b_1 為性別自變項的迴歸係數、b_2 為工作年資經驗自變項的迴歸係數、b_3 為「性別乘年資」交互作用項的迴歸係數。如果交互作用項「性別乘年資」變數的迴歸係數 達到 .05 顯著水準，表示調整了「工作經驗年資」預測變項的影響後，不同性別的觀察值群體對於「薪資所得」依變項有不同的預測作用。虛擬變項 (D) 的水準數值編碼中，女生群體編碼為 0 (D=0)，男生群體編碼為 1 (D=1)，二個群體的迴歸方程式為：

女生群體：$\hat{Y} = b_0 + b_2 X$
男生群體：$\hat{Y} = (b_0 + b_1) + (b_2 + b_3) X$

當以計量變數 X (工作年資) 預測依變項 Y (薪資所得) 所得最適配迴歸之二條迴歸直線各有不同截距與斜率，女生群體、男生群體的截距項分別為 b_0、$(b_0 + b_1)$，如果 b_1 參數達到統計上顯著，則男生群體、女生群體於迴歸線上截距項便有顯著不同；女生群體、男生群體的斜率分別為 b_2、$(b_2 + b_3)$，若是 b_3 參數達到統計上顯著，則男生群體與女生群體分別以計量變數 X 預測效標變項 Y 所得的迴歸線斜率也有顯著差異 (二個迴歸線的斜率顯著不相等)，如果 b_3 參數達到統計上顯著，也有可能是性別與工作年資構成的交互作用項變項對效標變項 Y 有顯著的預測力。

以「性別」、「工作年資」、「性別乘年資」交互作用項作為預測變項，以「薪資所得」為效標變項進行複迴歸分析所得結果如下：

迴歸

模式摘要

模式	R	R 平方	調過後的 R 平方	估計的標準誤
1	.882[a]	.778	.764	4.740

a. 預測變數：(常數)，性別乘年資，性別，工作年資。

三個預測變項共可解釋效標項「薪資所得」77.8% 的解釋變異量 (R^2)，調整後的 R^2 為 .764。

Anova[b]

模式		平方和	df	平均平方和	F	顯著性
1	迴歸	3624.141	3	1208.047	53.770	.000[a]
	殘差	1033.479	46	22.467		
	總數	4657.620	49			

a. 預測變數：(常數)，性別乘年資，性別，工作年資。
b. 依變數：薪資所得。

整體迴歸係數顯著性考驗的 F 值統計量為 53.770，顯著性 p<.001，表示迴歸方程式中三個迴歸係數至少有一個迴歸係數不等於 0 (或至少有一個自變項的預測力達到 .05 顯著水準)，即觀察值的薪資所得至少受到其性別、工作經驗年資或二者構成的交互作用項等變項之一所影響。

係數[a]

模式		未標準化係數		標準化係數			相關		
		B 之估計值	標準誤差	Beta 分配	t	顯著性	零階	偏	部分
1	(常數)	35.117	1.675		20.970	.000			
	工作年資	1.236	.282	.692	4.383	.000	.866	.543	.304
	性別	1.936	2.289	.098	.846	.402	.462	.124	.059
	性別乘年資	.258	.320	.164	.808	.423	.816	.118	.056

a. 依變數：薪資所得。

根據迴歸係數摘要表，可以求出整體群組的迴歸方程式：

薪資所得 $= b_0 + b_1 \times$ 性別 $+ b_2 \times$ 工作年資 $+ b_3 \times$ 性別乘年資
薪資所得 $= 35.117 + 1.936 \times$ 性別 $+ 1.236 \times$ 工作年資 $+ 0.258 \times$ 性別乘年資

再根據性別虛擬變項的水準數值編碼，可以求出二個群體的迴歸方程式：

女生群體：性別變項之水準數值 $= 0$、性別乘年資變項 $= 0$
薪資所得$_{女生} = b_0 + b_1 \times 0 + b_2 \times$ 工作年資 $+ b_3 \times (0 \times$ 工作年資 $) = b_0 + b_2 \times$ 工作年資

薪資所得$_{女生}$ = 35.117 + 1.236 × 工作年資，就女生群體而言，工作年資為 0 年時，起薪為 35.117。

男生群體：性別變項之水準數值 = 1、性別乘年資變項 = 工作年資
薪資所得$_{男生}$ = b_0 + b_1 × 1 + b_2 × 工作年資 + b_3 ×(1× 工作年資) = b_0 + b_1 + (b_2 + b_3) × 工作年資
薪資所得$_{男生}$ = 35.117 + 1.936 + (1.236 + 0.258) × 工作年資
薪資所得$_{男生}$ = 37.053 + 1.494 × 工作年資，就男生群體而言，工作年資為 0 年時，起薪為 37.053。

從性別與工作年資交互作用項變數「性別乘年資」來看，交互作用項變數的斜率未達 .05 顯著水準，斜率參數 b = .258，t(46) 值統計量等於 .808，顯著性 p=.423>.05，因為交互作用項變數的迴歸係數顯著等於 0，沒有必要將男生群體、女生群體分開分析，使用不同斜率方程作為工作年資預測薪資所得是沒有實質意義的，將交互作用的影響排除，只討論主要效果 (main effects) 項的影響，新的迴歸方程如下：薪資所得 = b_0 + b_1 × 工作年資 + b_2 × 性別

模式摘要

模式	R	R 平方	調過後的 R 平方	估計的標準誤
1	.880[a]	.775	.765	4.722

a. 預測變數：(常數)，性別乘年資，性別，工作年資。

「性別」與「工作年資」二個自變項可以解釋「薪資所得」依變項 77.5% 的變異量。

係數 [a]

模式		未標準化係數 B 之估計值	標準誤差	標準化係數 Beta 分配	t	顯著性	相關 零階	偏	部分
1	(常數)	34.193	1.220		28.038	.000			
	工作年資	1.436	.133	.804	10.830	.000	.866	.845	.749
	性別	3.355	1.463	.170	2.293	.026	.462	.317	.159

a. 依變數：薪資所得。

　　根據迴歸係數摘要表，迴歸方程式為薪資所得 = 34.193 + 1.436 × 工作年資 + 3.355 × 性別，「性別」與「工作年資」二個預測變項的迴歸係數均達顯著(二個迴歸係數均顯著不等於 0)，控制工作經驗年資後，以性別變數預測薪資所得的迴歸係數 b_2 = 3.355，迴歸係數顯著性檢定 t(47) = 2.293，顯著性 p=.026<.05，半淨相關係數 (部分相關係數) 的平方 sr^2 = $(.159)^2$ = .025；相對的，控制性別變數後，以工作年資變數預測薪資所得的迴歸係數 b_2 = 1.436，迴歸係數顯著性檢定 t(47) = 10.830，顯著性 p<.001，半淨相關係數 (部分相關係數) 的平方 sr^2 = $(.749)^2$ = .561，表示控制工作經驗年資後，可以解釋部分性別在薪資所得的差異，但無法完全解釋性別在薪資所得的差異；考量工作經驗年資對薪資所得的解釋後，每一單位年資經驗而言，男生群體比女生群體的薪資所得高出 3.355，與工作經驗年資相較之下，性別變數的解釋變異比例較小，工作經驗年資變數約可解釋「薪資所得」變項 56.1% 的變異量 (影響效果為強度)，「性別」變數約只可以解釋 2.5% 的變異量。

　　性別與工作年資乘積項的交互作用不顯著，表示就男生群體、女生群體二個群組分開來看，以「工作年資」自變項預測「薪資所得」依變項迴歸線是互相平行的，工作年資變數中觀察值每增加一年的工作經驗年資導致的薪資所得增加並沒有性別差異存在，性別二個水準群體建立的迴歸線斜率沒有顯著差異，然而從迴歸方程式中排除交互作用項變數後，以「性別」及「工作年資」變數來預測「薪資所得」卻明顯指出性別變項於薪資所得平均數有顯著差異存在，此種情形表示二個群體之二條迴歸線有相同的斜率，但卻有不同的截距項常數。

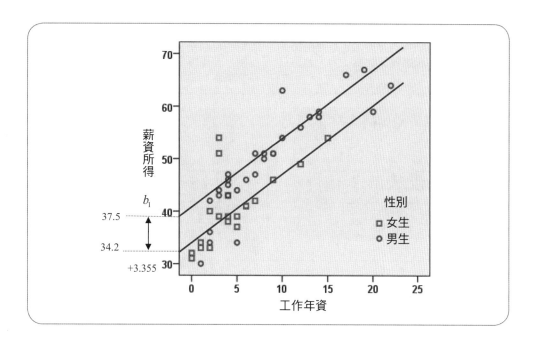

　　從上述迴歸分析結果可以發現：工作經驗年資的函數可作為預測薪資所得高低的變化情形，工作經驗年資影響效果被顯著控制後，性別變數在薪資所得有顯著的性別差異，男生群體比女生群體有顯著較高的薪資所得。虛擬變項與計量變項構成的交互作用項變數沒有達到 .05 顯著，表示間斷變數 D 於迴歸模式未具調節作用，以計量自變項 X 預測依變項 Y 的所得的斜率係數是沒有顯著差異的。迴歸分析中性別變數的調節作用若以多群組徑路分析，其圖示如下：

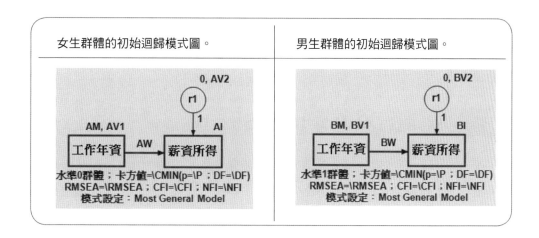

女生群體初始徑路模型圖可以收斂識別，非標準化迴歸係數為 1.24、斜率係數為 35.12。	男生群體初始徑路模型圖可以收斂識別，非標準化迴歸係數為 1.49、斜率係數為 37.05。
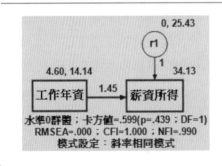	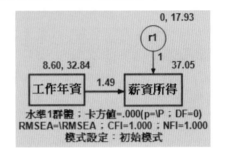

男生群體與女生群體的徑路係數 (迴歸方程式的斜率) 設為相等：AW=BW，模式估計結果可以收斂識別，迴歸方程式的斜率係數為 1.45。	男生群體、女生群體二條迴歸程式之斜率係數設定為相同，模式適配度的卡方值為 .599，顯著性 p=.439>.05，斜率相同之徑路分析模型可以得到支持。
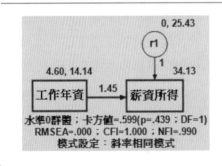	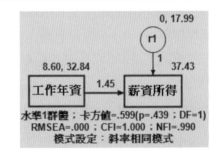

第一節　混合交互作用迴歸一

　　混合交互作用迴歸指的是預測變項為計量變數 (連續變項)，調節變項為名義變數 (間斷變項)，名義變項建檔時必須轉換為虛擬變項 (0、1 的資料檔格式)，假設名義變項有 k 個水準群體，必須轉換增列 k-1 個虛擬變項，迴歸分析程序中的交互作用項為各虛擬變項與預測變項的乘積。

【研究問題】

有一心理學者想探討「成年人的經濟壓力與其自殺意念間之關係，是否因成年人人格特質的差異而有不同的影響」，其中自殺意念測量的分數愈高表示受試者自殺意念愈高，尺度為連續變項，經濟壓力測量的分數愈高表示受試者知覺的經濟壓力感愈大，尺度為連續變項；人格特質測量指標的尺度為二分名義變項，研究者根據量化數據將受試者人格特質劃分成二類型：「A 型性格」、「B 型性格」，資料編碼數值水準等於 1 者為 A 型性格、資料編碼數值水準等於 0 者為 B 型性格 (人格特質以虛擬變項編碼)。

資料建檔的變數名稱如下：人格特質、經濟壓力、自殺意念，人格特質虛擬變項與經濟壓力連續變項所形成交互作用項變數為「交互作用項」。

人格特質	經濟壓力	自殺意念	交互作用項	人格特質	經濟壓力	自殺意念	交互作用項
0	10	69	0	1	4	33	4
0	16	69	0	1	4	34	4
0	7	69	0	1	5	35	5
0	4	69	0	1	10	41	10
0	10	70	0	1	7	41	7
0	13	76	0	1	13	48	13
0	16	76	0	1	16	55	16
0	7	76	0	1	16	62	16
0	25	76	0	1	16	62	16
0	28	76	0	1	19	62	19
0	19	76	0	1	19	76	19
0	25	81	0	1	22	76	22
0	26	81	0	1	20	77	20
0	18	79	0	1	21	78	21
0	22	78	0	1	22	90	22
0	25	65	0	1	25	93	25
0	19	83	0	1	25	97	25
0	34	84	0	1	28	87	28
0	20	66	0	1	31	90	31
0	31	90	0	1	31	86	31
0	6	69	0	1	19	74	19
0	10	69	0	1	23	76	23

人格特質	經濟壓力	自殺意念	交互作用項	人格特質	經濟壓力	自殺意念	交互作用項
0	13	75	0	1	20	77	20
0	15	74	0	1	21	78	21
0	7	76	0	1	28	89	28

壹、操作程序

⊃ 一、建立交互作用項變數

因為受試者「人格特質」變數為虛擬變項,而「經濟壓力」為連續變項,二個變項所形成的交互作用項為二個變項的乘積=「人格特質 × 經濟壓力」。

在建立交互作用項時,如果二個預測變項均為連續變項,為避免發生多元共線性問題,要採用二個預測變項的離均化值作為二個自變項的交互作用項。如果二個預測變項一為二分名義虛擬變項、一為連續變項,則二個預測變項的交互作用項為二個自變項的相乘積。其中類別變項如為三分變項,則需要先將此類別變項轉化為虛擬變項 (三分變項有二個虛擬變項),則交互作用項為每個虛擬變項與另一個預測變項 (連續變項) 的相乘積,如果類別變項有三個水準,則與另一個預測變項所形成的交互作用項會有二個,以三分名義變項為例,其二個虛擬變項為 DUMMY_1、DUMMY_2,與另一個預測變項 (PREDICTOR) 分別相乘的交互作用項為:DUMMY_1×PREDICTOR、DUMMY_2×PREDICTOR (吳明隆,民 95)。

1. 執行功能表列「轉換 (T)」(Transform)/「計算變數 (C)」(Compute) 程序,開啟「計算變數」(Compute Variable) 主對話視窗。
2. 在左邊「目標變數 (T)」(Target Variable) 下的方格中鍵入交互作用項變數名稱,如「交互作用項」,左右邊「數值運算式 (E)」(Numeric Expression) 下方格中鍵入「人格特質」虛擬變項與「經濟壓力」計量變項的乘積「人格特質 * 經濟壓力」。
3. 按『確定』鈕。
註:數值運算式下方格的變項名稱最好從左邊變數清單中直接點選,「*」符號可以點選中間小算盤中的符號或直接以鍵盤輸入。

⊃ 二、執行階層迴歸分析

(一) 操作程序

1. 執行功能表「分析 (A)」/「迴歸方法 (R)」/「線性 (L)」程序，開啟「線性迴歸」(Linear Regression) 主對話視窗。

2. 在左邊變數清單中選取效標變項「自殺意念」至右方「依變數 (D)」下的方格中。次在左邊變數清單中點選區組一的目標變數「人格特質」至右邊「自變數 (I)」下的方格中，「方法 (M)」右邊的下拉式選單中選取內定「輸入法」。

3. 在「區塊 1 來自 1」的方盒中，按『下一個 (N)』鈕，出現「區塊 2 來自 2」的方盒，設定第二個區組的自變項。在左邊變數清單中點選區組二之預測變項「經濟壓力」至右邊「自變數 (I)」下的方格。

4. 在「區塊 2 來自 2」的方盒中，按『下一個 (N)』鈕，出現「區塊 3 來自 3」的方盒，設定第三個區組的自變項。在左邊變數清單中點選區組三之預測變項「交互作用項」至右邊「自變數 (I)」下的方格。

5. 按『統計量 (S)』(Statistics) 鈕，開啟「線性迴歸：統計量」(Linear Regression: Statistics) 次對話視視窗，勾選「☑ 估計值 (E)」(Estimates)、「☑ 模式適合度 (M)」(Model fit)、「☑ R 平方改變量 (S)」(R square change)、「☑ 共線性診斷 (L)」(Collinearity diagnostics) 等選項，按『繼續』鈕，回到「線性迴歸」主對話視，按『確定』鈕。

註：「線性迴歸」的對話視窗中，如要回到前一個區組設定的自變數方盒，
按『上一個』鈕，跳到下一個區組，按『下一個 (N)』鈕。各區組的自
變項，包括之前所有區組加入的自變項，如區組二的自變項包括之前
區組一選入的四個虛擬變項及區組二本身選入的五個計量變數。

(二) 操作圖示說明

　　「區塊 1 來自 1」方盒中點選的自變數為「人格特質」虛擬變項，依變項為
「自殺意念」計量變數。區塊 1 中的自變數只有「人格特質」預測變項一個。

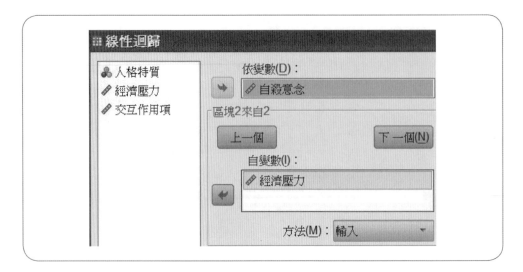

「區塊 2 來自 2」方盒中點選的自變數為「經濟壓力」計量變項,依變項為「自殺意念」計量變數。按『上一個』鈕可回到「區塊 1 來自 1」方盒,按『下一個 (N)』鈕可跳至「區塊 3 來自 3」方盒。區塊 2 中的自變項除了目前點選的「經濟壓力」外,也包含原先區塊 1 選取的「人格特質」預測變項,因而區塊 2 中的自變數有「人格特質」、「經濟壓力」等二個預測變項。

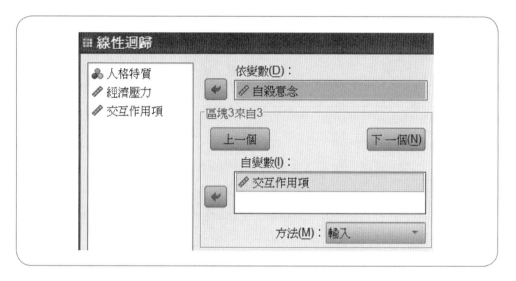

「區塊 3 來自 3」方盒中點選的自變數為「交互作用項」,依變項為「自殺意念」計量變數。按『上一個』鈕可回到「區塊 2 來自 2」方盒,按『下一個 (N)』鈕可跳至「區塊 4 來自 3」方盒。區塊 3 中的自變項除了目前點選的「交互作用項」外,也包含原先區塊 1 選取的「人格特質」預測變項、區塊 2 選取的「經濟壓力」預測變項,因而區塊 3 中的自變數有「人格特質」、「經濟壓力」、「交互作用項」等三個預測變項。

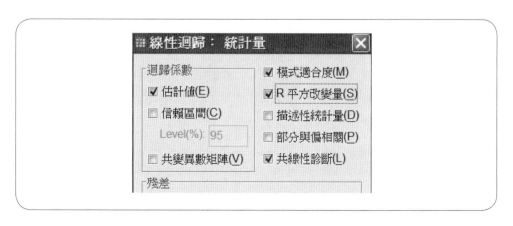

「線性迴歸：統計量」次對話視窗中，勾選「☑ 估計值 (E)」、「☑ 模式適合度 (M)」、「☑ R 平方改變量 (S)」、「☑ 共線性診斷 (L)」等選項。

貳、報表說明

選入 / 刪除的變數 [b] -Variables Entered/Removed(b)

模式	選入的變數	刪除的變數	方法
1	人格特質 [a]	.	選入
2	經濟壓力 [a]	.	選入
3	交互作用項 [a]	.	選入

a. 所有要求的變數已輸入。
b. 依變數：自殺意念。

上表為三個迴歸模式中進入迴歸方程式的順序，分別為人格特質、經濟壓力、交互作用項。第一個迴歸模式只有一個預測變項：人格特質；第二個迴歸模式有二個預測變項：人格特質、經濟壓力；第三個迴歸模式有三個預測變項：人格特質、經濟壓力、人格特質與經濟壓力二者所形成的「交互作用項」。三個模式的效標變項 (依變項) 為成年人的「自殺意念」(或自殺意向)。

模式摘要 (Model Summary)

模式	R	R 平方	調過後的 R 平方	估計的標準誤	變更統計量				
					R 平方改變量	F 改變	df1	df2	顯著性 F 改變
1	.208[a]	.043	.023	14.889	.043	2.168	1	48	.147
2	.756[b]	.571	.553	10.072	.528	57.876	1	47	.000
3	.924[c]	.854	.844	5.942	.283	89.051	1	46	.000

a. 預測變數：(常數)，人格特質。
b. 預測變數：(常數)，人格特質，經濟壓力。
c. 預測變數：(常數)，人格特質，經濟壓力，交互作用項。

上表為三個階層模式的模式摘要表，就階層一迴歸模式而言，成年人的人格特質與其自殺意念的相關係數 (R) 為 .208、決定係數 (R^2) 為 .043，R^2 改變量顯著性考驗的 F 值等於 2.168 (顯著性 p=.147>.05)，未達 .05 顯著水準，表示就人格特質預測變項而言，其對自殺意念效標變項沒有顯著的解釋量；就階層二

迴歸模式而言，成年人的人格特質、經濟壓力二個預測變項與自殺意念效標變項的多元相關係數為 .756、多元相關係數的平方為 .571，當投入經濟壓力變項後，對成年人自殺意念的解釋變異量增加 52.8%，此增加量達到 .05 的顯著水準 (ΔF=57.876，顯著性 p<.001)；就階層三迴歸模式而言，成年人的人格特質、經濟壓力、人格特質及經濟壓力二個變項形成的交互作用項等三個預測變項與自殺意念效標變項的多元相關係數為 .924、多元相關係數的平方為 .854，調整後的 R 平方 (Adjusted R Square) 為 .844，當投入二個預測變項的交互作用項變數後，對成年人自殺意念的解釋變異量增加 28.3%，此增加量也達到 .05 的顯著水準 (ΔF=89.051，顯著性 p<.001)。可見，排除二個預測變項對效標變項的影響後，人格特質及經濟壓力二個變項形成的「交互作用項」對自殺意念效標變項也有顯著的影響。

Anova [d]

模式		平方和	df	平均平方和	F	顯著性
1	迴歸	480.500	1	480.500	2.168	.147[a]
	殘差	10640.080	48	221.668		
	總數	11120.580	49			
2	迴歸	6352.233	2	3176.116	31.306	.000[b]
	殘差	4768.347	47	101.454		
	總數	11120.580	49			
3	迴歸	9496.421	3	3165.474	89.654	.000[c]
	殘差	1624.159	46	35.308		
	總數	11120.580	49			

a. 預測變數：(常數)，人格特質。
b. 預測變數：(常數)，人格特質，經濟壓力。
c. 預測變數：(常數)，人格特質，經濟壓力，交互作用項。
d. 依變數：自殺意念。

　　上表為三個區組多元線性迴歸分析之整體性統計考驗結果，三個迴歸方程式整體性 F 考驗值分別為 2.168 (顯著性 p=.147>.05)、31.306 (顯著性 p<.001)、89.654 (顯著性 p<.001)，區組二與區組三迴歸模式整體考驗的 F 值達到顯著水準，表示此二個迴歸統計模式中，至少有一個迴歸係數 (自變項) 達到顯著，或全部的迴歸係數均達顯著，即區組二與區組三的迴歸模式中至少有一個迴歸係數顯著不等於 0，或者全部的迴歸係數均不等於 0。以第三個迴歸模式而言，成年

人自殺意念至少會受到其人格特質類型、經濟壓力高低與這二者所構成的交互作用項等變項之一的影響。至於區組一多元線性迴歸分析之整體性 F 考驗結果則未達顯著,表示單獨人格特質類型虛擬變項對成年人的自殺意念沒有顯著的影響或解釋力。

係數 ª

模式		未標準化係數		標準化係數	t	顯著性	共線性統計量	
		B 之估計值	標準誤差	Beta 分配			允差	VIF
1	(常數)	74.880	2.978		25.147	.000		
	人格特質	-6.200	4.211	-.208	-1.472	.147	1.000	1.000
2	(常數)	51.772	3.645		14.205	.000		
	人格特質	-8.315	2.862	-.279	-2.905	.006	.991	1.010
	經濟壓力	1.356	.178	.730	7.608	.000	.991	1.010
3	(常數)	67.649	2.730		24.778	.000		
	人格特質	-43.850	4.127	-1.470	-10.625	.000	.166	6.030
	經濟壓力	.424	.144	.228	2.942	.005	.526	1.900
	交互作用項	1.989	.211	1.439	9.437	.000	.137	7.321

a. 依變數:自殺意念。

上表為三個區組迴歸模式的迴歸係數估計值,就區組一的迴歸模式而言,單獨成年人的人格特質對成年人自殺意念效標變項沒有顯者的解釋力,β 係數 (Standardized Coefficients) 值等於 -.208、迴歸係數顯著性考驗的 t 值統計量等於 -1.472,顯著性 p 值等於 .147>.05,未達到 .05 的顯著水準。就區組二而言,二個預測變項的迴歸係數均達到顯著水準,如同時考量到成年人的人格特質與經濟壓力二個預測變項,則此二個預測變項均可有效解釋成年人的自殺意念,二個預測變項標準化迴歸係數 β 值分別為 -.279、.730、迴歸係數顯著性考驗之 t 值統計量分別為 -2.905、7.608,顯著性 p 值分別為 .006<.05、.000 (p<.001),均達到 .05 的顯著水準。在經濟壓力連續變項上,由於其 β 值為正,表示經濟壓力自變項對成年人的自殺意念之影響為正,即成年人知覺的經濟壓力愈大,其感受到的自殺意念感也愈高。

區組三為同時投入「人格特質」、「經濟壓力」與「人格特質及經濟壓力形成的交互作用項」三個預測變項,此三個預測變項的 β 係數分別

為 -1.470、.228、1.439，其相對應的迴歸係數顯著性考驗的 t 值統計量分別為 -10.625、2.942、9.437，顯著性 p 值分別為 .000 (p<.001)、.005 (p<.05)、.000 (p<.001)，均達到 .05 的顯著水準，表示三個預測變項對效標變項均有顯著影響，由於「經濟壓力」與「人格特質及經濟壓力形成的交互作用項」二個自變項的 β 值為正，表示感受到經濟壓力愈大的成年人，其感受到的自殺意念也愈高；而二個預測變項的交互作用項，在調整了其它預測變項對效標變項的影響後，成年人的「人格特質及經濟壓力形成的交互作用項」對成年人的自殺意念也有正向影響，亦即成年人的經濟壓力感受與其自殺意念的關係，確實會受到其人格特質類型的不同 (A 型性格、B 型性格) 而有不同程度的影響。

　　在調整了其餘預測變項對效標變項的影響後，經濟壓力預測變項對受試者的自殺意念有正向影響，淨迴歸係數等於 .424，迴歸係數考驗的 t 值 =2.942，顯著性 p=.005<.05，表示受試者感受的經濟壓力愈大，其自殺意念愈高；在調整了經濟壓力、交互作用項二個預測變項對效標變項的影響後，人格特質預測變項對受試者的自殺意念有負向影響，淨迴歸係數等於 -43.850，迴歸係數考驗的 t 值 =-10.625，顯著性 p<.001，虛擬變項的參照組為 0，變數的註解為「水準數值編碼為 1 群體 & 水準數值編碼為 0 群體的對比」，淨迴歸係數為負值表示前者的平均數較低，即人格特質水準數值編碼為 1 的群體 (A 型性格) 其感受的自殺意向較水準數值編碼為 0 (參照組) 群體 (B 型性格) 為低。調整「人格特質」、「經濟壓力」二個預測變項 (主要效果) 對效標變項的影響後，受試者人格特質與其感受的經濟壓力二個變數間的交互作用項對其自殺意向有正向的影響，淨迴歸係數等於 1.989，迴歸係數考驗的 t 值 =9.437，顯著性 p<.001，受試者經濟壓力對其自殺意念行為的預測情形，會因受試者人格特質的不同而不同；或受試者人格特質對其自殺意念行為的影響，會因受試者經濟壓力感受的不同而不同。

共線性診斷 (Collinearity Diagnostics) [a]

模式	維度	特徵值	條件指標	變異數比例			
				（常數）	人格特質	經濟壓力	交互作用項
1	1	1.707	1.000	.15	.15		
	2	.293	2.414	.85	.85		
2	1	2.533	1.000	.02	.06	.02	
	2	.380	2.581	.04	.92	.08	
	3	.087	5.403	.93	.02	.90	
3	1	3.298	1.000	.01	.01	.01	.01
	2	.537	2.478	.05	.04	.04	.04
	3	.138	4.898	.18	.14	.19	.12
	4	.027	11.076	.76	.81	.77	.84

a. 依變數：自殺意念

　　上表為預測變項共線性診斷，所謂多元共線性即數學上的線性相依 (linearly dependent)，係指在迴歸模式中預測變項本身間有很高的相關。多元共線性的評鑑指標常用者如：容忍度 (tolerance；TOL 值)、變異數膨脹因素 (variance inflation factor；VIF 值)、條件指標 (condition index；CI 值)、特徵值 (eigenvalue)。在迴歸模式中如果 TOL 值小於 .10、VIF 值大於 10、CI 值大於 30、特徵值小於 .01，則預測變項間可能存有多元共線性問題；相對的，在迴歸模式中如果 TOL 值大於 .10、VIF 值小於 10、CI 值小於 30、特徵值大於 .01，則預測變項間多元共線性問題就不存在。上述在階層三迴歸模式中的 TOL 值均大於 .10、VIF 值均小於 10、CI 值最大為 11.076，小於指標值 30、特徵值雖均大於 .01，但第四個特徵值的數值很小 (=.027)，二個預測變項及交互作用項在第 4 個特徵值的變異數比例 (Variance Proportions) 值分別為 .81、.77、.84，十分接近 1 (當預測變項在同一個特徵值之變異數比例值愈接近 1，表示變項間的關係愈密切，此時特徵值的數值會愈小)，顯示此階層三迴歸模式的預測變項間可能有多元共線性問題。

參、混合交互作用迴歸的事後比較

　　在交互作用項的迴歸分析中，關心的重點是在調整其它預測變項的影響後，交互作用項對效標變項是否還有顯著的影響，如果交互作用項的對效標變項的影

響顯著，研究者可進一步探討不同預測虛擬變項的測量水準下，第二個預測變項對效標變項的影響。如果交互作用項的迴歸係數顯著不等於 0，表示交互作用項預測變項對效標變項有顯著的預測力或解釋力，此時改以 X 自變項預測 Y 效標變項時，間斷變數 D 不同水準數值群體之迴歸係數會顯著不相等，迴歸線的型態會有交叉點：

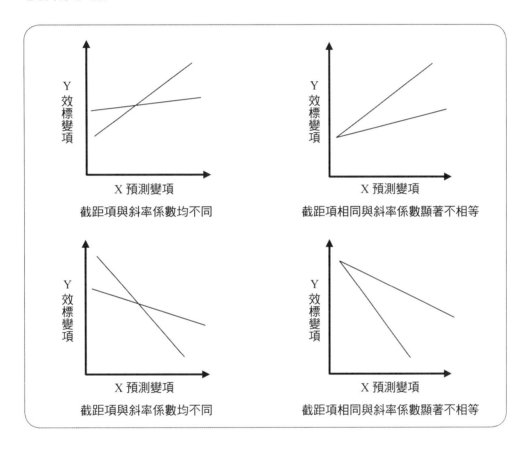

⊃ 一、操作程序一

1. 執行功能表「分析 (A)」/「迴歸方法 (R)」/「線性 (L)」程序，開啟「線性迴歸」(Linear Regression) 主對話視窗。
2. 在左邊變數清單中選取效標變項「自殺意念」至右方「依變數 (D)」下的方格中，在左邊變數清單中點選預測變項「經濟壓力」至右邊「自變數

(I)」下的方格中，中間「方法 (M)」(Method) 右邊的下拉式選單中選取內定「輸入」法 (Enter)。

3. 將要分割水準的間斷變數「人格特質」點選至右邊「選擇變數 (C)」(Selection Variable) 下的方格中，按其右邊『規則 (U)』(Rule) 鈕，開啟「線性迴歸：設定規則」(Linear Regression: Set Rule) 次對話視窗，左邊運算式規則選擇『等於』(equal to)，右邊「數值 (V)」(Value) 下的值輸入「0」(人格特質變數水準編碼為 0 的群體，表示 B 型性格的人格特質群組，因而只會挑選人格特質為 B 型性格的觀察值進行分析)。

4. 按『繼續』鈕，回到「線性迴歸」(Linear Regression) 主對話視窗，按『OK』(確定) 鈕。

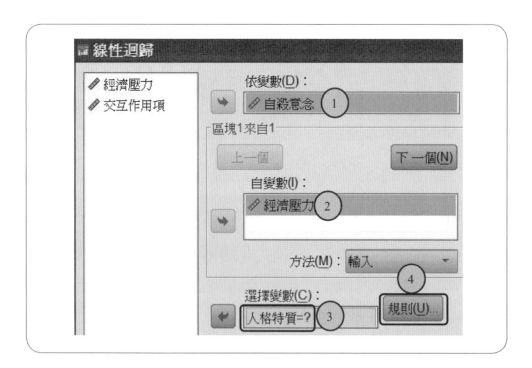

　　點選至「選擇變數 (C)」下的變數若沒有設定規則，會出現「點選變項 ＝ ？」的訊息，點選變項也可以為計量變數，如學業成就變項為計量變數，研究者挑選的標的群體為受試者在學業成就變數測量值小於 60 分者，設定完規則後，「選擇變數 (C)」下方格為「學業成就 < 60」(學業成就分數小於 60 分的觀

察值) 或「學業成就 <=59」(學業成就分數小於等於 59 分的觀察值)。

「人格特質」變項之水準數值編碼為 0 的群體 (B 型性格觀察值)

　　「線性迴歸：設定規則」次對話視窗中於「數值 (V)」下鍵入 0，數值運算式選取「等於」，按『繼續』鈕，回到「線性迴歸」對話視窗，「選擇變數 (C)」下方格的訊息由「人格特質 = ？」變為「人格特質 = 0」選項。

註：「線性迴歸：設定規則」(Linear Regression: Set Rule) 次對話視窗中，「定義選擇變數的規則」（Define Selection Rule）右方的下拉式選單中包括「等於」(equal to)、「不等於」(not equal to)、「小於」(less than)、「小於等於」(less than or equal to)、「大於」(greater than)、「大於等於」(greater than or equal) 六種定義變數的規則。

○ 二、操作程序二

1. 執行功能表「分析 (A)」/「迴歸方法 (R)」/「線性 (L)」程序，開啟「線性迴歸」(Linear Regression) 主對話視窗。

2. 在左邊變數清單中選取效標變項「自殺意念」至右方「依變數 (D)」下的方格中，在左邊變數清單中點選預測變項「經濟壓力」至右邊「自變數

(I)」下的方格中，中間「方法 (M)」(Method) 右邊的下拉式選單中選取內定「輸入」法 (Enter)。

3. 將要分割水準的間斷變數「人格特質」點選至右邊「選擇變數 (C)」(Selection Variable) 下的方格中，按其右邊『規則 (U)』(Rule) 鈕，開啟「線性迴歸：設定規則」(Linear Regression: Set Rule) 次對話視窗，左邊運算式規則選擇『等於』(equal to)，右邊「數值 (V)」(Value) 下的值輸入「1」(人格特質變數水準編碼為 1 的群體，表示 A 型性格的人格特質群組，因而只會挑選人格特質為 A 型性格的觀察值進行分析)。

4. 按『繼續』鈕，回到「線性迴歸」(Linear Regression) 主對話視窗，按『OK』(確定) 鈕。

「線性迴歸」對話視窗中，若沒有按『重設 (R)』鈕，會保留之前的設定，之前的設定為選取人格特質變數中水準數值編碼為 0 的群體：「人格特質 = 0」，研究者直接選取「選擇變數 (C)」下方格之「人格特質 = 0」選項，再按『規則 (U)』鈕，開啟「線性迴歸：設定規則」次對話視窗。

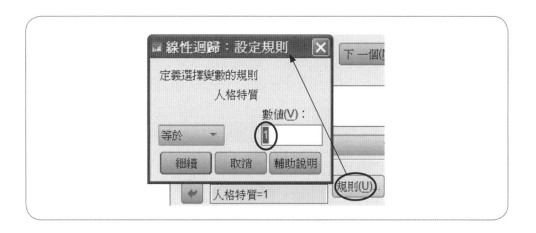

「線性迴歸：設定規則」次對話視窗中於「數值 (V)」下鍵入 1，數值運算式選取「等於」，按『繼續』鈕，回到「線性迴歸」對話視窗，「選擇變數(C)」下方格的訊息由「人格特質 = 0」變為「人格特質 = 1」選項，表示選取的分析標的觀察值為人格特質變數水準數值編碼為 1 的樣本。

➲ 三、混合交互作用迴歸事後比較結果

(一) B 型性格人格特質的成年人其經濟壓力知覺對自殺意念的影響

選入 / 刪除的變數 [b,c]

模式	選入的變數	刪除的變數	方法
1	經濟壓力 [a]	.	選入

a. 所有要求的變數已輸入。
b. 依變數：自殺意念。
c. 模式只以人格特質 = 0 B 型性格的觀察值為準。

上表為迴歸模式各變項的說明，效標變項為自殺意念、自變項為經濟壓力，模式只限定人格特質為 B 型性格者的觀察值 (人格特質變數水準編碼為 0 的群體)。

模式摘要

模式	R 人格特質 = 0 B 型性格 (被選的)	R 平方	調過後的 R 平方	估計的標準誤
1	.584[a]	.341	.312	5.069

a. 預測變數：(常數)，經濟壓力。

上表為 B 型性格的觀察值群體，其經濟壓力與自殺意念的相關係數為 .584、R 平方為 .341，調整後的 R 平方為 .312，也就是說，經濟壓力預測變項可以解釋自殺意念效標變項 34.1% 的變異量。

Anova [b,c]

模式		平方和	df	平均平方和	F	顯著性
1	迴歸	305.589	1	305.589	11.892	.002[a]
	殘差	591.051	23	25.698		
	總數	896.640	24			

a. 預測變數：(常數)，經濟壓力。
b. 依變數：自殺意念。
c. 只選取人格特質 = 0 B 型性格的觀察值。

上表為整體迴歸係數的顯著性考驗，F 值統計量為 11.892、顯著性 p 值等於 .002<.05，達到 .05 的顯著水準，表示至少有一個迴歸係數達到顯著，因只有一個預測變項，所以經濟壓力對成年人效標變項是有顯著影響的。

係數 (Coefficients) [a,b]

模式		未標準化係數		標準化係數		
		B 之估計值	標準誤差	Beta 分配	t	顯著性
1	(常數)	67.649	2.329		29.044	.000
	經濟壓力	.424	.123	.584	3.448	.002

a. 依變數：自殺意念。
b. 只選取人格特質 = 0 B 型性格的觀察值。

上表為迴歸係數的估計值，非標準化的迴歸係數 (Unstandardized Coefficients) 等於 .424，常數項 (截距) 等於 67.649、標準化的迴歸係數 (β 值) 等於 .584，β 值顯著性考驗的 t 值統計量等於 3.448，顯著性 p=.002<.05，達到顯著水準。由於 β 值為正，表示經濟壓力對自殺意念的影響是正向的，也就是 B 型性格的成年人，感受的經濟壓力程度愈大，觀察值的自殺意念或自殺意向愈高，其解釋變異量 (R^2) 為 34.1%。

(二) A 型性格人格特質的成年人其經濟壓力知覺對自殺意念的影響

選入 / 刪除的變數 [b,c]

模式	選入的變數	刪除的變數	方法
1	經濟壓力 [a]	.	選入

a. 所有要求的變數已輸入。
b. 依變數：自殺意念。
c. 模式只以人格特質 = 1 A 型性格的觀察值為準。

　　上表為迴歸模式各變項的說明，效標變項為自殺意念、自變項為經濟壓力，模式只限定人格特質為 A 型性格者的觀察值。

模式摘要

模式	R 人格特質 = 1 A 型性格 (被選的)	R 平方	調過後的 R 平方	估計的標準誤
1	.945[a]	.894	.889	6.702

a. 預測變數：(常數)，經濟壓力。

　　上表為 A 型性格成年人的觀察值群體，經濟壓力預測變項與自殺意念效標變項的相關係數 (R) 為 .945、R 平方 (R^2) 為 .894，調整後的 R 平方為 .889，也就是說，經濟壓力預測變項可以解釋自殺意念效標變項 89.4% 的變異量。

Anova [b,c]

模式		平方和	df	平均平方和	F	顯著性
1	迴歸	8710.332	1	8710.332	193.917	.000[a]
	殘差	1033.108	23	44.918		
	總數	9743.440	24			

a. 預測變數：(常數)，經濟壓力。
b. 依變數：自殺意念。
c. 只選取人格特質 = 1 A 型性格的觀察值。

　　上表為整體迴歸係數的顯著性考驗，F 值統計量為 193.917、顯著性 p 值 <.001，達到 .05 的顯著水準，表示至少有一個迴歸係數達到顯著，因只有「經濟壓力」一個預測變項，表示迴歸模式中，經濟壓力的迴歸係數顯著不等於 0。

係數 [a,b]

模式		未標準化係數		標準化係數		
		B 之估計值	標準誤差	Beta 分配	t	顯著性
1	（常數）	23.799	3.491		6.818	.000
	經濟壓力	2.413	.173	.945	13.925	.000

a. 依變數：自殺意念。

b. 只選取人格特質 = 1 A 型性格的觀察值。

上表為迴歸係數的估計值，非標準化的迴歸係數等於 2.413、常數項 (截距) 等於 23.799；標準化的迴歸係數 (β 值) 等於 .945，β 值相對應顯著性考驗的 t 值統計量等於 13.925，顯著性 p<.001，達到 .05 顯水準。由於 β 值為正，表示經濟壓力對自殺意念的影響是正向的，也就是 A 型性格的成年人，知覺的經濟壓力愈大其感受到的自殺意念也愈高，其解釋變異量 (R^2) 高達 89.4%。

從上述混合交互作用迴歸事後比較結果可以發現：成年人不同的經濟壓力知覺程度對於其自殺意念的感受程度，確定會受到其人格特質類型的不同而有不同影響，就 B 型性格類型的成年人，經濟壓力預測變項可以解釋其自殺意念效標變項的 34.1% 的變異量；就 A 型性格類型的成年人，經濟壓力預測變項可以解釋其自殺意念效標變項的 89.1% 的變異量。如不考慮人格特質變項，則成年人的經濟壓力可以有效預測成年人的自殺意念，其解釋力為 52.8%，如同時考慮人格特質變項，則不同人格特質類型的成年人，其經濟壓力預測變項也可解釋其自殺意念效標變項，但 A 型性格的人格特質者，其經濟壓力對自殺意念變項的解釋變異量高達 89.4%；而 B 型性格的人格特質者，其經濟壓力對自殺意念變項的解釋變異量只有 34.1%。

⊃ 四、以分割檔案進行混合交互作用迴歸事後比較結果

(一) 以人格特質變項分割檔案

1. 執行功能表列「資料 (D)」(Data)/ 「分割檔案 (S)」(Split file) 程序，開啟「分割檔案」對話視窗。
2. 在「分割檔案」主對話視窗中，勾選「⊙ 依群組組織輸出 (O)」(Organize output by groups) 選項，將標的變數「人格特質」選入右邊「依此群組

(G)」(Groups Based on) 下的方格中，點選「⊙ 依分組變數排序檔案 (S)」內定選項，按『確定』鈕。

註：若是研究者選取第二個選項「⊙ 比較群組 (C)」選項也可以，「⊙ 比較群組 (C)」選項與「⊙ 依群組組織輸出 (O)」選項主要的差異在於輸出表格的型式不同，二者均可以根據選取的名義變項之水準數值群組將資料檔暫時分割，並個別進行統計分析，如果研究者要改為以全部觀察值為統計分析資料，要選取第一個選項「⊙ 分析所有觀察值，勿建立群組 (A)」選項。

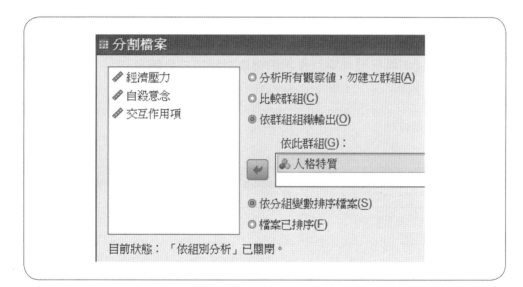

「分割檔案」對話視窗，點選「⊙ 依分組變數排序檔案 (S)」(Sort the file by grouping variables) 內定選項的好處是原資料檔如果沒有先依分組變項 (人格特質) 排序，則在分割檔案前，會先將資料檔排序，再進行分割檔案動作，也就是資料檔雖沒有依分組變項事先排序也可直接進行分割檔案程序。

(二) 進行迴歸分析

「線性迴歸」對話視窗中，點選「自殺意念」至「依變數 (D)」下方格中，點選「經濟壓力」至「自變數 (I)」下方格中，模式估計「方法 (M)」選取內定選項「輸入」法 (Enter)。

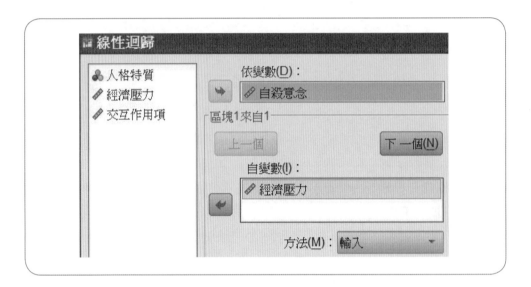

(三) 以分割檔案進行混合交互作用迴歸事後比較結果報表

下述的報表數字與上述相同，研究者可上下檢核比較。

人格特質 = B 型性格

模式摘要 b

模式	R	R 平方	調過後的 R 平方	估計的標準誤
1	.584[a]	.341	.312	5.069

a. 預測變數：(常數)，經濟壓力。
b. 人格特質 = 0 B 型性格。

就「人格特質」水準數值編碼為 0 群體 (B 型性格) 而言，「經濟壓力」預測變項可以解釋效標變項「自殺意念」的變異比例為 34.1%。

Anova b,c

模式		平方和	df	平均平方和	F	顯著性
1	迴歸	305.589	1	305.589	11.892	.002[a]
	殘差	591.051	23	25.698		
	總數	896.640	24			

a. 預測變數：(常數)，經濟壓力。
b. 人格特質 = 0 B 型性格。
c. 依變數：自殺意念。

整體迴歸係數顯著性檢定 F 值統計量為 11.892，顯著性 p=.002<.05，迴歸方程式中至少有一個迴歸係數不等於 0。

係數 a,b

模式		未標準化係數		標準化係數		
		B 之估計值	標準誤差	Beta 分配	t	顯著性
1	(常數)	67.649	2.329		29.044	.000
	經濟壓力	.424	.123	.584	3.448	.002

a. 人格特質 = 0 B 型性格。
b. 依變數：自殺意念。

　　上表為迴歸係數的估計值，非標準化的迴歸係數等於 .424，標標準化的迴歸係數 (β 值) 等於 .584，相對應顯著性考驗的 t 值統計量等於 3.448，顯著性 p=.002<.05，達到顯著水準，整體迴歸係數考驗的 F 值等於 11.892，也達到 .05 顯著水準 (因只有一個預測變項，多元線性迴歸分析整體性統計考驗結果達到顯著，即表示此預測變項的迴歸係數也達到顯著)。由於 β 值為正，表示經濟壓力對自殺意念的影響是正向的，也就是 B 型性格的成年人，知覺的經濟壓力愈大其感受到的自殺意念也愈高，其解釋變異量 (R^2) 為 34.1%。

人格特質 = A 型性格

模式摘要 b

模式	R	R 平方	調過後的 R 平方	估計的標準誤
1	.945[a]	.894	.889	6.702

a. 預測變數：(常數)，經濟壓力。
b. 人格特質 = 1 A 型性格。

　　就「人格特質」水準數值編碼為 1 群體 (A 型性格) 而言，「經濟壓力」預測變項可以解釋效標變項「自殺意念」的變異比例為 89.4%。

Anova b,c

模式		平方和	df	平均平方和	F	顯著性
1	迴歸	8710.332	1	8710.332	193.917	.000[a]
	殘差	1033.108	23	44.918		
	總數	9743.440	24			

a. 預測變數：(常數)，經濟壓力。
b. 人格特質 = 1 A 型性格。
c. 依變數：自殺意念。

　　整體迴歸係數顯著性檢定 F 值統計量為 193.917，顯著性 p<.001，迴歸方程式中至少有一個迴歸係數不等於 0。

係數 ^a,b

模式		未標準化係數		標準化係數		
		B 之估計值	標準課差	Beta 分配	t	顯著性
1	(常數)	23.799	3.491		6.818	.000
	經濟壓力	2.413	.173	.945	13.925	.000

a. 人格特質 = 1 A 型性格。
b. 依變數：自殺意念。

上表為迴歸係數的估計值，非標準化的迴歸係數等於 2.413，標標準化的迴歸係數 (β 值) 等於 .945，相對應顯著性考驗的 t 值等於 13.925，顯著性機率值 p<.001，達到 .05 顯水準，而整體迴歸係數考驗的 F 值等於 193.917，也達到 .05 顯著水準 (因只有一個預測變項，多元線性迴歸分析整體性統計考驗結果達到顯著，即表示此預測變項的迴歸係數也達到顯著)。由於 β 值為正，表示經濟壓力對自殺意念的影響是正向的，也就是 A 型性格的成年人，知覺的經濟壓力愈大其感受到的自殺意念也愈高，其解釋變異量 (R^2) 高達 89.4%。

○ 五、混合交互作用迴歸分析摘要表

【表格範例】

將上述混合交互作用迴歸分析結果整理如下摘要表：

階層	自變項	β 值	t 值	R^2	F 值	ΔR^2	ΔF
階層一	人格特質	-.208	-1.472ns	.043	2.168ns	.043	2.168ns
階層二	人格特質	-.279	-2.905**	.571	31.306***	.528	57.876***
	經濟壓力	.730	7.608***				
階層三	人格特質	-1.470	-10.625***	.854	89.654***	.283	89.051***
	經濟壓力	.228	2.942**				
	交互作用項	1.439	9.437***				
事後比較							
人格特質							
B 型性格		.584	3.448**	.341	11.892***		
A 型性格		.945	13.925***	.894	193.917***		

ns p>.05   * p<.05   ** p<.01   *** p<.001

在上述混合交互作用迴歸摘要表中可以得知：

1. 階層一與階層二迴歸分析中，人格特質自變項的迴歸係數均未達顯著 (迴歸係數顯著性 p>.05)，於階層二的迴歸分析中，投入經濟壓力自變項後，對自殺意念效標變項的解釋力增加 52.8%，此增加量達到顯著水準，淨 F 值 (ΔF) 為 57.876，顯著性 p 值 <.05。由於經濟壓力的 β 值為正，表示經濟壓力對自殺意念的影響為正向，亦即成年人知覺的經濟壓力愈大，則其自殺意念也愈高。

2. 階層三的迴歸模式中，人格特質、經濟壓力與人格特質及經濟壓力形成的交互作用項對自殺意念的解釋量為 85.4%，整體迴歸模式顯著性考驗的 F 值等於 89.654，達到顯著水準 (p<.001)，表示迴歸係數至少有一個不等於零或全部的迴歸係數皆不等於零，亦即成年人的自殺意念至少會受到其人格特質、感受到的經濟壓力，或人格特質與知覺經濟壓力形成之交互作用項等預測變項之一的影響。從個別自變項的迴歸係數之 β 值與顯著性考驗的 t 值來看，二個預測變項與交互作用的 β 值分別為 -1.470、.228、1.439，其相對應顯著性考驗的 t 值分別為 -10，.625 (p<.05)、2.942 (p<.05)、9.437 (p<.05)，均達顯著水準，其中除二個預測變項的迴歸係數達顯著外，交互作用項的迴歸係數也達到顯著，可見成年人的經濟壓力對其自殺意念的影響程度，會隨著成年人人格特質類型的不同而有不同程度的影響。

3. 從混合交互作用迴歸事後比較結果可以發現：成年人不同的經濟壓力知覺程度對於其自殺意念的感受程度，確實會受到其人格特質類型的不同而有不同影響。就 B 型性格類型的成年人，經濟壓力預測變項可以解釋其自殺意念效標變項的 34.1% 的變異量 (R^2)；就 A 型性格類型的成年人，經濟壓力預測變項可以解釋其自殺意念效標變項的 89.1% 的變異量 (R^2)。在對成年人自殺意念的迴歸分析中，如同時考慮到成年人的人格特質與經濟壓力變項，則不同人格特質類型的成年人，其經濟壓力預測變項對自殺意念效標變項的影響程度顯著不同。A 型性格的人格特質者，其經濟壓力對自殺意念變項的解釋變異量 (R^2) 高達 89.4%；而 B 型性格的人格特質者，其經濟壓力對自殺意念變項的解釋變異量 (R^2) 只有 34.1%。

　　不同人格特質之經濟壓力預測自殺意念變項二條迴歸線如下，迴歸線間並非互相平行而是有交叉點，表示二條迴歸線有不同斜率係數，人格特質具有調節迴歸分析的功能。

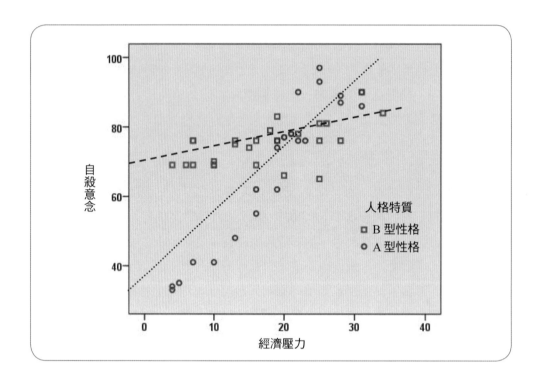

　　將「經濟壓力」預測「自殺意念」的迴歸方程式分別就 A 型性格群體、B 型性格群體加以繪製，從圖中可以看出二條迴歸線有交叉點，截距項係數也有明顯不同，當二個不同人格特質群體的經濟壓力感受都是 0 分時，B 型性格群體的自殺意念分數為 67.649、A 型性格群體的自殺意念分數為 23.799，隨著「經濟壓力」變數的增加 (約 23 分以上)，A 型性格群體的自殺意念分數就高於 B 型性格群體的自殺意念分數，二條迴歸線的斜率與截距項顯著不相等。

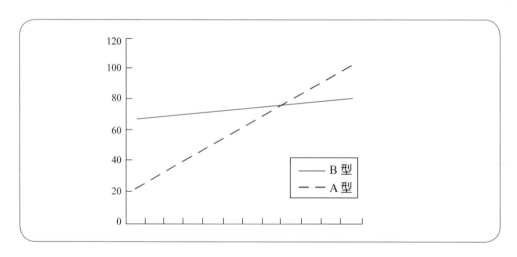

間斷變項於迴歸分析程序是否具有調節變項 (moderator variables) 功能，也可採用 SEM 之多群組分析模型加以考驗，若是多群組模式之限制模型可以得到支持，表示二個不同群體有相同的迴歸係數估計值，此時，間斷變數便不具調節作用；相對的，若是二個不同群體的迴歸係數估計值顯著不相等，表示間斷變數具有調節迴歸分析的功能。

人格特質變數水準數值編碼 0 的群體之徑路分析模型。

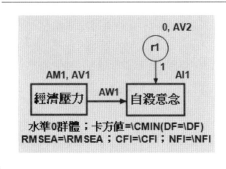

人格特質變數水準數值編碼 1 的群體之徑路分析模型。

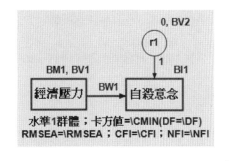

人格特質變數水準數值編碼 0 的群體之徑路分析初始模式的非標準化估計值模型圖，徑路係數為 .42，截距項參數為 67.65。

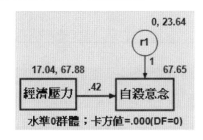

人格特質變數水準數值編碼 1 的群體之徑路分析初始模式的非標準化估計值模型圖，徑路係數為 2.41，截距項參數為 23.80。

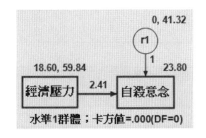

多群組分析模式中二個群組的徑路係數與截距項參數設定為相等：「AW1=BW1」、「AI1=BI1」，模式可以收斂識別。迴歸方程式中的迴歸係數為 .55，截距項估計值為 64.90。

多群組模型適配度的 RMSEA 值= .694 (>.08 臨界值)、CFI 值=.253 (<.95 臨界值)、NFI 值 =.245 (<.95 臨界值)，多群組模型與樣本資料無法適配，二個群組的迴歸係數與截距項估計值顯著不相等。

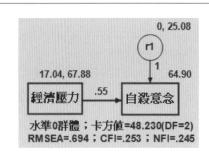

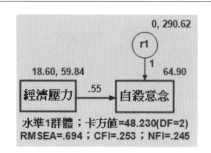

第二節　混合交互作用迴歸二

【研究問題】

在國中教師工作壓力對教師工作倦怠感的預測分析中，研究者認為學校規模變數對迴歸模式會有不同影響作用，「學校規模」變項可能具有調節變項的性質，因而探究學校規模變項於工作壓力對教師工作倦怠感迴歸模式中是否具有調節效果？

學校規模	工作壓力	工作倦怠	規模虛2	規模虛3	交互作用項1	交互作用項2	學校規模	工作壓力	工作倦怠	規模虛2	規模虛3	交互作用項1	交互作用項2
1	5	6	0	0	0	0	2	5	8	1	0	5	0
1	8	9	0	0	0	0	2	5	1	1	0	2	0
1	8	8	0	0	0	0	2	3	6	1	0	3	0
1	7	9	0	0	0	0	2	1	6	1	0	1	0
1	4	5	0	0	0	0	2	2	3	1	0	2	0
1	3	6	0	0	0	0	3	10	15	0	1	0	10
1	5	6	0	0	0	0	3	7	12	0	1	0	7

學校規模	工作壓力	工作倦怠	規模虛2	規模虛3	交互作用項1	交互作用項2	學校規模	工作壓力	工作倦怠	規模虛2	規模虛3	交互作用項1	交互作用項2
1	3	4	0	0	0	0	3	9	10	0	1	0	9
1	5	6	0	0	0	0	3	8	9	0	1	0	8
1	6	5	0	0	0	0	3	9	14	0	1	0	9
2	3	7	1	0	3	0	3	7	9	0	1	0	7
2	4	4	1	0	4	0	3	8	9	0	1	0	8
2	3	4	1	0	3	0	3	5	8	0	1	0	5
2	2	4	1	0	2	0	3	10	15	0	1	0	10
2	4	5	1	0	4	0	3	8	11	0	1	0	8

　　上述範例資料檔中「工作壓力」與「工作倦怠」變項為計量尺度變數，觀察值得分愈高表示其感受的工作壓力愈高、或其感受的工作倦怠感愈大。「學校規模」變項為三分名義變項，水準數值 1 表示大型學校群體、水準數值 2 表示中型學校群體、水準數值 3 表示小型學校群體。「規模虛2」、「規模虛3」為「學校規模」間斷變項轉換的虛擬變項，參照組為水準數值 1 之大型學校群體，「規模虛2」虛擬變項的標記為「中型學校群體與大型學校群體的對比」、「規模虛3」虛擬變項的標記為「小型學校群體與大型學校群體的對比」。

● 一、從「學校規模」三分名義變項增列二個虛擬變項

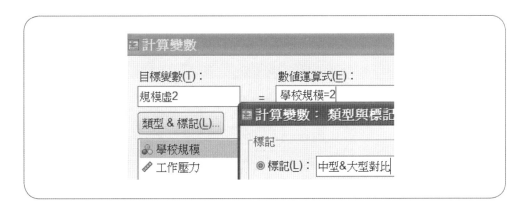

　　開啟「計算變數 (T)」對話視窗，「目標變數 (T)」下方格鍵入「規模虛2」，「數值運算式 (E)」下方格的運算式為「學校規模＝2」，按『類型 & 標記 (L)』鈕，開啟「計算變數：類型與標記」次對話視窗，於「⊙ 標記 (L)」右方格

鍵入虛擬變項的簡要註解「中型 & 大型對比」。

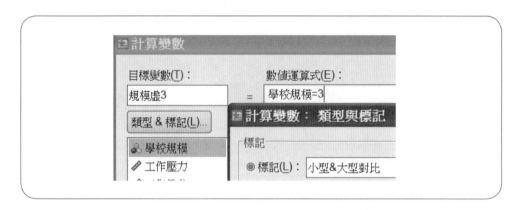

開啟「計算變數 (T)」對話視窗，「目標變數 (T)」下方格鍵入「規模虛 3」，「數值運算式 (E)」下方格的運算式為「學校規模 =3」，按『類型 & 標記 (L)』鈕，開啟「計算變數：類型與標記」次對話視窗，於「⊙ 標記 (L)」右方格鍵入虛擬變項的簡要註解「小型 & 大型對比」。

⊃ 二、增列二個交互作用項變數

「工作壓力」自變項與二個虛擬變項構成的交互作用項分別為：
「交互作用項 1」變數為「規模虛 2」變項與「工作壓力」變項的交乘積：
「交互作用項 1」= 規模虛 2× 工作壓力　或　「工作壓力 × 規模虛 2」

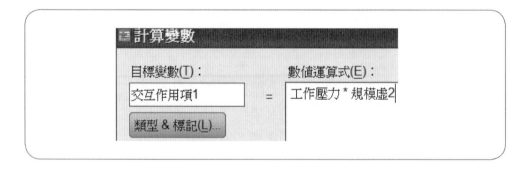

開啟「計算變數 (T)」對話視窗，「目標變數 (T)」下方格鍵入「交互作用項 1」，「數值運算式 (E)」下方格的運算式為「工作壓力 * 規模虛 2」或「規模虛 2* 工作壓力」。

「交互作用項 2」變數為「規模虛 3」變項與「工作壓力」變項的交乘積：
「交互作用項 2」＝ 規模虛 3× 工作壓力 或「工作壓力 × 規模虛 3」

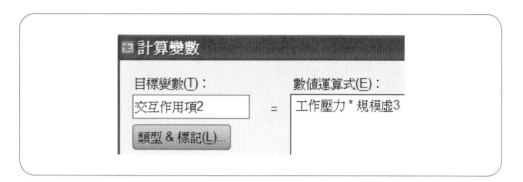

開啟「計算變數 (T)」對話視窗，「目標變數 (T)」下方格鍵入「交互作用項 2」，「數值運算式 (E)」下方格的運算式為「工作壓力 * 規模虛 3」或「規模虛 3* 工作壓力」。

三、以二個交互作用項為預測變項的迴歸分析結果

迴歸分析程序的預測變項為「交互作用項 1」、「交互作用項 2」，效標變項為「工作倦怠」感。

模式摘要

模式	R	R 平方	調過後的 R 平方	估計的標準誤
1	.846[a]	.715	.694	1.818

a. 預測變數：(常數)，交互作用項 2，交互作用項 1。

以「交互作用項 1」、「交互作用項 2」二個交互作用項變數對「工作倦怠感」依變項之迴歸分析模式中，多元相關係數 R 等於 .846，R^2 值為 .715，調整後 值為 .694。

Anova [b]

模式		平方和	df	平均平方和	F	顯著性
1	迴歸	224.000	2	112.000	33.901	.000[a]
	殘差	89.200	27	3.304		
	總數	313.200	29			

a. 預測變數：(常數)，交互作用項 2，交互作用項 1。
b. 依變數：工作倦怠。

　　整體模式之迴歸係數顯著性考驗的 F 值統計量為 33.901，顯著性機率值 <.001，表示二個預測變項的迴歸係數 (或斜率項) 至少有一個不等於 0。

係數 [a]

模式		未標準化係數		標準化係數		
		B 之估計值	標準誤差	Beta 分配	t	顯著性
1	(常數)	5.945	.533		11.159	.000
	交互作用項 1	-.159	.244	-.075	-.652	.520
	交互作用項 2	.670	.095	.810	7.082	.000

a. 依變數：工作倦怠。

　　迴歸方程式的常數項為 5.945，「交互作用項 1」、「交互作用項 2」的非標準化迴歸係數分別為 -.159、.670，標準化迴歸係數 β 值分別為 -.075、.810，相對應顯著性檢定的 t 值統計量分別為 -.652 (顯著性 p=.520>.05)、7.082 (顯著性 p<.001)。從標準型迴歸分析模式而言，迴歸方程式為：工作倦怠 = 5.945-.159× 交互作用項 1+.670× 交互作用項 2。

⊃ 四、以交互作用項及工作壓力為預測變項的迴歸分析結果

　　迴歸分析程序的預測變項為「交互作用項 1」、「交互作用項 2」、「工作壓力」，效標變項為「工作倦怠」感。

模式摘要

模式	R	R 平方	調過後的 R 平方	估計的 標準誤	變更統計量				
					R 平方 改變量	F 改變	df1	df2	顯著性 F 改變
1	.904[a]	.818	.797	1.481	.818	38.949	3	26	.000

a. 預測變數:(常數),交互作用項 2,交互作用項 1,工作壓力。

　　以教師「工作壓力」、「工作壓力」與「學校規模」構成的交互作用項變數:「交互作用項 1」、「交互作用項 2」為預測變項,以教師「工作倦怠」感為效標變項進行迴歸分析程序之結果,迴歸模式之多元相關係數 R 等於 .904,R^2 值為 .818,調整後 R^2 值為 .797。

Anova [b]

模式		平方和	df	平均平方和	F	顯著性
1	迴歸	256.193	3	85.398	38.949	.000[a]
	殘差	57.007	26	2.193		
	總數	313.200	29			

a. 預測變數:(常數),交互作用項 2,交互作用項 1,工作壓力。
b. 依變數:工作倦怠。

　　整體模式之迴歸係數顯著性考驗的 F 值統計量為 38.949,顯著性機率值 <.001,表示三個預測變項的迴歸係數(或斜率項)至少有一個不等於 0(迴歸係數顯著不等 0,表示自變項對工作倦怠效標變項有顯著預測力)。

係數 [a]

模式		未標準化係數		標準化係數			共線性統計量	
		B 之估計值	標準誤差	Beta 分配	t	顯著性	允差	VIF
1	(常數)	2.831	.921		3.072	.005		
	工作壓力	.671	.175	.536	3.832	.001	.358	2.792
	交互作用項 1	.101	.210	.047	.481	.634	.722	1.385
	交互作用項 2	.371	.110	.449	3.387	.002	.398	2.510

a. 依變數:工作倦怠。

　　迴歸方程式的常數項為 2.831,「工作壓力」、「交互作用項 1」、「交互作用項 2」三個預測變項的非標準化迴歸係數分別為 .671、.101、.371,標

準化迴歸係數 β 值分別為 .536、.047、.449，相對應顯著性檢定的 t 值統計量分別為 3.832 (顯著性 p=.001<.05)、.481 (顯著性 p=.634>.05)、3.387 (顯著性 p=.002<.05)。從標準型迴歸分析模式而言，迴歸方程式為：工作倦怠 =5.945+.671× 工作壓力 +.101× 交互作用項 1+.371× 交互作用項 2。二個交互作用項自變項對「工作倦怠」依變項的解釋變異量有一個達到顯著 (交互作用項 2)。

從允差值及 VIF 指標值來看，允差值 (容忍度) 介於 .358 至 .722 間，VIF 指標值介於 1.385 至 2.792，最小允差值大於 .10，最大 VIF 指標值小於 10，預測變項間沒有多元共線性問題。

⇒ 五、以「學校規模」為調節變項進行的迴歸分析結果

學校規模間斷變數建構的二個虛擬變項為「規模虛 2」(中型學校群體 & 大型學校群體的對比)、「規模虛 3」(小型學校群體 & 大型學校群體的對比)，由二個虛擬變項與教師「工作壓力」自變項形成的二個交互作用項 (交互作用項為虛擬變項測量值與工作壓力測量值的乘積) 為「交互作用項 1」、「交互作用項 2」。因為「學校規模」為三分名義變項，與「工作壓力」連續變項構成的交互作用項變數中，若有一個交互作用項對效標變項有顯著的預測力或解釋量，表示間斷變數可能具有調節變項的功能，迴歸模式的調節功能表示的是以「工作壓力」為自變項、以「工作倦怠」為依變項時，所得出的迴歸方程式間的迴歸係數可能顯著不相等。

當間斷變數於迴歸分析程序中具有調節作用，表示以間斷變數各水準數值群體為分析標的群組時，所得到的迴歸模式結果有很大的不同。下表中為以「學校規模」間斷變數分割資料檔，之後以「工作壓力」計量變數為自變項、以「工作倦怠」感為依變項，進行標準型迴歸分析之結果比較。

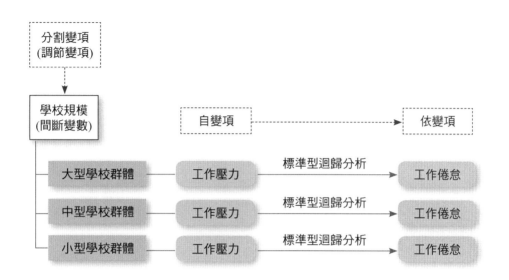

(一)「學校規模」水準數值為 1 之大型學校群體

學校規模 = 大型學校

模式摘要 [b]

模式	R	R 平方	調過後的 R 平方	估計的標準誤
1	.826[a]	.682	.643	1.024

a. 預測變數：(常數)，工作壓力。
b. 學校規模 = 1 大型學校。

　　就大型學校的國中教師群體而言，「工作壓力」自變項與「工作倦怠」依變項間的多元相關係數為 .826，迴歸模式之多元相關係數平方值 R^2 為 .682，調整後 R^2 值為 .643，「工作壓力」自變項可以解釋國中教師「工作倦怠」感 68.2% 的變異量。

係數 [a,b]

模式		未標準化係數		標準化係數		
		B 之估計值	標準誤差	Beta 分配	t	顯著性
1	(常數)	2.243	1.054		2.129	.066
	工作壓力	.770	.186	.826	4.145	.003

a. 學校規模 = 1 大型學校。
b. 依變數： 工作倦怠。

就大型學校的國中教師群體而言，以「工作壓力」自變項預測「工作倦怠」依變項的迴歸方程式為：工作倦怠 =2.243+.770× 工作壓力。非標準化迴歸係數為 .770、標準化迴歸係數為 .826，迴歸係數顯著性考驗的 t 值統計量為 4.145，顯著性 p 值 =.003<.05。由於迴歸係數顯著檢定的 t 值統計量達到 .05 顯著水準，表示迴歸係數顯著不等於 0，「工作壓力」自變項對「工作倦怠」依變項有顯著預測力，迴歸係數值為正，顯示教師工作壓力對其工作倦怠感有正向的影響作用。

(二)「學校規模」水準數值為 2 之中型學校群體

學校規模 = 中型學校

模式摘要 [b]

模式	R	R 平方	調過後的 R 平方	估計的標準誤
1	.371[a]	.138	.030	1.526

a. 預測變數：(常數)，工作壓力。
b. 學校規模 = 2 中型學校。

就中型學校的國中教師群體而言，「工作壓力」自變項與「工作倦怠」依變項間的多元相關係數為 .371，迴歸模式之多元相關係數平方值 R^2 為 .138，調整後 R^2 值為 .030，「工作壓力」自變項可以解釋國中教師「工作倦怠」感 3.0% 的變異量。

係數 [a, b]

模式		未標準化係數		標準化係數	t	顯著性
		B 之估計值	標準誤差	Beta 分配		
1	(常數)	3.806	1.323		2.877	.021
	工作壓力	.481	.425	.371	1.131	.291

a. 學校規模 = 2 中型學校。
b. 依變數：工作倦怠。

就中型學校的國中教師群體而言，以「工作壓力」自變項預測「工作倦怠」依變項的迴歸方程式為：工作倦怠 =3.806 + .481× 工作壓力。非標準化迴歸係數為 .481、標準化迴歸係數為 .371，迴歸係數顯著性考驗的 t 值統計量為 1.131，顯著性 p 值 =.291>.05，迴歸係數顯著性考驗的 t 值統計量未達 .05 顯著水準，表

示迴歸方程式中的迴歸係數等於 0，即「工作壓力」自變項對「工作倦怠」感依變項的解釋變異量為 0.0%。

(三)「學校規模」水準數值為 3 之小型學校群體

學校規模 = 小型學校

模式摘要 [b]

模式	R	R 平方	調過後的 R 平方	估計的標準誤
1	.763[a]	.581	.529	1.824

a. 預測變數：(常數)，工作壓力。
b. 學校規模 = 3 小型學校。

就小型學校的國中教師群體而言，「工作壓力」自變項與「工作倦怠」依變項間的多元相關係數為 .763，迴歸模式之多元相關係數平方值 R^2 為 .581，調整後 R^2 值為 .529，「工作壓力」自變項可以解釋國中教師「工作倦怠」感 58.1% 的變異量。

係數 [a,b]

模式		未標準化係數		標準化係數		
		B 之估計值	標準誤差	Beta 分配	t	顯著性
1	(常數)	.426	3.283		.130	.900
	工作壓力	1.330	.399	.763	3.333	.010

a. 學校規模 = 3 小型學校。
b. 依變數：工作倦怠。

就小型學校的國中教師群體而言，以「工作壓力」自變項預測「工作倦怠」依變項的迴歸方程式為：工作倦怠 =.426 + 1.330× 工作壓力。非標準化迴歸係數為 1.330、標準化迴歸係數為 .763，迴歸係數顯著性考驗的 t 值統計量為 3.333，顯著性 p 值 =.010<.05，由於迴歸係數顯著檢定的 t 值統計量達到 .05 顯著水準，表示迴歸係數顯著不等於 0，「工作壓力」自變項對「工作倦怠」依變項有顯著預測力，迴歸係數值為正，顯示教師工作壓力對其工作倦怠感有正向的影響作用。

分別就大型學校群體、中型學校群體、小型學校群體根據「工作壓力」預測「工作倦怠」感迴歸模式之迴歸方程式，將三條迴歸線繪製如下，從圖中可以看

出三條迴歸線有交叉點，表示學校規模變項對「工作壓力」預測「工作倦怠」感
迴歸模式具有調節迴歸作用功能。

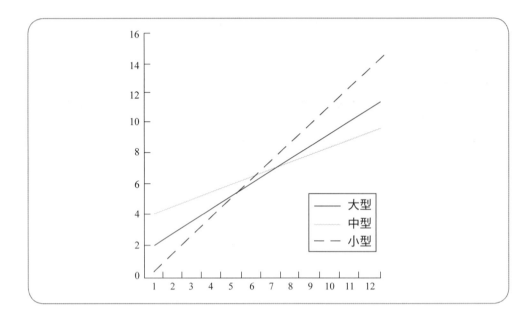

第三節　一般交互作用迴歸分析

　　上述混合交互作用迴歸分析中交互作用項是一個虛擬變項與一個連續變項；
而一般交互作用迴歸分析的交互作用項是二個連續變項所形成的，此交互作用項
為二個連續變項的離均差化值，為二個預測變項的觀察值減去其平均值後的相乘
積。

【研究問題】

　　某教育學者想探討「高職學生的學習動機與其學業成就之關係，是否受到高
職學生學習壓力狀態的不同而有不同的影響」，其中學業成就測量的分數愈高表
示受試者知覺的學業成就愈高，而學習壓力測量指數愈高表示受試者感受的學習
壓力愈低 (學習壓力量表得分愈低，表示受試者感受的學習壓力愈大)，學習動
機測量值愈高表示受試者的學習動機愈積極正向，二個預測變項 (學習動機、學
習壓力狀態) 均為連續變數，而效標變項學業成就也是連續變項。

⇒ 一、操作程序

(一) 求學習動機、學習壓力狀態預測變項的描述統計量

以描述性統計量求出二個預測變項的平均數。

1. 執行功能表列「分析 (A)」/「敘述統計 (E)」(Descriptive Statistics) /「描述性統計量 (D)」程序，開啟「描述性統計量」對話視窗。
2. 將左邊變數清單中的二個預測變項「學習壓力」、「學習動機」選入右邊「變數 (V)」(Variables) 下的方格中。
3. 按『選項』(Options) 鈕，開啟「描述性統計量：選項」(Descriptive: Options) 次對話視窗，勾選「☑ 平均數 (M)」(Mean)、「☑ 標準差 (T)」(Std. deviation)、「☑ 最小值 (N)」(Minimum)、「☑ 最大值 (X)」(Maximum) 等選項，按『繼續』鈕，回到「描述性統計量」(Descriptive) 對話視窗。按『確定』鈕。

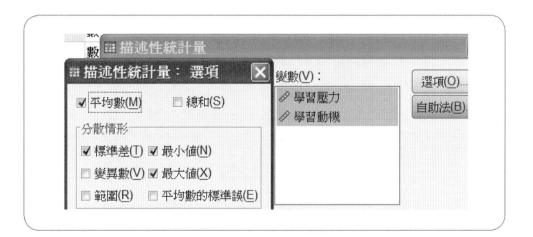

「描述性統計量：選項」次對話視窗中，內定的選項為「☑ 平均數 (M)」、「☑ 標準差 (T)」、「☑ 最小值 (N)」、「☑ 最大值 (X)」，若研究者之前沒有更改後，則不用開啟此對話視窗。

描述性統計量

敘述統計

	個數	最小值	最大值	平均數	標準差
學習壓力	120	61	161	105.63	21.556
學習動機	120	85	247	161.97	35.288
有效的 N (完全排除)	120				

「學習壓力」、「學習動機」二個預測變項的描述性統計量如下：有效的樣本觀察值有 120 位，學習壓力的平均數為 105.63、學習動機的平均數為 161.97。因而在交互作用迴歸分析中的交互作用項 (變項名稱為「交互作用項」) 與預測變項有如下關係：

交互作用項 = (學習壓力 -105.63)×(學習動機 -161.97)，交互作用項為二個預測變項量測值減去其平均數的乘積，預測變項量測值分數減去平均數即把觀察值的原點平移至平均數的位置。

(二) 新增交互作用項變數

1. 執行功能表列「轉換 (T)」(Transform) / 「計算變數 (C)」程序，開啟「計算變數」(Compute Variable) 對話視窗。
2. 左邊「目標變數 (T)」(Target Variable) 下的方格中鍵入交互作用項變數名稱，範例為「交互作用項」，右邊「數值運算式 (E)」(Numeric Expression) 方盒中鍵入離均差化值運算式求法：「(學習壓力 -105.63)*(學習動機 -161.97)」。
3. 按『確定』鈕。

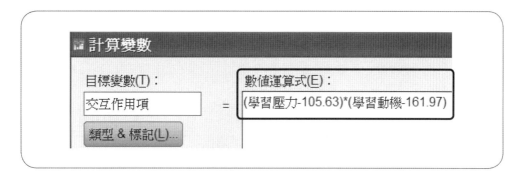

　　為便於比較及說明交互作用項與預測變項間的共線性問題，另新增一個「交互乘積項」變數，交互乘積項變數為二個預測變項量測值的乘積：「學習壓力 × 學習動機」，此交互作用項的變數名稱為「交乘積項」。新增「交乘積項」變數的操作程序如下：

1. 執行功能表列「轉換 (T)」(Transform) /「計算變數 (C)」程序，開啟「計算變數」(Compute Variable) 對話視窗。
2. 左邊「目標變數 (T)」(Target Variable) 下的方格中鍵入二個預測變項交乘積項變數名稱，範例為「交乘積項」，右邊「數值運算式 (E)」(Numeric Expression) 方盒中鍵入離均差化值運算式求法：「學習壓力 * 學習動機」。
3. 按『確定』鈕。

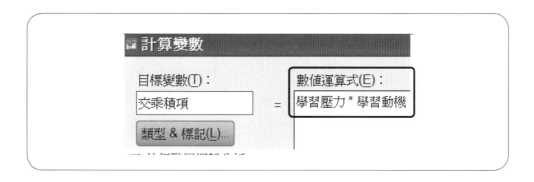

(三) 執行階層迴歸分析

1. 執行功能表「分析 (A)」/「迴歸方法 (R)」/「線性 (L)」程序，開啟「線性迴歸」(Linear Regression) 主對話視窗。

2. 左邊變數清單中選取效標變項「學業成就」至右方「依變數 (D)」下的方格中。左邊變數清單中點選區組一的目標變數「學習壓力」至右邊「自變數 (I)」下的方格中，「方法 (M)」右邊的下拉式選單中選取內定「輸入法」。

3. 在「區塊 1 來自 1」的方盒中，按『下一個 (N)』鈕，出現「區塊 2 來自 2」的方盒，設定第二個區組的自變項。左邊變數清單中點選區組二之預測變項「學習動機」至右邊「自變數 (I)」下的方格。

4. 在「區塊 2 來自 2」的方盒中，按『下一個 (N)』鈕，出現「區塊 3 來自 3」的方盒，設定第三個區組的自變項。左邊變數清單中點選區組三之預測變項「交互作用項」至右邊「自變數 (I)」下的方格。

5. 按『統計量 (S)』(Statistics) 鈕，開啟「線性迴歸：統計量」(Linear Regression: Statistics) 次對話視視窗，勾選「☑ 估計值 (E)」(Estimates)、「☑ 模式適合度 (M)」(Model fit)、「☑ R 平方改變量 (S)」(R square change)、「☑ 共線性診斷 (L)」(Collinearity diagnostics) 等選項，按『繼續』鈕，回到「線性迴歸」主對話視窗，按『確定』鈕。

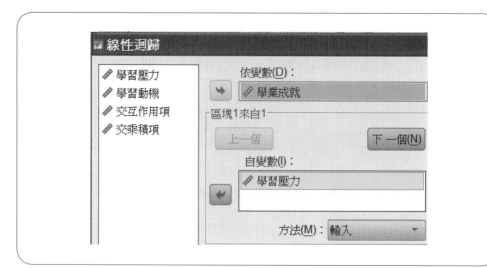

「區塊 1 來自 1」(階層一) 方盒中的自變數為「學習壓力」，模式估計法為「輸入」法 (或稱強迫輸入法 -Enter 法)。

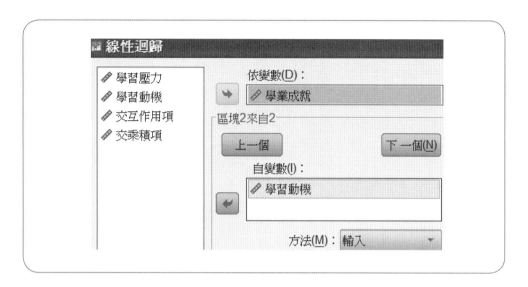

「區塊 2 來自 2」(階層二) 方盒中的自變數為「學習動機」，模式估計法為「輸入」法 (或稱強迫輸入法 -Enter 法)。

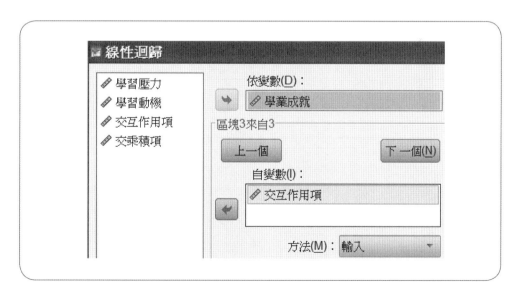

「區塊 3 來自 3」(階層三) 方盒中的自變數為「交互作用項」，模式估計法為「輸入」法 (或稱強迫輸入法 -Enter 法)。

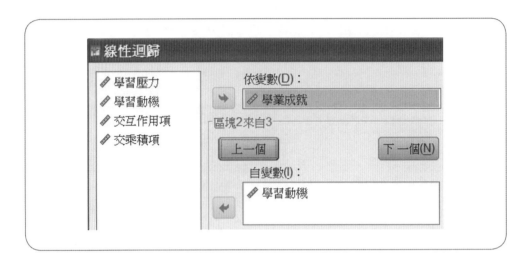

從「區塊 3 來自 3」(階層三)方盒中按『上一個』鈕，會回到第二個區塊(階層二)，區塊 2 是由區塊 3 按『上一個』鈕回到的視窗界面，出現的區塊方盒為「區塊 2 來自 3」，表示目前所在的區塊是階層二模式，階層二迴歸模式點選的自變數為「學習動機」。

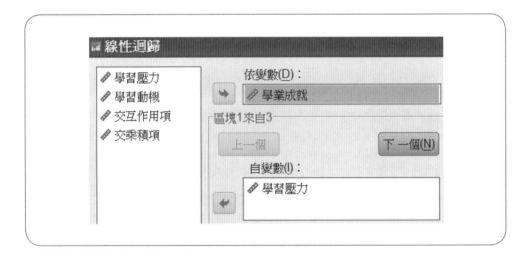

從「區塊 3 來自 2」(階層二)方盒中按『上一個』鈕，會回到第二個區塊(階層一)，區塊 1 是由區塊 3 按二個『上一個』鈕回到的視窗界面，出現的區塊方盒為「區塊 1 來自 3」，表示目前所在的區塊是階層一模式，階層一迴歸模式點選的自變數為「學習壓力」。

○ 二、報表說明

(一) 以二個預測變項的離均差化值作為交互作用項變項之迴歸分析結果

選入 / 刪除的變數 [b]

模式	選入的變數	刪除的變數	方法
1	學習壓力 [a]	.	選入
2	學習動機 [a]	.	選入
3	交互作用項 [a]	.	選入

a. 所有要求的變數已輸入。
b. 依變數：學業成就。

　　上表為三個迴歸模式中進入迴歸方程式的順序，分別為學習壓力、學習動機、交互作用項，交互作用項為：(學習壓力測量值分數 - 學習壓力平均數)×(學習動機測量值分數 - 學習動機平均數)。第一個迴歸模式只有一個預測變項：學習壓力、第二個迴歸模式有二個預測變項：學習壓力、學習動機、第三個迴歸模式有三個預測變項：學習壓力、學習動機、交互作用項。

模式摘要

模式	R	R 平方	調過後的 R 平方	估計的標準誤	變更統計量				
					R 平方改變量	F 改變	df1	df2	顯著性 F 改變
1	.589[a]	.347	.341	25.392	.347	62.662	1	118	.000
2	.930[b]	.865	.863	11.577	.519	450.657	1	117	.000
3	.939[c]	.882	.879	10.902	.016	15.944	1	116	.000

a. 預測變數：(常數)，學習壓力。
b. 預測變數：(常數)，學習壓力，學習動機。
c. 預測變數：(常數)，學習壓力，學習動機，交互作用項。

　　上表為三個模式的模式摘要表，就階層一迴歸模式而言，高職學生的學習壓力狀態與其學業成就的相關係數 (R) 為 .589、決定係數 (R^2) 為 .347、調整後的 R^2 為 .341，預測變項對效標變項的解釋力達到顯著水準 (ΔF=62.662，顯著性 p<.001)；就階層二迴歸模式而言，高職學生的學習壓力狀態、學習動機與其學業成就的多元相關係數 (R) 為 .930、多元相關係數的平方 (R^2) 為 .865、調整後的 R^2 為 .863，當投入學習動機變項後，對高職學生學業成就的解釋變異量增

加 51.9%，此增加解釋量達到 .05 的顯著水準 (ΔF=450.667，顯著性 p<.001)；就階層三迴歸模式而言，高職學生的學習壓力狀態、學習動機、學習壓力及學習動機交互作用項與其學業成就的多元相關係數為 .939、多元相關係數的平方 (R^2) 為 .882、調整後的 R^2 為 .879，當投入二個預測變項的交互作用項變數後，對高職學生學業成就的解釋變異量增加 1.6%，此增加量也達到 .05 的顯著水準 (ΔF=15.994，顯著性 p<.001)。

Anova [d]

模式		平方和	df	平均平方和	F	顯著性
1	迴歸	40402.544	1	40402.544	62.662	.000[a]
	殘差	76083.156	118	644.773		
	總數	116485.700	119			
2	迴歸	100804.170	2	50402.085	376.050	.000[b]
	殘差	15681.530	117	134.030		
	總數	116485.700	119			
3	迴歸	102699.152	3	34233.051	288.037	.000[c]
	殘差	13786.548	116	118.850		
	總數	116485.700	119			

a. 預測變數：(常數)，學習壓力。
b. 預測變數：(常數)，學習壓力，學習動機。
c. 預測變數：(常數)，學習壓力，學習動機，交互作用項。
d. 依變數：學業成就。

　　上表為三個區組多元線性迴歸分析之整體性統計考驗結果，三個迴歸方程式整體性 F 考驗統計量分別為 62.662、376.050、288.037，其顯著性 p 值均小於 .001，達到 .05 顯著水準，表示各迴歸分析統計模式中，至少有一個迴歸係數 (自變項) 達到顯著。以第三個迴歸模式而言，高職學生學業成就至少會受到其學習壓力的狀態程度、學習動機的高低或這二者所構成的交互作用項等變項之一的影響。

係數 [a]

模式		未標準化係數		標準化係數	t	顯著性	共線性統計量	
		B 之估計值	標準誤差	Beta 分配			允差	VIF
1	（常數）	16.256	11.640		1.397	.165		
	學習壓力	.855	.108	.589	7.916	.000	1.000	1.000
2	（常數）	-96.344	7.503		-12.840	.000		
	學習壓力	.939	.049	.647	19.005	.000	.994	1.006
	學習動機	.640	.030	.722	21.229	.000	.994	1.006
3	（常數）	-94.896	7.075		-13.413	.000		
	學習壓力	.953	.047	.656	20.423	.000	.988	1.012
	學習動機	.624	.029	.704	21.765	.000	.974	1.026
	交互作用項	.005	.001	.129	3.993	.000	.973	1.027

a. 依變數：學業成就。

　　上表為三個區組迴歸模式的迴歸係數估計值，就區組二而言，二個預測變項的迴歸係數均達顯著，學習壓力、學習動機二個自變項均可有效解釋高職學生的學業成就，其 β 係數分別為 .647、.722、顯著性考驗的 t 值分別為 19.005、21.229，顯著性 p 值均小於 .001，達到 .05 的顯著水準，由於其 β 值為正，表示學習壓力、學習動機二個自變項對高職學生的學業成就之影響為正（學習壓力測量值愈高、學習動機測量值愈高，學業成就測量值也愈高，即學習壓力愈低、學習動機愈強，學生的學業成就愈佳）。

　　區組三為同時投入學習壓力、學習動機與學習壓力及學習動機所形成的交互作用項三個預測變項，此三個預測變項的 β 係數分別為 .656、.704、.129，其相對應的 t 值統計量分別為 20.423、21.765、3.993，顯著性 p 值均小於 .001，達到 .05 的顯著水準，表示三個預測變項對效標變項均有顯著影響，由於其 β 值均為正，表示學習壓力愈低、學習動機愈高的高職學生，其感受到的學業成就愈高；而二個預測變項的交互作用項，在調整了其它預測變項對效標變項的影響後，高職學生的學習壓力狀態及他們學習動機之「交互作用項」變項對高職學生的學業成就也有正向影響，亦即高職學生的學習動機與其學業成就的關係，確實會受到其學習壓力狀態的不同而有不同程度的影響。

共線性診斷 [a]

模式	維度	特徵值	條件指標	變異數比例			
				（常數）	學習壓力	學習動機	交互作用項
1	1	1.980	1.000	.01	.01		
	2	.020	9.942	.99	.99		
2	1	2.941	1.000	.00	.00	.01	
	2	.046	8.017	.00	.41	.51	
	3	.013	14.948	1.00	.59	.48	
3	1	2.949	1.000	.00	.00	.00	.00
	2	.993	1.724	.00	.00	.00	.97
	3	.045	8.137	.00	.42	.51	.03
	4	.013	14.984	1.00	.58	.48	.00

a. 依變數：學業成就。

　　上表為多元共線性診斷，上述在階層二、階層三迴歸模式中的 TOL 值 (容忍度 - 允差欄數值) 均大於 .10、VIF 值 (變異數膨脹因素) 均小於 10、CI 值 (條件指標) 最大為 14.984，小於指標值 30，顯示此二階層迴歸模式的預測變項間沒有多元共線性問題。

(二) 以二個預測變項的相互乘積作為交互作用項變數之迴歸分析結果

選入 / 刪除的變數 [b]

模式	選入的變數	刪除的變數	方法
1	學習壓力 [a]	.	選入
2	學習動機 [a]	.	選入
3	交乘積項 [a]	.	選入

a. 所有要求的變數已輸入。
b. 依變數：學業成就。

　　上表為投入迴歸方程式的三個預測變項：學習壓力、學習動機、交乘積項，依變項為學業成就，採用的迴歸方法為強迫輸入法 (同時輸入法)。其中的交互作用項變數 (交乘積項) 為學習壓力與學習動機二個變項的乘積 (二個預測變項的交互作用項未採取離均差化值)。

模式摘要

模式	R	R 平方	調過後的 R 平方	估計的標準誤	變更統計量				
					R 平方改變量	F 改變	df1	df2	顯著性 F 改變
1	.589[a]	.347	.341	25.392	.347	62.662	1	118	.000
2	.930[b]	.865	.863	11.577	.519	450.657	1	117	.000
3	.939[c]	.882	.879	10.902	.016	15.944	1	116	.000

a. 預測變數：(常數)，學習壓力。
b. 預測變數：(常數)，學習壓力，學習動機。
c. 預測變數：(常數)，學習壓力，學習動機，交乘積項。

上表為模式摘要表，使用階層迴歸分析法中的階層三模式，學習壓力、學習動機、交乘積項三個預測變項與學業成就效標變項的多元相關係數為 .939、多元相關係數的平方為 .882、調整後的 R 平方 (R^2) 等於 .879，估計標準誤為 10.902。三個預測變項可以解釋學業成就 88.2% 的變異量，「交乘積項」可以解釋學業成就的變異量為 1.6% (ΔF=15.944，顯著性 p<.001)。

之前以學習壓力、學習動機二個預測變項的離均差化值「交互作用項」變數作為階層三迴歸模式投入的變項，高職學生的學習壓力、學習動機、學習壓力及學習動機交互作用項與其學業成就的多元相關係數為 .939、多元相關係數的平方 (R^2) 為 .882、調整後的 R^2 為 .879，當投入二個預測變項的交互作用項變數後，對高職學生學業成就的解釋變異量增加 1.6% (ΔF=15.994，顯著性 p<.001)，二個不同交互作用項的增加量相同。

Anova [d]

模式		平方和	df	平均平方和	F	顯著性
1	迴歸	40402.544	1	40402.544	62.662	.000[a]
	殘差	76083.156	118	644.773		
	總數	116485.700	119			
2	迴歸	100804.170	2	50402.085	376.050	.000[b]
	殘差	15681.530	117	134.030		
	總數	116485.700	119			
3	迴歸	102699.152	3	34233.051	288.037	.000[c]
	殘差	13786.548	116	118.850		
	總數	116485.700	119			

a. 預測變數：(常數)，學習壓力。
b. 預測變數：(常數)，學習壓力，學習動機。
c. 預測變數：(常數)，學習壓力，學習動機，交乘積項。
d. 依變數：學業成就。

　　上表為多元線性迴歸分析模式之整體性考驗之變異數分析摘要表，階層三迴歸模式整體考驗的 F 值統計量等於 288.037，顯著性 p 值 <.001，達到 .05 的顯著水準，表示在迴歸模式中至少會有一個預測變項的迴歸係數不為 0 或全部預測變項的迴歸係數均不等於 0。

係數 [a]

模式		未標準化係數		標準化係數			共線性統計量	
		B 之估計值	標準誤差	Beta 分配	t	顯著性	允差	VIF
1	(常數)	16.256	11.640		1.397	.165		
	學習壓力	.855	.108	.589	7.916	.000	1.000	1.000
2	(常數)	-96.344	7.503		-12.840	.000		
	學習壓力	.939	.049	.647	19.005	.000	.994	1.006
	學習動機	.640	.030	.722	21.229	.000	.994	1.006
3	(常數)	-3.988	24.184		-.165	.869		
	學習壓力	.092	.217	.063	.423	.673	.046	21.929
	學習動機	.063	.147	.071	.429	.669	.037	27.065
	交乘積項	.005	.001	.848	3.993	.000	.023	44.245

a. 依變數：學業成就。

　　上表為迴歸模式之迴歸係數的估計值，就階層三迴歸模式而言，學習壓力、學習動機、學習壓力與學習動機二個變項的交乘積項之標準化迴歸係數 β 值分別為 .063、.071、.848，迴歸係數顯著性考驗的 t 值統計量分別為 .423（顯著性 p=.673>.05）、.429（顯著性 p=.669>.05）、3.993（顯著性 p<.001），其中只有「交乘積項」自變項的迴歸係數達到 .05 顯著水準，即投入學習壓力與學習動機二個變項的交乘積項後，原先對效標變項有顯著的二個預測變項，變成沒有顯著的影響力（沒有達到統計學上之顯著水準），此乃投入的「交乘積項」變數與原先二個預測變項有高度相關，形成多元共線性所產生的結果。

共線性診斷 [a]

模式	維度	特徵值	條件指標	變異數比例			
				（常數）	學習壓力	學習動機	交乘積項
1	1	1.980	1.000	.01	.01		
	2	.020	9.942	.99	.99		
2	1	2.941	1.000	.00	.00	.01	
	2	.046	8.017	.00	.41	.51	
	3	.013	14.948	1.00	.59	.48	
3	1	3.914	1.000	.00	.00	.00	.00
	2	.048	9.071	.00	.02	.01	.00
	3	.038	10.126	.02	.00	.00	.02
	4	.000	94.090	.98	.98	.98	.98

a. 依變數：學業成就。

　　從容忍度、變異數膨脹係數、與共線性診斷摘要表中的特徵值、條件指標、變異數比例 (Variance Proportions) 等指標來檢核階層三迴歸模式之共線性問題：容忍度 (TOL 值) 分別為 .046、.037、.023，均小於 .10 臨界指標值；變異數膨脹係數 (VIF 值) 在 21.929 至 44.245 間，遠大於臨界指標值 10；特徵值最小值為 .000，最大值才 .048；條件指標 (CI 值) 最大值達 94.090，遠高於臨界指標值 30，學習壓力、學習動機、交乘積項在第四個特徵值的變異數比例值分別為 .98、.98、.98，均非常接近 1。從上述多元共線性診斷指標綜合而言，「學習壓力」、「學習動機」二個預測變項與「交乘積項」彼此間存有嚴重多元共線性問題，其中尤以交乘積項預測變數共線性指標值與各診斷值的差距最大，表示此

多元共線性發生在學習壓力、學習動機二個預測變項與其二個預測變項之交互作用項變數:「交乘積項」之間。之所以發生此種情形,乃在建構連續變項之預測變項間的交互作用項時,未採取離均差化值的緣故。

在迴歸分析模式中,也可以從預測變項間的相關矩陣之相關係數的大小來初步檢核多元共線性問題。下面二個表的數據,為交互作用項 (採用離均差化值與未採用離均差化值) 及二個預測變項與學業成就效標變項間之相關矩陣。

相關 (N=120)

		學習壓力	學習動機	交互作用項	交乘積項	學業成就
學習壓力	Pearson 相關	1				
	顯著性 (雙尾)					
學習動機	Pearson 相關	-.080	1			
	顯著性 (雙尾)	.385				
交互作用項	Pearson 相關	-.085	.145	1		
	顯著性 (雙尾)	.356	.113			
交乘積項	Pearson 相關	.626**	.712**	.201*	1	
	顯著性 (雙尾)	.000	.000	.027		
學業成就	Pearson 相關	.589**	.671**	.176	.939**	1
	顯著性 (雙尾)	.000	.000	.055	.000	

**.在顯著水準為 0.01 時 (雙尾),相關顯著。
*.在顯著水準為 0.05 時 (雙尾),相關顯著。

從上述相關矩陣中可以發現:學習壓力、學習動機與學習壓力及學習動機所形成的交互作用項 (採用離均差化值) 與效標變項學業成就的相關係數分別為 .589 (顯著性 $p<.05$)、.671 (顯著性 $p<.05$)、.176 (顯著性 $p<.05$),學習壓力、學習動機二個預測變項間的相關係數為 -.080 (顯著性 $p<.05$)。表示二個預測變項均與效標變項有中度的相關,但二個預測變項彼此間的相關很低。此外,二個預測變項形成的交互作用項與原先二個預測變項的相關係數分別為 -.085 (顯著性 $p<.05$)、.145 (顯著性 $p<.05$),均未達 .05 的顯著水準,表示學習壓力、學習動機、「交互作用項」三個預測變項間沒有中高度的相關,因而同時投入三個預測變項於迴歸模式中不會發生多元共線性問題。

「交乘積項」為二個預測變項的相互乘積 (= 學習壓力 × 學習動機)。「交乘積項」與原先學習壓力、學習動機二個預測變項的相關係數分別為 .626 (顯著

性 p<.05)、.712 (顯著性 p <.05)，均達到 .05 的顯著水準，「交乘積項」與學習壓力、學習動機二個預測變項有中度相關，因而在迴歸模式中，如同時投入學習壓力、學習動機與學習壓力及學習動機所形成的「交乘積項」三個預測變項，可能發生多元共線性問題。以預測變項間的交乘積項作為交互作用項變項，多元共線性就可能發生在二個預測變項與其交乘積項彼此之間，由於交乘積項與二個預測變項存有多元共線性問題，使得對效標變項有顯著解釋力的二個預測變項沒有達到 .05 的顯著水準，而被排除於迴歸模式之外。

⊃ 三、交互作用迴歸分析摘要表

將上述交互作用迴歸分析結果整理如下表：

階層	自變項	β 值	t 值	R^2	F 值	ΔR^2	ΔF
階層一	學習壓力	.589	7.916***	.341	62.662***	.347	62.662***
階層二	學習壓力	.647	19.005***	.865	376.050***	.519	450.657***
	學習動機	.722	21.229***				
階層三	學習壓力	.656	20.423***	.882	288.037***	.016	15.944***
	學習動機	.704	21.765***				
	交互作用項	.129	3.993***				

***p<.001

從上述交互作用迴歸分析摘要表中得知：如不考慮到學習壓力與學習動機之交互作用項，高職學生的學習壓力與學習動機對高職學生的學業成就均有正向的影響，二個變項共可解釋自殺意念 86.5% 的變異量，多元線性迴歸分析整體考驗的 F 值為 376.050 (顯著性 p<.001)，達到 .05 的顯著水準，標準化迴歸係數的 β 值分別為 .647、.722，迴歸係數顯著性考驗的 t 值分別為 19.005 (顯著性 p<.001)、21.229 (顯著性 p<.001)，均達到顯著水準，由於 β 值為正，表示學習壓力自變項對學業成就的影響為正向；而學習動機自變項對學業成就的影響也為正向，亦即高職學生的學習壓力愈佳，其知覺的學業成就愈高；高職學生的學習動機愈高，其感受到的學業成就也愈高。

當投入學習壓力與學習動機之交互作用項後，增加的解釋變異量 ΔR^2 為 .016，改變顯著性的 F 值 (ΔF) 等於 15.944 (p<.001)，達到顯著水準；此外，多元線性迴歸分析整體考驗的 F 值為 288.037 (p<.001)，也達到 .05 的顯著水準，

可見高職學生的學業成就與其學習動機之關係，確實會受到其學習壓力程度的影響。

如進一步依學習壓力測量分數的高低，將學習壓力的觀察值分為高學習壓力 (高分組)、中學習壓力 (中分組)、低學習壓力差 (低分組) 三組，從交互作用迴歸分析事後比較可以發現不同學習壓力群體在迴歸分析結果的差異情形。將學習壓力的觀察值分組，最好有理論基礎來支持，如果沒有強勁的理論作為分組參考，通常會依分組變項平均數上下一個標準差或平均數上下 0.5 個標準差作為分組的依據，連續變項轉換為間斷變數的分類方法，若是各群體的觀察值要控制差不多，可採用視覺化區段 (Visual Binning) 功能，依相關理論文獻或經驗法則將連續變項等分為三組 (二個分割點) 或四組 (三個分割點)，執行功能表列「轉換」(Transform)/「Visual Binning」(視覺化區段) 程序，於「製作分割點」次對話視窗，選取「⦿ 以掃瞄的觀察值為基礎的相等百分比位數值 (U)」選項，「分割點數目 (N)」設定為 2，如此，可將學習壓力連續變項分為高學習壓力組、中學習壓力組、低學習壓力組三個群體，依各群組求出學習動機自變項對學業成就依變項的迴歸方程式，其圖示如下：

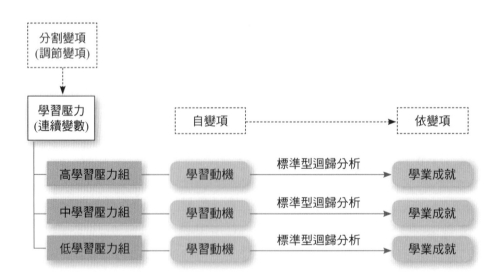

將調節變項學習壓力連續變項平均分成三個群體，再分別以學習動機為預測變項、學業成就為效標變項進行迴歸分析，三個不同學習壓力群體的迴歸分析結果如下：

(一) 低學習壓力群體

學習壓力 (已 Bin) = <= 93

模式摘要[b]

模式	R	R 平方	調過後的 R 平方	估計的標準誤
1	.760[a]	.577	.567	13.250

a. 預測變數：(常數)，學習動機。
b. 學習壓力 (已 Bin) = 1 <= 93。

就低學習壓力群體而言，學習動機自變項可以預測學業成就效標變項的變異量為 57.7%，調整後的 R^2 為 56.7%。

係數[a,b]

模式		未標準化係數		標準化係數		
		B 之估計值	標準誤差	Beta 分配	t	顯著性
1	(常數)	9.628	10.778		.893	.377
	學習動機	.475	.065	.760	7.301	.000

a. 學習壓力 (已 Bin) = 1 <= 93。
b. 依變數：學業成就。

學習動機自變項的非標準化迴歸係數為 .475，標準化迴歸係數為 .760，迴歸係數顯著性檢定的 t 統計量為 7.301，顯著性 p<.001，表示迴歸係數顯著不等於 0，迴歸方程式為：學業成就_{低學習壓力群體} = 9.628 + .475 × 學習動機_{低學習壓力群體}。

(二) 中學習壓力群體

學習壓力 (已 Bin) = 94 - 113

模式摘要[b]

模式	R	R 平方	調過後的 R 平方	估計的標準誤
1	.906[a]	.821	.817	10.555

a. 預測變數：(常數)，學習動機。
b. 學習壓力 (已 Bin) = 294 – 113。

就中學習壓力群體而言，學習動機自變項可以預測學業成就效標變項的變異量為 82.1%，調整後的 R^2 為 81.7%。

學業成就_{低學習壓力群體} = .950 + .644 × 學習動機_{低學習壓力群體}

係數 [a,b]

模式		未標準化係數		標準化係數	t	顯著性
		B 之估計值	標準誤差	Beta 分配		
1	(常數)	.950	7.968		.119	.906
	學習動機	.644	.047	.906	13.567	.000

a. 學習壓力 (已 Bin) = 294 – 113。
b. 依變數：學業成就。

　　學習動機自變項的非標準化迴歸係數為 .644，標準化迴歸係數為 .906，迴歸係數顯著性檢定的 t 統計量為 13.567，顯著性 p<.001，表示迴歸係數顯著不等於 0，迴歸方程式為：學業成就$_{中學習壓力群體}$ =.950 + .644 × 學習動機$_{中學習壓力群體}$。

(三) 高學習壓力群體

學習壓力 (已 Bin) = 114+

模式摘要 [b]

模式	R	R 平方	調過後的 R 平方	估計的標準誤
1	.808[a]	.653	.643	20.458

a. 預測變數：(常數)，學習動機。
b. 學習壓力 (已 Bin) = 3 114+。

　　就高學習壓力群體而言，學習動機自變項可以預測學業成就效標變項的變異量為 65.3%，調整後的 R^2 為 64.3%。

係數 [a,b]

模式		未標準化係數		標準化係數	t	顯著性
		B 之估計值	標準誤差	Beta 分配		
1	(常數)	17.533	14.048		1.248	.220
	學習動機	.697	.086	.808	8.109	.000

a. 學習壓力 (已 Bin) = 3 114+。
b. 依變數：學業成就。

　　學習動機自變項的非標準化迴歸係數為 .697，標準化迴歸係數為 .808，迴歸係數顯著性檢定的 t 統計量為 8.109，顯著性 p<.001，表示迴歸係數顯著不等於 0，迴歸方程式為：學業成就$_{高學習壓力群體}$ = 17.533 + .697 × 學習動機$_{高學習壓力群體}$。

　　三條迴歸線的迴歸係數均顯著不等於，表示就三個學習壓力群體而言，每個群組中觀察值的學習動機均可有效預測其學業成就，就三個群體相互比較之下，解釋變異量或預測力以中學習壓力群體最大，就「中學習壓力」群體的受試者而言，「學習動機」自變項預測「學業成就」效標變項的解釋變異量高達 82.1%；就「低學習壓力」群體、「高學習壓力」群體的受試者而言，「學習動機」自變項預測「學業成就」效標變項的解釋變異量分別為 57.7%、65.3%。

第 **14** 章

多變量變異數分析

要比較各組平均數的差異是否顯著時，若依變項只有一個的情況，則採用的是單因子變異數分析；如果同時考驗二個以上的依變項，則可採用多變量變異數分析 (multivariate analysis of variance；MANOVA)。如果自變項有一個，則分析的方法稱為單因子多變量變異數分析 (one-way multivariate analysis of variance)；如果自變項有二個以上，則稱為多因子多變量變異數分析。

第一節　統計原理與範例解析

多變量變異數分析在概念上是單變量變異數分析 (univariate analysis of variance；UNIANOVA) 的擴展，在單變量變異數分析中考驗的是不同處理水準在單一依變項得分平均數的差異；多變量變異數分析則同時在考驗不同處理水準在二個以上依變項的形心 (centroid) 是否有顯著的不同。多變量變異數分析之重要性有三：一為可控制實驗的第一類型錯誤率；二為研究結果之類推更為可靠；三為可深入了解依變項間之關係 (Thompson, 1994)。Thompson (1984) 指出：社會科學研究者之興趣在於探究問題的多種原因 (multiple causes) 和多種結果 (multiple outcomes)，而非單一之因果關係的探討，若採單變量之分析方法，有時會扭曲問題的真實性；而有研究者在研究計畫中提出了多變量的研究問題，卻只採用單變量的分析方法考驗假設問題，同樣地也會扭曲事實的原委。社會科學情境中，採用多變量變異數分析的方法較能反映社會的真實面 (Fish, 1988)。此外，多變量變異數分析可同時考量數個依變項的關係，此為多個單變量分析所無法達到的，因單變量分析的假設是依變項間的相關為零；再者，單變量程序是將各依變項作分開逐一的分析，這與多變量以所有依變項之最大線性組合 (optimal linear combination) 來進行統計考驗，意義上是不同的 (傅粹馨，民 86)。

使用多變量變異數分析時，資料也須符合以下基本條件：1. 觀察值必須獨立，也就是觀察值無自我相關，為達此目的，取樣必須隨機化，獨立性也就是指母群體中各樣本在依變項上之測量值應該要彼此獨立，沒有相關存在；2. 各組母群體變異數要均勻，也就是各組要有共同的共變異數矩陣；3. 各母群體要成多變量常態分配，一般樣本愈大時，愈能滿足此項要求。因基於中央極限定理 (central limited theorem)，如果 $X_1, X_2, ..., X_n$。是從一個母群體來的觀察值，而此母群體之平均值為 M，其有限共變異數矩陣為 Σ，則在大樣本時 $\sqrt{n}\,(\overline{X} -$

μ) 會接近常態分配：$N_P(0, \Sigma)$。其中 p 為依變項數、N 為樣本數，N-p 要夠大。MANOVA 的常態性假設，即是指樣本所來自的母群體在多個依變項上的機率分配呈多變量常態分配 (multivariate normal distribution)。原則上，多變量變異數分析是單變量變異數分析的延伸，它會算出所有依變項都一起考慮時，實驗處理有無顯著差異，然後分析對個別依變項有無顯著影響 (馬信行，民 88)。

在變異數分析中，如果研究者要同時考驗數個依變項，或依變項間如果有顯著的相關存在，則使用多變量變異數分析法 (multivariate analysis of variance；MANOVA) 會比單變量變異數分析法更為適宜。多變量變異數分析可以同時考驗 k 組自變項在二個以上依變項上的「形心」(centroid) 是否有所差異。在概念上，多變量變異數分析是單變量變異數分析的擴展，如果依變項有二個以上，採用多變量變異數分析的優點：(Bryman & Cramer, 1997)

1. 減少犯第一類型的錯誤，比較群體間在一個依變項的差異時，顯著水準 α 值通常定為 .05，如果有二個依變項，分開進行群體間的差異比較時，則顯著水準α值會增加約到 .10 [.05 的 2 倍，整體第一類型的錯誤率為 $1 - (1 - .05)^2 = 0.098$]。如果比較間不獨立，依變項間有相關，採用單變量變異數分析，第一類型 (type I) 的錯誤率會提高，如果使用多變量變異數分析則可以控制整體的顯著水準 α 值，減少第一類型的錯誤率。

2. 同時考驗數個依變項對自變項的效果，會有較多敏感性測量，採用 MANOVA，就可以同時了解群組間平均數在所有依變項的差異結果。考驗數個依變項時，如果分開採用 ANOVA，沒有辦法解釋或提供任何依變項間相關的資訊，MANOVA 分析程序特別適用於固定因子群組變項在同一量表多個構面 / 向度 / 因子 / 層面間的差異比較，因為同一量表中的構面 (一階潛在變項) 反映的二階潛在變數是相同的，這些構面或因子間通常會有某種程度的相關。

以二個群組、三個依變項 Y1、Y2、Y3 為例，如果研究者採用三個獨立的單變量檢定 (ANOVA)，則整體第一類型的錯誤率為 $1 - (1 - .05)^3 = 0.143$，此型 I 錯誤率比一般顯著水準 $\alpha(= .05)$ 高出許多，如果三個單變量檢定間不是獨立關係，則整體第一類型的錯誤率會更高。當依變項間有顯著關聯存在時，可能發生 MANOVA 檢定顯著 (p<.05)，但個別單變量檢定都不顯著的情形。

群組	Y1	Y2	Y3	群組	Y1	Y2	Y3
1	1	2	6	2	4	5	4
1	2	5	7	2	5	5	6
1	4	7	5	2	5	6	5
1	6	11	12	2	8	7	9
1	9	12	10	2	8	9	5
M	4.40	7.40	8.00	M	6.00	6.40	5.80
SD	3.21	4.16	2.92	SD	1.87	1.67	1.92

資料來源：修改自 Sharma, 1996, p.353。

　　三個依變項間相關矩陣如下：變項 Y1 與變項 Y2 間有顯著高度正相關 (r=.814)、變項 Y2 與變項 Y3 間有顯著中度正相關 (r=.646)。

依變項間相關矩陣表

依變項	Y1	Y2	Y3
Y1	1		
Y2	.814**	1	
Y3	.428ns	.646*	1

ns p>.05　* p<.05　** p<.01

　　三個獨立的單變量 ANOVA 分析結果如下：

ANOVA

		平方和	自由度	平均平方和	F	顯著性
Y1	組間	6.400	1	6.400	.928	.364
	組內	55.200	8	6.900		
	總和	61.600	9			
Y2	組間	2.500	1	2.500	.249	.631
	組內	80.400	8	10.050		
	總和	82.900	9			
Y3	組間	12.100	1	12.100	1.984	.197
	組內	48.800	8	6.100		
	總和	60.900	9			

　　群組固定因子在依變項 Y1、Y2、Y3 平均數差異檢定之單變量考驗的 F 值統計量分別為 .928、.249、1.984，顯著性機率值 p 分別為 .364>.05、.631>.05、

.197>.05，均未達 .05 顯著水準，表示群組固定因子二個水準群體在依變項 Y1 的平均數間沒有顯著差異、群組固定因子二個水準群體在依變項 Y2 的平均數間沒有顯著差異、群組固定因子二個水準群體在依變項 Y3 的平均數間沒有顯著差異。

多變量檢定 [b]

效果		數值	F	假設自由度	誤差自由度	顯著性	淨相關 Eta 平方
截距	Pillai's Trace	.914	21.167[a]	3.000	6.000	.001	.914
	Wilks' Lambda 變數選擇法	.086	21.167[a]	3.000	6.000	.001	.914
	多變量顯著性檢定	10.584	21.167[a]	3.000	6.000	.001	.914
	Roy 的最大平方根	10.584	21.167[a]	3.000	6.000	.001	.914
群組	Pillai's Trace	.740	5.685[a]	3.000	6.000	.035	.740
	Wilks' Lambda 變數選擇法	.260	5.685[a]	3.000	6.000	.035	.740
	多變量顯著性檢定	2.843	5.685[a]	3.000	6.000	.035	.740
	Roy 的最大平方根	2.843	5.685[a]	3.000	6.000	.035	.740

a. 精確的統計量。
b. Design：截距 + 群組。

多變量檢定四個統計量 Pillai's Trace、Wilks' Lambda、多變量顯著性檢定、Roy 的最大平方根值分別為 .740、.260、2.843、2.843，顯著性機率值 p=.035<.05，表示群組固定因子二個水準群體平均值向量顯著不相等，拒絕虛無假設：

$$H_0 : \begin{bmatrix} \mu_{11} \\ \mu_{21} \end{bmatrix} = \begin{bmatrix} \mu_{12} \\ \mu_{22} \end{bmatrix} = \begin{bmatrix} \mu_{13} \\ \mu_{23} \end{bmatrix}$$，表示二個群體的形心顯著不相等。範例資料分析

中，採用 MANOVA 分析程序與 ANOVA 分析程序結果並未呈現一致，其原因乃在於檢定三個依變數間有某種程度的關係存在。

多變項同質性檢定考驗，在於考驗依變項間母群變異量是否相似，常用者為 Box's M 考驗。如果群體人數在 20 人以上，群體分組數在 6 組以下且依變項數目也在 6 個以內，則應該再參考卡方檢定值 (Stevens, 1992)。另一方面，如果群體人數在 20 人以下，則應該再參考 F 考驗結果，MANOVA 的樣本需求：單因子 MANOVA 程序中，每個群組最少人數為 20 人，二因子 MANOVA 程序中，每個細格最少人數為 20 人，以 2 (A 因子有二個水準)×3 (B 因子有三個水

準) 的二因子 MANOVA 分析為例，最少的觀察值個數為 6×20=120，當同時檢定的依變項個數較多時，樣本數相對的要較大。MANOVA 資料結構的假定與 ANOVA 相似，主要有下列三個：1. 觀察值必須獨立，每個細格或群組的測量值是獨立的；2. 所有處理群組的變異數 - 共變數矩陣必須相等，此部分可藉由 Box M 檢定加以考驗，若是檢定統計量的顯著性機率值 p 未達 .05 顯著水準，表示群組間符合變異數 - 共變數矩陣 (variance-covariance matrices) 同質的假定，進行群組間變異數 - 共變數矩陣假定的考驗，顯著水準 α 可設定較為保守的數值，如 .01 或 .001；3. 一組依變項間必須符合多變量常態性 (multivariate normal distribution) 假定，即任何二個依變項的線性組合必須符合常態分配，此假定與 ANOVA 的應用一樣，若是樣本數很大，資料結構即使違反常態性假定，統計的偏誤很小，因而不用進行資料轉換 (Hair, Jr. et al., 2010)。

MANOVA 中的「M」表示的是「多個」(multiple) 依變項，而這些多個依變項均是等距 / 比率變項。在單變量變異數分析中，F 值統計量考驗的是數個組別間得分平均數 (mean) 的差異情形，在多變量變異數分析，所要考驗的是組別間「形心」的差異情形，所謂「形心」是多個依變項平均數的向量組合。此外，單變量 ANOVA 的 F 考驗，在 MANOVA 中則以「Wilks' lambda」考驗代替，「Wilks' lambda」可考驗不同群體間「形心」(依變項平均數的向量和) 是否有顯著差異存在，「Wilks' lambda」的求法中，要算出三個統計量數：

(1) W 矩陣：組內變異數與共變量矩陣。

(2) B 矩陣：組間變異數與共變量矩陣。

(3) T 矩陣：全體變異數與共變量矩陣。

ANOVA 分析程序在考驗不同群組在單一依變項平均數間的差異是否達到顯著，MANOVA 分析程序在考驗不同群組在多數依變項的形心間的差異是否達到顯著，形心表示的是多個依變項的平均數向量，若固定因子有 k 個群組、檢定依變項個數有 p 個，ANOVA 分析程序的虛無假設為：$H_0 : \mu_1 = \mu_2 = \cdots\cdots = \mu_k$ (所有群組的平均數是相等的，即不同群組皆來自相同母群)；MANOVA 分析程序的虛無假設為所有群組的平均數向量皆相等，各群組皆來自相同母群 (Hair, Jr. et al., 2010)：

$$H_0 : \begin{bmatrix} \mu_{11} \\ \mu_{21} \\ \mu_{31} \\ \cdot \\ \mu_{p1} \end{bmatrix} = \begin{bmatrix} \mu_{12} \\ \mu_{22} \\ \mu_{32} \\ \cdot \\ \mu_{p2} \end{bmatrix} = \cdots\cdots = \begin{bmatrix} \mu_{1k} \\ \mu_{2k} \\ \mu_{3k} \\ \cdot \\ \mu_{pk大} \end{bmatrix}$$

變異數與共變量矩陣也稱「SS 平方和與交乘積矩陣」(Sum of Square and Cross Products matrices)，簡稱「SSCP 矩陣」，Wilks'Λ 值 $= \dfrac{|W|}{|T|} = \dfrac{|W|}{|W+B|}$，或以符號表示 $\dfrac{|Q_E|}{|Q_B|} = \dfrac{|Q_E|}{|Q_B + Q_E|}$。Wilks' Λ 值是以組內 SSCP 矩陣 ($|Q_E|$) 行列式為分子，而非以組間 SSCP 矩陣行列式為分子。在單變量變異數分析 (ANOVA) 中，主要效果或交互作用之顯著性考驗，所使用的公式為 $F_A = \dfrac{MS_A}{MS_W}$ 或 $F_{AB} = \dfrac{MS_{AB}}{MS_W}$，F 值統計量愈大，表示組間的差異量愈大，檢定愈容易達到統計上的顯著水準；但在多變量變異數分析，如果整體考驗要達到統計水準，則 Wilks' Λ 值要愈接近 0，因為 Wilks' Λ 值愈小，表示誤差變異量愈小，組間變異量愈大，群組形心間的差異愈大，Wilks' Λ 值愈小轉換的近似 F 值會愈大。

多變量分析中，常用的整體考驗 (overall test) 法有：Hotelling Trace、Wilks' Lambda、Pillai's Trace、Roy's 最大根準則等四種。四種整體效果之統計量各有其不同特性。在多數多變量分析研究中，出現最多者為 Wilks' Lambda 值，Wilks' Λ 較有強韌性，其使用歷史也較久 (Olson, 1976)。如果樣本數較少，組別間人數不相等與含有程序性假定問題存在，則使用 Pillai's Trace 整體考驗法，反而有較高的強韌性。

(一) Wilks'Λ 統計量

Λ 值在 0 到 1 之間，此值愈趨近 0，表示誤差變異項的變異量愈小，自變項的效果愈會達到顯著；相反的，Λ 值愈接近 1，表示誤差變異項的變異量愈大，自變項的效果愈不會達到顯著。此值與 F 檢定結果相反，在 ANOVA 分析中，F 值愈大，表示組內誤差變異項愈小，組間的差異愈會達到顯著。Wilks' Λ 值的計算公如下：$\prod\limits_{i=1}^{k} \dfrac{1}{1+\lambda_i}$，如有二個特徵值 λ_1、λ_2，則 Wilks' Λ 統計量等於 $\dfrac{1}{1+\lambda_1} \times \dfrac{1}{1+\lambda_2}$。

(二) Pillai V 統計量

V 值之計算係根據誤差項與自變項變異來源之 SSCP 矩陣相除後所得到矩陣之特徵值 (eigenvalue)，V 值愈大表示自變項之效果愈容易達到顯著。V 值之計算公式如下：$V = \sum_{i=1}^{k} \frac{\lambda_i}{1+\lambda_i}$。

(三) Hotelling Trace (T 值)

T 值的求法如下 $= \sum_{i=1}^{k} \lambda_i$，T 值愈大，表示自變項效果所造成之變異量愈大，愈容易達到顯著水準。

(四) Roy 最大根統計量 (GCR)(θ 值)

GCR 為 $|Q_h - \Lambda Q_e| = 0$ 之最大特徵值，最大特徵值愈大，表示自變項效果所造成的變異量愈大，愈容易達到顯著 (王保進，民 93)。Roy 最大根值的求法為：

$\frac{\lambda_{max}}{1+\lambda_{max}}$。

就 Λ、T、V、θ 四種多變量分析之整體考驗的統計量數而言，何者是最佳的判斷值或最佳的選擇，是一個複雜的問題，沒有任何一種方法是普遍地優於或劣於其它方法，但可就統計考驗力 (power) 及強韌性 (robust) 加以區別 (傅粹馨，民 86)：

1. 統計考驗力

Λ、T、V、θ 四種方法之相對的考驗力，須視特徵值之結構而定。當只有唯一的特徵值 (eigenvalue 或 characteristic root) 或多個特徵值，而第一個特徵值占絕大的比重，學者 Olson (1976) 稱此種情形為「集中結構」(concentrated noncentrality structure)，此情況下考驗力依 θ、T、Λ、V 之次序，依次遞減，換言之，以 Roy 最大根統計量 θ 最具考驗力；相反的，若在「分散結構」(diffuse noncentrality structure) 下，各個特徵值之大小差不多，則以 V 統計量最具考驗力，Λ、T、θ 次之，後三者之考驗力差異不大

2. 強韌性

F 檢定時需符合以下之假設：一為樣本須源自欲研究之母群；二為資料呈多變量常配分配 (multivariate normal distribution)；三為依變項之組內變異數同質與

各組之依變項間相關係數相等。統計檢定具強韌性是指在違反上述假設的情境下，其犯第一類型錯誤率仍與原訂之 α 十分接近，亦即不因違反基本假定，而影響檢定分析之正確結果。學者 Olson (1976) 與 Stevens (1979) 指出：於違反假設時，Pillai V 統計量是較佳的選擇，而不應選擇 Roy θ 統計量，因在此情境下，其犯第一類型錯誤率會增加。如果就統計考驗力與強韌性二者同時考量的話，多數研究者喜愛採用 Wilks' Λ 作為多變量分析整體考驗的統計量。

對於 ANOVA 分析假定未能符合時，使用 MANOVA 會有較高的統計考驗力，進行 MANOVA 程序分析時，四種多變量統計測量值有其不同適用情境：1. 當基本設計都符合，如樣本大小足夠、資料結構均沒有違反基本假定、每個群組人數或細格觀察值數目大致相等時，Pillai's Trace 與 Wilks' Lambda 二個統計量是較佳的判斷準則指標；2. 如果樣本數不大、細格或各群組人數不相等、變異數 - 共變異數同質性未符合時，Pillai's Trace 統計量是最佳的判斷準則指標，因為在此種情況下，Pillai's Trace 統計量有較高的強韌性 (robust)；3. 研究者確認資料結構於所有嚴格標準下假定都能符合，且依變項量測值可以有效反映單一個效果的構面，則採用 Roy 最大平方根值統計量檢定會有較高的統計考驗力。就一般情境與資料結構的分析而言，Pillai's Trace、 Wilks' Lambda、多變量顯著性檢定、Roy 的最大平方根四種統計量呈現的結果會是一致性的，如果四種統計量檢定結果未能有一致性時 (此種情形較少發生)，研究者應根據前述情境選取最適合的多變量統計量作為判斷準則 (Hair, Jr. et al., 2010)

在單因子變異數分析中 (one-way ANOVA)，F 值是組間均方與組內均方的比率，如果 F 值愈大，表示組間差別愈明顯；在獨立樣本的 t 檢定中，t 值是二組平均數的差值與平均數差異值標準誤的比例，如果 t 值愈大，表示二組愈有差異。然而，在多變量變異數分析中，Wilks' Λ 值是組內的 SSCP 矩陣與全體 SSCP 矩陣（組間 SSCP 矩陣＋組內的 SSCP 矩陣）的比，如果 Wilks' Λ 值愈小，表示組內的 SSCP 矩陣愈小，而組間的 SSCP 矩陣愈大，亦即組間變異數愈大，這表示組間之形心的差異值愈明顯。Wilks' Λ 值大小介於 0 至 1 間，愈接近 1，整體效果考驗愈不顯著，因而 Wilks' Λ 值不像 t 值或 F 值一樣，如要拒絕虛無假設，t 值或 F 值應該要愈大愈好，表示組間差異愈顯著，Wilks' Λ 值判斷像是 F 值的倒數一樣。在多變量統計分析中，想要拒絕虛無假設，Wilks' Λ 值應該愈小愈好。

以下為單變量與多變量變異數考驗之分類圖：

組別	變項	變項數	
		一個	多個
組別數	二個	Student's t (t 檢定)	Hotelling's T^2
	多個	Fisher's F (ANOVA)	MANOVA

其中組別為二個，而變項數為一個時，亦可使用 F 考驗，其 F 值等於原 t 值的平方；當組別數為二，變項數為多個 (二個以上) 時，所採用的方法即是「雙組別區別分析法」(two-group Discriminant Analysis)，顯著性以 (T^2)(或 D^2) 值加以考驗；當組別數為多個，變項數為一個時，採用的方法為變異數分析，顯著性以 F 值加以考驗；如果組別數為多個，而變項數也為多個時，顯著性就要採用 Λ 值加以考驗，其中 t、T^2、F 等考驗法，其實皆是 Λ 值在特殊情境中所使用的方法而已 (Tacq, 1997)。

MANOVA 分析的步驟分為二個階段，第一個階段進行「整體效果考驗」(overall test 或 omnibus test)，以考驗 k 組平均數向量沒有差異的虛無假設。若整體效果考驗達到顯著水準，則拒絕虛無假設，表示各組樣本至少在一個依變項上之平均數差異達到顯著水準，至於樣本是在哪幾個依變項的平均數差異達到顯著水準，則進一步接著進行「追蹤考驗」(follow-up)，以解釋組間的差異情形 (Bray & Maxwell, 1985；Hair, Jr. et al., 1998)。

MANOVA 追蹤考驗的方法常用的方法有二種 (Bray & Maxwell, 1985；陳正昌等，民 92)：

(一) 單變量 F 考驗

單變量 F 考驗即以 ANOVA 分析的方法分別對 p 個依變項進行顯著性檢定。採用此種方法時，部份學者 (如 Bird, 1975; Harris, 1975; Tabachnick & Fidell, 2007) 建議應採 Bonferroni 程序將顯著水準 α 加以分割，即單變量 F 考驗的顯著水準是 $\alpha_F = \alpha \div p$ (p 是依變項的數目)，此種錯誤率稱為「整體實驗錯誤率」(experiemtnwide error rate)，如果沒有追蹤考驗的單變項檢定沒有採用整體實驗錯誤率會造成第一類型錯誤率的膨脹，以有五個依變項檢定的 MANOVA 程序而言，研究者追蹤考驗進行五個分開單變量檢定，第一類型錯誤率會介於 5% (當五個依變項間有完全相關時) 至 23% 之間 (當五個依變項間沒有相關時，錯誤率

為 $1 - .95^5$)(Hair, Jr. et al., 2010)。

在 SPSS 視窗版的「分析→一般線性模式→多變量」的程序中，可以在多變量 MANOVA 整體效果檢定達到顯著之後，接著進行單變量 F 考驗。有部份學者不同意在 MANOVA 整體效果達顯著之後，接著進行單變量 ANOVA 分析，其理由如下：1. 採用單變量 ANOVA 分析法所用的誤差項並非用 MANOVA 分析時所導出的誤差項；2. 採用單變量 ANOVA 分析法，與原先決定使用 MANOVA 分析的理由相衝突；3. 採用單變量 ANOVA 分析法會忽略 p 個依變項之間的關係，可能失去許多有用的訊息。不過，學者 Bray 與 Maxwell (1985) 認為，如果研究者的目的是要控制 p 個單變量 ANOVA 第一類型錯誤概率，此方法仍然是適當的。

(二) 區別分析

區別分析的原理與 MANOVA 基本原理相似，區別分析的目的在找出依變項的線性組合，使得組間變異量與組內變異量的比值最大化。MANOVA 分析時，自變項是間斷變項 (名義變項或次序變項)，依變項是連續變項 (等距變項或比率變項)；區別分析時剛好相反，區別分析之自變項為連續變項 (等距變項或比率變項)，依變項是間斷變項 (名義變項或次序變項)，因而在 MANOVA 分析整體效果達顯著後，繼續進行區別分析，以找出最能區辦的自變項，檢定樣本究竟是在哪幾個依變項上之平均數有顯著差異 (Borgen & Seling, 1978; Hair, Jr. et al., 2010; Pedhazur, 1997)。

獨立樣本單因子多變量變異數分析的統計分析的流程，可以圖示如下 (圖示中 d 表示依變項的個數，單變量追蹤考驗的 F 值統計量採用整體實驗錯誤率，將整體型 I 錯誤率定為 .05)：

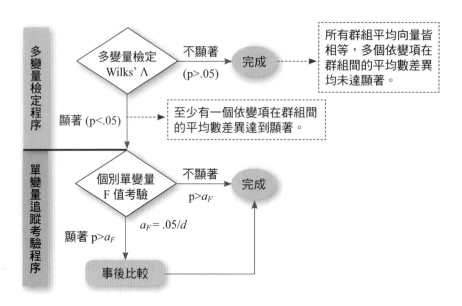

獨立樣本單因子 MANOVA 整體考驗摘要表可以簡化整理如下，其中 Q_h 為組間的 SSCP 矩陣、Q_e 為組內的 SSCP 矩陣 (誤差項的 SSCP 矩陣)，k 為自變項的水準數，N 為有效樣本總數。

變異來源	df (自由度)	SSCP 矩陣	Λ
組間	k-1	Q_h	$\dfrac{\lvert Q_e \rvert}{\lvert Q_h + Q_e \rvert}$
組內	N-k	Q_e	
總和	N-1	$Q_t = Q_h + Q_e$	

上表中 Wilks' Λ 值為組內 SSCP 矩陣 ÷ 整體的 SSCP 矩陣，如果 Λ 值愈小表示組內誤差項值愈小，自變項效果值愈大 (組間的差異愈大)。

二因子 MANOVA 變異數分析，與二因子單變量變異數分析一樣，研究者同時操弄二個自變項 (A 因子與 B 因子)。二因子 MANOVA 變異數分析除了可以檢定每個自變項 (A 因子或 B 因子) 的「主要效果」(main effect) 外，也可以同時考驗兩個因子間的「交互作用效果」(interaction effect)，以確定二個自變項間是否彼此獨立。如果 A 因子與 B 因子二個自變項間的交互作用達到顯著水準，則必須進一步考驗其「多變項單純主要效果」(multivariate test of simple main effect)。二因子 MANOVA 分析的步驟如下：

(一) 交互作用項顯著 (p<.05)

當二因子 MANOVA 交互作用項達到顯著水準時，進一步進行多變項單純主

要效果考驗。假定 A 因子有二個水準、B 因子有三個水準，單純主要效果考驗則是在檢定下列幾項：A 在 b1、A 在 b2、A 在 b3、B 在 a1、B 在 a2 之 MANOVA 分析。如果單純主要效果考驗達到顯著，則進一步進行單因子 ANOVA 分析及事後比較。

(二) 交互作用項不顯著 (p>.05)

如果二因子 MANOVA 交互作用項未達到顯著水準，則進一步考驗二個自變項的主要效果，此時即分別進行以下的二個分析：1. A 因子的 MANOVA 分析；2. B 因子的 MANOVA 分析。

獨立樣本二因子 MANOVA 分析摘要表可整理如下，其中 a 是 A 因子水準數、b 是 B 因子的水準數，n 為細格人數。

變異來源	df (自由度)	SSCP 矩陣	Λ
A	a-1	Q_A	$\dfrac{\lvert Q_E \rvert}{\lvert Q_A + Q_E \rvert}$
B	b-1	Q_B	
A×B	(a-1)×(b-1)	Q_{AB}	$\dfrac{\lvert Q_E \rvert}{\lvert Q_B + Q_E \rvert}$
誤差	ab(n-1)	Q_E	$\dfrac{\lvert Q_E \rvert}{\lvert Q_{AB} + Q_E \rvert}$
全體	N-1	$Q_T = Q_A + Q_B + Q_{AB} + Q_E$	

第二節 獨立樣本單因子 MANOVA

【研究問題一】：不同年級群體之國中學生在學習壓力三個向度是否有顯著差異？

【統計方法】：獨立樣本單因子多變量變異分析

研究問題中固定因子為學生年級變項，此變數為三分名義變項，水準數值 1 表示國中一年級群體、水準數值 2 表示國中二年級群體、水準數值 3 表示國中三年級群體；檢定的依變項為學習壓力三個向度：「課堂壓力」、「考試壓力」、「期望壓力」。範例資料檔如下，其中地區變項為三分名義變項，水準數值 1 表示北區國中群體學生、水準數值 2 表示中區國中群體學生、水準數值 3 表示南區國中群體學生。

受試者	地區	年級	課堂壓力	考試壓力	期望壓力	受試者	地區	年級	課堂壓力	考試壓力	期望壓力
S01	1	1	5	4	5	S16	1	2	8	9	5
S02	2	1	6	5	4	S17	2	2	7	6	4
S03	3	1	4	3	4	S18	3	2	9	8	4
S04	1	1	3	3	2	S19	1	2	2	3	1
S05	2	1	10	6	7	S20	2	2	9	7	10
S06	3	1	3	2	3	S21	3	3	4	8	6
S07	1	1	1	2	4	S22	1	3	1	3	2
S08	2	1	3	4	7	S23	2	3	5	9	8
S09	3	1	2	4	3	S24	3	3	6	9	6
S10	1	1	6	6	8	S25	1	3	4	10	7
S11	2	2	8	9	6	S26	2	3	3	8	6
S12	3	2	9	8	7	S27	3	3	6	10	5
S13	1	2	10	9	6	S28	1	3	7	10	6
S14	2	2	5	6	4	S29	2	3	2	5	4
S15	3	2	6	7	3	S30	3	3	6	9	3

　　三個壓力向度間的積差相關矩陣如下表，由表中可以發現課堂壓力構面、考試壓力、期望期力構面間的兩兩相關均達 .05 顯著水準，積差相關係數分別為 .617、.498、.494，構面間均呈顯著中度的正相關，由於檢定變數間有某種程度關聯，因而年級變項在學習壓力三個構面的差異，採用 MANOVA 分析程序較 ANOVA 分析程序適宜。

相關 (N=30)

		課堂壓力	考試壓力	期望壓力
課堂壓力	Pearson 相關	1		
	顯著性 (雙尾)			
考試壓力	Pearson 相關	.617**	1	
	顯著性 (雙尾)	.000		
期望壓力	Pearson 相關	.498**	.494**	1
	顯著性 (雙尾)	.005	.006	

**.在顯著水準為 0.01 時 (雙尾)，相關顯著。

　　自變項「年級」固定因子有三個水準，依變項有三個，若採用 ANOVA 分析

程序，其虛無假設為：$H_0: \mu_1 = \mu_2 = \mu_3$。

分開檢定的三個依變項之虛無假設如下：

三個群組在第一個依變項檢定之 ANOVA 程序：$H_0: \mu_{11} = \mu_{12} = \mu_{13}$
三個群組在第二個依變項檢定之 ANOVA 程序：$H_0: \mu_{21} = \mu_{22} = \mu_{23}$
三個群組在第三個依變項檢定之 ANOVA 程序：$H_0: \mu_{31} = \mu_{32} = \mu_{33}$

MANOVA 分析程序的虛無假設如下：

$$H_0: \begin{bmatrix} \mu_{11} \\ \mu_{21} \\ \mu_{31} \end{bmatrix} = \begin{bmatrix} \mu_{12} \\ \mu_{22} \\ \mu_{32} \end{bmatrix} = \begin{bmatrix} \mu_{13} \\ \mu_{23} \\ \mu_{33} \end{bmatrix}$$，所有群組的平均向量皆相等。

壹、MANOVA 操作步驟

(一) 步驟 1

執行功能列「分析 (A)」(Analyze)/「一般線性模式 (G)」(General Linear Model)/「多變量 (M)」(Multivariate) 程序，開啟「多變量」對話視窗。

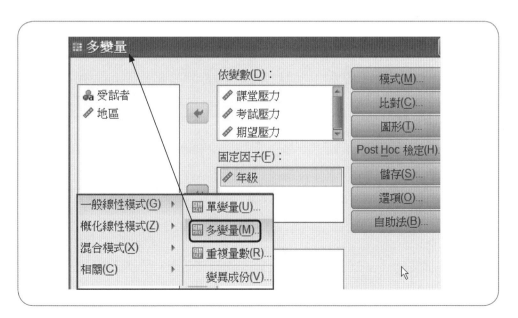

(二) 步驟 2

在左邊變數清單中點選三個學習壓力向度變數:「課堂壓力」、「考試壓力」、「期望壓力」至右邊「依變數 (D)」(Dependent Variables) 下的方格中,點選自變項「年級」至右邊「固定因子 (F)」(Fixed Factors) 下的方格中,按『Post Hoc 檢定 (H)...』鈕,開啟「多變量:觀察值平均數的 Post Hoc 多重比較」(Multivariate: Post Hoc Multiple Comparisons for Observed Means) 次對話視窗。

註:在「多變量」(Multivariate) 對話視窗中,「依變數」(Dependent Variables) 下的方格中至少要選取二個以上的依變數,依變項必須為計量資料 (連續變數),變量尺度為等距變項或比率變項;而「固定因子」(Fixed Factor) 下的方格為點選自變項後存放的位置,此時的自變項必須為非計量資料,包括名義或次序變項。如果自變項只有一個則稱為單因子多變量變異數分析,如果自變項有二個以上,則可進行多因子多變項變異數分析。若是要進行的多變量共變數變異數分析,則可以點選共變項並將之移至「共變量」(Covariate) 下的方格中。「固定因子 (F)」在變異數分析中又稱為自變項或獨變項,其下方盒中至少要選取一個自變項,自變項必須為名義變數 (間斷變數),而「依變數 (D)」方盒中至少要選取二個以上的檢定變數,若是選取多個分組變數至「固定因子 (F)」方盒中,則形成多因子多變量變異數分析。

(三) 步驟 3

在左邊「因子 (F)」方盒中將自變項「年齡」點選至右邊「Post Hoc 檢定 (P)」下的方格中,在「假設相同的變異數」(Equal Variance Assumed) 方盒中選取一種事後比較方法,如「☑ Scheffe 法 (C)」,按『繼續』鈕,回到「多變量」主對話視窗。

(四) 步驟 4

　　在「多變量」對話視窗中，按『選項 (O)...』(Options) 鈕，開啟「多變量：選項」(Multivariate: Options) 次對話視窗，於「顯示」(Display) 方盒中勾選「☑ 敘述統計 (D)」(Descriptive statistics)、「☑ 效果大小估計值 (E)」(Estimate effect size)、「☑ SSCP 矩陣」(SSCP matrices)、「☑ 殘差 SSCP 矩陣」(Residual SSCP matrix)、「☑ 同質性檢定 (H)」(Homogeneity tests) 等選項→按『繼續』鈕，回到「多變量」對話視窗，按『確定』鈕。

　　「Multivariate: Options」(多變量:選項) 次對話視窗內,在「Display」(顯示) 方盒中,「敘述統計 (D)」選項,會產生細格的平均數、標準差及個數;「效果大小估計值 (E)」選項會提供所有效果項和所有參數估計之淨相關的 Eta 平方值 (關連強度係數)、「觀察的檢定能力 (B)」可增列統計考驗力 ($1-\beta$) 的數值;「參數估計值 (P)」(Parameter estimates) 選項,可以產生參數估計、標準誤、t 檢定、信賴區間等,內定「顯著水準」為 .05,相對應的信賴區間為 95.0%。

貳、報表解析

一般線性模式 (General Linear Model)
受試者間因子

		數值註解	個數
年級	1	一年級	10
	2	二年級	10
	3	三年級	10

　　受試者間因子 (Between-Subjects Factors) 表格包含固定因子的水準數值編碼、水準數值標記及有效觀察值人數，「年級」固定因子為三分名義變項，水準數值 1 為一年級、水準數值 2 為二年級、水準數值 3 為三年級，三個水準群體人數各有 10 位。

敘述統計

	年級	平均數	標準離差	個數
課堂壓力	1 一年級	4.30	2.584	10
	2 二年級	7.30	2.406	10
	3 三年級	4.40	1.955	10
	總數	5.33	2.657	30
考試壓力	1 一年級	3.90	1.449	10
	2 二年級	7.20	1.874	10
	3 三年級	8.10	2.331	10
	總數	6.40	2.608	30
期望壓力	1 一年級	4.80	1.932	10
	2 二年級	5.00	2.449	10
	3 三年級	5.30	1.829	10
	總數	5.03	2.025	30

　　上表為不同年級群組在「課堂壓力」、「考試壓力」、「期望壓力」三個之描述性統計量 (Descriptive Statistics)，包括各組的平均數、標準離差 (標準差) 及有效樣本數。以「考試壓力」向度而言，三個年級群組的平均數分別為 3.90、7.20、8.10，各群群有效樣本數為 10，全部 30 位觀察值的總平均數為 6.40。要

呈現「敘述統計」輸出表格必須於「多變量：選項」次對話視窗中的「顯示」方盒勾選「☑ 敘述統計 (D)」選項。

共變量矩陣等式的 Box 檢定 [a]

	Sig。
Box's M	17.358
F	1.209
df1	12
df2	3532.846
顯著性	.270

檢定依變數的觀察共變量矩陣 之虛無假設，等於交叉組別。
a. Design：截距＋年級。

　　共變量矩陣等式的 Box 檢定 (Box's Test of Equality of Covariance Matrices) 表為 Box's M 多變項變異數同質性檢定，在單變量檢定程序中，研究者要探究的是個別依變項變異數同質性檢定，在多變量檢定程序中，研究者要探究的是變異數 - 共變異數矩陣 (variance-covariance matrices) 相等性假定的考驗，此假定是抽取之群組內觀察值在依變項的變異數 - 共變數矩陣來自相同母群體的變異數 - 共變異數矩陣，如果群組細格人數相等，此假定不用進行考驗，因為在各群組樣本大小相等情況下，資料結構即使違反變異數 - 共變數矩陣相等假定，統計結果也有很高的強韌性。由此表得知，Box's M 值統計量等於 17.358，轉換 F 值統計量為 1.209，顯著性機率值 p=.270>.05，接受虛無假設，表示三個群組在三個依變項之變異數 - 共變數矩陣相等。當 Box 多變項異數同質性檢定結果，違反變異數同質性假定，且各組樣本人數又差距很大，則資料分析時最好進行校正工作 (Stevens, 1992)，進行多變量變異數 - 共變數矩陣相等性假定時，由於 Box's M 值統計量與卡方統計量性質類同，對樣本數較為敏感，因而進行此假定檢定時，研究者可將顯著水準設定較小的數值，通常將顯著水準 α 設為 .01 或 .001。

多變量檢定 [c]

效果		數值	F	假設 自由度	誤差 自由度	顯著性	淨相關 Eta 平方
截距	Pillai's Trace	.931	112.240[a]	3.000	25.000	.000	.931
	Wilks' Lambda 變數選擇法	.069	112.240[a]	3.000	25.000	.000	.931
	多變量顯著性檢定	13.469	112.240[a]	3.000	25.000	.000	.931
	Roy 的最大平方根	13.469	112.240[a]	3.000	25.000	.000	.931
年級	Pillai's Trace	1.106	10.713	6.000	52.000	.000	.553
	Wilks' Lambda 變數選擇法	.168	12.002[a]	6.000	50.000	.000	.590
	多變量顯著性檢定	3.326	13.305	6.000	48.000	.000	.625
	Roy 的最大平方根	2.730	23.657[b]	3.000	26.000	.000	.732

a. 精確的統計量。
b. 統計量為在顯著水準上產生下限之 F 的上限。
c. Design：截距 + 年級。

多變量檢定 (Multivariate Tests) 表為單因子多變量顯著性考驗，表的上半部為截距項 (Intercept) 資料，此部份可以省略不看。四種多變量統計量 Pillai V 值等於 1.106、Wilks' Λ 值等於 .168、 Hotelling Trace 值等於 3.326、Roy 最大根統計量等於 2.730，四個多變量檢定統計量的顯著性機率值 p 值均小於 .001，達 .05 顯著水準，表示三個依變項 (檢定變項) 中，至少有一個依變項在年級群組平均數的差異達到顯著，至少有一個依變項顯示的是可能只有一個依變項在年級群組平均數的差異達到顯著，或可能有二個依變項在年級群組平均數的差異達到顯著，或可能全部的依變項在年級群組平均數的差異達到顯著。至於是哪一個依變項造成的，進一步則進行單因子單變量變異數分析或區別分別，以找出三組樣本在依變項上平均數的差異情形。如果要進行單因子單變量變異數分析，因為有四個依變項，總共要進行四次的 ANOVA，在每個依變項進行 ANOVA 檢定分析時，若是變異數分析的 F 值達到顯著水準，則進一步要進行事後多重比較，MANOVA 多變量變異數分析也提供 ANOVA 及其事後比較結果，以 ANOVA 進行追蹤檢定時，顯著水準要採用族系錯誤率，不能將顯著水準 α 定為 .05，否則會膨脹第一類型的錯誤，族系錯誤率為 $\alpha \div$ 依變項的個數 =.0167。「淨相關 Eta 平方」欄的數值為 .590，表示學生年級自變項可以解釋三個學習壓力向度線性組合後新變數 59.0% 的變異量。

在上述 SPSS 所輸出的多變量考驗報表中，除呈現 Λ、T、V、θ 四種多變量

整體考驗的數值及顯著性檢定結果，也呈現四種統計量數透過轉換而成近似 F 分配 (approximately an F distribution) 之 F 值。

當自變項組數 k=2，有 p 個依變數時 (N 為觀察值人數)：

$$F(\Lambda)(df=p, \text{n-p-1}) = \frac{(N-p-1)}{p} \times \frac{(1-\Lambda)}{\Lambda} \; ; \; F(\theta) = \frac{(N-p-1)}{p} \times \frac{\theta}{(1-\theta)}$$

$$F(T) = \frac{(N-p-1)}{p} \times \Lambda$$

當自變項組數 k=3，有 p 個依變數時：

$$F(\Lambda)(df=2p, \text{n-p-2}) = \frac{(N-p-2)}{p} \times \frac{(1-\sqrt{\Lambda})}{\sqrt{\Lambda}}$$

當自變項組數為 k，依變項數 p=2 時：

$$F(\Lambda)(df=[2(k-1), 2(N-k-1)]) = \frac{(N-k-1)}{k-1} \times \frac{(1-\sqrt{\Lambda})}{\sqrt{\Lambda}}$$

範例中自變項有三組 (三個水準)，有三個依變項，Λ 值轉換成近似 F 值公式如下，其中 N=30、p=3、Λ=.168。

$$F(\Lambda) = \frac{(N-p-2)}{p} \times \frac{(1-\sqrt{\Lambda})}{\sqrt{\Lambda}} = \frac{(30-3-2)}{3} \times \frac{(1-\sqrt{.168})}{\sqrt{.168}} = 12.002$$

如果採用區別分析 (執行功能表列「分析 (A)」/「分類 (Y)」/「判別 (D)」程序，可開啟「判別分析」對話視窗」，以「年級」變項為「分組變數 (G)」、以「課堂壓力」、「考試壓力」、「期望壓力」為自變數，可以求出區別函數的特徵值，二個特徵值如下：

特徵值

函數	特徵值	變異數的 %	累積 %	典型相關
1	2.730[a]	82.1	82.1	.855
2	.597[a]	17.9	100.0	.611

a. 分析時會使用前二個典型區別函數。

二個區別函數中特徵值分別為 2.730、.597，即 $\lambda_1 = 2.730$、$\lambda_2 = 0.597$，根據區別函數的二個特徵值 $\lambda_1 = 2.730$、$\lambda_2 = 0.597$，可以求出四個多變量檢定統計量

數值：

Pillai 跡統計量 $V = \sum_{i=1}^{k} \frac{\lambda_i}{1+\lambda_i} = \frac{2.730}{1+2.730} + \frac{.597}{1+.597} = 0.732 + 0.374 = 1.106$。

Hotelling 跡統計量 (多變量顯著性檢定統計量 T 值) $= \sum_{i=1}^{k} \lambda_i = 2.730 + 0.597$
$= 3.327$。

Roy 最大根值統計量為第一個特徵值數值 $= 2.730$ ($\lambda_1 = 2.730$)。

Wilks' Λ 值統計量 $= \prod_{i=1}^{k} \frac{1}{1+\lambda_i} = \frac{1}{1+2.730} \times \frac{1}{1+0.597} = 0.268 \times 0.626 = 0.168$。

誤差變異量的 Levene 檢定等式 [a]

	F	df1	df2	顯著性
課堂壓力	.186	2	27	.831
考試壓力	.542	2	27	.588
期望壓力	.226	2	27	.800

檢定各組別中依變數誤差變異量的虛無假設是相等的。
a. Design：截距 + 年級。

　　誤差變異量的 Levene 檢定等式 (Levene's Test of Equality of Error Variances)
表為三個依變項個別單變項的變異數同質性檢定結果，三個年級群組在「課堂
壓力」、「考試壓力」、「期望壓力」單變項同質性檢定的 F 值統計量分別
為 .186、.542、.226，顯著性機率值 p 分別為 .831 (p>.05)、.588 (p>.05)、.800
(p>.05)，均未達 .05 顯著水準，表示三個年級在課堂壓力向度的變異數同質、三
個年級在考試壓力向度的變異數同質、三個年級在期望壓力向度的變異數同質，
此結果與之前採用 Box M 檢定統計量進行多變量變異數同質性 (變異數 - 共變數
矩陣相等性) 考驗結果相同。

受試者間效應項的檢定

來源	依變數	型 III 平方和	df	平均平方和	F	顯著性	淨相關 Eta 平方
校正後的模式	課堂壓力	58.067[a]	2	29.033	5.347	.011	.284
	考試壓力	97.800[b]	2	48.900	13.283	.000	.496
	期望壓力	1.267[c]	2	.633	.145	.865	.011
截距	課堂壓力	853.333	1	853.333	157.162	.000	.853
	考試壓力	1228.800	1	1228.800	333.779	.000	.925
	期望壓力	760.033	1	760.033	174.349	.000	.866
年級	課堂壓力	58.067	2	29.033	5.347	.011	.284
	考試壓力	97.800	2	48.900	13.283	.000	.496
	期望壓力	1.267	2	.633	.145	.865	.011
誤差	課堂壓力	146.600	27	5.430			
	考試壓力	99.400	27	3.681			
	期望壓力	117.700	27	4.359			
總數	課堂壓力	1058.000	30				
	考試壓力	1426.000	30				
	期望壓力	879.000	30				
校正後的總數	課堂壓力	204.667	29				
	考試壓力	197.200	29				
	期望壓力	118.967	29				

a. R 平方 = .284 (調過後的 R 平方 = .231)。
b. R 平方 = .496 (調過後的 R 平方 = .459)。
c. R 平方 = .011 (調過後的 R 平方 = -.063)。

　　受試者間效應項的檢定 (Tests of Between-Subjects Effects) 表為自變項三個組別在三個依變項上的單變量 one-way ANOVA 追蹤考驗，由於研究者假定三個依變項間有某種程度關聯，先進行 MANOVA 考驗程序，之後再以 ANOVA 進行追蹤檢定，此種情形與單獨直接採用 ANOVA 不同，追蹤考驗之 ANOVA 分析程序的顯著水準不能使用傳統的 α 值，因為若將顯著水準 α 定為 .05，則進行三次追蹤考驗之 ANOVA 分析程序的第一類型錯誤率變為 .05×3 = .15，統計推論造成第一類型錯誤率的膨脹，此時應採用族系錯誤系，族系錯誤系是不論研究者進行多少個追蹤考驗之 ANOVA 分析程序，整體顯著水準 α 都會維持在 .05，族系錯誤率 $\alpha_p = \alpha_{fw} \div p$ (p 為依變項個數)，範例中依變項有三個，採用族系錯誤率時，追蹤考驗之 ANOVA 分析程序的顯著水準 $p_F = \alpha \div 3 = .05 \div 3 = .0167$，當

ANOVA 分析之 F 值統計量的顯著性機率值小於 .0167，才能拒絕虛無假設。

「年級」列的數據顯示，三個年級群組在三個依變項檢定之 ANOVA 的 F 值統計量分別為 5.347、13.283、.145，顯著性機率值 p 分別為 .011 (<.0167)、.000 (<.0167)、.865 (>.0167)，表示不同年級群組在課堂壓力向度、不同年級群組在考試壓力向度的平均數差異達到顯著，至於不同年級群組在期望壓力向度的感受沒有顯著不同，年級群組在學習壓力向度的 MANOVA 的差異主要是由課堂壓力向度、考試壓力向度二個變數造成的，「淨相關 Eta 平方值」分別為 .284、.496，調整過後的 R^2 值分別為 .231、.459，表示學生年級自變項可以解釋「課堂壓力」變數 23.1% 的變異量、學生年級自變項可以解釋「考試壓力」變數 45.9% 的變異量。

受試者間 SSCP 矩陣

			課堂壓力	考試壓力	期望壓力
假設	截距	課堂壓力	853.333	1024.000	805.333
		考試壓力	1024.000	1228.800	966.400
		期望壓力	805.333	966.400	760.033
	年級	課堂壓力	58.067	25.700	-.733
		考試壓力	25.700	97.800	10.100
		期望壓力	-.733	10.100	1.267
誤差		課堂壓力	146.600	98.300	78.400
		考試壓力	98.300	99.400	65.500
		期望壓力	78.400	65.500	117.700

註：以型 III 的平方和為基礎。

受試者間 SSCP 矩陣 (Between-Subjects SSCP Matrix) 表中第一大項為截距之 SSCP 矩陣，第二大項為組間的 SSCP 矩陣 (Q_b 矩陣)，及組內的 SSCP (Error) 矩陣 (Q_e 矩陣)。根據 Q_b 矩陣與 Q_e 矩陣可以求出整體考驗之 Λ 值。$\Lambda = \dfrac{|Q_e|}{|Q_b + Q_e|}$，分子為 Q_e 矩陣而非 Q_b 矩陣。Q_b 矩陣 + Q_e 矩陣 = Q_{total} 矩陣

$$Q_b = \begin{bmatrix} 58.067 & 25.700 & -0.733 \\ 25.700 & 97.800 & 10.100 \\ -0.733 & 10.100 & 1.267 \end{bmatrix} 、 Q_e = \begin{bmatrix} 146.600 & 98.300 & 78.400 \\ 98.300 & 99.400 & 65.500 \\ 78.400 & 65.500 & 117.700 \end{bmatrix}$$

$$Q_b \text{ 矩陣} + Q_e \text{ 矩陣} = Q_{total} \text{ 矩陣} = Q_{total} = \begin{bmatrix} 204.667 & 124.000 & 77.667 \\ 124.000 & 197.200 & 75.600 \\ 77.667 & 75.600 & 118.967 \end{bmatrix}$$

三個矩陣的行列式數值如下：

$$Q_b = \begin{vmatrix} 58.067 & 25.700 & -0.733 \\ 25.700 & 97.800 & 10.100 \\ -0.733 & 10.100 & 1.267 \end{vmatrix} = 1.901 \text{、}$$

$$Q_e = \begin{vmatrix} 146.600 & 98.300 & 78.400 \\ 98.300 & 99.400 & 65.500 \\ 78.400 & 65.500 & 117.700 \end{vmatrix} = 347468.561$$

$$Q_b \text{ 矩陣} + Q_e \text{ 矩陣} = Q_{total} \text{ 矩陣} = Q_{total} = \begin{vmatrix} 204.667 & 124.000 & 77.667 \\ 124.000 & 197.200 & 75.600 \\ 77.667 & 75.600 & 118.967 \end{vmatrix}$$
$$= 2069186.015$$

$$\Lambda = \frac{|Q_e|}{|Q_b + Q_e|} = \frac{|Q_e|}{|Q_{total}|} = \frac{347468.561}{2069186.015} = 0.168$$

殘差 SSCP 矩陣

		課堂壓力	考試壓力	期望壓力
叉積平方和	課堂壓力	146.600	98.300	78.400
	考試壓力	98.300	99.400	65.500
	期望壓力	78.400	65.500	117.700
共變異數	課堂壓力	5.430	3.641	2.904
	考試壓力	3.641	3.681	2.426
	期望壓力	2.904	2.426	4.359
相關	課堂壓力	1.000	.814	.597
	考試壓力	.814	1.000	.606
	期望壓力	.597	.606	1.000

註：以型 III 的平方和為基礎。

　　殘差 SSCP 矩陣 (Residual SSCP Matrix) 表為 SSCP 矩陣誤差值，此值在上述受試者 SSCP 矩陣內也出現過，第一大項 (叉積平方和列) SSCP 矩陣誤差值即是組內的 SSCP 矩陣 (矩陣)，結果表中除叉積平方和數據外，也包括殘差值的共變異值矩陣與殘差值的相關矩陣 (非依變項間的相關矩陣)。

年級　多重比較：Scheffe 法

依變數	(I) 年級	(J) 年級	平均差異 (I-J)	標準誤差	顯著性	95% 信賴區間 下界	上界
課堂壓力	1 一年級	2 二年級	-3.00*	1.042	.027	-5.70	-.30
		3 三年級	-.10	1.042	.995	-2.80	2.60
	2 二年級	1 一年級	3.00*	1.042	.027	.30	5.70
		3 三年級	2.90*	1.042	.033	.20	5.60
	3 三年級	1 一年級	.10	1.042	.995	-2.60	2.80
		2 二年級	-2.90*	1.042	.033	-5.60	-.20
考試壓力	1 一年級	2 二年級	-3.30*	.858	.003	-5.52	-1.08
		3 三年級	-4.20*	.858	.000	-6.42	-1.98
	2 二年級	1 一年級	3.30*	.858	.003	1.08	5.52
		3 三年級	-.90	.858	.583	-3.12	1.32
	3 三年級	1 一年級	4.20*	.858	.000	1.98	6.42
		2 二年級	.90	.858	.583	-1.32	3.12
期望壓力	1 一年級	2 二年級	-.20	.934	.977	-2.62	2.22
		3 三年級	-.50	.934	.867	-2.92	1.92
	2 二年級	1 一年級	.20	.934	.977	-2.22	2.62
		3 三年級	-.30	.934	.950	-2.72	2.12
	3 三年級	1 一年級	.50	.934	.867	-1.92	2.92
		2 二年級	.30	.934	.950	-2.12	2.72

註：根據觀察值平均數。
　　誤差項為平均平方和 (錯誤) = 4.359。
　　*. 平均差異在 .05 水準是顯著的。

　　上表為不同年級組別在三個依變項上的事後比較，採用的多重比較方法為 Scheffe 法。報表的解讀與執行獨立樣本單因子變異數分析程序相同，研究者主要看「平均差異 (I-J)」欄的數值，數值為「正值且有增列 * 符號者」表示二個群組間的平均數差異達到顯著水準，當配對組間的平均數差異值達到顯著水準 (p<.05)，則其對應的「95% 的信賴區間」差異值就未包含 0 這個點。就「課堂壓力」向度而言，二年級群體的平均數顯著高於一年級群體的平均數 (平均數差異值為 3.00)、二年級群體的平均數顯著高於三年級群體的平均數 (平均數差異值為 2.90)；就「考試壓力」向度而言，二年級群體的平均數顯著高於一年級群體的平均數 (平均數差異值為 3.30)、三年級群體的平均數顯著高於一年級群體的平均數 (平均數差異值為 4.20)。由於年級群組在「期望壓力」向度差異檢定

的整體考驗 F 值統計量未達顯著水準，因而配對組在期望壓力向度的多重比較就不用管它 (表中不可能會出現平均差異欄的數值有顯著的配對組)。

參、結果說明

以上單因子多變量變異分析之報表數據，可將其整理成如下表格：

表 I　不同年級學生在學習壓力向度之描述性統計量摘要表 (N=30)

學習壓力向度	年級	平均數	標準離差	個數
課堂壓力	一年級 (A)	4.30	2.584	10
	二年級 (B)	7.30	2.406	10
	三年級 (C)	4.40	1.955	10
考試壓力	一年級 (A)	3.90	1.449	10
	二年級 (B)	7.20	1.874	10
	三年級 (C)	8.10	2.331	10
期望壓力	一年級 (A)	4.80	1.932	10
	二年級 (B)	5.00	2.449	10
	三年級 (C)	5.30	1.829	10

表 II　不同年級在學習壓力向度之多變量變異數分析摘要表

變異來源	df	SSCP			多變量 Wilk's Λ	單變量 F 值 課堂壓力	單變量 F 值 考試壓力	單變量 F 值 期望壓力
組間	2	58.067	25.700	-.733	$.168^{***}$	5.347^{*}	13.283^{*}	.145ns
		25.700	97.800	10.100				
		-.733	10.100	1.267				
組內	27	146.600	98.300	78.400				
		98.300	99.400	65.500				
		78.400	65.500	117.700				
全體	29	204.667	124	77.667				
		124	197.2	75.6				
		77.667	75.6	118.967				

註：多變量統計量檢定欄　*** p<.001
　　單變量統計量檢定欄　* p_F <.0167　ns　p_F >.0167

● 表 III　不同年級在學習壓力向度之單變量變異數分析追蹤考檢摘要表

變異來源	層面名稱	SS	Df	MS	F	事後比較	ω^2
年級	課堂壓力	58.067	2	29.033	5.347*	B>A、B>C	.231
	考試壓力	97.800	2	48.900	13.283*	B>A、C>A	.459
	期望壓力	1.267	2	.633	.145ns		
誤差	課堂壓力	146.600	27	5.430			
	考試壓力	99.400	27	3.681			
	期望壓力	117.700	27	4.359			

註：追蹤檢定之單變量統計量檢定欄　* $p_F < .0167$　ns　$p_F > .0167$

　　由多變項變異數分析摘要表中，可以得知：不同年級群組在學習壓力向度差異檢定之多變量考驗的 Wilks' Λ 值為 .168，顯著性機率值 p<.001，表示三個壓力向度至少有一個壓力向度依變項在年級群組間的差異達到顯著。經由追蹤考驗之單變量檢定程序發現：不同年級群組在「課堂壓力」、「考試壓力」二個依變項的差異達到顯著，組別平均數差異檢定之整體 F 值統計量分別為 5.347、13.283，顯著性機率值均小於 .0167，經由事後比較發現：就「課堂壓力」向度而言，二年級群體的平均數 (M=7.20) 顯著高於一年級群體平均數 (M=4.30)、也高於三年級群體的平均數 (M=4.30)；就「考試壓力」向度而言，二年級群體的平均數 (M=7.20) 及三年級群體的平均數 (M=8.10) 顯著高於一年級群體的平均數 (M=3.90)。

【研究問題二】：不同地區群體之國中學生在學習壓力三個向度是否有顯著差異？

　　研究問題二中的固定因子為「地區」自變項、檢定依變數為課堂壓力構面、考試壓力構面、期望壓力構面等三個。

　　MANOVA 分析程序的輸出結果如下：

敘述統計

	地區	平均數	標準離差	個數
課堂壓力	1 北區	4.70	3.057	10
	2 中區	5.80	2.700	10
	3 南區	5.50	2.321	10
	總數	5.33	2.657	30
考試壓力	1 北區	5.90	3.281	10
	2 中區	6.50	1.716	10
	3 南區	6.80	2.781	10
	總數	6.40	2.608	30
期望壓力	1 北區	4.60	2.319	10
	2 中區	6.00	2.055	10
	3 南區	4.50	1.434	10
	總數	5.03	2.025	30

　　「敘述統計」表為地區三個水準群體在每個依變項的描述性統計量，包括平均數、標準差、各群組有效觀察值人數。以期望壓力構面而言，水準數值編碼為 1 的北區群組的平均數為 4.60 分、水準數值編碼為 2 的中區群組的平均數為 6.00 分、水準數值編碼為 3 的南區群組的平均數為 4.50 分，三個群組有效觀察值均為 10 位，全部 30 位觀察值的總平均數為 5.03 分。

多變量檢定 [c]

效果		數值	F	假設自由度	誤差自由度	顯著性
截距	Pillai's Trace	.900	75.177[a]	3.000	25.000	.000
	Wilks' Lambda 變數選擇法	.100	75.177[a]	3.000	25.000	.000
	多變量顯著性檢定	9.021	75.177[a]	3.000	25.000	.000
	Roy 的最大平方根	9.021	75.177[a]	3.000	25.000	.000
地區	Pillai's Trace	.183	.875	6.000	52.000	.520
	Wilks' Lambda 變數選擇法	.821	.863[a]	6.000	50.000	.528
	多變量顯著性檢定	.213	.850	6.000	48.000	.538
	Roy 的最大平方根	.183	1.589[b]	3.000	26.000	.216

a. 精確的統計量。

b. 統計量為在顯著水準上產生下限之 F 的上限。

c. Design：截距 + 地區。

四個多變量檢定統計量及其顯著性如下：

Pillai's 跡統計量為 .183，顯著性機率值 p=.520>.05

Wilks' Λ 統計量為 .821，顯著性機率值 p=.528>.05

多變量顯著性檢定 (Hotelling's 跡) 統計量為 .213，顯著性機率值 p=.538>.05

Roy 的最大平方根統計量為 .183，顯著性機率值 p=.216>.05

四個多變量檢定統計量均未達 .05 顯著水準，接受虛無假設，即三個群組的平均向量相等，平均向量相等表示所有群組在三個依變項的平均數均相同，三個依變項在不同地區之平均數間均沒有顯著不同。

$$H_0 : \begin{bmatrix} \mu_{11} \\ \mu_{21} \\ \mu_{31} \end{bmatrix} = \begin{bmatrix} \mu_{12} \\ \mu_{22} \\ \mu_{32} \end{bmatrix} = \begin{bmatrix} \mu_{13} \\ \mu_{23} \\ \mu_{33} \end{bmatrix}$$

- ----> 三個群組在課堂壓力構面的平均數相等
- ----> 三個群組在考試壓力構面的平均數相等
- ----> 三個群組在期望壓力構面的平均數相等

受試者間效應項的檢定

來源	依變數	型 III 平方和	df	平均平方和	F	顯著性
校正後的模式	課堂壓力	6.467[a]	2	3.233	.440	.648
	考試壓力	4.200[b]	2	2.100	.294	.748
	期望壓力	14.067[c]	2	7.033	1.810	.183
截距	課堂壓力	853.333	1	853.333	116.246	.000
	考試壓力	1228.800	1	1228.800	171.905	.000
	期望壓力	760.033	1	760.033	195.623	.000
地區	課堂壓力	6.467	2	3.233	.440	.648
	考試壓力	4.200	2	2.100	.294	.748
	期望壓力	14.067	2	7.033	1.810	.183
誤差	課堂壓力	198.200	27	7.341		
	考試壓力	193.000	27	7.148		
	期望壓力	104.900	27	3.885		
總數	課堂壓力	1058.000	30			
	考試壓力	1426.000	30			
	期望壓力	879.000	30			
校正後的總數	課堂壓力	204.667	29			
	考試壓力	197.200	29			
	期望壓力	118.967	29			

a. R 平方 = .032 (調過後的 R 平方 = -.040)。
b. R 平方 = .021 (調過後的 R 平方 = -.051)。
c. R 平方 = .118 (調過後的 R 平方 = .053)。

　　追蹤考驗之單變量變異數分析程序中，顯著水準 $\alpha_F = \alpha \div 3 = .0167$，三個單變量變異數分析 F 值統計量分別為 .440、.294、1.810，相對應的顯著性機率值 p 分別為 .648、.748、.183，均大於 .0167，表示不同地區群組在「課堂壓力」構面的平均數間沒有顯著不同，接受虛無假設 $H_0：\mu_{11} = \mu_{12} = \mu_{13}$；不同地區群組在「考試壓力」構面的平均數間沒有顯著不同，接受虛無假設 $H_0：\mu_{21} = \mu_{22} = \mu_{23}$；不同地區群組在「期望壓力」構面的平均數間沒有顯著不同，接受虛無假設 $H_0：\mu_{31} = \mu_{32} = \mu_{33}$。MANOVA 分析程序中，四個多變量檢定統計量均未達 .05 顯著水準，表示所有群組的平均向量相等，此時進行的追蹤考驗 ANOVA 程序，所有群組在個別依變項的單變量統計量 F 值也不會達到顯著水準確性。

受試者間 SSCP 矩陣

			課堂壓力	考試壓力	期望壓力
假設	截距	課堂壓力	853.333	1024.000	805.333
		考試壓力	1024.000	1228.800	966.400
		期望壓力	805.333	966.400	760.033
	地區	課堂壓力	6.467	4.300	6.367
		考試壓力	4.300	4.200	1.000
		期望壓力	6.367	1.000	14.067
誤差		課堂壓力	198.200	119.700	71.300
		考試壓力	119.700	193.000	74.600
		期望壓力	71.300	74.600	104.900

註：以型 III 的平方和為基礎。

　　「受試者間 SSCP 矩陣」為效果項的 SSCP 矩陣及誤差項的 SSCP 矩陣。

　　上述不同地區在學習壓力三個向度之 MANOVA 分析統果可以統整如下表格：

【表格範例】

◎ **表1** 不同地區在學習壓力向度差異之多變量變異數分析摘要表

變異來源	df	SSCP			多變量 Wilk's Λ	單變量 F 值 課堂壓力	考試壓力	期望壓力
組間	2	6.467	4.300	6.367	.821ns			
		4.300	4.200	1.000		.440ns	.294ns	1.810ns
		6.367	1.000	14.067				
組內	27	198.200	119.700	71.300				
		119.700	193.000	74.600				
		71.300	74.600	104.900				
全體	29	204.667	124.000	77.667				
		124.000	197.200	75.600				
		77.667	75.600	118.967				

註：多變量統計量檢定欄　ns p>.05
　　單變量統計量檢定欄　ns p>.0167

上述表格中研究者增列追蹤檢定之單變量 F 值統計量是沒有必要的，因為 MANOVA 分析程序中，若是多變量檢定統計量 Λ 值 (或其餘三個多變量統計量 Pillai's 跡統計量、多變量顯著性檢定 (Hotelling's 跡) 統計量、Roy 的最大平方根統計量) 未達 .05 顯著水準，表示所有群組的平均向量 (mean vectors) 都相等，三個依變項的平均數在所有群組間均沒有顯著差異，此時，統計程序根本不用繼續進行單變量追蹤檢定，因為單變量追蹤考驗是在多變量檢定統計量 Λ 值達到 .05 顯著水準時採用，採用追蹤考驗的目的在得知那一個依變項在群組間平均數的差異達到顯著。上述表格可簡化如下：

◉ 表 II 不同地區在學習壓力向度差異之多變量變異數分析摘要表

變異來源	df		SSCP		多變量 Wilk's Λ	單變量 F 值		
						課堂壓力	考試壓力	期望壓力
組間	2	6.467	4.300	6.367	.821ns	------	------	------
		4.300	4.200	1.000				
		6.367	1.000	14.067				
組內	27	198.200	119.700	71.300				
		119.700	193.000	74.600				
		71.300	74.600	104.900				
全體	29	204.667	124.000	77.667				
		124.000	197.200	75.600				
		77.667	75.600	118.967				

註：多變量統計量檢定欄　ns p>.05

第三節　二因子 MANOVA 分析──交互作用顯著

【研究問題】：某數學教育學者想探究不同年級的國中學生其數學態度、數學焦慮是否有所差異，採用分層隨機方式，從國一、國二、國三年級的學生中各抽取十名同學 (包括男學生五名、女學生五名)，總樣本數為 30 名，經施以數學態度量表及數學焦慮量表，請問學生性別與學生年級在數學態度與數學焦慮知覺上是否有交互作用關係存在？

　　範例資料檔如下，其中「學生性別」為二分名義變項，水準數值編碼 1 為男生、水準數值編碼 2 為女生；「學生年級」為三分名義變項，水準數值編碼 1 為國一學生群體、水準數值編碼 2 為國二學生群體、水準數值編碼 3 為國二學生群體；「社經地位」為三分名義變項，水準數值編碼 1 為高社經地位學生群體、水準數值編碼 2 為中社經地位學生群體、水準數值編碼 1 為低社經地位學生群體；數學態度與數學焦慮變數均為計量變項。

受試者	學生性別	學生年級	社經地位	數學態度	數學焦慮	受試者	學生性別	學生年級	社經地位	數學態度	數學焦慮
S01	1	1	1	10	4	S16	2	1	1	4	5
S02	1	1	2	10	4	S17	2	1	2	3	9
S03	1	1	3	9	3	S18	2	1	3	4	8
S04	1	1	1	9	2	S19	2	1	1	3	9
S05	1	1	2	8	5	S20	2	1	2	2	8
S06	1	2	3	8	4	S21	2	2	3	8	9
S07	1	2	1	9	3	S22	2	2	1	7	9
S08	1	2	2	9	2	S23	2	2	2	8	8
S09	1	2	3	8	2	S24	2	2	3	7	9
S10	1	2	1	9	5	S25	2	2	1	6	9
S11	1	3	2	6	8	S26	2	3	2	3	6
S12	1	3	3	5	8	S27	2	3	3	2	6
S13	1	3	1	5	9	S28	2	3	1	4	5
S14	1	3	2	6	8	S29	2	3	2	4	7
S15	1	3	3	4	9	S30	2	3	3	3	7

　　數學態度與數學焦慮二個依變項間的積差相關矩陣如下，從表中可以發現國中學生之數學態度與數學焦慮間呈顯著中度的負相關，積差相關係數為 -.559，顯著性機率值 $p<.001$。

相關 (N=30)

		數學態度	數學焦慮
數學態度	Pearson 相關	1	-.559**
	顯著性（雙尾）		.001
數學焦慮	Pearson 相關	-.559**	1
	顯著性（雙尾）	.001	

**. 在顯著水準為 0.01 時（雙尾），相關顯著。

壹、二因子多變量變異數分析操作

1. 執行功能表列「分析」(Analyze)/「一般線性模式」(General Linear Model)/「多變量」(Multivariate) 程序，開啟「多變量」對話視窗。

2. 將二個依變項「數學態度」、「數學焦慮」選入右邊「依變數 (D)」 (Dependent Variables) 下的方格，將二個自變項 (因子變項)「學生性別」、「學生年級」選入右邊「固定因子 (F)」(Fixed Factor) 下的方格中。

3. 按『選項』(Option) 鈕，開啟「多變量：選項」次對話視窗，將 A 因子「學生性別」、B 因子「學生年級」、 AB 交互作用項「學生性別 * 學生年級」選入右邊「顯示平均數 (M)」(Display Means for) 下的方格，「顯示」方盒中勾選「☑ 同質性檢定 (H)」(Homogeneity tests)、「☑ SSCP 矩陣」(SSCP matrics) 等選項，按『繼續』鈕，回到「多變量」對話視窗，按『確定』鈕

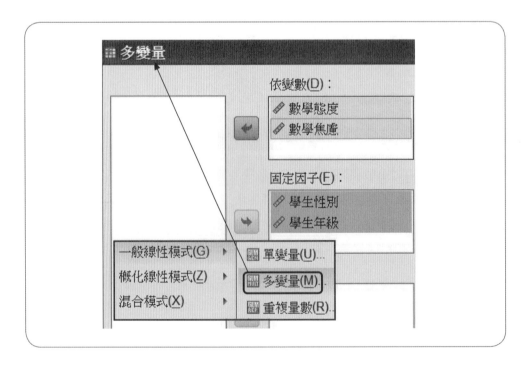

　　「多變量」對話視窗中，「固定因子 (F)」下方格點選二個固定因子，A 因子為學生性別、B 因子為學生年級，二個固定因子均為名義變項。

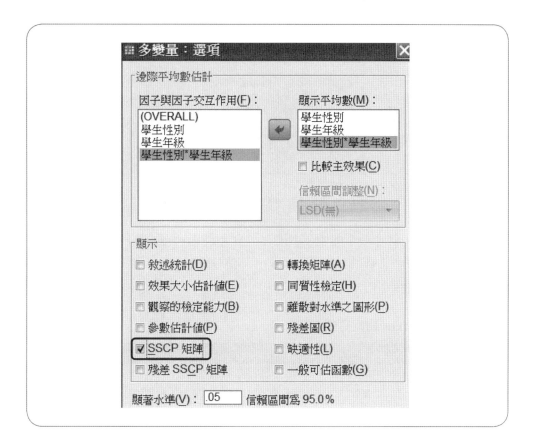

　　「多變量：選項」次對話視窗中，點選「學生性別」、「學生年級」、「學生性別 * 學生年級」至「顯示平均數 (M)」下方格中，可以呈現 A 因子邊緣平均數、B 因子邊緣平均數、交互作用項細格平均數，若於「顯示」方盒中勾選「☑敘述統計 (D)」選項也可呈現因子邊緣平均數與細格平均數。

貳、結果解析

一、二因子多變量變異數分析

共變量矩陣等式的 Box 檢定 [a]

Box's M	14.396
F	.753
df1	15
df2	3150.554
顯著性	.731

註：檢定依變數的觀察共變量矩陣之虛無假設，等於交叉組別。
a. Design：截距 + 學生性別 + 學生年級 + 學生性別 * 學生年級。

　　上表為 Box's M 多變項的變異數同質性檢定結果，Box's M 值 = 14.396，轉換成 F 值 =.753，顯著性機率值 p=.731>.05，接受虛無假設，表示未違反多變項變異數同質性的假定。

誤差變異量的 Levene 檢定等式 [a]

	F	df1	df2	顯著性
數學態度	.134	5	24	.983
數學焦慮	1.462	5	24	.239

註：檢定各組別中依變數誤差變異量的虛無假設是相等的。
a. Design：截距 + 學生性別 + 學生年級 + 學生性別 * 學生年級。

　　上表為單變項的變異數同質性檢定結果，二個依變項誤差變異數同質檢定的 F 值統計量分別為 .134、1.462，顯著性機率值 p 值分別為 .983、.239，均未達 .05 顯著水準，表示未違反單變項變異數同質性的假定。

多變量檢定 ^c

效果		數值	F	假設自由度	誤差自由度	顯著性
截距	Pillai's Trace	.994	1815.258ᵃ	2.000	23.000	.000
	Wilks' Lambda 變數選擇法	.006	1815.258ᵃ	2.000	23.000	.000
	多變量顯著性檢定	157.849	1815.258ᵃ	2.000	23.000	.000
	Roy 的最大平方根	157.849	1815.258ᵃ	2.000	23.000	.000
學生性別	Pillai's Trace	.845	62.483ᵃ	2.000	23.000	.000
	Wilks' Lambda 變數選擇法	.155	62.483ᵃ	2.000	23.000	.000
	多變量顯著性檢定	5.433	62.483ᵃ	2.000	23.000	.000
	Roy 的最大平方根	5.433	62.483ᵃ	2.000	23.000	.000
學生年級	Pillai's Trace	.991	11.790	4.000	48.000	.000
	Wilks' Lambda 變數選擇法	.150	18.185ᵃ	4.000	46.000	.000
	多變量顯著性檢定	4.722	25.971	4.000	44.000	.000
	Roy 的最大平方根	4.513	54.161ᵇ	2.000	24.000	.000
學生性別 * 學生年級	Pillai's Trace	1.434	30.397	4.000	48.000	.000
	Wilks' Lambda 變數選擇法	.078	29.638ᵃ	4.000	46.000	.000
	多變量顯著性檢定	5.244	28.840	4.000	44.000	.000
	Roy 的最大平方根	3.189	38.265ᵇ	2.000	24.000	.000

a. 精確的統計量。
b. 統計量為在顯著水準上產生下限之 F 的上限。
c. Design：截距 + 學生性別 + 學生年級 + 學生性別 * 學生年級。

上表為多變量檢定 (Multivariate Tests) 報表，從報表中得知 A 因子 (學生性別) 主要效果顯著 (Wilks' Λ=.155，p<.001)；B 因子 (學生年級) 主要效果也達到顯著水準 (Wilks' Λ=.150，p<.001)；學生性別與學生年級二個因子變項在二個依變項的交互作用項也達顯著水準 (Wilks' Λ=.078，p<.001)，表示二個自變項彼此間並非互相獨立。由於 AB 二因子的交互作用項的 MANOVA 效果顯著，所以須進一步進行「單純主要效果」的 MANOVA 顯著性檢定。當二因子的 MANOVA 交互作用項達到 .05 顯著水準，表示至少有一個依變項在二個因子變數的交互作用達到顯著，至於是那些依變數的交互作用項達到顯著，必須進一步根據追蹤檢定的單變項二因子變異數分析摘要表方能得知。

受試者間效應項的檢定

來源	依變數	型 III 平方和	df	平均平方和	F	顯著性
校正後的模式	數學態度	173.500[a]	5	34.700	54.789	.000
	數學焦慮	149.067[b]	5	29.813	25.925	.000
截距	數學態度	1116.300	1	1116.300	1762.579	.000
	數學焦慮	1203.333	1	1203.333	1046.377	.000
學生性別	數學態度	73.633	1	73.633	116.263	.000
	數學焦慮	48.133	1	48.133	41.855	.000
學生年級	數學態度	68.600	2	34.300	54.158	.000
	數學焦慮	14.467	2	7.233	6.290	.006
學生性別 * 學生年級	數學態度	31.267	2	15.633	24.684	.000
	數學焦慮	86.467	2	43.233	37.594	.000
誤差	數學態度	15.200	24	.633		
	數學焦慮	27.600	24	1.150		
總數	數學態度	1305.000	30			
	數學焦慮	1380.000	30			
校正後的總數	數學態度	188.700	29			
	數學焦慮	176.667	29			

a. R 平方 = .919 (調過後的 R 平方 = .903)。
b. R 平方 = .844 (調過後的 R 平方 = .811)。

「受試者間效應項的檢定」(Tests of Between-Subjects Effects)，即單變量二因子變異數分析的顯著性考驗，經單變量考驗結果，A 因子 (學生性別) 與 B 因子 (學生年級) 在「數學態度」的交互作用達到顯著 (F=24.684，顯著性 p<.001)，A 因子 (學生性別) 與 B 因子 (學生年級) 在「數學焦慮」依變項的交互作用也達到顯著 (F=37.594，顯著性 p<.001)。受試者間效應項檢定中，單變項 F 值統計量的顯著水準要設定族系錯誤率，新的顯著水準 $\alpha_F = \alpha \div 2 = .05 \div 2 = .025$，當 F 值統計量的「顯著性」欄之數值小於 .025，統計分析結果才有足夠證據拒絕虛無假設。

受試者間 SSCP 矩陣

			數學態度	數學焦慮
假設	截距	數學態度	1116.300	1159.000
		數學焦慮	1159.000	1203.333
	學生性別	數學態度	73.633	-59.533
		數學焦慮	-59.533	48.133
	學生年級	數學態度	68.600	-25.000
		數學焦慮	-25.000	14.467
	學生性別 * 學生年級	數學態度	31.267	-12.067
		數學焦慮	-12.067	86.467
誤差	數學態度	數學態度	15.200	-5.400
	數學焦慮	數學焦慮	-5.400	27.600

註：以型 III 的平方和為基礎。

「受試者間 SSCP 矩陣」(Between-Subjects SSCP Matrix) 最上面列為截矩項 SSCP 矩陣部份，依序為 Q_A 矩陣 (學生性別列數據)、Q_B 矩陣 (學生年級列數據)、Q_{AB} 矩陣 (學生性別 * 學生年級列數據)、Q_E 矩陣 (誤差項數據)。

估計的邊緣平均數

1. 學生性別

依變數	學生性別	平均數	標準誤差	95% 信賴區間	
				下界	上界
數學態度	1 男生	7.667	.205	7.243	8.091
	2 女生	4.533	.205	4.109	4.957
數學焦慮	1 男生	5.067	.277	4.495	5.638
	2 女生	7.600	.277	7.029	8.171

估計的邊緣平均數「學生性別」表格為 A 因子學生性別二個水準數值編碼在依變項的邊緣平均數，男生群體、女生群體在「數學態度」得分平均數分別為 7.667、4.533；男生群體、女生群體在「數學焦慮」得分平均數分別為 5.067、7.600，若以 A 因子為固定因子進行單因子 MANOVA 分析，則表格的平均數為形心的數據。

2. 學生年級

依變數	學生性別	平均數	標準誤差	95% 信賴區間	
				下界	上界
數學態度	1 國一	6.200	.252	5.681	6.719
	2 國二	7.900	.252	7.381	8.419
	3 國三	4.200	.252	3.681	4.719
數學焦慮	1 國一	5.700	.339	5.000	6.400
	2 國二	6.000	.339	5.300	6.700
	3 國三	7.300	.339	6.600	8.000

　　估計的邊緣平均數「學生年級」表格為 B 因子學生年級三個水準數值編碼在依變項的邊緣平均數，國一群體、國二群體、國三群體在「數學態度」得分平均數分別為 6.200、7.900、4.200；國一群體、國二群體、國三群體在「數學焦慮」得分平均數分別為 5.700、6.000、7.300，若以 B 因子為固定因子進行單因子 MANOVA 分析，則表格的平均數為形心的數據。

3. 學生性別 * 學生年級

依變數	學生性別	學生年級	平均數	標準誤差	95% 信賴區間	
					下界	上界
數學態度	1 男生	1 國一	9.200	.356	8.465	9.935
		2 國二	8.600	.356	7.865	9.335
		3 國三	5.200	.356	4.465	5.935
	2 女生	1 國一	3.200	.356	2.465	3.935
		2 國二	7.200	.356	6.465	7.935
		3 國三	3.200	.356	2.465	3.935
數學焦慮	1 男生	1 國一	3.600	.480	2.610	4.590
		2 國二	3.200	.480	2.210	4.190
		3 國三	8.400	.480	7.410	9.390
	2 女生	1 國一	7.800	.480	6.810	8.790
		2 國二	8.800	.480	7.810	9.790
		3 國三	6.200	.480	5.210	7.190

　　「學生性別 * 學生年級」的描述性統計量表格為 A 因子與 B 因子交互作用項的細格平均數、標準誤差，「平均數」欄為 A 因子與 B 因子交互作用顯著時，

所要比較的平均數。在二因子多變量變異數分析中，交互作用顯著主要由數學態度與數學焦慮二個依變項所造成，因而二個自變項在二個依變項的細格平均數成為單純主要效果所要探討的平均數，如果二因子 MANOVA 程序之交互作用項不顯著，要檢核 A 因子與 B 因子主要效果之 MANOVA 結果是否顯著，二個因子主要效果所要檢定的平均數為群組依變項的邊緣平均數。

綜合以上二因子多變量變異數分析報表，可將二因子多變量變異數分析摘要表整理如下：

【表格範例】

🔍 **表 1　學生性別、學生年級在二個依變項之二因子多變量變異數分析摘要表**

變異來源	df	SSCP		Λ (多變量考驗)	單變量 F 值 數學態度	單變量 F 值 數學焦慮
學生性別 (A 因子)	1	73.633 -59.533	-59.533 48.133	.155***		
學生年級 (B 因子)	2	68.600 -25.000	-25.000 14.467	.150***		
學生性別 × 學生年級 (A×B)	2	31.267 -12.067	-12.067 86.467	.078***	24.684*	37.594*
誤差	24	15.200 -5.400	-5.400 27.600			

註：多變量檢定欄 ***　$p<.001$　單變量檢定欄 *　$p_F<.025$

從上表二因子多變量變異數分析摘要表，其交互作用項的 Λ 值等於 .078 ($p<.001$)，達到顯著水準，此交互作用項主要由數學態度及數學焦慮二個變項引起，其單變量檢定追蹤考驗的二因子變異數分析之 F 值統計量分別為 24.684、37.594，均達顯著水準 (顯著性機率值 $p<.025$)，因而進一步須進行獨立樣本二因子 MANOVA 單純主要效果考驗。

參、單純主要效果檢定操作

⟳ 一、學生年級 (B 因子) 單純主要效果的檢定

B 因子單純主要效果考驗簡要流程如下：

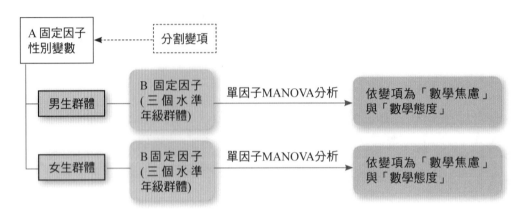

執行功能表列「資料 (D)」(Data)/「分割檔案 (F)」(Split File) 程序，開啟「分割檔案」對話視窗，勾選「◉ 依群組組織輸出 (O)」(Organize output by groups) 選項，將 A 因子「學生性別」選入「依此群組 (G)」(Groups Based on) 下的方格中，按「確定」鈕。

執行「分析 (A)」(Analyze)/「一般線性模式 (G)」(General Linear Model)/「多變量 (M)」(Multivariate) 程序，開啟「多變量」對話視窗，將二個依變項「數學態度」、「數學焦慮」選入右邊「依變數 (D)」下的方格，將 B 因子「學生年級」選入右邊「固定因子 (F)」(Fixed Factor) 下的方格中。

→按『選項(O)』(Option) 鈕，開啟「多變量：選項」次對話視窗，勾選「☑ SSCP 矩陣」選項，按『繼續』鈕，回到「多變量」主對話視窗。

→按『Post Hoc 檢定 (H)』鈕，將 B 因子變項「學生年級」選入右邊「Post Hoc 檢定 (P)」下的方格中，勾選「☑ Scheffe 法 (C)」事後比較方法，按『繼續』鈕，回到「多變量」主對話視窗，按『確定』鈕

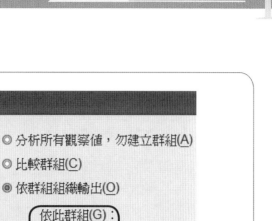

「分割檔案」對話視窗中，點選至「依此群組 (G)」下方格的因子變項為 A 因子「學生性別」。

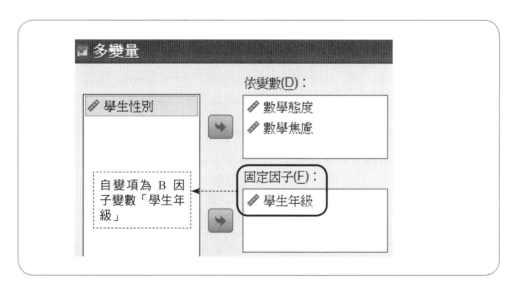

「多變量」對話視窗中，點選至「固定因子 (F)」下方格的變數為 B 因子變數「學生年級」(分割檔案視窗中點選的變數為 A 因子學生性別)。

　　「多變量：選項」次對話視窗中，「顯示」方盒中勾選的選項為「☑ SSCP 矩陣」選項，至於其它選項，研究者可依實際需要加以勾選，未勾選的選項功能，其對應的統計量數不會被輸出。

「多變量：觀察值平均數的 Post Hoc 多重比較」次對話視窗，點選至「Post Hoc 檢定 (P)」下方格的變數為 B 因子「學生年級」。「假設相同的變異數」方盒選項勾選「☑ Scheffe 法 (C)」。「因子 (F)」下方格中出現的因子變數為 B 因子「學生年級」，表示多變量程序中只有一個固定因子變數。由於 B 因子「學生年級」為三分名義變項，有三個水準群體，當單變量追蹤考驗達到顯著時 (p<.025)，要進行配對水準群體之 Post Hoc 多重比較，才能得知是那幾對配對組間平均數差異值達到顯著。

⊃ 二、學生性別 (A 因子) 單純主要效果的檢定

A 因子學生性別單純主要效果考驗的流程圖如下：

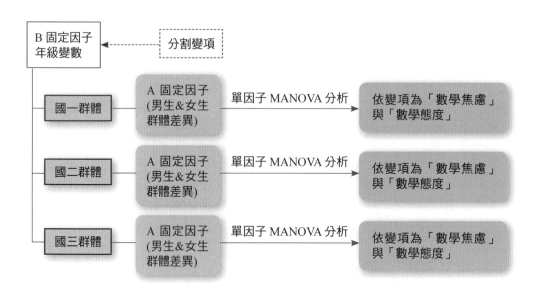

執行功能表列「資料 (D)」(Data)/「分割檔案 (F)」(Split File) 程序,開啟「分割檔案」對話視窗,勾選「◉ 依群組組織輸出 (O)」(Organize output by groups) 選項,將 B 因子「學生年級」選入「依此群組 (G)」(Groups Based on) 下的方格中,按「確定」鈕。

執行「分析 (A)」(Analyze)/「一般線性模式 (G)」(General Linear Model)/「多變量 (M)」(Multivariate) 程序,開啟「多變量」對話視窗,將二個依變項「數學態度」、「數學焦慮」選入右邊「依變數 (D)」下的方格,將 A 因子「學生性別」選入右邊「固定因子 (F)」(Fixed Factor) 下的方格中。

→按『選項(O)』(Option) 鈕,開啟「多變量:選項」次對話視窗,勾選「☑ SSCP 矩陣」選項,按『繼續』鈕,回到「多變量」主對話視窗。

→按『Post Hoc 檢定 (H)』鈕,將 A 因子變項「學生性別」選入右邊「Post Hoc 檢定(P)」下的方格中,勾選「☑ Scheffe 法(C)」事後比較方法,按『繼續』鈕,回到「多變量」主對話視窗,按『確定』鈕

註:因 A 因子「學生性別」只有二個水準 (二個群組),因而可以不用選取事後比較方法,若是按『Post Hoc 檢定 (H)』鈕,勾選「☑ Scheffe 法 (C)」事後比較方法會出現警告訊息。

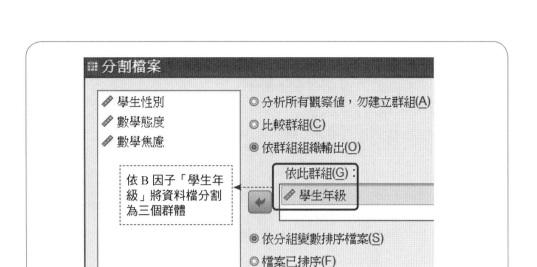

「分割檔案」對話視窗中，點選至「依此群組 (G)」下方格的因子變項為 B 因子「學生年級」。

「多變量」對話視窗中，點選至「固定因子 (F)」下方格的變數為 A 因子變數「學生性別」(分割檔案視窗中點選的變數為 B 因子學生年級)。

「多變量：選項」次對話視窗中,「顯示」方盒中勾選的選項為「☑ SSCP 矩陣」選項。

　　「多變量：選項」次對話視窗中，「顯示」方盒中勾選的選項為「☑ SSCP 矩陣」選項。「因子 (F)」下方格中出現的因子變數為 A 因子「學生性別」，表示多變量程序中只有一個固定因子變數。由於 A 因子「學生性別」為二分名義變項，只有二個水準群體，因而即使選取 Post Hoc 多重比較，單變量追蹤檢定中也不會出現配對水準群體多重比較摘要表。

　　獨立樣本二因子 MANOVA 單純主要效果考驗摘要表如下：

變異來源	df	SSCP	Λ
A at			
b1	a-1	$Q_{a-at-b1}$	$\dfrac{\left\|Q_e\right\|}{\left\|Q_{a-at-b1}+Q_e\right\|}$
b2	a-1	$Q_{a-at-b2}$	$\dfrac{\left\|Q_e\right\|}{\left\|Q_{a-at-b2}+Q_e\right\|}$
b3	a-1	$Q_{a-at-b3}$	$\dfrac{\left\|Q_e\right\|}{\left\|Q_{a-at-b3}+Q_e\right\|}$
B at			
a1	b-1	$Q_{b-at-a1}$	$\dfrac{\left\|Q_e\right\|}{\left\|Q_{b-at-a1}+Q_e\right\|}$
a2	b-1	$Q_{b-at-a2}$	$\dfrac{\left\|Q_e\right\|}{\left\|Q_{b-at-a2}+Q_e\right\|}$
誤差	ab(n-1)	Q_e	

n 為細格人數，a 為 A 因子的水準數 (範例為 2)，b 為 B 因子的水準數 (範例為 3)。

⊃ 三、單純主要效果報表

(一) B 在 a1 的單純主要效果

學生性別 ＝ 男生

多變量檢定 [c,d]

效果		數值	F	假設自由度	誤差自由度	顯著性
截距	Pillai's Trace	.995	1016.805[a]	2.000	11.000	.000
	Wilks' Lambda 變數選擇法	.005	1016.805[a]	2.000	11.000	.000
	多變量顯著性檢定	184.874	1016.805[a]	2.000	11.000	.000
	Roy 的最大平方根	184.874	1016.805[a]	2.000	11.000	.000
學生年級	Pillai's Trace	1.064	6.826	4.000	24.000	.001
	Wilks' Lambda 變數選擇法	.070	15.263[a]	4.000	22.000	.000
	多變量顯著性檢定	11.333	28.332	4.000	20.000	.000
	Roy 的最大平方根	11.161	66.965[b]	2.000	12.000	.000

a. 精確的統計量。

b. 統計量為在顯著水準上產生下限之 F 的上限。

c. 學生性別 ＝ 1 男生。

d. Design：截距 ＋ 學生年級。

在男生群體中，學生年級在二個依變項之多變量變異數分析達到顯著，其整體考驗之 Λ 值等於 .070，顯著性機率值 p<.001，達到顯著水準，單因子 MANOVA 達到 .05 顯著水準，表示數學態度、數學焦慮二個依變項至少有一個依變項在學生年級群組間的差異達到顯著 (p<.025)。

受試者間效應項的檢定 [c]

來源	依變數	型 III 平方和	df	平均平方和	F	顯著性
校正後的模式	數學態度	46.533[a]	2	23.267	41.059	.000
	數學焦慮	83.733[b]	2	41.867	38.061	.000
截距	數學態度	881.667	1	881.667	1555.882	.000
	數學焦慮	385.067	1	385.067	350.061	.000
學生年級	數學態度	46.533	2	23.267	41.059	.000
	數學焦慮	83.733	2	41.867	38.061	.000
誤差	數學態度	6.800	12	.567		
	數學焦慮	13.200	12	1.100		
總數	數學態度	935.000	15			
	數學焦慮	482.000	15			
校正後的總數	數學態度	53.333	14			
	數學焦慮	96.933	14			

a. R 平方 = .873（調過後的 R 平方 = .851）。
b. R 平方 = .864（調過後的 R 平方 = .841）。
c. 學生性別 = 1 男生。

　　在男生群體中，學生年級在二個依變項之多變量變異數分析達到顯著，其顯著主要由數學態度、數學焦慮二個依變項所造成的。換言之，在男生群體中，學生年級三個群體在數學態度的感受上有顯著差異，平均數差異檢定整體考驗的 F 值等於 41.059（顯著性 $p < .001$）；學生年級三個群體在數學焦慮的知覺上也有顯著差異，平均數差異檢定整體考驗的 F 值等於 38.061（顯著性 $p < .001$）。

受試者間 SSCP 矩陣 [a]

			數學態度	數學焦慮
假設	截距	數學態度	881.667	582.667
		數學焦慮	582.667	385.067
	學生年級	數學態度	46.533	-61.067
		數學焦慮	-61.067	83.733
誤差		數學態度	6.800	-1.600
		數學焦慮	-1.600	13.200

註：以型 III 的平方和為基礎。
a. 學生性別 = 1 男生。

　　上表為 $Q_{b-at-a1}$ 之 SSCP 矩陣，即男生群體中，不同年級群體在數學態度、

數學焦慮之平均數差異檢定的 SSCP 矩陣。

Post Hoc 檢定：學生年級　　多重比較[a]：Scheffe 法

依變數	(I) 學生年級	(J) 學生年級	平均差異 (I-J)	標準誤差	顯著性	95% 信賴區間 下界	上界
數學態度	1 國一	2 國二	.60	.476	.474	-.73	1.93
		3 國三	4.00[*]	.476	.000	2.67	5.33
	2 國二	1 國一	-.60	.476	.474	-1.93	.73
		3 國三	3.40[*]	.476	.000	2.07	4.73
	3 國三	1 國一	-4.00[*]	.476	.000	-5.33	-2.67
		2 國二	-3.40[*]	.476	.000	-4.73	-2.07
數學焦慮	1 國一	2 國二	.40	.663	.836	-1.45	2.25
		3 國三	-4.80[*]	.663	.000	-6.65	-2.95
	2 國二	1 國一	-.40	.663	.836	-2.25	1.45
		3 國三	-5.20[*]	.663	.000	-7.05	-3.35
	3 國三	1 國一	4.80[*]	.663	.000	2.95	6.65
		2 國二	5.20[*]	.663	.000	3.35	7.05

　　上述為男生群體中不同年級在數學態度、數學焦慮之單純主要效果的事後比較，就數學態度變項而言，國一及國二男學生的數學態度得分平均數顯著的高於國三男學生得分平均數，平均差異值分別為 4.00、3.40；就數學焦慮變項而言，國三男學生數學焦慮得分平均數顯著的高於國一男學生數學焦慮得分平均數，平均數差異值為 4.80；國三男學生數學焦慮得分平均數顯著的高於國二男學生數學焦慮得分平均數，平均數差異值為 5.20。

(二) B 在 a2 的單純主要效果 (A=2 女生群體)

學生性別 = 女生

多變量檢定 [c,d]

效果		數值	F	假設自由度	誤差自由度	顯著性
截距	Pillai's Trace	.993	807.779[a]	2.000	11.000	.000
	Wilks' Lambda 變數選擇法	.007	807.779[a]	2.000	11.000	.000
	多變量顯著性檢定	146.869	807.779[a]	2.000	11.000	.000
	Roy 的最大平方根	146.869	807.779[a]	2.000	11.000	.000
學生年級	Pillai's Trace	1.152	8.154	4.000	24.000	.000
	Wilks' Lambda 變數選擇法	.069	15.431[a]	4.000	22.000	.000
	多變量顯著性檢定	10.279	25.697	4.000	20.000	.000
	Roy 的最大平方根	9.957	59.741[b]	2.000	12.000	.000

a. 精確的統計量。
b. 統計量為在顯著水準上產生下限之 F 的上限。
c. 學生性別 = 2 女生。
d. Design：截距 + 學生年級。

在女生群體中，學生年級在二個依變項之多變量變異數分析達到顯著，其整體考驗之 Λ 值等於 .069，顯著性機率值 $p<.001$，達到顯著水準，單因子 MANOVA 達到 .05 顯著水準，表示數學態度、數學焦慮二個依變項至少有一個依變項在學生年級群組間的差異達到顯著 ($p<.025$)。

來源	依變數	型 III 平方和	df	平均平方和	F	顯著性
校正後的模式	數學態度	53.333[a]	2	26.667	38.095	.000
	數學焦慮	17.200[b]	2	8.600	7.167	.009
截距	數學態度	308.267	1	308.267	440.381	.000
	數學焦慮	866.400	1	866.400	722.000	.000
學生年級	數學態度	53.333	2	26.667	38.095	.000
	數學焦慮	17.200	2	8.600	7.167	.009
誤差	數學態度	8.400	12	.700		
	數學焦慮	14.400	12	1.200		
總數	數學態度	370.000	15			
	數學焦慮	898.000	15			
校正後的總數	數學態度	61.733	14			
	數學焦慮	31.600	14			

a. R 平方 = .864 (調過後的 R 平方 = .841)。
b. R 平方 = .544 (調過後的 R 平方 = .468)。
c. 學生性別 = 2 女生。

受試者間效應項的檢定 [c]

　　就女生群體而言，學生年級在二個依變項之多變量變異數分析達到顯著，其顯著主要由數學態度、數學焦慮二個依變項所造成的。換言之，在女生群體中，學生年級三個群體在數學態度的感受上有顯著差異，平均數差異檢定整體考驗的 F 值等於 38.095 (顯著性 p<.001)；學生年級三個群體在數學焦慮的知覺上也有顯著差異，平均數差異檢定整體考驗的 F 值等於 7.167 (顯著性 p=.009<.01)。

受試者間 SSCP 矩陣 [a]

			數學態度	數學焦慮
假設	截距	數學態度	308.267	516.800
		數學焦慮	516.800	866.400
	學生年級	數學態度	53.333	24.000
		數學焦慮	24.000	17.200
誤差		數學態度	8.400	-3.800
		數學焦慮	-3.800	14.400

註：以型 III 的平方和為基礎。
a. 學生性別 = 2 女生。

　　上表為 $Q_{b-at-a2}$ 之 SSCP 矩陣，即女生群體中，不同年級群組在數學態度、數學焦慮之平均數差異檢定的 SSCP 矩陣。

Post Hoc 檢定：學生年級　　　多重比較 [a]：Scheffe 法

依變數	(I) 學生年級	(J) 學生年級	平均差異 (I-J)	標準誤差	顯著性	95% 信賴區間 下界	上界
數學態度	1 國一	2 國二	-4.00*	.529	.000	-5.48	-2.52
		3 國三	.00	.529	1.000	-1.48	1.48
	2 國二	1 國一	4.00*	.529	.000	2.52	5.48
		3 國三	4.00*	.529	.000	2.52	5.48
	3 國三	1 國一	.00	.529	1.000	-1.48	1.48
		2 國二	-4.00*	.529	.000	-5.48	-2.52
數學焦慮	1 國一	2 國二	-1.00	.693	.383	-2.93	.93
		3 國三	1.60	.693	.110	-.33	3.53
	2 國二	1 國一	1.00	.693	.383	-.93	2.93
		3 國三	2.60*	.693	.009	.67	4.53
	3 國三	1 國一	-1.60	.693	.110	-3.53	.33
		2 國二	-2.60*	.693	.009	-4.53	-.67

　　上述為女生群體中不同年級在數學態度、數學焦慮之單純主要效果的事後比較，就數學態度變項而言，國二女學生的平均數顯著的高於國一女學生的平均數，平均數差異值為 4.00；國二女學生的平均數顯著的高於國三女學生的平均數，平均數差異值為 4.00。就數學焦慮而言，國二女學生的數學焦慮也顯著的高於國三女學生的數學焦慮，平均數差異值為 2.60，上述之平均差異值均顯著不等於 0。

(三) A 在 b1 的單純主要效果考驗 (B=1 國一群體)

警告

> 分割檔 學生年級 =1 國一 中的 學生性別 未執行 Post hoc 檢定，因為組別少於三組。
>
> 分割檔 學生年級 =2 國二 中的 學生性別 未執行 Post hoc 檢定，因為組別少於三組。
>
> 分割檔 學生年級 =3 國三 中的 學生性別 未執行 Post hoc 檢定，因為組別少於三組。
>
> 因為固定因子「學生性別」為二分名義變項，勾選「Post Hoc」事後比較選項時，會出現警告訊息。

學生年級 = 國一

多變量檢定 [b,c]

效果		數值	F	假設自由度	誤差自由度	顯著性
截距	Pillai's Trace	.993	465.215[a]	2.000	7.000	.000
	Wilks' Lambda 變數選擇法	.007	465.215[a]	2.000	7.000	.000
	多變量顯著性檢定	132.919	465.215[a]	2.000	7.000	.000
	Roy 的最大平方根	132.919	465.215[a]	2.000	7.000	.000
學生年級	Pillai's Trace	.942	56.445[a]	2.000	7.000	.000
	Wilks' Lambda 變數選擇法	.058	56.445[a]	2.000	7.000	.000
	多變量顯著性檢定	16.127	56.445[a]	2.000	7.000	.000
	Roy 的最大平方根	16.127	56.445[a]	2.000	7.000	.000

　　上表為國一學生群體中，學生性別 (A 因子) 在數學焦慮、數學態度之多變量變異數分析顯著性考驗，整體考驗之 Λ 值等於 .058，顯著性 p<001，達到 .05 顯著水準。當多變量整體考驗的統計量達 .05 顯著水準，表示所檢定的依變項中至少有一個依變項在學生性別二個群組的平均數差異達到顯著水準 (α_F <.025)，至於是那一個依變項在學生性別二個群組的平均數差異達到顯著，必須藉由追蹤檢定之單變量變異數分析才能得知。

受試者間效應項的檢定 [c]

來源	依變數	型 III 平方和	df	平均平方和	F	顯著性
學生性別	數學態度	90.000	1	90.000	128.571	.000
	數學焦慮	44.100	1	44.100	22.050	.002
誤差	數學態度	5.600	8	.700		
	數學焦慮	16.000	8	2.000		

　　經由單變量變異數分析之追蹤檢定發現：在國一學生群體中，學生性別在數學態度之單變量考驗 F 值統計量為 128.571，顯著性機率值 p<.001，表示一年級男生群體、一年級女生群體於數學態度的得分平均數間有顯著不同；學生性別在數學焦慮之單變量考驗 F 值統計量為 22.050，顯著性機率值 p<.01，表示一年級男生群體、一年級女生群體於數學焦慮的得分平均數間有顯著不同。

註：「受試者間效應項的檢定」摘要表中的「校正後的模式」列、「截距」列、
　　「總數」列、「校正後的總數」列的數據刪除未加以呈現。

受試者間 SSCP 矩陣 [a]

			數學態度	數學焦慮
假設	截距	數學態度	384.400	353.400
		數學焦慮	353.400	324.900
	學生年級	數學態度	90.000	-63.000
		數學焦慮	-63.000	44.100
誤差		數學態度	5.600	-3.400
		數學焦慮	-3.400	16.000

　　上表為 $Q_{a-at-b1}$ 之 SSCP 矩陣。

(四) A 在 b2 的單純主要效果考驗 (B=2 國二群體)

學生年級 = 國二

多變量檢定[b,c]

效果		數值	F	假設自由度	誤差自由度	顯著性
截距	Pillai's Trace	.995	759.532[a]	2.000	7.000	.000
	Wilks' Lambda 變數選擇法	.005	759.532[a]	2.000	7.000	.000
	多變量顯著性檢定	217.009	759.532[a]	2.000	7.000	.000
	Roy 的最大平方根	217.009	759.532[a]	2.000	7.000	.000
學生年級	Pillai's Trace	.917	38.792[a]	2.000	7.000	.000
	Wilks' Lambda 變數選擇法	.083	38.792[a]	2.000	7.000	.000
	多變量顯著性檢定	11.083	38.792[a]	2.000	7.000	.000
	Roy 的最大平方根	11.083	38.792[a]	2.000	7.000	.000

上表為國二學生群體中 (學生年級水準數值編碼為 2 的群體)，學生性別 (A 因子) 在數學焦慮、數學態度之多變量變異數分析顯著性考驗，整體考驗之 Λ 值等於 .083，顯著性 p<001，達到 .05 顯著水準。當多變量整體考驗的統計量達 .05 顯著水準，表示所檢定的依變項中至少有一個依變項在學生性別二個群組的平均數差異達到顯著水準 (α_F <.025)，至於是那一個依變項在學生性別二個群組的平均數差異達到顯著，必須藉由追蹤檢定之單變量變異數分析才能得知。

受試者間效應項的檢定[c]

來源	依變數	型 III 平方和	df	平均平方和	F	顯著性
學生性別	數學態度	4.900	1	4.900	9.800	.014
	數學焦慮	78.400	1	78.400	82.526	.000
誤差	數學態度	4.000	8	.500		
	數學焦慮	7.600	8	.950		

經由單變量變異數分析之追蹤檢定發現：在國二學生群體中，學生性別在數學態度之單變量考驗 F 值統計量為 9.800，顯著性機率值 p=.014<.025，表示二年級男生群體、二年級女生群體於數學態度的得分平均數間有顯著不同；學生性別在數學焦慮之單變量考驗 F 值統計量為 82.526，顯著性機率值 p<.001，表示二年級男生群體、二年級女生群體於數學焦慮的得分平均數間有顯著不同。

受試者間 SSCP 矩陣 [a]

			數學態度	數學焦慮
假設	截距	數學態度	624.100	474.000
		數學焦慮	474.000	360.000
	學生年級	數學態度	4.900	-19.600
		數學焦慮	-19.600	78.400
誤差		數學態度	4.000	-.400
		數學焦慮	-.400	7.600

註：以型 III 的平方和為基礎。

a. 學生年級 = 2 國二。

上表為 $Q_{a-at-b2}$ 之 SSCP 矩陣。

(五) A 在 b2 的單純主要效果考驗 (B=3 國二群體)

學生年級 = 國三

多變量檢定 [b,c]

效果		數值	F	假設自由度	誤差自由度	顯著性
截距	Pillai's Trace	.996	824.010[a]	2.000	7.000	.000
	Wilks' Lambda 變數選擇法	.004	824.010[a]	2.000	7.000	.000
	多變量顯著性檢定	235.431	824.010[a]	2.000	7.000	.000
	Roy 的最大平方根	235.431	824.010[a]	2.000	7.000	.000
學生年級	Pillai's Trace	.878	25.220[a]	2.000	7.000	.001
	Wilks' Lambda 變數選擇法	.122	25.220[a]	2.000	7.000	.001
	多變量顯著性檢定	7.206	25.220[a]	2.000	7.000	.001
	Roy 的最大平方根	7.206	25.220[a]	2.000	7.000	.001

上表為國三學生群體中 (學生年級水準數值編碼為 3 的群體)，學生性別 (A 因子) 在數學焦慮、數學態度之多變量變異數分析顯著性考驗，整體考驗之 Λ 值等於 .122，顯著性 p<01，達到 .05 顯著水準。當多變量整體考驗的統計量達 .05 顯著水準，表示所檢定的依變項中至少有一個依變項在學生性別二個群組的平均數差異達到顯著水準 (α_F <.025)，至於是那一個依變項在學生性別二個群組的平均數差異達到顯著，必須藉由追蹤檢定之單變量變異數分析才能得知。

受試者間效應項的檢定 [c]

來源	依變數	型 III 平方和	df	平均平方和	F	顯著性
學生性別	數學態度	10.000	1	10.000	14.286	.005
	數學焦慮	12.100	1	12.100	24.200	.001
誤差	數學態度	5.600	8	.700		
	數學焦慮	4.000	8	.500		

經由單變量變異數分析之追蹤檢定發現：在國三學生群體中，學生性別在數學態度之單變量考驗 F 值統計量為 14.286，顯著性機率值 p=.005<.025，表示三年級男生群體、三年級女生群體於數學態度的得分平均數間有顯著不同；學生性別在數學焦慮之單變量考驗 F 值統計量為 24.200，顯著性機率值 p=.001<.025，表示三年級男生群體、三年級女生群體於數學焦慮的得分平均數間有顯著不同。

受試者間 SSCP 矩陣 [a]

			數學態度	數學焦慮
假設	截距	數學態度	176.400	306.600
		數學焦慮	306.600	532.900
	學生年級	數學態度	10.000	11.000
		數學焦慮	11.000	12.100
誤差		數學態度	5.600	-1.600
		數學焦慮	-1.600	4.000

上表為 $Q_{a-at-b3}$ 之 SSCP 矩陣。

【表格範例】

　　將上述多變量單純主要效果考驗的結果整理如下：

● **表 I** 學生性別、學生年級在數學態度、數學焦慮多變量變異數分析單純主要效果摘要表

變異來源	df	SSCP		Λ	F 值 (單變量)	
					數學態度	數學焦慮
性別 (A 因子)						
在 b1 (國一)	1	90.000	-63.000	.058****	128.571*	22.050*
		-63.000	44.100			
在 b2 (國二)	1	4.900	-19.600	.083***	9.800*	82.562*
		-19.600	78.400			
在 b3 (國三)	1	10.000	11.000	.122**	14.286*	24.200*
		11.000	12.100			
年級 (B 因子)						
在 a1 (男生)	2	46.533	-61.067	.070***	41.059*	38.061*
		-61.067	83.733			
在 a2 (女生)	2	53.333	24.000	.069***	38.095*	7.167*
		24.000	17.200			
誤差	24	15.200	-5.400			
		-5.400	27.600			

註：多變量統計量檢定欄 ** p<.001 *** p<.001
　　單變量統計量檢定欄 　* p<.025

● **表 II** 學生性別、學生年級在數學態度、數學焦慮之細格平均數與人數

依變項	A 因子	B 因子	學生年級 (B 因子)			邊緣平均數
			國一 b1	國二 b2	國三 b3	
數學態度	學生性別 (A 因子)	男生 a1	9.20 (5)	8.60 (5)	5.20 (5)	7.667 (15)
		女生 a2	3.20 (5)	7.20 (5)	3.20 (5)	4.533 (15)
數學焦慮	學生性別 (A 因子)	男生 a1	3.60 (5)	3.20 (5)	8.40 (5)	5.067 (15)
		女生 a2	7.80 (5)	8.80 (5)	6.20 (5)	7.600 (15)

註：括號內數字為有效觀察值人數。

從上述多變量單純主要效果的報表中得知：

B 在 a1 水準、B 在 a2 水準、A 在 b1 水準、A 在 b2、A 在 b3 水準的多變量單純主要效果考驗的 Λ 值分別 .058、.083、.122、.070、.069 均達 .05 的顯著水準，進一步考驗每個單純主要效果的單變量 F 值均亦達顯著水準 ($p < \alpha_F =$ .025)，經事後比較及平均數考驗發現：

(一) B 在 a1 水準之單純主要效果考驗

以男生群體的比較來看，就數學態度變項而言，國一男學生 (M=9.200) 及國二男學生 (M=8.600) 的數學態度顯著的較國三的男學生 (M=5.200) 正向；就數學焦慮變項而言，國三男學生 (8.400) 的數學焦慮顯著的高於國一男學生 (M=3.600) 及國二男學生 (M=3.200)。

(二) B 在 a2 水準之單純主要效果考驗

以女生群體的比較來看，就數學態度變項而言，國二女學生 (M=7.200) 的數學態度較國一女學生 (M=3.200)、國三女學生 (M=3.200) 的得分還高；而就數學焦慮變項而言，國二女學生 (8.800) 的數學焦慮也顯著的高於國三女學生 (M=6.200) 的數學焦慮。

(三) A 在 b1 水準之單純主要效果考驗

以國一群體的比較來看，就數學態度變項而言，國一男學生的數學態度 (M=9.200) 顯著的較國一女學生 (3.200) 正向；就數學焦慮而言，國一女學生的數學焦慮 (M=7.800) 顯著的高於國一男學生的數學焦慮 (M=3.600)。

(四) A 在 b2 水準之單純主要效果考驗

以國二群體的比較來看，就數學態度變項而言，國二男學生的數學態度 (M=8.600) 顯著的較國二女學生 (7.200) 正向；就數學焦慮而言，國二女學生的數學焦慮 (M=8.800) 顯著的高於國二男學生的數學焦慮 (M=3.200)。

(五) A 在 b3 水準之單純主要效果考驗

以國三群體的比較來看，就數學態度變項而言，國三男學生的數學態度 (M=5.200) 顯著的較國三女學生 (3.200) 正向；就數學焦慮而言，國三男學生的數學焦慮 (M=8.400) 反而顯著的高於國三女學生的數學焦慮 (M=6.200)。

第四節 二因子 MANOVA 分析——交互作用項不顯著

【研究問題】：根據上述資料檔，研究者想探究學生性別與學生社經地位在數學態度與數學焦慮知覺上是否有顯著交互作用存在？

範例資料檔中「學生性別」為二分名義變項，水準數值編碼 1 為男生、水準數值編碼 2 為女生；「社經地位」為三分名義變項，水準數值編碼 1 為高社經地位學生群體、水準數值編碼 2 為中社經地位學生群體、水準數值編碼 1 為低社經地位學生群體；數學態度與數學焦慮變數均為計量變項。

一、二因子 MANOVA 分析結果

一般線性模式

受試者間因子

		數值註解	個數
學生性別	1	男生	15
	2	女生	15
社經地位	1	高社經地位	10
	2	中社經地位	10
	3	低社經地位	10

「受試者間因子」摘要表為二個因子變項名稱、水準數值個數與水準數值註解。學生性別因子變項中，水準數值 1 的數值註解為男生、水準數值 2 的數值註解為男生，二個水準群體各有 15 位觀察值；學生社經地位因子變項中，水準數值 1 的數值註解為高社經地位、水準數值 2 的數值註解為中社經地位、水準數值 3 的數值註解為低社經地位，三個水準群體各有 10 位觀察值。

學生性別 * 社經地位

依變數	學生性別	社經地位	平均數	標準誤差	95% 信賴區間 下界	95% 信賴區間 上界
數學態度	1 男生	1 高社經地位	8.400	.942	6.457	10.343
		2 中社經地位	7.800	.942	5.857	9.743
		3 低社經地位	6.800	.942	4.857	8.743
	2 女生	1 高社經地位	4.800	.942	2.857	6.743
		2 中社經地位	4.000	.942	2.057	5.943
		3 低社經地位	4.800	.942	2.857	6.743
數學焦慮	1 男生	1 高社經地位	4.600	1.026	2.482	6.718
		2 中社經地位	5.400	1.026	3.282	7.518
		3 低社經地位	5.200	1.026	3.082	7.318
	2 女生	1 高社經地位	7.400	1.026	5.282	9.518
		2 中社經地位	7.600	1.026	5.482	9.718
		3 低社經地位	7.800	1.026	5.682	9.918

【表格範例】

學生性別	社經地位	數學態度	數學焦慮
1 男生	1 高社經地位	8.40	4.60
	2 中社經地位	7.80	5.40
	3 低社經地位	6.80	5.20
2 女生	1 高社經地位	4.80	7.40
	2 中社經地位	4.00	7.60
	3 低社經地位	4.80	7.80

男生群體中，高社經地位群組在數學態度、數學焦慮的平均數為 8.40、4.60，中社經地位群組在數學態度、數學焦慮的平均數為 7.80、5.40，低社經地位群組在數學態度、數學焦慮的平均數為 6.80、5.20；女生群體中，高社經地位群組在數學態度、數學焦慮的平均數為 4.80、7.40，中社經地位群組在數學態度、數學焦慮的平均數為 4.00、7.60，低社經地位群組在數學態度、數學焦慮的平均數為 4.80、7.80。

共變量矩陣等式的 Box 檢定 [a]

Box's M	35.361
F	1.850
df1	15
df2	3150.554
顯著性	.024

註：檢定依變數的觀察共變量矩陣之虛無假設，等於交叉組別。
a. Design：截距 + 學生性別 + 社經地位 + 學生性別 * 社經地位。

　　群組間變異數 - 共變數矩陣相等的檢定統計量 Box M 值為 35.361，轉換為 F 值統計量為 1.850，顯著性機率值 p=.024>.01，接受虛無假設，表示群組間的共變異數矩陣相等 (共變異數矩陣相等，表示符合群組間變異數同質性假定，因為共變異數矩陣的對角線為個別依變項的變異數)。

多變量檢定 [c]

效果		數值	F	假設自由度	誤差自由度	顯著性
截距	Pillai's Trace	.968	353.056[a]	2.000	23.000	.000
	Wilks' Lambda 變數選擇法	.032	353.056[a]	2.000	23.000	.000
	多變量顯著性檢定	30.701	353.056[a]	2.000	23.000	.000
	Roy 的最大平方根	30.701	353.056[a]	2.000	23.000	.000
學生性別	Pillai's Trace	.449	9.360[a]	2.000	23.000	.001
	Wilks' Lambda 變數選擇法	.551	9.360[a]	2.000	23.000	.001
	多變量顯著性檢定	.814	9.360[a]	2.000	23.000	.001
	Roy 的最大平方根	.814	9.360[a]	2.000	23.000	.001
社經地位	Pillai's Trace	.037	.227	4.000	48.000	.922
	Wilks' Lambda 變數選擇法	.963	.220[a]	4.000	46.000	.926
	多變量顯著性檢定	.039	.212	4.000	44.000	.930
	Roy 的最大平方根	.038	.461[b]	2.000	24.000	.636
學生性別 * 社經地位	Pillai's Trace	.056	.347	4.000	48.000	.845
	Wilks' Lambda 變數選擇法	.944	.337[a]	4.000	46.000	.852
	多變量顯著性檢定	.059	.326	4.000	44.000	.859
	Roy 的最大平方根	.056	.673[b]	2.000	24.000	.520

a. 精確的統計量。
b. 統計量為在顯著水準上產生下限之 F 的上限。
c. Design：截距 + 學生性別 + 社經地位 + 學生性別 * 社經地位。

「學生性別」因子與「社經地位」因子之交互作用項的四個多變量檢定統計量及其顯著性如下：

Pillai's 跡統計量為 .056，顯著性機率值 p=.845>.05

Wilks' Λ 統計量為 .944，顯著性機率值 p=.852>.05

多變量顯著性檢定 (Hotelling's 跡) 統計量為 .059，顯著性機率值 p=.859>.05

Roy 的最大平方根統計量為 .056，顯著性機率值 p=.520>.05

四個多變量檢定統計量均未達 .05 顯著水準，接受虛無假設，表示所有依變項的交互作用項均沒有達到顯著水準。

A 因子「學生性別」MANOVA 主要效果項的多變量檢定的統計量：Pillai's 跡值、Wilks' Λ 值、Hotelling's 跡值、Roy 最大平方根值分別為 .449、.551、.814、.814，顯著性機率值 p=.001<.05，表示至少有一個依變項在學生性別水準群組間之平均數的差異達到顯著，至於是那些依變項在 A 因子二個水準群組間的平均數差異達到顯著，進一步必須藉由單變量追蹤考驗方能得知。

B 因子學生「社經地位」於 MANOVA 分析結果的主要效果項之多變量檢定統計量：Pillai's 跡值、Wilks' Λ 值、Hotelling's 跡值、Roy 最大平方根值分別為 .037 (p=.922>.05)、.963 (p=.926>.05)、.039 (p=.930>.05)、.038 (p=.636>.05)，顯著性機率值均未達 .05 顯著水準，表示沒有一個依變項在學生社經地位水準群組間之平均數的差異達到顯著。

⊃ 二、單變量追蹤考驗結果

受試者間效應項的檢定

來源	依變數	型 III 平方和	df	平均平方和	F	顯著性
校正後的模式	數學態度	82.300[a]	5	16.460	3.713	.012
	數學焦慮	50.267[b]	5	10.053	1.909	.130
截距	數學態度	1116.300	1	1116.300	251.797	.000
	數學焦慮	1203.333	1	1203.333	228.481	.000
學生性別	數學態度	73.633	1	73.633	16.609	.000
	數學焦慮	48.133	1	48.133	9.139	.006
社經地位	數學態度	3.800	2	1.900	.429	.656
	數學焦慮	1.667	2	.833	.158	.855
學生性別 *	數學態度	4.867	2	2.433	.549	.585
社經地位	數學焦慮	.467	2	.233	.044	.957
誤差	數學態度	106.400	24	4.433		
	數學焦慮	126.400	24	5.267		
總數	數學態度	1305.000	30			
	數學焦慮	1380.000	30			
校正後的總數	數學態度	188.700	29			
	數學焦慮	176.667	29			

a. R 平方 = .436 (調過後的 R 平方 = .319)。
b. R 平方 = .285 (調過後的 R 平方 = .135)。

　　追蹤考驗之單變量變異數分析程序中，顯著水準 $\alpha_F = \alpha \div 2 = .025$，交互作用項二個單變量變異數分析 F 值統計量分別為 .549、.044，相對應的顯著性機率值 p 分別為 .585、.957，均大於 .025，表示 A 因子與 B 因子在數學態度依變項的交互作用項不顯著，A 因子與 B 因子在數學焦慮依變項的交互作用項不顯著，即學生性別因子變項在數學態度 / 數學焦慮的差異不因學生社經地位不同而有不同；或社經地位因子變項在數學態度 / 數學焦慮的差異不因學生性別不同而有不同。

　　A 因子「學生性別」在數學態度、數學焦慮平均數差異考驗 (A 因子主要效果) 的單變量變異數分析 F 值統計量分別為 16.609、9.139，顯著性機率值 p 均小於 .025，表示學生性別因子變項二個水準群組在數學態度依變項的平均數有顯著不同、學生性別因子變項二個水準群組在數學焦慮依變項的平均數有顯著不同 (MANOVA 分析結果之 A 因子主要效果多變量檢定統計量達到 .05 水準)。

　　B 因子學生「社經地位」在數學態度、數學焦慮平均數差異考驗 (B 因子主要效果) 的單變量變異數分析 F 值統計量分別為 0.429 (p=.656>.025)、0.158 (p=.855>.025)，二個統計量顯著性均大於 .025，表示學生社經地位因子變項三個水準群組在數學態度依變項的平均數沒有顯著不同、學生社經地位因子變項三個水準群組在數學焦慮依變項的平均數沒有顯著不同 (MANOVA 分析結果之 B 因子主要效果多變量檢定統計量未達到 .05 水準)。

受試者間 SSCP 矩陣

			數學態度	數學焦慮
假設	截距	數學態度	1116.300	1159.000
		數學焦慮	1159.000	1203.333
	學生性別	數學態度	73.633	-59.533
		數學焦慮	-59.533	48.133
	社經地位	數學態度	3.800	-2.500
		數學焦慮	-2.500	1.667
	學生性別 * 社經地位	數學態度	4.867	.433
		數學焦慮	.433	.467
誤差		數學態度	106.400	-40.400
		數學焦慮	-40.400	126.400

註：以型 III 的平方和為基礎。

　　「受試者間 SSCP 矩陣」最上面列為截矩項 SSCP 矩陣部份，依序為 Q_A 矩陣 (學生性別列數據)、Q_B 矩陣 (學生社經列數據)、Q_{AB} 矩陣 (學生性別 * 學生社經列數據)、Q_E 矩陣 (誤差項數據)。根據 SSCP 矩陣可以求出 A 因子主要效果項、B 因子主要效果項、A 因子 ×B 因子交互作用項之 MANOVA 檢定的 Λ 統計量：

$$|Q_E| = \begin{vmatrix} 106.400 & -40.400 \\ -40.400 & 126.400 \end{vmatrix} = 11816.800$$

$$|Q_{A \times B} + Q_E| = \begin{vmatrix} 111.267 & -39.967 \\ -39.967 & 126.867 \end{vmatrix} = 12518.749$$

$$\Lambda_{A \times B} = \frac{|Q_E|}{|Q_{A \times B} + Q_E|} = \frac{11816.800}{12518.749} = 0.944$$

$$\left| Q_B + Q_E \right| = \begin{vmatrix} 110.200 & -42.900 \\ -42.900 & 128.067 \end{vmatrix} = 12272.573$$

$$\Lambda_B = \frac{\left| Q_E \right|}{\left| Q_B + Q_E \right|} = \frac{11816.800}{12272.573} = 0.963$$

$$\left| Q_A + Q_E \right| = \begin{vmatrix} 180.033 & -99.933 \\ -99.933 & 174.533 \end{vmatrix} = 21435.095$$

$$\Lambda_A = \frac{\left| Q_E \right|}{\left| Q_A + Q_E \right|} = \frac{11816.800}{21435.095} = 0.551$$

上述二因子 MANOVA 分析結果可以統整為以下表格：

【表格範例】

○ 表 I 學生性別與社經地位在數學態度、數學焦慮之二因子多變量變異數分析摘要表

變異來源	df	SSCP		Λ (多變量考驗)	單變量 F 值	
					數學態度	數學焦慮
學生性別 (A 因子)	1	73.633 −59.533	−59.533 48.133	.551**	16.609*	9.1396*
社經地位 (B 因子)	2	3.800 −2.500	−2.500 1.667	.963ns	.429ns	.518ns
學生性別 × 社經地位 (A×B)	2	4.867 .433	.433 .467	.944ns	.549ns	.044ns
誤差	24	106.400 −40.400	−40.400 126.400			

註：多變量檢定欄 ** p<.001 ns p>.05
　　單變量檢定欄 * p_F<.025 ns p_F>.025

上述表格可以再簡化為下列形式，表格中將 B 因子主要效果及 A 因子 ×B 因子交互作用項效果的追蹤考驗單變量 F 值統計量省略，因為 B 因子主要效果項及 A 因子 ×B 因子交互作用項的 MANOVA 統計量未達 .05 顯著水準，不用繼續進行追蹤考驗單變量 ANOVA 檢定程序。

● 表 II 學生性別與社經地位在數學態度、數學焦慮之二因子多變量變異數分析摘要表

變異來源	df	SSCP		Λ (多變量考驗)	單變量 F 值	
					數學態度	數學焦慮
學生性別 (A 因子)	1	73.633	-59.533	.551**	16.609*	9.1396*
		-59.533	48.133			
社經地位 (B 因子)	2	3.800	-2.500	.963ns	------	------
		-2.500	1.667			
學生性別 × 社經地位 (A×B)	2	4.867	.433	.944ns	------	------
		.433	.467			
誤差	24	106.400	-40.400			
		-40.400	126.400			

註：多變量檢定欄 ** p<.001　ns p>.05
　　單變量檢定欄 * p_F<.025　ns p_F>.025

第 **15** 章

典型相關分析

典型相關 (canonical correlation) 用以探究二組變數間是否有顯著相關的方法，若二組變數間可以區分自變項及依變項，相關分析程序之第一組變數稱為自變項或預測變項，第二組變數稱為效標變項或依變項。

第一節　典型相關統計原理

【研究問題】：數學投入動機二個構面與數學態度四個構面間是否有顯著的典型相關？研究架構圖如下：

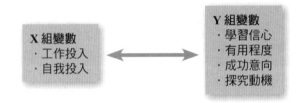

典型相關分析程序圖示如下：

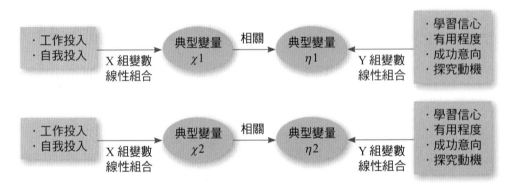

【統計方法】：典型相關 (canonical correlation)

控制變項 (X 變項) 為數學投入動機量表中的二個構面變數：數學「工作投入」與數學「自我投入」，效標變項 (或稱依變項) 為數學態度量表中的四個構面 / 向度 / 因子 / 層面：「學習信心」、「有用程度」、「成功意向」、「探究動機」。各構面的操作型定義為受試者在構面的得分愈高，數學投入程度 / 投入行為愈多或數學態度愈正向積極。進行典型相關分析程序，資料結構必須符合線性關係與常態性假定，二組變項可以明確區分為自變項、依變項，避免多元共線性問題，同一量表之構面變項不能與量表構面加總變項作為同一組變項，以第一

組自變項而言，二個自變項為「工作投入」、「自我投入」構面，研究者不能將二個構面加總變數「整體數學投入」作為第一組變項中的一個變數；以第二組依變項而言，四個效標變項為「學習信心」、「有用程度」、「成功意向」、「探究動機」四個數學態度構面，研究者不能將四個構面加總變數「整體數學態度」作為第二組變項中的一個變數。以二對顯著典型變項為例，錯誤的典型相關分析徑路圖如下，圖中 X 組 (自變項) 三個變數測量值間並沒有互相獨立，「整體數學投入」變數是「工作投入向度」變數與「自我投入向度」測量值的加總，變數間測量值重疊；Y 組 (依變項) 五個變數測量值間也沒有互相獨立，「整體數學態度」變數是「學習信心向度」、「有用程度向度」、「成功意向向度」、「探究動機向度」四個變數測量值的加總，變數間測量值重疊。

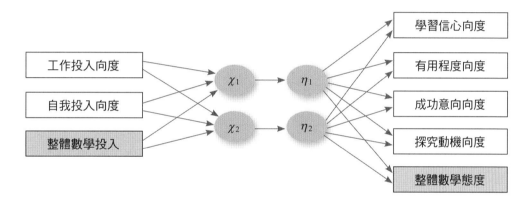

上述典型相關分析徑路圖中違反變項測量值獨立性假定，第一組 X 變數中的「整體數學投入」測量值 = 「工作投入向度」測量值 + 「自我投入向度」測量值；第二組 Y 變數中的「整體數學態度」測量值 = 「學習信心向度」測量值 + 「有用程度向度」測量值 + 「成功意向向度」測量值 + 「探究動機向度」測量值。典型相關程序中，X 組 (自變項) 變數間測量值必須互相獨立、Y 組 (依變項) 變數間測量值也必須互相獨立，此種假定與 MANOVA 分析程序一樣，在 MANOVA 分析程序中，作為依變項的數個依變數間的測量值沒有重疊，測量值必須互相獨立，若是依變項為量表的數個向度變數，則量表向度加總變數就不能同時再納入，上述典型相關分析徑路圖宜修改如下：

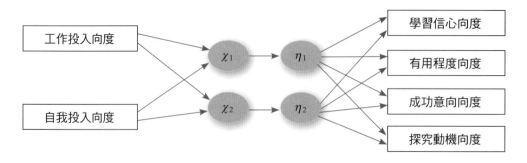

　　行為及社會科學研究中，研究者如要探討二個變項間的關係，可根據變項之測量尺度，選擇合適的相關方向，以求得相關係數來代表相關的大小與方向。當研究的變項只有 X、Y 二個連續的變項時，這二個變項的線性相關即為簡單相關；當研究變項有 p 個 X 變項，只有一個 Y 變項，這 p 個 X 變項與一個 Y 變項間的相關稱為多元相關 / 複相關 (multiple correlation)，資料分析方法可採用迴歸分析法，Y 變項如果是間斷變項，可採用區別分析或 Logistic 迴歸分析統計方法等。將複相關的 Y 組變數延伸，如果 X 組變數有二個以上、Y 組變數也有二個以上，研究者要同時探究 X 組變數與 Y 組變數間的相關，即可採用典型相關分析。

　　典型相關分析的例子如大一統計系學生入學主要指考科目成績與大一學科成績之間的相關，主要指考科目成績包括英文、數學、物理、化學四科成績，大一學科成績包括統計學、微積分、英文等三科成績，由於入學主要指考科目與大一學科成績並非單一科目測量值，因而如採用簡單相關過於簡化，無法進一步得知二者詳細的關係；再如探討學生社經地位、學習動機、學業成就、自我概念等三個變數與其學習壓力、家庭壓力、憂鬱傾向的關係等，此種二組變數間相關之探討，並非是一個變數與一個變數間的關係，而是一組變數 (X 組變數) 與一組變數 (Y 組變數) 間的關係。

　　如果研究的問題同時探討多個自變項與多個依變項間之關係，即研究變項有 p 個 X 變項，q 個 Y 變項 (X 變項與 Y 變項均為計量變項)，這 p 個 X 變項與 q 個 Y 變項之間的相關稱為典型相關 (canonical correlation；或譯為規則相關或正準相關)。事實上，簡單相關與多元相關都只是典型相關的一個特例而已，也由於它是最「典型」的相關分析，故稱之為「典型相關」。在典型相關之中，分析的目的在找出 p 個 X 變項的加權值 (類似迴歸分析中的加權值) 與 q 個 Y 變項的

加權值，使 p 個 X 變項的線性組合分數與 q 個 Y 變項的線性組合分數的簡單相關 (此即為典型相關) 達到最大。線性組合分數又稱典型因素 (canonical factor)、典型分數 (canonical score) 或典型變量 (canonical variate)(林清山，民 77)。

典型相關即在求出一組 X 變項 (自變項或稱控制變項) 與一組 Y 變項 (依變項) 間是否有顯著的關係。為了要找出二組變項間關係，要求出 X 變項間的線性組合與 Y 變項間的線性組合，並使這二組的線性組合有最大的相關；X 組變項與 Y 組變項的線性組合是潛在的，無法直接觀察，也是未知變項，把它們稱為「典型變項」(canonical variable) 或「典型變量」，第一組變項的「典型變量」稱為 χ，第二組變項的「典型變量」稱為 η，二個典型變項間的相關 (χ 與 η 間的相關) 稱為典型相關，典型相關係數以「ρ」符號表示。若 X 組變項有三個變數、Y 組變項有三個變數，X 組變數的第一個線性組合為 χ_1、第二個線性組合為 χ_2、第三個線性組合為 χ_3；Y 組變數的第一個線性組合為 η_1、第二個線性組合為 η_2、第三個線性組合為 η_3。第一對典型變量 χ_1 與 η_1 間的相關為第一個典型相關係數 ρ_1，以圖示表示如下：

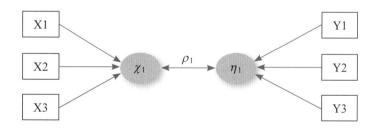

第二對典型變量 χ_2 與 η_2 間的相關為第二個典型相關係數 ρ_2，以圖示表示如下：

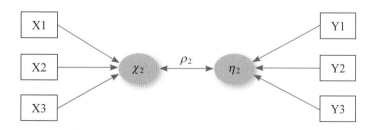

第三對典型變量 χ_3 與 η_3 間的相關為第二個典型相關係數 ρ_3，以圖示表示如下：

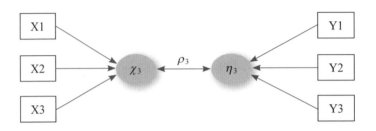

　　由於 X 組典型變量 χ 是 X 組變數的線性組合分數，並非直接觀察量測的數值；相似的，Y 組典型變量 η 是 Y 組變數的線性組合分數，也並非直接觀察量測的數值，從結構方程模式物件分類觀點而言，二個典型變量均屬潛在變項或無法觀察的變項，其徑路圖物件以橢圓形○表示。

　　學者 Campo (1990) 指出典型相關分析在教學上的重要性有三項理由：一為典型相關分析包含了其母數統計法，亦即，其它母數統計法均為典型相關分析的特例，故典型相關可達成其它母數統計法所欲達成的目的；但其它母數統計法卻不一定可進行典型相關分析。此種關係好像變異數分析可達成 t 檢定的目標，但 t 檢定卻無法達成變異數分析的目的；二為將典型相關分析當成一種具啟發式的架構，有助於學生了解所有母數統計法均運用加權 (weight) 方式來建構組合分數，而此組合分數為分析的焦點所在；三為透過典型相關分析可知，所有母數統計法均屬於相關性的 (correlational) 統計法，產生的效果值大小 (effect size) 就是 r^2 (傅粹馨，民 87b)。

　　在多元迴歸分析中，也有一組 X 變項 (自變項)，但只有一個依變項，多元迴歸分析即在找出 X 變項的線性組合 $(B_0 + B_1X_1 + B_2X_2 + B_3X_3 + \cdots\cdots + B_kX_k)$，使 X 變項的線性組合與依變項 (效標變項)Y 間有最大的相關。如果依變項數目在二個以上，求二組變項線性組合的相關，即為典型相關。典型相關分析之基本假定如下：每一個變項具有單變量常態性，變項間之相關應該為「線性相關」(linear relationship)，所建立的典型方程也是線性相關，其二者之線性組合的相關必須最大。p 個 X 變項與 q 個 Y 變項中：p 與 q 的數目均須大於 1 (控制變項或效標變項最少要在二個以上)；X 變項與 Y 變項均為連續變項 (等距或比率變項)；典型因素之數目等於 p 與 q 中較小者，即 f = 最小值 (p，q)，f 為典型因素數目，以包括四個 X 變項與五個 Y 變項的典型相關分析，共可得到四組典型方程；非對應的典型因素間必須獨立，即其間的相關係數等於 0，如 $\rho_{\chi1\eta2}$、$\rho_{\chi2\eta1}$、$\rho_{\chi1\chi2}$、$\rho_{\eta1\eta2}$ 間的相關均為 0。典型相關實際就是典型變量 χ 與典型變量 η 的簡

單相關，在簡單線性相關中，X 變項與 Y 變項的相互解釋量就是決定係數 (r^2)；在典型相關中，χ 與 η 的相互解釋量就是 $\rho^2_{\chi\eta}$ (典型相關係數的平方值)。

學者 Thompson (1984) 認為進行典型相關分析時，不論從描述 (descriptive) 或推論 (inferential) 觀點，須注意下列三項的基本假設；如果進一步進行推論統計分析時，更需要符合第四項的假定：

1. 樣本之同質性高，各變項之變異數變小，易影響到相關係數之值。

2. 將各變項之測量誤差減至最小，因信度低會導致相關係數變小。

3. 變項是成對的數值，變項的次數分配情形也會影響相關係數矩陣。

4. 符合多變項常態性之假設。當各變項均符合常態分配之情況下，較易達成多變項常態性之假設。

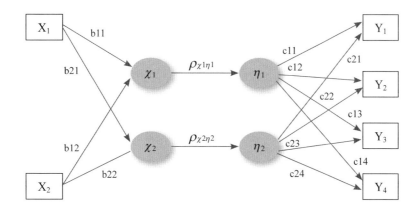

典型相關分析的徑路圖如上所述，其中 χ_1、χ_2 是二個 X 變項的線性組合；η_1、η_2 是四個 Y 變項的線性組合，$\rho_{\chi_1\eta_1}$、$\rho_{\chi_2\eta_2}$ 就是典型相關係數。圖中徑路圖的數字代表 X 變項對 χ_1、χ_2 的加權係數；χ_1、χ_2、η_1、η_2 四個即為典型因素 (典型變量或典型變項)。典型相關分析目的即在找出適當的加權係數值 (b 值與 c 值)，使 χ、η 的簡單相關係數 $\rho_{\chi\eta}$ 達到最大，$\rho_{\chi\eta}$ 即為典型相關係數，χ(讀作 chi)、η(讀作 eta) 稱為典型因素 (或稱典型變量或典型變項)，二邊的係數稱為典型加權係數 (canonical weight coefficient)。

一個包括 p 個 X 變項與 q 個 Y 變項之典型相關的線性組合數學模式如下：

$$\chi_1 = b_{11}X_1 + b_{12}X_2 + \cdots\cdots + b_{1p}X_p$$
$$\eta_1 = c_{11}Y_1 + c_{12}Y_2 + \cdots\cdots + c_{1q}Y_q$$

χ_1 是 p 個 X 變項的第一條線性組合函數、η_1 是 q 個 Y 變項的第一條線性組合函數，$\rho_{\chi_1\eta_1}$ 是二條線性組合的相關 (二個典型變量的簡單相關)，典型相關分析的目的在找出適當的係數值：$b_{11}, b_{12}, \ldots\ldots, b_{1p}$ (X 組變項原始典型係數)、$c_{11}, c_{12}, \ldots\ldots, c_{1q}$ (Y 組變項原始典型係數)，使得 $\rho_{\chi_1\eta_1}$ 的相關達到最大。

在找出第一組典型相關後，研究者可重複上述步驟，找出第二組典型相關 $\rho_{\chi_2\eta_2}$、第三對典型相關 $\rho_{\chi_3\eta_3}$，第二組變數的線性組合數學模式如下：

$$\chi_2 = b_{21}X_1 + b_{22}X_2 + \cdots\cdots + b_{2p}X_p$$
$$\eta_2 = c_{21}Y_1 + c_{22}Y_2 + \cdots\cdots + c_{2q}Y_q$$

第三組變數的線性組合數學模式如下：

$$\chi_3 = b_{31}X_1 + b_{32}X_2 + \cdots\cdots + b_{3p}X_p$$
$$\eta_2 = c_{31}Y_1 + c_{32}Y_2 + \cdots\cdots + c_{3q}Y_q$$

在典型相關分析中，典型加權係數之性質如同迴歸分析中之迴歸係數 (Beta weight)、因素分析中之因素組型係數 (factor pattern coefficient)、各區別分析中之區別函數係數 (discriminant function coefficient)，典型加權係數的 SPSS PASW 報表中，會呈現原始典型係數 (raw canonical coefficient) 和標準化典型係數 (standardized canonical coefficient)。典型加權係數表示每個變項對所屬之典型變項 (canonical variate；canonical variable) 之貢獻，絕對值愈大，表示其影響力愈大，但作如此解釋時，仍需注意一點：當一組內各變項間具有高度相關時，易因某一變項之故，而使另一變項之典型加權係數變小，造成解釋上的困難或錯誤的結論 (Afifi & Clark, 1990; Thompson, 1988a; Thompson, 1988b)。各變項之原始分數透過原始加權係數，形成組合分數，可以求出各對組合分數的相關；各變項之 Z 分數透過標準化加權係數，形成組合分數，也可以求出各對組合分數的相關。透過原始分數所得之 χ_1、χ_2 與 η_1、η_2，其平均數均不為 0，但其標準差均為 1；而透過 Z 分數所得之 χ_1、χ_2 與 η_1、η_2，其平均數均為 0，但其標準差均為 1 (傅粹馨，民 87b)。

典型變量 (canonical variabte) 是一組變數的線性組合，第一組 X 變項線性組合的典型變量為 χ，第二組 Y 變項線性組合的典型變量為 η，若 X 變項有三個變項、Y 變項也有三個變項，會有三對典型變量，三組對應典型變量間的關係圖如下，實線部份為對應配對典型變量間的相關，虛線部份為非對應配對組典型變

量間的相關，其相關係數均為 0：

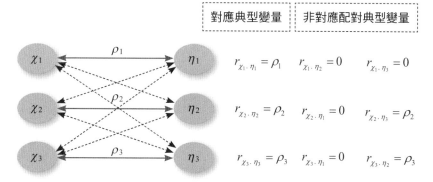

| | 對應典型變量 | 非對應配對典型變量 |

$$r_{\chi_1 \cdot \eta_1} = \rho_1 \quad r_{\chi_1 \cdot \eta_2} = 0 \quad r_{\chi_1 \cdot \eta_3} = 0$$

$$r_{\chi_2 \cdot \eta_2} = \rho_2 \quad r_{\chi_2 \cdot \eta_1} = 0 \quad r_{\chi_2 \cdot \eta_3} = \rho_2$$

$$r_{\chi_3 \cdot \eta_3} = \rho_3 \quad r_{\chi_3 \cdot \eta_1} = 0 \quad r_{\chi_3 \cdot \eta_2} = \rho_3$$

　　上圖典型相關分析程序中，自變項 X 組變數之典型變量 χ 與依變項 Y 組變數之典型變量 η 間的所有關係如下，其中 X 組變數之典型變量 χ 間彼此的相關等於 0、Y 組變數之典型變量 η 間彼此的相關也等於 0。

典型變量 χ	典型變量 η	相關係數	備註	典型變量 χ	典型變量 χ	相關係數
χ_1	η_1	ρ_1	第一個典型相關係數，係數值是否顯著等於 0 必須加以檢定	χ_1	χ_2	0
χ_2	η_2	ρ_2	第二個典型相關係數，係數值是否顯著等於 0 必須加以檢定	χ_1	χ_3	0
χ_3	η_3	ρ_3	第三個典型相關係數，係數值是否顯著等於 0 必須加以檢定	χ_2	χ_3	0
χ_1	η_2	0	相關係數值為 0	典型變量 η	典型變量 η	
χ_1	η_3	0	相關係數值為 0	η_1	η_2	0
χ_2	η_1	0	相關係數值為 0	η_1	η_3	0
χ_2	η_3	0	相關係數值為 0	η_2	η_3	0
χ_3	η_1	0	相關係數值為 0			
χ_3	η_2	0	相關係數值為 0			

　　典型結構係數 (canonical structure coefficient) 或稱典型結構負荷量 (canonical structure loading) 於典型相關分析之重要性不亞於典性加權係數，典型結構係數表示典型變項 χ 與 X 組各變項的相關，或典型變項 η 與 Y 組各變項的相關。學者 Thompson (1996) 認為，解釋典型相關分析結果時，只採用典型加權係數，有時會導致嚴重的錯誤。相關的研究指出，某變項在第一個典型變量上之加權係數

很小，而該變項在同一個典型變量上之結構係數則很高，二數值之差異頗大。或許有人會認為同一研究中，採加權係數與結構係數之解釋通常會得到相同的結論，但事實上不然，當各組內之各變項間毫無相關 (如主成份分數)，則結構係數與加權係數之數值完全相同；但如果二組內各變項間的相關不為 0 時，則結構係數與加權係數之數值是不相同的 (傅粹馨，民 87b)。Thompson (1984) 明確指出：當各組內之變項間的相關愈高時，則結構係數與加權係數之差異愈大。由於典型因素通常不只一組，因而若以矩陣表示，則典型結構係數如下：

1. X 變項之典型結構係數矩陣為 $S_X = R_{XX}C$，S_X 為 X 變項的典型因素矩陣、R_{XX} 為 X 組各變項之相關係數矩陣、C 為 X 組變項之標準化典型加權係數矩陣。

2. Y 變項之典型結構係數矩陣為 $S_Y = R_{YY}D$，S_Y 為 Y 變項的典型因素矩陣、R_{YY} 為 Y 組各變項之相關係數矩陣、D 為 Y 組變項之標準化典型加權係數矩陣。

上述之典型結構係數是 X 變項與組合分數 χ 典型變量之間的相關；或 Y 變項與組合分數 η 典型變量之間的相關，如果是交叉性的關係，如 X 變項與組合分數 η 典型變量之間的相關或 Y 變項與組合分數 χ 典型變量之間的相關，此相關係數在典型相關分析中，稱為「交叉結構係數」(cross-structure coefficient) 或「跨負荷量」(cross loading)；簡稱為「Index 係數 」。以上圖為例：如果要求 X_1 與 η_1 的相關係數，因為中間受到 X_1 與 η_1 的相關係數的影響，因而要採用相乘的方式：即 $r_{X1\eta1} = r_{X1\chi1} \times \rho_{\chi1\eta1}$；而 Y_1 與 χ_1 的相關係數，中間也受到 χ_1 與 η_1 的相關係數的影響，因而 $r_{Y1\chi1} = r_{Y1\eta1} \times \rho_{\chi1\eta1}$。至於平均解釋量 (Adequacy 係數) 為各變項中某一個典型變量與各變項之結構係數的平方和，再除以變項個數 (Thompson, 1984)。在範例圖示中，Adequacy 係數表示 χ_1 自 X_1、X_2 二個變項中所抽出的變異數佔二個變項總異量多少的百分比例；也可以表示是 η_1 自 Y_1、Y_2、Y_3、Y_4 四個變項中所抽出的變異數佔四個變項總變異量的百分比。

典型相關分析中，若是典型相關係數達到統計顯著水準 (p<.05)，典型根值與重疊指數的大小是在可接受範圍內，研究者必須進一步就典型加權係數 (canonical weights)、典型負荷量 (canonical loading) 及典型跨荷量 (canonical cross-loadings) 數值加以解釋。傳統典型函數的解釋主要就每個典型變項之變數的典型加權值符號及大小加以檢核，加權值愈大的變數對典型變項的貢獻程度愈大。相對的，加權值愈小的變數對典型變項的貢獻程度愈小，加權值的正負號表

示變數對典型變項影響的方向，正的加權值對典型變項有正向影響，負的加權值對典型變項有負向影響，以典型加權係數來解釋變數對典型變項的相對重要或貢獻，類似於迴歸程序中以迴歸係數來解釋自變項對依變項的影響一樣，不是十分適切，因為變數間的多元共線性問題，會造成某些重要變數於變項組合函數的加權係數絕對值不高。此外，進行跨樣本效度檢核時，典型加權係數較不穩定，因而研究者最好採用典型負荷量作為變數對典型變項影響程度或貢獻度的統計量數。典型負荷量又稱為典型結構相關係數，是原始自變項或依變項與變數組合之典型變項的簡單線性相關，典型負荷量反映觀察變項可以分享其典型變項變異的程度大小，其性質類似因素分析程序的因素負荷量 (factor loading) 統計量數，可以評估每個變項對每個典型函數的相對貢獻度，典型負荷量愈大，表示觀察變數對典型變項的重要性愈高 (Hair Jr., 2010)。

　　典型負荷量與典型加權係數一樣，跨樣本效度檢核時也有不穩定特性，因而典型負荷量也有樣本特定性，也易受到機遇或干擾因素的影響，因而研究者若單單以典型負荷量來解釋變數與典型變項的關係也會增加錯誤的風險，此情形接近採用單變量分析與多變量分析的情況一樣，此時，研究者可考量再以典型跨負荷量來輔助解釋。典型跨負荷量被視為是另一種典型負荷量型態，其程序為探討每個變項與配對相對應的典型變項間的關係，以自變項而言，典型負荷量是探討每個自變項與自變項線性組合函數 (典型變項 χ) 間的相關，跨典型負荷量是探討每個自變項與依變項線性組合函數 (典型變項 η) 間的相關；以依變項而言，典型負荷量是探討每個依變項與依變項線性組合函數 (典型變項 η) 間的相關，跨典型負荷量是探討每個依變項與自變項線性組合函數 (典型變項 χ) 間的相關，跨典型負荷量藉著排除內在干擾因素，提供依變項－自變項間關係較多直接的測量 (Hair Jr., 2010)。

　　典型負荷量與跨典型負荷量的圖示如下，以第一配對組的典型變項為例 (圖示中有三個自變項、三個依變項)：

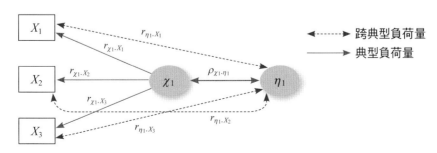

從跨典型負荷量可以導出重疊量數的意涵，第一組 X 變項 (預測變項) 與 η_1 沒有直接關聯，第一組 X 變數的三個變項 X_1、X_2、X_3 要與對應的典型變量間 η_1 有關聯，必須透過典型變量 χ_1，因而 Y 組變數的典型變項 η_1 經由典型變項 χ_1 協助而與第一組 X 變項有關聯，三個典型負荷量平方值的平均值：$(r^2_{\eta1.x1} + r^2_{\eta1.x2} + r^2_{\eta1.x3}) \div 3$ 為第一組 X 變數三個變項可被對應典型變量 η_1 解釋的變異量，而典型變項 η_1 是第二組 Y 變數三個變項 (效標變項) Y_1、Y_2、Y_3 的線性組合分數變數，因而可以說第二組 Y_1、Y_2、Y_3 等三個 Y 變項 (效標變項) 經由典型變項 η_1 與 χ_1 而與第一組 X_1、X_2、X_3 等三個 X 變項間產生關聯或影響，第二組 Y 變項經由第一對典型變量 η_1 與 χ_1 可以解釋第一組 X 變項的解釋變異程度稱為重疊量數。上述跨典型負荷量影響的關係簡要歸納如下：

1. 第一組 X 變項 X_1、X_2、X_3 與其對應典型變量 η_1 間有關聯，η_1 可以解釋 X_1、X_2、X_3 的變異量為 $(r^2_{\eta1.x1} + r^2_{\eta1.x2} + r^2_{\eta1.x3}) \div 3$，圖示為 $\eta_1 \longleftrightarrow X_1$、$X_2$、$X_3$。

2. 典型變項 η_1 要與 X 組變項 X_1、X_2、X_3 間有關聯必須透過對應典型變項 χ_1，圖示為 $\eta_1 \to \chi_1 \to X_1$、$X_2$、$X_3$。

3. η_1 典型變項是 Y 組變數三個變項 Y_1、Y_2、Y_3 的線性組合產生的變數，圖示為 Y_1、Y_2、$Y_3 \to \eta_1$，將程序 2 與程序 3 組合之流程圖示如下：

$$Y_1、Y_2、Y_3 \to \eta_1 \to \chi_1 \to X_1、X_2、X_3$$

三個 Y 組變數透過第一對典型變項 $(\eta_1 \& \chi_1)$ 可以解釋 X 組三個變數的變異量高低即為重疊量數 (X 組自變項可以被對應典型變項 η 解釋的變異量)。

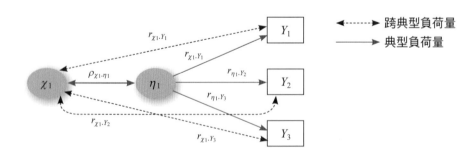

相似的，從上述跨典型負荷量也可以導出另一組重疊量數的意涵，第二組 Y_1、Y_2、Y_3 等三個 Y 變項 (效標變項) 與典型變量間 χ_1 沒有直接關聯，第二組

Y_1、Y_2、Y_3 等三個 Y 變項要與典型變量 χ_1 間有關聯，必須透過典型變量 η_1，因而典型變項 χ_1 經由典型變項 η_1 而與第二組 Y 變項有關聯，三個典型負荷量平方值的平均值：$(r^2_{\chi 1.\ Y1} + r^2_{\chi 1.\ Y2} + r^2_{\chi 1.\ Y3}) \div 3$ 為第二組 Y 變項可被 χ_1 典型變量解釋的變異量，而典型變項 χ_1 是第一組 X 變項 (預測變項) X_1、X_2、X_3 的線性組合分數變數，因而可以說第一組 X_1、X_2、X_3 等三個 X 變項 (預測變項) 經由典型變項 χ_1、η_1 而與第二組 Y 變項 Y_1、Y_2、Y_3 間產生關聯或影響，第一組 X 變項經由第一對典型變量 χ_1、η_1 可以解釋第二組 Y 變項的解釋變異程度稱為重疊量數。

上述跨典型負荷量影響的關係簡要歸納如下：

1. 第一組 Y 變項 Y_1、Y_2、Y_3 與對應的典型變量 χ_1 間有關聯，對應的典型變量 χ_1 可以解釋 Y_1、Y_2、Y_3 三個 Y 組變數的變異量為 $(r^2_{\chi 1.\ Y1} + r^2_{\chi 1.\ Y2} + r^2_{\chi 1.\ Y3}) \div 3$，圖示為 $\chi_1 \longleftrightarrow Y_1$、$Y_2$、$Y_3$。

2. χ_1 典型變項要與 Y 組變數三個變項 Y_1、Y_2、Y_3 間有關聯，必須透過對應典型變項 η_1，圖示為 $\chi_1 \rightarrow \eta_1 \rightarrow Y_1$、$Y_2$、$Y_3$。

3. χ_1 典型變項是 X 組變數三個變項 X_1、X_2、X_3 的線性組合產生的新變數，圖示為 X_1、X_2、$X_3 \rightarrow \chi_1$，將程序 2 與程序 3 組合之流程圖示如下：

$$X_1、X_2、X_3 \rightarrow \chi_1 \rightarrow \eta_1 \rightarrow Y_1、Y_2、Y_3$$

三個 X 組變數透過第一對典型變項 (χ_1 & η_1) 可以解釋 Y 組三個變數的變異量高低為重疊量數 (Y 組依變項可以被對應典型變項 χ 解釋的變異量)。

重疊係數 (redundancy coefficient) 或稱重疊量數 (redundancy measure) 或稱重疊指數 (redundancy index) 是將二組之各典型變量之平均解釋量 (adequacy 係數) 乘上相對應之典型相關係數平方而得。典型相關分析中，某一個典型相關係數 $\rho_{\chi\eta}$ 是典型因素 χ 與 η 之間的相關，而典型相關係數的平方 $\rho^2_{\chi\eta}$ 代表這二個典型因素的重疊程度，亦即典型變項 χ 與 η 所共有的變異數，但此一重疊程度卻無法反映出 X 變項與 Y 變項間的重疊程度。所謂重疊量數 $Rd_{\chi j.\eta j}$ 是指 q 個 Y 變項透過第 j 組典型因素，所能解釋 p 個 X 變項之變異量的百分比；重疊量數 $Rd_{\chi j.\eta j}$ 是指 p 個 X 變項透過第 j 組典型因素，所能解釋 q 個 Y 變項之變異量的百分比 (陳正昌等，民 92)。就每個典型因素而言，χ_1 自 X 組變項中所抽取的變異量不一定等於 η_1 自 Y 變項中所抽取的變異量；相同的，χ_2 自 X 組變項中所抽取的變異量

不一定等於 η_2 自 Y 變項中所抽取的變異量。由於 X 變項與 Y 變項兩邊的平均解釋量不同 (adequacy 係數) 不同,所以 X 變項透過 j 組典型因素對 Y 變項的解釋量,與 Y 變項透過 j 組典型因素對 X 變項的解釋量並不會相同。

典型相關分析在探討二組變項間的關係,而這二組變項各有二個以上的變數,計算典型相關係數之前,須先將二組各變項之分數 (原始分數或標準分數) 轉換為數個組合典型分數 (synthetic canonical score / synthetic function score) 或典型變量 (canonical variate) 或典型因素 (canonical factor),以 χ_1、χ_2、……;η_1、η_2、……表示,再求此數對組合分數間之簡單相關,即 χ_1 與 η_1 間之相關;χ_2 與 η_2 間之相關,從簡單相關的觀點出發,對典型相關分析之原理較易理解,因而可以說簡單相關與複相關是典型相關的一個特例 (傅粹馨,民 87b)。在求得最小值 (p,q) 個典型相關係數後,須進行典型因素之顯著性考驗。典型相關係數顯著性的考驗方法有二:一為 Bartlett 的 χ^2 近似值;二為 Rao 的 F 近似值,SPSS PASW 中採用 F 近似值的方法。

典型相關即在求出二個以上 X 變項與二個以上 Y 變項間的線性組合,使其簡單相關達到最大,方程式表示如下:

$$A_0 + A_1 Y_1 + A_2 Y_2 + A_3 Y_3 + \cdots\cdots + A_k Y_k$$
$$B_0 + B_1 X_1 + B_2 X_2 + B_3 X_3 + \cdots\cdots + B_k X_k$$

此方程式於資料統計分析時,所涵括的解釋如下 (Meyer, 1993):

1. 可能會出現多少個方程式,亦即那些 X 變項的組合與 X 變項的組合有關?

    這就是層面縮減度 (dimensional reduction) 的問題,可能是 X_1、X_3 與 Y_3、Y_5 有關;可能是 X_2、X_4 與 Y_1、Y_2 有關。

    可能出現方程式之最大數目等於 X 組與 Y 組變項中,變項數最小者。如 X 組有三個變項,X_1、X_2、X_3,而 Y 變項有五個變項 Y_1、Y_2、Y_3、Y_4、Y_5,則最多有三個方程式,亦即最多只會出現三個典型相關係數 (三對典型變量),而三個典型相關係數是否顯著,還要進一步考驗。

2. 在這些方程式中有任何顯著的關係嗎?那一個方程式有顯著性,每一個方程式關係強度如何?

    典型相關分析中,整體效果分析考驗要查看 Wilks Lambda 值,每個方

程式的個別考驗要看 F 值考驗結果。在 SPSS 輸出報表中採用的 Wilks' Λ 值及卡方值統計量進行典型相關係數的顯著性檢定，若有三個典型相關係數，其顯著性檢定的虛無假設為：$H_0：\rho_1 = \rho_2 = \rho_3 = 0$、對立假設為：$H_1：\rho_1 \neq 0$, $\rho_2 = \rho_3 = 0$，如果第一個 Wilks' Λ 值統計量或近似卡方值統計量的 = 顯著性 p<.05，表示三個典型相關係數中至少有一個典型相關係數不等於 0，由於第一個典型相關係數最大，因而檢定結果為第一個典型相關係數 ρ_1 顯著不等於 0；相對的，如果顯著性統計量顯著性 p>.05，則沒有足夠證據拒絕虛無假設：$H_0：\rho_1 = \rho_2 = \rho_3 = 0$，三個典型相關係數均顯著等於 0；其餘二個典型相關係數顯著性檢定的虛無假設為：$H_0：\rho_1 \neq 0$, $\rho_2 = \rho_3 = 0$、對立假設為：$H_1：\rho_1 \neq 0$ & $\rho_2 \neq 0$, $\rho_3 = 0$，若是第二個 Wilks' Λ 值統計量或近似卡方值統計量的顯著性 p<.05，表示餘二個典型相關係數中至少有一個典型相關係數不等於 0，由於排除第一個典型相關係數後，以第二個典型相關係數最大，因而檢定結果為第二個典型相關係數 ρ_2 顯著不等於 0，此時若是統計量顯著性 p>.05，接受虛無假設，表示餘二個典型相關係數均顯著等於 0。第三個典型相關係數顯著性的虛無假設為 $H_0：\rho_1 \neq 0$, & $\rho_2 \neq 0$, $\rho_3 = 0$，對立假設為 $H_1：\rho_1 \neq 0$ & $\rho_2 \neq 0$ & $\rho_3 \neq 0$。

　　變數間相關的強弱程度，可從典型相關係數加以判別，典型相關係數是一個方程式中 X 組變項的線性組合與 Y 組變項的線性組合之皮爾遜積差相關係數，每一個方程式有它自己的典型相關係數，在典型相關中，此係數以「ρ」表示。典相關係數的平方 ρ^2 是一組變項的變異量可以被另一組變項變異量解釋的百分比，ρ^2 值愈接近 1.00，表示二組變數間的關聯程度愈密切。

　　在 SPSS PASW 報表中，可從下列結果處獲得此部份資訊。

Eigenvalues and Canonical Correlations
(特徵值與典型相關)

3. 每個變項對方程式的貢獻有多大？

　　這個分析與多元迴歸分析類似，在多元迴歸分析中，可從標準化迴歸係數 β 的大小，來判斷那個自變項對依變項有最大影響力。在典型相關中，可從二個方面加以判別：

(1) 組型解釋 (pattern interpretation)

　　從方程式中每個變項的標準化係數，可以得知變項與方程式之關係程度，此指標值為標準化典型係數值。此方面的資訊可從下述報表中得知。

Standardized canonical coefficients for DEPENDENT variables
(依變項標準化典型係數—第二組變數標準化典型係數)
Standardized canonical coefficients for COVARIATES
(共變項標準化典型係數—第一組變數標準化典型係數)

　　其中共變項 (COVARIATES) 即典型相關的第一組變項；而依變項 (DEPENDENT) 為典型相關的第二組變項。

(2) 結構矩陣

　　　結構矩陣 (structure matrix) 代表原始變項與各典型變項之間關係的程度，此係數稱為典型負荷量 (canonical loading) 或典型結構係數 (canonical structure correlations)，就第一組 X 變數而言，典型負荷量是自變項與典型變量 χ 間的簡單相關；第二組 Y 變數而言，典型負荷量是依變項與典型變量 η 間的簡單相關，典型負荷量的解釋與因素負荷量 (factor loading) 類似，每個自變項與其典型函數 χ 間會有不同的典型負荷量。有關結構矩陣的相關資訊可從下列報表中得知：

Correlations between DEPENDENT and Canonical variables
(依變項和典型變項 η 的相關—典型負荷量或稱典型結構相關係數)
Correlations between COVARIATES and Canonical variables
(共變項和典型變項 χ 的相關—典型負荷量或稱典型結構相關係數)

　　在解釋典型因素的性質或對典型因素命名時，必須了解各 X 變項與其典型因素 χ 之間的相關，及各 Y 變項與其典型因素 η 間的相關，這些相關係數稱為「典型因素結構係數」(canonical factor structure coefficient)。典型因素結構係數在性質上與因素分析中的因素結構係數 (因素負荷量) 相近，它代表 X 變項與典型因素 χ 之間的簡單相關，或 Y 變項與典型因素 η 間的簡單相關，典型負荷量

絕對值愈大表示個別變項與其典型變量間的關聯程度愈大，典型負荷量符號為正值，表示個別變項對典型變量的影響正向；典型負荷量符號為負值，表示個別變項對典型變量的影響負向，一般的判別標準是典型負荷量絕對值 ≧ .400，嚴格的判別標準是典型負荷量絕對值 ≧ .500。

　　在典型相關分析中利用「重疊量數」(redundancy measure) 又稱「重疊指數」(redundancy index) 來解釋 p 個 X 變項與 q 個 Y 變項間的相關。「重疊量數」所代表的意義是一組變項透過第 j 條典型方程，能夠被另一組變項解釋的變異量，重疊量數愈高，代表二組變項間之相關程度愈高；亦即重疊指標愈大，表示 X 變項與 Y 變項這二組變項之間互相重疊的情形愈明顯 (王保進，民 93、林清山，民 77)。事實上，典型相關的重疊量數與多元迴歸的多元相關平方 (R^2) 有密切的關係，p 個 X 變項透過 t 組典型因素，所能解釋 q 個 Y 變項之變異量的累積百分比，會等於 p 個 X 變項分別對每一個 Y 變項所做多元迴歸所得到的 q 個 R^2 的平均數；同樣的，q 個 Y 變項透過 t 組典型因素，所能解釋 p 個 X 變項之變異量的累積百分比，也會等於 q 個 Y 變項分別對每一個 X 變項所做多元迴歸所得到的 p 個 R^2 的平均數 (傅粹馨，民 87)。

第二節　典型相關的操作程序

　　以 SPSS 統計軟體執行典型相關程序，必須藉由語法程式，語法程式有二種：一為 MANOVA 語法、一為 CANCORR 語法。

壹、MANOVA 語法

● 一、語法界定與執行

【操作 1】

　　開啟標的資料檔，資料檔必須是作用中的資料檔，執行功能表列「檔案 (F)」/「開啟」/「資料 (A)」程序，出現「開啟資料」對話視窗，「檔案類型 (T):」後面選單選取內定檔案選項：「PASW Statisitcs(*.sav)」，範例中的資料檔為「學習經驗加總 .sav」，選取標的資料檔後，按『開啟』鈕。

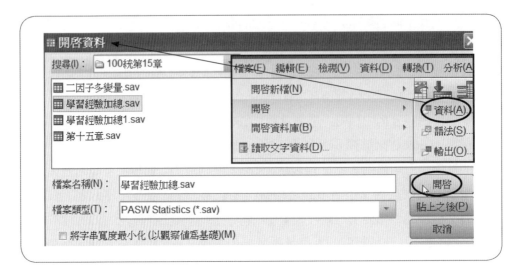

【操作 2】

開啟語法編輯程式，執行功能表列「檔案 (F)」/「開啟」/「語法 (S)」程序，出現「開啟語法」對話視窗，「檔案類型 (T):」後面選單選取內定檔案選項：「語法 (*.sps)」，範例中 MANOVA 語法檔名為「典型相關語法 .SPS」，選取標的語法檔後，按『開啟』鈕。

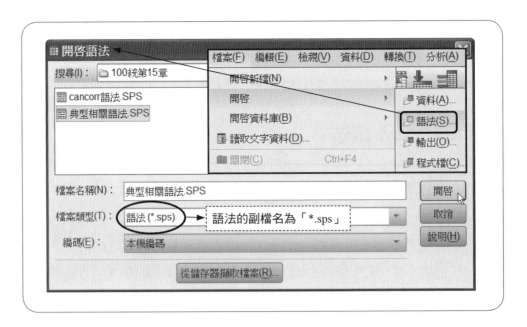

　　出現「典型相關語法 .SPS-PASW Statistics Syntax Editor」語法編輯視窗，編輯區內的語法文字為：

MANOVA
　　學習信心 有用程度 成功意向 探究動機 WITH 工作投入 自我投入
　　/DISCRIM RAW STAN ESTIM CORR ROTATE(VARIMAX) ALPHA(0.05)
　　/PRINT SIGNIF(EIGN DIMENR HYPOTH)
　　/NOPRINT SIGNIF(MULT UNIV) PARAM(ESTIM)
　　/ERROR WITHIN+RESIDUAL
　　/DESIGN.

　　MANOV 語法視窗中，變項與變項間要以空格 (空白鍵) 分開，最後一行「/DESIGN.」後面的點號「.」表語法結束，點號「.」不能刪掉。

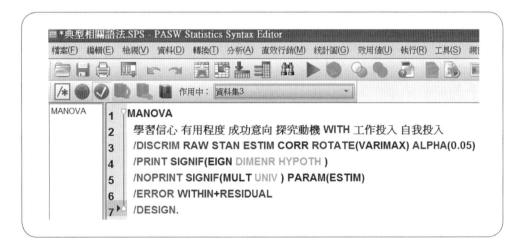

【操作 3】
　　按滑鼠選取以上語法程式，或執行功能表列「編輯 (E)」/「全選」程序，可選取全部的語法程式 (如果研究者要執行語法視窗中全部的語法列程式，可以不用執行選取語法程序)。
　　執行功能表列「執行 (R)」/「全部 (A)」程序或執行功能表列「執行 (R)」/「選擇 (S)」程序，執行第二個「選擇 (S)」程序，必須選取語法列，若是沒有選

取標的語法列則不會執行此一步驟。

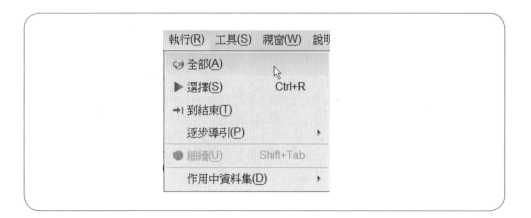

⊃ 二、語法說明

MANOVA
學習信心 有用程度 成功意向 探究動機 WITH 工作投入 自我投入

在MANOVA語法後面「WITH」關鍵字的前面界定「效標變項」(依變項－數學態度四個構面層面)，「WITH」關鍵字後面界定「控制變項」(數學投入動機二個層面，控制變項為第一組 X 變項或自變項)。MANOVA 語法界定典型相關時，「WITH」命令的前面是第二組變項 Y 變項 (SPSS PASW 報表中稱為依變項－ DEPENDENT)；而在其後面的是第一組變項 X 變項 (SPSS PASW 報表中稱為共變項－ COVARIATE，共變項又稱控制變項)。

「MANOVA 依變項組 WITH 自變項組」

「MANOVA 第二組 Y 變項 WITH 第一組 X 變項」

自變項或依變項組之變數與變數間要以空白隔開 (以空白鍵隔開變數)，語法中的關鍵字或語法起始字元大小寫字母視為相同，如 X 組 (自變項或稱控制變項) 有六個變數、Y 組 (依變項) 有五個變數，則語法表示為：

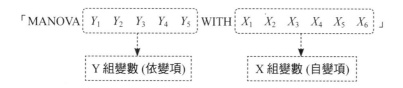

如 X 組 (自變項或稱控制變項) 有四個變數、Y 組 (依變項) 有六個變數,則語
法表示為:

/DISCRIM RAW STAN ESTIM CORR ROTATE(VARIMAX)
ALPHA(0.05)

/DISCRIM 進行典型區別分析、典型相關分析,求出依變數 (效標變項) 與
自變項 (控制變項) 的典型相關分析

1. 「**RAW**」:印出原始分數的區別函數係數。
2. 「**STAN**」:印出標準化區別函數係數。
3. 「**ESTIM**」:印出估計值及其標準差、t 考驗與其信賴區間。
4. 「**CORR**」:印出效標變數與典型變數之間的相關。
5. 「**ROTATE(VARIMAX)**」:效標變數與典型變數之相關矩陣的轉軸法。
6. 「**ALPHA(0.05)**」:界定典型變量分析的顯著水準,SPSS PASW 內定值
   為 .05。

/PRINT SIGNIF(EIGN DIMENR HYPOTH)

/PRINT 印出相關統計量

1. **EIGN**:印出 SSCP 矩陣的特徵值。
2. **DIMENR**:印出層面縮減度分析結果,向度縮減度分析可以獲得典型相關
   係數的顯著性考驗結果。

3. HYPOTH：每一考驗假設的 SSCP 矩陣。

/NOPRINT SIGNIF(MULT UNIV) PARAM(ESTIM)

/NOPRINT 不要呈現相關的統計量 (此語法可以省略)

不要印出的統計量：組間差異的多變量考驗、單變量 F 考驗、單變量與多變量之多重比較的參數估計。

/ERROR WITHIN+RESIDUAL

/ ERROR 界定考驗效果之誤差項。

誤差項為細格內誤差加殘差。

/DESIGN.

界定分析的模式

　　如要簡化語化，而以內定的方式印出典型相關的報表，則在「PASW Statistics Syntax Editor」統計語法編輯視窗中，編輯區內語法可簡化為以下幾列 (典型相關統計量數皆會呈現)：

MANOVA
　　學習信心 有用程度 成功意向 探究動機 WITH 工作投入 自我投入 /
DISCRIM
/PRINT SIGNIF(EIGN)
/DESIGN.

　　語法簡化通用式如下：

```
MANOVA
    Y 組變數 ( 依變項 )  WITH  X 組變數 ( 自變項或控制變項 )
/DISCRIM
/PRINT SIGNIF(EIGN)
/DESIGN.
```

範例問題的簡化語法為：

```
MANOVA
學習信心 有用程度 成功意向 探究動機 WITH 工作投入 自我投入
/DISCRIM
/PRINT SIGNIF(EIGN)
/DESIGN.
```

採用 MANOVA 執行典型相關簡化語法圖示如下，語法視窗界面中，「作用中」：右資料集的資料檔必須是作用中的資料檔，語法列之第二列的變數名稱必須與作用中資料檔內的變數名稱相同。

貳、報表解析

```
* * * * * * * * * * * * * * *Analysis of Variance* * * * * * * * * * * *
        300 cases accepted.
            0 cases rejected because of out-of-range factor values.
            0 cases rejected because of missing data.
            1 non-empty cell.
            1 design will be processed.
```

【說明】

1. 進行分析之觀察體有 300 個。

2. 沒有因超出因子數值或因缺失值而被排除於分析之外的觀察體。

3. 只有一個非 0 的細格、只有一個設計模型。

```
* * * * * * * *Analysis of Variance -- Design 1 * * * * * * * * * * * *
EFFECT .. WITHIN+RESIDUAL Regression
Adjusted Hypothesis Sum-of-Squares and Cross-Products
```

	學習信心	有用程度	成功意向	探究動機
學習信心	7886.47365			
有用程度	3997.50069	2026.81928		
成功意向	3291.68035	1682.11169	1703.14570	
探究動機	4007.70711	2025.91166	1539.39544	2090.62619

Eigenvalues and Canonical Correlations 【特徵值與典型相關】

Root No. 根數	Eigenvalue 特徵值	Pct. 解釋百分比	Cum. Pct. 累積解釋百分比	Canon Cor. 典型相關係數	Sq. Cor 典型相關係數平方
1	1.08306	94.01977	94.01977	.72107	.51994
2	.06889	5.98023	100.00000	.25387	.06445

【說明】

由於控制變項有二個、效標變項有四個，因而特徵值或典型相關係數最多只有二個。

特徵值 $= \rho^2 \div (1-\rho^2)$

第一個特徵值 $= .520 \div (1-.520) = 1.083$。

第二個特徵值 $= .064 \div (1-.064) = .069$。

特徵值所能解釋的變異百分比＝各特徵值 ÷ 總特徵值，如：

第一個特徵值所能解釋的變異量百分比 $= 1.083 \div (1.083+.069) = .9401$，表示第一對典型變量的解釋百分比為 94.01%。

第二個特徵值所能解釋的變異量百分比 $= .069 \div (1.083+.069) = .0599$，表示第二對典型變量的解釋百分比為 5.99%。

第一對典型變量 (χ_1 與 η_1) 之間的相關為 .721、二個典型變量相互的解釋變異量為 52.0% (ρ_1^2)；第二對典型變量 (χ_2 與 η_2) 之間的相關為 .254、二個典型變量相互的解釋變異量為 6.4% (ρ_2^2)。典型相關係數 (canonical correlation coefficietn) 是二個配對典型變項 / 典型變量 (canonical variates) 間的簡單相關，每個典型變項均是一組變數間的線性組合，自變項變數的線性組合稱為 χ 典型變項，自變項變數的線性組合稱為 η 典型變項。典型相關係數 ρ 的平方 (ρ^2) 類似積差相關程序中的決定係數 (r^2)，表示二個典型變項可以分享的變異程度，典型相關係數平方 ρ^2 又稱為典型根值 (canonical root) 或特徵值 (eigenvalues)。

Dimension Reduction Analysis

(層面縮減度分析—典型相關係數顯著性檢定)

Roots	Wilks L.	F	Hypoth. DF	Error DF	Sig. of F
1 TO 2	.44912	36.17431	8.00	588.00	.000
2 TO 2	.93555	6.77413	3.00	295.00	.000

【說明】

上述數據為層面縮減度分析，也就是典型相關係數的顯著性考驗。

1.「1 TO 2」達顯著時 (F=36.17431，p<.001)，表示二個典型相關係數中至

少有一個達到顯者，因為第一個典型相關係數最大，所以可視為是第一個典型相關係數的顯著性考驗。第二欄 Wilks L. 即典型相關係數考驗的 Λ 值，等於 $(1-\rho_1^2)\times(1-\rho_2^2) = (1-.520)\times(1-.064) = .449$。Rao F 近似值 = 36.17431，p<.001，達 .05 顯著水準，拒絕虛無假設，表示第一個典型相關係數達到顯著，典型相關係數 ρ 達到顯著，表示典型相關係數顯著不等於 0，第一對典型變項間有顯著相關；相對的，如果顯著性機率值 p>.05，沒有足夠證據拒絕虛無假設，表示表示典型相關係數顯著等於 0，第一對典型變項間沒有顯著相關存在，當 Wilks' Λ 統計量的顯著性 p>.05，即使典型變量間的相關很大也沒有意義，因為此統計量數是抽樣誤差或機率造成的，當研究者進行普測或將樣本數擴大時，典型相關係數值 ρ 會趨近於 0 或等於 0。

2. 「2 TO 2」第二個典型相關係數的顯著性考驗，F = 6.77413，p<.001，達 .05 顯著水準。典型相關係數考驗的 Λ 值 = $(1-\rho_2^2) = (1-.064) =.936$。Rao F 近似值 = 6.77413，顯著性機率值 p<.001，達到顯著水準，表示第二個典型相關係數顯著不等於 0，第二個典型變項間也有顯著相關。

Raw canonical coefficients for DEPENDENT variables
(效標變項 / 依變項原始分數的典型係數) —依變項原始的典型加權係數。

Function No.(函數編號)		
Variable	1	2
學習信心	.06818	-.04324
有用程度	.06176	.03300
成功意向	.03466	-.16596
探究動機	.05197	.19076

【說明】

上述數據為第二組 Y 變項 (效標變項 / 依變項) 的原始分數的典型係數，亦即為依變項原始的典型加權係數。原始加權係數適合於利用原始變項計算典型因素，不過，由於變項的單位常會不一致，所以一般較少用原始的典型因素來解釋分析資料。

根據原始典型係數可以求出依變項二個典型變量的線性組合函數：

$\eta_1 = .06818 \times$ 學習信心 $+ .06176 \times$ 有用程度 $+ .03466 \times$ 成功意向 $+ .05197 \times$ 探究動機

$\eta_2 = -.04324 \times$ 學習信心 $+ .03300 \times$ 有用程度 $- .16596 \times$ 成功意向 $+ .19076 \times$ 探究動機

Standardized canonical coefficients for DEPENDENT variables
(效標變項或依變項之標準化典型係數)

Variable	Function No. 1	2
學習信心	.55407	-.35136
有用程度	.31846	.17015
成功意向	.19364	-.92733
探究動機	.23277	.85432

【說明】

上述數據為四個數學態度變項構面分別在二個典型變量的標準化典型加權係數，標準化的線性組合函數如下：

$$Z\eta_1 = .554 \times Z_{學習信心} + .318 \times Z_{有用程度} + .194 \times Z_{成功意向} + .233 \times Z_{探究動機}$$
$$Z\eta_2 = -.351 \times Z_{學習信心} + .170 \times Z_{有用程度} + -.927 \times Z_{成功意向} + .854 \times Z_{探究動機}$$

以第一個典型因素 $Z\eta_1$ 而言，「學習信心」變項對第一個典型因素 η 的貢獻最大；就第二個典型因素 $Z\eta_2$ 而言，「成功意向」變項與「探究動機」變項對第二個典型因素 η 的貢獻較大。原始典型加權係數與標準化典型係數的性質與複迴歸分析中的非標準化迴歸係數 B 及標準化迴歸係數 β 的性質類似。

Correlations between DEPENDENT and canonical variables

（效標變項與典型變量 η 間的相關係數—典型負荷量或稱典型結構係數）

Function No.

Variable	1(η_1)	2(η_2)
學習信心	.87618	.05854
有用程度	.70028	.01361
成功意向	.53801	-.70402
探究動機	.80487	.42770

【說明】

　　上述數據為第二組變項 (Y 變項) 數學態度四個變項學習信心、有用程度、成功意向、探究動機與二個典型變量 η_1、η_2 之間的相關，此相關係數稱為「典型負荷量」(canonical loading) 或「典型結構相關係數」(canonical structure correlations)，四個數學態度變項與第一個典型變量 η_1 的相關係數均大於 .500 以上，其中以「學習信心」、「有用程度」、「探究動機」三個構面變項與第一個典型因素 η_1 的相關較為密切，其相關係數均在 .700 以上；就第二個典型變項與四個數學態度構面的相關來看，以「成功意向」變項與第二個典型變量 η_2 的關係較為密切 (典型負荷量絕對值數值高於 .500 者)，其典型負荷量數值為 -.70402。

Variance in dependent variables explained by canonical variables

（依變項被典型變項 η 解釋的變異量）

CAN. VAR. 典型變量	Pct Var DEP 解釋變異數 %	Cum Pct DEP 累積解釋變異數 %	Pct Var COV 重疊係數 %	Cum Pct COV 累積重疊量 %
1	54.88393	54.88393	28.53623	28.53623
2	17.05454	71.93848	1.09916	29.63538

【說明】

上述為第二組 Y 變項被自己典型因素 (η) 解釋的百分比 (或稱平均解釋變異量)，及透過典型因素 (χ、η) 被第一組 X 變數所能解釋的變異量 (即為重疊量數)。依變項 (四個數學態度) 被自己典型因素 (η) 解釋的百分比分別為 54.884%、17.055%。平均解釋量 (adequacy 指數) 其值等於上述因素結構係數的平均平方和：$.5488 = \dfrac{(.876)^2 + (.700)^2 + (.538)^2 + (.805)^2}{4}$；表示第一個典型因素 η_1 對四個數學態度的平均解釋變異有 54.88%。

$.1706 = \dfrac{(.059)^2 + (.014)^2 + (-.704)^2 + (.428)^2}{4}$；表示第二個典型因素 η_2 對四個數學態度的平均解釋變異有 17.06%。以上二個典型因素 η 共自四個數學態度 (Y 組變項) 中抽出 71.939% 的變異量，由於 Y 變數有四個變項，四種線性組合分數中只選取二個，二個典型變量解釋四個變項的累積解釋變異量會小於 100.0%。

重疊量數 (redundancy index) 為依變項可以被自變項變數線性線合之典型變量 χ 解釋的變異程度，或是自變項可以被依變項變數線性線合之典型變量 η 解釋的變異程度，其計算方法類似複迴歸程序中的多元相關係數的平方 R^2。表中重疊量數可以根據下列算式求出 = 解釋的變異百分比 × 典型相關係數的平方 (ρ^2)，如：

重疊量 1 = 54.884%×.520 = 28.536%，二個 X 變項與四個 Y 變項的重疊量為 28.536%，表示二個數學投入動機變項 (X 變項) 透過第一組典型因素 (χ_1 與 η_1) 可以解釋四個數學態度 (Y 變項) 的變異量為 28.536%。

重疊量 2 = 17.055%×.064 = 1.09%。表示二個數學投入動機變項 (X 變項) 透過第二組典型因素 (χ_2 與 η_2) 可以解釋四個數學態度 (Y 變項) 的變異量為 1.099%。

累積重疊量為 29.635%，表示二個 X 變項 (數學投入動機變項) 透過二對典型變項可以解釋四個 Y 變項 (數學態度構面) 共 29.635% (28.538% + 1.099%) 的變異量 (數學態度四個向度變數可以被相對應二個典型變項 χ_1、χ_2 解釋的變異程度)。

Raw canonical coefficients for COVARIATES

(控制變項原始典型係數—X 組變項原始的典型係數)

Function No.(典型函數編號)

COVARIATE	1	2
工作投入	.16805	.00063
自我投入	-.01146	-.21743

【說明】

上述數據為二個 X 變項 (數學投入動機變項) 分別對其二個典型因素的原始典型加權係數。

根據原始典型係數可以求出自變項二個典型變量的線性組合函數：

χ_1 = .16805 × 工作投入 -.01146 × 自我投入

χ_2 = .00063 × 工作投入 -.21743 × 自我投入

Standardized canonical coefficients for COVARIATES

(控制變項標準化典型係數—X 組變項標準化典型係數)

CAN. VAR.

COVARIATE	1	2
工作投入	1.00159	.00376
自我投入	-.05273	-1.00020

【說明】

上述數據為二個 X 變項 (數學投入動機二個構面) 分別在其二個典型因素的標準化典型加權係數。

第一組自變項標準化變數線性組合的函數為：

$Z\chi_1$ = 1.00159 × $Z_{\text{工作投入}}$ − .05273 × $Z_{\text{自我投入}}$，以「工作投入」變項對第一個典型變項 χ 的貢獻較大。

第二組自變項標準化變數線性組合的函數為：

$Z_{\chi_2} = .00376 \times Z_{工作投入} - 1.00020 \times Z_{自我投入}$，以「自我投入」變項對第二個典型變項 χ 的貢獻較大。

Correlations between COVARIATES and canonical variables

(控制變項與典型變量 χ 間的相關—典型負荷量或稱典型結構相關係數)

Covariate	CAN. VAR.	
	$1(\chi_1)$	$2(\chi_2)$
工作投入	.99861	-.05265
自我投入	.00375	-.99999

【說明】

上述數據為二個 X 變項與其二個典型變項 (χ) 之相關係數，此相關係數為 X 變項與典型因素 χ 間的「典型負荷量」，就第一個典型變量而言 (二個自變數的線性組合函數)，以「工作投入」變項與第一個 χ_1 典型因素關係較為密切，典型負荷量為 .99861；就第二個典型變量而言 (二個自變數的線性組合函數)，以「自我投入」變項與第二個 χ_2 典型變量關係較為密切，典型負荷量為 -.99999。

Variance in covariates explained by canonical variables

(控制變項被典型變項 χ 解釋的變異量)

CAN. VAR. 典型變量	Pct Var DEP 重疊量 %	Cum Pct DEP 累積重疊量 %	Pct Var COV 解釋變異數 %	Cum Pct COV 累積解釋變異量 %
1	25.92519	25.92519	49.86210	49.86210
2	3.23136	29.15655	50.13790	100.00000

【說明】

上述數據為二個 X 變項工作投入、自我投入被典型變項 (χ) 解釋的變異量。「Variance in covariates explained by canonical variables」表示 X 變項 (共變項) 被

自己典型因素 (χ) 解釋的變異百分比；及透過典型因素 (η、χ) 被 Y 變項解釋的變異量 (重疊量)。二個典型因素 χ_1、χ_2 共自 X 組二個變項抽出 100% (49.862% + 50.138%) 的變異量 (二個 χ 典型因素或二個典型變量解釋 X 組二個變項，其解釋變異量共為 100.0%)。

$$其中\ 49.862\% = .49862 = \frac{(.999)^2 + (.004)^2}{2}$$

$$50.138\% = .50138 = \frac{(-.053)^2 + (-1.000)^2}{2}$$

重疊量 1：.25925 = 第一個典型相關係數的平方 $\times$.49862=.520$\times$.49862
重疊量 2：.03231 = 第二個典型相關係數的平方 $\times$.50138=.064$\times$.50138

合併的重疊係數值 (pooled redundancy coefficient) 等於 25.925% + 3.231% = 29.157%，表示四個數學態度變項透過二對典型因素對二個數學投入動機變項的解釋變異為 29.157%，即 X 組二個變數 (工作投入、自我投入二個數學投入向度變數) 被相對應典型變項 η_1、η_2 可以解釋變異的百分比。

VARIMAX rotated correlations between canonical variables and COVARIATES

Can. Var.

DEP. VAR.	1	2
學習信心	.02773	.99962
有用程度	.99959	.02869
成功意向	.16505	.03878
探究動機	-.19200	.04720

Transformation Matrix

	1	2
1	-.02494	.99969
2	-.99969	-.02494

Regression analysis for WITHIN+RESIDUAL error term

--- Individual Univariate .9500 confidence intervals

Dependent variable .. 學習信心

COVARIATE	B	Beta	Std. Err.	t-Value	Sig. of t	Lower -95%	CL- Upper
工作投入	.8629042754	.6328435108	.06142	14.05013	.000	.74204	.98377
自我投入	-.0851204108	-.0481820304	.07957	-1.06972	.286	-.24172	.07148

【說明】

以工作投入、自我投入為預測變項，而以學習信心為效標變項，進行多元迴歸分析之迴歸模式及其顯著性檢定。

Dependent variable .. 有用程度

COVARIATE	B	Beta	Std. Err.	t-Value	Sig. of t	Lower -95%	CL- Upper
工作投入	.4375336824	.5057644760	.04340	10.08214	.000	.35213	.52294
自我投入	-.0337199602	-.0300844143	.05623	-.59972	.549	-.14437	.07693

【說明】

以工作投入、自我投入為預測變項，而以有用程度為效標變項，進行多元迴歸分析之迴歸模式及其顯著性檢定。

Dependent variable .. 成功意向

COVARIATE	B	Beta	Std. Err.	t-Value	Sig. of t	Lower -95%	CL- Upper
工作投入	.3636474355	.3878832333	.04927	7.38121	.000	.26669	.46060
自我投入	.1922923217	.1583069920	.06383	3.01250	.003	.06667	.31791

【說明】

以工作投入、自我投入為預測變項，而以成功意向為效標變項，進行多元迴歸分析之迴歸模式及其顯著性檢定。

Dependent variable .. 探究動機

COVARIATE	B	Beta	Std. Err.	t-Value	Sig. of t	Lower -95%	CL- Upper
工作投入	.4370943829	.5816956755	.03525	12.40119	.000	.36773	.50646
自我投入	-.1355270834	-.1392080589	.04567	-2.96778	.003	-.22540	-.04566

【說明】

　　以工作投入、自我投入為預測變項，而以探究動機為效標變項，進行多元迴歸分析之迴歸模式及其顯著性檢定。

　　上述合併的重疊係數 (pooled redundancy coefficient)：29.635% (從 Variance in dependent variables explained by canonical variables 表而得)，表示二個數學投入動機變項 (X 組變數) 透過二對典型變項可以解釋四個數學態度 (Y 組變數)29.635% 的變異量；29.157% (Variance in covariates variables explained by canonical variables 表而得) 表示四個數學態度變項 (Y 組變數) 透過二對典型因素可以解釋二個數學投入動機變項 (X 組變數) 29.157% 的變異量。合併的重疊係數亦可透過多元迴歸分析方式得之 (Benton, 1991)。以上述研究問題為例，進行多元迴歸分析之決定係數整理如下表：以學習信心、成功意向、有用程度、探究動機四個數學態度為預測變項，而分別以工作投入、自我投入二個數學投入動機為效標變項，求得二個複相關係數平方值，分別為 .519、.064，二者的平均數等於 .2915，此係數即為 X 組變數合併的重疊係數；同理，以數學態度四個態度：學習信心、成功意向、有用程度、探究動機為效標變項，而以數學投入動機二個變項工作投入、自我投入為預測變項，求得四個複相關係數的平方值分別為：.399、.255、.182、.349，四個數值的平均值等於 .2963，此即為 Y 組變數合併的重疊係數。由以上特性可知：重疊係數是單變量之統計數的平均 (averaged univariate statistics)，而非真正的多變量統計 (Thompson, 1988a)。對於重疊係數的解釋，學者 Thompson (1991) 提出不同的觀點：他認為重疊係數並未同時考量所有效標變項間的相互關係，於傳統的典型相關分析中，單一解釋重疊係數並無多大意義，因研究者使用了加權係數而使二組變項之組合分數 (典型因素) 之相關變為最大，而後卻用此重疊係數作了部份的解釋，這是一個無法自圓其說之處，當運用在求測驗之同時效度 (concurrent validity)，各測驗具有相同之分測驗時，才較具實質意義 (傅粹馨，民 87b)。

迴歸程序	效標變項	預測變項	R^2	R^2 之平均數（合併的重疊係數）
迴歸程序 1	工作投入	學習信心、成功意向、有用程度、探究動機	.519	.2915
迴歸程序 2	自我投入	學習信心、成功意向、有用程度、探究動機	.064	
迴歸程序 3	學習信心	工作投入、自我投入	.399	.2963
迴歸程序 4	有用程度	工作投入、自我投入	.255	
迴歸程序 5	成功意向	工作投入、自我投入	.182	
迴歸程序 5	探究動機	工作投入、自我投入	.349	

合併的重疊係數 .2915 = (.519+.064)÷2

合併的重疊係數 .2963 = (.399+.255+.182+.349)÷4

1. 迴歸程序 1

模式摘要　　依變項：工作投入

模式	R	R 平方	調過後的 R 平方	估計的標準誤
1	.720[a]	.519	.512	4.163

a. 預測變數：(常數)，探究動機，成功意向，有用程度，學習信心。

以學習信心、成功意向、有用程度、探究動機等四個數學態度構面為預測變項，而以「工作投入」為效標變項之複迴歸分析的 R^2 為 .519 (解釋變異量為 51.9%)。

2. 迴歸程序 2

模式摘要　　依變項：自我投入

模式	R	R 平方	調過後的 R 平方	估計的標準誤
1	.254[a]	.064	.052	4.479

a. 預測變數：(常數)，探究動機，成功意向，有用程度，學習信心。

以學習信心、成功意向、有用程度、探究動機等四個數學態度構面為預測變項，而以「自我投入」為效標變項之複迴歸分析的 R^2 為 .064 (解釋變異量為 6.4%)。

3. 迴歸程序 3

模式摘要　　依變項：學習信心

模式	R	R 平方	調過後的 R 平方	估計的標準誤
1	.632[a]	.399	.395	6.319

a. 預測變數：(常數)，自我投入，工作投入。

　　以自我投入、工作投入二個數學投入動機構面為預測變項，而以「學習信心」數學態度構面為效標變項之複迴歸分析的 R^2 為 .399 (解釋變異量為 39.9%)。

4. 迴歸程序 4

模式摘要　　依變項：有用程度

模式	R	R 平方	調過後的 R 平方	估計的標準誤
1	.505[a]	.255	.250	4.465

a. 預測變數：(常數)，自我投入，工作投入。

　　以自我投入、工作投入二個數學投入動機構面為預測變項，而以「有用程度」數學態度構面為效標變項之複迴歸分析的 R^2 為 .255 (解釋變異量為 25.5%)。

5. 迴歸程序 5

模式摘要　　依變項：成功意向

模式	R	R 平方	調過後的 R 平方	估計的標準誤
1	.427[a]	.182	.177	5.069

a. 預測變數：(常數)，自我投入，工作投入。

　　以自我投入、工作投入二個數學投入動機構面為預測變項，而以「成功意向」數學態度構面為效標變項之複迴歸分析的 R^2 為 .182 (解釋變異量為 18.2%)。

6. 迴歸程序 6

模式摘要　　依變項：探究動機

模式	R	R 平方	調過後的 R 平方	估計的標準誤
1	.590[a]	.349	.344	3.627

a. 預測變數：(常數)，自我投入，工作投入。

以自我投入、工作投入二個數學投入動機構面為預測變項，而以「探究動機」數學態度構面為效標變項之複迴歸分析的 R^2 為 .349 (解釋變異量為 34.9%)。

根據原始典型係數 (Raw canonical coefficients) 可以求出自變項與依變項的線性組合分數，自變項二個變數組合線性函數與依變項四個變數組合線性函數為：

chi1(χ_1)=.16805* 工作投入 -.01146* 自我投入

chi2(χ_2)=.00063* 工作投入 -.21743* 自我投入

eta1(η_1) =.06818* 學習信心 +.06176* 有用程度 +.03466* 成功意向 +.05197* 探究動機

eta2 (η_2)=-.04324* 學習信心 +.03300* 有用程度 -.16596* 成功意向 +.19076* 探究動機

執行功能表列「轉換 (T)」/「計算變數 (C)」程序可以求出四個變數線性組合函數，或直接採用 PASW 統計語法編輯器求出四個變數線性組合函數 (每位觀察值在四個典型變項的測量值)。

```
DATASET ACTIVATE 資料集 1.
COMPUTE chi1=.16805* 工作投入 -.01146* 自我投入 .
COMPUTE chi2=.00063* 工作投入 -.21743* 自我投入 .
COMPUTE eta1 =.06818* 學習信心 +.06176* 有用程度 +.03466* 成功意向
+.05197* 探究動機 .
COMPUTE eta2 =-.04324* 學習信心 +.03300* 有用程度 -.16596* 成功意向
+.19076* 探究動機 .
EXECUTE.
```

敘述統計

	個數	最小值	最大值	總和	平均數	標準差	變異數
chi1	300	.92	5.81	1106.44	3.6881	1.00000	1.000
chi2	300	-6.50	-1.28	-1054.31	-3.5144	1.00000	1.000
eta1	300	3.40	8.34	1671.63	5.5721	.99999	1.000
eta2	300	-4.07	2.27	-244.87	-.8162	.99999	1.000

從敘述統計表可以得知四個典型變量的變異數均為 1.000 (標準差也為 1.000)。

相關 (N=300)

		chi1	chi2	eta1	eta2
chi1	Pearson 相關	1			
	顯著性 (雙尾)				
chi2	Pearson 相關	.000	1		
	顯著性 (雙尾)	1.000			
eta1	Pearson 相關	.721**	.000	1	
	顯著性 (雙尾)	.000	1.000		
eta2	Pearson 相關	.000	.254**	.000	1
	顯著性 (雙尾)	1.000	.000	.999	

**. 在顯著水準為 0.01 時 (雙尾)，相關顯著。

從積差相關矩陣摘要表可以發現：「chi1」與「eta1」的積差相關係數為 .721，二個對應典型變項的有顯著正相關 (p<.001)，「chi2」與「eta2」的積差相關係數為 .254，二個對應典型變項的有顯著正相關 (p<.001)，「chi1」與「eta2」的積差相關係數為 .000、「chi2」與「eta1」的積差相關係數為 .000，二個非對應配對典型變項的相關均為 0，此外，第一組變項二個典型變項間 (「chi1」與「chi2」間相關) 的相關係數等於 0、第二組變項二個典型變項 (「eta1」與「eta2」間相關) 間的相關係數等於 0。四個典型變量間的六對積差相關係數圖示如下：對應典型變項 與 間的積差相關係數 .721 為第一個典型相關係數 ρ_1 (p<.001)、對應典型變項 與 間的積差相關係數 .254 為第二個典型相關係數 ρ_2 (p<.001)，除了對應典型變項間的有顯著相關外，其餘非對應配對的典型變項間的相關均顯著等於 0.000。

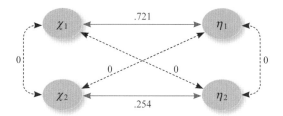

參、結果說明

從以上的報表中，可以將典型相關分析整理為下列資訊：

【表格範例】

◉ 表I 數學投入動機構面與數學態度構面的典型相關分析摘要表

控制變項 (X 變項)	典型 χ_1	因素 χ_2	效標變項 (Y 變項)	典型 η_1	因素 η_2
工作投入	.999	-.053	學習信心	.876	.059
			有用程度	.700	.014
自我投入	.004	-1.000	成功意向	.538	-.704
			探究動機	.805	.428
抽出變異數 %	.499	.501	抽出變異數 %	.549	.171
重疊 (%)	.259	.032	重疊 (%)	.285	.011
			ρ^2	.520	.064
			ρ	.721***	.254***

*** p<.001

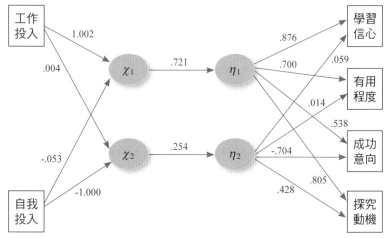

圖 X 典型相關分析徑路圖

從以上典型相關分析摘要表，可以發現：

1. 二個典型相關係數均達 .05 以上的顯著水準，第一個典型相關係數 ρ_1 =.721 (p<.001)；第二個典型相關係數 ρ_2 =.254 (p<.001)，二個控制變項主要透過二對典型因素 (典型變項) 影響到效標變項 (依變項)，或數學投入動機二個向度經由二對典型變項而與四個數學態度向度產生關聯。

2. 控制變項的第一個典型因素 (χ_1)，可以解釋效標變項的第一個典型因素 (η_1) 總變異量的 52.0% (ρ_1^2 =.520)，效標變項的第一個典型因素 (η_1)，又可解釋效標變項變異量的 54.9%，控制變項與效標變項重疊部份為 28.5%。二個控制變項透過第一對典型因素 (χ_1 與 η_1)，可以解釋四個效標變項總變異量的 28.5%。

3. 控制變項的第二個典型因素 (χ_2)，可以解釋效標變項的第二個典型因素 (η_2) 總變異量的 6.4% (ρ_2^2 =.064)，效標變項的第二個典型因素 (η_2)，又可解釋四個效標變項變異量的 17.1%，控制變項與效標變項重疊部份為 1.1%，二個控制變項透過第二對典型因素 (χ_2 與 η_2)，可以解釋四個效標變項總變異量的 1.1%。

4. 控制變項和效標變項在第一個至第二個典型因素的重疊部份，共計 29.6%。數學「工作投入」、數學「自我投入」二個控制變項經由第一對、第二對典型變項共可解釋國小學生「學習信心」、「有用程度」、「成功意向」、「探究動機」四個數學態度向度總變異量 29.6%；典型變項 η_1、η_1 可以直接解釋國小學生四個數學態度變量總變異為 71.9%，典型變項 χ_1、χ_2 可以直接解釋國小學生二個數學投入變量總變異為 100.0%。

5. 二組典型相關及重疊量數值以第一個典型相關較大，第二組的重疊量甚小，可見二個控制變項主要是藉由第一對典型因素影響四個控制變項。二個控制變項中與第一個典型因素 (χ_1) 之相關較高者為數學「工作投入」，其結構係數為 .999；在效標變項中，與第一個典型因素 (η_1) 的關係較密切者為「學習信心」、「有用程度」與「探究動機」態度，其結構係數均在 .700 以上，而「成功意向」與第一個典型變項亦有中等關係存在，其結構係數為 .538。因而，經由第一對典型變項的影響中，主要是控制變項中的數學「工作投入」變項，而影響學生數學「學習信心」、「有用程度」、「成功意向」與

「探究動機」四個數學態度向度變數。由於其結構係數的值均為正數，可見數學「工作投入」愈積極或愈多的學生，數學學習信心愈高、探究數學的動機愈強烈、愈有正向的數學態度。

6. 如果以數學態度為控制變項，而數學投入動機為效標變項，則控制變項和效標變項在第一個至第二個典型因素的重疊部份，共計 29.156%。換言之，四個數學態度控制變項經由第一、第二典型因素共可說明國小學生數學工作投入、數學自我投入二個數學投入動機總變異量 29.156%。

以上為典型相關分析結果。如果以積差相關統計分法，分別探究數學工作投入、數學自我投入與四個數學態度關係，其解釋結果與上述以典型相關進行分析是否相同？在同一組變項中，研究者使用積差相關與典型相關分析，結果是否一致？這是問題，在量化的統計分析中，是許多研究者所感興趣的。如果研究者引用的數據正確，其實二者之結果解釋應該大同小異，這點可以由下列積差相關報表與說明得知。

積差相關的操作方法：

「分析」(Analyze)/「相關」(Correlate)/「雙變數」(Bivariate)

下面為積差相關執行之結果報表。

相關 (N=300)

		學習信心	有用程度	成功意向	探究動機	工作投入
工作投入	Pearson 相關	.630**	.504**	.397**	.574**	1
	顯著性 (雙尾)	.000	.000	.000	.000	

**. 在顯著水準為 0.01 時 (雙尾)，相關顯著。

「工作投入」變項與「學習信心」、「有用程度」、「成功意向」、「探究動機」四個數學態度構面變項的相關均呈顯著中度正相關 (p<.001)，積差相關係數分別為 .630、.504、.397、.574。

相關 (N=300)

		學習信心	有用程度	成功意向	探究動機	自我投入
自我投入	Pearson 相關	-.012	-.002	.180**	-.106	1
	顯著性 (雙尾)	.829	.979	.002	.066	

**. 在顯著水準為 0.01 時 (雙尾)，相關顯著。

「自我投入」變項與「學習信心」、「有用程度」、「成功意向」、「探究動機」四個數學態度構面變項的相關不高，除與「成功意向」有顯著低度正相關外 (r=.180，p=.002<.05)，跟其餘三個數學態度構面的相關均未達顯著 (p>.05)。

【說明】

在上述典型相關分析中，從報表結果裡可以得知，在第一個典型因素中，主要是工作投入變項影響到四個數學態度層面，工作投入與典型變項間相關之結構係數為 .999，典型變項與四個依變項間相關之結構係數分別為：學習信心變項 .876、探究動機變項 .805、有用性變項 .700、成功態度變項為 .538。從重疊量來看，控制變項透過第一典型因素，可以有效解釋效標變項總變異量的 28.536%，可見，在第一個典型因素中，控制變項工作投入變項與四個效標變項間有密切關係存在。

從數學工作投入變項與數學態度四個層面之積差相關結果來看，四個相關係數均達顯著。如按相關係數高低排序，工作投入與四個層面關係密切程度的排列順序 (解釋量由高至低) 分別是：學習信心 (r=.630；r^2=.3969)、探究動機 (r=.574；r^2=.3295)、有用性 (r=.504；r^2=.2540)、成功態度 (r=.397；r^2=.1576)。可見積差相關分析之結果與典型相關分析之結果是一致的。

此外，在典型相關分析中，第二個典型因素，主要是自我投入變項影響到成功態度層面。自我投入與典型變項間相關之結構係數為 -1.000，典型變項與四個依變項間相關之結構係數分別為：成功態度變項 -.704、探究動機變項 .428、學習信心變項 .059、有用性變項為 .014。因而在第二個典型因素裡，主要是控制變項中的數學自我投入變項，而影響學生數學成功態度，二者結構係數均為負號，可見自我投入動機愈低者，數學成功態度愈低。

再從個別積差相關結果來看，自我投入變項與成功態度、探究動機、學習信心、有用性四個層面的相關分別為 .180 (p<.01)、-.106、-.012、-.002，其中自我投入變項除與成功態度層面的相關達顯著外，與其餘三個數學態度層面的相關均未達顯著。由於第二組典型因素之重疊量很小，只有 1.099%，因而控制變項中自我投入變項與四個效標變項間的密切程度，不若工作投入變項與四個效標變項間之關係，這與積差相關之結果相互輝映。

典型相關徑路圖中，如果研究者無法明確區分第一組 X 變數為自變項、第二組 Y 變數為依變項，則配對典型變項間的關係可以雙箭號表示，Y 組變數的

典型結構相關係數改以「原始典型係數」表示，下述典型徑路圖二側的係數均為原始典型係數。

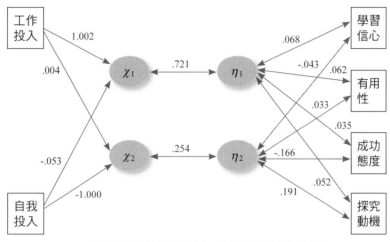

典型相關分析徑路圖（均以加權係數表示）

第三節 CANCORR 語法

典型相關程序除採用 MANOVA 語法外，也可以執行 CANCORR 語法，在報表解讀上，筆者建議研究者直接使用「CANCORR」語法執行典型相關程序。

壹、語法分析

視窗版的 SPSS PASW 增加了分析典型相關的巨集檔，呼叫巨集檔的語法如下：

```
include file='c:\program files\SPSSINc\PASWStatistics18\Samples\English\
canonical correlation.sps'.
cancorr  set1= 工作投入 自我投入 /
        set2= 學習信心 有用程度 成功意向 探究動機 /.
EXECUTE. 【此列可以省略】
```

語法檔的大小寫英文字母視為相同關鍵字母，研究者也可以全部以大寫字母鍵入。

INCLUDE FILE='C:\PROGRAM FILES\SPSSINC\PASWSTATISTICS18\
SAMPLES\ENGLISH\CANONICAL CORRELATION.SPS'.
CANCORR SET1= 工作投入 自我投入 /
                SET2= 學習信心 有用程度 成功意向 探究動機 /.
EXECUTE.

include file='c:\program files\SPSSINc\PASWStatistics18\Samples\English\
canonical correlation.sps'.

上述的視窗版的 SPSS PASW 軟體假定安裝在內定選項：「c:\program files\ SPSSINc」資料夾下，「canonical correlation.sps」語法應用程式置放在「\Samples\English」次資料下，語法應用程式最後面要增列結束符號點號「.」。

cancorr 指令在界定進行二組變項的典型相關，其語法如下：

cancorr set1 = p 個 X 變項名稱 /
            set2 = q 個 Y 變項名稱 /.

以上述二個數學投入動機變項及四個數學態度變項的典型相關分析語法如下，要在語法視窗中編輯 (PASW Statistics Syntax Editor) 鍵入以下語法：

```
include file='c:\program files\SPSSINc\PASWStatistics18\Samples\English\
canonical correlation.sps'.
cancorr  set1= 工作投入 自我投入 /
        set2= 學習信心 有用程度 成功意向 探究動機 /.
```

```
cancrorr  set1=p 個 X 變項名稱 /------ 界定第一組變項，最後加上斜線 /
        set2= q 個 Y 變項名稱 /.------ 界定第二組變項，最後加上斜線 /.
執行功能列表「執行 (R)」/「全部 (A)」程序。
```

　　語法檔中各組變項與變項間必須以一個以上的空白隔開，各關鍵字最後面的點號「.」號必須增列，否則均會出現錯誤訊息。下列二種語法均是錯誤的：

```
INCLUDE  FILE='C:\PROGRAM FILES\SPSSINC\PASWSTATISTICS18\
SAMPLES\ENGLISH\CANONICAL CORRELATION.SPS'.
CANCORR  SET1= 工作投入 自我投入 /
        SET2= 學習信心有用程度 成功意向 探究動機 /.
EXECUTE.
```

變數與變數間沒有以空白鍵隔開　　　　　　　　未增列「.」號

```
INCLUDE  FILE='C:\PROGRAM FILES\SPSSINC\PASWSTATISTICS18\
SAMPLES\ENGLISH\CANONICAL CORRELATION.SPS'
CANCORR  SET1= 工作投入 自我投入 /
        SET2= 學習信心 有用程度 成功意向 探究動機 /.
EXECUTE.
```

　　進行典型相關分析時，將資料檔讀進 SPSS PASW 資料編輯視窗後，如果語法檔視窗已經開啟，點選功能表列「視窗 (W)」鈕，切換到 PASW 統計語法編輯器視窗 (PASWStatistics Syntax Editor)，執行功能表列「檔案 (F)」/「開啟」/「語法 (S)」程序，可開啟之前的語法檔。若是 PASW 統計語法編輯器視窗尚未

開啟如果要重新撰寫典型相關分析程式，可執行功能表列「檔案 (F)」/「開啟新檔 (N)」/「語法 (S)」程序，開啟新的空白語法編輯視窗，直接將典型相關語法鍵入。如果統計軟體安裝的內定資料夾為「SPSS」，則典型相關執行語法程式「canonical correlation.sps」會存放於下列路徑中：

```
include file='c:\program files\SPSS\canonical correlation.sps'.
```

在 PASW 統計語法編輯器視窗中，鍵入上述典型相關分析程式，執行功能列表「執行 (R)」/「全部 (A)」程序，如果語法沒有錯誤，變數名稱沒有也沒有錯誤，SPSS PASW 會輸出典型相關分析之統計分析結果。語法程式置放於資料夾「SPSS」下的典型相關語法如下：

```
include file='c:\program files\SPSS\canonical correlation.sps'.
cancorr  set1= 工作投入 自我投入 /
         set2= 學習信心 有用程度 成功意向 探究動機 /.
EXECUTE.
```

```
INCLUDE FILE='C:\PROGRAM FILES\SPSS\CANONICAL CORRELATION.
SPS'.
CANCORR  SET1= 工作投入 自我投入 /
         SET2= 學習信心 有用程度 成功意向 探究動機 /.
EXECUTE.
```

貳、結果解析

下述的報表數據可與上列 MANOVA 語法報表及其結果說明相互對照。

```
include file='c:\program files\SPSS PASWINc\PASWStatistics18\Samples\
English\canonical correlation.sps'.
 973  0  * Canonical correlation.sps.  This version allows long variable names and
uses datasets.Canonical correlation.sps.
 974  0
 976  0  preserve.
 978  0  set printback=off.
1682  0  RESTORE.
1683  0
1685  0  * End of INSERT and INCLUDE nes 工作投入 g level 01.
cancorr  set1= 工作投入 自我投入 /
         set2= 學習信心 有用程度 成功意向 探究動機 /.
```

　　上述為呼叫典型相關語法程式及二組變數的訊息。典型相關中 X 組變數為工作投入、自我投入等二個，Y 組變數為學習信心、有用程度、成功意向、探究動機等四個。

```
Run MATRIX procedure:
Correlations for Set-1
              工作投入      自我投入
工作投入      1.0000        .0564
自我投入       .0564        1.0000
```

　　上表為控制變項 (第一組變項、X 變項) 間之相關矩陣，工作投入變項 (工作投入) 與自我投入變項 (自我投入) 間的相關係數為 0.0564，二者間相關甚低，這個矩陣是典型相關分析中 X 變項的相關係數矩陣：R_{XX} 矩陣。輸出結果中的「Set-1」為第一組變項 (控制變項或 X 組變項)。

Correlations for Set-2

	學習信心	有用程度	成功意向	探究動機
學習信心	1.0000	.3555	.2548	.6856
有用程度	.3555	1.0000	.4335	.4336
成功意向	.2548	.4335	1.0000	.2798
探究動機	.6856	.4336	.2798	1.0000

上表為四個依變項 (Y 變項) 間的相關矩陣，變項間的相關程度為中低度相關，變項間的相關係數介於 .2548 ～ .6856 之間，均呈正相關。這個矩陣是典型相關分析中 Y 變項的相關係數矩陣：R_{YY} 矩陣。輸出結果中的「Set-2」為第二組變項 (依變項或 Y 組變項)。

Correlations Between Set-1 and Set-2

	學習信心	有用程度	成功意向	探究動機
工作投入	.6301	.5041	.3968	.5738
自我投入	-.0125	-.0016	.1802	-.1064

上表為 X 組變項與 Y 組變項間之相關矩陣，其中數學工作投入動機 (工作投入) 變項與四個數學態度構面變項間均呈正相關，相關係數分別為 .6301、.5041、.3968、.5738。至於數學自我投入動機與四個數學態度變項，除與數學成功態度為正相關 (r=.1802) 外，與其餘三個變項的相關不高，且呈負相關。這個矩陣是典型相關分析中 X 組與 Y 組變項的相關係數矩陣：R_{XY} 矩陣。

Canonical Correlations

1	.721
2	.254

上表為典型相關之典型相關係數。由於 X 組變數有二個變項、Y 組變數有四個變項，因而典型相關係數最多有二個。樣本在第一組典型函數 χ_1 與 η_1 間的

典型係數等於 .721 (ρ_1)；在第二組典型函數 χ_2 與 η_2 間的典型相關係數等於 .254 (ρ_2)。典型相關是自變項線性組合分數 (典型變量 χ，是自變項組合的線性函數) 與依變項線性組合分數 (典型變量 η，是依變項組合的線性函數) 間整體相關係數，第一組自變項線性組合分數的典型變量為 χ_1、第一組依變項線性組合分數的典型變量為 η_1，二個典型變量間的相關為 ρ_1=.721，第二組自變項線性組合分數的典型變量為 χ_2、第二組依變項線性組合分數的典型變量為 η_2，二個典型變量間的相關為 ρ_2=.254，典型變量間的關聯強度類似簡單相關係數，但典型變量間相關均為正相關。MANOVA 語法結果中會增列典型相關係數平方值 ρ^2，ρ^2 與 r^2 的意涵類似，表示典型變量的變異可以由另外一個典型變量解釋的變異部份。

Test that remaining correlations are zero:

	Wilk's	Chi-SQ	DF	Sig.
1	.449	236.536	8.000	.000
2	.936	19.686	3.000	.000

上表為典型相關係數的顯著性檢定，二個典型相關係數 ρ_1、ρ_2 顯著性考驗 Wilk's Λ 值分別為 .449、.936；Bartlett 的卡方近似值分別為 236.536、19.686，顯著性 p 值均小於 .05，表示二個典型相關係數均顯著不等於 0 (在 MANOVA 語法中也呈現 Wilk's Λ，但統計量改以 Rao 的 F 近似值進行典型相關係數的顯著性考驗)，如果 Wilk's Λ 值統計量未達 .05 顯著水準，表示典型變量間的相關顯著等於 0。第一個典型相關係數顯著性檢定的虛無假設與對立假設如下：H_0：$\rho_1 = \rho_2 = 0$、H_1：$\rho_1 \neq 0,\ \rho_2 = 0$，$\chi^2$ 值統計量等於 236.536，顯著性 p<.001，拒絕虛無假設，接受對立假設：至少 ρ_1 顯著不等於 0；第二個典型相關係數顯著性檢定的虛無假設與對立假設如下：H_0：$\rho_1 \neq 0,\ \rho_2 = 0$、$H_1$：$\rho_1 \neq 0\ \&\ \rho_2 \neq 0$，$\chi^2$ 值統計量等於 19.686，顯著性 p<.001，拒絕虛無假設，接受對立假設：ρ_2 也顯著不等於 0。

Standardized Canonical Coefficients for Set-1

	1	2
工作投入	-1.002	-.004
自我投入	.053	1.000

上表為 X 組變數之標準化典型係數。標準化典型係數由於受到變項間相關的影響，並不能作為解釋各變項在典型函數上相對重要性之依據，最好再參考典型結構係數 (canonical structure coefficient，又稱典型結構相關係數) 或典型結構負荷量 (canonical structure loading) / 典型負荷量數值。此處標準化典型係數值的正負號與採用 MANOVA 語法正好相反。

```
Raw Canonical Coefficients for Set-1
              1        2
工作投入     -.168    -.001
自我投入      .011     .217
```

上表為第一組 X 組變數在二個典型函數之未標準化典型係數 (原始典型係數)，此處未標準化典型係數值的正負號與採用 MANOVA 語法結果正好相反，原始典型係數乘於變項相對應的標準差剛好為標準化典型係數值。

```
Standardized Canonical Coefficients for Set-2
              1        2
學習信心     -.554     .351
有用程度     -.318    -.170
成功意向     -.194     .927
探究動機     -.233    -.854
```

上表為 Y 變項在二條典型函數之標準化典型係數，此處標準化典型係數值的正負號與採用 MANOVA 語法正好相反。

```
Raw Canonical Coefficients for Set-2
              1        2
學習信心     -.068     .043
有用程度     -.062    -.033
成功意向     -.035     .166
探究動機     -.052    -.191
```

上表為 Y 變項在二個典型函數之未標準化典型係數 (原始典型係數值)，此處未標準化典型係數值的正負號與採用 MANOVA 語法正好相反。

```
Canonical Loadings for Set-1
                1        2
工作投入      -.999     .053
自我投入      -.004    1.000
```

上表為 X 變項在二條 χ_j 典型函數之典型結構係數 (典型結構負荷量)，它表示控制變項 (X 變項) 與典型變項 (χ) 之間的相關，相關係數值愈大，表示該變項在解釋典型函數之重要性愈高。X 變項在二條 χ_j 典型 1 函數之典型負荷量矩陣為 X 變項的相關矩陣乘於 X 變項之標準化典型係數。如：

$$\begin{bmatrix} 1 & .564 \\ .0564 & 1 \end{bmatrix} \times \begin{bmatrix} -1.002 & -.004 \\ .053 & 1 \end{bmatrix} = \begin{bmatrix} -.999 & .053 \\ -.004 & 1 \end{bmatrix}$$

```
Cross Loadings for Set-1
                1        2
工作投入      -.720     .013
自我投入      -.003     .254
```

上表為 X 組變數在二條 η_j 典型函數之跨典型負荷量 (cross loadings)，也就是 Index 係數 (又稱交叉結構係數)。跨典型負荷量矩陣等於典型負荷量矩陣乘於典型相關矩陣。跨典型負荷量代表 X 變項與二條 η_j 典型函數之相關，此負荷量值取平方，就是 X 變項的變異量可以被二條 η_j 典型函數解釋的百分比 (王保進，民 93)。以第一組典型函數而言，二個變項的負荷量依序為 -.720、-.003，其平方值分別等於 .5184、.000，表示第一條典型函數 η_1 可以解釋 X 變項二個變項 51.84%、0.00% 的變異量。

第一組二個 X 組變數與典型變項 η_1 的跨典型負荷量的數值即第一組二個 X 組變數與典型變項 η_1 簡單相關，跨典型負荷量平方的平均值為 $\frac{(-.720)^2 + (-.003)^2}{2}$

$=\dfrac{.518}{2}=.259$，.259 的數值即為重疊量數，表示第一組二個 X 項可以被典型變量 η_1 解釋的變異量為 25.9%。典型變量 η_1 是經由典型變量 χ_1 對第一組 X 變項產生 關聯，其關聯情形如下：$\eta_1 \to \chi_1 \to$ 第一組 X 變項，典型變量 η_1 是第二組 Y 變 項的線性組合分數變數，二者關係為：第二組 Y 變項 $\to \eta_1$，將上述關係組合起 來為：第二組 Y 變項 $\to \eta_1 \to \chi_1 \to$ 第一組 X 變項，第二組 Y 變項經由第一對典 型變項 η_1、χ_1 而與第一組 X 變項產生關聯，第二組 Y 變項經由第一對典型變項 可以解釋第一組 X 變項 25.9% 的變異量。

第一組二個 X 變項與典型變項 η_2 的跨典型負荷量的數值即第一組二個 X 變 項與典型變項 η_2 簡單相關，跨典型負荷量平方的平均值為 $\dfrac{(.013)^2+(.254)^2}{2}=\dfrac{.064}{2}$ =.032，.032 的數值即為重疊量數，表示第一組二個 X 項可以被典型變量 η_2 解釋 的變異量為 3.2%。典型變量 η_2 是經由典型變量 χ_2 對第一組 X 變項產生關聯， 其關聯情形如下：$\eta_2 \to \chi_2 \to$ 第一組 X 變項，典型變量 η_2 是第二組 Y 變項的線 性組合分數變數，二者關聯情形為：第二組 Y 變項 $\to \eta_2$，將上述關係組合起來 為：第二組 Y 變項 $\to \eta_2 \to \chi_2 \to$ 第一組 X 變項，第二組 Y 變項經由第二對典型 變項 η_2、χ_2 而與第一組 X 變項產生關聯，第二組 Y 變數經由第二對典型變項可 以解釋第一組 X 變數 3.2% 的變異量。

第一組典型負荷量表示 X 組變項與其典型變量 χ (X 組變數間之線性組合函 數) 間的相關，第一組跨典型負荷量表示 X 組變項與其相對應典型變量 η (Y 組 變數間之線性組合函數) 間的相關。

Canonical Loadings for Set-2		
	1	2
學習信心	-.876	-.059
有用程度	-.700	-.014
成功意向	-.538	.704
探究動機	-.805	-.428

上表為 Y 變項在二條 η 典型函數之典型結構相關係數又稱典型結構負荷量 (Y 變項與其典型變量 η 間的相關)，它表示效標變項與典型變量 η 之間的相關，

係數值愈大，表示該變項在解釋典型函數之重要性愈高。Y 變項在二條典型函數 η 之典型負荷量矩陣為 Y 變項的相關係數矩陣乘以 Y 變項之標準化典型係數。此處典型結構係數數值的正負號與執行 MANOVA 語法相反。根據典型負荷量繪出的二個典型函數間之典型相關徑路圖如下 (圖中虛線表示典型負荷量絕對值小於 .500)：

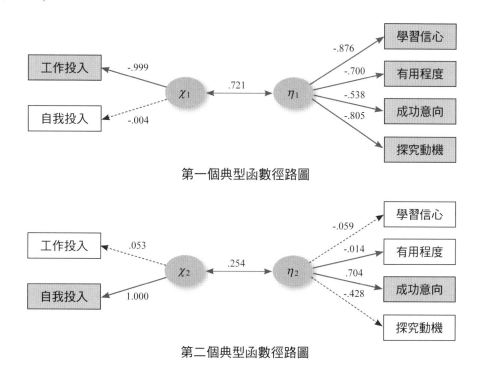

第一個典型函數徑路圖

第二個典型函數徑路圖

Cross Loadings for Set-2

	1	2
學習信心	-.632	-.015
有用程度	-.505	-.003
成功意向	-.388	.179
探究動機	-.580	-.109

　　上表為 Y 變項在二條 χ 典型函數之跨典型負荷量 (cross loadings) － Index 係數 (交叉結構係數)。第二組 (Y 組變數) 典型負荷量表示 Y 組變項 (依變項) 與

其典型變量 η (Y 組變數間之線性組合函數) 間的相關，第二組跨典型負荷量表示 Y 組變項與其相對應典型變量 χ (X 組變數間之線性組合函數) 間的相關。

第二組四個 Y 變項與典型變項 χ_1 的跨典型負荷量的數值即第二組四個 Y 變項與典型變項 χ_1 簡單相關，跨典型負荷量平方的平均值為：

$$\frac{(-.632)^2 + (-.505)^2 + (-.388)^2 + (-.580)^2}{4} = \frac{.399 + .255 + .151 + .336}{4} = .285 ，.285 的$$

數值即為重疊量數，表示第二組四個 Y 項可以被典型變量 χ_1 解釋的變異量為 28.5%。典型變量 χ_1 是經由對應的典型變量 η_1 對第二組 Y 變項產生關聯，其關聯情形如下：$\chi_1 \rightarrow \eta_1 \rightarrow$ 第二組 Y 變項，典型變量 χ_1 是第一組二個 X 變項的線性組合分數變數，二者關聯情形為：第一組 X 變項 $\rightarrow \chi_1$，將上述關係組合起來為：第一組二個 X 變項 $\rightarrow \chi_1 \rightarrow \eta_1 \rightarrow$ 第二組四個 Y 變項，第一組 X 變項 (數學投入二個構面) 經由第一對典型變項 χ_1、η_1 而與第二組 Y 變項 (數學態度四個構面) 產生關聯，第一組 X 變項經由第一對典型變項 (χ_1、η_1) 可以解釋第二組 Y 變項 28.5% 的變異量。

第二組四個 Y 變項與典型變項 χ_2 的跨典型負荷量的數值即第二組四個 Y 變項與典型變項 χ_2 簡單相關，跨典型負荷量平方的平值為

$$\frac{(-.015)^2 + (-.003)^2 + (.179)^2 + (-.109)^2}{4} = \frac{.000 + .000 + .032 + .012}{4} = .011 ，.011 的數$$

值即為重疊量數，表示第二組四個 Y 變項可以被典型變量 χ_2 解釋的變異量為 1.1%。典型變量 χ_2 是經由對應的典型變量 η_2 對第二組 Y 變項產生關聯，其關聯情形如下：$\chi_2 \rightarrow \eta_2 \rightarrow$ 第二組 Y 變項，典型變量 χ_2 是第一組二個 X 變項的線性組合分數變數，二者關聯情形為：第一組 X 變項 $\rightarrow \chi_2$，將上述關係組合起來為：第一組二個 X 變項 $\rightarrow \chi_2 \rightarrow \eta_2 \rightarrow$ 第二組四個 Y 變項，第一組 X 變項 (數學投入二個構面) 經由第二對典型變項 χ_2、η_2 而與第二組 Y 變項 (數學態度四個構面) 產生關聯，第一組 X 變項經由第二對典型變項 (χ_2、η_2) 可以解釋第二組 Y 變項 1.1% 的變異量。

Redundancy Analysis:

Proportion of Variance of Set-1 Explained by Its Own Can. Var.

	Prop Var
CV1-1	.499
CV1-2	.501

上表為第一組 X 變項被二條 χ 典型函數解釋變異量的百分比 (第一組變數被其典型變項 χ 解釋的變異程度)。第一個典型函數 χ_1 可以解釋 X 變項 49.9% 的變異量；第二個典型函數 χ_2 可以解釋 X 變項 50.1% 的變異量，因為有二個 X 變項、二個典型變量，因而二個典型變量 χ_1、χ_2 可以解釋二個 X 變項總變異 100.0% 的變異量 (49.9%+50.1%=100.0%)。

Proportion of Variance of Set-1 Explained by Opposite Can. Var.

	Prop Var
CV2-1	.259
CV2-2	.032

上表為第一組 X 變項與二條 η_j 典型函數之重疊係數，即第一組二個變項被相對應典型變項 η 解釋的變異量。工作投入、自我投入二個變數 (組成的典型函數為 χ) 可被典型變項 η_1 解釋的變異量為 25.9%；工作投入、自我投入二個變數可被典型變項 η_2 解釋的變異量為 3.2%。

Proportion of Variance of Set-2 Explained by Its Own Can. Var.

	Prop Var
CV2-1	.549
CV2-2	.171

上表為 Y 變項被二條 η 典型函數解釋變異量的百分比。第一個典型變量 (η_1) 可以解釋 Y 變項 54.9% 的變異量；第二個典型變量 (η_2) 可以解釋 Y 變項 17.1% 的變異量。因為有四個控制變項，只有二個典型變量 (η_1 與 η_2)，二個典型變量解釋四個控制變項的變異量會少於 100.0%，範例中只有 72.0%，典型相關分析中，若是抽取的典型變量個數少於該組變數個數 (潛在變項個數少於指標變項個數)，則所有典型變量對全部指標變數的累積解釋變異量會小於 100.0%；如果抽取的典型變量個數等於該組變數個數 (潛在變項個數等於指標變項個數)，則所有典型變量對全部指標變數的累積解釋變異量剛好等於 100.0%。

Proportion of Variance of Set-2 Explained by Opposite Can. Var.

	Prop Var
CV1-1	.285
CV1-2	.011

　　上表為 Y 變項與二條 χ_i 典型函數之重疊係數，即第二組四個變項被相對應典型變項 χ 解釋的變異量。學習信心、有用程度、成功意向、探究動機四個變數 (組成的典型函數為 η) 可被典型變項 χ_1 解釋的變異量為 28.5%；學習信心、有用程度、成功意向、探究動機四個變數可被典型變項 χ_2 解釋的變異量為 1.1%。

參、結果統整

　　上述典型相關分析結果數據可以統整如下表格：

自變項	典型負荷量 χ_1	典型負荷量 χ_2	典型負荷量平方	典型負荷量平方	總和
工作投入	-0.999	0.053	0.998	0.002	100.0%
自我投入	-0.004	1.000	0.000	1.000	100.0%
典型變項 χ 可以解釋的變異 %			49.9	50.1	100.0

自變項	跨典型負荷量 η_1	跨典型負荷量 η_2	跨典型負荷量平方	跨典型負荷量平方	總和
工作投入	-0.720	0.013	0.518	0.000	51.8%
自我投入	-0.003	0.254	0.000	0.065	6.5%
對應典型變項 η 可以解釋的變異 (重疊量數)%			25.9	3.2	29.1

自變項	典型負荷量 η_1	典型負荷量 η_2	典型負荷量平方	典型負荷量平方	總和
學習信心	-0.876	-0.059	0.767	0.003	77.1%
有用程度	-0.700	-0.014	0.490	0.000	49.0%
成功意向	-0.534	0.704	0.285	0.496	78.1%
探究動機	-0.805	-0.428	0.648	0.183	83.1%
典型變項 η 可以解釋的變異 %			54.8	17.1	71.8

自變項	跨典型負荷量 χ_1	跨典型負荷量 χ_2	跨典型負荷量平方	跨典型負荷量平方	總和
學習信心	-0.632	-0.015	0.399	0.000	39.9%
有用程度	-0.505	-0.003	0.255	0.000	25.5%
成功意向	-0.388	0.179	0.151	0.032	18.3%
探究動機	-0.580	-0.109	0.336	0.012	34.8%
對應典型變項 χ 可以解釋的變異 (重疊量數)%			28.5	1.1	29.6

　　上表呈現的結果與執行 MANOVA 語法結果一樣，研究者可將結果相互對照一下，其中唯一的差別是典型加權係數與典型結構係數數值的正負號相反，但整體的解釋結果卻是一樣。CANCORR 分析之典型相關分析結果整理如下：

【表格範例】

◎ 表 II　數學投入動機構面與數學態度構面的典型相關分析摘要表

控制變項 (X 變項)	典型 χ_1	因素 χ_2	效標變項 (Y 變項)	典型 η_1	因素 η_2
工作投入	-.999#	.053	學習信心	-.876#	-.059
			有用程度	-.700#	-.014
自我投入	-.004	1.000#	成功意向	-.538#	.704#
			探究動機	-.805#	-.428
抽出變異數 %	.499	.501	抽出變異量	.549	.171
重疊 (%)	.259	.032	重疊指標量	.285	.011
			ρ^2	.520	.064
			ρ	.721	.254
			χ^2	236.536***	19.686***

註：# 典型結構相關係數 (典型負荷量) 絕對值≧ .500 者　　*** p<.001

　　如果研究者要增列跨典型負荷量的數值，則完整典型相關分析摘要表如下：

⊙ **表 III　數學投入動機構面與數學態度構面的典型相關分析摘要表**

	X 組典型變量 χ_1	X 組典型變量 χ_2	Y 組典型變量 η_1	Y 組典型變量 η_2
X 組變項				
工作投入	-.999#	.053	-.720	.013
自我投入	-.004	1.000#	-.003	.254
解釋變異量 %	49.9	50.1		
累積解釋變異 %	49.9	100.0		
重疊量 %			25.9	3.2
累積重疊量 %			25.9	29.1
Y 組變項				
學習信心	-.632	-.015	-.876#	-.059
有用程度	-.505	-.003	-.700#	-.014
成功意向	-.388	.179	-.538#	.704#
探究動機	-.580	-.109	-.805#	-.428
解釋變異量 %			54.9	17.1
累積解釋變異 %			54.9	72.0
重疊量 %	28.5	1.1		
累積重疊量 %	28.5	29.6		
典型相關 ρ	$\rho_1 = .721^{***}$	$\rho_2 = .254^{***}$		
典型相關平方 ρ^2	.520	.064		

註：# 典型結構相關係數 (典型負荷量) 絕對值 ≧ .500 者　　　*** p<.001

從上述典型相關分析摘要表可以得知：

1. 二個預測變項與四個效標變項有二對典型變項的相關達到顯著 (p<.05)，第一對典型變量 χ_1 與 η_1 間的相關係數 ρ_1 為 .721，第二對典型變量 χ_2 與 η_2 間的相關係數 ρ_2 為 .254，第一對典型變項 χ_1 與 η_1 間可以被對方解釋的變異量為 52.0%，第二對典型變項 χ_2 與 η_2 間可以被對方解釋的變異量為 6.4%。

2. 「工作投入」、「自我投入」二個 X 組變項 (預測變項) 可以被其第一個線性組合分數典型變量 χ_1 解釋的變異量為 49.9%，「工作投入」、「自我投入」二個 X 組變項 (預測變項) 可以被第二個線性組合分數典型變量 χ_2 解釋的變異量為 50.1%。X 組二個典型變項 χ_1 與 χ_2 可以解釋「工作投入」、「自我投入」二個 X 組變項的累積變異量為 100.0%。

3. 「學習信心」、「有用程度」、「成功意向」、「探究動機」四個 Y 組

變項 (效標變項) 可以被其第一個線性組合分數典型變量 解釋的變異量為 54.9%，「學習信心」、「有用程度」、「成功意向」、「探究動機」四個 Y 組變項 (效標變項) 可以被其第二個線性組合分數典型變量 η_2 解釋的變異量為 17.1%。Y 組二個典型變項 η_1 與 η_2 可以解釋「學習信心」、「有用程度」、「成功意向」、「探究動機」四個 Y 組變項的累積變異量為 72.0%。

4. 從跨典型負荷量平方值和的平均變異量來看，「工作投入」、「自我投入」二個 X 組變項 (預測變項) 經由第一對典型變量 χ_1 及 η_1 與「學習信心」、「有用程度」、「成功意向」、「探究動機」四個 Y 組變項 (效標變項) 產生顯著關聯，「工作投入」、「自我投入」二個 X 組變項藉由第一對典型變量 χ_1 及 η_1 可以解釋「學習信心」、「有用程度」、「成功意向」、「探究動機」四個 Y 組變項 28.5% 的變異量；「工作投入」、「自我投入」二個 X 組變項經由第二對典型變量 χ_2 及 η_2 與「學習信心」、「有用程度」、「成功意向」、「探究動機」四個 Y 組變項也產生顯著關聯，「工作投入」、「自我投入」二個 X 組變項藉由第二對典型變量 χ_2 及 η_2 可以解釋「學習信心」、「有用程度」、「成功意向」、「探究動機」四個 Y 組變項 1.1% 的變異量；二個 X 組變項經由二對典型變量共可解釋 Y 組四個變項總變異之 29.6% 的變異量。

5. 從跨典型負荷量平方值和的平均變異量來看，「學習信心」、「有用程度」、「成功意向」、「探究動機」四個 Y 組變項 (效標變項) 經由第一對典型變量 η_1 及 χ_1 與「工作投入」、「自我投入」二個 X 組變項 (預測變項) 產生顯著關聯，「學習信心」、「有用程度」、「成功意向」、「探究動機」四個 Y 組變項藉由第一對典型變量 η_1 及 χ_1 可以解釋「工作投入」、「自我投入」二個 X 組變項 25.9% 的變異量；「學習信心」、「有用程度」、「成功意向」、「探究動機」四個 Y 組變項 (效標變項) 經由第二對典型變量 η_1 及 χ_1 與「工作投入」、「自我投入」二個 X 組變項 (預測變項) 也產生顯著關聯，「學習信心」、「有用程度」、「成功意向」、「探究動機」四個 Y 組變項藉由第二對典型變量 η_2 及 χ_2 可以解釋「工作投入」、「自我投入」二個 X 組變項 3.2% 的變異量，四個 Y 組變項經由二對典型變量共可解釋 X 組二個變項總變異之 29.1% 的變異量。

6. 從典型結構相關係數 (典型負荷量) 絕對值來看，第一對典型變量中，就 X

組變項而言，與典型變量 χ_1 關係較為密切者為「工作投入」變項 (典型負荷量為負值)，就 Y 組變項而言，與典型變量 η_1 關係較為密切者為「學習信心」、「有用程度」、「成功意向」、「探究動機」(典型負荷量均為負值)，表示「工作投入」變項經由第一對典型變量 χ_1 及 η_1 而影響「學習信心」、「有用程度」、「成功意向」、「探究動機」等四個變項，其影響或關係程度為正向。第二對典型變量中，就 X 組變項而言，與典型變量 χ_2 關係較為密切者為「自我投入」變項 (典型負荷量為正值)，就 Y 組變項而言，與典型變量 η_2 關係較為密切者為「成功意向」(典型負荷量為正值)，表示「自我投入」變項經由第二對典型變量 χ_2 及 η_2 而影響「成功意向」變項，其影響或關係程度為正向。

7. 從重疊係數值大小比較而言，二個數學投入動機向度變項經由二對典型變量 ($\chi_1 \rightarrow \eta_1$、$\chi_2 \rightarrow \eta_2$) 共可解釋四個數學態度變項總變異之 29.6% 的變異量；而四個數學態度變項經由二對典型變量 ($\eta_1 \rightarrow \chi_1$、$\eta_2 \rightarrow \chi_2$) 共可解釋二個數學投入動機向度變項總變異之 29.1% 的變異量，經由二對典型變項的影響，「數學投入動機二個向度對數學態度四個向度的影響」與「數學態度四個向度對數學投入動機二個向度的影響」程度差不多，若以變數間之因果關係來看，二組變項屬性互為因果較為適宜。一般而言，有明確單一方向因果關係的變項中，自變項 (外因變項 / 預測變項) 對依變項 (內因變項 / 效標變項) 的解釋變異量較大；相對的，依變項可以解釋自變項的變異量較小，若是二組變項可以解釋的變異差不多，則二組變項間的因果關係較無法確定，可能二組變項互為因果，或二組變項均為果變項，中間有中介變項的影響。

第四節　數學焦慮構面與數學態度構面的典型相關分析

　　數學焦慮量表構面分為壓力懼怕、情緒擔憂、考試焦慮、課堂焦慮等四個，數學態度量表構面分為學習信心、有用程度、成功意向、探究動機等四個，X 組變項為數學焦慮量表的四個構面、Y 組變項為數學態度量表的四個構面，二組變數均沒有包括構面加總後的變數，研究架構圖如下：

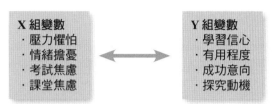

因為 X 組變數有四個變項、Y 組變數也有四個變項，共可抽取四對典型變量，典型相關執行程序圖如下：

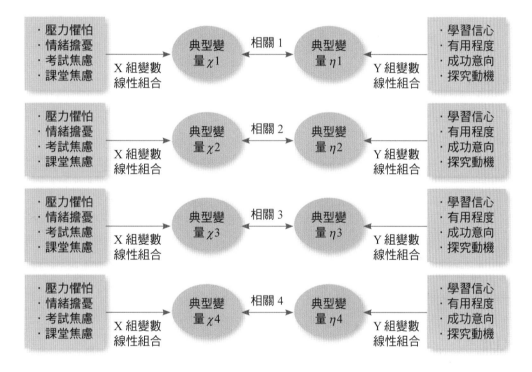

壹、典型相關語法

```
include file='c:\program files\SPSSINc\PASWStatistics18\Samples\English\
canonical correlation.sps'.
cancorr  set1= 壓力懼怕  情緒擔憂  考試焦慮  課堂焦慮 /
        set2= 學習信心  有用程度  成功意向   探究動機 /.
EXECUTE.
```

貳、典型相關結果與簡要說明

```
Run MATRIX procedure:
Correlations for Set-1
```

	壓力懼怕	情緒擔憂	考試焦慮	課堂焦慮
壓力懼怕	1.0000	.7488	.7881	.7020
情緒擔憂	.7488	1.0000	.8541	.6048
考試焦慮	.7881	.8541	1.0000	.5833
課堂焦慮	.7020	.6048	.5833	1.0000

【說明】

數學焦慮四個構面間的相關矩陣摘要表，數學焦慮四個構面間呈中高度正相關，相關係數介於 .5833 至 .8541 之間。

```
Correlations for Set-2
```

	學習信心	有用程度	成功意向	探究動機
學習信心	1.0000	.3555	.2548	.6856
有用程度	.3555	1.0000	.4335	.4336
成功意向	.2548	.4335	1.0000	.2798
探究動機	.6856	.4336	.2798	1.0000

【說明】

數學態度四個構面間的相關矩陣摘要表，數學態度四個構面間呈中低度正相關，相關係數介於 .2548 至 .6856 之間。。

```
Correlations Between Set-1 and Set-2
```

	學習信心	有用程度	成功意向	探究動機
壓力懼怕	-.6342	-.2468	-.1598	-.5248
情緒擔憂	-.5156	-.0844	-.0332	-.4066
考試焦慮	-.5734	-.0835	-.0558	-.4445
課堂焦慮	-.6897	-.3074	-.1230	-.5507

【說明】

　　數學焦慮四個構面與數學態度四個構面間的相關矩陣摘要表，數學焦慮與數學態度均呈負相關，積差相關係數介於 -.0332 至 -.6897 之間，四個數學焦慮構面與數學態度構面的「學習信心」及「探究動機」間的關係較為密切。

Canonical Correlations

1　.744
2　.264
3　.112
4　.032

【說明】

　　四組典型變量的間相關 (四個典型相關係數) 分別為 .744、.264、.112、.032，典型相關個數 =[最小值 (X 組變項個數，Y 組變項個數)]=[最小值 (4，4)]=4，典型相關程序四對典型變量間的相關是否達到顯著，必須經由檢定考驗方能得知。執行典型相關語法檔程序後會於原資料檔中自動增列下列八個變數名稱：S1_CV001、S2_CV001、S1_CV002、S2_CV002、S1_CV003、S2_CV003、S1_CV004、S2_CV004，其中「S1」為 X 組典型加權分數 (典型變項 χ)、「S2」為 Y 組典型加權分數 (典型變項 η)，典型加權分數可由下列輸出結果之「原始典型係數」求出，典型加權分數是各組變數的線性組合測量值。八個變數之相關矩陣中，S1_CV001 與 S2_CV001 變項的相關為第一對典型變量的關係，第一個典型相關係數為 .744 (p<.001)；S1_CV002 與 S2_CV002 變項的相關為第二對典型變量的關係，第二個典型相關係數為 .264 (p<.001)；S1_CV003 與 S2_CV003 變項的相關為第三對典型變量的關係，第三個典型相關係數為 .112 (p=.052>.05)；S1_CV004 與 S2_CV004 變項的相關為第四對典型變量的關係，第三個典型相關係數為 .032 (p=.577>.05)。從相關矩陣中可以看出，除四對相對應的典型變項外，其餘非對應典型變項間的相關均為 0。

	S1_CV001	S2_CV001	S1_CV002	S2_CV002	S1_CV003	S2_CV003	S1_CV004	S2_CV004
S1_CV001	1							
S2_CV001	.744**	1						
	.000							
S1_CV002	.000	.000	1					
	1.000	1.000						
S2_CV002	.000	.000	.264**	1				
	1.000	1.000	.000					
S1_CV003	.000	.000	.000	.000	1			
	1.000	1.000	1.000	1.000				
S2_CV003	.000	.000	.000	.000	.112	1		
	1.000	1.000	1.000	1.000	.052			
S1_CV004	.000	.000	.000	.000	.000	.000	1	
	1.000	1.000	1.000	1.000	1.000	1.000		
S2_CV004	.000	.000	.000	.000	.000	.000	.032	1
	1.000	1.000	1.000	1.000	1.000	1.000	.577	

Test that remaining correlations are zero:

	Wilk's	Chi-SQ	DF	Sig.
1	.410	262.669	16.000	.000
2	.918	25.288	9.000	.003
3	.986	4.043	4.000	.400
4	.999	.308	1.000	.579

【說明】

四個典型相關係數中有二個達到 .05 顯著水準，第一個典型相關係數為 .744，χ^2 統計量為 262.669、顯著性 p<.001，表示至少 ρ_1 顯著不等於 0；第二個典型相關係數等於 .264，χ^2 統計量為 25.288、顯著性 p=.003<.05，表示 ρ_2 也顯著不等於 0。第三個典型相關係數與第四個典型相關係數顯著性考驗的 p 值分別為 .400 (p>.05)、.579 (p>.05)，表示這二個典型相關係數均顯著等於 0，四對典型變量之典型相關係數只有二個顯著不等於 0。

第三個典型相關係數顯著性檢定程序的虛無假設與對立假設分別為：$H_0: \rho_1 \neq 0, \rho_2 \neq 0, \rho_3 = \rho_4 = 0$；$H_1: \rho_1 \neq 0$ 且 $\rho_2 \neq 0$ 且 $\rho_3 \neq 0, \rho_4 = 0$，接受虛無假設表

示 ρ_3 與 ρ_4 均顯著等於 0。

第四個典型相關係數顯著性檢定程序的虛無假設與對立假設分別為：$H_0 : \rho_1 \neq 0, \rho_2 \neq 0, \rho_3 \neq 0, \rho_4 = 0$ ；$H_1 : \rho_1 \neq 0$ 且 $\rho_2 \neq 0$ 且 $\rho_3 \neq 0$, 且 $\rho_4 \neq 0$，接受虛無假設表示 ρ_4 顯著等於 0。

Standardized Canonical Coefficients for Set-1

	1	2	3	4
壓力懼怕	-.270	1.062	-1.442	.483
情緒擔憂	.193	-.474	.585	1.848
考試焦慮	-.339	-1.229	-.276	-1.688
課堂焦慮	-.674	.397	1.112	-.431

【說明】

X 組數學焦慮四個構面的標準化典型係數，標準化典型係數絕對值可能大於 1，絕對值愈大，表示個別變項對典型變量的貢獻度愈大。就第一個典型變量而言，「課堂焦慮」變項有較大的貢獻度；就第二個典型變量而言，「壓力懼怕」變項與「課堂焦慮」變項有較大的貢獻度。

Raw Canonical Coefficients for Set-1

	1	2	3	4
壓力懼怕	-.041	.163	-.221	.074
情緒擔憂	.026	-.064	.080	.251
考試焦慮	-.043	-.157	-.035	-.216
課堂焦慮	-.136	.080	.224	-.087

【說明】

X 組數學焦慮四個構面變項的原始典型係數 (典型加權係數)，經由原始典型加權係數可以求出每位觀察值在 X 組變數四個典型變量的測量值 (典型加權分數)。

Standardized Canonical Coefficients for Set-2

	1	2	3	4
學習信心	.846	.329	-.317	.992
有用程度	.033	-1.002	-.645	-.003
成功意向	-.106	-.192	1.027	.385
探究動機	.222	.124	.468	-1.329

【說明】

　　Y 組變數之數學態度四個構面變項的標準化典型係數，就第一個典型變量而言，「學習信心」變項有較大的貢獻度；就第二個典型變量而言，「有用程度」變項有較大的貢獻度。

Raw Canonical Coefficients for Set-2

	1	2	3	4
學習信心	.104	.040	-.039	.122
有用程度	.006	-.194	-.125	-.001
成功意向	-.019	-.034	.184	.069
探究動機	.050	.028	.105	-.297

【說明】

　　Y 組數學態度四個構面的原始典型係數，經由原始典型加權係數可以求出每位觀察值在 Y 組變數四個典型變量的測量值 (典型加權分數)。

Canonical Loadings for Set-1

	1	2	3	4
壓力懼怕	-.866	.016	-.441	.234
情緒擔憂	-.707	-.489	-.058	.508
考試焦慮	-.781	-.566	-.264	.020
課堂焦慮	-.945	.138	.293	.042

【說明】

　　X 組數學焦慮四個構面的典型負荷量 (典型結構係數)，即數學焦慮四個構面變項與其典型變量 χ 間的相關。就第一個典型變量 χ_1 而言，壓力懼怕、情緒擔憂、考試焦慮、課堂焦慮四個變項的典型負荷量絕對值均大於 .500；就第二個典型變量 χ_2 而言，以考試焦慮構面變項與典型變量 χ_2 的關係較大。由於 X 組變數與 Y 組變數間第三對典型變量間的相關係數顯著等於 0、第四對典型變量間的相關係數也顯著等於 0，因而二組變數中的第三個典型變量與第四個典型變量中的相關統計量數可以不用解釋，X 組變數中四個數學焦慮構面與其典型變量間的相關圖示如下：

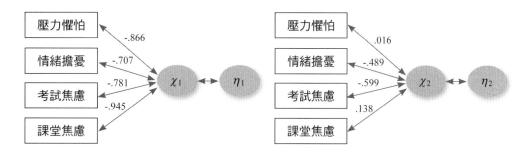

```
Cross Loadings for Set-1

                 1        2        3        4
壓力懼怕      -.645     .004    -.049     .008
情緒擔憂      -.526    -.129    -.006     .016
考試焦慮      -.581    -.149    -.030     .001
課堂焦慮      -.703     .037     .033     .001
```

【說明】

　　X 組數學焦慮四個構面的跨典型負荷量 (跨典型結構係數)，即數學焦慮四個構面變項與對應典型變量 η 間的相關，X 組四個數學焦慮構面變數與 Y 組典型變量 η 間藉由 X 組典型變量 χ 建立關聯，X 組四個數學焦慮構面之跨典型負荷量圖示如下：

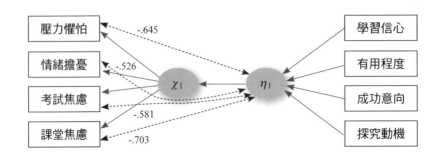

$$\frac{(-.645)^2+(-.526)^2+(-.581)^2+(-.703)^2}{4}=\frac{.416+.277+.338+.494}{4}=.381 \, , \, X \, 組 \, 數 \, 學$$

焦慮四個構面變項可以被 Y 組第一個典型變量解釋的變異量為 38.1%，由圖示中可以發現：Y 組四個數學態度構面變項透過第一對典型變量 (η_1 & χ_1) 可以解釋 X 組數學焦慮四個構面變項解釋變異量為 38.1%。

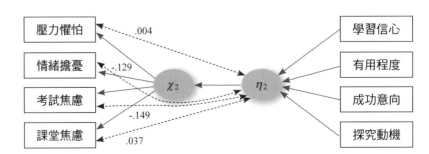

$$\frac{(.004)^2+(-.129)^2+(-.149)^2+(.037)^2}{4}=\frac{.000+.017+.022+.001}{4}=0.10 \, , \, X \, 組 \, 數 \, 學 \, 焦$$

慮四個構面變項可以被 Y 組第二個典型變量解釋的變異量為 1.0%，由圖示中可以發現：Y 組四個數學態度構面變項透過第二對典型變量 (η_2 & χ_2) 可以解釋 X 組數學焦慮四個構面變項解釋變異量為 1.0%。

Canonical Loadings for Set-2				
	1	2	3	4
學習信心	.983	.009	.036	.178
有用程度	.384	-.915	-.109	-.060
成功意向	.186	-.508	.798	.265
探究動機	.787	-.139	.259	-.543

【說明】

　　Y 組數學態度四個構面的典型負荷量 (典型結構係數)，即數學態度四個變項與其典型變量 η 間的相關。就第一個典型變量 η_1 而言，以「學習信心」變項及「探究動機」變項與典型變量 η_1 的相關較高；就第二個典型變量 η_2 而言，以「有用程度」變項及「成功意向」變項與典型變量 η_2 的相關較高。

Cross Loadings for Set-2

	1	2	3	4
學習信心	.731	.002	.004	.006
有用程度	.286	-.241	-.012	-.002
成功意向	.139	-.134	.090	.009
探究動機	.586	-.037	.029	-.018

【說明】

　　Y 組數學態度四個構面的跨典型負荷量 (跨典型結構係數)，即數學態度四個變項與其對應典型變量 χ 間的相關。

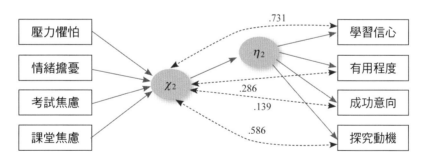

$$\frac{(.731)^2 + (.286)^2 + (.139)^2 + (.586)^2}{4} = \frac{.534 + .082 + .019 + .343}{4} = .245$$，Y 組數學態度

四個向度變項可以被 X 組第一個典型變量解釋的變異量為 24.5%，由圖示中可以發現：X 組數學焦慮四個構面變項透過第二對典型變量 $(\chi_1 \& \eta_1)$ 可以解釋 Y 組四個數學態度構面變項解釋變異量為 24.5%。

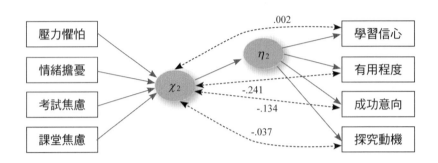

$$\frac{(.002)^2 + (-.241)^2 + (-.134)^2 + (-.037)^2}{4} = \frac{.000 + .058 + .018 + .001}{4} = .019 \text{，Y 組數學態}$$

度四個向度變項可以被 X 組第二個典型變量解釋的變異量為 1.9%，由圖示中可以發現：X 組數學焦慮四個構面變項透過第二對典型變量 (χ_2 & η_2) 可以解釋 Y 組四個數學態度構面變項解釋變異量為 1.9%。

Redundancy Analysis:

Proportion of Variance of Set-1 Explained by Its Own Can. Var.

	Prop Var
CV1-1	.688
CV1-2	.145
CV1-3	.088
CV1-4	.079

【說明】

X 組數學焦慮四個構面可以被自己典型變量 χ 解釋的變異量，第一個典型變量 χ_1 可以解釋 X 組數學焦慮四個構面 68.8% 的變異量，第二個典型變量 χ_2 可以解釋 X 組數學焦慮四個構面 14.5% 的變異量。由 X 組典型負荷量數值可以計算各典型變項解釋四個數學焦慮變項的總平均變異量：

$$\frac{(-.866)^2 + (-.707)^2 + (-.781)^2 + (-.945)^2}{4} = \frac{.750 + .500 + .610 + .893}{4} = .688 \text{ 。}$$

$$\frac{(.016)^2 + (-.489)^2 + (-.566)^2 + (.138)^2}{4} = \frac{.000 + .239 + .320 + .019}{4} = .145 \text{ 。}$$

Proportion of Variance of Set-1 Explained by Opposite Can. Var.

	Prop Var
CV2-1	.381
CV2-2	.010
CV2-3	.001
CV2-4	.000

【說明】

　　X 組數學焦慮四個構面可以被其對應典型變量 η 解釋的變異量，Y 組數學態度四個構面變項透過第一對典型變量 η_1 與 χ_1，可以解釋 X 組數學焦慮四個構面 38.1% 的變異量，Y 組數學態度四個構面變項透過第二對典型變量 η_2 與 χ_2，可以解釋 X 組數學焦慮四個構面 1.0% 的變異量 (此數據為 Y 組數學態度變項對 X 組數學焦慮變項影響的重疊量數)，上述統計量數由 X 組之跨典型負荷量中計算而得。

Proportion of Variance of Set-2 Explained by Its Own Can. Var.

	Prop Var
CV2-1	.442
CV2-2	.279
CV2-3	.179
CV2-4	.100

【說明】

　　Y 組數學態度四個構面可以被自己典型變量 η 解釋的變異量，第一個典型變量 η_1 可以解釋 Y 組數學態度四個構面 44.2% 的變異量，第二個典型變量 η_2 可以解釋 Y 組數學態度四個構面 27.9% 的變異量，上述統計量數由 Y 組之典型負荷量計算而得。

Proportion of Variance of Set-2 Explained by Opposite Can. Var.

	Prop Var
CV1-1	.245
CV1-2	.019
CV1-3	.002
CV1-4	.000

【說明】

　　Y 組數學態度四個構面可以被其對應典型變量 χ 解釋的變異量，X 組數學焦慮四個構面變項透過第一對典型變量 χ_1 與 η_1，可以解釋 Y 組數學態度四個構面 24.5% 的變異量；X 組數學焦慮四個構面變項透過第二對典型變量 χ_2 與 η_2，可以解釋 Y 組數學態度四個構面 1.9% 的變異量。(此數據為 X 組數學焦慮變項對 Y 組數學態度變項影響的重疊量數。)

　　Y 組數學態度四個構面被對應典型變量 χ 解釋，典型變量 χ 經由 Y 組典型變量 η 影響到數學態度四個構面，而典型變量 χ 是數學焦慮四個構面變項的線性組合分數，所以其關係為：數學焦慮四個構面→典型變量 χ →典型變量 η →數學態度四個構面，因而數學焦慮四個構面經由二對典型變量共可解釋數學態度四個構面 26.4% 的變異量。

參、表格統整說明

　　上述典型相關結果可以統整成下列表格。

【表格範例】

◉ 表 I　數學焦慮構面與數學態度構面的典型相關分析摘要表

	X 組典型變量 χ_1	X 組典型變量 χ_2	Y 組典型變量 η_1	Y 組典型變量 η_2
X 組變項				
壓力懼怕	-.866#	.016	-.645	.004
情緒擔憂	-.707#	-.489	-.526	-.129
考試焦慮	-.781#	-.566#	-.581	-.149
課堂焦慮	-.945#	.138	-.703	.037
解釋變異量 %	68.8	14.5		
累積解釋變異 %	68.8	83.3		
重疊量 %			38.1	1.0
累積重疊量 %			38.1	39.1
Y 組變項				
學習信心	.731	.002	.983#	.009
有用程度	.286	-.241	.384	-.915#
成功意向	.139	-.134	.186	-.508#
探究動機	.586	-.037	.787#	-.139
解釋變異量 %			44.2	27.9
累積解釋變異 %			44.2	72.1
重疊量 %	24.5	1.9		
累積重疊量 %	24.5	26.4		
典型相關 ρ	$\rho_1 =.744^{***}$	$\rho_2 =.264^{***}$		
典型相關平方 ρ^2	.520	.064		

註：# 典型結構相關係數 (典型負荷量) 絕對值 ≧ .500 者　　**p <.01 *** p <.001

從典型相關分析摘要表可以發現：

四個典型相關係數中有二個典型相關係數達到顯著，二個達顯著的典型相關係數分別為 .744 (p<.001)、.264 (p<.001)，表示數學焦慮四個構面變項透過二對典型變量而影響到數學態度四個構面。

就第一對典型變量而言，四個數學焦慮變項與典型變量 χ_1 間之典型結構係數絕對值大於 .500 者有「壓力懼怕」、「情緒擔憂」、「考試焦慮」、「課堂焦慮」四個變項，四個典型負荷量分別為 -.866、-.707、-.781、-.945；四個數學態度變項與典型變量 η_1 間之典型結構係數絕對值大於 .500 者有「學習信心」、

「探究動機」二個變項，二個典型負荷量分別為 .731、.586，可見數學焦慮四個構面變項經由第一對典型變量 (χ_1 & η_1) 而負向影響「學習信心」、「探究動機」二個數學態度構面。從個別典型變量徑路圖來檢核二組變數關係，圖中第一組變項與第二組變項呈現的皆是典型負荷量 (典型結構係數)，虛線表示典型負荷量絕對值小於 .500。

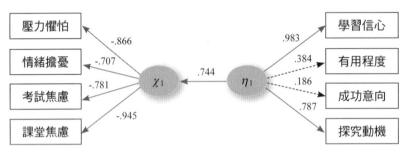

第一個典型函數徑路圖

就第二對典型變量而言，四個數學焦慮變項與典型變量 χ_2 間之典型結構係數絕對值大於 .500 者只有「考試焦慮」，其典型負荷量為 -.566；四個數學態度變項與典型變量 η_2 間之典型結構係數絕對值大於 .500 有「有用程度」與「成功意向」二個變項，二個變項的典型負荷量分別為 -.915、-.508，就第二對典型變量間的影響而言，主要是「考試焦慮」變項經由第二對典型變量 (χ_2 & η_2) 而正向影響「有用程度」與「成功意向」二個變項，第二對典型變量間雖然有關聯，但關聯程度不大。

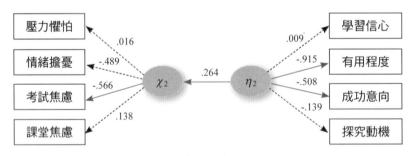

第二個典型函數徑路圖

四個數學焦慮構面的第一個典型變量 χ_1 可以解釋數學焦慮四個構面變項 68.8% 的變異量，第二個典型變量 χ_2 可以解釋數學焦慮四個構面變項 14.5% 的變異量，二個典型變量 (χ_1 與 χ_2) 總共可解釋壓力懼怕、情緒擔憂、考試焦慮、

課堂焦慮四個數學焦慮構面變項 83.3% 的變異量。

　　四個數學焦慮構面變項經由第一對典型變量 χ_1 與 η_1 可以解釋數學態度四個構面變項 24.5% 的變異量，四個數學焦慮構面變項經由第二對典型變量 χ_2 與 η_2 可以解釋數學態度四個構面變異 1.9% 的變異量，「壓力懼怕」、「情緒擔憂」、「考試焦慮」、「課堂焦慮」等四個數學焦慮構面變項經由二對典型變量影響到數學態度四個構面變項，其共同解釋變異量為 26.4%。

　　四個數學態度構面變數的第一個典型變量 η_1 可以解釋數學態度四個構面變項變數 44.2% 的變異量，第二個典型變量 η_2 可以解釋數學態度四個構面變項 27.9% 的變異量，二個典型變量 (η_1 與 η_2) 共可解釋學習信心、有用程度、成功意向、探究動機四個數學態度構面變項 72.1% 的變異量。

　　四個數學態度構面變項經由第一對典型變量 η_1 與 χ_1 可以解釋數學焦慮四個構面變項 38.1% 的變異量，四個數學態度構面變項經由第二對典型變量 η_2 與 χ_2 可以解釋數學焦慮四個構面 1.0% 的變異量，「學習信心」、「有用程度」、「成功意向」、「探究動機」等四個數學態度構面變數經由二對典型變量影響到數學焦慮四個構面變數，其共同解釋變異量為 39.1%。典型相關徑路圖如下 (圖中數學焦慮四個構面為原始典型加權係數、數學態度四個構面為典型負荷量數值)。

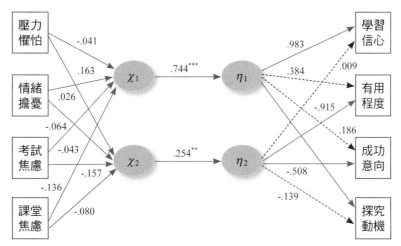

圖 X　典型相關分析徑路圖

　　若是 X 組變數 (數學焦慮四個構面變項) 之觀察變項與典型變量間的關聯以典型負荷量表示、Y 組變數 (數學態度四個構面變項) 之觀察變項與典型變量間

的關聯也以典型負荷量表示，則典型相關徑路圖如下 (圖中數學焦慮四個構面為典型負荷量數值、數學態度四個構面為典型負荷量數值，虛線圖示為典型負荷量係數絕對值小於 .500 者)。

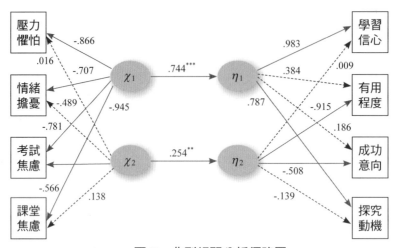

圖 X　典型相關分析徑路圖

　　研究者可從重疊量指標值的大小來探究數學焦慮與數學態度變項間的關係，若以數學態度為效標變項，則四個數學焦慮構面變項藉由二對典型變量可以解釋數學態度四個構面變項總變異 26.4% 之變異量；相對的，如果以數學焦慮為效標變項，則四個數學態度構面變項藉由二對典型變量可以解釋數學焦慮四個構面變項總變異 39.1% 之變異量，二組變數間若以建立因果關係，則以數學態度為預測變項、數學焦慮為效標變項較為適宜。二種重疊量數影響的路徑圖如下：

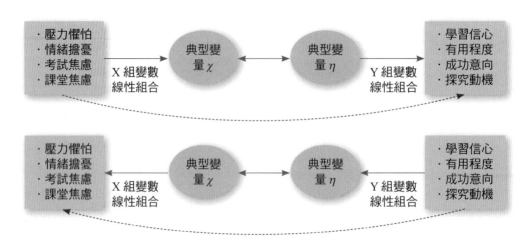

以複迴歸分析程序為例，下表的效標變項為「整體數學態度」，預測變項為數學焦慮四個構面變項，採用的迴歸方法為標準型迴歸分析 (Enter 法)。

模式摘要

模式	R	R 平方	調過後的 R 平方	估計的標準誤	變更統計量				
					R 平方改變量	F 改變	df1	df2	顯著性 F 改變
1	.631ᵃ	.399	.391	13.650	.399	48.910	4	295	.000

a. 預測變數：(常數)，課堂焦慮，考試焦慮，壓力懼怕，情緒擔憂。

以「整體數學態度」為依變項，數學焦慮四個構面變數的聯合解釋變異量為 39.9% (F=48.910，p<.001)。

下表的效標變項為「整體數學焦慮」，預測變項為數學態度四個構面變項。

模式摘要

模式	R	R 平方	調過後的 R 平方	估計的標準誤	變更統計量				
					R 平方改變量	F 改變	df1	df2	顯著性 F 改變
1	.681ᵃ	.464	.456	17.563	.464	63.752	4	295	.000

a. 預測變數：(常數)，探究動機，成功意向，有用程度，學習信心。

以「整體數學焦慮」為依變項，數學態度四個構面變數的聯合解釋變異量為 46.4% (F=63.752，p<.001)。與第一種複迴歸比較之下，數學態度構面變項對整體數學焦慮的解釋變異部份較多，結果與重疊量數係數相同。

第 **16** 章

共變數分析

共變數分析在以「統計控制」方法，以獲得較正確的實驗結果。進行 ANCOVA 分析前，資料結構必須符合組內迴歸同質性假定，若是違反迴歸同質性假定，必須改用詹森內曼法進行組別調整後平均數的差異比較。

第一節　共變數分析統計原理

【研究問題】：實驗處理之後，三組學生學習結果是否有顯著差異？

【統計方法】：此問題的自變項為三個組別，分別為教學法一、教學法二、教學法三，依變項 (Y) 為後測成績，因三組學生起始點不同，因而以三組前測成績 (X) 為共變量，三組學生獨立，因而採用獨立樣本單因子單變量共變數分析。

在實驗設計中，考量實際的實驗情境，無法一一排除某些會影響實驗結果的無關變項 (或稱干擾變項)，為了排除這些不在實驗處理中所操弄的變項，而其結果又會影響依變項，可以藉由「統計控制」(statistical control) 方法，以彌補「實驗控制」(experimental control) 的不足。上述無關變項或干擾變項並不是研究者所要探討的變項，但這些變項會影響實驗結果，此變項稱為「共變項」(covariate) 或同時變數 (concomitant variable)；而實驗處理後所要探究的研究變項稱為依變項或效標變項；研究者實驗操弄的變項為自變項或固定因子 (fixed factor)。

在上面情境中，所用的統計控制方法便稱為「共變數分析」(analysis of covariance；ANCOVA)，共變數分析中會影響實驗結果，但非研究者操控的自變項，稱為「共變量」(covariate)。在共變數分析中，自變項屬間斷變項，而依變項 (實驗結果)、共變項均屬連續變項。變異數分析與共變數分析之間有許多異同點：(1) 在變異數分析中，依變項為連續變項、自變項為名類別或次序變項；(2) 在共變數分析中，依變項仍然是連續變項，自變項是名類別或次序變項，至於共變數必須是連續變項；(3) 變異數分析是借實驗控制方式降低實驗誤差，以達研究目的；(4) 而共變數分析是借「統計」控制方式排除共變項的干擾效果，以降低實驗誤差，增進實驗研究的成效 (余民寧，民 86)。

共變數分析的基定假定與變異數分析基本假定相同：常態性、獨立性、變異數同質性，此外，還有三個重要假定：

1. 依項項與共變數之間是直線相關，以符合線性迴歸的假設。

2. 所測量的共變項不應有誤差，如果選用的是多題項之量表，應有高的內部一致性信度或再測信度。有可靠性量表的信度，其 α 係數最好在 .80 以上。此假定在非真正實驗設計 (true experimental design) 中特別重要，違反此一假定，較易導致第一類型錯誤；在真正實驗設計中，違反此假定，會降低統計考驗力。

3. 「組內迴歸係數同質性」(homogeneity of with-in regression coefficient)，各實驗處理組中依據共變項 (X) 預測依變項 (Y) 所得的各條迴歸之迴歸係數 (斜率) 要相等，亦即各條迴歸線要互相平行。如果「組內迴歸係數同質性」考驗結果，各組斜率不相等 (迴歸線有交叉)，不宜直接進行共變數分析。組內迴歸線的斜率就是組內迴歸係數。

「組內迴歸係數同質性」考驗的虛無假設：

$$H_0 : \beta_1 = \beta_2 = \beta_3 = \cdots\cdots = \beta_k = \beta_w$$

如果以各群組的共變項預測依變項之迴歸線的斜率顯著不相等，則迴歸線間不會互相平行，而會有交叉點。迴歸異質性隱含著某些細格中之依變項與共變項間迴歸線斜率不相同，此結果也表示自變項與共變項間有顯著交互作用存在，如果自變項與共變項間有顯著交互作用，估算的調整後平均數之顯著性差異檢定會有偏誤，因而不能直接使用傳統的 ANVOCA 的方法。三個群體迴歸同質性 (斜率相等) 與迴歸異質性 (斜率不相等) 的圖示如下：(Tabachnick & Fidell, 2007, pp.202-203)

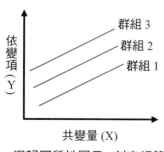

迴歸同質性圖示 (斜率相等)

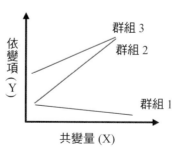

迴歸異質性圖示 (斜率不相等)

共變數分析的優點：一為減少實驗誤差變異來源，增加統計考驗力；二為降低非研究操弄之實驗處理差異的偏差。共變數分析結合了迴歸分析與變異數分析方法，實驗處理除包括依變項的測量外，也包括一個以上共變項的測量。共變數分析的主要步驟有三：

1. 組內迴歸係數同質性考驗：若迴歸係數不相同，表示至少有二條或二條以上的組內迴歸線並不是平行的，如果不平行的情況不太嚴重的話，仍然可以使用共變數分析，共情況嚴重時，研究者直接使用共變數分析，將會導致錯誤的結論 (余民寧，民 86)，此時可用「詹森－內曼法」(Johnson-Neyman) 來分析，如果資料經調整後仍不符合假定，則不宜進行共變數分析，或實驗組分開個別討論，有關「詹森－內曼法」的操作與應用有興趣讀者可參考吳明隆 (民 99) 編著之「SPSS 操作與應用 - 變異數分析實務」一書 (五南出版)。

2. 共變數分析：如果 K 條迴歸線平行，可以將這些迴歸線合併找出一條具代表性的迴歸線，此條代表性迴歸線即為「組內迴歸線」，如果每個群體、每個細格迴歸線斜率相同，表示自變項與共變數間沒有交互作用，平均組內 (細格) 迴歸線就可以調整依變數的原始分數。共變數分析，即在看排除共變項 (X) 的解釋量後，各組平均數間是否仍有顯著差異。此共變項可能為一個或一個以上。

3. 進行事後比較：共變數分析之 F 值統計量如達顯著 (p<.05)，則進行事後比較分析，事後比較以「調整後的平均數」(adjusted means) 為比較標準，找出那一對調整後平均數間有顯著差異。共變數分析中如有共變項，則事後比較之平均數的差異值考驗，非比較原始測量所得的平均數，而是排除共變項的影響後所得「調整後平均數」。

此外，研究者在選擇共變數時，應考量三個因素：

1. 僅與依變項有關，而非實驗處理的變項。

2. 如果二個共變項之間的相關在 .80 以上，則只需要挑選其中一個作為共變項即可。

3. 受試者較少時，應使用較多個共變項。共變項個數較多時，較易控制干擾變項，實驗處理統計考驗較為正確 (Bryman & Cramer, 1997)。

常用的共變數分析方法有獨立樣本單因子單共變量共變數分析、單因子雙共變量共變數分析、雙因子單共變量共變數分析、雙因子雙共變量共變數分析，其迴歸係數同質性考驗分析模式與共變數分析之分析模式如下：

變項 \ 類別	數目	統計方法	迴歸係數同質性考驗分析模式	共變數分析之分析模式
自變項 (A)	一個	獨立樣本單因子單共變量共變數分析	$Y = X$，A，$A*A$	$Y = X$，A
依變項 (Y)	一個			
共變項 (X)	一個			
自變項 (A)	一個	獨立樣本單因子雙共變量共變數分析	$Y = X_1$，X_2，A，$(X_1*A + X_2*A)$	$Y = X$，A
依變項 (Y)	一個			
共變項 (X_1)				
共變項 (X_2)				
自變項 (A)	二個	獨立樣本雙因子單共變量共變數分析	$Y = X$，A，B，$A*B$、$(X*A+ X*B+X*A*B)$	$Y = X$，A，B，$A*B$
自變項 (B)				
依變項 (Y)	一個			
共變項 (X)	一個			

採用 ANOVA 分析程序與 ANCOVA 分析程序所得出的結果多數情境下是不相同的，以下面三種處理的小型資料為例：

處理 1	前測	後測	處理 2	前測	後測	處理 3	前測	後測
1	85	100	2	86	92	3	90	95
1	80	98	2	82	99	3	87	80
1	92	105	2	95	108	3	78	82
平均數	85.67	101.00		87.67	99.67		85.00	85.67
調整後平均數		101.337			98.486			86.510
	平均數	標準差						
全體前測	86.11	5.600						
全體後測	95.44	9.488						

ANOVA 與 ANCOVA 均執行功能表列「分析 (A)」/「一般線性模式 (G)」/「單變量子 (U)」程序，只是 ANOVA 程序中沒有點選共變量 (前測成績)。

執行 ANOVA 分析程序的結果如下：

受試者間效應項的檢定　　依變數：後測

來源	型 III 平方和	df	平均平方和	F	顯著性
處理	432.889	2	216.444	4.520	.063
誤差	287.333	6	47.889		
校正後的總數	720.222	8			

a. R 平方 = .601 (調過後的 R 平方 = .468)。

　　處理效果列的 F 值統計量為 4.520，顯著性 p=.063>.05，接受虛無假設：μ_1 = μ_2 = μ_3，三個處理群體的後測成績平均數沒有顯著不同。

　　執行 ANCOVA 分析程序的結果如下：

受試者間效應項的檢定　　依變數：後測

來源	型 III 平方和	df	平均平方和	F	顯著性	淨相關 Eta 平方
前測	137.895	1	137.895	4.614	.084	.480
處理	366.201	2	183.101	6.126	.045	.710
誤差	149.439	5	29.888			
校正後的總數	720.222	8				

a. R 平方 = .793 (調過後的 R 平方 = .668)。

　　處理效果列的 F 值統計量為 6.126，顯著性 p=.045<.050，拒絕虛無假設：$\mu_{1\_調整}$ = $\mu_{2\_調整}$ = $\mu_{3\_調整}$，三個處理群體調整後的後測成績平均數至少有二個群體間有顯著不同。處理水準變項可以解釋依變項調整後成績的變異量為 71.0%。從上述 ANOVA 與 ANCOVA 結果摘要表中可以看出：進行 ANOVA 分析有較大的組間 SS (型 III 平方和) (數值為 432.889)，相對的誤差列的 SS (型 III 平方和) 也較大 (數值為 287.333)，採用 ANCOVA 程序，組間列與誤差列的 SS 統計量分別為 366.201、149.439，雖然組間列的 SS 值較小，但誤差列的 SS 值與直接採用 ANOVA 程序的 SS 值的差異更大。ANOVA 整體 F 值考驗的是三個處理群體的原始後測成績平均數間的差異是否達到顯著；ANCOVA 整體 F 值考驗的是三個處理群體的原始後測成績依共變項調整後的後測成績平均數間的差異是否達到顯著。

　　行為及社會科學領域的準實驗研究中，多數研究者會以受試者在前測的成績或分數作為控制變項 (共變項)，若是研究者要探究實驗處理之保留效果的差異是否達到顯著，會增列追蹤測驗的程序，如此，所有受試者都要填寫三次同樣問

卷或量表，如果研究者沒有將量表或測量工具的題項內容進行前後順序變動，有些受試者會以上次填答的情形勾選，造成填答效度的下降。為減少保留記憶填答效應的影響，同一份量表可改變構面排列的順序或個別題項的前後順序。一項以國小學生為探究對象，提升國小學生閱讀動機的準實驗教學研究中，研究者採用三種不同實驗處理，以探究三種不同教學活動對學生閱讀動機的影響，其中一個測量工具 (依變項) 為研究者編製修訂的「閱讀動機量表」，閱讀動機量表經預試項目分析後共保留三十個題項，建構效度包含六個構面 (共同因素)：自我效能、好奇興趣、參與學習、社交能力、喜愛認同、自我挑戰，每個構面各有五個題項，由於三個實驗處理組別的受試者均要接受前測、後測及追蹤測階段，為免保留填答效應的產生，在第二次後測及追蹤測之量表填答時，研究者把構面的順序前後移動 (也可以將構面個別題項的前後順序變動)，如此，受試者之後填答的內容較不會受之前填答保留效應的影響，填答效度會較佳。

「前測」量表構面排列		「後測」量表構面排列		「追蹤測」量表構面排列		測量題項
構面	指標題項	構面	指標題項	構面	指標題項	的編號
自我效能	1	社交能力	16	好奇興趣	6	1
	2		17		7	2
	3		18		8	3
	4		19		9	4
	5		20		10	5
好奇興趣	6	自我挑戰	26	參與學習	11	6
	7		27		12	7
	8		28		13	8
	9		29		14	9
	10		30		15	10
參與學習	11	參與學習	11	自我效能	1	11
	12		12		2	12
	13		13		3	13
	14		14		4	14
	15		15		5	15
社交能力	16	喜愛認同	21	自我挑戰	26	16
	17		22		27	17
	18		23		28	18
	19		24		29	19
	20		25		30	20

| 「前測」量表構面排列 | | 「後測」量表構面排列 | | 「追蹤測」量表構面排列 | | 測量題項 |
構面	指標題項	構面	指標題項	構面	指標題項	的編號
喜愛認同	21	自我效能	1	社交能力	16	21
	22		2		17	22
	23		3		18	23
	24		4		19	24
	25		5		20	25
自我挑戰	26	好奇興趣	6	喜愛認同	21	26
	27		7		22	27
	28		8		23	28
	29		9		24	29
	30		10		25	30

　　ANVOCA 比較考驗的是調整後平均數間的差異是否顯著，檢定比較的並非是原始後測成績的分數，若以前測成績為控制變項 (共變數)，實驗處理組別前測成績的平均數高於全體受試者前測總平均數，則組別調整後平均數的數值會較原始後測測量值平均數為低；相對的，實驗處理組別前測成績的平均數低於全體受試者前測總平均數，則組別調整後平均數的數值會較原始後測測量值平均數為高。以下圖數據為例，三個實驗處理組別的前測分數 (控制變項) 平均數分別為 6.0、4.5、3.0，前測分數總平數為 4.5，實驗處理 1 群體前測分數平均數高於總平均數、實驗處理 2 群體前測分數平均數等於總平均數、實驗處理 3 群體前測分數平均數低於總平均數；三個實驗處理組別的後測分數 (依變項) 平均數分別為 6.0、6.0、6.0，三個組別後測原始分數平均數相等，但採用 ANOVA 分析程序，排除各群體前測分數的影響後，三個實驗處理組別後測分數 (依變項) 的調整後平均數分別為 4.66、6.00、7.35，實驗處理 1 群體後測分數由 6.00 降為 4.66、實驗處理 3 群體後測分數由 6.00 升為 7.35、實驗處理 2 群體後測分數還是 6.00，由範例中可知各群體於控制變項 (共變項) 的平均分數高低會影響調整後依變項測量值平均數的高低。ANOVA 分析程序比較的三個群體的後測分數平均數 (分別為 6.0、6.0、6.0) 的差異是否達到顯著，ANCOVA 分析程序比較的三個群體的後測分數調整後平均數 (分別為 4.66、6.00、7.35) 的差異是否達到顯著，調整後平均數是排除前測分數影響後所估算的測量值，也可以說是三個群體真正進步的分數。

實驗處理組別	前測（共變量）	後測（依變項）	調整後的平均數
組別 1	6.00	6.00	4.66(-)
組別 2	4.50	6.00	6.00
組別 3	3.00	6.00	7.35(+)
全部總平均數	4.50	6.00	

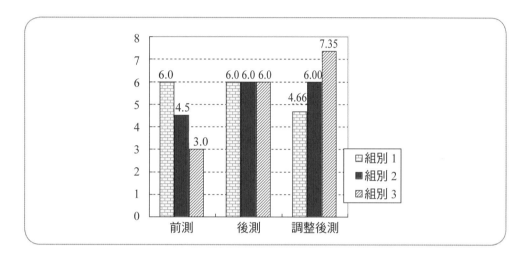

　　若是實驗處理各組別之共變項（或前測）的平均數均相等，則因為各組共變項的平均數等於總平均數，調整後的後測分數平均數與原始後測平均數的數值不變，以下列十二位受試者資料為例。

組別	前測	後測	組別	前測	後測	組別	前測	後測
1	2	3	2	3	6	3	4	7
1	4	5	2	3	7	3	5	5
1	6	7	2	5	8	3	6	4
1	8	10	2	9	9	3	5	4
	5.00	6.25		5.00	7.50		5.00	5.00

實驗處理組別	前測（共變量）	後測（依變項）	調整後的平均數
組別 1	5.00	6.25	6.25
組別 2	5.00	7.50	7.50
組別 3	5.00	5.00	5.00
全部總平均數	5.00	6.25	

組別 1、組別 2、組別 3 在前測 (控制變項) 分數的平均數分別為 5.00、5.00、5.00，全部受試者於前測分數的總平均數也為 5.00，各組後測分數的平均數分別為 6.25、7.50、5.00，排除前測分數的影響後，三組調整後的平均數還是為 6.25、7.50、5.00。

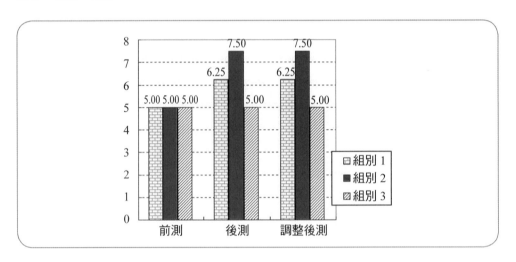

第二節　獨立樣本單因子共變數分析

第一節分析之研究實驗數據如下表。三種不同教學法的實驗處理效果是否有顯著不同？準實驗研究中以前測成績作為控制變項，共變數分析考驗在於檢定排除前測成績的影響後，三種不同教學法群體的後測成績是否有顯著不同，共變數分析考驗的三組後測成績調整後平均數分數間的差異。虛無假設為：$\mu_{1\_adjust} = \mu_{2\_adjust} = \mu_{3\_adjust}$、對立假設為有一個配對群體的調整後平均數不相等。若直接採用變異數分析程序，其虛無假設為：$\mu_1 = \mu_2 = \mu_3$ (三個群體的原始後測成績相等)。

實驗處理前後三種不同組別之受試者前後測的成績

組別	前測成績					後測成績				
教學法一	11	12	19	13	17	21	23	25	23	23
	15	17	14	13	16	21	24	20	22	24
教學法二	11	14	10	9	12	21	24	21	20	23
	13	10	8	14	11	24	23	21	25	24
教學法三	7	18	16	11	9	21	26	25	21	22
	10	13	14	12	12	23	25	24	24	23

壹、操作說明

➲ 一、迴歸斜率同質性檢定

【操作 1】

執行功能表列「分析 (A)」(Analyze)/ 「一般線性模式 (G)」(General Linear Model)/ 「單變量 (U)」(Univariate) 程序，開啟出現「單變量」(Univariate) 對話視窗。

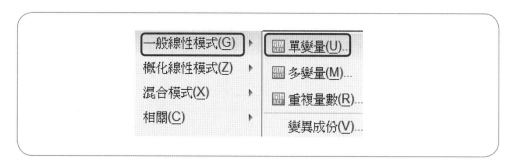

【操作 2】

將變數清單中之依變項「後測成績」選入右邊「依變數 (D)」(Dependent Variable) 下的方格中。

將變數清單中之自變項「組別」選入右邊「固定因子 (F)」(Fixed Factor) 下的方盒中。

將變數清單中之控制變項「前測成績」選入右邊「共變量 (C)」(Covariate) 下的方盒中。

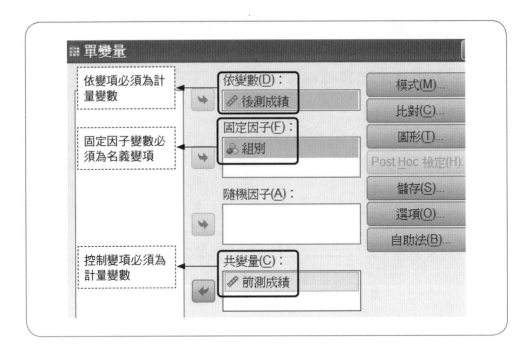

「單變量」對話視窗中，進行共變數分析時，每次操作程序只能點選一個「依變數」，「固定因子 (F)」下方格最少要點選一個自變項 (固定因子)、「共變量 (C)」下方格至少要點選一個共變項 (控制變項)，共變數程序中作為「依變數」及「共變量」變項必須為等距尺度或比率尺度變數。

【操作 3】

按『模式 (M)』(Model) 鈕，開啟「單變量：模式」(Univariate: Model) 次對話視窗。單因子獨立樣本單一共變量共變數分析程序中，組內迴歸同質性假性的模式為：「Y=X, A, X*A」或「依變項 = 共變項, 固定因子變項, 共變項 * 固定因子變項」。

「指定模式」(Specify Model) 方盒中，選取右邊「⊙ 自訂 (C)」(Custom) 選項，在「Model:」(模式) 下的空盒中選入「組別、前測成績、組別 * 前測成績」，其操作程序如下：在「因子與共變量 (F)」(Factors & Covariates) 下的清單變數中先選取因子變項「組別」變數，點選「建立項目」(Build Term) 之方盒中的移至鈕 ➡，將「組別」變數移至右邊「模式 (M)」(Model) 下的大方格中；次選取左邊清單變數中共變項「前測成績」變數，將其移至右邊「模式 (M)」

(Model) 下的大方格中；最後同時選取「組別」、「前測成績」二個變數，再點選「建立項目」(Build Term) 之方盒中的移至鈕 ➡，將其移至右邊「模式 (M)」(Model) 下的大方格中，同時選取因子變項「組別」與共變項「前測成績」二個，按移至鈕 ➡ 後，於「模式 (M)」(Model) 下方格中會出現「前測成績 * 組別」的提示訊息。

中間「建立項目」之「類型 (Y)」的效果選取內定的「交互作用」選項；「平方和 (Q)」(Sum of squares) 的下拉式選項中，選取內定之「型 III」(Type III) 的計算方法。

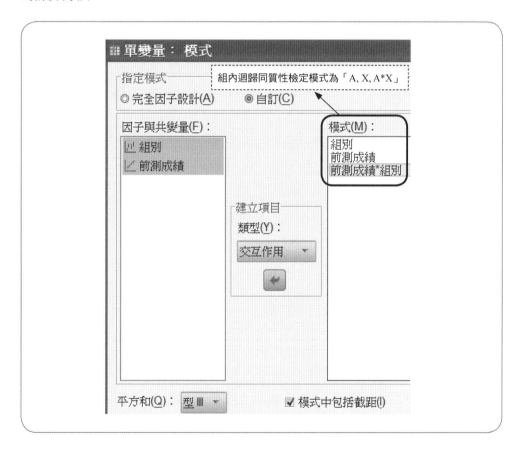

上述「單變量：模式」(Univariate: Model) 次對話視窗，「因子與共變量 (F)」(Factors & Covariates) 的清單變數中，SPSS 在列出因子和共變量時，會用 (F) 代表固定因子，用 (C) 代表共變量，如 A(F) 變數，表示變項 A 為固定因子 (Fixed Factor) 變項，也就是自變項；而 X(C) 變數，表示變項 X 為共變

量 (Covariate)，如果變數後括號內為 R，如 FAT(R) 表示變項「FAT」為亂數因子 (Random Factor)。SPSS PASW 視窗版會以不同符號表示，因子變數為名義變項，其範例圖示如：⊔ 組別；共變項為等距尺度或比率尺度，其範例圖示如 ∠ 前測成績、∠ 語文學業。

「建立項目」(Build Term) 的選單中包括交互作用項、主要效果項、完全二因子、完全三因子、完全四因子、完全五因子。交互作用 (Interaction) 項為預設值，會建立所有選取變數的最高階交互作用項。

平方和 (Sum of squares) 的模式中，包括以下幾種類型 (Type)：類型 I (階層法)、類型 II (古典實驗設計法)、類型 III (古典迴歸法)、類型 IV (階層法)。其中類型 III 為預設值，此方法可用來計算某個效應的平方和，此效應的平方和為其它效應 (不包含前述該效應本身) 以及與任何包含它的效應正交調整後的平方和。「☑ 模式中包括截距 (I)」(include intercept in model) 選項表示分析模式中包含截矩項常數。

按『繼續鈕』鈕，回到「單變量」對話視窗，按『確定』鈕。

⊃ 二、共變數分析

【操作 1】

執行功能表列「分析 (A)」(Analyze)/「一般線性模式 (G)」(General Linear Model)/「單變量 (U)」(Univariate) 程序，開啟出現「單變量」(Univariate) 對話視窗。

【操作 2】

將變數清單中之依變項「後測成績」選入右邊「依變數 (D)」(Dependent Variable) 下的方格中。

將變數清單中之自變項「組別」選入右邊「固定因子 (F)」(Fixed Factor) 下的方盒中。

將變數清單中之控制變項「前測成績」選入右邊「共變量 (C):」(Covariate) 下的方盒中。按『模式 (M)』(Model) 鈕，開啟「單變量：模式」(Univariate: Model) 次對話視窗。

【操作 3】

在「指定模式」(Specify Model) 方盒中，改選取左邊「◉ 完全因子設計 (A)」(Full factorial) 選項。

「平方和：」(Sum of squares) 的下拉式選項中，選取內定之「型 III」(Type III) 的計算方法，按『繼續』鈕，回到「單變量」對話視窗。

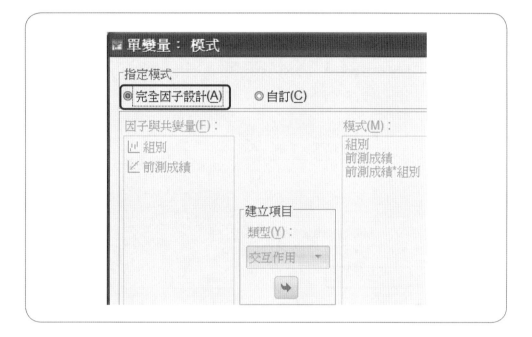

【操作 4】

於「單變量」對話視窗中，按『選項』(Options) 鈕，出現「單變量：選項」(Univariate: Options) 次對話視窗。

將左邊「因子與因子交互作用 (F)」(Factor and Factor Interactions) 方盒下之因子變項「組別」選入右邊「顯示平均數 (M)」(Display Means for) 下的空盒中。(此操作程序可以輸出各水準群組之調整後平均數的數據。)

勾選「☑ 比較主效果 (C)」(Compare main effects) 選項 (比較固定因子間組別調整後平均數的差異，亦即主要效果的比較)。「信賴區間調整 (N)」(Confidence interval adjustment) 的下拉式選單，可以設定因子水準群體的事後比較，內定的方法為「LSD(無)」，此法為「最小顯著差異法」(Least significant difference)，其它二種方法為 Bonferroni 檢定法 (修正後的最小顯著差異檢定法)、Sidak 檢定法。

在「顯示」(Display) 方盒中選取以下幾項：

「☑ 敘述統計」(Descriptive statistics)：描述統計。

「☑ 參數估計值 (P)」(Parameter estimates)。

按『繼續』鈕，回到「單變量」(Univariate) 主對話視窗，按『確定』鈕。(如研究者要增列輸出淨相關 Eta 平方值則勾選「☑ 效果大小估計值 (E)」選項。)

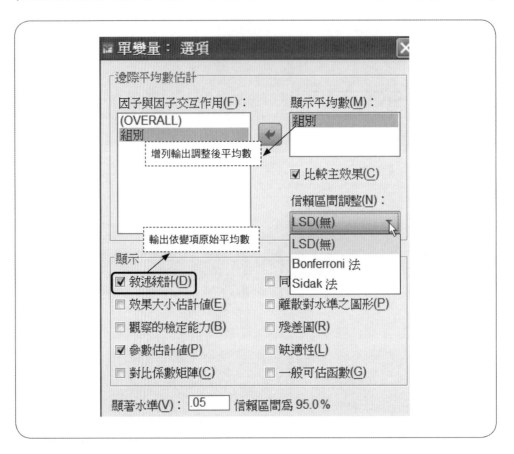

在顯示 (Display) 方盒中共有十個選項可以勾選：敘述統計 (Descriptive statistics)、效果項大小估計值 (Estimates of effect size)——此項會提供所有效果項和所有參數估計值的淨相關 Eta 平方值、觀察的檢定能力 (Observed power)——呈現統計考驗力、參數估計值 (Parameter estimates)、對比係數矩陣 (Contrast coefficient matrix)——可取得 L 矩陣、同質性檢定 (Homogeneity tests)、離散對水準之圖形 (Spread vs. level plot)、殘差圖 (Residual plot)——可產生各依變數的觀察值對預測值的標準化殘差圖形、缺適性 (Lack of fit)——可以檢查模式是否

已經適當地說明出依變數與自變數之間的關係、一般可估函數 (General estimable function) ——建立自訂的假設檢定。內定之顯著水準設定為 .05，對應的信賴區間為 95.0% (此內定數值研究者不要任意修改)

在「單變量」(Univariate) 主對話視窗中，如果按『比對 (C)』(Contrast) 鈕，則會開啟「單變量：對比」(Univariate: Contrast) 次對話視窗。

在下方「變更比對」(Change Contrast) 方盒中，「比對 (N)」(Contrast) 右邊的下拉式選單內可指定比較方式，來檢定不同因子水準之間的差異，比較即代表參數的線性組合 (在 SPSS 使用者指南中，將「Contrast」一詞譯成「對比」或「比對」)。對比是用以檢定因子水準間的差異，研究者可以在模式中指定各因子的對比 (若要在各組受試者因子之間進行對比，要選定重複量數模式)。每組對比的輸出中都包含一個 F 統計量，同時顯示對比的差異，還有根據 Student's t 分配的 Bonferroni 類型同時信賴區間，使用者可選擇的多重比較方式有以下幾種。

(一)「離差」(Deviation) 對比

除參考水準外，每個水準的平均數皆與所有水準的平均數 (總平均數－整體效果) 作一比較。在「離差」比較模式中，研究者可自定參考組 (水準) 為第一組 (第一個水準) 或最後一組 (最後一個水準)，SPSS 內定以最後一組「⊙ 最後一個 (L)」(Last) 為參考組，使用者如要更改以第一組為參考組，則在「參考類別」(Preference Category) 選項中要勾選「⊙ 第一個 (R)」(First) 選項。

如某一因子有三個水準，則離差對比之比較係數矩陣如下 (參考組為最後一組)：

$$\left[\begin{array}{ccc} \frac{1}{3} & \frac{1}{3} & \frac{1}{3} \\ \frac{2}{3} & -\frac{1}{3} & -\frac{1}{3} \\ -\frac{1}{3} & \frac{2}{3} & -\frac{1}{3} \end{array}\right]$$

如某一因子有四個水準，則離差對比之比較係數矩陣如下 (參考組為最後一組)：

$$\left[\begin{array}{cccc} \frac{1}{4} & \frac{1}{4} & \frac{1}{4} & \frac{1}{4} \\ \frac{3}{4} & -\frac{1}{4} & -\frac{1}{4} & -\frac{1}{4} \\ -\frac{1}{4} & \frac{3}{4} & -\frac{1}{4} & -\frac{1}{4} \\ -\frac{1}{4} & -\frac{1}{4} & \frac{3}{4} & -\frac{1}{4} \end{array}\right]$$

(二)「簡單」(Simple) 對比

每個水準的平均數會與最後一個水準平均數 (最後一個水準為參考組) 作一比較。

在「簡單」比較模式中，研究者亦可自訂參考組為第一組或最後一組，SPSS 內定為最後一組為參考組：

如某一因子有四個水準，則簡單對比之比較係數矩陣如下 (參考組為最後一組) ：

$$\begin{bmatrix} \frac{1}{4} & \frac{1}{4} & \frac{1}{4} & \frac{1}{4} \end{bmatrix}$$

$$\begin{bmatrix} 1 & 0 & 0 & -1 \end{bmatrix}$$
$$\begin{bmatrix} 0 & 1 & 0 & -1 \end{bmatrix}$$
$$\begin{bmatrix} 0 & 0 & 1 & -1 \end{bmatrix}$$

如果使用者要自定參考組，要利用 CONTRAST 的副指令語法，在 SIMPLE 關鍵字之後的括弧內指定參考組組別，如使用者要指定第二組為參考組，則相關的語法命令與對比矩陣分別為：

/CONTRAST(FACTOR)=SIMPLE(2)

$$\begin{bmatrix} \frac{1}{4} & \frac{1}{4} & \frac{1}{4} & \frac{1}{4} \end{bmatrix}$$

$$\begin{bmatrix} 1 & -1 & 0 & 0 \end{bmatrix}$$
$$\begin{bmatrix} 0 & -1 & 1 & 0 \end{bmatrix}$$
$$\begin{bmatrix} 0 & -1 & 0 & 1 \end{bmatrix}$$

(三) Helmert 對比

因子每個水準的平均數與之後所有水準的平均數作一比較。

如某一因子有四個水準，則 Helmert 對比之比較係數矩陣如下：

$$\begin{bmatrix} \frac{1}{4} & \frac{1}{4} & \frac{1}{4} & \frac{1}{4} \end{bmatrix}$$

$$\begin{bmatrix} 1 & -\frac{1}{3} & -\frac{1}{3} & -\frac{1}{3} \end{bmatrix}$$

$$\begin{bmatrix} 0 & 1 & -\frac{1}{2} & -\frac{1}{2} \end{bmatrix}$$

$$\begin{bmatrix} 0 & 0 & 1 & -1 \end{bmatrix}$$

(四)「差異」對比 (Difference 差異對比或稱反 Helmert 對比)

因子每個水準的平均數與先前所有水準的平均數作一比較，其比較方式與 Helmert 比較方式正好相反。

如某一因子有四個水準，則差異對比之比較係數矩陣如下：

$$
\begin{bmatrix}
\dfrac{1}{4} & \dfrac{1}{4} & \dfrac{1}{4} & \dfrac{1}{4} \\
-1 & 1 & 0 & 0 \\
-\dfrac{1}{2} & -\dfrac{1}{2} & 1 & 0 \\
-\dfrac{1}{3} & -\dfrac{1}{3} & -\dfrac{1}{3} & 1
\end{bmatrix}
$$

(五)「重複」(Repeated) 對比

每個水準的平均數 (最後一個除外) 與之後相鄰的平均數作一比較。

如某一因子有四個水準，則重複對比之比較係數矩陣如下：

$$
\begin{bmatrix}
\dfrac{1}{4} & \dfrac{1}{4} & \dfrac{1}{4} & \dfrac{1}{4} \\
1 & -1 & 0 & 0 \\
0 & 1 & -1 & 0 \\
0 & 0 & 1 & -1
\end{bmatrix}
$$

(六)「多項式」(Polynomial) 對比

根據因子變數的水準數，進行直線、二次趨向、三次趨向……的比較。

在共變數分析中，若共變數分析之 F 值統計量達到顯著，且組別水準群體有三個以上，仍須要進行事後比較，以找出那些配對群體的調整後平均數間有顯著差異，事後比較的方法也可由因子對比中找出。設定對比的程序操作以設定「簡單」比對為例：於「單變量：對比」(Univariate: Contrasts) 次對話視窗中，在「變更比對」(Change Contrast) 方盒的下拉式選單中選取「簡單」選項，按『變更 (C)』(Change) 鈕，使用者按下『變更』鈕後，上方「因子 (F)」(Factors) 方格中的訊息「組別 (無)」變成「組別 (簡單)」。

「因子 (F)」下方格內定的固定因子對比的選項為「無」，「組別 (無)」表示固定因子變項組別變數不進行水準群體的對比比較。

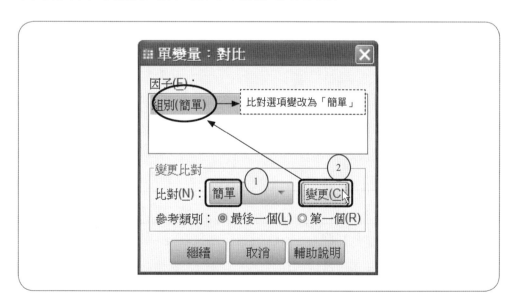

在上述「變更比對」(Change Contrast) 方盒中的最下面的一列，可以設定參考類別 (Reference Category) 為最後一個「⊙ 最後一個 (L)」(Last) 或「⊙ 第一個 (R)」(First)，參考類別的設定也就是因子比較時，以最後一個水準群體或第一個水準群體為比較之參照組。

貳、報表說明

⊃ 一、組內迴歸係數同質性檢定

單變量變異數分析 (Univariate Analysis of Variance)

受試者間因子 (Between-Subjects Factors)

		數值註解	個數
組別	1	教學法一	10
	2	教學法二	10
	3	教學法三	10

　　上表為自變項名稱、水準編碼及水準註解、各水準有效受試者的個數。在組別變項中，三個處理水準的編碼為 1、2、3，其代表的意義分別為教學法一、教學法二、教學法三、三個處理水準各有 10 位受試者。

受試者間效應項的檢定 (Tests of Between-Subjects Effects)

依變數：後測成績

來源	型 III 平方和	df	平均平方和	F	顯著性
校正後的模式	51.073[a]	5	10.215	9.468	.000
截距	275.794	1	275.794	255.625	.000
組別	1.590	2	.795	.737	.489
前測成績	44.639	1	44.639	41.375	.000
組別 * 前測成績	1.912	2	.956	.886	.425
誤差	25.894	24	1.079		
總數	15901.000	30			
校正後的總數	76.967	29			

a. R 平方 = .664 (調過後的 R 平方 = .593)。

　　上表為組內迴歸係數同質性的檢定。組內迴歸係數同質性考驗結果 (組別 * 前測成績列之資料)，F 值統計量等於 .886、顯著性機率值 p=.425>.05，未達顯著水準，接受虛無假設，表示三組迴歸線的斜率相同 (三個水準群體以共變項對依變項進行迴歸分析時之迴歸斜率並無顯著差異)，亦即表示共變項 (前測分數) 與依變項 (後測分數) 間的關係不會因自變項各處理水準的不同而有所不同，符合共變數組內迴歸係數同質性假定，可直接採用傳統共變數分析進行組別變項之

水準群體後測成績平均數的差異檢定。

⊃ 二、共變數分析

變異數的單變量分析

敘述統計 (Descriptive Statistics)

依變數：後測成績

組別	平均數	標準離差	個數
1 教學法一	22.90	1.524	10
2 教學法二	22.60	1.713	10
3 教學法三	23.40	1.713	10
總數	22.97	1.629	30

　　上表為自變項三個處理水準 (三種教學方法) 的受試者樣本在後測成績的原始平均數、標準差及個數。此處的平均數 (Mean) 為原始後測成績的平均數，未排除共變數 (前測成績) 的影響，並非是調整後的平均數，「組別」固定因子三個水準群體原始後測成績平均數分別為 22.90、22.60、23.40，全部 30 位受試者後測成績的總平均數為 22.97。

誤差變異量的 Levene 檢定等式 (Levene's Test of Equality of Error Variances) [a]

依變數：後測成績

F	df1	df2	顯著性
.330	2	27	.722

a. Design：截距 + 前測成績 + 組別。

　　上表為誤差變異量的 Levene 檢定等式，即變異數同質性考驗，F 值統計量等於 .330，顯著性機率值 p=.722>.05，接受虛無假設，表示各組在依變項之誤差變異數相同，變差變異量具有同質性。

受試者間效應項的檢定 (Tests of Between-Subjects Effects)
依變數：後測成績

來源	型 III 平方和	df	平均平方和	F	顯著性
校正後的模式	49.162[a]	3	16.387	15.323	.000
截距	319.961	1	319.961	299.189	.000
前測成績	45.895	1	45.895	42.915	.000
組別	13.428	2	6.714	6.278	.006
誤差	27.805	26	1.069		
總數	15901.000	30			
校正後的總數	76.967	29			

a. R 平方 = .639 (調過後的 R 平方 = .597)。

　　「受試者間效應項的檢定」(Tests of Between-Subjects Effects) 表為共變數分析檢定摘要表，排除前測成績 (共變項) 對後測成績 (依變項) 的影響後，自變項對依變項的影響效果檢定之 F 值統計量等於 6.278、顯著性機率值 p=.006<.05，達到顯著水準，實驗處理效果顯著，表示受試者的後測成績會因教學法方式的不同而有所差異。在共變數整體考驗之 F 值達到顯著後 (p<.05)，自變項的處理水準有三個以上 (三個組別以上)，統計程序與單因子變異數分析一樣，要進行事後比較，以確定那幾對組別在依變項的平均數差異值達到顯著水準，調整過後的 R 平方值為 .597，表示教學法固定因子變項對依變項的解釋變異量為 59.7%。

參數估計值 (Parameter Estimates)
依變數：後測成績

參數	B 之估計值	標準誤差	t	顯著性	95% 信賴區間 下界	上界
截距	17.424	.969	17.981	.000	15.433	19.416
前測成績	.490	.075	6.551	.000	.336	.643
[組別 =1]	-1.725	.499	-3.457	.002	-2.750	-.699
[組別 =2]	-.310	.468	-.662	.514	-1.273	.653
[組別 =3]	0[a]	.	.	.	.	.

a. 由於這個參數重複，所以把它設成零。

上表為共變數之參數估計值，於「單變量：選項」次對話視窗中勾選「參數估計值 (P)」選項可增列此摘要表。GLM 分析模式中，依據此參數估計值來換算調整後的平均數，GLM 以「EMMEANS」副指令來估計邊緣平均數，而 MANOVA 語法中則是以「PMEANS」來估計邊緣平均數 (調整後的平均數)。共變數分析程序中，如果符合組內迴歸係數同質性的假定，在排除共變數對依變項的影響下，各組實際後測成績會根據前測成績的高低進行調整 (adjusted)，此調整後的平均數 (adjusted mean) 才是共變數分析時所要進行差異性比較的數值，如果共變數考驗達到顯著，所進行的事後比較，即在考驗各處理水準群體調整後平均數間的差異值是否達到顯著，而非考驗原始的後測成績之平均數。

調整後的平均數可由此參數估計值之表中算出。上述參數欄中 [組別 =1] 列的「B 之估計數」欄的數值 -1.725，表示的是水準一群體與水準三群體調整後平均數的差值 (21.920 － 23.645=-1.725)；[組別 =2] 列的「B 之估計數」欄的數值 -.310 為水準二群體與水準三群體調整後平均數的差值 (23.335 － 23.645= -.310)；[組別 =3] 列的「B 之估計數」欄的數值為 0，表示參照指標為水準群體三。表中第四欄之 T 值等於第二直欄之 B 值估計值 ÷ 第三欄之標準誤，如 [組別 =1] 之 T 值 =-1.725÷.499=-3.457(p=.002<.05)，此列也就是水準 1 與水準 3 的比較，其調整後平均數的差異比較顯著。

估計的邊緣平均數 (Estimated Marginal Means)：組別

估計值　　依變數：後測成績

組別	平均數	標準誤差	95% 信賴區間	
			下界	上界
1 教學法一	21.920[a]	.360	21.181	22.660
2 教學法二	23.335[a]	.346	22.624	24.045
3 教學法三	23.645[a]	.329	22.968	24.321

a. 使用下列值估計出現在模式的共變量：前測成績 = 12.70。

上表為自變項三個處理水準群體之調整後的平均數。此處的估計邊緣平均數 (Estimated Marginal Means) 即為調整後的平均數，乃由上面的參數估計值中換算而來：

估計組別 1 (固定因子水準數值 1 群體) 的邊緣平均數 = 17.424 ＋ (-1.725) ＋ 12.7000×.490 = 21.923

估計組別 2 (固定因子水準數值 2 群體) 的邊緣平均數 = 17.424 + (-.310) + 12.7000×.490 = 23.338

估計組別 3 (固定因子水準數值 3 群體) 的邊緣平均數 = 17.424 + 0 + 12.7000×.490 = 23.648

其中 12.7000 為共變數 (前測成績) 的總平均數，亦即為所有受試者在前測成績之測量值的總平均數。

平均數

組別	前測成績
1 教學法一	14.70
2 教學法二	11.20
3 教學法三	12.20
總和	12.70

當處理組別前測平均數低於全部受試者前測總平均數 (M=12.70) 時，調整後的後測測量值平均數會高於原始後測測量值平均數，當處理組別前測平均數高於全部受試者總平均數 (M=12.70) 時，調整後的後測測量值平均數會低於原始後測測量值分數。以教學法一群體而言，前測測量值平均數為 14.70> 總平均數 12.70，因而調整後的後測測量值平均數較原始測量值平均數為小，由 22.90 變為 21.90；教學法二群體而言，前測測量值平均數為 11.20< 總平均數 12.70，因而調整後的後測測量值平均數較原始測量值平均數為大，由 22.60 變為 23.335，教學法三群體亦同，由 23.40 變為 23.645。

成對比較 (Pairwise Comparisons)

依變數：後測成績

(I) 組別	(J) 組別	平均差異 (I-J)	標準誤差	顯著性 [a]	差異的 95% 信賴區間 [a] 下界	上界
1 教學法一	2 教學法二	-1.414*	.531	.013	-2.507	-.322
	3 教學法三	-1.725*	.499	.002	-2.750	-.699
2 教學法二	1 教學法一	1.414*	.531	.013	.322	2.507
	3 教學法三	-.310	.468	.514	-1.273	.653
3 教學法三	1 教學法一	1.725*	.499	.002	.699	2.750
	2 教學法二	.310	.468	.514	-.653	1.273

註：根據估計的邊緣平均數而定。

*. 平均差異在 .05 水準是顯著的。

a. 調整多重比較：最低顯著差異 (等於未調整值)。

　　「成對比較」表為事後比較結果摘要表，其報表呈現及解讀與單因子變異數分析之多重比較相同。共變數的多重比較是以調整後平均數為組間差異值的比較，由多重事後比較表可以發現：第二組 (教學法二)、第三組 (教學法三) 的成績均顯著的優於第一組 (教學法一)，固定因子組別水準數值 2 群體與水準數值 1 群體調整後平均差異值為 1.414 (p<.05)、固定因子組別水準數值 3 群體與水準數值 1 群體調整後平均差異值為 1.725 (p<.05)，至於固定因子組別水準數值 3 群體與水準數值 2 群體調整後平均差異值則未達顯著 (平均數差異值為 .310)。

單變量檢定 (Univariate Tests)

依變數：後測成績

	平方和	df	平均平方和	F	顯著性
對比	13.428	2	6.714	6.278	.006
誤差	27.805	26	1.069		

註：F 檢定組別的效果。這個檢定是根據所估計邊緣平均數的線性獨立成對比較而定。

　　此表為共變數分析摘要表的一部份，單變量檢定表與「受試者間效應項的檢定」表之「組別」列及「誤差列」的數據相同，表中的「對比」列為固定因子水準群體的對比比較的差異檢定，整體考驗的 F 值統計量為 6.278、顯著性機率值 p=.006<.05，達到顯著，表示至少有一配對組的調整後平均數差異達到顯著水準。

如果有設定因子比較方法，則報表會多呈現以下結果，第一個對比類型為「重複」(Repeated)；第二個對比類型為「簡單」。由於有自變項有三個水準群體，因而重複對比會比較水準 1 群體與水準 2 群體 (Level 1 vs. Level 2)、水準 2 群體與水準 3 群體 (Level 2 vs. Level 3) 調整後平均數的差異檢定，重複對比會比較相鄰水準群體平均數間之差異值是否顯著。

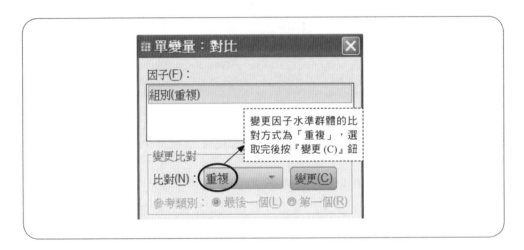

自訂假設檢定 (Custom Hypothesis Tests)

對比結果 (Contrast Results) (K 矩陣)

組別重複的對比		依變數 後測成績
水準 1 vs. 水準 2	對比估計 (Contrast Esitmate)	-1.414
	假設的數值	0
	差異 (估計 - 假設的)	-1.414
	標準誤差 (Std. Error)	.531
	顯著性 (Sig.)	.013
	差異的 95% 信賴區間　　下界	-2.507
	上界	-.322
水準 2 vs. 水準 3	對比估計	-.310
	假設的數值	0
	差異 (估計 - 假設的)	-.310
	標準誤差	.468
	顯著性	.514
	差異的 95% 信賴區間　　下界	-1.273
	上界	.653

　　上述採用因子變數「組別」之水準群體對比的事後比較方法與之前呈現的「成對比較」(Pairwise Comparisons) 之事後比較方法的數據相同，水準 1 群體與水準 2 群體達到顯著水準、水準 2 群體與水準 3 群體未達顯著水準，水準 1 群體與水準 2 群體間調整後平均數的差異值為 -1.414 (p=.013<.05)、平均差異 95% 信賴區間為 [-2.507, -.322] (未包含 0 數值)；水準 2 群體與水準 3 群體間調整後平均數的差異值為 -.310 (p=.514>.05)、平均差異 95% 信賴區間為 [-1.273, .653] (包含 0 數值)。由於自變項因子有三個處理水準，進行事後比較時，要分析三對組別的差異：水準 1 群體 & 水準 2 群體、水準 1 群體 & 水準 3 群體、水準 2 群體 & 水準 3 群體，「重複」對比方法只進行水準 1 群體 & 水準 2 群體、水準 2 群體 & 水準 3 群體的比較，至於水準 1 群體 & 水準 3 群體間的比較可將對比對類型改選為「簡單」(Simple)，再執行一次共變量分析即可。

　　在簡單對比中，會比較每個水準的平均數與指定水準平均數間的差異是否達到顯著。由於參照組水準設為內定之最後一個 (水準 3 群體)，因而會進行水準 1 群體與水準 3 群體 (Level 1 vs. Level 3)、水準 2 群體與水準 3 群體 (Level 2 vs. Level 3) 之調整後平均數差異的比較。

對比結果 (K 矩陣)

組別簡單對比 (Simple Contrast) [a]		依變數 後測成績
水準 1 vs. 水準 3	對比估計	-1.725
	假設的數值	0
	差異 (估計 - 假設的)	-1.725
	標準誤差	.499
	顯著性	.002
	差異的 95% 信賴區間　　下界	-2.750
	上界	-.699
水準 2 vs. 水準 3	對比估計	-.310
	假設的數值	0
	差異 (估計 - 假設的)	-.310
	標準誤差	.468
	顯著性	.514
	差異的 95% 信賴區間　　下界	-1.273
	上界	.653

a. 參考類別 (Reference category) = 3。

　　水準 1 群體與水準 3 群體間調整後平均數的差異值為 -1.725 (p=.002<.05)、平均差異 95% 信賴區間為 [-2.750, -.699] (未包含 0 數值)；水準 2 群體與水準 3 群體間調整後平均數的差異值為 -.310 (p=.514>.05)、平均差異 95% 信賴區間為 [-1.273, .653] (包含 0 數值)，水準 1 群體與水準 3 群體間調整後平均數的差異達到顯著，水準 2 群體與水準 3 群體間調整後平均數的差異沒有顯著不同。

參、結果說明

　　由以上報表結果，可以整理成以下三個表格及解釋：

【表格範例】

○ 表1　三個群體之後測成績及調整後平均數摘要表

組別	平均數	標準差	個數	調整後平均數
教學法一	22.90	1.524	10	21.920
教學法二	22.60	1.713	10	23.335
教學法三	23.40	1.713	10	23.645

註：前測成績 (控制變項) = 12.70。

○ 表 II　組內迴歸係數同質性考驗摘要表

變異來源	SS	df	MS	F
迴歸係數同質性 (組別 * 前測成績)	1.912	2	.956	.886ns
誤差項 (Error)	25.894	24	1.079	

ns p>.05

○ 表 III　共變數分析摘要表

變異來源	SS	df	MS	F	事後比較
共變項 (前測成績)	45.895	1	45.895	42.915***	
組間 (教學方法)	13.428	2	6.714	6.278**	教學法二 > 教學法一
誤差 (Error)	27.805	26	1.069		教學法三 > 教學法一

** p<.01　*** p<.001

由組內迴歸係數同質性考驗結果可以發現：F 值統計量未達顯著水準 (F=.886，p=.425>.05)，符合組內迴歸係數同質性之假定，因而可直接採用傳統共變數分析方法進行組別三個群體之後測成績的差異考驗。由共變數分析摘要表得知：在排除前測成績的影響效果後，三種不同的教學法對受試者的學習成就的確有顯著的影響 (F=6.278，p=.006<.05)，由事後比較得知，教學法二 (M=23.335) 優於教學法一 (M=21.920)，而教學法三 (M=23.645) 也優於教學法一 (M=21.920)，至於教學二、教學法三間則沒有顯著差異存在。

此外，由共變數分析摘要表也可發現三組受試者在實驗處理之前的學習成就也有顯著差異 (F=42.915，p=.000<.05)。

肆、統計控制法實例探究

第一部份內容，曾就共變數的理論與統計應用分析加以說明，在「準實驗研究」的設計中，共變數統計分析是應用最為普遍的一種方法。在行為及社會科學領域實際研究環境中，由於受到實驗設計方法、受試樣本本身特性、實際研究情境等的限制，即使使用實驗控制法，也無法完全排除某些可能影響實驗結果的干擾變項，這些干擾變項對實驗結果皆有不同程度的影響，為了減少這些無關變項的影響、減少實驗的誤差，藉由統計控制法，採用共變數分析是最常為學者或實驗者採用的方法。

以下的研究問題中，研究者應採用的正確方法是共變數統計分析法，如果研究者未排除前測成績影響，也未採取其它實驗控制方法，直接採用獨立樣本 t 檢定法考驗實驗組與控制組二組後測英文學習成就的差異，將會獲致不同的研究結果，在準實驗研究中，通常是錯誤的統計考驗。

⊃ 一、研究問題

某研究者想了解不同教學方式對學生英文學習的影響，從其任教的二個班級中各抽取十名自願學生，第一個班級十名學生為控制組，採用傳統的教學法；第二個班級十名學生為實驗組，採用電腦多媒體輔助教學法，實驗期間為一學期，研究者分別對二組學生實施英文學習成就測驗，其前後測成績如下表所列：

【問題一】：排除前測成績的影響外，二組受試者的學習成就是否有顯著差異？

【問題二】：不排除前測成績的影響，二組受試者的學習成就是否有顯著差異？

控制組與實驗組前後測英文學習成就測驗成績

控制組			實驗組		
A（組別）	X（前測）	Y（後測）	A（組別）	X（前測）	Y（後測）
1	11	21	2	11	21
1	12	23	2	14	24
1	19	25	2	10	21
1	13	23	2	9	20
1	17	23	2	12	23
1	15	24	2	13	24
1	17	24	2	10	23
1	14	20	2	8	21
1	13	22	2	14	25
1	16	24	2	11	24

⊃ 二、共變數分析

　　在實驗設計中，如果「實驗控制」無法排除干擾變項的影響，應該採用「統計控制法」來處理，如果「實驗控制」無法達成 (真正實驗設計模式)，研究者又捨棄「統計控制法」來處理實驗數據，往往會導致錯誤或不正確的結果。

　　在「統計控制法」中，研究者所應採用的正確而適宜的方法是「共變數分析」(analysis of covariance)，共變數只有前測成績一個，自變項為組別一個因子，又稱獨立樣本單因子單共變量變異數分析。在研究範例中，以前測成績作為共變量 (covariate)，其操作方式與正確統計結果如下：

(一) 迴歸斜率同質性檢定

操作程序：

【操作 2】

執行功能表列「分析 (A)」(Analyze)/ 「一般線性模式 (G)」(General Linear Model)/ 「單變量 (U)」(Univariate) 程序，開啟出現「單變量」(Univariate) 對話視窗。

【操作 2】

將變數清單中之依變項「後測」選入右邊「依變數 (D)」(Dependent Variable) 下的方格中。
將變數清單中之自變項「組別」選入右邊「固定因子 (F)」(Fixed Factor) 下的方盒中。
將變數清單中之控制變項「前測」選入右邊「共變量 (C):」(Covariate) 下的方盒中。

【操作 3】

按『模式』鈕，開啟「單變量：模式」(Univariate: Model) 對話視窗，選取右邊「◉ 自訂」(Custom)，在「模式」(Model) 的空格中點選下列三個選項「組別、前測、組別 * 前測」→按『繼續』(Continue) 鈕，回到「單變量」對話視窗→按『確定』(OK) 鈕。

迴歸斜率同質性檢定報表如下：

受試者間因子

		數值註解	個數
組別	1	控制組	10
	2	實驗組	10

固定因子「組別」變項為二分名義變項，水準數值 1 為控制組群體、水準數值 2 為實驗組群體，二個組別群體各有十位受試者。

受試者間效應項的檢定　　依變數：後測

來源	型 III 平方和	df	平均平方和	F	顯著性
校正後的模式	27.821[a]	3	9.274	7.445	.002
截距	139.539	1	139.539	112.028	.000
組別	.545	1	.545	.438	.518
前測	27.325	1	27.325	21.937	.000
組別 * 前測	1.767	1	1.767	1.419	.251
誤差	19.929	16	1.246		
總數	10399.000	20			
校正後的總數	47.750	19			

a. R 平方 = .583 (調過後的 R 平方 = .504)。

上表為受試者效應項的檢定，即組內迴歸係數同質性考驗摘要表。組內迴歸係數同質性考驗結果 (組別 * 前測列之數據)，F 值統計量等於 1.419；顯著性機率值 p=.251>.05，未達顯著水準，接受虛無假設：$\beta_1 = \beta_2$ (二個群體各以共變項對依變項進行迴歸分析之斜率相同)，表示二個群組迴歸線的斜率相同，二條迴歸線互相平行，符合共變數分析程序的前提假定－組內迴歸係數同質性，因而可直接採用共變數分析程序。

(二) 共變數分析

操作程序

「分析」→「一般線性模式」→「單變量」，出現「單變量」對話視窗，按『重設』鈕，清除之前的所有設定。

→將左邊依變項「後測」選入右邊「依變數」下的空格內；

→將左邊自變項「組別選入右邊「固定因子」下的空格內；

→將左邊共變項「前測選入右邊「共變量」下的空格內；

→按『模式』鈕，出現「單變量：模式」對話視窗，選取內定「⊙ 完全因子設計 (A)」→按『繼續』鈕，回到「單變量」對話視窗；

→按右下角『選項』(Options) 鈕，出現「單變量：選項」(Univariate: Options) 次對話視窗，在「邊際平均數估計」(Estimated Marginal Means) 對話盒中，將左邊自變項「組別」選入右邊「顯示平均數 (M)」(Display Means for) 下的空盒中。

→下方「顯示」的對話盒中，勾選「☑ 敘述統計 (D)」(Descriptive statistics)、「☑ 效果項大小估計值 (E)」(Estimates of effect size)、「☑ 參數估計值 (P)」(Parameter estimate) 選項→按『繼續』鈕，回到「單變量」對話視窗→按『確定』鈕。

共變數分析結果報表如下：

敘述統計　依變數：後測

組別	平均數	標準離差	個數
1 控制組	22.90	1.524	10
2 實驗組	22.60	1.713	10
總數	22.75	1.585	20

　　控制組與實驗組二個群體在後測成績原始測量值之描述性統計量，十位控制組原始後成績的平均數為 22.90 分、十位實驗組原始後成績的平均數為 22.60 分，全部受試者後測成績的總平均數為 22.75 分。

受試者間效應項的檢定　　依變數：後測

來源	型 III 平方和	df	平均平方和	F	顯著性
校正後的模式	26.053[a]	2	13.027	10.207	.001
截距	142.954	1	142.954	112.010	.000
前測	25.603	1	25.603	20.061	.000
組別	6.955	1	6.955	5.449	.032
誤差	21.697	17	1.276		
總數	10399.000	20			
校正後的總數	47.750	19			

a. R 平方 = .546 (調過後的 R 平方 = .492)。

　　「受試者間效應項的檢定」(Tests of Between-Subjects Effects) 表為共變數分析摘要表。共變數分析考驗結果，F 值統計量等於 5.449；顯著性 p=.032<.05，可見排除前測成績的影響後，實驗處理效果顯著，經實驗處理後，實驗組的學習成就 (調整後的平均數等於 23.505) 顯著優於控制組 (調整後平均數等於 21.995)。共變數分析時，所要比較組別的平均數並非是實驗組與控制組原始的後測成績，而是排除前測成績外，二組之「調整後平均數」(adjusted means)。

參數估計值　　依變數：後測

參數	B 之估計值	標準誤差	t	顯著性	95% 信賴區間 下界	上界
截距	16.807	1.342	12.525	.000	13.976	19.638
前測	.517	.115	4.479	.000	.274	.761
[組別 =1]	-1.510	.647	-2.334	.032	-2.875	-.145
[組別 =2]	0[a]	.	.	.	.	.

a. 由於這個參數重複，所以把它設成零。

　　上表為參數估計值(Parameter Estimates)。在「單變量：選項」次對話視窗，勾選「☑ 參數估計值 (P)」選項，可以增列輸出「參數估計值」摘要表，此表可以換算各實驗處理水準群體在依變項之調整後的平均數：

　　控制組調整後平均數：16.807+(-1.510)+12.95×.517=21.995
　　實驗組調整後平均數：16.807+(0)+12.95×.517=23.505
　　12.95 為共變項 (前測成績) 的總平均數。

估計的邊緣平均數　　組別　　估計值

依變數：後測

組別	平均數	標準誤差	95% 信賴區間	
			下界	上界
1 控制組	21.995[a]	.410	21.129	22.861
2 實驗組	23.505[a]	.410	22.639	24.371

a. 使用下列值估計出現在模式的共變量：前測 = 12.95。

　　估計的邊際平均數 (Estimated Marginal Means) 為各處理水準在依變項上的調整後平均數，控制組調整後平均數為 21.995、標準誤差為 .410；實驗組調整後平均數為 23.505、標準誤差為 .410。

成對比較　　依變數：後測

(I) 組別	(J) 組別	平均差異 (I-J)	標準誤差	顯著性[a]	差異的 95% 信賴區間[a]	
					下界	上界
1 控制組	2 實驗組	-1.510*	.647	.032	-2.875	-.145
2 實驗組	1 控制組	1.510*	.647	.032	.145	2.875

註：根據估計的邊緣平均數而定。
*. 平均差異在 .05 水準是顯著的。
a. 調整多重比較：最低顯著差異 (等於未調整值)。

　　「控制組」與「實驗組」調整後平均數差異值為 -1.510，平均數差異的 95% 信賴區間為 [-2.875, -.145]，未包含 0 數值，表示二個群體調整後平均數差異值顯著不為 0。

⇒ 三、以 t 檢定考驗前後測成績差異

　　如果研究者未以統計控制方法，採用共變數分析探究二組間差異，而直接改以 t 檢定考驗前後測成績，則可能獲致不一樣的推論結果。

　　獨立樣本 t 檢定的操作程序如下：

> 「分析」(Analyze) →「比較平均數法」(Compare Means) →「獨立樣本 T 檢定」(Independent-Sample T Test)，出現「獨立樣本 T 檢定」對話視窗→將左邊變數清單中的依變項「前測」、「後測」二個計量變項選入右邊

「檢定變數 (T)」(Test Variable) 下面的空盒中→再將左邊變數清單中的自變項「組別」選入右邊「分組變數」(Grouping Variable) 下空格中→按『定義組別 (D)』(Define Groups...) 鈕，出現「定義組別」對話視窗，在「組別 1」(Group 1)、「組別 2」(Group 2) 的後面分別輸入自變項分組編碼數值「1」、「2」→按『繼續』鈕，回到「獨立樣本 T 檢定」對話視窗→按『確定』鈕。

下面為執行獨立樣本 t 檢定之報表結果：

組別統計量

	組別	個數	平均數	標準差	平均數的標準誤
前測	1 控制組	10	14.70	2.541	.803
	2 實驗組	10	11.20	2.044	.646
後測	1 控制組	10	22.90	1.524	.482
	2 實驗組	10	22.60	1.713	.542

控制組、實驗組二個群體在前測成績的平均數分別為 14.70、11.20，控制組、實驗組二個群體在後測成績的平均數分別為 22.90、22.60。

獨立樣本檢定

		變異數相等的 Levene 檢定		平均數相等的 t 檢定						
		F 檢定	顯著性	t	自由度	顯著性（雙尾）	平均差異	標準誤差異	差異的 95% 信賴區間 下界	上界
前測	假設變異數相等	.771	.392	3.394	18	.003	3.500	1.031	1.334	5.666
	不假設變異數相等			3.394	17.210	.003	3.500	1.031	1.326	5.674
後測	假設變異數相等	.839	.372	.414	18	.684	.300	.725	-1.223	1.823
	不假設變異數相等			.414	17.760	.684	.300	.725	-1.225	1.825

如果直接以獨立樣本 t 檢定法考驗控制組與實驗組二組的學習成就差異情形，可以發現控制組的後測成績平均為 22.90；實驗組的後測成績平均為 22.60，控制組受試者成績稍高於實驗組受試者，平均數差異值等於 .300，經 t 檢定考驗

結果，t 值統計量等於 .414；顯著性機率值 p=.684>.05，未達顯著水準，接受虛無假設，表示控制組與實驗組的後測成績沒有顯著差異，平均差異值顯著等於 0。

此外，控制組與實驗組之前測成績 t 檢定考驗結果，平均差異檢定之 t 值統計量等於 3.394；顯著性 p=.003<.05，達顯著水準，控制組的前測成績 (M=14.70) 顯著的高於實驗組的前測成績 (11.20)、二個群體平均數差異值顯著不等於 0。

⊃ 四、綜合說明

在行為及社會科學研究的實際情境中，常用實驗研究模式有以下幾種：

(一) 真正實驗設計型式 (隨機控制組前後測實驗設計)

實驗組 (R)：T1　　　X　　　T2

控制組 (R)：T1　　　　　　T2

〔X 表實驗處理、R 表隨機取樣與隨機分組、T1 表前測、T2 表後測〕

(二) 真正實驗設計型式 (隨機控制組後測實驗設計)

實驗組 (R)：　　　X　　　T2

控制組 (R)：　　　　　　　T2

〔X 實驗處理、 T1 前測、T2 後測〕

(三) 準實驗設計 (非隨機控制組前後測實驗設計)

實驗組 ：T1　　　X　　　T2

控制組 ：T1　　　　　　T2

〔T1 前測通常作為共變數〕

行為及社會科學領域實驗設計中，以上面三種實驗設計法最為常用，而在實際情境中，研究者常因某些因素無法隨機分派受試者，因而須藉用統計控制之共變數分析法來排除受試者組別間前測的差異，如果研究者不以共變數分析法，而直接以變異數分析法或 t 檢定法來考驗實驗處理之組別間的差異，往往會得到「錯誤」或不正確的推論結果。此種實例如教師選擇其任教的二個班級進行英文實驗教學，第一個班級採用分組合作學習法，第二個班級採用傳統講述法，雖然任教之教學者為同一人 (排除實驗者效應干擾)、二班使用之教材相同，假設教

師對二班的期望水準與任教態度也一樣，在為期二個月的實驗教學之後，同時對二班施測英文學業成就與英文學習態度量表，如果研究者直接以獨立樣本 t 檢定考驗二個班級的學業成就或學習態度，並以統計分析結果作為實驗處理的效果是否顯著的依據，如此的統計分析與推論程序可能發生錯誤結果或偏誤，因為在實驗處理後的差異是實驗處理造成的，或是二班在實驗處理之前的組別間差異所造成的 (二班受試者學生的英文學業成就或學習態度或許就有顯著的差異存在)，研究者無從得知。

以本研究範例而言，研究者如未考慮二組實驗處理前的差異情形，省略「排除前測影響」步驟，而直接比較二組之後測成績，則控制組與實驗組學習成就的平均數差異的考驗結果如下所列：

控制組與實驗組在後測成績比較之 t 檢定結果

變項	組別	個數	平均數	標準差	t 值
後測成績	控制組	10	22.90	1.5239	.414ns
	實驗組	10	22.60	1.7127	

ns p>.05

由上表可以發現，二組的平均數差異為 0.30，t 檢定統計量為 .414，顯著性 p 值大於 .05，未達顯著水準，接受虛無假設 (二個群體的平均數差異值顯著等於 0，即二個群體之學習成就沒有顯著不同)，經實驗處理之後的控制組與實驗組之學習成就表現沒有顯著差異，研究者根據獨立樣本 t 考驗結果會下此結論：「實驗處理無效，傳統式教學法與電腦多媒體輔助教學法，二種不同的教學方法對學生英文學習沒有顯著差異效果存在」。

當研究者忽略實驗處理前二組間的差異情形時，實驗設計又無法隨機分派受試者、無法完全控制實驗誤差，往往以「準實驗設計」模式來處理，在準實驗設計型式時，研究者在運用統計方法與下結論時要格外小心，否則易導致錯誤的結論，以範例的研究問題而言，如未排除前測成績的影響，則控制組與實驗組二組間的後測成績並沒有顯著差異存在，這與之前採用共變數分析程序的結果剛好相反。

如果研究者把前測成績也加以考量，則以獨立樣本 t 檢定方式考驗結果，可以發現，二組的前測成績分別為 14.70、11.20，二者相差 3.50 分，t 值統計量為

3.394；顯著性 p 值 =.003<.05，拒絕虛無假設，表示二組前測成績間有顯著差異存在。因而在實驗處理之前，二組受試間的學習成就已有顯著的組間差異存在，研究者如果忽略此一變項 (或此一干擾變因)，直接以二組後測成績作為比較依變數，將無法獲致正確的統計推論結論。

控制組與實驗組在前測成績比較之 t 檢定結果

變項	組別	個數	平均數	標準差	t 值	顯著性 p 值
前測成績	控制組	10	14.70	2.5408	3.394	.003
	實驗組	10	11.20	2.0440		

　　由於控制組與實驗組在實驗處理之前，英文學習成就間已有顯著差異存在，為實際探究實驗處理效果的影響，應該將此差異排除掉，共變數分析的目的即在排除前測成績的影響，以探究二種不同教學方法的優劣，所要比較的學習成就稱為「調整後的平均數」(adjusted means)，調整後的平均數並非原始後測成績，在 SPSS 統計應用軟體之一般線性模式的分析中，於「單變量：單項」次對話視窗，勾選「☑ 參數估計值 (P)」選項也可估換出調整後的平均數，控制組與實驗組的調整後平均數分別為 21.995、23.505，在前測成績中，二組的平均數分別為 14.70、11.20；後測成績中二組的平均數分別為 22.90、22.60，排除前測成績的影響外，實驗組的學習成就 (M=23.505) 顯著優於控制組的學習成就 (M=21.995)，共變數分析的 F 值等於 5.449，顯著性 p 值小於 .05。

　　另一方面，雖然二者的後測成績大約相等，但從學習者「學習進步」觀點來看，經實驗處理之外，控制組受試者平均進步 8.20 分；而實驗組受試者平均進步 11.40 分，因而雖然實驗組的後測成績稍低於控制組的後測成績，但實際上，電腦多媒體輔助教學法的方式與傳統教學法相較之下，前述學習者學習進步的幅度較大。

　　研究範例中，可以得知，實驗組與控制組在實驗處理之前，二組受試者的英文學業成就已有顯著差異存在，表示二組受試者實驗前的起點行為已經有顯著不同，採用共變數分析的目的，即在排除二組受試者起點行為的差異，以探究之後學習成就的差異是否真正由實驗處理所造成的。

　　在實驗設計中，由於無法隨機分派受試者，或即使研究者使用實驗控制方法也無法排除某些可能影響實驗結果的變因，為了避免這些干擾變項的影響，研

究者最好採用「共變數分析法」(ANCOVA)，而不要採用 t 檢定或變異數分析法 (ANOVA)，否則可能會導致分析結果的錯誤。

第三節　雙共變量 ANCOVA 程序

　　某研究者以二種教學法方法進行提升小六學生閱讀理解能力的教學實驗，控制組採用傳統的教學法、實驗組採用新的教學法，控制組與實驗組各有八名受試者，為了避免實驗處理效果受到受試者本身的干擾影響，研究者除以閱讀理解能力前測成績為控制變項 (共變數) 外，另以受試者六上的語文學業平均成績為第二個控制變項，十六位受試者的三種成績資料如下：

受試者	組別	前測成績	語文學業	後測成績	受試者	組別	前測成績	語文學業	後測成績
S01	1	1	2	4	S10	2	4	5	4
S02	1	3	4	6	S11	2	5	6	6
S03	1	4	6	5	S12	2	4	4	4
S04	1	5	8	6	S13	2	3	5	3
S05	1	2	1	5	S14	2	4	6	4
S06	1	4	6	5	S15	2	4	7	5
S07	1	3	7	6	S16	2	5	8	4
S08	1	3	5	5	S17	2	4	5	4
S09	1	2	4	4	S18	2	3	2	2

⊃ 一、組內迴歸同質性考驗

　　單因子雙共變量共變異數分析程序之組內迴歸同質性考驗的語法程式如下，符號二個控制變項為 X1、X2，依變項為 Y、組別變項為 A。

```
SUBTITLE ' 二共變量同質性考驗 '.
MANOVA Y BY A(1,2) WITH X1 X2
/ANALYSIS= Y
/DESIGN= X1, X2, A, POOL(X1, X2) BY A.
```

上述語法中 /DESIGN= X1, X2, A, POOL(X1, X2) BY A 表示的是自訂模式為「Y=X1, X2, A, X1*A+X2*A」，此模式為二個共變量之獨立樣本單因子共變數分析中的組內迴歸同質性檢定模式。

SUBTITLE ' 二共變量同質性考驗 '.
MANOVA 後測成績 BY 組別 (1,2) WITH 前測成績 語文學業
/ANALYSIS= 後測成績
/DESIGN= 前測成績 , 語文學業 , 組別 , POOL (前測成績 , 語文學業) BY 組別 .

於「PASW Statistics Syntax Editor」語法編輯器視窗中的界面如下，執行功能表列「執行 (R)」/「全部 (A)」程序，可執行語法程式。

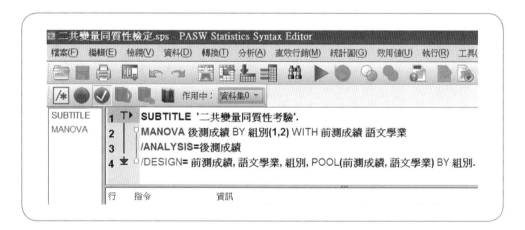

組內迴歸同質性考驗結果如下：

Manova

******** A n a l y s i s o f V a r i a n c e -- Design 1 ***********

Tests of Significance for 後測成績 using UNIQUE sums of squares

Source of Variation	SS	DF	MS	F	Sig of F
WITHIN+RESIDUAL	6.41	12	.53		
前測成績	2.55	1	2.55	4.76	.050
語文學業	.10	1	.10	.19	.669
組別	4.21	1	4.21	7.88	.016
POOL(前測成績 語文學業) BY 組別	2.06	2	1.03	1.92	.188
(Model)	14.03	5	2.81	5.25	.009
(Total)	20.44	17	1.20		
R-Squared =	.686				
Adjusted R-Squared =	.556				

「POOL (前測成績 , 語文學業) BY 組別」列的數據為組內迴歸同質性檢定的統計量及顯著性，檢定的 F 值統計量等於 1.92、顯著性機率值 p=.188>.05，接受虛無假設，資料結構符合組合迴歸同質性假定，可直接採用共變數分析進行組別水準群組的差異檢定。

⊃ 二、共變數分析程序及結果

(一) 共變數分析的操作

【操作 1】

執行功能表列「分析 (A)」(Analyze)/ 「一般線性模式 (G)」(General Linear Model)/ 「單變量 (U)」(Univariate) 程序，開啟出現「單變量」(Univariate) 對話視窗。

【操作 2】

將變數清單中之依變項「後測成績」選入右邊「依變數 (D)」(Dependent Variable) 下的方格中。

將變數清單中之自變項「組別」選入右邊「固定因子 (F)」(Fixed Factor) 下的方盒中。

將變數清單中之控制變項「前測成績」、「語文學業」選入右邊「共變量 (C)」(Covariate) 下的方盒中。

【操作 3】

於「單變量」對話視窗中，按『選項』(Options) 鈕，出現「單變量：選項」(Univariate: Options) 次對話視窗。

將左邊「因子與因子交互作用 (F)」(Factor(s) and Factor Interactions) 方盒下之因子變項「組別」選入右邊「顯示平均數 (M)」(Display Means for) 下的空盒中。(此操作程序可以輸出各水準群組之調整後平均數的數據。)

勾選「☑ 比較主效果 (C)」(Compare main effects) 選項 (比較固定因子間組別調整後平均數的差異，亦即主要效果的比較)。「信賴區間調整 (N)」(Confidence interval adjustment) 的下拉式選單中選取「Bonferroni 法」。

在「顯示」(Display) 方盒中選取「☑ 敘述統計 (D)」(Descriptive statistics)、「☑ 參數估計值 (P)」(Parameter estimates)(此選項也可以不勾選)、「☑ 效果大小估計值 (E)」等選項。

按『繼續』鈕，回到「單變量」(Univariate) 主對話視窗，按『確定』鈕。

(二) 共變數分析的結果

變異數的單變量分析　　受試者間因子

		數值註解	個數
組別	1	實驗組	9
	2	控制組	9

　　固定因子「組別」變項的二個水準編碼分別為 1、2，水準數值 1 為實驗組群體、水準數值 1 為控制組群體，二位群組各有 9 位受試者。

敘述統計　　依變數：後測成績

組別	平均數	標準離差	個數
1 實驗組	5.11	.782	9
2 控制組	4.00	1.118	9
總數	4.56	1.097	18

實驗組與控制組在閱讀理解能力後測成績測量值平均數分別為 5.11、4.00，測量值平均數為原始後測成績分數。

受試者間效應項的檢定　　依變數：後測成績

來源	型 III 平方和	df	平均平方和	F	顯著性	淨相關 Eta 平方
校正後的模式	11.972[a]	3	3.991	6.595	.005	.586
截距	6.995	1	6.995	11.559	.004	.452
前測成績	1.352	1	1.352	2.234	.157	.138
語文學業	.167	1	.167	.276	.608	.019
組別	8.113	1	8.113	13.406	.003	.489
誤差	8.472	14	.605			
總數	394.000	18				
校正後的總數	20.444	17				

a. R 平方 = .586 (調過後的 R 平方 = .497)。

「受試者間效應項的檢定」表為共變數分析摘要表，共變數分析 F 值統計量等於 13.406，顯著性機率值 p=.003<.05，拒絕虛無假設，表示排除二個控制變項 (前測閱讀理解能力、語文學業成就) 的影響後，實驗組與控制組在後測閱讀理解能力的平均分數間有顯著差異，「淨相關 Eta 平方」值為 .489，表示組別固因子可以解釋後測閱讀理解能力 48.9% 的變異量。

估計的邊緣平均數　組別　估計值

依變數：後測成績

組別	平均數	標準誤差	95% 信賴區間 下界	上界
1 實驗組	5.378[a]	.290	4.756	6.000
2 控制組	3.733[a]	.290	3.111	4.355

a. 使用下列值估計出現在模式的共變量：前測成績 = 3.50, 語文學業 = 5.06。

實驗組與控制組後測成績調整後平均數分別為 5.378、3.733，二個控制變項的平均數分別為 3.50、5.06。

成對比較　　依變數：後測成績

(I) 組別	(J) 組別	平均差異 (I-J)	標準誤差	顯著性 [a]	差異的 95% 信賴區間 [a] 下界	差異的 95% 信賴區間 [a] 上界
1 實驗組	2 控制組	1.646[*]	.449	.003	.682	2.610
2 控制組	1 實驗組	-1.646[*]	.449	.003	-2.610	-.682

註：根據估計的邊緣平均數而定。

*. 平均差異在 .05 水準是顯著的。

a. 調整多重比較：Bonferroni。

　　實驗組與控制組二個群組之調整後平均數的差異值為 1.646，平均差異的 95% 信賴區間為 [.682, 2.610]，未包含 0 數值，平均差異值達到顯著，實驗組在後測成績之調整後平均數顯著高於控制組在後測成績之調整後平均數。

　　上述雙共變量之獨立樣本共變數分析結果可以統整成以下三個表格：

【表格範例】

📍 表 I　實驗組與控制組在後測成績分數的描述性統計量摘要表

組別	平均數	標準離差	個數	調整後平均數
1 實驗組	5.11	.782	9	5.378
2 控制組	4.00	1.118	9	3.733

📍 表 II　組內迴歸同質性檢定摘要表

來源	SS	df	MS	F
組間	2.06	2	1.03	1.92ns
誤差項	6.41	12	.53	

ns　p>.05

　　組內迴歸同質性考驗的 F 值統計量等於 1.92，顯著性 p>.05，未達顯著水準，表示二個群體以共變項對依變項進行迴歸分析之迴歸線斜率相同，符合組內迴歸同質性假定，可直接採用共變數分析進行依變項 (後測成績) 間的差異比較。

表 III 共變數分析摘要表 (控制變項為前測成績與語文學業成就)

來源	型 III 平方和	df	平均平方和	F	事後比較	淨相關 η^2
前測成績	1.352	1	1.352	2.234		
語文學業	.167	1	.167	.276		
組別	8.113	1	8.113	13.406**	實驗組 > 控制組	.489
誤差	8.472	14	.605			
總和	20.444	17				

** p<.01

　　共變數分析摘要表之平均數差異整體檢定的 F 值統計量為 13.406，顯著性 p<.01，表示排除「前測成績」與「語文學業」二個共變量 (控制變項) 外，實驗組與控制組二個水準群體之調整後平均數顯著不相等，平均差異值顯著不等於 0，實驗組調整後平均數 (M=5.378) 顯著高於控制組調整後平均數 (M=3.733)。淨相關 值等於 .489，表示實驗處理可以解依變項 48.9% 的變異量。

第四節　二因子 ANCOVA 分析程序——單共變量

　　共變數分析程序中，若因子變數 (自變項) 有二個：A 因子、B 因子，研究探討的重點為排除控制變項的影響後，A 因子變項在依變數的差異是否因 B 因子水準群體不同而不同，或排除控制變項的影響後，B 因子變項在依變數的差異是否因 A 因子水準群體不同而不同，其理念與統計分析與二因子變異數分析類似，只是二因子共變數分析程序中多了共變項 (控制變項)。

【研究問題】：排除前測成績之後，性別與不同組別在後測成績上是否有顯著的交互作用？

【研究方法】：獨立樣本雙因子共變數分析

　　此一研究問題中，包含二個自變項 (教學法、性別)，一個依變項 (後測成績)，一個共變數 (前測成績)。其中變項代號 A 為性別 (1 為男生、2 為女生)、B 為組別 (1 為教學法一之組別、2 為教學法二之組別、3 為教學法三之組別)、X 為前測成績、Y 為後測成績。研究原始數據如下：

實驗處理時受試者之前後測成績

B 因子 A 因子	教學法一 (b1)		教學法二 (b2)		教學法三 (b3)	
	前測	後測	前測	後測	前測	後測
男生 (a1)	25	20	21	9	34	23
	26	23	23	10	32	20
	33	29	25	15	40	33
	34	30	24	9	34	23
女生 (a2)	29	25	20	9	31	15
	31	24	22	14	33	20
	29	23	26	17	34	18
	35	29	27	18	37	14

壹、操作說明

　　獨立樣本二因子共變數分析中，要進行組內迴歸係數同質性檢定可採用「MANOVA」命令的語法格式。

⊃ 一、迴歸斜率同質性考驗

1. MANOVA y BY A(1,2) b(1,3) with x
2. /ANALYSIS=Y
3. /DESIGN=X,A,B,A BY B,X BY A+X BY B+X BY A BY B.

　　上面第一行為共變數分析的 MANOVA 語法：
　　「MANOVA 依變項 BY 自變項一 自變項二 with 共變數」。
　　第二行界定暫時分析的依變項。
　　第三行為迴歸係數同質性考驗之分析模式，「A BY B」即是「A*B」。
　　獨立樣本二因子單共變量共變數分析之迴歸係數同質性考驗的分析模式為「Y=X，A，B，A*B，（X*A+X*B+X*A*B）」。將「*」符號改為「BY」關鍵字，分析模式變成「Y=X，A，B，A BY B，X BY A+X BY B+X BY A BY B」

Subtitle ' 組內迴歸同質性考驗 '.
MANOVA 後測成績 BY 性別 (1,2) 教學法 (1,3) WITH 前測成績
/ANALYSIS= 後測成績
/DESIGN= 前測成績 , 性別 , 教學法 , 性別 BY 教學法 , 前測成績 BY 性別 +
前測成績 BY 教學法 + 前測成績 BY 性別 BY 教學法 .

在語法視窗中鍵入上面的語法，執行功能列表「執行 (R)」／「全部 (A)」程序。

下面為組內迴歸同質性考驗報表

```
* * * * * * * * Analysis of Variance -- Design  1 * * * * * * * *
```
Tests of Significance for 後測成績 using UNIQUE sums of squares

Source of Variation	SS	DF	MS	F	Sig of F
WITHIN+RESIDUAL	42.72	12	3.56		
前測成績	107.26	1	107.26	30.13	.000
性別	21.85	1	21.85	6.14	.029
教學法	6.29	2	3.15	.88	.439
性別 BY 教學法	24.99	2	12.49	3.51	.063
前測成績 BY 性別 + 前測成績 BY 教學法 + 前測成績 BY 性別 BY 教學法	50.78	5	10.16	2.85	.064
(Model)	1063.11	11	96.65	27.15	.000
(Total)	1105.83	23	48.08		

【說明】

組內迴歸同質性考驗結果，F 值統計量 =2.85，p=.064>.05，接受虛無假設，組內迴歸的斜率相同，符合共變數分析的假定。

貳、二因子共變數分析程序

　　二因子共變數分析操作程序與第一節進行單因子共變數分析程序相同，只是「固定因子」方格中由一個自變項變成二個自變項 (二個固定因子，範例中二個固定因子分別為性別、教學法規)。操作程序如下：

> 執行功能表列「分析 (A)」/「一般線性模式 (G)」/「單變量 (U)」程序，開啟「單變量」對話視窗。
>
> →將左邊依變項「後測成績」選入右邊「依變數 (D)」下的空格內，將左邊自變項「性別」、「教學法」二個固定因子選入右邊「固定因子 (F)」下的空格內，將左邊共變項「前測成績」選入右邊「共變量 (C)」下的空格內。
>
> →按『模式』鈕，開啟「單變量：模式」次對話視窗，「指定模式」方盒中選取內定「◉ 完全因子設計 (A)」選項，按『繼續』鈕，回到「單變量」對話視窗。
>
> →按『選項 (O)』(Options) 鈕，開啟「單變量：選項」(Univariate: Options) 次對話視窗，在「邊際平均數估計」(Estimated Marginal Means) 對話盒中，將左邊清單變項「性別」、「教學法」、「性別 * 教學法」選入右邊「顯示平均數 (M)」(Display Means for) 下的空盒中，以呈現細格及邊緣調整後平均數。「顯示」方盒中，勾選「☑ 敘述統計 (D)」(Descriptive statistics)、「☑ 參數估計值 (P)」(Parameter estimate) 選項，按『繼續』鈕，回到「單變量」主對話視窗，按『確定』鈕。

　　「顯示平均數值 (M)」下方格中的「性別」、「教學法」變數，共變數分析結果會輸出二個固定因子之水準群體在依變項的調整後平均數；「性別 * 教學法」交互作用項變數會增列輸出細格調整後平均數。「顯示」方盒中「☑ 敘述統計 (D)」呈現的平均數為原始測量值的數值 (未調整的平均數)。

參、共變數分析報表

受試者間因子

		數值註解	個數
性別	1	男生	12
	2	女生	12
教學法	1	教學法一	8
	2	教學法二	8
	3	教學法三	8

　　「受試者因子」表格為因子變項名稱及因子水準數值的註解，「性別」因子為二分名義變項，水準數值 1 為男生群體、水準數值 2 為女生群體；「教學法」因子為三分名義變項，水準數值 1 為採用「教學法一」群體、水準數值 2 為採用「教學法二」群體、水準數值 3 為採用「教學法三」群體。

敘述統計 (Descriptive Statistics)
依變數：後測成績

性別	教學法	平均數	標準離差	個數
1 男生	1 教學法一	25.50	4.796	4
	2 教學法二	10.75	2.872	4
	3 教學法三	24.75	5.679	4
	總數	20.33	8.217	12
2 女生	1 教學法一	25.25	2.630	4
	2 教學法二	14.50	4.041	4
	3 教學法三	16.75	2.754	4
	總數	18.83	5.638	12
總數	1 教學法一	25.38	3.583	8
	2 教學法二	12.63	3.815	8
	3 教學法三	20.75	5.946	8
	總數	19.58	6.934	24

　　「敘述統計」表為各細格及邊緣之描述性統計量,包括各細格原始後測成績的平均數、標準差及受試者人數。12 位男生群體的平均數為 20.33、12 位女生群體的平均數為 18.83,三個教學法水準群體的平均數分別為 25.38、12.63、20.75,上述平均數為邊緣平均數。

受試者間效應項的檢定 (Tests of Between-Subjects Effects)
依變數:後測成績

來源	型 III 平方和	df	平均平方和	F	顯著性
校正後的模式	1012.334[a]	6	168.722	30.677	.000
截距	20.636	1	20.636	3.752	.070
前測成績	189.500	1	189.500	34.455	.000
性別	16.648	1	16.648	3.027	.100
教學法	322.439	2	161.220	29.313	.000
性別 * 教學法	98.473	2	49.237	8.952	.002
誤差	93.500	17	5.500		
總數	10310.000	24			
校正後的總數	1105.833	23			

a. R 平方 = .915 (調過後的 R 平方 = .886)。

　　上表為受試者效應項的檢定,即二因子共變數分析摘要表。從此表得知:交互作用顯著性之統計考驗的 F 值統計量 (性別 * 教學法列) 為 8.952;顯著性機率值 p=.002<.05,達到顯著水準,性別與教學法在排除前測成績的影響後,在後測成績方面有顯著的交互作用。此外 B 因子 (教學法) 主要效果顯著性考驗的 F 值統計量為 29.313;顯著性機率值 p<.001,亦達 .05 顯著水準,表示不同教學法之實驗處果間有顯著的差異,由於交互作用顯著,因而 B 因子 (教學法) 主要效果的顯著與否便沒有實質的意義存在。

估計的邊緣平均數 (Estimated Marginal Means)
1. 性別　估計值
依變數:後測成績

性別	平均數	標準誤差	95% 信賴區間	
			下界	上界
1 男生	20.417[a]	.677	18.988	21.845
2 女生	18.750[a]	.677	17.321	20.179

a. 使用下列值估計出現在模式的共變量:前測成績 = 29.33。

上表為 A 因子 (學生性別) 二個水準群體在後測成績之調整後的邊緣平均數，男生群體調整後平均數為 20.417、女生群體調整後平均數為 18.750。

成對比較 (Pairwise Comparisons)

依變數：後測成績

(I) 性別	(J) 性別	平均差異 (I-J)	標準誤差	顯著性 [a]	差異的 95% 信賴區間 [a]	
					下界	上界
1 男生	2 女生	1.666	.958	.100	-.354	3.687
2 女生	1 男生	-1.666	.958	.100	-3.687	.354

上表為 A 因子二個水準群體調整後邊緣平均數之事後比較。如果交互作用不顯著，而 A 因子主要效果考驗的 F 值統計量顯著 (p<.05)，則要進行 A 因子主要效果的事後比較，若是二個因子之交互作用項達到 .05 顯著水準，則 A 因子主要效果事後比較表就不用解釋，表格的呈現在於說明。由於在之前 A 因子主要效果的 F 值考驗並未達顯著 (見受試者間效應項的檢定表)，因而事後比較中，男女生調整後的邊緣平均數差異考驗也未顯著。

單變量檢定

依變數：後測成績

	平方和	df	平均平方和	F	顯著性
對比	16.648	1	16.648	3.027	.100
誤差	93.500	17	5.500		

註：F 檢定性別的效果。這個檢定是根據所估計邊緣平均數的線性獨立成對比較而定。

上表為 A 因子 (學生性別) 之共變數分析摘要表，此表資料可從上述二因子共變數分析摘要表中得知 (見受試者間效應項的檢定表)。A 因子主要效果考驗之 F 值等於統計量為 3.027；顯著性機率值 p=.100>.05，未達 .05 顯著水準，表示排除前測成績的影響後，男生群體、女生群體在後測成績並沒有顯著不同 (二個群體調整後平均數相等)。

2. 教學法 估計值

依變數：後測成績

教學法	平均數	標準誤差	95% 信賴區間	
			下界	上界
1 教學法一	24.584[a]	.840	22.812	26.357
2 教學法二	18.451[a]	1.293	15.722	21.179
3 教學法三	15.715[a]	1.193	13.198	18.232

a. 使用下列值估計出現在模式的共變量：前測成績 = 29.33。

　　上表為 B 因子 (教學法) 三個水準群體之調整後邊緣平均數，描述統計量也包括標準誤差、平均數 95% 的信賴區間，三種教學法群體之調整後平均數分別為 24.584、18.451、15.715。

成對比較 (Pairwise Comparisons)

依變數：後測成績

(I) 教學法	(J) 教學法	平均差異 (I-J)	標準誤差	顯著性[a]	差異的 95% 信賴區間[a]	
					下界	上界
1 教學法一	2 教學法二	6.134*	1.627	.002	2.702	9.565
	3 教學法三	8.869*	1.378	.000	5.963	11.776
2 教學法二	1 教學法一	-6.134*	1.627	.002	-9.565	-2.702
	3 教學法三	2.736	2.191	.229	-1.886	7.357
3 教學法三	1 教學法一	-8.869*	1.378	.000	-11.776	-5.963
	2 教學法二	-2.736	2.191	.229	-7.357	1.886

註：根據估計的邊緣平均數而定。
*. 平均差異在 .05 水準是顯著的。
a. 調整多重比較：最低顯著差異 (等於未調整值)。

　　上表為 B 因子三個水準群體調整後邊緣平均數之事後比較。如果交互作用不顯著，而 B 因子主要效果考驗的 F 值統計量顯著 (p<.05)，則要進行 B 因子主要效果的事後比較，若是二個因子之交互作用項顯著，則 B 因子主要效果之事後比較表就不用解釋。由於性別與教學法在排除前測成績的影響後，對後測成績有顯著的交互作用存在，所以性別與教學法因子之主要效果顯著性考驗就不必加以分析說明。假設上述之交互作用不顯著，則應考驗 B 因子主要效果及其事後比較結果，不考慮性別因子變項，採用「教學法一」群體的調整後平均數顯著的

高於採用「教學法二」群體之調整後平均數，平均數差異值為 6.134；採用「教學法一」群體的調整後平均數顯著的高於採用「教學法三」群體之調整後平均數，平均數差異值為 8.869。

單變量檢定

依變數：後測成績

	平方和	df	平均平方和	F	顯著性
對比	322.439	2	161.220	29.313	.000
誤差	93.500	17	5.500		

註：F 檢定教學法的效果。這個檢定是根據所估計邊緣平均數的線性獨立成對比較而定。

上表為 B 因子 (教學法) 之共變數分析摘要表，此表資料可從上述二因子共變數分析摘要表中得知 (見受試者間效應項的檢定表)。B 因子主要效果考驗之 F 值等於 29.313、顯著性機率值 p<.001，達到 .05 顯著水準。表示排除前測成績的影響後，不同教學法在後測成績上有顯著的差異，其中採用教學法一之受試者 (M=24.584)，其學習成就分數顯著的優於採用教學法二 (M=18.451) 及教學法三 (M=15.715) 之受試者。

在雙因子單共變量變異數分析中，如果二個因子之交互作用項顯著，則比較調整後的細格平均數之差異；若是交互作用項不顯著，則直接比較調整後邊緣平均數的差異情形 (主要效果考驗)，此程序與二因子變異數分析程序相似。由雙因子共變數分析摘要表可以得知，排除前測成績後，性別與教學法組別在後測成績上有顯著的交互作用 (F 值等於 8.952、顯著性 p=.002<.05)，因而要繼續進行共變數單純主要效果考驗。

肆、單純主要效果考驗

獨立樣本二因子共變數分析之單純主要效果考驗與獨立樣本二因子變異數分析操作程序相同。如有 A 因子有 p 個處理水準、B 因子有 q 個處理水準，則對因子 A 而言需進行 q 次單純主要效果檢定；對 B 因子而言需進行 p 次單純主要效果檢定，總共必須進行 p+q 次單純主要效果檢定，二因子共變量變異數分析之單純主要效果檢定程序與二因子變異數分析之單純主要效果檢定程序相同。

⊃ 一、B 因子 (教學法) 單純主要效果考驗

B 因子 (教學法) 單純主要效果考驗的流程如下：

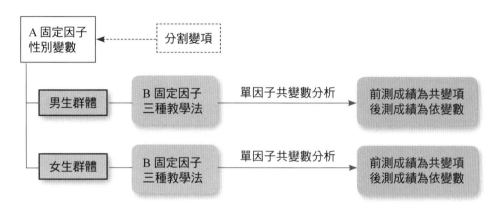

(一) 依 A 因子 (學生性別) 水準數將檔案分割 (分割成二個檔案)

執行功能表列「資料 (D)」(Data)/「分割檔案 (S)」(Split file) 程序，開啟「分割檔案」對話視窗。在「分割檔案」主對話視窗中，勾選「⦿ 依群組組織輸出 (O)」(Organize output by groups) 選項，將自變項 A 因子變數「性別」選入右邊「依此群組 (G)」(Groups Based on) 下的方格中，內定選項「⦿ 依分組變數排序檔案 (S)」不要更改，按『確定』鈕。

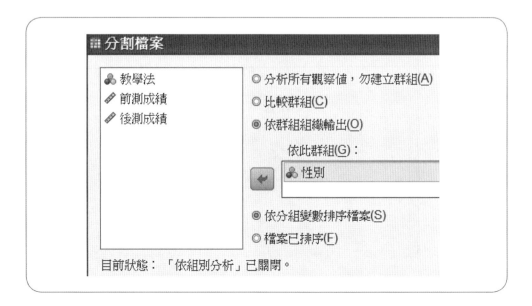

(二) 以 B 因子 (教學法) 為自變項進行共變數分析

執行功能表列「分析 (A)」(Analyze)/「一般線性模式 (G)」(General Linear Model)/「單變量 (U)」(Univariate) 程序，開啟「單變量」對話視窗。

→將左邊依變項「後測成績」選入右邊「依變數 (D)」下的空格內，將左邊自變項 B 因子變數「教學法」選入右邊「固定因子 (F)」下的空格內，將左邊共變項「前測成績」選入右邊「共變量 (C)」下的空格內。

→按『模式』鈕，開啟「單變量：模式」次對話視窗，「指定模式」方盒中選取內定「◉ 完全因子設計 (A)」選項 (◉ Full factorial)，按『繼續』鈕，回到「單變量」對話視窗。

→按『選項 (O)』(Options) 鈕，開啟「單變量：選項」(Univariate: Options) 次對話視窗，在「邊際平均數估計」(Estimated Marginal Means) 對話盒中，將左邊「因子與因子交互作用 (F)」下方盒中的「教學法」變數選入右邊「顯示平均數 (M)」(Display Means for) 下的空格。「顯示」方盒中，勾選「☑ 敘述統計 (D)」(Descriptive statistics) 選項，按『繼續』鈕，回到「單變量」主對話視窗，按『確定』鈕。

⊃ 二、A 因子 (學生性別) 單純主要效果考驗

A 因子 (學生性別) 單純主要效果考驗的流程如下：

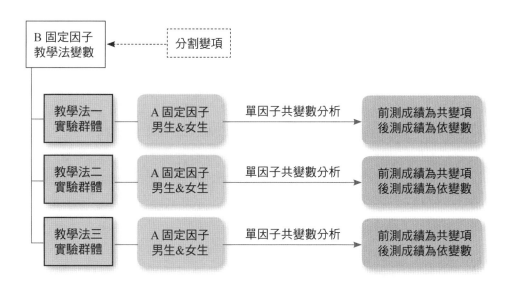

(一) 依 B 因子 (教學法) 水準數將檔案分割 (分割成三個檔案)

執行功能表列「資料 (D)」(Data)/「分割檔案 (S)」(Split file) 程序,開啟「分割檔案」對話視窗。在「分割檔案」主對話視窗中,勾選「⊙ 依群組組織輸出 (O)」(Organize output by groups) 選項,將自變項 B 因子變數「教學法」選入右邊「依此群組 (G)」(Groups Based on) 下的方格中,內定選項「⊙ 依分組變數排序檔案 (S)」不要更改,按『確定』鈕。

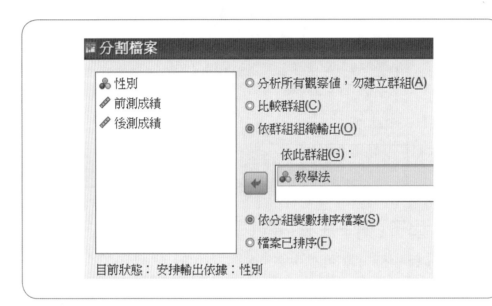

(二) 以 A 因子 (學生性別) 為自變項進行共變數分析

執行功能表列「分析 (A)」(Analyze)/「一般線性模式 (G)」(General Linear Model)/「單變量 (U)」(Univariate) 程序,開啟「單變量」對話視窗。
→將左邊依變項「後測成績」選入右邊「依變數 (D)」下的空格內,將左邊自變項 A 因子變數「性別」選入右邊「固定因子 (F)」下的空格內,將左邊共變項「前測成績」選入右邊「共變量 (C)」下的空格內。
→按『模式』鈕,開啟「單變量:模式」次對話視窗,「指定模式」方盒中選取內定「⊙ 完全因子設計 (A)」選項 (⊙ Full factorial),按『繼續』鈕,回

到「單變量」對話視窗。

→按『選項 (O)』(Options) 鈕，開啟「單變量：選項」(Univariate: Options) 次對話視窗，在「邊際平均數估計」(Estimated Marginal Means) 對話盒中，將左邊「因子與因子交互作用 (F)」下方盒中的「性別」變數選入右邊「顯示平均數 (M)」(Display Means for) 下的空格。「顯示」方盒中，勾選「☑ 敘述統計 (D)」(Descriptive statistics) 選項，按『繼續』鈕，回到「單變量」主對話視窗，按『確定』鈕。

伍、單純主要效果考驗報表

⊃ 一、就男生群體而言，分析三種教學法的實驗處理效果

性別 = 男生

敘述統計 (Descriptive Statistics) [a]

依變數：後測成績

教學法	平均數	標準離差	個數
1 教學法一	25.50	4.796	4
2 教學法二	10.75	2.872	4
3 教學法三	24.75	5.679	4
總數	20.33	8.217	12

a. 性別 = 1 男生。

　　上表為男生群體中教學法三個處理水準之原始後測成績的平均數、標準差及受試者人數，就男生群體而言，教學法因子變數三個水準群組的平均數分別為 25.50、10.75、24.75。

受試者間效應項的檢定 (Tests of Between-Subjects Effects) [b]

依變數：後測成績

來源	型 III 平方和	df	平均平方和	F	顯著性
校正後的模式	718.841[a]	3	239.614	80.457	.000
截距	31.336	1	31.336	10.522	.012
前測成績	166.675	1	166.675	55.966	.000
教學法	142.054	2	71.027	23.849	.000
誤差	23.825	8	2.978		
總數	5704.000	12			
校正後的總數	742.667	11			

a. R 平方 = .968 (調過後的 R 平方 = .956)。
b. 性別 = 1 男生。

　　上表為共變數分析摘要表，就男生群體受試者而言，在排除前測成績的影響後，三種教學法之實驗處理效果顯著，共變數分析統計量 F 值等於 23.849、顯著性機率值 p<.001，達到 .05 顯著水準。

估計的邊緣平均數 (Estimated Marginal Means) 教學法　估計值 [b]

依變數：後測成績

教學法	平均數	標準誤差	95% 信賴區間	
			下界	上界
1 教學法一	25.192[a]	.864	23.200	27.184
2 教學法二	18.144[a]	1.312	15.119	21.170
3 教學法三	17.664[a]	1.281	14.709	20.619

a. 使用下列值估計出現在模式的共變量：前測成績 = 29.25。

b. 性別 = 1 男生。

　　上表為男生群體中，教學法三個水準群組之調整後的細格平均數，三種不同教學法之受試者調整後平均數分別為 25.192、18.144、17.644。

成對比較 (Pairwise Comparisons) [b]

依變數：後測成績

(I) 教學法	(J) 教學法	平均差異 (I-J)	標準誤差	顯著性 [a]	差異的 95% 信賴區間 [a]	
					下界	上界
1 教學法一	2 教學法二	7.048*	1.597	.002	3.366	10.730
	3 教學法三	7.528*	1.520	.001	4.023	11.033
2 教學法二	1 教學法一	-7.048*	1.597	.002	-10.730	-3.366
	3 教學法三	.480	2.288	.839	-4.796	5.756
3 教學法三	1 教學法一	-7.528*	1.520	.001	-11.033	-4.023
	2 教學法二	-.480	2.288	.839	-5.756	4.796

註：根據估計的邊緣平均數而定。

*. 平均差異在 .05 水準是顯著的。

a. 調整多重比較：最低顯著差異 (等於未調整值)。

b. 性別 = 1 男生。

　　上表為男生群體中，教學法三個水準調整後平均數差異之事後比較檢定，採用教學法一 (M=25.192) 的受試者之學習成就顯著的優於採用教學法二 (M=18.144) 及教學法三 (M=17.644) 者之觀察值群組。「教學法一」群組與「教學法一」群組之調整後平均數差異值為 7.048 分、「教學法一」群體與「教學法三」群體之調整後平均數差異值為 7.528 分。

⊃ 二、就女生群體而言，分析三種教學法的實驗處理效果

性別 = 女生

敘述統計 [a]　　依變數：後測成績

教學法	平均數	標準離差	個數
1 教學法一	25.25	2.630	4
2 教學法二	14.50	4.041	4
3 教學法三	16.75	2.754	4
總數	18.83	5.638	12

a. 性別 = 2 女生。

　　就女生群體而言，教學法因子變數三個水準群組的原始後測成績平均數分別為 25.25、14.50、16.75，全部 12 位女生觀察值群體的總平均數為 18.83。

受試者間效應項的檢定 (Tests of Between-Subjects Effects) [b]

依變數：後測成績

來源	型 III 平方和	df	平均平方和	F	顯著性
校正後的模式	294.179[a]	3	98.060	14.138	.001
截距	.121	1	.121	.017	.898
前測成績	37.012	1	37.012	5.336	.050
教學法	215.976	2	107.988	15.569	.002
誤差	55.488	8	6.936		
總數	4606.000	12			
校正後的總數	349.667	11			

a. R 平方 = .841 (調過後的 R 平方 = .782)。
b. 性別 = 2 女生。

　　上表為共變數分析摘要表，就女生群體受試者而言，在排除前測成績的影響後，三種教學法之實驗處理效果顯著，共變數分析統計量 F 值等於 15.569、顯著性機率值 p.002<.05，達到顯著。

估計的邊緣平均數 (Estimated Marginal Means) 教學法　估計值[b]

依變數：後測成績

教學法	平均數	標準誤差	95% 信賴區間	
			下界	上界
1 教學法一	24.344[a]	1.374	21.176	27.513
2 教學法二	18.348[a]	2.124	13.452	23.245
3 教學法三	13.807[a]	1.832	9.582	18.032

a. 使用下列值估計出現在模式的共變量：前測成績 = 29.42。
b. 性別 = 2 女生。

　　上表為女生群體中，教學法三個水準群組之調整後的細格平均數，三種不同教學法之受試者調整後平均數分別為 24.344、18.348、13.807。

成對比較[b]　　依變數：後測成績

(I) 教學法	(J) 教學法	平均差異 (I-J)	標準誤差	顯著性[a]	差異的 95% 信賴區間[a]	
					下界	上界
1 教學法一	2 教學法二	5.996	2.775	.063	-.404	12.396
	3 教學法三	10.537[*]	2.061	.001	5.786	15.289
2 教學法二	1 教學法一	-5.996	2.775	.063	-12.396	.404
	3 教學法三	4.541	3.480	.228	-3.484	12.566
3 教學法三	1 教學法一	-10.537[*]	2.061	.001	-15.289	-5.786
	2 教學法二	-4.541	3.480	.228	-12.566	3.484

註：根據估計的邊緣平均數而定。
a. 調整多重比較：最低顯著差異 (等於未調整值)。
*. 平均差異在 .05 水準是顯著的。
b. 性別 = 2 女生。

　　上表為女生群體中，教學法三個水準調整後平均數差異之事後比較檢定，採用教學法一 (M=24.244) 的受試者之學習成就顯著的優於採用教學法三 (M=13.807) 之受試者觀察值，「教學法一」群體與「教學法三」群體之調整後平均數差異值為 10.537 分。

⊃ 三、B 因子水準 =1 情境中學生性別 (男生群體、女生群體) 實驗處理效果的差異比較

教學法 = 教學法一

敘述統計 (Descriptive Statistics) [a]

依變數：後測成績

性別	平均數	標準離差	個數
1 男生	25.50	4.796	4
2 女生	25.25	2.630	4
總數	25.37	3.583	8

a. 教學法 = 1 教學法一。

上表為在全部接受教學法一實驗處理之觀察值群組，男生群體、女生群體受試者的原始後測成績之描述性統計量，4 名男生觀察值後測成績平均數為 25.50、4 名女生觀察值後測成績平均數為 25.25，全部 8 名受試者於後測成績的總平均數為 25.37。

受試者間效應項的檢定 (Tests of Between-Subjects Effects) [b]

依變數：後測成績

來源	型 III 平方和	df	平均平方和	F	顯著性
校正後的模式	83.198[a]	2	41.599	31.149	.002
截距	.907	1	.907	.679	.447
前測成績	83.073	1	83.073	62.205	.001
性別	3.939	1	3.939	2.950	.147
誤差	6.677	5	1.335		
總數	5241.000	8			
校正後的總數	89.875	7			

a. R 平方 = .926 (調過後的 R 平方 = .896)。
b. 教學法 = 1 教學法一。

上表為共變數分析摘要表，共變數分析主要在考驗於教學法一的情境中，男生群體、女生群體的實驗處理效果是否顯著，在排除前測成績的影響後，男生群體、女生群體的後測成績沒有顯著差異，共變數考驗之 F 值統計量等於 2.950、顯著性機率值 p=.147>.05，未達顯著水準，表示就全部接受教學法一實驗處理的受試者而言，性別變數在受試者學習成效上沒有顯著不同。

估計的邊緣平均數　性別　估計值[b]

依變數：後測成績

性別	平均數	標準誤差	95% 信賴區間	
			下界	上界
1 男生	26.088[a]	.583	24.591	27.586
2 女生	24.662[a]	.583	23.164	26.159

a. 使用下列值估計出現在模式的共變量：前測成績 = 30.13。

b. 教學法 = 1 教學法一。

　　上表為全部接受教學法一實驗處理的受試者在性別因子變數二個水準群體的調整後平均數，男生群體調整後平均數為 26.088、女生群體調整後平均數為 24.662，調整後平均數差異值為 1.427，由於共變數分析檢定的 F 值統計量未達 .05 顯著水準，因而之後成對比較表的輸出內容之「平均差異 (I-J)」欄的數值也不會達到顯著。

成對比較[b]

依變數：後測成績

(I) 性別	(J) 性別	平均差異 (I-J)	標準誤差	顯著性[a]	差異的 95% 信賴區間[a]	
					下界	上界
1 男生	2 女生	1.427	.831	.147	-.709	3.562
2 女生	1 男生	-1.427	.831	.147	-3.562	.709

註：根據估計的邊緣平均數而定。

a. 調整多重比較：最低顯著差異 (等於未調整值)。

b. 教學法 = 1 教學法一。

　　成對比較為性別水準二個群體之調整後平均數顯著性的檢定，此表性質類似於 ANOVA 分析程序之事後比較。由於之前共變數分析摘要表 (見受試者間效應項的檢定表) 之 F 值統計量未達顯著 (p>.05)，因而配對群組之事後比較也不會達到顯著，「平均差異 (I-J)」欄的數值未增列「*」符號，表示對應的「顯著性」欄的 p 值大於 .05，「差異的 95% 信賴區間」欄的數值會包含 0。

⊃ 四、B 因子水準 =2 情境中學生性別 (男生群體、女生群體) 實驗處理效果的差異比較

教學法 = 教學法二

敘述統計 [a] **依變數：後測成績**

性別	平均數	標準離差	個數
1 男生	10.75	2.872	4
2 女生	14.50	4.041	4
總數	12.63	3.815	8

a. 教學法 = 2 教學法二。

　　上表為在全部接受教學法二實驗處理之觀察值群組，男生群體、女生群體受試者的原始後測成績之描述性統計量，4 名男生觀察值後測成績平均數為 10.75、4 名女生觀察值後測成績平均數為 14.50，全部 8 名受試者於後測成績的總平均數為 12.63。

受試者間效應項的檢定 [b] **依變數：後測成績**

來源	型 III 平方和	df	平均平方和	F	顯著性
校正後的模式	85.392[a]	2	42.696	12.951	.011
截距	16.707	1	16.707	5.068	.074
前測成績	57.267	1	57.267	17.371	.009
性別	19.767	1	19.767	5.996	.058
誤差	16.483	5	3.297		
總數	1377.000	8			
校正後的總數	101.875	7			

a. R 平方 = .838 (調過後的 R 平方 = .773)。
b. 教學法 = 2 教學法二。

　　上表為共變數分析摘要表，共變數分析主要在考驗於教學法二的情境中，男生群體、女生群體的實驗處理效果是否顯著，排除前測成績的影響後，男生群體、女生群體的後測成績沒有顯著差異，共變數考驗之 F 值統計量等於 5.996、顯著性機率值 p=.058>.05，未達顯著水準，表示就全部接受教學法二實驗處理的受試者而言，性別變數在受試者學習成效上沒有顯著不同。

估計的邊緣平均數　性別　估計值 [b]

依變數：後測成績

性別	平均數	標準誤差	95% 信賴區間	
			下界	上界
1 男生	11.044[a]	.911	8.703	13.384
2 女生	14.206[a]	.911	11.866	16.547

a. 使用下列值估計出現在模式的共變量：前測成績 = 23.50。
b. 教學法 = 2 教學法二。

　　上表為全部接受教學法二實驗處理的受試者在性別因子二個水準群體的調整後平均數，男生群體調整後平均數為 11.044、女生群體調整後平均數為 14.206，調整後平均數差異值為 -3.136，由於共變數分析檢定的 F 值統計量未達 .05 顯著水準，因而之後成對比較表的輸出內容之「平均差異 (I-J)」欄的數值也不會達到顯著。

五、B 因子水準 =3 情境中學生性別 (男生群體、女生群體) 實驗處理效果的差異比較

敘述統計 [a]　　依變數：後測成績

性別	平均數	標準離差	個數
1 男生	24.75	5.679	4
2 女生	16.75	2.754	4
總數	20.75	5.946	8

a. 教學法 = 3 教學法三。

　　上表為在全部接受教學法三實驗處理之觀察值群組，男生群體、女生群體受試者的原始後測成績之描述性統計量，4 名男生觀察值後測成績平均數為 24.75、4 名女生觀察值後測成績平均數為 16.75，全部 8 名受試者於後測成績的總平均數為 20.75。

受試者間效應項的檢定 [b]　　依變數：後測成績

來源	型 III 平方和	df	平均平方和	F	顯著性
校正後的模式	178.823[a]	2	89.412	6.510	.041
截距	7.048	1	7.048	.513	.506
前測成績	50.823	1	50.823	3.700	.112
性別	87.375	1	87.375	6.361	.053
誤差	68.677	5	13.735		
總數	3692.000	8			
校正後的總數	247.500	7			

a. R 平方 = .723 (調過後的 R 平方 = .612)。
b. 教學法 = 3 教學法三。

　　上表為共變數分析摘要表，共變數分析主要在考驗於教學法三的情境中，男生群體、女生群體的實驗處理效果是否顯著，排除前測成績的影響後，男生群體、女生群體的後測成績沒有顯著差異，共變數考驗之 F 值統計量等於 6.361、顯著性機率值 p=.053>.05，未達顯著水準，表示就全部接受教學法三實驗處理的受試者而言，性別變數在受試者學習成效上沒有顯著不同。

估計的邊緣平均數　　性別　　估計值 [b]
依變數：後測成績

性別	平均數	標準誤差	95% 信賴區間	
			下界	上界
1 男生	24.148[a]	1.879	19.317	28.979
2 女生	17.352[a]	1.879	12.521	22.183

a. 使用下列值估計出現在模式的共變量：前測成績 = 34.38。
b. 教學法 = 3 教學法三。

　　上表為全部接受教學法三實驗處理的受試者在性別因子二個水準群體的調整後平均數，男生群體調整後平均數為 24.148、女生群體調整後平均數為 17.352，調整後平均數差異值為 6.796，由於共變數分析檢定的 F 值統計量未達 .05 顯著水準，因而之後成對比較表的輸出內容之「平均差異 (I-J)」欄的數值也不會達到顯著。

陸、綜合說明

以上二因子共變數分析之相關數據可整理成如下表格：

【表格範例】

● 表 I 迴歸係數同質性考驗摘要表

變異來源	SS	df	MS	F	p
迴歸係數同質性 (A*X)	50.78	5	10.16	2.85	0.64
誤差項	1105.83	23	48.08		

● 表 II 性別與教學法變項在後測成績之共變數分析摘要表

來源	型 III 平方和	df	平均平方和	F
前測成績	189.500	1	189.500	34.455***
性別	16.648	1	16.648	3.027ns
教學法	322.439	2	161.220	29.313***
性別 * 教學法	98.473	2	49.237	8.952**
誤差	93.500	17	5.500	
總和	1105.833	23		

ns p>.05 ** p<.01 *** p<.001

● 表 III 性別與教學法在後測成績之單純主要效果分析摘要表

變異來源	SS	DF	MS	F	事後比較
A 因子 (性別)					
在 b1 (教學法一)	3.939	1	3.939	2.950ns	
在 b2 (教學法二)	19.767	1	19.767	5.996ns	
在 b3 (教學法三)	87.375	1	87.375	6.361ns	
B 因子 (教學法)					
在 a1 (男生)	142.054	2	71.027	23.849***	教學法一 > 教學法二 教學法一 > 教學法三
在 a2 (女生)	215.976	2	107.988	15.569**	教學法一 > 教學法三
誤差	93.50	17	5.50		

ns p>.05   **p<.01   ***p<.001

組內迴歸係數同質性考驗摘要表中之 F 值統計量等於 2.85，顯著性 p=.064>.05，接受虛無假設，資料符合組內迴歸係數同質性的假定，可直接進行共變數分析。

從雙因子共變數分析摘要表，可以發現：排除前測成績後，性別與教學法在後測成績的學習效果上有顯著的交互作用 (F 值統計量 = 8.952、顯著性 p<.01)，因而需進一步進行單純主要效果考驗。

在單純主要效果考驗分析摘要表上，可以得知：

1. 在教學法一、二、三的方式中，男女生實驗處理效果均沒有顯著差異，即三種教學法群組中，男生群體與女生群體之調整後平均數的差異值均顯著等於 0。

2. 就男生群體而言，不同教學方法，其學習結果有顯著不同 (F 值統計量 =23.949、顯著性 p<.001)，採用教學法一 (M=25.192) 的男生群體，其學習結果分別顯著的優於教學法二 (M=18.144)、教學法三 (M=17.644) 的男生群體，即就全部男生受試者群組而言 (未包含女生受試者)，教學法中水準 1 群體 (採用教學法一的受試者) 其調整後平均數顯著高於教學法中水準 2 群體 (採用教學法二的受試者)；教學法中水準 1 群體 (採用教學法一的受試者) 其調整後平均數也顯著高於教學法中水準 3 群體 (採用教學法三的受試者)。

3. 就女生群體而言，不同教學方法，其學習結果也有顯著不同 (F 值統計量 =15.569、顯著性 p<.01)，採用教學法一 (M=24.344) 的女生受試者其學習結果顯著的優於教學法三 (M=13.807) 的女生群體，即就全部女生受試者群組而言 (未包含男生受試者)，教學法中水準 1 群體 (採用教學法一的受試者) 其調整後平均數顯著高於教學法中水準 3 群體 (採用教學法三的受試者)，但教學法中水準 1 群體 (採用教學法一的受試者) 與教學法中水準 2 群體 (採用教學法二的受試者) 之調整後平均數的差異值則顯著等於 0 (平均差異值顯著等於 0，表示二個調整後平均數相等)；教學法中水準 2 群體 (採用教學法二的受試者) 與教學法中水準 3 群體 (採用教學法三的受試者) 之調整後平均數的差異值也則顯著等於 0。

第 **17** 章

項目分析與試題分析

本章主要介紹量表或測驗的題項 (試題) 內涵的分析，作為題項 (試題) 篩選的依據，進而建構有效的問卷或品質良好的試題。

第一節　項目分析

項目分析 (item analysis) 主要就量表題項或測驗試題中的每一個題目為對象，逐題分析其可用程度。信度 (reliability) 與效度 (validity) 是測驗的二項重要特徵，這二項特徵須視試題品質優劣而定，而試題品質可透過項目分析而提高 (郭生玉，民 76)。在成就測驗中的試題分析判斷準測常以試題的難度、鑑別度來表示，並判別試題的誘答力及試題分配比例是否符合雙向細目表等，至於問卷調查中的李克特 (Likert) 量表或加總量表則不宜採用難度指數 (item difficulty index) 與鑑別度指數來作為題項品質判斷的標準。

在態度、心理、人格、興趣等量表編製中，如果採用的是李克特 (Likert) 量表之多重選擇的方法，如「非常同意」、「同意」、「不同意」、「非常不同意」或「非常符合」、「符合」、「不符合」、「非常符合」等選項型態或是以選項內容表示某個潛在心理特質或構念，這種量表通常當事者根據題項內容的知覺感受勾選一個最適合的選項，之後再將受試者於題項加總的分數作為受試者在某個構念或態度的感受程度，態度量表式之填答結果，選項間沒有對或錯的劃分，因而不能計算其題項答對或答錯的百分比，此種李克特 (Likert) 量表個別題項品質 (item qualitative) 的分析可採用以下幾種方法：

➲ 一、描述性統計量檢驗法

在常態分配的母群體中，如果樣本數夠大且有代表性，則一個品質良好的題項應能反映當事者的不同態度知覺感受，此時可從題項的標準差來判斷，如果題項的標準差太小，表示題項的鑑別力太低，受試者填答的情形趨於一致。此外，一個品質不錯的題項，其平均數會趨於量表填答的中間值，以反映題項的集中趨勢，如四點量表型態題項的平均數應趨於 2.5、五點量表型態題項的平均數應趨於 3、六點量表型態題項的平均數應趨於 3.5，描述性統計量檢驗法主要透過標準差、平均數統計量作為判別題項品質的準則。

⊃ 二、同質性檢核法

一份有效度的量表其題項所測量的態度特質應該十分類似，否則無法反映其所要測量的潛在心理特質或構念態度，如果題項本身品質不良，則量表的同質性會偏低，題項與量表總分的關係也不會很密切。同質性檢核也稱為內部一致性考驗，其考驗方法有二種：一為求出量表各題項與量表總分之積差相關係數，如果積差相關係數愈高，表示該量表題項在測量某一構念態度或潛在心理特質，與量表其它題項共同所要測量的構念態度或潛在心理特質愈趨一致，即量表題項所反映的構念特質同質性很大，在積差相關係數的要求上，通常要達到統計顯著水準且相關係數最好在 .400 以上，相關係數大於 .400 表示個別題項與總分變數達到中高度的相關程度；二為判別量表的內部一致性 α 係數，從題項刪除後量表 α 係數的改變情形，來判斷量表題項的品質，如一份有十個題項的態度量表，十題的內部一致性 α 係數為 .889，刪除第一題後，剩餘九題的內部一致性 α 係數降為 .812，則表示此題項與其它題項的同質性高；相對的，如果整體量表的 α 信度係數不高，但刪除某個題項後，量表的 α 信度係數提升很多，表示個別題項反映的潛在構念與其它題項 (觀察變項) 反映的潛在構念之同質性不高，該題項可考慮將之刪除。

同質性檢定方法中的相關分析法包括二種不同檢定法，以本節之學習壓力量表 (有十六個指標題項) 為例，受試者學習壓力感受為量表十六個題項的加總分數，此加總分數一般稱為量表總分，測量值分數愈高表示受試者學習壓力感受程度愈大，測量值分數愈低表示受試者學習壓力感受程度愈小，相關分析法一為求個別題項 (觀察變項) 與量表總分間的相關，相關係數愈高表示個別題項反映學習壓力態度的程度愈佳；二為求出個別題項 (觀察變項) 與不含該題之量表總分間的相關，此相關係數 SPSS 統計軟體稱為「修正的項目總相關」，「修正的項目總相關」係數值愈高表示個別題項反映學習壓力態度的程度愈佳，即該個別題項反映的潛在構念與其餘題項共同反映的潛在構念間的關聯愈密切，項目分析程序二種不同相關係數的判別臨界值為積差相關係數值大於 .400 以上。二種不同相關分析法的圖示如下：

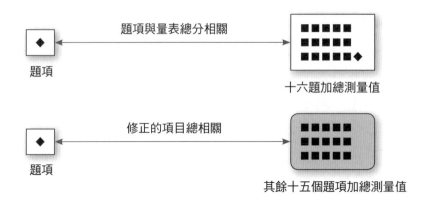

若以矩形物件□表示一個指標題項,則十六個題項加總的分數表示指標題項反映的一個潛在心理特質或構念,題項與量表總分的相關圖如下,若是指標題項能有效反映潛在特質或心理構念,則個別題項與量表總分的相關會呈顯著的中高度正相關,相關係數一般會大於 .400 (大圈圈內的觀察變項量表全部 16 個題項)。

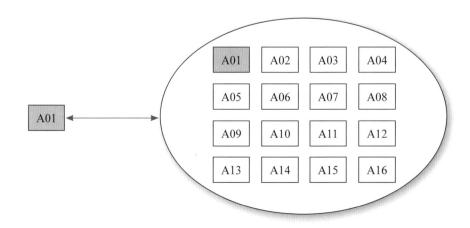

修正題項與總分相關,是指某個題項與其餘量表題項加總分數的相關,加總分數中不包含這個題項,如果題項反映的個別潛在特質與其餘題項共同反映的潛在特質接近,則二者的相關也會呈顯著的中高度正相關,相關係數一般會大於 .400。範例中為第 7 題 (A07) 與量表其餘 15 題加總分數的相關 (大圈圈內的觀察變項未包括第 7 題),如果相關係數為負或相關係數小於 .400,則第 7 題題項在指標檢核方面未達臨界標準。

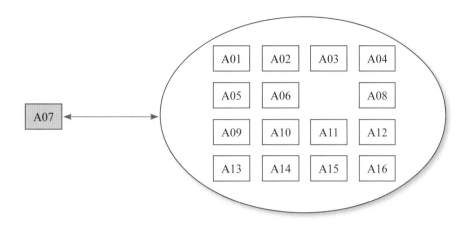

⊃ 三、極端組檢核法－臨界比 (critical ration；簡稱 CR 值)

　　極端組比較可作為 Likert 量表鑑別力的指標，此方法的觀念源自成就測驗之鑑別度判別的理念。以成就測驗為例，高分組在第一個題項答對的百分比為 .75 (題項答對的人數除以高分組的總人數，如高分組共有 60 人，第一題答對人次有 45 人，則答對百分比 =45÷60×100%=.75)、低分組在第一個題項答對的百分比為 .35，則成就測驗中第一個題項的鑑別度 $D=P_H-P_L$=.75-.35=.40；高分組在第二個題項答對的百分比為 .36、低分組在第二個題項答對的百分比為 .30，則成就測驗中第二個題項的鑑別度 $D=P_H-P_L$=.36-.30=.06。從鑑別度指標值來看，第一個題項的試題內容顯著優於第二個題項內容，因為第一個題項有較高的題項鑑別指標 (item discrimination index)，成就測驗的試題分析中，高分組在題項答對的百分比不僅要高於低分組在題項答對的百分比，二個群組百分比的差異量最好在 .300 以上，如果鑑別度指標值為負或小於 .200，表示題項內容的編製不是十分適切。

　　相似的理念，在一份有代表性的樣本中，態度量表總分之高分組與低分組在題項平均數的差異應達到統計顯著水準，高分組群體在題項得分的平均數不僅要高於低分組群體在題項得分的平均數，且二個平均數的差異要達到 .05 顯著水準 (p<.05)。高、低分組在題項平均數的差異考驗主要藉由獨立樣本 t 檢定的程序加以判別，高低二組平均數差異檢定的 t 值統計量即稱為臨界比或決斷值，如果 t 值統計量愈大且達到統計顯著水準 (p<.05) 表示量表題項的鑑別度愈好。高、低分組在題項的差異比較也適用於成就測驗之試題分析，唯試題分析鑑別力是採用

高分組在題項答對百分比與低分組在題項答對百分比的差值，而非求其平均數的差異值，在高低分組的判別上，不論是量表或成就測驗常以得分的前、後 27% 作為分組的依據。學者 Kelly (1939) 提出：當測驗分數是常態分配時，以 27% 分組可以獲得試題鑑別力的最大可靠性。百分比低於 27% 時，結果的可靠性較低，而百分比太大時，會影響題目的鑑別作用。對於教師或研究者而言，合理的分組百分比為 25% 至 33% 之間 (郭生玉，民 77)。

　　項目分析主要目的在對預試問卷個別題項適切性的檢核，項目分析中最常使用的是極端組檢驗法，極端組檢驗法在求出題目的決斷值 (CR 值為平均數差異檢定的 t 統計量的數值)，題項決斷值未達 .05 顯著水準者必須優先將之刪除，一般較為嚴格的判斷準則為 t 值統計量必須大於 3.00 以上。以決斷值檢核法來判別量表題項品質的優劣，是多數行為與社會科學研究者最常使用的方法，此方法操作的步驟較多，但其原理及操作程序與之前介紹的獨立樣本 t 檢定法一樣：自變項為二分名義變項，依變項為量表的所有題項，二分名義自變項為高分組與低分組二個組別。其主要操作步驟為如下：

1. 量表題項的反向計分 (量表中如無反向題，此步驟可以省略)。如只作為效度檢核題之題項或測謊題之題項，這些題項將來正式分析時不計分，則項目分析程序中這些題項不能納入。

2. 求出量表的總分：將觀察值於量表所有題項的得分加總。

3. 以量表總分高低排列觀察值：排序的目的在於求出 27% 臨界點的分數。

4. 找出高低分組上下 27% 處的分數，從最高分處向下取總人數的 27% 為高分組 (higher group) 臨界點的分數，從最低分處向上取 27% 為低分組 (lower group) 臨界點的分數。若是全部有效樣本之 27% 處的數值不是整數，研究者可採用四捨五入、無條件進入、無條件捨棄均可，如預試有效樣本數為 123，123×27%=33.21，27% 臨界點可以為第 33 位觀察值或第 34 位觀察值均可。

5. 依臨界分數將觀察值在量表之總分變數劃分成高分組、低分組二個群組 (高分組群組在組別變數的水準數值編碼通常編碼為 1、低分組群組在組別變數的水準數值編碼通常編碼為 2，組別變數未編碼的觀察值為中分組的群組，此群組會自動設定為遺漏值)。

6. 以獨立樣本 t 檢定程序考驗高、低二個群組在每個題項平均數的差異情形。

7. 將 t 檢定結果未達顯著性的題項刪除或刪除 t 值統計量小於 3.00 的題項。

項目分析之決斷值分析法的圖示如下：

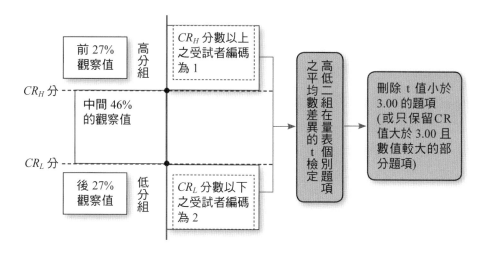

高分組與低分組平均數的差異值 $D_M = \overline{X}_H - \overline{X}_L$，組別平均數差異值愈大，表示試題的鑑別指數愈高，但平均數差異值是否達到 .05 顯著水準或完全由機遇造成，必須加以檢定，組別平均數差異檢定的統計量為 t 值，於項目分析程序中 t 統計量又稱為決斷值 (critical ratio)，其公式為：$CR = \dfrac{\overline{X}_{群組1} - \overline{X}_{群組2}}{\sqrt{\dfrac{S^2_{群組1}}{N_{群組1}} + \dfrac{S^2_{群組2}}{N_{群組2}}}} = $

$\dfrac{\overline{X}_H - \overline{X}_L}{\sqrt{\dfrac{S^2_H}{N_H} + \dfrac{S^2_L}{N_L}}}$。項目分析高分組與低分組的水準數值編碼，低分組群體也可以編

碼為較小的數值，如低分組群體水準數值編碼為 1，高分組群體水準數值編碼為 2，如果進行水準數值 1 群體與水準數值 2 群體的獨立樣本 t 檢定，則 t 檢定統計量會為負值；相對的，若是低分組群體水準數值編碼為 2，高分組群體水準數值編碼為 1，進行水準數值 1 群體與水準數值 2 群體的獨立樣本 t 檢定，則 t 檢定統計量會為正值，二種編碼方式之題項的 t 值統計量絕對值相同，只是正負號相反而已。多數項目分析程序會與鑑別度分程序一樣，將高分組群體水準數值編碼為 1，低分組群體水準數值編碼為 2，獨立樣本 t 檢定程序由直接比較水準

數值 1 群體 (高分組) 與水準數值 2 群體 (低分組) 之題項平均數的差異是否達到 .05 顯著水準，由於將高分組群體編碼置於群體比較的前面 (水準數值 1 群體 & 水準數值 2 群體)，群體平均數差異值會為正值，相對應的 t 值統計量也為正值，如果獨立樣本 t 檢定程序結果之 t 檢定統計量為負值，可能題項正向題的計分有問題 (若研究者確定題項正反向計分沒有問題，則平均數差異值為負值的題項必須刪除，此種情形正如成就測驗之題項的鑑別度為負值一樣，嚴重缺乏鑑別效度)。

項目分析範例中以「學習壓力量表」為例，量表共有十六個測量題項，受試者在量表的得分愈高，表示受試者感受的學習壓力愈大。其中有二個反向題：第 2 題 < 我多數考試成績皆能達到老師的標準 > 與第 8 題 < 我對補習的科目或上的才藝班興趣很高，很喜愛 >。

【預試之學習壓力量表】

	完全不符合	少部分符合	大部份符合	完全符合
	1	2	3	4
01. 我擔心考試成績會落後其他同學很多。A1	☐	☐	☐	☐
02. 我多數考試成績皆能達到老師的標準。【反向題】 A2	☐	☐	☐	☐
03. 我擔心考不好，家人會責備我。A3	☐	☐	☐	☐
04. 只要一想到考試，我就害怕起來。A4	☐	☐	☐	☐
05. 放學後還要參加補習，我覺得很累。A5	☐	☐	☐	☐
06. 父母強迫我參加課後輔導或安親班，我感到不快樂。A6	☐	☐	☐	☐
07. 父母強迫我到才藝班去學習才藝或技能，我感到不開心。A7	☐	☐	☐	☐
08. 我對補習的科目或上的才藝班興趣很高，很喜愛。【反向題】 A8	☐	☐	☐	☐
09. 補習班的作業很多，我覺得有很大的壓力。A9	☐	☐	☐	☐
10. 補習佔用我太多時間，讓我覺得讀書時間不夠。A10	☐	☐	☐	☐
11. 上課分組的時候，多數同學都不喜歡和我同一組。A11	☐	☐	☐	☐
12. 上數學課時，我有很多內容不會感到很煩惱。A12	☐	☐	☐	☐
13. 上課時，我有很多地方聽不懂感到很不安。A13	☐	☐	☐	☐
14. 上課時，很怕被老師叫起來問問題。A14	☐	☐	☐	☐
15. 回家功課太難，我不會寫常覺得很煩。A15	☐	☐	☐	☐
16. 我要花很多時間才能完成回家作業。A16	☐	☐	☐	☐

壹、反項題重新計分

　　問卷中，常有反向計分的題項，以李克特五點量表而言，正向題的題項通常給予 5、4、3、2、1 分，而反向題的題項計分時，便要給予 1、2、3、4、5 分；以四點量表而言，正向題通常給予 4、3、2、1 分，而反向題計分時則分別要給予 1、2、3、4 分。項目分析的第一個步驟就是要將題項計分的方式化為一致。範例之「學習壓力量表」，是一個四點量表，反向題計分的轉換情形為：

```
1-->4
2-->3
3-->2
4-->1
```

註：如果量表中沒有編製反向題，則操作 1 的步驟可以省略，所謂反向題是其計分應該反向合計，否則與正相題的分數會相抵銷。

【操作 1】

　　將問卷中反向計分的題項重新編碼 (recode)

　　執行功能表列「轉換 (T)」(Transform)/「重新編碼成同一變數 (S)」程序。

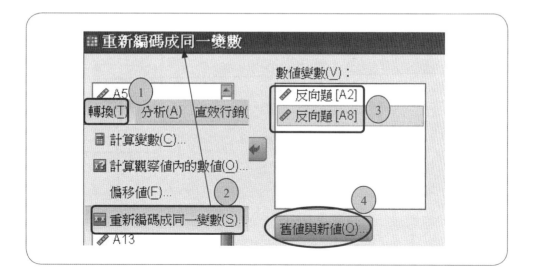

【操作 2】

開啟「重新編碼成同一變數」(Recode into Same Variables) 對話視窗，將左邊變數清單中的反向題 A2、A8 二題點選至右邊「數值變數 (V)」(Numeric Variables) 下的方盒中，按『舊值與新值 (O)』鈕，開啟「重新編碼成同一變數：舊值與新值」(Recode into Same Variables: Old and New Values) 次對話視窗。

【操作 3】

在左邊「舊值」方盒中，選取「◉ 數值 (V)」選項，在下面的空格內輸入「1」。

在右邊「新值為」方盒中，選取「◉ 數值 (A)」選項，在後面的空格內輸入 4：「◉ 數值 (A): 4 」。

按『新增』鈕，在右下方「舊值 --> 新值 (D)」下空盒中，會出現數值的轉換情形：「1-->4」。

重複此動作，分別將 2 分轉為 3 分、3 分轉為 2 分、4 分轉為 1 分。

按『繼續』鈕，回到「重新編碼成同一變數」對話視窗，按『確定』鈕。

【操作 4】

資料檔案的視窗為已經反向計分的新資料，將新資料檔重新存在另一個檔案中 (為便於日後探究，新資料檔最好不要與原始資料檔同檔名)。

執行功能表列「檔案 (F)」/「另存新檔 (A)」(Save as) 程序，開啟「儲存

資料為」對話視窗，在「搜尋 (I):」後面選取存放的磁碟及資料夾，在「檔案名稱 (N)」後面的空格內輸入檔案的名稱，再按『存檔』鈕 (資料檔的副檔名為「*.sav」)。原始資料的檔名與重新編碼過後的資料最好分開儲存，否則如果不小心操作錯誤又加上沒有備份原始資料檔，會影響之後統計分析的正確性。

貳、求出量表總分

【操作 1】

執行功能表列「轉換 (T)」/「計算變數 (C)」程序，開啟「計算變數」主對話視窗。

【操作 2】

在左邊「目標變數 (T)」(Target Variable) 下面的空盒中輸入新變項名稱，例題為「總分」。

在右邊「數值運算式 (E)」(Numeric Expression) 下面的空盒中輸入要加總函數及變項名稱，例題為計算總分，選取「sum」函數按▲上移鈕。「sum」函數的表示法為「sum(numexpr,numexpr,…)」，因而在右邊「Numeric Expression:」(數值運算式) 下面的空盒中輸入 16 個題項總和函數表示法 (變項之間要以半形逗號「,」隔開)：

SUM(A1,A2,A3,A4,A5,A6,A7,A8,A9,A10,A11,A12,A13,A14,A15,A16)

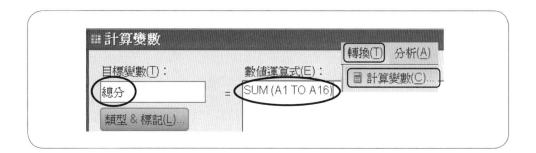

以上的總和表示法可以以下列數值式表示：

SUM (A1 TO A16)

如果不要以總和函數表示，也可用傳統的數學表示法，將 16 個題項的總和直接加起來，在右邊「數值運算式 (E)」下面的空盒中，輸入下列數學運算式 (數學運算式中的數值或四則運算均要使用半形字才可以)。

A1+A2+A3+A4+A5+A6+A7+A8+A9+A10+A11+A12+A13+A14+A15+A16
或以 SUM 函數表示運算式
SUM(A1, A2, A3, A4, A5, A6, A7, A8, A9, A10, A11, A12, A13, A14, A15, A16)

之後按『確定』鈕，資料視窗中會多出一個「總分」變項，「總分」變數為受試者在量表 16 個題項的加總值。

參、按照總分高低排序

按照總分的高低排列，就是要找出高低分組總人數之 27% 處的分數。

【操作 1 】

執行功能表列「資料 (D)」(Data) /「觀察值排序」(Sort Caeses) 程序，開啟「觀察值排序」主對話視窗。

【操作 2 】

在「觀察值排序」對話視窗中，將左邊變數清單中的標的變項「總分」變數選入右邊「排序依據 (S)」下面的空盒中，由於「排序順序」方盒中內定的選項為「⊙ 遞增 (A)」(由小至大排序)，因而「排序依據」方盒中的變數排序訊息為「總分 (A)」，按『確定』鈕。

切換到「資料檢視」工作表視窗，資料檔依「總分」變項的分數，由低往高進行遞增排序。

將總人數之 27% 處的分數抄錄下來 (例題中共有 110 位觀察值，110*.27=29.7 ≒ 30)，低分組第 30 位受試者的臨界分數為 32 分)，其數值為 32 分。

30：編號		99023						顯示：20 個變數(共有 20
	A10	A11	A12	A13	A14	A15	A16	總分	var
28							2	31	
29	1	1	1	1	1	1	1	31	
30	2	2	2	2	2	2	2	32	
31	1	1	2	2	2	2	2	32	

資料檢視 變數檢視

【操作 3】

第二次依觀察值在量表「總分」變項由高至低排序。

於「觀察值排序」對話視窗，選取「排序依據 (S)」方盒中的原變數排序訊息「總分 (A)」，在「排序順序」方盒中改選「◉ 遞減 (D)」選項，則「排序依據」方盒中的訊息由「總分 (A)」變為「總分 (D)」，表示觀察值依「總分」變數進行遞減排序。

另一操作為於「觀察值排序」對話視窗中先按『重設』鈕，在「排序順序」

方盒中選取「⊙ 遞減 (D)」選項，於左邊變數清單中選取「總分」變項至右邊「排序依據 (S)」下方盒內，按『確定』鈕。

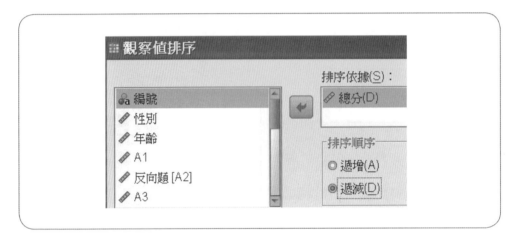

將高分組 27% 處臨界值分數抄錄 (例題中共有 110 位觀察值，110*.27= 29.7 ≒ 30)，低分組第 30 位受試者的臨界分數為 41 分)，其數值為 41 分。

	A10	A11	A12	A13	A14	A15	A16	總分	var
28	2	1	3	3	1	1	2	42	
29	1	1	3	1	2	1	3	41	
30	2	3	3	3	3	3	2	41	
31	3	2	2	3	2	2	1	41	

在『操作 2』中，如果研究者也把後 27% 所在之分數找出，『操作 3』的步驟可以省略。後 27% 者的觀察值臨界值 =N－前 27% 人數＋1。如果得分觀察值人數的前27%，不是整數，則可以採取四捨五入法取到整數位，如有效觀察值共 423 位，量表總分依序排序的前 27% 的觀察值為 114.21 ≒ 114；而後 27% 的觀察值得分臨界點在 423－114＋1＝310 位觀察值處，因而如量表依總分遞減排列 (由大至小排序)，則得分前 27% 的臨界點在 114 位觀察值，假設其得分為 78，則觀察值在此量表得分在 78 分以上者為高分組；得分後 27% 的臨界點在 310 位觀察值，假設其得分為 54，則觀察值在此量表得分在 54 分以下者為低分組。

肆、高低分組

選出高低分組 27% 的分數，作為高低分組的界限，高分組為第一組 (數值編碼 1)，低分組為第二組 (數值編碼 2)。如果組別的設定顛倒，如將低分組設為第 1 組 (數值編碼 1)、高分組設為第 2 組 (數值編碼 2)，則進行獨立樣本 t 檢定時其 t 值通常為負值。

【操作 1】

執行功能表列「轉換 (T)」/「重新編碼成不同變數」程序，開啟「重新編碼成不同變數」主對話視窗。

【操作 2】

在「重新編碼成不同變數」的對話視窗中，將左邊清單中「總分」變項選入右邊「數值變數 (V) -> 輸出變數」(Numeric Variables->Output) 下的空盒中，在最右邊「輸出之新變數」(Output Variable) 的方盒之，「名稱 (N)」下面的空盒中輸入分組新變項名稱，例題為「組別」。

按『變更』鈕，則於「數值變數 (V) -> 輸出變數」空盒中的提示語由「總分 -->?」轉變為「總分 --> 組別」。

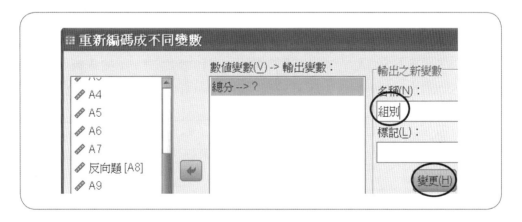

選取「總分」計量變數至右邊「數值變數 (V) -> 輸出變數」下方盒中，訊息為「總分 --> ？」，「？」表示研究者尚未於設定新的輸出變數名稱。

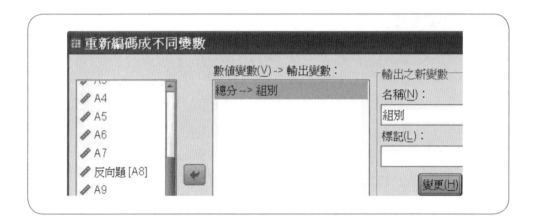

於「名稱 (N)」下方格中鍵入新的分組變數名稱「組別」，設定好後要按
『變更 (H)』鈕，「數值變數 (V) -> 輸出變數」下方盒中的訊息由「總分 --> ？」
變為「總分 --> 組別」。

【操作 3】

按『舊值與新值 (O)』(Old and New Values) 鈕，開啟「重新編碼成不同變
數：舊值與新值」(Recode into Different Variables: Old and New Values) 次對話視
窗。

在左邊「舊值」方盒中，共有三個「○ 範圍 (N)」選項，在此選取「◉ 範
圍，值到 HIGHEST(E)」選項，於下的空格中鍵入「41」，在右邊「新值為」方
盒中，選取「◉ 數值 (A)」選項，在後面的空格內輸入「1」，按『新增 (A)』
鈕。表示觀察值在總分變數分數 41 分以上者，於「組別」變項中水準數值編碼
為 1。

【操作 4】

　　繼續在左邊「舊值」方盒中，選取「◉ 範圍，LOWEST 到值 (G)」選項，在下面方格中鍵入「32」，在右邊「新值為」方盒中，選取「◉ 數值 (A)」選項，在後面的空格內輸入「2」，按『新增 (A)』鈕。表示觀察值在總分變數分數 32 分以下者，於「組別」變項中水準數值編碼為 2。

　　按『繼續』鈕，回到「重新編碼成不同變數」主對話視窗，按『確定』鈕。

　　資料檔案的視窗中新增一個「組別」的變項，變項的數值內容為 1 (總分 41 分以上的觀察值) 或 2 (總分 32 分以下的觀察值)，「總分」測量值介於 33 分至 40 分的觀察值均設為遺漏值。

舊值方盒	新值為方盒選取「◉ 數值 (A)」選項	說明
◉ 範圍，LOWEST 到值(G): 32	「◉ 數值 (A)」右方格鍵入 2	觀察值在總分變數測量值 32 分以下者，組別編碼為 2 (低分組)
◉ 範圍，值到 HIGHEST(E): 41	「◉ 數值 (A)」右方格鍵入 1	觀察值在總分變數測量值 41 分以上者，組別編碼為 1 (高分組)

在高低分組操作上面，如能運用語法檔命令，會更為簡易，在語法檔視窗內輸入下面語法並執行，結果與前述相同。

> If (總分 >=41) 組別 =1.
> If (總分 <=32) 組別 =2.
> EXECUTE.

上述 If 語法也可以以下述表示：

> If (總分 >40) 組別 =1.
> If (總分 <33) 組別 =2.
> EXECUTE.

【操作 1】

開啟新的語法視窗，執行功能表列「檔案 (F)」/「開啟新檔 (N)」/「語法 (S)」程序，開啟「PASW 統計語法編輯器」(PASW Statistics Syntax Editor) 視窗。

【操作 2】

於「PASW Statistics Syntax Editor」語法視窗中，輸入上列語法文字。

【操作 3】

執行功能表列「執行 (R)」/「全部 (A)」程序。

或選取語法程式，執行功能表列「執行 (R)」/「選擇 (S)」程序。

高低分組之比較差異圖示如下 (極端組 T 檢定法)：

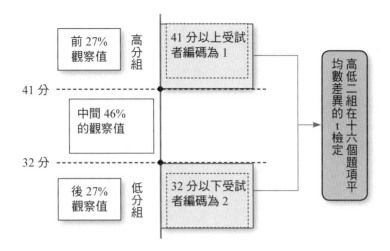

伍、以 t 檢定考驗高低二組在題項上的差異

【操作 1】

執行功能表列「分析 (A)」/「比較平均數法 (M)」/「獨立樣本 T 檢定 (T)」（Independent-Samples T Test）程序，開啟「獨立樣本 T 檢定」對話視窗。

【操作 2】

於「獨立樣本 T 檢定」主對話視窗中，將左邊變項視窗中量表題項 A1 至 A16 選入右邊「檢定變數 (T)」下面的空盒內 (表示要進行平均數差異考驗的變項包括 A1 至 A16 等題)。

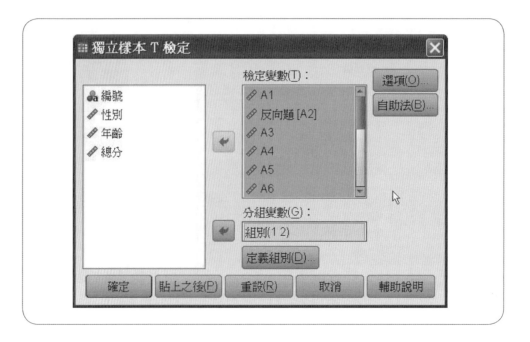

【操作 3】

　　將左邊變數清單中「組別」名義變項選入右邊「分組變數 (G)」下面的方格內,按『定義組別 (D)』(Define Groups) 鈕,開啟「定義組別」次對話視窗,在「組別 1(1)」後面的空格內輸入「1」;在「組別 2(2)」後面的空格內輸入「2」(空格內後面的數字 1、2 表示組別變數的水準數值編碼)。組別名義變項中水準數值編碼為 1 表示高分組、水準數值編碼為 2 表示低分組,獨立樣本 T 檢定即在考驗這二個組別在 A1 至 A16 等十六個題項得分之平均數的差異情形。

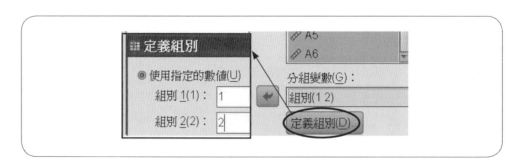

　　按『繼續』鈕,回到「獨立樣本 T 檢定」主對話視窗,再按『確定』鈕。

陸、報表說明

組別統計量

	組別	個數	平均數	標準差	平均數的標準誤
A1	1 高分組	34	3.38	.604	.104
	2 低分組	34	2.12	.729	.125
反向題 (A2)	1 高分組	34	3.24	.654	.112
	2 低分組	34	2.06	.600	.103
A3	1 高分組	34	3.35	.646	.111
	2 低分組	34	2.09	.712	.122
A4	1 高分組	34	3.21	.592	.101
	2 低分組	34	2.35	.734	.126
A5	1 高分組	34	2.91	.866	.148
	2 低分組	34	2.03	.674	.116
A6	1 高分組	34	3.26	.666	.114
	2 低分組	34	1.68	.638	.109
A7	1 高分組	34	2.82	.716	.123
	2 低分組	34	1.88	.537	.092
反向題 (A8)	1 高分組	34	3.26	.710	.122
	2 低分組	34	1.79	.729	.125
A9	1 高分組	34	2.85	.610	.105
	2 低分組	34	1.76	.819	.140
A10	1 高分組	34	2.59	.609	.104
	2 低分組	34	1.15	.359	.062
A11	1 高分組	34	1.62	.853	.146
	2 低分組	34	1.21	.479	.082
A12	1 高分組	34	3.00	.651	.112
	2 低分組	34	1.38	.551	.095
A13	1 高分組	34	2.68	.806	.138
	2 低分組	34	1.38	.551	.095
A14	1 高分組	34	2.26	.828	.142
	2 低分組	34	1.35	.485	.083
A15	1 高分組	34	1.65	.691	.119
	2 低分組	34	1.09	.288	.049
A16	1 高分組	34	1.94	.649	.111
	2 低分組	34	1.47	.563	.097

上表為高分組、低分組觀察值在十六個題的人數、平均數、標準差、平均數標準誤，高分組與低分組的觀察值人數分別為 34、34 (多數分組時由於臨界點處有同分的觀察值，因而二組觀察值人數可能不相等)，表中「組別」名義變數中，水準數值 1 為高分組觀察值群體、水準數值 2 為高分組觀察值群體。平均數的標準誤 $= \dfrac{SD}{\sqrt{N}}$，如題項 1 (A1) 高分組的平均得分為 3.38、標準差為 .604、平均數的標準誤 (Std. Error Mean) $= \dfrac{.604}{\sqrt{34}} = .104$；低分組的平均得分為 2.12、標準差為 .729、平均數的標準誤 (Std. Error Mean) $= \dfrac{.729}{\sqrt{34}} = .125$，獨立樣本 T 檢定在考驗二個平均數的差異是否達到 .05 顯著水準。

獨立樣本檢定

| | | 變異數相等的 Levene 檢定 | | 平均數相等的 t 檢定 | | | | | | |
		F 檢定	顯著性	t	自由度	顯著性（雙尾）	平均差異	標準誤差異	差異的 95% 信賴區間 下界	上界
A1	假設變異數相等	.090	.765	7.792	66	.000	1.265	.162	.941	1.589
	不假設變異數相等			7.792	63.791	.000	1.265	.162	.940	1.589
反向題 (A2)	假設變異數相等	2.367	.129	7.728	66	.000	1.176	.152	.873	1.480
	不假設變異數相等			7.728	65.516	.000	1.176	.152	.872	1.480
A3	假設變異數相等	.139	.710	7.671	66	.000	1.265	.165	.936	1.594
	不假設變異數相等			7.671	65.380	.000	1.265	.165	.935	1.594
A4	假設變異數相等	3.524	.065	5.276	66	.000	.853	.162	.530	1.176
	不假設變異數相等			5.276	63.171	.000	.853	.162	.530	1.176
A5	假設變異數相等	2.415	.125	4.690	66	.000	.882	.188	.507	1.258
	不假設變異數相等			4.690	62.236	.000	.882	.188	.506	1.258
A6	假設變異數相等	.004	.947	10.043	66	.000	1.588	.158	1.273	1.904
	不假設變異數相等			10.043	65.884	.000	1.588	.158	1.272	1.904
A7	假設變異數相等	3.040	.086	6.128	66	.000	.941	.154	.635	1.248
	不假設變異數相等			6.128	61.202	.000	.941	.154	.634	1.248
反向題 (A8)	假設變異數相等	.209	.649	8.426	66	.000	1.471	.175	1.122	1.819
	不假設變異數相等			8.426	65.950	.000	1.471	.175	1.122	1.819
A9	假設變異數相等	4.669	.034	6.217	66	.000	1.088	.175	.739	1.438
	不假設變異數相等			6.217	60.991	.000	1.088	.175	.738	1.438

		變異數相等的 Levene 檢定		平均數相等的 t 檢定						
									差異的 95% 信賴區間	
		F 檢定	顯著性	t	自由度	顯著性（雙尾）	平均差異	標準誤差異	下界	上界
A10	假設變異數相等	22.173	.000	11.884	66	.000	1.441	.121	1.199	1.683
	不假設變異數相等			11.884	53.513	.000	1.441	.121	1.198	1.684
A11	假設變異數相等	17.326	.000	2.454	66	.017	.412	.168	.077	.747
	不假設變異數相等			2.454	51.892	.018	.412	.168	.075	.748
A12	假設變異數相等	.778	.381	11.054	66	.000	1.618	.146	1.325	1.910
	不假設變異數相等			11.054	64.246	.000	1.618	.146	1.325	1.910
A13	假設變異數相等	3.304	.074	7.727	66	.000	1.294	.167	.960	1.628
	不假設變異數相等			7.727	58.330	.000	1.294	.167	.959	1.629
A14	假設變異數相等	17.741	.000	5.541	66	.000	.912	.165	.583	1.240
	不假設變異數相等			5.541	53.269	.000	.912	.165	.582	1.242
A15	假設變異數相等	44.968	.000	4.352	66	.000	.559	.128	.302	.815
	不假設變異數相等			4.352	44.117	.000	.559	.128	.300	.818
A16	假設變異數相等	.935	.337	3.194	66	.002	.471	.147	.176	.765
	不假設變異數相等			3.194	64.730	.002	.471	.147	.176	.765

在獨立樣本 T 檢定輸出結果中，先檢核每個題項之組別群體變異數是否相等，群體變異數同質性檢定要看「變異數相等的 Levene 檢定」欄的統計量數，統計量數為 F 值，F 值的顯著性機率值 p 如果小於 .05，有足夠證據拒絕虛無假設：$\sigma^2_{高分組} = \sigma^2_{低分組}$，接受對立假設：$\sigma^2_{高分組} \neq \sigma^2_{低分組}$，表示二個組別群體變異數不相等，平均數差異檢定的 t 值及顯著性要查看「不假設變異數相等」列之數據；相對的，如果 F 值的顯著性機率值 p 大於 .05，沒有足夠證據拒絕虛無假設，應接受虛無假設：$\sigma^2_{高分組} = \sigma^2_{低分組}$，表示二個組別群體變異數不等，平均數差異檢定的 t 值及顯著性要查看「假設變異數相等」列之數據。t 值統計量的顯著性為「顯著性（雙尾）」欄的數據，如果 t 值統計量的顯著性機率值 p 值小於 .05，表示高分組、低分組在題項的平均數間有顯著差異（題項具有鑑別度）；若是 t 值統計量的顯著性機率值 p 值大於 .05，表示高分組、低分組在題項的平均數間沒有顯著差異（題項未具有鑑別度）。

判別二組平均數差異檢定之 t 值是否顯著，除參考顯著性機率值 p 外，亦可

差異值之 95% 的信賴區間 (95% confidence interval of the Difference) 判別，如果 95% 的信賴區間未包含 0 在內，表示二個群組平均數間的差異達到 .05 顯著水準。決斷值檢核判別準則為群組在題項平均數差異檢定的 t 統計量未達 .05 顯著水準，則該題項必須刪除，其次是 t 值統計量達到 .05 顯著水準，但 t 值統計量小於 3.00，則此種題項最好也刪除不用。

柒、項目分析的結果說明

例題中，組別在題項 A1 至 A16 變數之平均數差異檢定的 t 值統計量均達 .05 顯著水準，表示預試問卷 16 個題項均具有鑑別度，所有題項均能鑑別出不同受試者的反應程度，但為保留更適切的題項，組別平均數差異值除達 .05 顯著水準外，t 值統計量 (CR 值) 最好在 3.00 以上。如果題項較多，且組別平均數差異的 CR 值均大於 3.00，研究者因實際研究考量時，要刪除部份題項，可挑選鑑別度較高的題項，以減少量表題項數。

將挑選出來的題項或具鑑別力的題項，進一步進行因素分析，以考驗量表的建構效度或構念效度，建構效度考驗完後，確定因素層面的題項，才能進行各因素構面的信度考驗。預試量表在進行項目分析之前，也可以就各題描述統計量的情形，大約診斷題項的適切性，如題目的標準差太小，表示預試樣本填答的情形趨於一致，題目的鑑別度太低；如果題項的平均數過於極端，則無法反映受試樣本在題項的集中趨勢狀況，但描述性統計量數據最好只作為參考之用，不要作為項目分析的指標值。

捌、同質性考驗法

同質性考驗法表示一種態度量表的題項所測量的心理特質屬性應該非常接近，題項之間應該有較高的相關才對，每個題項與量表的總分應該也有高度的相關 (此相關為積差相關係數)。題目與總量表相關最好在 .40 以上，且要達到統計的顯著水準 (p<.05)，題項與量表總分間之積差相關係數 r ≧ .40，表示題項與量表總分變數間的相關為中度相關，若是反映某個心理特質或潛在構念之總分變數 (潛在變項) 與觀察變項 (題項) 間的相關低度關係 (r<.40)，表示觀察變項或指標題項無法有效反映潛在心理特質或構念。

求每個題項與量表總分的相關程序如下：

執行功能表列「分析 (A)」/「相關 (C)」/「雙變數 (B)」程序，出現「雙變數相關分析」對話視窗，將量表標的變項十六個題項 A1、A2、……、A15、A16 及「總分」等選入右邊「變數 (V)」下的方格中，按『確定』鈕。

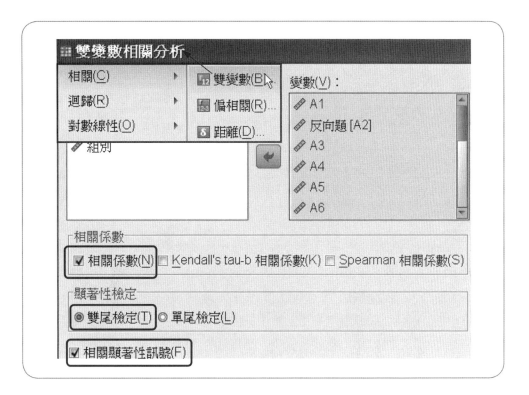

十六個觀察變項 (指標題項) 與潛在變項間的積差相關結果如下 (積差相關矩陣只呈現指標題項與潛在構念間的相關，指標題項間的相關情形省略)。

題項	統計量數	總分	題項	統計量數	總分
A1	Pearson 相關	.741**	A9	Pearson 相關	.542**
	顯著性 (雙尾)	.000		顯著性 (雙尾)	.000
反向題 (A2)	Pearson 相關	.694**	A10	Pearson 相關	.742**
	顯著性 (雙尾)	.000		顯著性 (雙尾)	.000
A3	Pearson 相關	.745**	A11	Pearson 相關	.222*
	顯著性 (雙尾)	.000		顯著性 (雙尾)	.019
A4	Pearson 相關	.532**	A12	Pearson 相關	.744**
	顯著性 (雙尾)	.000		顯著性 (雙尾)	.000
A5	Pearson 相關	.606**	A13	Pearson 相關	.578**
	顯著性 (雙尾)	.000		顯著性 (雙尾)	.000
A6	Pearson 相關	.798**	A14	Pearson 相關	.538**
	顯著性 (雙尾)	.000		顯著性 (雙尾)	.000
A7	Pearson 相關	.595**	A15	Pearson 相關	.435**
	顯著性 (雙尾)	.000		顯著性 (雙尾)	.000
反向題 (A8)	Pearson 相關	.724**	A16	Pearson 相關	.364**
	顯著性 (雙尾)	.000		顯著性 (雙尾)	.000

**. 在顯著水準為 0.01 時 (雙尾)，相關顯著。
*. 在顯著水準為 0.05 時 (雙尾)，相關顯著。

　　上表為題項與總分的相關情形，十六個題項與量表總分的相關均為正相關，且均達 .05 顯著水準，其中積差相關係數未達臨界指標值 .400 者的指標題項 (觀察變項) 有第 11 題、第 16 題，其積差相關係數分別為 r=.222 (p=.019<.05)、r=.364 (p<.001)。以個別題項與潛在變項間的相關而言，十六個指標題項中有十四題達到中高度的相關，表示題項間所要測量的潛在心理特質或構念的一致性頗高。

　　同質性檢定準則，也可採用量表內部一致性信度考驗方法，求出校正題項_總分間的相關係數 (corrected item-total correlation)，校正項目總分的相關係數，表示一個題項與其它題項加總後之變數間的相關程度 (加總分數未包括該題項本身)，此相關係數稱為「修正的項目總相關」，「修正的項目總相關」係數值若大於或等於 .400，表示該題項反映的潛在特質或構念與其它題項共同反映的潛在特質或構念間的一致性愈高。

　　「修正的項目總相關」係數的求法如下 (操作程序為求量表信度的方法)：

【操作 1】

執行功能表列「分析 (A)」/「尺度 (A)」(Scale)/「信度分析 (R)」(Reliability Analysis) 程序，開啟「信度分析」(Reliability Analysis) 主對話視窗。

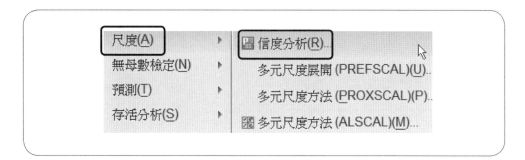

【操作 2】

將量表十六個題項 A1、A2、⋯⋯、A15、A16 等選入右邊「項目 (I)」(Items) 下的方盒內。

在「模式 (M)」(Mode) 右邊下拉式選單中選取「Alpha 值」(內部一致性 α 係數考驗，此選項為內定選項)。

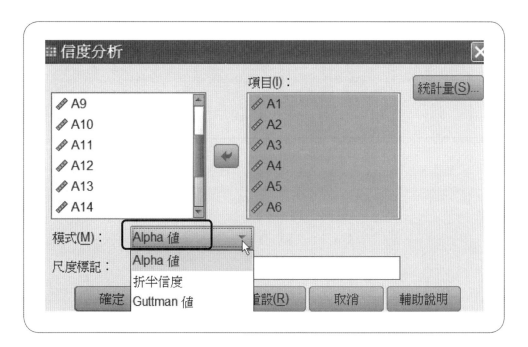

【操作 3】

按『統計量』(Statistics)，開啟「信度分析：統計量」(Reliability Analysis: Statistics) 次對話視窗。在「敘述統計量對象」(Descriptives for) 方盒中選取「☑ 刪除項目後之量尺摘要 (A)」(Scale if item deleted) 選項按『繼續』鈕，回到「信度分析」對話視窗，按『確定』鈕。

可靠性統計量

Cronbach's Alpha 值	項目的個數
.887	16

「可靠性統計量」表為 16 題題項的 Cronbach α 係數值，α 值為 .887，量表的 Cronbach α 信度係數值愈大，表示量表內部一致性信度愈高。

項目整體統計量

	項目刪除時的尺度平均數	項目刪除時的尺度變異數	修正的項目總相關	項目刪除時的 Cronbach's Alpha 值
A1	33.08	50.131	.688	.875
反向題 (A2)	33.24	50.696	.634	.877
A3	33.16	49.973	.692	.874
A4	33.10	52.678	.452	.884
A5	33.34	51.858	.536	.881
A6	33.38	48.257	.749	.871
A7	33.51	52.399	.529	.881
反向題 (A8)	33.26	48.893	.656	.876
A9	33.72	52.241	.458	.884
A10	34.08	50.113	.690	.875
A11	34.47	56.600	.135	.894
A12	33.87	49.231	.686	.874
A13	34.08	51.690	.497	.883
A14	34.21	52.956	.465	.883
A15	34.59	55.088	.373	.886
A16	34.22	55.548	.295	.888

　　上表為題項與總量表的統計量，第一欄為題項的變數名稱、第二欄「項目刪除時的尺度平均數」(Scale Mean if Item Deleted) 表示刪除該題項後，其餘十五個題項加總的總平均數；第三欄「項目刪除時的尺度變異數」(Scale Variance if Item Deleted) 表示刪除該題項後，剩餘十五個題加總變項的變異數；第四欄「修正的項目總相關」(Corrected Item-Total Correlation) 為校正題項與總分的相關，即該題與其餘十五個題項加總後之變數間的相關；第五欄「項目刪除時的 Cronbach's Alpha 值」(Cronbach's Alpha if Item Deleted) 表示該題刪除後，Cronbach α 係數值改變情形。如果總量表的 α 係數為 .830，而「項目刪除時的 Cronbach's Alpha 值」欄的係數值為 .920，表示該題刪除後，α 係數會從原先的 .830 增加到 .920，如果有此種情形，表示該題項與總量表的內部一致性不高，該題項可考慮刪除。上表中可以發現，如果刪除某一題後，Cronbach α 係數值的改變量多數都比總量表 .887 係數值小，但第 11 題與第 16 題的題項刪除後，α 係數值反而變大，刪除第 11 題 (A11) 後，其餘十五個 α 係數提高至 .894，刪除第 16 題 (A16) 後，其餘十五個 α 係數提高至 .888，若從題項刪除後內部一致性 α 係數改變值準則而言，題項第 11 題與第 16 題未達保留的原則。

　　「修正的項目總相關」欄的準則：當此欄相關係數值小於 .400 時，該題項可考量將之刪除，「修正的項目總相關」欄表示的該題項與其餘題項加總變數間的相關，此相關係數若小於 .400，表示該題項與其餘題項加總變數間的相關為低度相關，該題項反映的潛在特質構念與其餘題項共同反映的潛在特質構念間的關係不密切。

玖、量表項目分析結果

【表格範例】

茲將以上量表項目分析結果整理如下：

題項	極端組比較 決斷值 (CR 值)	同質性檢驗 題目與總分 相關	修正的題目 總相關	題項刪除後 的 α 係數	未達標準 指標值	備註	正式 題項
A1	7.792***	.741***	.688	.875	0	保留	A1
A2	7.728***	.694***	.634	.877	0	保留	A2
A3	7.671***	.745***	.692	.874	0	保留	A3
A4	5.276***	.532***	.452	.884	0	保留	A4
A5	4.690***	.606***	.536	.881	0	保留	A5
A6	10.043***	.798***	.749	.871	0	保留	A6
A7	6.128***	.595***	.529	.881	0	保留	A7
A8	8.426***	.724***	.656	.876	0	保留	A8
A9	6.217***	.542***	.458	.884	0	保留	A9
A10	11.884***	.742***	.690	.875	0	保留	A10
A11	2.454*	.222*	.135	.894	4	刪除	----
A12	11.054***	.744***	.686	.874	0	保留	A11
A13	7.727***	.578***	.497	.883	0	保留	A12
A14	5.541***	.538***	.465	.883	0	保留	A13
A15	4.352***	.435***	.373	.886	1	保留	A14
A16	3.194***	.364***	.295	.888	3	刪除	----
判斷準則	CR ≧ 3.00	r ≧ .400	r ≧ .400	α <.887			

* p<.05　*** p<.001　總量表的 α 係數 =.887

上述量表的項目分析結果如上表所列，極端組比較結果，16 題的 CR 值在 2.454 至 11.884 間，16 個題項均達統計上的顯著水準 (p<.05)，第 11 題 (A11) 的 CR 值小於臨界指標值 3.00；同質性檢驗中，16 個觀察題項與總量表的相關係數值未達臨界指標值 .400 以上者有第 11 題 (r=.222) 及第 16 題 (r=.364)；修正的題項與總分 (未包含該題) 相關係數未達臨界指標值 .400 以上者有第 11 題 (r=.135)、第 15 題 (r=.373) 及第 16 題 (r=.295)；個別題項刪除後的量表 α 信度係數比總量表的 α 信度係數 (α=.887) 高者有第 11 題及第 16 題。根據四個項目析指標值

進行學習壓力量表的項目分析，題項第 11 題有四個統計量數未達臨界指標值、第 16 題有三個統計量數未達臨界指標值，這二個題項於因素分析程序或之後的正式問卷中必須刪除，至於第 15 題由於只有一個指標值未達標準，因而題項保留。

【項目分析保留之學習壓力量表題項】

	完全不符合	少部分符合	大部份符合	完全符合
	1	2	3	4
01. 我擔心考試成績會落後其他同學很多。A1	☐	☐	☐	☐
02. 我多數考試成績皆能達到老師的標準。【反向題】 A2	☐	☐	☐	☐
03. 我擔心考不好，家人會責備我。A3	☐	☐	☐	☐
04. 只要一想到考試，我就害怕起來。A4	☐	☐	☐	☐
05. 放學後還要參加補習，我覺得很累。A5	☐	☐	☐	☐
06. 父母強迫我參加課後輔導或安親班，我感到不快樂。A6	☐	☐	☐	☐
07. 父母強迫我到才藝班去學習才藝或技能，我感到不開心。A7	☐	☐	☐	☐
08. 我對補習的科目或上的才藝班興趣很高，很喜愛。【反向題】 A8	☐	☐	☐	☐
09. 補習班的作業很多，我覺得有很大的壓力。A9	☐	☐	☐	☐
10. 補習佔用我太多時間，讓我覺得讀書時間不夠。A10	☐	☐	☐	☐
11. 上數學課時，我有很多內容不會感到很煩惱。A12	☐	☐	☐	☐
12. 上課時，我有很多地方聽不懂感到很不安。A13	☐	☐	☐	☐
13. 上課時，很怕被老師叫起來問問題。A14	☐	☐	☐	☐
14. 回家功課太難，我不會寫常覺得很煩。A15	☐	☐	☐	☐

第二節 試題分析

學業成就測驗試題分析的步驟與心理態度量表中決斷值的求法甚為類同，二者主要差異在於心理態度量表在求極端組樣本 (高分組與低分組) 在每個題項平均數得分的差異，而學業成就測驗的試題分析在於求出極端組樣本 (高分組與低分組) 在每個題項答對的百分比人數。極端組的選取可以取上下三分之一 (約 23%) 至四分之一 (約 25%) 的人數均可，其中以取上下 27% 的人數最為多數學

者採用。成就測驗試題分析的簡要步驟如下：

1. 每個題項鍵檔時，答對者鍵入 1、答錯者鍵入 0，此種建檔方法適合各種題型的成就測驗。若是單選之選擇題型，資料檔也可以直接鍵入受試者在每個題項的作答選項，進行試題分析程序時要先檢核批改每位受試者答對題項及答對總題項。

　　以選擇題而言，某題正確答案如為「2」，則勾選「1、3、4」者均為錯誤答案，題項填選「2」者鍵入 1，題項填選「1、3、4」者均鍵入 0；如果是應用題，除了全錯、全對外，可能還有扣分情形，如某個配分 6 分，全對者得 6 分、全錯者得 0 分，此二種情形，資料建檔時分別鍵入「1」、「0」，如果有扣分情形，此時受試者得分可能出現 5 分、4 分、3 分、2分、1 分情形，此種情形既非全錯或全對二極化情形。碰到此種情形，研究者可自定一個標準，如得分 4 分以上就表示答對，只是不完整而已，因而得分在 4 分以上的受試者，資料建檔時就鍵入「1」(視為答對者)、得分在 3分以下者，資料建檔時就鍵入「0」(視為答錯者)。至於扣多少分以內也算答對者，研究者要根據測驗的目的、實施對象及題項內涵等因素加以綜合判斷。

2. 將學生成就測驗的得分依序排序，分別求出前27%、後27% 觀察值的分數。
3. 依臨界分數將學生成就測驗得分分成高低二組。
4. 選取高分組、低分組的受試者，並將其資料檔案暫時分割。
5. 求出高、低二組樣本在每個題項答對的比率。
6. 列表整理，求出每個題項的難度與鑑別度。

$$難度\ P = \frac{P_H + P_L}{2}\ \text{、}鑑別度指數\ D = P_H - P_L$$

上述中 P_H 表示高分組在每個題項答對的百分比；P_L 表示低分組在每個題項答對的百分比 (答對率)。試題的難度指標表示高分組、低分組在題項答對率的平均數值，鑑別度指數為高分組、低分組在題項答對率的差異值。

試題難度指標值 (item difficulty index) 的數值介於 0 至 1 中間，難度數值愈接近 0，表示試題愈困難 (答對者愈少)；難度數值愈大者，表示試題愈簡單 (答

對者愈多)，難度百分比值愈大。當難度數值 (P 值) 接近 0.5 時，表示答對和答錯的學生各佔一半，因而試題是難易適中，難度的數值如果小於 0.25，題目被認為相當困難；當難度的數值大於 0.75，題目會被認為過於簡單，在一份良好的試題中，題目難度值最好介於 0.20 到 0.80 之間，整體平均難度指標值約為 0.50。當所有其它的因素是均等的，所有的 P 值大約在 0.50 時，測驗的區別能力會最大 (Kubiszyn & Borich, 1996；陳李綢，民 89)。

難度指數的選擇標準最好根據其用目的與用途而定，要找到所有試題難度的 P 值都接近 .50，有其實際上的困難，有的學者間的看法未盡相同，如 Ahmanan 與 Clock (1981) 主張試題難度指數值以 .40 到 .70 範圍為選擇標準；而學者 Chase (1978) 主張：如果是選擇題的型式，試題難度指數值以 .40 到 .80 範圍為選擇標準，是非題的型式，試題難度指數值以 .55 到 .85 範圍為選擇標準。

另一種難度指標值為美國「教育測驗服務社」(Educational Testing Service；簡稱為 ETS) 所使用的轉換公式，以避免難度指標值出現負值。ETS 建議以線性轉換過的分數來表示試題難度指標值，其轉換公式如下：$\Delta = 13+4Z$。其中 Δ (delta) 表示試題難度指標，Z 表示標準化常態分配上之標準分數、13 為轉換公式的平均數、4 為轉換公式的標準差。Δ 值的值域介於 1 到 25 之間，平均難度值為 13，Δ 的值愈小，表示試題愈容易；Δ 的值愈大，表示試題愈困難。難度指標值轉換成 Δ 值的計算較為繁瑣，為便於研究者使用，學者 Fan (1952) 將 P 值轉換成 Δ 值的過程，編製成「范氏試題分析表」(Fan's item analyze table)，使用者可以根據高分組答對百分比與低分組答對百分比數據，直接從該表上查到相對應的 Δ 值。「范氏試題分析表」在心理與教育測驗相關書籍的後面可查閱到，如郭生玉 (民 76)、陳英豪、吳裕益 (民 80) 編著的書籍附錄。

「試題鑑別度指標值」(item discrimination index) 的值域介於 -1 至 +1 之間。當試題太簡單時，全部學生皆答對，高低分組學生在題項答對率的差異值接近 0；反之，如果試題太困難，全部學生皆答錯，高低分組學生在題項答對率的差異值也接近 0，因而題目太簡單或過於艱難，都不具有良好的鑑別度指標。鑑別指標數如果為負，稱為「負向鑑別指數」，表示高分組在某個試題答對的百分比反而比低分組答對的百分比還比，此種題項為不良試題，可能語意不清或表達不完整等，負向鑑別指數的題項應該刪除。一個良好的試題，鑑別度指標值應為正，且愈大愈好，如此區別高低分組學生答對試題的功能愈佳，一般判別準則為

鑑別度指標值在 0.300 以上。

　　試題鑑別指標的分析方法，大約可以分成二種：一為試題「內部一致性分析法」(internal consistency)、二為「外在效度」(external validity) 分析法，前者是以探討個別試題得分和整個測驗總分之間的一致性為主，後者是以分析受試者在試題上的反應與在效標上的表現之間的關係為主；前者的目的在於使測驗的一致性變得最大，而後者的目的則是在求試題反應與測驗外在效度變得最大。內部一致性分析法與外在效度法之分析過程大致相同，唯一差異之處，為外在效度分析係依據外在效標的分數分為高、低二組，如教師在編製數學成就測驗時，可以使用校內的數學科學期成績作為外在效標，而將其分成高、低兩組，並分別計算每個試題與效標間之關係。分析鑑別指標的方法，除上述所介紹的方法外，也可採用點二系列相關 (point-biserial correlation) 來分析，這種分析方法是依據學生在某個試題作答結果的對或錯，與其測驗總分間求相關係數而得，並以此相關係數來表示該試題的鑑別度指標，這種指標和上述的分析結果間，具有高度的相關 (余民寧，民 91；郭生玉，民 76)。點二系列相關旨在求一個二分變項 (dichotomous variable)(試題分析時分為答對答錯) 與一個「連續變項」(如成績總分) 間的相關，此種分析方法乃根據受試者個人在某試題反應的對與錯與其測驗總分間的關係程度，作為鑑別度的指標，相關係數值愈大表示試題的鑑別度愈大。

　　評鑑試題品質的優劣，並沒有一致確切的標準，常因編製測驗的目的和性質而異。常用的評鑑原則是先選出鑑別力較高的試題，再從中選出難度指數較為適中的題目 (郭生玉，民 76)。學者 Noll 等人 (1979) 認為試題的鑑別力愈高愈好，但一般可接受的最低標準為其值在 .25 以上，鑑別力指標值低於 .25，就被視為鑑別力不佳的試題，此試題應該刪除。根據學者 Ebel 與 Frisbie (1991) 及 Ebel (1979) 的觀點，試題鑑別力的評鑑標準如下表，此表數值可作為研究者篩選試題品質的參考。

鑑別度指數	試題判斷標準
.40 以上	試題非常優良
.30 以上，未達 .40	試題優良可用，可能需要細部修改
.20 以上，未達 .30	試題尚可，可能要大幅修改
.20 以下	試題不佳，須淘汰或重新修改

　　難度與鑑別度指標關係如下圖，當題項難度為 .50 時，題項的鑑別度最佳，試題難度為 0.00 (答對百分比值為 0%) 或 1.00 (答對百分比值為 100%) 表示題目過於簡單或十分艱難，此種情況下，題目的鑑別度指標值會很低，表示題目缺乏鑑別度。

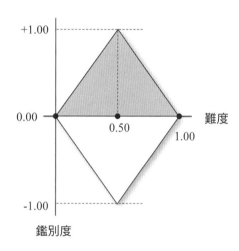

　　範例二十題選擇題均為單選題，題項的標準答案與變數名稱如下：

答案	題項	原始作答變數 (為四分名義變數)	試題評閱變數 (為二分名義變數)	備註： 二分名義變數
A 或 1	第 2 題、第 7 題、第 12 題、第 13 題、第 19 題	V02、V07、V12、V13、V19	R02、R07、R12、R13、R19	水準數值 1 為答對 水準數值 0 為答錯
B 或 2	第 3 題、第 6 題、第 9 題、第 14 題、第 16 題	V03、V06、V09、V14、V16	R03、R06、R09、R14、R16	水準數值 1 為答對 水準數值 0 為答錯
C 或 3	第 4 題、第 5 題、第 11 題、第 15 題、第 18 題	V04、V05、V11、V15、V18	R04、R05、R11、R15、R18	水準數值 1 為答對 水準數值 0 為答錯
D 或 4	第 1 題、第 8 題、第 10 題、第 17 題、第 20 題	V01、V08、V10、V17、V20	R01、R08、R10、R17、R20	水準數值 1 為答對 水準數值 0 為答錯

試題分析之難度與鑑別度分析架構圖如下：

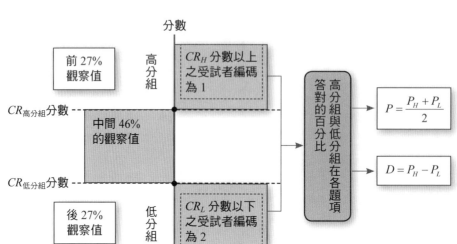

壹、操作步驟

⊃ 一、試題評閱

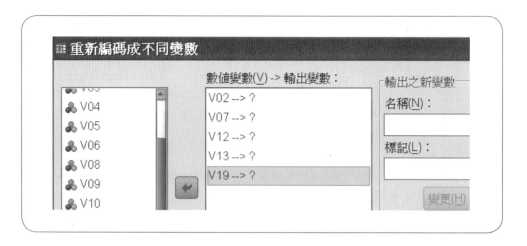

執行功能表列「轉換 (T)」/「重新編碼成不同變數」程序，開啟「重新編碼成不同變數」對話視窗，將答案為 1 或為 A 的題項選入右邊方盒中，範例中答案為 A 的選項有 V02（第 2 題）、V07（第 7 題）、V12（第 12 題）、V13（第 13 題）、V19（第 19 題），選取方盒中的選項，每個題項相對應的新編碼變數為

R02 (第2題)、R07 (第7題)、R12 (第12題)、R13 (第13題)、R19 (第19題)。

依序選取「數值變數 (V)-> 輸出變數」方盒中的選項，於「名稱 (N)」下方格中鍵入對應新變數名稱，如選取「V02--> ？」選項，右邊「名稱 (N)」下方格鍵入「R02」，按『變更 (H)』鈕，「數值變數 (V)-> 輸出變數」方盒中的訊息由「V02--> ？」變為「V02-->R02」；再如選取「V19--> ？」選項，右邊「名稱 (N)」下方格鍵入「R19」，按『變更 (H)』鈕，「數值變數 (V)-> 輸出變數」方盒中的訊息由「V19--> ？」變為「V19-->R19」按『舊值與新值 (O)』鈕。

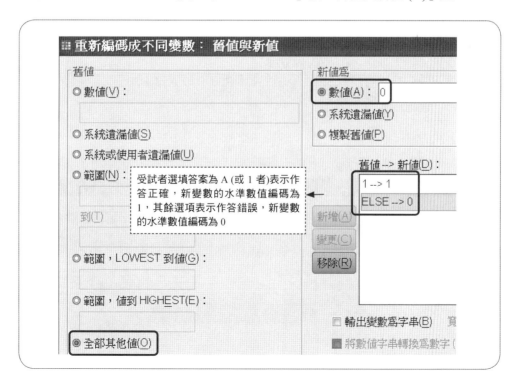

　　按『舊值與新值(O)』鈕後可開啟「重新編碼成不同變數：舊值與新值」次對話視窗，左邊「舊值」方盒中選取「⊙ 數值(V)」選項，於下面方格中鍵入「1」(答案為 A 或為 1 者)，「新值為」方盒中選取「⊙ 數值(A)」選項，於右邊方格中鍵入「1」(答對的題項編碼為 1)，按『新增』鈕；左邊「舊值」方盒中選取「⊙ 全部其他值(O)」選項 (答案為 B、C、D 或為 2、3、4 者)，「新值為」方盒中選取「⊙ 數值(A)」選項，於右邊方格中鍵入「0」(答錯的題項編碼為 0)，按『新增』鈕，按『繼續』鈕，回到「重新編碼成不同變數」對話視窗，按『確定』鈕。

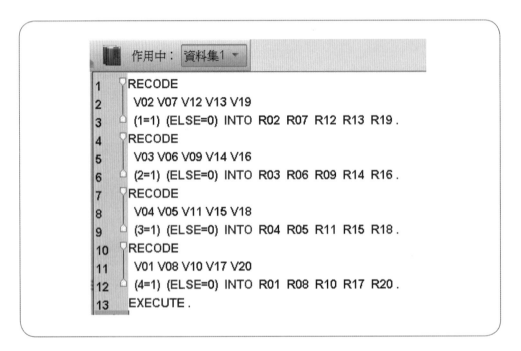

　　執行功能表列「轉換 (T)」／「重新編碼成不同變數」程序，開啟「重新編碼成不同變數」對話視窗，按『重設』鈕，將之前的設定全部還原為初始設定，將答案為 2 或為 B 的題項選入右邊方盒中，範例中答案為 B 的選項有 V03 (第 3 題)、V06 (第 6 題)、V09 (第 9 題)、V14 (第 14 題)、V16 (第 16 題)，選取方盒中的選項，每個題項相對應的新編碼變數為 R03 (第 3 題)、R06 (第 6 題)、R09 (第 9 題)、R14 (第 14 題)、R16 (第 16 題)。

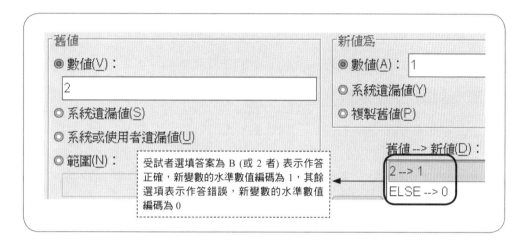

　　按『舊值與新值 (O)』鈕後可開啟「重新編碼成不同變數：舊值與新值」次對話視窗，左邊「舊值」方盒中選取「◉ 數值 (V)」選項，於下面方格中鍵入「2」(答案為 B 或為 2 者)，「新值為」方盒中選取「◉ 數值 (A)」選項，於右邊方格中鍵入「1」(答對的題項編碼為 1)，按『新增』鈕；左邊「舊值」方盒中選取「◉ 全部其他值 (O)」選項 (答案為 A、C、D 或為 1、3、4 者)，「新值為」方盒中選取「◉ 數值 (A)」選項，於右邊方格中鍵入「0」(答錯的題項編碼為 0)，按『新增』鈕，按『繼續』鈕，回到「重新編碼成不同變數」對話視窗，按『確定』鈕。

　　執行功能表列「轉換 (T)」／「重新編碼成不同變數」程序，開啟「重新編碼成不同變數」對話視窗，按『重設』鈕，將之前的設定全部還原為初始設定，將答案為 3 或為 C 的題項選入右邊方盒中，範例中答案為 C 的選項有 V04 (第 4 題)、V05 (第 5 題)、V11 (第 11 題)、V15 (第 15 題)、V16 (第 18 題)，選取方盒中的選項，每個題項相對應的新編碼變數為 R04 (第 4 題)、R05 (第 5 題)、

R11 (第 11 題)、R15 (第 14 題)、R18 (第 18 題)。

按『舊值與新值 (O)』鈕後可開啟「重新編碼成不同變數：舊值與新值」次對話視窗，左邊「舊值」方盒中選取「◉ 數值 (V)」選項，於下面方格中鍵入「3」(答案為 C 或為 3 者)，「新值為」方盒中選取「◉ 數值 (A)」選項，於右邊方格中鍵入「1」(答對的題項編碼為 1)，按『新增』鈕；左邊「舊值」方盒中選取「◉ 全部其他值 (O)」選項 (答案為 A、B、D 或為 1、2、4 者)，「新值為」方盒中選取「◉ 數值 (A)」選項，於右邊方格中鍵入「0」(答錯的題項編碼為 0)，按『新增』鈕，按『繼續』鈕，回到「重新編碼成不同變數」對話視窗，按『確定』鈕。

⊃ 二、計算答對題數

執行功能表列「轉換 (T)」/「計算觀察值內的數值 (O)」(Count) 程序，開啟「觀察值內數值出現次數」對話視窗，「目標變數 (T)」下方格輸入計次產出的新變項名稱，範例為「答對題數」，右邊「數值變數 (V)」下的方格點選二十個重新編碼的二分名義變數題項：R01、R02、……、R19、R20，按『定義數值』鈕，開啟「觀察值間數值的個數：欲計數的數值」次對話視窗。

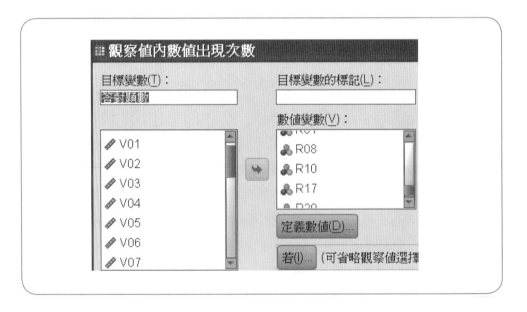

於「觀察值間數值的個數：欲計數的數值」次對話視窗中，左邊「數值」方

盒中選取「◉ 數值 (V)」選項，於其下的方格中輸入「1」(二十個題項變數中數值 1 出現的次數，數值 1 的次數即為答對的題數)，按『新增 (A)』鈕，按『繼續』鈕，回到「計算觀察值內數值出現次數」對話視窗，按『確定』鈕。

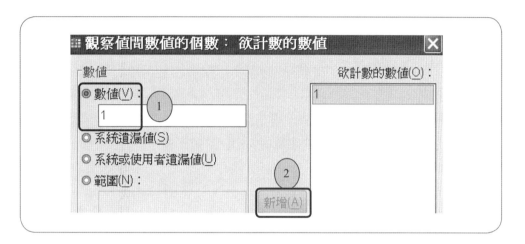

⊃ 三、計算每位觀察值的分數

　　若是每題為 3 分，滿分為 60，則每位觀察值的分數為答對題數 ×3；如果每題為 5 分，滿分為 100，則每位觀察值的分數為答對題數 ×5，範例中假設滿分為 60 分，每個題項為 3 分。

　　執行功能表列「轉換 (T)」/「計算變數 (C)」程序，開啟「計算變數」對話視窗，左邊「目標變數 (T)」下方格鍵入新變數的名稱「總分」，右邊「數值運算式 (E)」下方格中點選變數清單中的「答對題數」變項，再鍵入「*3」，按『確定』鈕。

⊃ 四、求出高分組與低分組的臨界分數

按照總分的高低排列，就是要找出高低分組總人數之 27% 處的分數。

【操作 1】

執行功能表列「資料 (D)」(Data) /「觀察值排序」(Sort Caeses) 程序，開啟「觀察值排序」主對話視窗。

【操作 2】

在「觀察值排序」對話視窗中，將左邊變數清單中的標的變項「總分」變數選入右邊「排序依據 (S)」下面的空盒中，由於「排序順序」方盒中內定的選項為「⊙ 遞增 (A)」(由小至大排序)，因而「排序依據」方盒中的變數排序訊息為「總分 (A)」，按『確定』鈕。

切換到「資料檢視」工作表視窗，資料檔依「總分」變項的分數，由最低分至最高分進行遞增排序。

將總人數之 27% 處的分數抄錄下來 (例題中共有 100 位觀察值，110*.27 =27，低分組第 27 位受試者的臨界分數為 15 分)，其數值為 15 分。

	17	R20	答對題數	總分	var
25	0	0	5	15	
26	0	0	5	15	
27	0	1	5	15	
28	1	0	5	15	
29	1	0	6	18	

第二次依觀察值在量表「總分」變項由高至低排序。

於「觀察值排序」對話視窗，選取「排序依據 (S)」方盒中的原變數排序訊息「總分 (A)」，在「排序順序」方盒中改選「⊙ 遞減 (D)」選項，則「排序依據」方盒中的訊息由「總分 (A)」變為「總分 (D)」，表示觀察值依「總分」變數進行遞減排序。

　　將高分組 27% 處臨界值分數抄錄 (例題中共有 100 位觀察值，100*.27 =27，低分組第 27 位受試者的臨界分數為 24 分)，其數值為 24 分。

	17	R20	答對題數	總分	var
25	0	1	8	24	
26	0	1	8	24	
27	0	1	8	24	
28	1	1	8	24	
29	0	1	8	24	

　　選出高低分組 27% 的分數，作為高低分組的界限，高分組為第一組 (數值編碼 1)，低分組為第二組 (數值編碼 2)。

【操作 1】

　　執行功能表列「轉換 (T)」/「重新編碼成不同變數」程序，開啟「重新編碼成不同變數」主對話視窗。

【操作 2】

　　在「重新編碼成不同變數」的對話視窗中，將左邊清單中「總分」變項選入右邊「數值變數 (V) -> 輸出變數」(Numeric Variables->Output) 下的空盒中，在最右邊「輸出之新變數」(Output Variable) 的方盒之，「名稱 (N)」下面的空盒中輸入分組新變項名稱，例題為「組別」

　　按『變更』鈕，則於「數值變數 (V)--> 輸出變數」空盒中的提示語由「總分 --> ？」轉變為「總分 --> 組別」。

【操作 3】

　　按 『舊值與新值 (O)』(Old and New Values) 鈕，開啟「重新編碼成不同變數：舊值與新值」(Recode into Different Variables: Old and New Values) 次對話視窗。

　　在左邊「舊值」方盒中選取「⦿ 範圍，值到 HIGHEST(E)」選項，於下方的

空格中鍵入「24」，在右邊「新值為」方盒中，選取「◉ 數值 (A)」選項，在後面的空格內輸入「1」，按『新增 (A)』鈕。表示觀察值在總分變數分數 24 分以上者，於「組別」變項中水準數值編碼為 1。

【操作 4】

繼續在左邊「舊值」方盒中，選取「◉ 範圍，LOWEST 到值 (G)」選項，在下面方格中鍵入「15」，在右邊「新值為」方盒中，選取「◉ 數值 (A)」選項，在後面的空格內輸入「2」，按『新增 (A)』鈕。表示觀察值在總分變數分數 32 分以下者，於「組別」變項中水準數值編碼為 2。

按『繼續』鈕，回到「重新編碼成不同變數」主對話視窗，按『確定』鈕。

資料檔案的視窗中新增一個「組別」的變項，變項的數值內容為 1 (總分 24 分以上的觀察值) 或 2 (總分 15 分以下的觀察值)，「總分」測量值介於 16 分至 23 分的觀察值均設為遺漏值。

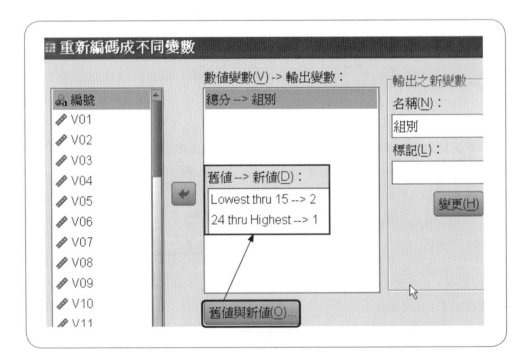

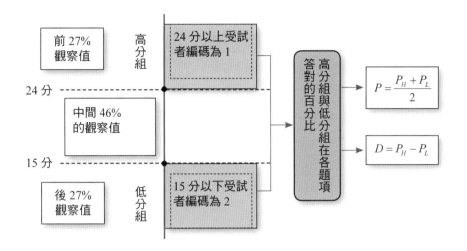

➲ 五、計算各組答對人數百分比

1. 執行功能表列「資料 (D)」/「整合 (A)」(Aggregate) 程序，開啟「整合資料」對話視窗。

2. 於左邊變數清單中選取分組變數「組別」至右邊「分段變數 (B)」下的方格中，將二十個二分名義變項 R01、R02、……、R19、R20 點選至右邊「整合變數」(Aggregate Variables) 下方格中。

　　於「整合資料」對話視窗中，研究者也可以在「儲存」方盒中選取「◉
建立僅包含整合變數的新資料集 (E)」選項，選取此選項後，必須於下方
「資料集名稱 (D)」提示語右邊的方格鍵入資料檔的名稱，如「試題分析結
果」，則於資料檔視窗中會增列一個新資料集編號的資料檔「試題分析結
果.sav」，研究者可直接按功能列「視窗 (W)」鈕切換。

3. 「儲存」方盒中選取「◉ 寫入僅包含整合變數的新資料檔 (E)」，按『檔案
(I)』鈕，設定整合變數新資料檔要存放的位置及資料檔名稱，範例中為存放
於 D 磁碟機根目錄下，資料檔名為「分析結果.sav」，按『確定』鈕。

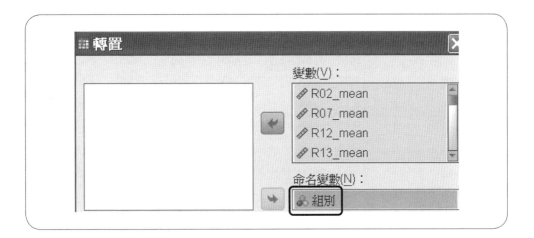

整合資料程序產出之「分析結果.sav」資料檔的內容如下：

	組別	R02_mean	R07_mean	R12_mean	R13_mean	R19_mean	R03_mean	R06_mean	R09_mean	R14_mean
1		.45	.19	.13	.29	.29	.29	.32	.32	.35
2	1	.56	.49	.49	.44	.51	.41	.46	.32	.41
3	2	.25	.29	.29	.29	.21	.11	.18	.18	.32

顯示：21 個變數(共有2

⊃ 六、進行新資料檔的轉置

1. 開啟「分析結果.sav」資料檔，成為作用中的資料檔。

2. 執行功能表列「資料 (D)」/「轉置 (N)」(Transpose) 程序，開啟「轉置」
對話視窗，於變數清單中將分組變項「組別」選入右邊「命名變數 (N)」下
方格中，將二十個整合資料產出的新變數 R01_mean、R02_mean、 ……、
R19_mean、R20_mean 點選至右邊「變數 (V)」下的方格中，按『確定』鈕。

　　進行新資料檔轉置後的資料檔中有四個變數，「CASE_LBL」為各題項變數
名稱、var001 為中分組 (遺漏值觀察值) 答對的百分比、「K_1」為組別變項水
準數值 1 群體答對百分比 (高分組答對百分比)、「K_2」為組別變項水準數值 2
群體答對百分比 (低分組答對百分比)。

	CASE_LBL	var001	K_1	K_2
1	R02_mean	.45	.56	.25
2	R07_mean	.19	.49	.29
3	R12_mean	.13	.49	.29
4	R13_mean	.29	.44	.29
5	R19_mean	.29	.51	.21
6	R03_mean	.29	.41	.11
7	R06_mean	.32	.46	.18
8	R09_mean	.32	.32	.18
9	R14_mean	.35	.41	.32
10	R16_mean	.42	.37	.14
11	R04_mean	.52	.41	.14
12	R05_mean	.42	.54	.32
13	R11_mean	.35	.51	.25
14	R15_mean	.26	.37	.14
15	R18_mean	.26	.41	.18
16	R01_mean	.23	.46	.29
17	R08_mean	.42	.51	.11

➲ 七、求出各題項的難度與鑑別度

執行功能表列「轉換 (T)」/「計算變數 (C)」程序，開啟「計算變數」對話視窗，左邊「目標變數 (T)」下方格鍵入新變數的名稱「難度」，右邊「數值運算式 (E)」下方格中的數值運算式為「(K_1+K_2)/2」，按『確定』鈕。

計算變數

目標變數(T)：　　　　　數值運算式(E)：

難度　　＝　(K_1 + K_2)/2

類型 & 標記(L)...

執行功能表列「轉換 (T)」/「計算變數 (C)」程序，開啟「計算變數」對話視窗，左邊「目標變數 (T)」下方格鍵入新變數的名稱「鑑別度」，右邊「數值運算式 (E)」下方格中的數值運算式為「K_1-K_2」，按『確定』鈕。

計算變數

目標變數(T)：		數值運算式(E)：
鑑別度	=	K_1-K_2
類型 & 標記(L)...		

轉置後資料檔增列難度、鑑別度變數後，轉存成 Excel 試算表檔案，檔案類型為 *「Excel 97 至 2003 版 (*.xls)」或「Excel 2007(*.xlsx)」，進行資料檔內容的編修或變數增刪。

CASE_LBL	var001	K_1	K_2	難度	鑑別度
R02_mean	0.45	0.56	0.25	0.41	0.31
R07_mean	0.19	0.49	0.29	0.39	0.20
R12_mean	0.13	0.49	0.29	0.39	0.20
R13_mean	0.29	0.44	0.29	0.36	0.15
R19_mean	0.29	0.51	0.21	0.36	0.30
R03_mean	0.29	0.41	0.11	0.26	0.31
R06_mean	0.32	0.46	0.18	0.32	0.28
R09_mean	0.32	0.32	0.18	0.25	0.14
R14_mean	0.35	0.41	0.32	0.37	0.09
R16_mean	0.42	0.37	0.14	0.25	0.22
R04_mean	0.52	0.41	0.14	0.28	0.27
R05_mean	0.42	0.54	0.32	0.43	0.22
R11_mean	0.35	0.51	0.25	0.38	0.26
R15_mean	0.26	0.37	0.14	0.25	0.22
R18_mean	0.26	0.41	0.18	0.30	0.24
R01_mean	0.23	0.46	0.29	0.37	0.18
R08_mean	0.42	0.51	0.11	0.31	0.41
R10_mean	0.39	0.34	0.21	0.28	0.13
R17_mean	0.32	0.37	0.18	0.27	0.19
R20_mean	0.26	0.61	0.18	0.39	0.43

【表格範例】

題項	高分組答對百分比	低分組答對百分比	難度	鑑別度
R01	46%	29%	0.37	0.18#
R02	56%	25%	0.41	0.31
R03	41%	11%	0.26	0.31
R04	41%	14%	0.28	0.27
R05	54%	32%	0.43	0.22
R06	46%	18%	0.32	0.28
R07	49%	29%	0.39	0.20
R08	51%	11%	0.31	0.41
R09	32%	18%	0.25	0.14#
R10	34%	21%	0.28	0.13#
R11	51%	25%	0.38	0.26
R12	49%	29%	0.39	0.20
R13	44%	29%	0.36	0.15#
R14	41%	32%	0.37	0.09#
R15	37%	14%	0.25	0.22
R16	37%	14%	0.25	0.22
R17	37%	18%	0.27	0.19#
R18	41%	18%	0.30	0.24
R19	51%	21%	0.36	0.30
R20	61%	18%	0.39	0.43
平均	45%	21%	.33	

鑑別度指標值 <.200

⊃ 八、題項誘答力的分析

1. 執行功能表列「資料 (D)」/「選擇觀察值 (S)」(Select Cases) 程序，開啟「選擇觀察值」主對話視窗。

2. 選取右邊「⊙ 如果滿足設定條件 (C)」選項，按『若 (I)』鈕，開啟「選擇觀察值：If」次對話視窗，點選標的變數「組別」及運用中間計算盤設定選取觀察值的條件：「組別 =1 | 組別 =2」(只選取組別變數中水準數值編碼為 1 或水準數值編碼為 2 的觀察值)，按『繼續』鈕，回到「選擇觀察值」主對話視窗，按『確定』鈕。

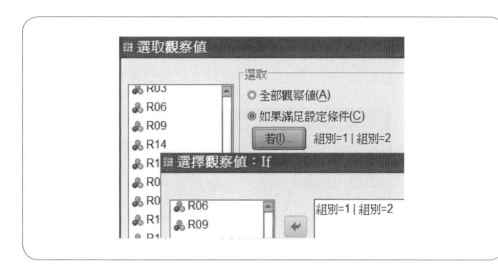

1. 執行功能表「分析 (A)」/「敘述統計 (E)」/「交叉表 (C)」程序,開啟「交叉表」主對話視窗。

2. 於變數清單中將分組變數「組別」選入右邊「列 (W)」下方格中,將原始變數 V01、V02、……、V19、V20 等點選至右邊「欄 (C)」下方格中。

　　如果「欄 (C)」下方格選取的變數為二分名義變項 R01、R02、……、R19、R20,則可以求出個別題項之高分組答對百分比或低分組答對百分比。

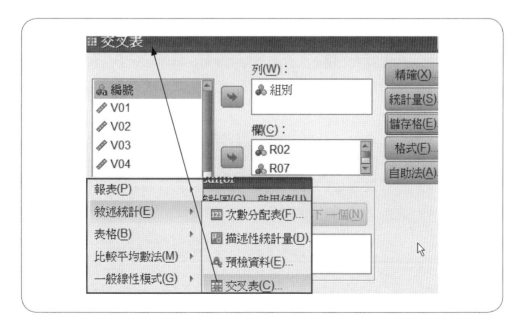

3. 按『儲存格 (E)』鈕，開啟「交叉表：儲存格顯示」次對話視窗，勾選「觀察值 (O)」選項及百分比方盒中的「☑ 列 (R)」選項，按『繼續』鈕，回到「交叉表」主對話視窗，按『確定』鈕。

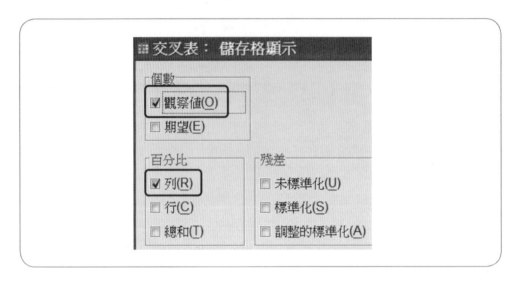

　　如果研究者不要呈現高分組及低分組在題項答對的人次，於「個數」方盒中取消「□觀察值 (O)」選項，輸出結果只呈現各組於選項答對的百分比。

輸出結果

(一) 高低分組於題項答對的人次及百分比

　　交叉表的標的變數中若選取二分名義變項 R01、R02、　……、R19、R20 等也可以求出高分組、低分組於題項答對的百分比。

組別 * R02 交叉表

			R02 0	R02 1	總和
組別	1 高分組	個數	18	23	41
		在 組別 之內的	43.9%	56.1%	100.0%
	2 低分組	個數	21	7	28
		在 組別 之內的	75.0%	25.0%	100.0%

　　就第 2 題而言，41 位高分組受試者中，答對的人次有 23 位，答對百分比為

56.1%；28 位低分組受試者中，答對的人次有 7 位，答對百分比為 25.0%。

組別 * R16 交叉表

			R16		總和
			0	1	
組別	1 高分組	個數	26	15	41
		在 組別 之內的	63.4%	36.6%	100.0%
	2 低分組	個數	24	4	28
		在 組別 之內的	85.7%	14.3%	100.0%

就第 16 題 (R16) 而言，41 位高分組受試者中，答對的人次有 15 位，答對百分比為 36.6%；28 位低分組受試者中，答對的人次有 4 位，答對百分比為 14.3%。

組別 * R20 交叉表

			R20		總和
			0	1	
組別	1 高分組	個數	16	25	41
		在 組別 之內的	39.0%	61.0%	100.0%
	2 低分組	個數	23	5	28
		在 組別 之內的	82.1%	17.9%	100.0%

就第 20 題 (R20) 而言，41 位高分組受試者中，答對的人次有 25 位，答對百分比為 61.0%；28 位低分組受試者中，答對的人次有 5 位，答對百分比為 17.9%。

(二) 題項誘答力的分析

交叉表的標的變數中選取的變數名稱為 V01、V02、……、V19、VR20。「交叉表：儲存格顯示」次對話視窗，同時勾選「觀察值 (O)」選項及百分比方盒中的「☑ 列 (R)」選項輸出結果。

組別 * V01 交叉表

			\multicolumn{4}{c}{V01}		總和
			1	2	3	4*	總和
組別	1 高分組	個數	6	5	11	19	41
		在 組別 之內的	14.6%	12.2%	26.8%	46.3%	100.0%
	2 低分組	個數	8	4	8	8	28
		在 組別 之內的	28.6%	14.3%	28.6%	28.6%	100.0%
總和		個數	14	9	19	27	69
		在 組別 之內的	20.3%	13.0%	27.5%	39.1%	100.0%

　　選項誘答力分析有二個原則：一為正確選項選答的人次百分比，高分組群體必須多於低分組群體，當高分組與低分組二個群體人數相等時，高分組選答正確選項的人次必須多於低分組選答正確選項的人次；二為每個錯誤選項均有低分組的受試者選答，且低分組選答的人次百分比高於高分組選答的人次百分比。第一個原則如果沒有達到要求，表示題項的鑑別度不佳，題項的鑑別度為負向；第二個原則沒有達到要求，表示錯誤選項的不具有正向誘答的功能。以第 1 題而言，正確的答案為 4，其餘三個不正確的選項均有高、低分組的受試者填答，且低分組選答三個不正確選項的百分比值均高於高分組；至於選答正確選項者，高分組選答的百分比為 46.3%，低分組選答的百分比為 28.6%，高分組選答正確選項的百分比高於低分組選答正確選項的百分比，第 1 題題目的選項具有不錯的誘答力。

組別 * V02 交叉表

			\multicolumn{4}{c}{V02}		總和
			1*	2	3	4	總和
組別	1 高分組	個數	23	7	8	3	41
		在 組別 之內的	56.1%	17.1%	19.5%	7.3%	100.0%
	2 低分組	個數	7	5	13	3	28
		在 組別 之內的	25.0%	17.9%	46.4%	10.7%	100.0%
總和		個數	30	12	21	6	69
		在 組別 之內的	43.5%	17.4%	30.4%	8.7%	100.0%

以第 2 題而言，正確答案選項為 1，高分組選填答對的百分比高於低分組選填答對的百分比，三個錯誤的選項低分組受試者均有人填答、高分組也有人填答，其中第二個選項，高分組選答的百分比為 17.1%、低分組選答的百分比為 17.9%，二者差距不大，表示此選項的誘答力不夠，此種情形可能是選項的描述語不清楚或選項語意表達不完整。

組別 * V03 交叉表

				V03			
			1	2*	3	4	總和
組別	1 高分組	個數	5	17	10	9	41
		在 組別 之內的	12.2%	41.5%	24.4%	22.0%	100.0%
	2 低分組	個數	11	3	7	7	28
		在 組別 之內的	39.3%	10.7%	25.0%	25.0%	100.0%
總和		個數	16	20	17	16	69
		在 組別 之內的	23.2%	29.0%	24.6%	23.2%	100.0%

以第 3 題而言，正確答案選項為 2，高分組選填答對的百分比高於低分組選填答對的百分比，三個錯誤的選項低分組受試者均有人填答、高分組也有人填答，具低分組選答三個錯誤選項的百分比均高於高分組選答三個錯誤選項的百分比均。

交叉表的標的變數中選取的變數名稱為 V01、V02、……、V19、VR20。「交叉表：儲存格顯示」次對話視窗，只勾選百分比方盒中的「☑ 列 (R)」選項輸出結果。

組別 * V01 交叉表
在 組別 之內的

		V01				總和
		1	2	3	4*	
組別	1 高分組	14.6%	12.2%	26.8%	46.3%	100.0%
	2 低分組	28.6%	14.3%	28.6%	28.6%	100.0%
總和		20.3%	13.0%	27.5%	39.1%	100.0%

組別 * V02 交叉表

在 組別 之內的

		V02				總和
		1*	2	3	4	
組別	1 高分組	56.1%	17.1%	19.5%	7.3%	100.0%
	2 低分組	25.0%	17.9%	46.4%	10.7%	100.0%
總和		43.5%	17.4%	30.4%	8.7%	100.0%

組別 * V03 交叉表

在 組別 之內的

		V03				總和
		1	2*	3	4	
組別	1 高分組	12.2%	41.5%	24.4%	22.0%	100.0%
	2 低分組	39.3%	10.7%	25.0%	25.0%	100.0%
總和		23.2%	29.0%	24.6%	23.2%	100.0%

　　範例表中只呈現前三題。誘答力分析中，如果高分組與低分組群體的人數相等，可直接呈現高分組、低分組受試者在各選項選答的人次，若是高分組與低分組群體的人數不相等，應呈現高分組、低分組受試者在各選項選答的百分比，進行百分比數值高低的比較才有實質意義。

第 **18** 章

因素分析與信度考驗

因素分析主要在求出量表的構念效度或建構效度，有效度的測量工具除要有高效度外，也要有良好的信度，量表常用的信度指標為內部一致性 α 係數信度或折半信度，此外，也可採用重測信度，以檢核量表的穩定性。

第一節　因素分析統計原理

量表進行項目分析完後，接著所要進行的是量表的因素分析，因素分析的目的在於求得量表的「建構效度」(或稱構念效度)(construct validity)。採用因素分析可以抽取變項間的共同因素 (common factor)，以較少的構念代表原來較複雜的資料結構。所謂效度 (validity) 是指測驗分數的正確性，易言之，是指一個測驗能夠測量到它所想要測量的心理特質的程度，美國心理學會將效度分為內容效度、效標關聯效度與構念效度。內容效度 (content validity) 是指測驗內容的代表性或取樣的適切性，採用專家學者審核量表過程所建構的效度亦屬內容效度，因為是針對量表題項內容的適切性進行檢核。此外，研究者也可採用學者專家對「適合」或「適切」選項的判定情形，專家效度看法一致性指標為勾選「適合」或「適切」選項的人數除以全部參與學者專家的人數，此比值稱為內容效度指標 (index of content validity；[CVI])，一般 CVI 的要求標準臨界值是 CVI $\geq$ .80，比較寬鬆標準臨界值是 CVI $\geq$ .70，以第三題為例，十位學者專家中勾選「適合」者有 8 位、勾選「修正後適合」者有 1 位、勾選「不適合」者有 1 位，選項的內容效度指標值為 8÷10=.80 或 9÷10=.90 (修正後適合也可納入適合選項)。

效標關聯效度 (criterion-related validity) 是以經驗性的方法，研究測驗分數與外在效標間的關係，故又稱為經驗效度 (empirical validity) 或統計效度 (statistical validity)；構念效度是指測驗或量表能測量到理論上的構念或特質的程度 (Anastiasi, 1988)。學者 Judd 等人 (1991) 指出：妥切賦予變項操作型定義的程度就是建構效度。可見，建構效度就是測驗分數能夠依據某種心理學的理論構念加以解釋的程度，凡是根據心理學的構念 (construct)，對測驗分數的意義所做的分析和解釋，即為建構效度。「構念」是心理學上的一種理論構想或特質，它是觀察不到的，但心理學假設它是存在的，以便能解釋一些個人的行為。行為及社會科學研究領域中，在建構效度的考驗上，最常為研究者及學者使用的方法為「因素分析」(factor analysis)，因為因素分析主要的目的是用以認定心理學上的

特質，藉著共同因素的發現而確定觀念的結構成份，根據量表或測驗所抽取的共同因素，可以知悉測驗或量表有效測量的特質或態度為何 (郭生玉，民 77)。經過因素分析程序所建立的效度稱為「構念效度」或「建構效度」。

在多變項關係中，變項間線性組合對表現或解釋每個層面變異數非常有用。主成份分析主要目的即在此。變項的第一個線性組合可以解釋最大的變異量，排除前述層面外，第二個線性組合可以解釋次大的變異量，最後一個成份所能解釋總變異量的部份會較小。主成份資料分析中，以較少成份解釋原始變項變異量較大部份。成份變異量通常以「特徵值」(eigenvalues) 表示，有時也稱「特性本質」(characteristic roots) 或「潛在本質」(latent roots)，因素分析時共用因素的抽取時，最常用的方法即為主成份分析法。成份分析模式 (component analysis model) 包含了常用的主成份分析 (principal component analysis；PCA) 和映象成份分析 (image component analysis) 二種，因而有主成份分數和映象成份分數。主成份分析是由 Pearson 所創用，而由 Hotelling 再加以發展的一種統計方法 (林清山，民 92)。於主成份分析中，可將 p 個變項加以轉換，使所得線性組合而得 q 個 (q<p) 成份的變異數為最大，且成份間的關係很低或彼此無關 (傅粹馨，民 91a)。主成份分析是假設所分析之變項不含誤差，樣本之相關係數矩陣即代表母群之相關係數矩陣。p 個變項經主成份分析會產生 p 個成份，一般而言，研究者會從 p 個成份中選取前面數個變異量較大之重要成份，而忽略變異量小而不重要之成份 (Gorsuch, 1988)。學者 Gorsuch (1988) 指出：主成份分析模式是屬於「數學派典」(mathematical paradigm)，假定總變異量是完全由各成份所造成，不含誤差 (誤差項等於 0)；而共同因素分析模式則屬於「科學或統計派典」(scientific or statistical paradigm)，主對角線的數值小於 1，總變異數中含有誤差。主成份分析模式是共同因素分析模式的一個特例，主成份分析將唯一性 (uniqueness) 設定為零 (Widaman, 1990)。

因素分析也是多變項方法的應用之一，在社會科學領域中，應用最廣的是把數個很難解釋，而彼此有關的變項，轉化成少數有概念化意義，而彼此獨立性大的因素 (factor)。因素分析時，如以主成份分析法抽取因素，則又稱之為「主成份因素分析」(principal factor analysis；PFA)，事實上，主成份因素分析也是因素分析中最常使用的方法。共同因素分析是 Spearman 所創用，Thurstone 等加以發揚的一種多變項統計方法 (林清山，民 92)。在抽取因素時，共同因

素分析之過程與主成份分析是相同的，不同之處在於相關係數矩陣對角線上的數值，於主成份分析時，對角線之數值為 1；而共同因素分析時，對角線上為小於 1 之數值 (即共同性之估計值)，此矩陣稱為「縮減成相關係數矩陣」(reduced correlation matrix)((林清山，民 92) 或「調整的相關係數矩陣」(adjusted correlation matrix)，採用此法之目的在於探討觀察變項是否能以數個潛在變項 (latent variable) 來代表觀察變項之間的關係 (傅粹馨，民 91a)。因素分析程序中的題項又稱為指標變項 / 觀察變項 / 測量變項，因素構面為數個指標變項反映的潛在心理特質，又稱為潛在變項或無法觀察的變項，探索性因素程序的架構圖示如下，範例圖共有十六個指標題項，萃取的因素構面有三個，三個因素構面包括的題項各有六題、五題、五題。

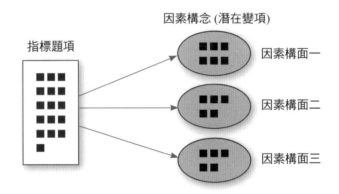

另外，對於主成份分析與共同因素分析的相異之處，某些行為統計學家視因素分析為「相關 (或共同變數) 取向」(correlation or covariance oriented)，視主成份分析為「變異數取向」(variance oriented)。因素分析之目的在於再製變項的相關係數矩陣，而主成份分析之目的在再製變項的總變異量。換言之，主成份分析的重點在解釋資料的變異量；而因素分析之重點在解釋變項間的相關。於主成份分析中，全部的成份都要用到，才能再製原來的相關矩陣，成份是觀察變項的線性組合 (linear combination)；在因素分析時，只要少數幾個因素即可再製原來的相關矩陣，觀察變項為各因素之線性組合加上「誤差」(傅粹馨，民 91a)。

因素分析是一種潛在結構分析法，其模式理論中，假定每個指標 (外在變項或稱題項、觀察值、問卷問題) 均由二個部份所構成，一為「共同因素」(common factor)、一為「唯一因素」(unique factor)。共同因素的數目會比指標數

(原始變項數) 還少，而每個指標或原始變項皆有一個唯一因素，亦即一份量表共有 n 個題項數，則也會有 n 個唯一因素。唯一因素性質有二個假定 (Kleinbaum et al., 1988)：

1. 所有的唯一因素間彼此沒有相關。

2. 所有的唯一因素與所有的共同因素間也沒有相關。

至於所有共同因素間彼此的關係，可能有相關或可能皆沒有相關。在直交轉軸狀態下，所有的共同因素間彼此沒有相關；在斜交轉軸情況下，所有的共同因素間彼此就有相關。因素分析最常用的理論模式如下：

$$Z_j = a_{j1}F_1 + a_{j2}F_2 + a_{j3}F_3 + \ldots\ldots + a_{jm}F_m + U_j$$

其中的符號意義分別表示如下：

1. Z_j 為第 j 個變項的標準化分數。

2. F_i 為共同因素。

3. m 為所有變項共同因素的數目。

4. U_j 為變項 Z_j 的唯一因素。

5. a_{ji} 為因素負荷量或組型負荷量 (pattern loading)，表示第 i 個共同因素對 j 個變項變異量之貢獻。

因素分析的理想情況，在於個別因素負荷量 a_{ji} 不是很大就是很小，這樣每個變項才能與較少的共同因素產生密切關聯，如果想要以最少的共同因素數來解釋變項間的關係程度，則 U_j 彼此間或與共同因素間就不能有關聯存在。

所謂的因素負荷量為因素結構中，原始變項與因素分析時抽取出共同因素的相關；而因素與變項之間的相關係數，也稱為「結構負荷量」(structure loading)，當各因素之間的相關為 0 時，變項與共同因素之間的相關等於該變項在因素上的組型負荷量，組型負荷量與結構負荷量都稱為「因素負荷量」(Harman, 1976)，若因素間相關為 0 時，組型負荷量與結構負荷量相同，但如果因素間相關不為 0 時，組型負荷量與結構負荷量則不相同。在因素分析中，有二個重要指標一為「共同性」(communality)、二為「特徵值」(eigenvalue)。為便於說明，以三個變項抽取二個共同因素為例，三個變項的線性組合分別為：

$$Z_1 = a_{11}F_1 + a_{12}F_2 + U_1$$
$$Z_2 = a_{21}F_1 + a_{22}F_2 + U_2$$
$$Z_3 = a_{31}F_1 + a_{32}F_2 + U_3$$

轉換成因素矩陣如下：

變項	F_1 (共同因素一)	F_2 (共同因素二)	共同性 h^2	唯一因素 d^2
X_1	a_{11}	a_{12}	$a_{11}{}^2 + a_{12}{}^2$	$1 - h_1{}^2$
X_2	a_{21}	a_{22}	$a_{21}{}^2 + a_{22}{}^2$	$1 - h_2{}^2$
X_3	a_{31}	a_{32}	$a_{31}{}^2 + a_{32}{}^2$	$1 - h_3{}^2$
特徵值	$a_{11}{}^2 + a_{21}{}^2 + a_{21}{}^2$	$a_{12}{}^2 + a_{22}{}^2 + a_{32}{}^2$		
解釋量	$(a_{11}{}^2 + a_{21}{}^2 + a_{31}{}^2) \div 3$	$(a_{21}{}^2 + a_{22}{}^2 + a_{32}{}^2) \div 3$		
解釋量為特徵值除以題項總數				

　　所謂的共同性，就是每個變項在每個共同因素之負荷量的平方總和 (一橫列中所有因素負荷量的平方和)，也就是個別變項可以被共同因素解釋的變異量百分比，這個值是個別變項與共同因素間多元相關的平方，共同性 h^2 所代表的是所有共同因素對 j 個變項變異量所能解釋的部份，假定各因素之間沒有相關時，共同性即為各「組型負荷量」(因素負荷量) 的平方和。從共同性的大小可以判斷這個原始變項與共同因素間之關係程度。而各變項的唯一因素大小就是 1 減掉該變項共同性的值。(在主成份分析中，有多少個原始變項便有多少個「component」成份，所以共同性會等於 1，沒有唯一因素。)

　　至於特徵值是每個變項在某一共同因素之因素負荷量的平方總和 (一直行所有因素負荷量的平方和)。在因素分析之共同因素抽取中，特徵值最大的共同因素會最先被抽取，其次是次大者，最後抽取的共同因素之特徵值最小，通常會接近 0 (在主成份分析中，有幾個題項，便有幾個成份，因而特徵值的總和剛好等於變項的總數)。將每個共同因素的特徵值除以總題數，為此共同因素可以解釋的變異量，因素分析的目的，即在因素結構的簡單化，希望以最少的共同因素，能對總變異量作最大的解釋，因而抽取的因素愈少愈好，但抽取因素之累積解釋的變異量則愈大愈好。

　　社會科學中，因素分析通常應用在三個層面：

1. 顯示變項間因素分析的組型 (pattern)。

2. 偵測變項間之群組 (clusters)，每個群組所包括的變項彼此間相關很高，同質性較大，亦即將關係密切的個別變項合併為一個子群。

3. 減少大量變項數目，使之成為一組涵括變項較少的統計自變項(稱為因素)，每個因素與原始變項間有某種線性關係存在，而以較少數個因素層面來代表多數、個別、獨立的變項。

因素分析具有簡化資料變項的功能，以較少的層面來表示原來的資料結構，它根據變項間彼此的相關，找出變項間潛在的關係結構，變項間簡單的結構關係稱為「成份」(components) 或「因素」/「因子」(factors)。

因素分析的主要方式，可簡述成以下幾個步驟：

1. 計算變項間相關矩陣或共變數矩陣

如果一個變項與其它變項間相關很低，在次一個分析步驟中可考慮剔除此一變項，但實際排除與否，還要考量到變項的「共同性」(communality) 與「因素負荷量」(factor loadings)。如以原始資料作為因素分析之數據時，電腦通常會自動先轉化為相關矩陣的方式，進行因素分析。

2. 估計因素負荷量

決定因素抽取的方法，有「主成份分析法」(principal components analysis)、主軸法、一般化最小平方法、未加權最小平方法、最大概似法、Alpha 因素抽取法與映象因素抽取法等。使用者最常使用為主成份分析法與主軸法，其中又以主成份分析法的使用最為普遍，在 SPSS 使用手冊中，建議研究者多採用主成份分析法來估計因素負荷量 (SPSS Inc, 1998)。但在理論統計中，多數學者建議以主軸因子法來萃取共同因素。

因素負荷量 (factor loadings) 是測量變項與萃取因素間的相關，因素負荷量愈高表示測量變項與因素構面間的關係愈密切，因素負荷量平方值表示的是共同因素可以解釋測量變項的變異量，其意義類以相關係數的平方值 (決定係數) (Hair et al., 2010)。學者 Hair 等人認為因素負荷量的判別選取與因素分析之樣本數有關，在相同的顯著水準下，有效樣本數愈大，因素負荷量的選取準則較低，如有效樣本數為 350 位，題項因素負荷量選取標準為 .30 以上；相對的，有效樣本數愈小，因素負荷量的選取準則較高，如有效樣本數為 150 位，題項因素負荷

量選取標準為 .45 以上、有效樣本數為 120 位，題項因素負荷量選取標準為 .50 以上。因素負荷量與達到 .05 顯著水準之樣本數的關係對照表如下 (吳明隆，民 100)：

● **表 X　顯著因素負荷量與所需樣本的關係摘要表**

因素負荷量	達到 .05 顯著水準之樣本數	備註
.30	350	顯著水準 α 為 .05，統計考驗力為 .80
.35	250	顯著水準 α 為 .05，統計考驗力為 .80
.40	200	顯著水準 α 為 .05，統計考驗力為 .80
.45	150	顯著水準 α 為 .05，統計考驗力為 .80
.50	120	顯著水準 α 為 .05，統計考驗力為 .80
.55	100	顯著水準 α 為 .05，統計考驗力為 .80
.60	85	顯著水準 α 為 .05，統計考驗力為 .80
.65	70	顯著水準 α 為 .05，統計考驗力為 .80
.70	60	顯著水準 α 為 .05，統計考驗力為 .80
.75	50	顯著水準 α 為 .05，統計考驗力為 .80

資料來源：Hair et al., 2010, p.117

3. 決定轉軸方法 (rotation)

　　轉軸法使得因素負荷量易於解釋。轉軸以後，使得變項在每個因素的負荷量不是變大就是變得更小，而非如轉軸前在每個因素的負荷量大小均差不多。

　　在因素抽取上，通常最初因素抽取後，對因素無法作有效的解釋，轉軸目的在於改變題項在各因素之負荷量的大小，轉軸時根據題項與因素結構關係的密切程度，調整各因素負荷量的大小，轉軸後，大部份的題項在每個共同因素中有一個差異較大的因素負荷量。轉軸後，每個共同因素的特徵值會改變，與轉軸前不一樣，但每個變項的共同性不會改變。

　　常用的轉軸方法，包括最大變異法 (Varimax)、四次方最大值法 (Quartimax)、相等最大值法 (Equamax)、直接斜交轉軸法 (Direct Oblimin)、Promax 轉軸法，其中前三者屬「直交轉軸」法 (orthogonal rotations)，在直交轉軸法中，因素 (成份) 與因素 (成份) 間沒有相關，亦即其相關為 0，因素軸間的夾角等於 90 度；而後二者 (直接斜交轉軸、Promax 轉軸法) 屬「斜交轉軸」(oblique rotations)，採用斜交轉軸法，表示因素與因素間彼此有某種程度的相關，亦即因素軸間的夾角不

是 90 度。直交轉軸的優點是因素間提供的資訊不會重疊，觀察體在某一個因素的分數與在其它因素的分數，彼此獨立沒有相關；而其缺點是研究者迫使因素間不相關，但在實際生活情境中，它們彼此有相關的可能性很高。因而直交轉軸方法偏向較多人為操控方式，不需要正確回應現實世界中自然發生的事件 (Bryman & Cramer, 1997)。

因素分析的步驟大致分為以下程序：以主軸因子法或主成份分析法萃取元件或因素→選取特徵值大於 1 的因素→進行因素轉間的轉軸→檢核因素包含指標題項的適切性→因素構面的命名。轉軸之主要目的為協助因素更具心理意義的解釋，亦即達成「簡單結構」(simple structure) 的原則，最常使用的方法為「正交轉軸」(orthogonal rotation)，部份原因為它是多數統計軟體中的內設選項，部份原因為正交轉軸之結果簡單，易於解釋，認為因素間是沒有相關的，「斜交轉軸」(oblique rotation) 之結果會產生三種矩陣：因素結構矩陣 (factor structure matrix)、因素組型矩陣 (factor pattern matrix) 和因素相關矩陣 (factor correlation matrix)，在結果解釋上不若正交轉軸之簡易 (傅粹馨，民 91a)。因素組型矩陣中之因素組型係數表示的是根據共同因素模式產出的測量變數之多元因素的迴歸係數，因素結構矩陣之因素結構係數為顯性變項 (指標題項) 與因素間的相關係數 (Everitt, 2010, p.224)。

然而，有些研究者主張因素分析轉軸法的選取時應多使用斜交轉軸法。學者 Reise、Waller 和 Comrey (2000) 等人就列舉五項考慮使用斜交轉軸之原因：1. 若執行斜交轉軸，則可再進行較高階 (higher-order) 之分析；2. 斜交轉軸之結果較正交轉軸更能符合簡單結果的準則；3. 某些研究指出斜交轉軸產生之因素，其複製性較優，亦即以另一個類似之樣本作分析，易於得到相同之因素結構；4. 斜交轉軸法的原理乃認為因素層面的夾角不是 90 度，因素層面間應有某種程度的相關。研究者認定任何心理變項間沒有相關是不合理的，因而斜交轉軸似乎較能反映真實的心理現象；5. 斜交轉軸下，因素間的相關可以估計而不若正交轉軸之相關設定為零，因素間的相關可以提供有價值的訊息 (傅粹馨，民 91a)。直交因素轉軸的簡要圖示如下，其中轉軸後因素軸 I 與因素軸 II 間的夾角為 90 度，因素軸 I 與因素軸 II 經轉軸後，指標變項 (觀察變項) 偏向於那一個軸更為明確。

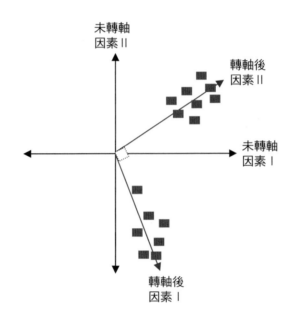

　　斜交因素轉軸的簡要圖示如下，其中轉軸後因素軸 I 與因素軸 II 間的夾角不是成直角 (下圖中虛線為直交轉軸，轉軸後因素軸 I、因素軸 II 為斜交轉軸程序)。

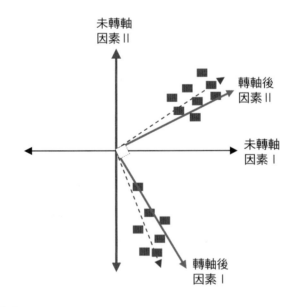

4. 決定因素與命名

　　轉軸後，要決定因素數目，選取較少因素層面，獲得較大的解釋量。在因素

命名與結果解釋上，必要時可將因素計算後之分數儲存，作為其它程序分析之輸入變項，因素構面命名時中文字數最好一致，如此相關圖表的整理與呈現較為美觀。

此外，在因素分析中，研究者尚應考量到以下幾個方面 (Bryman & Cramer, 1997)：

1. 可從相關矩陣中篩選題項

題項間如果沒有顯著的相關，或相關太小，則題項間抽取的因素與研究者初始建構的層面可能差距很大。相對的題項間如果有極顯著的正／負相關，則因素分析較易建構成有意義的內容。因素分析前，研究者可從題項間相關矩陣分佈情形，簡扼看出那些題項間較有密切關係。

2. 樣本大小

因素分析的可靠性除與預試樣本的抽樣有關外，與樣本數的多少更有密切關係。進行因素分析時，預試樣本應該多少才能使結果最為可靠，學者間沒有一致的結論，然而多數學者均贊同「因素分析要有可靠的結果，受試樣本數要比量表題項數還多」，如果一個分量表有 40 個預試題項，則因素分析時，樣本數不得少於 40 人。

此外，在進行因素分析時，學者 Gorsuch (1983) 的觀點可作為參考：

(1) 題項與受試者的比例最好為 1：5。
(2) 受試總樣本總數不得少於 100 人。如果研究主要目的在找出變項群中涵括何種因素，樣本數要儘量大，才能確保因素分析結果的可靠性。

3. 因素數目的挑選

進行因素分析，因素數目考量與挑選標準，常用的準則有二種：一是學者 Kaiser 所提的準則標準：選取特徵值大於一的因素，Kaiser 準則判斷應用時，因素分析的題項數最好不要超過 30 題，題項平均共同性最好在 .70 以上，如果受試樣本數大於 250 位，則平均共同性應在 .60 以上 (Stevens, 1992)，如果題項數在 50 題以上，有可能抽取過多的共同因素 (此時研究者可限定因素抽取的數目)；二為 Cattell (1966) 所倡導的特徵值圖形的陡坡考驗 (scree test)，此圖根據最初抽取因素所能解釋的變異量高低繪製而成。

　　「陡坡石」(scree) 原是地質學上的名詞，代表在岩層斜坡底層發現的小碎石，這些碎石的價值性不高。應用於統計學之因素分析中，表示陡坡圖底端的因素不具重要性，可以捨棄不用。因而從陡坡圖的情形，也可作為挑選因素分析數目的標準。以下圖為例，採用潛在根值準則，六個因子或成份中特徵值大於 1 者有二個，因而萃取保留的共同因素為二個構面，若採用陡坡圖準則，則共同因素可以決定保留三個。

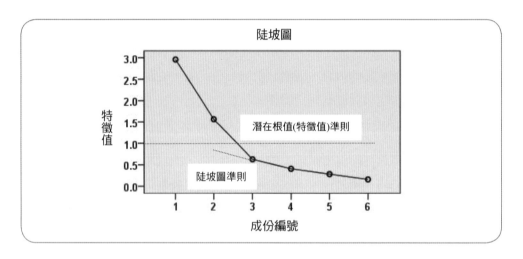

　　多數的因素分析中，根據 Kaiser 選取的標準，通常會抽取過多的共同因素，因而陡坡圖是一個重要的選取準則。在因素數目準則挑選上，除參考以上二大主要判斷標準外，還要考量到受試者多少、題項數、變項共同性的大小等因素；除此以外也應參考直交及斜交轉軸的數據作為篩選的參考。因素分析時會使用淨相關矩陣來判斷變項間的相關的程度，當許多個變項彼此之間普遍具有相關時，其淨相關係數會變小，在因素分析計算過程中，可以獲到一個反映像矩陣，此矩陣會呈現淨相關的大小，該矩陣中若有多數係數偏高，則變項不適宜進行因素分析 (邱皓政，民 89)。究竟變項間的相關是否適合進行主成份分析，學者 Bartlett (1951) 提出了一個針對變項間相關矩陣的球面性檢定法 (sphericity test)，此一檢定法約略呈 分配，若變項間之相關係數愈高，則所得到的 χ^2 值愈大，表示愈適合進行因素分析，但由於卡方分配對樣本大小相當敏感 (sensitive)，因而在實際分析上，很少呈現球面性檢定接受虛無假設情形，亦即以球面性檢定法之方式，呈現資料不適宜進行因素分析結果的機率很低 (王保進，民 93)。對於判別量表

變項是否進行因素分析，一個常為研究者採用的判斷指標為 Kaiser (1970；1974) 所提出的「取樣適切性量數」(Kaiser-Meyer-Olkin measure of sampling adequacy；簡稱 KMO 或 MSA)，KMO 值介於 0 至 1 間，其值愈接近 1 時，表示變項的相關愈高，愈適合進行因素分析；其值愈接近 0 時，表示變項的相關愈低，愈不適合進行主成份分析。KMO 值判斷的準則如下：在因素分析時，量表的 KMO 值最好在 .80 以上，KMO 值如在 .70 以上勉強可以接受，如果量表的 KMO 值在 .60 以下，則量表不宜進行因素分析。

KMO 統計量數之判斷準則

KMO 值	因素分析的適切性
.90 以上	極佳的 (Perfect)
.80 ～ .90	良好的 (Meritorious)
.70 ～ .80	適中的 (Middling)
.60 ～ .70	普通的 (Mediocre)
.50 ～ .60	欠佳的 (Miserable)
.50 以下	無法接受的 (Unacceptable)

因素分析範例解析之資料檔如下：

受試者	推理	實作	物理	閱讀	寫作	英文	受試者	推理	實作	物理	閱讀	寫作	英文
S01	7	10	6	6	8	7	S11	3	9	4	5	5	3
S02	5	8	6	5	7	5	S12	3	6	4	5	8	8
S03	6	10	8	4	4	5	S13	3	5	3	5	8	3
S04	5	10	5	3	5	4	S14	2	4	3	5	7	6
S05	5	5	3	3	4	7	S15	2	6	3	3	9	6
S06	5	8	6	10	8	9	S16	4	2	3	3	5	4
S07	6	6	3	3	2	2	S17	1	5	3	3	6	5
S08	5	3	2	4	2	2	S18	2	2	2	3	5	1
S09	4	5	1	1	2	2	S19	1	6	2	7	4	6
S10	3	7	4	1	2	2	S20	4	3	1	2	4	5

因素分析結果相關統計量數說明如下：

KMO 與 Bartlett 檢定

Kaiser-Meyer-Olkin 取樣適切性量數。		.667
Bartlett 的球形檢定	近似卡方分配	47.410
	df	15
	顯著性	.000

「KMO 與 Bartlett 檢定」摘要表包含 KMO 取樣適切性量數統計量與 Bartlett 的球形檢定統計量，範例中的 KMO 值為 .667 (KMO 值統計量不高是受到小樣本數影響)，Bartlett 球形檢定統計量的 χ^2 值等於 47.410，顯著性 p<.001，自由度等於 15，表示六個測量變項間有共同因素存在，適合進行因素分析程序。

反映像矩陣

		推理	實作	物理	閱讀	寫作	英文
反映像共變數	推理	.559	-.016	-.153	.051	.227	-.128
	實作	-.016	.344	-.208	-.021	.040	.011
	物理	-.153	-.208	.257	-.051	-.111	.015
	閱讀	.051	-.021	-.051	.503	-.081	-.219
	寫作	.227	.040	-.111	-.081	.472	-.196
	英文	-.128	.011	.015	-.219	-.196	.466
反映像相關	推理	.558[a]	-.037	-.404	.097	.441	-.251
	實作	-.037	.683[a]	-.699	-.051	.098	.028
	物理	-.404	-.699	.639[a]	-.142	-.318	.044
	閱讀	.097	-.051	-.142	.795[a]	-.167	-.452
	寫作	.441	.098	-.318	-.167	.623[a]	-.419
	英文	-.251	.028	.044	-.452	-.419	.691[a]

a. 取樣適切性量數 (MSA)。

反映像矩陣包含二個部分，一為反映像共變矩陣、二為反映像相關矩陣，反映像相關矩陣對角線數值為個別題項的取樣適切性量數 (MSA)，此量數的數值愈高，表示此個別題項與其它題項間有中高度的相關，因而個別題項與其它題項間可以萃取共同因素。KMO 統計量數是量表共同因素的判別準則，KMO 數值愈高，表示量表測量題項間有共同因素存在。MSA 統計量數是量表中個別測量題項是否與其它測量題項間有共同因素存在 (有共同因素存在表示個別測量題項

與某些測量題項有中高度的關聯)，如果 MSA 統計量數值很小，表示測量題項可能單獨成一因素，測量題項反映的潛在心理特質與其它測量題項反映的潛在心理特質相似度不高，一般的判別準則是大於 0.50，如果題項 MSA 統計量數小於 0.50，則此題項可考量從因素分析程序中刪除，範例中六個測量題項的 MSA 值分別為 .558、.683、.639、.795、.623、.691，均大於 .50 以上。

共同性

	初始	萃取
推理	1.000	.708
實作	1.000	.774
物理	1.000	.850
閱讀	1.000	.718
寫作	1.000	.760
英文	1.000	.713

註：萃取法：主成份分析。

共同性指的測量題項可以被潛在因素構念解釋的變異部份，共同性愈高表示測量題項反映的潛在因素構念程度愈大，一般的判別標準是共同性數值大於 .500。採用主成份因素萃取法，初始的共同性設定為 1，採用主軸因素萃取法，初始的共同性就不是為 1，「萃取」欄為因素分析程序最後的共同性統計量數，六個測量題項的共同性分別為 .708、.774、.850、.718、.760、.713。共同性是測量題項可以解釋萃取因素的變異量，若是萃取因子 (共同因素) 限定為 1，共同性即為測量題項反映潛在特質構念的變異程度大小，共同性愈大，表示測量題項愈能有效反映潛在特質或心理構念；相對的，共同性愈小，表示測量題項無法有效反映潛在特質或心理構念，因而共同性統計量數也可作為項目分析的檢核指標，一般的判別標準是共同性的數值應大於 .200 (對應的因素負荷量 ≧ .450)，較寬鬆的臨界指標值為共同性大於 .160 (對應的因素負荷量 ≧ .400)。

解說總變異量

元件	初始特徵值			平方和負荷量萃取			轉軸平方和負荷量		
	總數	變異數的 %	累積 %	總數	變異數的 %	累積 %	總數	變異數的 %	累積 %
1	2.958	49.304	49.304	2.958	49.304	49.304	2.337	38.951	38.951
2	1.566	26.096	75.399	1.566	26.096	75.399	2.187	36.448	75.399
3	.627	10.453	85.852						
4	.407	6.777	92.629						
5	.283	4.715	97.343						
6	.159	2.657	100.000						

註：萃取法：主成份分析。

　　直交轉軸法之「解說總變異量」表包括四個大欄位，有多少個測量題項 (指標變項或觀察變項)，便有多少個「元件」，範例中有六個測量題項，因而有六個主成份元件，六個主成份元件的特徵值分別為 2.958、1.566、.627、.407、.283、.159，元件的特徵值由大小至小排序，六個主成份元件特徵值的總和為測量題項數 (範例中等於 6)。因素分析程序中界定的準則為保留主成份元件特徵值大於 1 者，範例中特徵值大於 1 的主成份元件共有二個，這二個主成份元件會被保留下來而呈現於中間「平方和負荷量萃取」欄中，欄中的「總數」直行為主成份元件的特徵值，「平方和負荷量萃取」欄中的特徵值是未經轉軸前的數據，經過直交轉軸後的特徵值呈現於「轉軸平方和負荷量」欄中的「總數」直行。轉軸前主成份元件特徵值間的差異較大，轉軸後主成份元件特徵值間的差異較小，但二個保留的二個主成元件特徵值的加總值沒有改變：2.958+1.566=2.337+2.187=4.524，特徵值除以題項數為共同因素可以解釋的變異量大小，轉軸後第一個主成份元件 (萃取共同因素一) 可以解釋所有題項 38.951% 的變異 (2.337÷6=.38951%)、第二個主成份元件 (萃取共同因素二) 可以解釋所有題項 36.448% 的變異 (2.1857÷6=36.448%)，二個共同因素可以解釋六個測量題項 75.399% 的變異量。

成份矩陣 [a]

	元件	
	1	2
推理	.446	.714
實作	.744	.470
物理	.844	.372
閱讀	.752	-.391
寫作	.627	-.606
英文	.732	-.421

註：萃取方法：主成分分析。

a. 萃取了 2 個成份。

　　成份矩陣為未轉軸前的因素負荷量，因素負荷量為測量題項與萃取共同因素間的關聯程度，因素負荷量絕對值愈大，表示測量題項對因素負荷量的貢獻愈多。主成分分析法的因素稱為元件，主軸因子分析法的因素稱為因子，元件或因子即為萃取的共同因素。

指標變項	因素一 因素負荷量	因素二 因素負荷量		因素一 因素負荷量平方	因素二 因素負荷量平方	共同性
推理	0.446	0.714		0.199	0.510	0.709
實作	0.744	0.470		0.554	0.221	0.774
物理	0.844	0.372		0.712	0.138	0.851
閱讀	0.752	-0.391		0.566	0.153	0.718
寫作	0.627	-0.606		0.393	0.367	0.760
英文	0.732	-0.421		0.536	0.177	0.713
			特徵值	2.959	1.566	4.526
			解釋變異 %	49.3	26.1	75.4

轉軸後的成份矩陣 ᵃ

	元件	
	1	2
推理	-.145	.829
實作	.240	.847
物理	.379	.840
閱讀	.820	.211
寫作	.871	-.032
英文	.826	.175

註：萃取方法：主成分分析。
旋轉方法：含 Kaiser 常態化的 Varimax 法。
a. 轉軸收斂於 3 個疊代。

　　「轉軸後的成份矩陣」表轉轉後的因素負荷量，元件 1 為萃取的第一個共同因素、元件 2 為萃取的第二個共同因素，第一個因素包含「閱讀」、「寫作」、「英文」三個指標題項，此共同因素可以命名為「語文能力」，第二個因素包含「推理」、「實作」、「物理」三個指標題項，此共同因素可以命名為「數理能力」。因素負荷量的判斷準則通常選取絕對值大於 .45 者 (解釋變異量大於20%)，如果某個指標題項在二個因素的因素負荷量絕對值均高於 .45，則此指標題項具有跨因素效度，表示此指標題項可以同時反映二個不同的潛在構念，這個題項可以保留也可以刪除，如果因素中包含的指標題項較多，則此種題項可以刪除；相對的，若是因素中包含的指標題項較少，則此類型題項可以保留。轉軸前與轉軸後的總特徵值不變 (萃取共同因素的累積解釋變異量不變)，每個指標變項 (題項) 可以解釋萃取因子 (元件) 的總變異量也沒有改變，即指標變項 (題項) 共同性數值不會變更。

指標變項	元件 1 轉軸後因素負荷量	元件 2 轉軸後因素負荷量	元件 1 轉軸後因素負荷量平方	元件 2 轉軸後因素負荷量平方	共同性
推理	-0.145	0.829	0.021	0.687	0.708
實作	0.240	0.847	0.058	0.717	0.775
物理	0.379	0.840	0.144	0.706	0.849
閱讀	0.820	0.211	0.672	0.045	0.717
寫作	0.871	-0.032	0.759	0.001	0.760
英文	0.826	0.175	0.682	0.031	0.713
特徵值			2.336	2.186	4.522
解釋變異 %			38.9	36.4	75.4

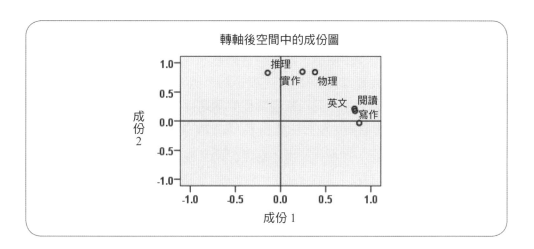

轉軸後空間中的成份圖

轉軸後空間中的成份圖可以呈現指標題項在各成份的歸類情形，在成份 1 有較高分數者為英文、閱讀、寫作三個變數，在成份 2 有較高分數者為推理、實作、物理三個變數，六個變數明確的反映二個不同的成份 (因素)。

下列輸出表格為採用「主軸因子」萃取法，因素轉軸採用斜交轉軸法之「直接斜交法」的結果，主軸因子萃取法萃取的共同因素稱為「因子」。

共同性

	初始	萃取
推理	.441	.395
實作	.656	.685
物理	.743	.912
閱讀	.497	.595
寫作	.528	.625
英文	.534	.596

註：萃取法：主軸因子萃取法。

　　採用主軸因子萃取共同因素時，各測量題項初始的共同性不為 1，而是以某個指標題項為依變項，以其它指標題項為自變項進行迴歸分析時的 R 平方值，表中「推理」指標變數初始的共同性等於 .441，數值為以實作、物理、閱讀、寫作、英文為自變項，而以推理為依變項進行複迴歸時所得的多元相關係數平方值，「實作」指標變數初始的共同性等於 .656，數值為以推理、物理、閱讀、寫作、英文為自變項，而以推理為依變項進行複迴歸時所得的多元相關係數平方值 (見下表複迴歸之模式摘要表)。「萃取」欄統計量數為因素萃取後的共同性，推理、實作、物理、閱讀、寫作、英文六個指標變項的最後的共同性分別為 .395、.685、.912、.595、.625、.596，推理指標變項的共同性低於臨界值 .500。

模式摘要 (依變項為推理)

模式	R	R 平方	調過後的 R 平方	估計的標準誤
1	.664[a]	.441	.242	1.544

a. 預測變數：(常數)，英文，實作，寫作，閱讀，物理。

　　以「推理」指標變項為依變項，而以其餘指標變項 (英文、實作、寫作、閱讀、物理) 為預測變項的複迴歸分析，R^2 值為 .441，此數值為「推理」指標變項初始的共同性。

模式摘要 (依變項為實作)

模式	R	R 平方	調過後的 R 平方	估計的標準誤
1	.810[a]	.656	.532	1.747

a. 預測變數：(常數)，英文，推理，物理，閱讀，寫作。

以「實作」指標變項為依變項，而以其餘指標變項 (英文、推理、寫作、閱讀、物理) 為預測變項的複迴歸分析，R^2 值為 .656，此數值為「實作」指標變項初始的共同性。

解說總變異量

因子	初始特徵值			平方和負荷量萃取			轉軸平方和負荷量[a]
	總數	變異數的 %	累積 %	總數	變異數的 %	累積 %	總數
1	2.958	49.304	49.304	2.646	44.096	44.096	2.136
2	1.566	26.096	75.399	1.162	19.371	63.468	2.066
3	.627	10.453	85.852				
4	.407	6.777	92.629				
5	.283	4.715	97.343				
6	.159	2.657	100.000				

註：萃取法：主軸因子萃取法。
a. 當因子產生相關時，無法加入平方和負荷量 以取得總變異數。

採用主軸因子萃取法萃取六個主成份因子的特徵值分別為 2.958、1.566、.627、.407、.283、.159，特徵值大於 1 的因子有二個，這二個因子為保留的因素，餘四個特徵值小於 1 的因子被捨棄，二個特徵值大於 1 因素的特徵值與解釋變異量的資訊被保留於中間「平方和負荷量萃取」欄，「總數」、「變異數的 %」、「累積 %」三直行表示的萃取保留因素的特徵值、個別解釋的變異量及累積的解釋變異量。

因子矩陣[a]

	因子	
	1	2
推理	.385	-.497
實作	.714	-.419
物理	.875	-.383
閱讀	.679	.365
寫作	.574	.544
英文	.658	.404

註：萃取方法：主軸因子。
a. 萃取了 2 個因子。需要 13 個疊代。

　　因子矩陣為未轉軸前各題項的因素負荷量，採用主軸因子萃取共同因素時，若未經過因子轉軸，則大多數的測量題項在因子 1 都有較高因素負荷量，此時，題項與因子間關係的判別較不明確，也無法達到簡單結構的目標。採用主軸因子法萃取保留的共同因素顯示為「因子」，因子與題項構成的矩陣稱為「因子矩陣」；採用主成份分析法萃取保留的共同因素顯示為「元件」，元件與題項構成的矩陣稱為「成份矩陣」，「因子矩陣」或「成份矩陣」中的數值均為因素負荷量。

樣式矩陣 [a]

	因子	
	1	**2**
推理	-.153	-.652
實作	.123	-.787
物理	.257	-.854
閱讀	.736	-.106
寫作	.812	.109
英文	.754	-.060

註：萃取方法：主軸因子。
旋轉方法：含 Kaiser 常態化的 Oblimin 法。。
a. 轉軸收斂於 6 個疊代。

　　採用斜交轉軸會增列二個轉軸後矩陣，一為樣式矩陣 (或稱組型矩陣)、二為結構矩陣，樣式矩陣可以看出測量題項對各因子的貢獻度或重要性，以「寫作」指標變項為例，在因子 1 的加權係數值為 .812、在因子 2 的加權係數值為 .109，「寫作」指標變項對因子 1 有較高的貢獻度。

結構矩陣

	因子	
	1	**2**
推理	.020	-.611
實作	.333	-.819
物理	.485	-.922
閱讀	.764	-.302
寫作	.783	-.108
英文	.770	-.261

註：萃取方法：主軸因子。
旋轉方法：含 Kaiser 常態化的 Oblimin 法。

　　結構矩陣類以直交轉軸程序中轉軸後的因素負荷量 (指標題項與因素間的簡單相關)，從結構矩陣中可以看出，因素 1 包含閱讀、寫作、英文三個指標變數，因素 2 包含推理、實作、物理三個指標變數。因素組型矩陣中的負荷量可以進行指標題項對每個因素獨特貢獻的比較，因素結構矩陣表示指標題項與因素間的簡單相關，矩陣中的負荷量數據除包括指標變項與因素間獨特變異量外，也包括因素間相關變異量，由於結構矩陣負荷量也包括因素間的相關，因而其數值通常會膨脹，也較難區別個別指標對每個因素獨特的貢獻，研究者最好以組型矩陣 / 樣式矩陣 (pattern matrix) 負荷量作為最後因素分析的表格的解釋 (Hair Jr. et al., 2010, p.119)。但完整因素分析表格最好同時呈現樣式矩陣與結構矩陣，因為有些學者認為結構矩陣也可作為因素轉軸後矩陣 (吳明隆，民 98)。

　　組型矩陣與結構矩陣中組型矩陣負荷量及結構矩陣負荷量平方值總和的差異比較如下，從表中可以看出，指標題項於結構矩陣中的共同性數值較大，其中物理顯性變項的共同性大於 1.000，此數值包括物理變項對二個因素構念的解釋變異量外，也包括二個因素間的相關資料。

組型矩陣	萃取的因子				
變項	因素 1 負荷量	因素 2 負荷量	因素 1 負荷量平方	因素 2 負荷量平方	共同性
推理	-0.153	-0.652	0.023	0.425	0.449
實作	0.123	-0.787	0.015	0.619	0.634
物理	0.257	-0.854	0.066	0.729	0.795
閱讀	0.736	-0.106	0.542	0.011	0.553
寫作	0.812	0.109	0.659	0.012	0.671
英文	0.754	-0.060	0.569	0.004	0.572

組型矩陣	萃取的因子				
變項	因素 1 負荷量	因素 2 負荷量	因素 1 負荷量平方	因素 2 負荷量平方	共同性
推理	0.020	-0.611	0.000	0.373	0.374
實作	0.333	-0.819	0.111	0.671	0.782
物理	0.485	-0.922	0.235	0.850	1.085
閱讀	0.764	-0.302	0.584	0.091	0.675
寫作	0.783	-0.108	0.613	0.012	0.625
英文	0.770	-0.261	0.593	0.068	0.661

六個指標變項間探索性因素分析與驗證性因素分析圖示如下：

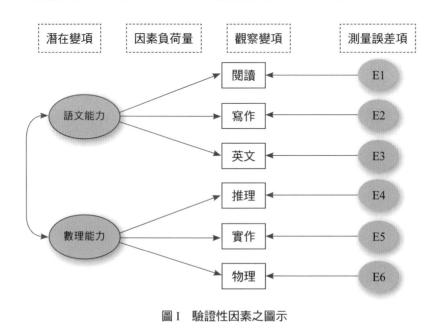

圖 I　驗證性因素之圖示

驗證性因素分析的初始模型圖中，每個指標變項 (觀察變項) 均只反映一個

潛在變項 (共同因素)，初始模型通常沒有跨因素效度的題項或指標變項。

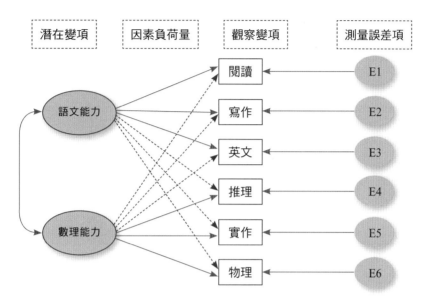

圖 II　探索性因素之斜交轉軸法圖示

斜交轉軸模型假定中，二個因素構念「語文能力」、「數理能力」間有相關，潛在因素構念變項間以雙箭號連接。

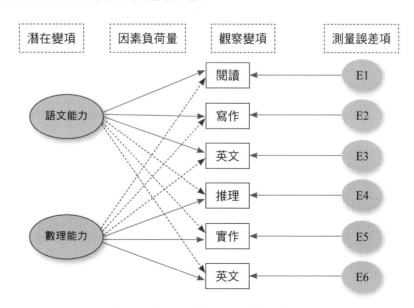

圖 III　探索性因素之直交轉軸法圖示

　　直交轉軸模型假定中，二個因素構念「語文能力」、「數理能力」間沒有相關，潛在因素構念變項間沒有以雙箭號連接。

　　探索性因素分析的程序中，每個指標變項 (觀察變項) 會反映至每個潛在變項 (共同因素)，指標變項與每個共同因素間經轉軸後，成份矩陣或因子矩陣會變為簡單因素結構，多數指標變項在某一個共同因素上會有較高的因素負荷量，在其餘共同因素的因素負荷量會很低，表示指標變項只反映某一個潛在構念或心理特質。

第二節　因素分析操作與結果解析

壹、操作說明

　　下面因素分析的操作說明以「工作倦怠感」量表為例，量表共有 18 個題項，採用李克特四點量表型態，進行項目分析後，18 個題項均保留，因而量表因素分析程序中 18 個測量指標變項均納入分析標的變數 (因為項目分析程序中反向題已經反向計分，因而因素分析程序不用再將反向題反向計分，工作倦怠感量表的操作型定義為受試者得分愈高，感受的工作倦怠感程度愈大；相對的，得分愈低，感受的工作倦怠感程度愈少)。

	從未如此	很少如此	有時如此	經常如此	變數名稱
	1	2	3	4	
1. 對工作感覺到有挫折感。	☐	☐	☐	☐	A1
2. 覺得自己不被了解。	☐	☐	☐	☐	A2
3. 我的工作讓我情緒疲憊。	☐	☐	☐	☐	A3
4. 我覺得我過度努力工作。	☐	☐	☐	☐	A4
5. 面對工作時，有力不從心的感覺。	☐	☐	☐	☐	A5
6. 覺得自己推行工作的方式不適當。	☐	☐	☐	☐	A6
7. 想暫時休息一陣子或另調其它職務。	☐	☐	☐	☐	A7
8. 只要努力就能得到好的結果。	☐	☐	☐	☐	A8
9. 我能肯定這份工作的價值。	☐	☐	☐	☐	A9

10. 認為這是一份相當有意義的工作。	☐	☐	☐	☐	A10
11. 我可以由工作中獲得心理上的滿足。	☐	☐	☐	☐	A11
12. 我有自己的工作目標和理想。	☐	☐	☐	☐	A12
13. 我在工作時精力充沛。	☐	☐	☐	☐	A13
14. 我能夠冷靜的處理情緒上的問題。	☐	☐	☐	☐	A14
15. 從事這份工作後，我覺得對人變得更冷淡。	☐	☐	☐	☐	A15
16. 對某些同事所發生的事我並不關心。	☐	☐	☐	☐	A16
17. 同事將他們遭遇到的問題歸咎於我。	☐	☐	☐	☐	A17
18. 我擔心這份工作會使我逐漸失去耐性。	☐	☐	☐	☐	A18

資料來源：王瑞安 (民 87)

【操作 1】

　執 行 功 能 表 列「 分 析 (A)」(Analyze)/ 「 維 度 縮 減 (D)」(Dimension Reduction)/ 「 因 子 (F)」(Factor) 程序，開啟「因子分析」(Factor Analysis) 對話視窗。

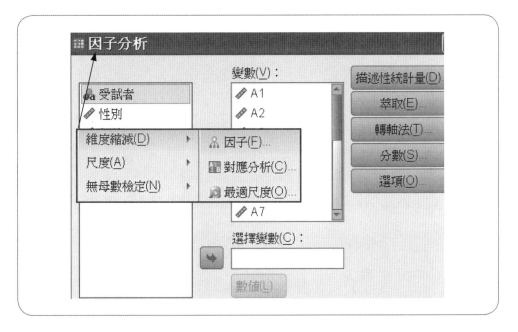

　於「因子分析」主對話視窗，將左邊變數清單中的標的變數 A1 至 A18 題選入右邊「變數 (V)」(Variables) 下的空盒中。

　其中五個按鈕內的圖示意義如下：

(一) 『描述性統計量 (D)』(Descriptives) 按鈕，可以開啟「因子分析：描述性統計量」(Factor Analysis: Descriptives) 次對話視窗，此對話視窗可界定因素分析時要輸出的各種統計量。

1. 「統計量」(Statistics) 選項方盒

(1) 「□ 單變量描述性統計量 (U)」(Univariate descriptives)：印出每一題項的平均數、標準差。

(2) 「□ 未轉軸之統計量 (I)」(Initial solution)：印出因素分析未轉軸前之共同性 (communality)、特徵值 (eigenvalues)、變異數百分比及累積百分比。

2. 「相關矩陣」(Correlation Matrix) 選項方盒

(1) 「□ 係數 (C)」(Coefficients)：印出題項的相關矩陣。

(2) 「□ 顯著水準 (S)」(Significance levels)：求出前述相關矩陣的顯著水準。

(3) 「□ 行列式 (D)」(Determinant)：求出前述相關矩陣的行列式值。

(4) 「□ KMO 與 Bartlett 的 球 形 檢 定 (K)」(KMO and Bartlett's test of sphericity)：印出 KMO 抽樣適當性參數與 Bartlett's 的球形檢定，此選項在考驗變項間是否有共同因素存在。

(5) 「□ 倒數模式 (N)」(Inverse)：求出相關矩陣的反矩陣。

(6) 「□ 重製的 (R)」(Reproduced)：印出再製相關矩陣，上三角形矩陣代表殘差值；而主對角線及下三角形代表相關係數。

(7) 「□ 反映像 (A)」(Anti-image)：求出反映象的共變數及相關矩陣。

在「因子分析：描述性統計量」次對話視窗中，勾選取「☑ 未轉軸之統計量(I)」、「☑ 反映像(A)」、「☑ KMO 與 Bartlett 的球形檢定(K)」等選項。

(二)『萃取 (E)』(Extraction) 按鈕，可開啟「因子分析：萃取」(Factor Analysis: Extraction) 次對話視窗，此對話視窗之功能在設定因素抽取的方法、依據及標準

1. 「方法 (M)」(Method) 選項方盒：下拉式選單內有七種抽取共同因素的方法

   (1) 「主成份」(Principal components) 法：主成份分析法抽取因素，此為 SPSS 內定方法 (例題中選取此項)。

   (2) 「未加權最小平方法」(Unweighted least squares)。

(3) 「概化最小平方法」(Generalized least square)。

(4) 「最大概似法」(Maximum likelihood)。

(5) 「主軸法」/「主軸因子法」(Principal-axis factoring)：以多元相關係數平方值為題項共同性的起始值，從相關矩陣中萃取因子，並以共同性替代法進行重複疊代運算，直到共同性變化值小於事前設定的收斂檢準值。

(6) 「Alpha 因素抽取法」(Alpha factoring)。

(7) 「映象因素抽取法」(Image factoring)。

　　上述萃取方法中較常使用者為「主成份」法與「主軸因子」法，多數情況下，二種方法萃取的因素與共同因素包含的題項差異不大，但嚴格來講，「主成份」法 (PCF) 是簡單的主成份分析法並非是因素分析法，相對的，主軸因子法 (PAF) 本身就隱含假定變項包含共同性與獨特性二個部份，共同性是因子 (共同因素) 可以解釋的變異部份，PAF 的目標首先是估計題項的共同性，再從題項的共同性與相關矩陣中合理地確認共同因素，因而以「主軸因子」法萃取因子的方法的程序就隱含一個潛在因素模型，較符合因素分析的原理，正因如此，多數研究者選擇採用「主軸因子」(PAF) 法來萃取共同因素 (Sharma, 1996, p.108)。

2. 「分析」(Analyze) 選項方盒

　　(1) 「⊙ 相關矩陣 (R)」(Correlation matrix)：以相關矩陣來抽取因素，此選項為內定方法，若以原始資料檔進行因素分析，此選項通常不用更改。

　　(2) 「○ 共變異數矩陣 (V)」(Covariance matrix)：以共變數矩陣來抽取因素。

3. 「顯示」(Display) 選項方盒

　　(1) 「□ 未旋轉因子解 (F)」(Unrotated factor solution)：印出未轉軸時因素負荷量、特徵值及共同性。

　　(2) 「□ 陡坡圖 (S)」(Screet plot)：印出陡坡圖，協助共同因素個數的判別。

4.「萃取」(Extract) 選項方盒

(1)「⊙ 根據特徵值： 」(Based on Eigenvalue)：後面的空格內定為 1 (1 為內定選項)，表示因素抽取時，只保留特徵值大於 1 的共同因素，使用者可隨意輸入 0 至變項總數之間的值，此選項乃根據 Kaiser (1960) 的觀點，在決定共同因素時只保留特徵值大於 1 的因素，當研究者選取此選項時，「特徵值大於 (A)」提示語後面方格內「1」不要任意更改。

(2)「固定因子數目」(Fixed number of factors)；選取此項時，下面的空格內輸入限定之因素個數。

研究者如果要限定因素抽取的數目，應選取「⊙ 固定因子數目」選項，於「要萃取的因子 (T)」提示語後面輸入限定萃取因素的個數，如研究者原先在編製學習壓力量表時，參考相關文獻及經驗法則，劃分為四個學習壓力層面，在因素分析時也只想抽取四個因素，可利用此項功能，於「要萃取的因子 (T)」(Factor to extract) 提示語後面方格輸入「4」。

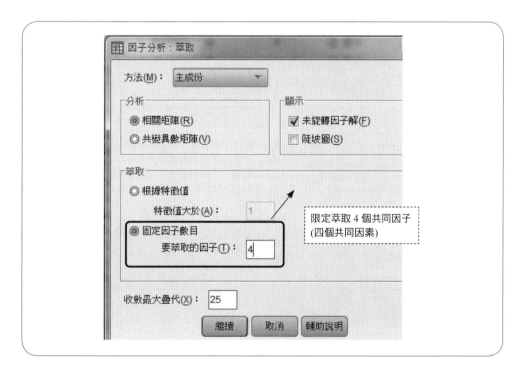

5. 「收斂最大疊代 (X)」(Maximum Iterations for Convergence)：界定因素抽取時疊代的次數 (疊代類似運算次數)，內設值為 25 次，研究者可將此數值調大一些。

> 「因子分析：萃取」次對話視窗中，抽取因素方法選取內定「主成份」法，「分析」方盒選取內定選項「⊙ 相關矩陣 (R)」，「顯示」方盒勾選「☑ 未旋轉因子解 (F)」、「☑ 陡坡圖 (S)」等項，抽取因素時限定在特徵值大於 1 者，在「萃取」方盒中選取「⊙ 根據特徵值」選項，「特徵值大於 (A)」提示語後面的空格內輸入 1 (1 為內定值，可以不用更改)。
>
> 註：範例中採用「主成份」法萃取因子或共同因素，在實際資料統計分析或研究中建議研究者多採用「主軸因子」法來萃取因子或共同因素。

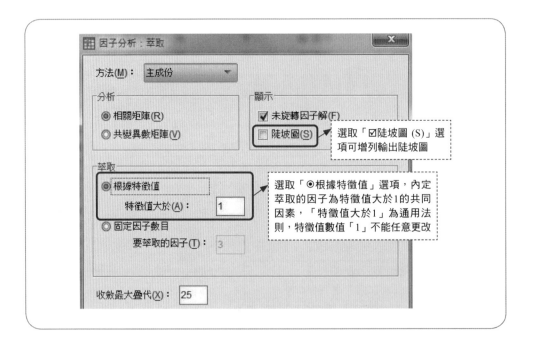

(三)『轉軸法』(Rotation) 按鈕，會出現「因子分析：轉軸法」(Factor Analysis: Rotation) 次對話視窗。次對話視窗在界定轉軸的方法及轉軸後之輸出結果

在因素抽取上，通常最初因素抽取後，對因素無法作有效的解釋，轉軸目的在於改變題項在各因素之負荷量的大小。轉軸時，根據題項與因素結構關係的密切程度，調整各因素負荷量的大小，轉軸後，大部份的題項在每個共同因素中有一個差異較大的的因素負苛量。轉軸後，每個共同因素的特徵值會改變，與轉軸前不一樣，但每個變項的共同性不會改變。常用的轉軸方法，有最大變異法 (Varimax)、四次方最大值法 (Quartimax)、相等最大值法 (Equamax)、直接斜交轉軸法 (Direct Oblimin)、Promax 轉軸法，其中前三者屬「直交轉軸」法 (orthogonal rotations)，在直交轉軸法中，因素 (成份) 與因素 (成份) 間沒有相關，亦即其相關為 0，因素軸間的夾角等於 90 度；而後二者（直接斜交轉軸、Promax 轉軸法）屬「斜交轉軸」(oblique rotations)，採用斜交轉軸法，表示因素與因素間彼此有某種程度的相關，亦即因素軸間的夾角不是 90 度。

1.「方法」(Method) 選項方盒內六種因素轉軸方法

    (1)「◉ 無 (N)」(None)：沒有進行轉軸程序 (此為內定值)。

    (2)「○ 最大變異法 (V)」(Varimax)：屬直交轉軸法之一。

    (3)「○ 四次方最大值法轉軸 (Q)」(Quartimax)：屬直交轉軸法之一。

    (4)「○ Equamax 轉軸法 (E)」(Equamax)：屬直交轉軸法之一。

    (5)「○ 直接斜交法 (O)」(Direct Oblimin)：屬斜交轉軸法之一，勾選此選項時內定的「Delta(D)」數值為 0。

    (6)「○ Promax(P)」(Promax 轉軸法)：屬斜交轉軸法之一，勾選此選項時內定的「Kappa 統計量數 (K)」數值為 4。

2.「顯示」(Display) 選項方盒

    (1)「□ 轉軸後的解 (R)」(Rotated solution)：印出轉軸後的相關資訊，正交轉軸印出因素組型 (pattern) 矩陣及因素轉換矩陣；斜交轉軸則印出因素組型矩陣 / 因素樣式矩陣 (factor pattern matrix)、因素結構矩陣 (factor structure matrix) 與因素相關矩陣。

    (2)「□ 因子負荷量 (L)」(Loading plots)：顯示前三個因子或共同因素與題

項關聯的散佈圖。

3. 「收斂最大疊代 (X)」(Maximum Iterations for Convergence)：轉軸時執行的疊代 (iterations) 最多次數，後面內定的數字 25 (演算法執行轉軸時，執行步驟的次數上限)。因素分析在進行轉軸運算時，如果研究者發現疊代次數設定 25 次時，無法呈現轉軸結果時，可將「收斂最大疊代」後面的數字改成比內定值 25 更大的數字，如將其設定為 50。

收斂最大疊代 (X)：　　50

在「因子分析：轉軸法」次對話視窗中，「方法」方盒選取「⊙ 最大變異法 (V)」選項，「顯示」方盒中勾選「☑ 轉軸後的解 (R)」選項。「☑ 轉軸後的解 (R)」選項一定要勾選，否則不會呈現轉軸後的相關資訊。

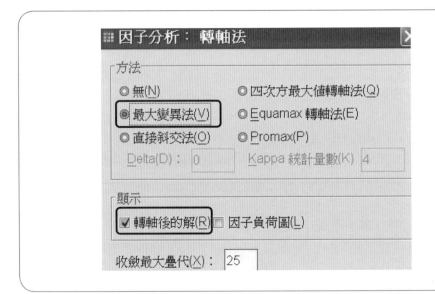

(四) 『分數』(Score) 按鈕，會出現「因子分析：產生因素分數」(Factor Analysis: Factor Scores) 次對話視窗。次對話視窗在界定計算與儲存因素分數的方法，以作為後續分析之用

1. 「□ 因素儲存成變數」(Save as variable) 方盒

　　勾選時可將新建立的因素分數儲存至資料檔中，並產生新的變數名稱 (內定為 fact_1、fact_2、fact_3、fact_4 等)。「方法」(Method) 方盒可點選計算因素分數的方法，方盒中有三種方法：

(1) 「⊙ 迴歸方法」(Regression)：使用迴歸法 (此為內定的方法)。

(2) 「O Bartlett 法 (B)」：使用 Bartlett 法，此法產生的因素分數之平均數為 0、且獨特因素之平方和為最小。

(3) 「O Anderson-Robin 因子分析估計法 (A)」：Anderson-Robin 法為 Bartlett 法的應用，產生的因素分數的變異數為 1、平均數為 0，且彼此間沒有相關。

2. 「□ 顯示因素分數係數矩陣 (D)」(Display factor score coefficient matrix) 選項：勾選時可印出因素分數係數相關矩陣及共變異數矩陣。

　　一般因素分析程序，通常可以不用開啟「因子分析：產生因素分數」次對話視窗。

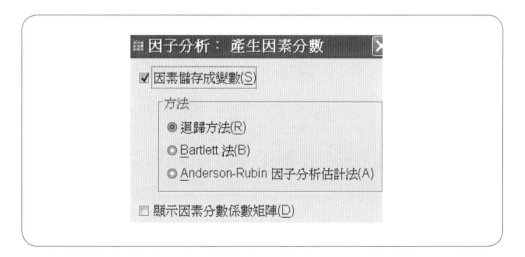

(五)『Options』(選 項) 按 鈕，會 出 現「因 子 分 析：選 項」(Factor Analysis: Options) 次對話視窗。此對話視窗在界定遺漏值的處理方式與因素負荷量的輸出方式

1. 「遺漏值」(Missing Values) 方盒選項：遺漏值的處理方式。

   (1) 「⊙ 完全排除遺漏值 (L)」(Exclude cases listwise)：觀察值在所有變數中沒有遺漏值值者才加以分析，此為內定選項。

   (2) 「○ 成對方式排除 (P)」(Exclude cases pairwise)：在成對相關分析中出現遺漏值的觀察值捨棄。

   (3) 「○ 用平均數置換 (R)」（Replace with mean）：以變數平均值取代遺漏值。

2. 「係數顯示格式」(Coefficient Display Format) 方盒選項：因素負荷量出現的格式。

   (1) 「□ 依據因素負荷量排序 (D)」(Sorted by size)：根據每一因素層面之因素負荷量的大小排序 (因素分析程序最好勾選此選項)。進行因素分析時，研究者最好將此選項勾選，如果沒有勾選此項，則轉軸後的因素矩陣會依據變項的順序排列，此時研究者在找尋因素所歸屬的題項較為困難，未來的報表也比較難整理。

   (2) 「□ 隱藏較小的係數」(Suppress small coefficients) 選項，「絕對值低於 (A)」(absolute values below) 提示語後面方格中內定的數值為 0.10，表示因素負荷量小於 .010 者不會被呈現出來，如果研究者只要呈現因素負荷量大於 .40 者，於「絕對值低於 (A)」後面方格中鍵入「.40」。

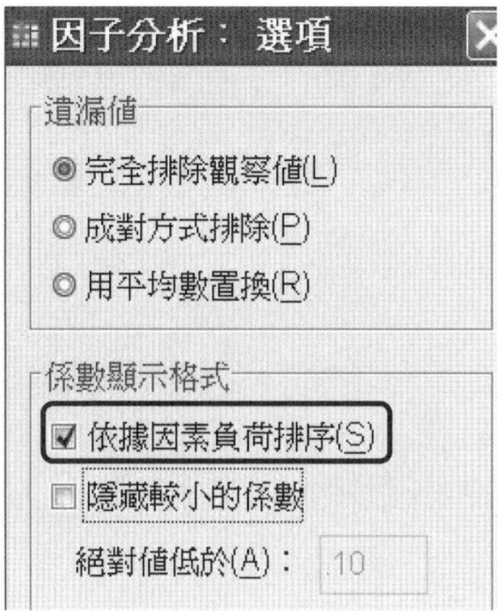

勾選「☑ 依據因素負荷排序 (S)」選項，萃取因子或元件會依因素負荷量的高低排序題項或指標變項，在判別共同因素包含那些題項時較為方便，因素分析程序中，建議研究者勾選「☑ 依據因素負荷排序 (S)」選項。

若是研究者要快速解讀轉軸後因素 (組型) 矩陣，可以將矩陣中題項在萃取因子或元件之因素負荷量小於 .40 或 .30 者先行隱藏，當矩陣中因素負荷量數值小於設定的指標值會直接以空格表示，範例圖示中為設定隱藏因素負荷量小於 .400 的細格數值。

在「因素分析：選項」次對話視窗中，選取「⊙ 完全排除觀察值 (L)」內定
選項、勾選「☑ 依據因素負荷排序 (S)」選項。

貳、報表說明

⊃ 一、第一次因素分析報表 (工作倦怠感 18 個題項) －直交轉軸

以下報表之因素分析轉軸方法乃採用直交轉軸之最大變異法 (Varimax)。

KMO 與 Bartlett 檢定

Kaiser-Meyer-Olkin 取樣適切性量數。		.841
Bartlett 的球形檢定	近似卡方分配	858.059
	df	153
	顯著性	.000

　　上表為 KMO 取樣適當性檢定及 Bartlett 球面性檢定結果。KMO 是 Kaiser-Meyer-Olkin 的取樣適當性量數 (其值介於 0 至 1 之間)，當 KMO 值愈大時 (愈接近 1 時)，表示變項間的共同因素愈多，愈適合進行因素分析，根據學者 Kaiser (1974) 觀點，如果 KMO 的值小於 0.5 時，較不宜進行因素分析，進行因素分析之普通的 (mediocre) 準則至少在 .60 以上，此處的 KMO 值為 .841，表示變項間有共同因素存在，變項適合進行因素分析。此外，從 Bartlett's 球形考驗的 值為 858.059 (自由度為 153) 達顯著水準 (顯著性 p<.001)，可拒絕虛無假設，即拒絕變項間的淨相關矩陣不是單元矩陣的假設，代表母群體的相關矩陣間有共同因素存在，適合進行因素分析。

反映像矩陣 (I)

		A1	A2	A3	A4	A5	A6	A7	A8	A9
反映像共變數	A1	.332	-.079	-.096	-.108	-.076	.024	-.038	.028	-.036
	A2	-.079	.394	-.084	-.058	-.033	.039	.060	-.053	-.098
	A3	-.096	-.084	.381	-.019	-.086	-.048	.029	-.035	-.011
	A4	-.108	-.058	-.019	.371	-.068	-.060	-.016	-.007	.134
	A5	-.076	-.033	-.086	-.068	.330	-.054	.018	-.047	.019
	A6	.024	.039	-.048	-.060	-.054	.575	-.003	.009	-.080
	A7	-.038	.060	.029	-.016	.018	-.003	.304	-.175	-.081
	A8	.028	-.053	-.035	-.007	-.047	.009	-.175	.262	-.013
	A9	-.036	-.098	-.011	.134	.019	-.080	-.081	-.013	.485
反映像相關	A1	.891[a]	-.218	-.269	-.308	-.228	.055	-.119	.096	-.090
	A2	-.218	.880[a]	-.216	-.153	-.092	.082	.174	-.166	-.225
	A3	-.269	-.216	.912[a]	-.051	-.243	-.103	.086	-.111	-.025
	A4	-.308	-.153	-.051	.807[a]	-.195	-.131	-.046	-.021	.315
	A5	-.228	-.092	-.243	-.195	.922[a]	-.124	.058	-.161	.048
	A6	.055	.082	-.103	-.131	-.124	.832[a]	-.007	.024	-.151
	A7	-.119	.174	.086	-.046	.058	-.007	.820[a]	-.622	-.212
	A8	.096	-.166	-.111	-.021	-.161	.024	-.622	.855[a]	-.037
	A9	-.090	-.225	-.025	.315	.048	-.151	-.212	-.037	.792[a]

反映像矩陣 (II)

		A10	A11	A12	A13	A14	A15	A16	A17	A18
反映像共變數	A10	.399	-.177	-.106	-.017	-.134	-.057	.106	-.059	-.009
	A11	-.177	.487	.002	.004	.114	-.012	-.083	.022	-.020
	A12	-.106	.002	.701	-.007	.018	-.040	-.128	.098	.038
	A13	-.017	.004	-.007	.457	.012	-.106	-.167	.007	.066
	A14	-.134	.114	.018	.012	.716	-.135	-.067	-.035	.028
	A15	-.057	-.012	-.040	-.106	-.135	.677	-.021	.004	.024
	A16	.106	-.083	-.128	-.167	-.067	-.021	.359	-.193	-.113
	A17	-.059	.022	.098	.007	-.035	.004	-.193	.565	-.038
	A18	-.009	-.020	.038	.066	.028	.024	-.113	-.038	.626

		A10	A11	A12	A13	A14	A15	A16	A17	A18
反映像相關	A10	.814[a]	-.402	-.200	-.039	-.251	-.110	.280	-.125	-.017
	A11	-.402	.786[a]	.004	.009	.193	-.021	-.198	.042	-.036
	A12	-.200	.004	.737[a]	-.013	.026	-.058	-.255	.156	.058
	A13	-.039	.009	-.013	.820[a]	.020	-.191	-.412	.013	.123
	A14	-.251	.193	.026	.020	.738[a]	-.195	-.132	-.055	.042
	A15	-.110	-.021	-.058	-.191	-.195	.905[a]	-.042	.006	.037
	A16	.280	-.198	-.255	-.412	-.132	-.042	.768[a]	-.429	-.238
	A17	-.125	.042	.156	.013	-.055	.006	-.429	.798[a]	-.064
	A18	-.017	-.036	.058	.123	.042	.037	-.238	-.064	.907[a]

　　上表為反映像矩陣 (Anti-image Matrices)，表的上半部為反映像共變數矩陣 (Anti-image Covariance)，下半部為反映像相關係數矩陣 (Anti-image Correlation)。反映像相關矩陣的對角線數值代表每一個變項「取樣適當性量數」(Measures of Sampling Adequacy；簡稱 MSA)，「取樣適當性量數」數值大小的右邊會加註「(a)」的標示。MSA 值類似 KMO 值，KMO 值愈接近 1，表示整體資料 (整個量表) 愈適合進行因素分析，而個別題項的 MSA 值愈接近 1，則表示此個別題項愈適合投入於因素分析程序中，因而研究者可先由 KMO 值來判別量表是否適合進行因素分析，次則判別個別題項的 MSA 值，以初步決定那些變項不適合投入因素分析程序中。一般而言，如果個別題項的 MSA 值小於 0.50，表示該題項 (變項) 不適合進行因素分析，在進行因素分析時可考慮將之刪除。上述表格中，十八個題項 (指標變項) 的 MSA 值介於 .737 至 .922 間，表示題項變數都適合進行因素分析。

共同性

	初始	萃取
A1	1.000	.762
A2	1.000	.685
A3	1.000	.706
A4	1.000	.695
A5	1.000	.770
A6	1.000	.691
A7	1.000	.747

	初始	萃取
A8	1.000	.785
A9	1.000	.570
A10	1.000	.712
A11	1.000	.673
A12	1.000	.437
A13	1.000	.828
A14	1.000	.612
A15	1.000	.521
A16	1.000	.784
A17	1.000	.724
A18	1.000	.521

註：萃取法：主成份分析。

　　上表為每個變項的初始 (initial) 共同性以及以主成份分析法 (principal component analysis) 抽取主成份後的共同性 (最後的共同性)。共同性愈低，表示該變項不適合投入主成份分析之中；共同性愈高，表示該變項與其他變項可測量的共同特質愈多。亦即該變項愈有影響力，採用主成份分析法抽取共同因素時，初步的共同性估計值均為 1 (初始欄的數值)、「萃取」欄的數值為轉軸後各測量題項的共同性，共同性為題項在各萃取因素之因素負荷量平方和，數值愈大表示測量題項對共同因素的貢獻度愈多；相對的，數值愈小表示測量題項對共同因素的貢獻度愈少，1 減共同性數值為獨特性 (題項無法解釋潛在因素構念的變異部份)。

解說總變異量

元件	初始特徵值			平方和負荷量萃取			轉軸平方和負荷量		
	總數	變異數的 %	累積 %	總數	變異數的 %	累積 %	總數	變異數的 %	累積 %
1	6.589	36.608	36.608	6.589	36.608	36.608	3.881	21.563	21.563
2	2.284	12.691	49.299	2.284	12.691	49.299	3.226	17.921	39.483
3	1.261	7.003	56.303	1.261	7.003	56.303	1.794	9.966	49.450
4	1.084	6.019	62.322	1.084	6.019	62.322	1.662	9.233	58.683
5	1.006	5.587	67.909	1.006	5.587	67.909	1.661	9.226	67.909
6	.882	4.902	72.811						
7	.805	4.470	77.281						
8	.666	3.701	80.982						
9	.620	3.442	84.424						
10	.511	2.841	87.266						
11	.463	2.574	89.840						
12	.353	1.961	91.801						
13	.334	1.857	93.657						
14	.304	1.686	95.344						
15	.271	1.506	96.850						
16	.230	1.277	98.127						
17	.182	1.008	99.135						
18	.156	.865	100.000						

註：萃取法：主成份分析。

上表為採用主成份分析法抽取主成份的結果。「總數」(total) 直行的數字為每一主成份的特徵值，特徵值愈大表示該主成份在解釋 18 個變項的變異量時愈重要；第二直行「變異數的 %」(% of Variance) 為每一個抽取因素可解釋變項的變異量；第三直行「累積 %」(Cumulative %) 為共同因素解釋變項變異量的累積百分比。在上述整體解釋變異量的報表中共分三大部份：「初始特徵值」(Initial Eigenvalues)(初步抽取共同因素的結果)、「平方和負荷量萃取」(Extraction Sums of Squared Loadings)(轉軸前的特徵值、解釋變異量及累積解釋變異量，此部份只保留特徵值大於 1 的因素)、「轉軸平方和負荷量」(Rotation Sums of Squared Loadings) (轉軸後的特徵值、解釋變異量及累積解釋變異量)。「初始特徵值」項中左邊十八個成份因素的特徵值 (總數直行) 總和等於 18 (18 即為題項個數)。解釋變異量為特徵值除以題項數，如第一個特徵值的解釋變異量為

6.589÷18 ＝ 36.608%；第二個特徵值的解釋變異量為 2.284÷18=12.691%。

　　把左邊 18 個成份之特徵值大於一者列於中間，即是平方和負荷量萃取 (Extraction Sums of Squared Loadings) 項的資料。因 SPSS 內設值是以特徵值大於一以上的主成份，作為共同因素保留的準則，上表中特徵值大於一者共有五個，這也是因素分析時所抽出之共同因素個數。由於特徵值是由大至小排列，所以第一個共同因素的解釋變異量通常是最大者，其次是第二個，再來是第三個，……，五個共同因素共可解釋 67.909% 的變異量。

　　最後一大項「轉軸平方和負荷量」(Rotation Sums of Squared Loadings) 為採用最大變異法之直交轉軸後的數據。轉軸後各共同因素之特徵值會改變，與轉軸前不同，轉軸前五個共同因素的特徵值分別為 8.145、2.728、1.300、1.262、1.066，特徵值總和為 14.501；轉軸後五個共同因素的特徵值分別為 5.113、3.917、2.035、1.728、1.707，特徵值總和為 14.500，因而轉軸後個別共同因素的特徵值會改變，但所有共同因素的總特徵值不變；此外，每個題項之共同性也不會改變，但每個題項在每個共同因素之因素負荷量會改變。轉軸後，被所有共同因素解釋的總變異量不變 (特徵值總和不變)。範例中，轉軸前五個共同因素可以解釋的總變異量為 65.913%，轉軸後五個共同因素可以解釋的總變異量亦為 65.913%。

　　SPSS 內設保留特徵值大於 1 以上的因素作為最後的共同因素，因此工作倦怠感量表中保留五個因素。

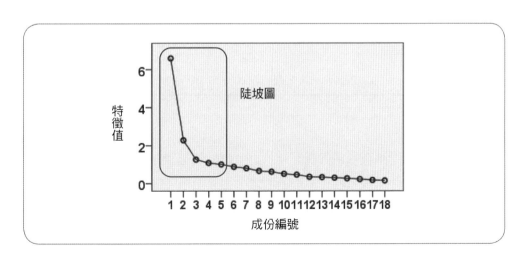

上圖為陡坡圖考驗的結果，陡坡圖係將每一主成份的特徵值由高至低依序排序所繪製而成的一條坡線，圖中的橫座標是因素數目、縱座圖是特徵值。從圖中可以看出從第五個因素以後，坡度線甚為平坦，表示無特殊因素值得抽取，因而以保留四至五個因素較為適宜，陡坡圖考驗可以協助研究者決定萃取因素要保留的因素數目。

成份矩陣 [a]

	元件				
	1	**2**	**3**	**4**	**5**
A5	.770	-.338	-.051	.242	-.018
A8	.748	.318	-.347	-.043	-.039
A1	.708	-.456	-.153	.171	-.021
A3	.699	-.426	-.119	.134	-.062
A16	.665	-.065	.369	-.450	.001
A2	.665	-.452	-.189	.057	.012
A7	.651	.467	-.296	-.068	-.117
A4	.630	-.456	-.168	.034	.244
A13	.599	.148	.437	-.139	-.487
A18	.580	-.174	-.132	-.359	.092
A10	.575	.569	-.099	.203	.085
A9	.543	.501	-.083	.131	-.006
A15	.522	-.082	.431	.215	.103
A12	.382	.290	.307	.277	.189
A11	.491	.554	-.220	-.156	.228
A14	.382	.131	.447	.310	.391
A17	.540	-.055	.211	-.552	.281
A6	.568	.041	.120	.099	-.585

註：萃取方法：主成分分析。
a. 萃取了 5 個成份。

上表為 18 個指標題項在五個因素上之未轉軸的因素矩陣 (即因素負荷量矩陣)，第一列「元件」表示的是萃取的因素，由成份矩陣中，可以計算每一變項的共同性，每個因素 (主成份) 的特徵值及再製相關矩陣，因素負荷量可以視為各測量題項與潛在因素構念間的相關，因素負荷量絕對值愈大，表示測量題項與因素間的關係愈密切。測量題項共同性為每個變項在各主成份上的負荷量的平方

加總，如第 5 題 (A5) 的共同性等於 = $(.770)^2 + (-.338)^2 + (-.051)^2 + (.242)^2 + (-.018)^2$ = 770。

特徵值是將所有變項在某一因素 (元件) 上的因素負荷量的平方相加而得，如：轉軸前因素一 (元件 1) 的特徵值 $6.589 = .770^2 + .748^2 + .708^2 + \cdots\cdots + .540^2 + .568^2$。

轉軸後的成份矩陣 [a]

	元件				
	1	**2**	**3**	**4**	**5**
A1	.841	.103	.092	.158	.106
A2	.797	.100	.171	.102	.028
A3	.794	.102	.116	.205	.095
A5	.788	.176	.076	.224	.248
A4	.776	.081	.248	-.099	.122
A7	.184	.801	.134	.231	-.017
A8	.370	.771	.165	.165	.000
A11	-.005	.766	.262	-.079	.109
A10	.077	.763	-.015	.117	.331
A9	.076	.684	.019	.186	.247
A17	.198	.152	.799	.024	.147
A16	.246	.125	.727	.364	.216
A18	.448	.231	.507	.052	-.081
A13	.094	.194	.311	.799	.215
A6	.297	.240	-.011	.737	.048
A14	.106	.119	.103	-.024	.758
A12	.030	.286	.022	.105	.585
A15	.305	.026	.165	.247	.582

註：萃取方法：主成分分析。
旋轉方法：含 Kaiser 常態化的 Varimax 法。
a. 轉軸收斂於 6 個疊代。

上表為轉軸後的因素矩陣，採用最大變異法 (Varimax) 進行直交轉軸，轉軸時採用內定之 Kaiser 常態化方式處理，轉軸時共需要進行六次疊代 (iterations) 換算。題項在其所屬之因素層面順序，乃按照因素負荷量的高低排列，轉軸主要目的，在於重新安排測量題項在每個共同因素的因素負荷量，轉軸後，使原先轉軸前較大因素負荷量變得更大，而使轉軸前較小的因素負荷量變得更小，如此測量

題項的歸類較為簡易明確；轉軸後，題項在每個共同因素之因素負荷量的平方總和不變 (題項的共同性在轉軸前後均一樣)。由於是直交轉軸，故表中係數可視為變項與因素之相關係數矩陣，即因素結構矩陣，轉軸後的因素矩陣是由未轉軸的因素矩陣乘以因素轉換矩陣而來。測量題項歸屬元件 (因素) 的判別以因素負荷量最大者為優先考量，以第 1 題 (A1) 為例，測量題項變數在五個元件 (因素) 的因素負荷量分別為 .841、.103、.092、.158、.106，測量題項變數在元件 1 (因素一) 的因素負荷量最大，表示 A1 題項變數可以解釋元件 1 (因素一) 的變異量最多，因而 A1 題項變數歸類於元件 1 (因素一)；再以第 18 題 (A18) 為例，測量題項變數在五個元件 (因素) 的因素負荷量分別為 .448、.231、.507、.052、-.081，測量題項變數在元件 3 (因素三) 的因素負荷量最大，表示 A18 題項變數可以解釋元件 3 (因素三) 的變異量最多，因而 A18 題項變數歸類於元件 3 (因素三)，但 A18 題項變數在元件 1 (因素一) 的因素負荷量也很高，其數值為 .448，A18 題項變數可以解釋元件 1 (因素一) 的變異量為 20.07%，因而將 A18 題項變數歸類於元件 1 (因素一) 也可以，此種測量題項同時在二個元件 (因素) 有較高的因素負荷量，表示此種測量題項具跨因素構念效度。

萃取的五個因素 (元件) 包含的題項 (指標變項) 如下：

元件 1 (因素一)：題項 A1、A2、A3、A5、A4 等五題。

元件 2 (因素二)：題項 A7、A8、A11、A10、A9 等五題。

元件 3 (因素三)：題項 A17、A16、A18 等三題。

元件 4 (因素四)：題項 A13、A6 等二題。

元件 5 (因素五)：題項 A14、A12、A15 等三題。

成份轉換矩陣

元件	1	2	3	4	5
1	.641	.516	.355	.330	.295
2	-.657	.729	-.076	.071	.162
3	-.319	-.446	.292	.397	.676
4	.234	.015	-.841	-.009	.488
5	.043	.053	.275	-.853	.437

註：萃取方法：主成分分析。

旋轉方法：含 Kaiser 常態化的 Varimax 法。

　　上表為成份 (因素) 轉換矩陣，利用轉軸前的因素矩陣乘以此處的因素轉換矩陣可得轉軸後的因素矩陣。

　　範例中第一次因素分析時，特徵值大於一的因素共有五個，第四個因素只包含題項 A13、A6 等二題，層面所涵蓋的題項內容太少 (一般而言，因素構念包含的題項數最少要有三題，即反映潛在因素構念的指標變項數最少準則數要大於 3 題以上)。若是研究者要再進行刪除題題程序，刪題時要以非歸屬於原先因子之因素負荷量較高的題項為優先考量，因為因素負荷量愈高，表示題項與因素間關係愈密切，將此種題項刪除後，此一因素構念中的其餘題項可能會移至別的因素構念中，題項 A13、A6 的因素負荷量分別為 .799、.737，以上述原則，將題項 A13 優先刪除。因為這是一個探索性的因素分析程序，題項刪除後的量表整個因素結構會隨之改變，因而須再進行一次因素分析，以求得量表的建構效度，第二次因素分析時，所包括的題項為篩選後的 17 題 (不包括第 13 題)，第二次因素分析操作方式與前述操作步驟相同，只是選取的變項只有 17 題 (A13 題未被選取)。

　　下表為「因子分析：選項」次對話視窗中設定係數顯示格式，勾選「☑ 隱藏較小的係數」選項，將絕對值低於 .400 者的細格隱藏。題項在各元件 (因子) 的因素負荷量絕對值若小於 .400，其因素負荷量不會呈現，而以空白表示。

轉軸後的成份矩陣 [a]

	元件				
	1	2	3	4	5
A1	.841				
A2	.797				
A3	.794				
A5	.788				
A4	.776				
A7		.801			
A8		.771			
A11		.766			
A10		.763			
A9		.684			
A17			.799		
A16			.727		
A18	.448		.507		→ 跨因素效度的題項
A13				.799	
A6				.737	
A14					.758
A12					.585
A15					.582

　　從上表中很容易發現：第 18 題 (A18) 在元件 1 (因素 1) 與元件 3 (因素 3)
均有較高的因素負荷量，因素負荷量的數值分別為 .448、.507，表示第 18 題
(A18) 具有跨因素效度，此種題項是否刪除由研究者自行決定。此外，依據因素
負荷量絕對值最大值歸類準則，第 18 題 (A18) 應歸於元件 3 (因素 3)，但若是
要歸於元件 1 (因素 1) 也可以。

⮕ 二、第一次因素分析報表 (工作倦怠感 18 個題項)──斜交轉軸

　　以下報表之因素分析轉軸方法乃採用直接斜交轉軸法 (Direct Obimin)。斜交轉軸法與直交轉軸法的基本假定不同，斜交轉軸假定因素之間有相關，其夾角不等於直角。斜交轉軸的報表與直交轉軸的報表中，除轉軸後的矩陣與直交轉軸不同外，其餘量數大都一樣，主要的差別在於斜交轉軸時會產生組型矩陣或稱樣式矩陣 (pattern matrix) 與結構矩陣 (structure matrix)。斜交轉軸法轉軸後的特徵值與直交轉軸法的個別特徵值也不相同，範例結果為勾選「◉ 直接斜交法 (O)」選項輸出結果，「Delta(D)」的數值採用內定值 0。

解說總變異量

因子	初始特徵值			平方和負荷量萃取			轉軸平方和負荷量 [a]
	總數	變異數的 %	累積 %	總數	變異數的 %	累積 %	總數
1	6.589	36.608	36.608	6.589	36.608	36.608	4.946
2	2.284	12.691	49.299	2.284	12.691	49.299	4.177
3	1.261	7.003	56.303	1.261	7.003	56.303	2.270
4	1.084	6.019	62.322	1.084	6.019	62.322	2.971
5	1.006	5.587	67.909	1.006	5.587	67.909	2.735
6	.882	4.902	72.811				
7	.805	4.470	77.281				
8	.666	3.701	80.982				
9	.620	3.442	84.424				
10	.511	2.841	87.266				
11	.463	2.574	89.840				
12	.353	1.961	91.801				
13	.334	1.857	93.657				
14	.304	1.686	95.344				
15	.271	1.506	96.850				
16	.230	1.277	98.127				
17	.182	1.008	99.135				
18	.156	.865	100.000				

註：萃取法：主成份分析。
a. 當成份產生相關時，無法加入平方和負荷量 以取得總變異數。

　　上表為「解說總變異量」摘要表，特徵值大於 1 的因素共有五個，「平方和負荷量萃取」欄保留五個特徵值大於 1 的元件，未轉軸前五個元件 (因素) 的特徵值分別為 6.589、2.284、1.261、1.084、1.006，五個元件 (因素) 可以解釋量表所有題項總變異的比值分別為 36.608%、12.691%、7.003%、6.019%、5.587%，累積解釋變異量為 67.909，轉軸後五個元件 (因素) 的特徵值分別為 4.946、4.177、2.270、2.971、2.735，由於轉軸後元件 (因素) 間有某程度相關，元件 (因素) 個別解釋變異量會重疊，特徵值總和會大於轉軸前元件 (因素) 特徵值總和，因而採用斜交轉軸法時，一般不呈現個別元件 (共同因素) 轉軸後的解釋變異量。

樣式矩陣 [a]

	元件				
	1	2	3	4	5
A1	.863	.000	.028	.041	-.058
A2	.809	.010	-.049	-.054	-.006
A3	.799	-.003	.013	.008	-.114
A4	.798	-.001	.067	-.143	.214
A5	.787	.060	.167	.062	-.120
A7	.070	.804	-.141	-.036	-.160
A11	-.118	.794	.028	-.207	.161
A8	.278	.759	-.128	-.046	-.070
A10	-.006	.758	.251	.115	-.032
A9	-.015	.672	.163	.068	-.118
A14	.059	.022	.769	-.063	.102
A12	-.033	.219	.568	.027	-.045
A15	.236	-.113	.553	-.111	-.185
A17	.020	.053	.080	-.818	.042
A16	.036	-.025	.123	-.729	-.318
A18	.355	.168	-.169	-.462	.022
A13	-.112	.044	.106	-.289	-.807
A6	.192	.134	-.063	.090	-.736

註：萃取方法：主成分分析。
旋轉方法：含 Kaiser 常態化的 Oblimin 法。
a. 轉軸收斂於 7 個疊代。

上表為樣式矩陣（或稱組型矩陣），組型矩陣可反映變項在成份間相對的重要性，如變項 A1 在元件 1（因素一）比 A2、A3、A4、A5 等四個變項有較重要的影響力，即變項 A1 對元件 1（因素一）有較重要的貢獻度，樣式矩陣中數值也作為題項之因素負荷量的統計量數。

結構矩陣

	元件				
	1	2	3	4	5
A1	.870	.233	.188	-.298	-.320
A5	.844	.321	.339	-.295	-.402
A3	.833	.234	.179	-.314	-.358
A2	.825	.219	.107	-.354	-.253
A4	.798	.199	.183	-.418	-.067
A7	.313	.837	.123	-.273	-.374
A8	.488	.828	.143	-.337	-.340
A10	.199	.802	.438	-.123	-.274
A11	.118	.780	.212	-.343	-.059
A9	.196	.725	.352	-.144	-.321
A14	.194	.227	.772	-.195	-.104
A12	.127	.364	.625	-.114	-.216
A15	.404	.171	.624	-.289	-.368
A17	.343	.277	.217	-.844	-.133
A16	.422	.290	.308	-.808	-.471
A18	.535	.327	.006	-.608	-.172
A13	.272	.336	.323	-.409	-.857
A6	.404	.343	.156	-.129	-.801

註：萃取方法：主成分分析。
旋轉方法：含 Kaiser 常態化的 Oblimin 法。

上表為結構矩陣，此矩陣的意義與直交轉軸法中轉軸後的成份矩陣 (Rotated Component Matrix) 相似。其中的因素負荷量可反映變項與成份間之關係，由於在「因素分析：選項」(Factor Analysis: Options) 次對話視窗中，「係數顯示格式」(Coefficient Display Format) 方盒勾選「☑ 依據因素負荷排序 (S)」(Sorted by size)，因而每個成份所包含的題項會依據因素負荷量絕對值大小加以排序。

元件 1 (因素一)：題項 A1、A5、A3、A2、A4 等五題。

元件 2 (因素二)：題項 A7、A8、A10、A11、A9 等五題。

元件 3 (因素三)：題項 A14、A12、A15 等三題。

元件 4 (因素四)：題項 A17、A16、A18 等三題。

元件 5 (因素五)：題項 A13、A6 等二題。

　　上述所抽取的因素與其所包含的題項與直交轉軸法一樣，元件 5（因素五）只包含二個題項：A13、A6 等二題。

● 三、第二次因素分析結果

　　第二次因分素分析程序，於「因子分析」主對話視窗中，將指標題項 A13 從「變數 (V)」方盒中移除，進行因素分析的題項共有十七題。

共同性

	初始	萃取
A1	1.000	.759
A2	1.000	.678
A3	1.000	.707
A4	1.000	.616
A5	1.000	.768
A6	1.000	.353
A7	1.000	.745
A8	1.000	.784
A9	1.000	.574
A10	1.000	.704
A11	1.000	.626
A12	1.000	.437
A14	1.000	.579
A15	1.000	.515
A16	1.000	.701
A17	1.000	.735
A18	1.000	.522

萃取法：主成份分析。

　　上表為各題項的共同性，即各題項的變異量被共同因素解釋的比例，題項的共同性值愈大，表示該題項反映潛在因素構念的程度愈多，獨特性（誤差項）相對的愈小。其中共同性數值低於 .500 者有題項 A6（數值為 .353)、題項 A12（數值為 .437)。

解說總變異量

元件	初始特徵值			平方和負荷量萃取			轉軸平方和負荷量		
	總數	變異數的 %	累積 %	總數	變異數的 %	累積 %	總數	變異數的 %	累積 %
1	6.270	36.880	36.880	6.270	36.880	36.880	3.994	23.492	23.492
2	2.269	13.346	50.226	2.269	13.346	50.226	3.296	19.390	42.882
3	1.188	6.986	57.213	1.188	6.986	57.213	1.833	10.780	53.662
4	1.078	6.340	63.553	1.078	6.340	63.553	1.682	9.892	63.554
5	.883	5.191	68.745						
6	.805	4.737	73.482						
7	.773	4.545	78.027						
8	.638	3.754	81.781						
9	.598	3.520	85.301						
10	.511	3.006	88.307						
11	.446	2.624	90.931						
12	.351	2.064	92.994						
13	.305	1.795	94.790						
14	.286	1.681	96.470						
15	.262	1.544	98.014						
16	.182	1.069	99.083						
17	.156	.917	100.000						

註：萃取法：主成份分析。

上表中「初始特徵值」(Initial Eigenvalues) 欄為十七個元件未轉轉前的特徵值(總數直行數值)，十七元件(成份)中特徵值大於1有四個，此四個元件(成份)會被保留，作為萃取的因素；中間欄「平方和負荷量萃取」(Extraction Sums of Squared Loadings」) 只呈現特徵值大於1的因素，在萃取十七個特徵值中，數值大於1的共同因素有四個，其特徵值分別為 6.270、2.269、1.188、1.078，個別的解釋變異量分別為 36.880%、13.346%、6.986%、6.340%，四個共同因素累積解釋變異量為 63.553%；右邊項「轉軸平方和負荷量」(Rotation Sums of Squared Loadings) 為直交轉軸後的特徵值，四個特徵值分別為 3.994、3.296、1.833、1.682，四個共同因素累積解釋變異量為 63.554%。

轉軸後的成份矩陣 ᵃ

	元件			
	1	**2**	**3**	**4**
A1	.849	.108	.124	.104
A3	.812	.117	.148	.108
A5	.808	.191	.109	.259
A2	.792	.096	.203	.018
A4	.722	.041	.293	.083
A6	.439	.355	-.011	.185
A7	.213	.824	.148	.001
A8	.378	.777	.191	.003
A10	.083	.766	.004	.332
A11	-.044	.736	.277	.072
A9	.097	.701	.035	.267
A17	.162	.137	.817	.153
A16	.290	.169	.721	.263
A18	.423	.221	.538	-.073
A14	.080	.100	.119	.741
A15	.338	.054	.172	.607
A12	.038	.293	.030	.590

註：萃取方法：主成分分析。
旋轉方法：含 Kaiser 常態化的 Varimax 法。
a. 轉軸收斂於 5 個疊代。

　　上表為轉軸後的成份矩陣，矩陣中的數值為直交轉軸後的因素負荷量，題項在四個因素中均有一個因素負荷量，其中因素負荷量絕對值最大者，表示題項與元件分享的變異程度愈多，該題項歸屬於與其關係最密切的因素之中。如題項 A1 在四個共同因素之因素負荷量分別為 .849、.108、.124、.104，題項 A1 與共同因素一的分享的變異程度最大，因而歸類於共同因素一。四個共同因素包含的題項如下：

　　元件 1（因素一）：題項 A1、A3、A5、A2、A4、A6 等六題。

　　元件 2（因素二）：題項 A7、A8、A10、A11、A9 等五題。

　　元件 3（因素三）：題項 A17、A16、A18 等三題。

　　元件 4（因素四）：題項 A14、A15、A12 等三題。

在第一次因素分析結果中，題項 A6 與題項 A13 單獨歸屬於同一元件 (因素)，第二次因素分析程序中，把題項 A13 從因素分析程序移除後，題項 A6 就移至元件 1 (因素一) 中，之所以會有此種情形發生，乃是原先題項 A6 與題項 A13 的關係最為密切，當研究者把題項 A13 移除後，題項 A6 會重新找尋與其關係較為密切的題項組 (元件 1 中的題項)。

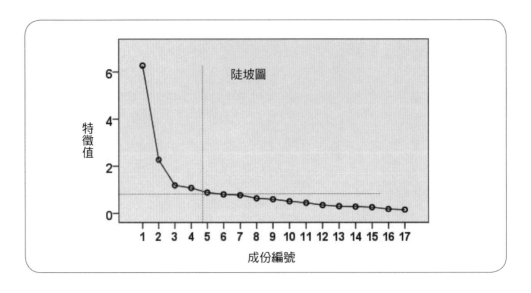

陡坡圖考驗結果以保留四至五個因素較為適宜。

參、結果說明

在不限定因素層面下，第二次因素分析與第一次因素分析結果甚為接近。以主成份分析法並配合最大變異法 (Varimax) 進行正交轉軸 (orthogonal rotation)，特徵值大於一的因素共有四個。四個因素的特徵值分別為 4.970、3.917、2.078、1.748，其解釋變異量分別 24.850%、19.583%、10.388%、8.742%，累積的解釋變異量為 63.563%。

工作倦怠量表因素分析摘要表，研究者必須根據因素構念所涵括的題項內容，將因素加以合理性命名。

○ 表 X　「工作倦怠感」量表因素分析結果摘要表

題項	因素 1	因素 2	因素 3	因素 4	共同性
A1	.849	.108	.124	.104	.759
A3	.812	.117	.148	.108	.707
A5	.808	.191	.109	.259	.768
A2	.792	.096	.203	.018	.678
A4	.722	.041	.293	.083	.616
A6	.439	.355	-.011	.185	.353
A7	.213	.824	.148	.001	.745
A8	.378	.777	.191	.003	.784
A10	.083	.766	.004	.332	.704
A11	-.044	.736	.277	.072	.626
A9	.097	.701	.035	.267	.574
A17	.162	.137	.817	.153	.735
Λ16	.290	.169	.721	.263	.701
A18	.423	.221	.538	-.073	.522
A14	.080	.100	.119	.741	.579
A15	.338	.054	.172	.607	.515
A12	.038	.293	.030	.590	.437
特徵值	3.994	3.296	1.833	1.682	
解釋變異量 %	23.492	19.390	10.780	9.892	
累積解釋變異量 %	23.492	42.882	53.662	63.553	

註：採用主成份法萃取共同因素，以最大變異法進行直交轉軸。

　　因素分析摘要表為讓讀者得知指標題項與各共同因素的關聯情形，研究者應把指標題項在各共同因素的因素負荷量全部列出，否則呈現的共同性與特徵值是沒有實值意義的，不適切與不完整的因素分析表格如：

【不適切與不完整的因素分析表格】

● **表 X** 工作倦怠感量表因素分析結果摘要表

題項	因素 1	因素 2	因素 3	因素 4	共同性
A1	.849				.759
A3	.812				.707
A5	.808				.768
A2	.792				.678
A4	.722				.616
A6	.439				.353
A7		.824			.745
A8		.777			.784
A10		.766			.704
A11		.736			.626
A9		.701			.574
A17			.817		.735
A16			.721		.701
A18			.538		.522
A14				.741	.579
A15				.607	.515
A12				.590	.437
特徵值	3.994	3.296	1.833	1.682	
解釋變異量 %	23.492	19.390	10.780	9.892	
累積解釋變異量 %	23.492	42.882	53.662	63.553	

註：採用主成份分析法萃取共同因素，以最大變異法進行直交轉軸。

第三節 信度分析

在因素分析完後，為進一步了解問卷的可靠性與有效性，要做信度考驗。較高的信度 (reliability) 與效度值是一份適切的量表或優良的測驗所要具備的二大特徵。信度的最基本的測量模式如下：1 =（信度）+（誤差）。因而信度的涵義是經由多次複本測驗測量所得結果的一致性 (consistency) 或穩定性 (stability) (Anastasi, 1988)，或估計測量誤差有多少，以反映出真實量數 (true measure) 程度的一種指標 (Gulliksen, 1987)。當測驗分數中測量誤差所佔的比率降低時，真實

特質所佔的比率就相對提高，如此，信度值就提高。在一般施測情境下，常見的信度係數值多半介於 0 到 1 之間 (余民寧，民 91)。當信度係數值愈接近 1，表示量表或測驗的信度愈高；當度係數值愈接近 0，表示信度愈低。

　　在李克特態度量表法中常用的信度考驗方法為「Cronbach α」係數及「折半信度」(Split-half reliability)。如果一個量表的信度愈高，代表量表愈穩定 (stability)。以「再測信度」(test-retest reliability) 而言，其代表的是受試者在不同時間得分的一致性 (consistence)，因而又稱「穩定係數」(coefficient of stability)。所謂內部一致性信度 (internal-consistency reliability)，係單獨根據一次施測結果即逕行估計量表或測驗的信度係數，此係數稱作「內部一致性信度係數」(internal-consistency reliability coefficient)，或簡稱為「內部一致性信度」，屬於內部一致性信度係數的信度估計如：折半信度、K-R 信度 (庫李信度)、Cronbach α 係數等。因素分析完後每個構念層面的內在信度 α 係數通常會較總量表之信度值低，內在信度最常使用的方法是 Cronbach's alpha 係數。

　　庫李信度特別適用於二元化計分 (dichotomously scoring) 方法的試題分析，二元化計分方法即是對錯的測驗上，答對得 1 分，答錯得 0 分，在教育測驗與評量上即所謂的是非題。估計庫李信度的公式有二個：庫李 20 號公式 (Kuder-Richardson formula 20；簡稱 KP_{20})、庫李 21 號公式 (Kuder-Richardson formula 21；簡稱 KP_{21})，當測驗中所有的試題難度指標都一樣，或平均難度接近 .50 時，根據 KP_{20} 公式或 KP_{21} 公式所估計出來的信度係數值都會相等，但是，當測驗中所有試題難度指標值極不相同時，根據 KP_{20} 公式或 KP_{21} 公式所估計出來的信度係數值會差距很大；通常 KP_{21} 公式所推估出的信度係數值會比 KP_{20} 公式所推估出來的信度係數值為低 (Cronbach, 1990)。庫李信度只適用於對錯計分的測驗，對於調查研究中普遍採用的李克特題型 (Likert-type format) 以測量當事者的態度、人格、心理或興趣等特質，則不宜使用庫李信度以推估量表的信度，因李克特量表多數採用四點至六點量表作答，此時估計量表信度係數最適宜的方法為克朗巴赫 (Cronbach, 1951) 所提出的 α 係數。目前在 SPSS 統計軟體中，將量表的 α 係數作為信度估計模式的內定選項，因而在行為科學研究中，α 係數的使用率甚為普遍。

　　信度有「外在信度」(external reliability) 與「內在信度」(internal reliability) 二大類。外在信度通常指不同時間測量時，量表一致性的程度，再測信度即是外

在信度最常使用的考驗法。在「多選項量表」(multipleitem scales) 中，內在信度特別重要，所謂內在信度指的是每一個量表是否測量單一概念 (idea)，同時，組成量表題項的內在一致性程度如何。如果內在信度 α 係數在 .80 以上 (Bryman & Cramer, 1997)，表示量表有高的信度；而學者 Carmines 與 Zeller (1979) 也認為：一份優良的教育測驗，其信度係數值至少在 .80 以上，才比較具有實用的價值性。

根據學者 Gay (1992) 觀點，任何測驗或量表的信度係數如果在 .90 以上，表示測驗或量表的信度甚佳。在社會科學領域中，可接受的最小信度係數值為何，是多數研究者最為關注的，不過，此一方面學者間看法也未盡一致，有些學者則定在 .80 以上，如學者 Gay (1992) 等人即是，而有些學者則認為在 .70 以上是可接受的最小信度值，如學者 DeVellis (1991)、Nunnally (1978) 等人。如果研究者編製之研究工具的信度過低如在 .60 以下，應以重新修訂研究工具或重新編製較為適宜。綜合多數學者觀點，量表信度檢驗時，若採用內部一致性 α 係數，總量表的信度係數值大於 .800 以上，表示量表信度良好，總量表的信度係數值大於 .700 以上，表示量表信度尚可；向度或構面的信度係數值大於 .700 以上，表示量表信度良好，向度或構面的信度係數值大於 .600 以上，表示量表信度尚可，向度或構面的內部一致性 α 係數值低於 .600，或總量表的信度係數值低於 .700，表示構面或量表的信度不佳，若是時間許可，應該重新編修量表，包括增列題項或題項內容詞句的修改，之後再重新進行預試。

此外，在研究者呈現的統計資料中，不應只是呈現信度係數值的大小，還應該說明此測驗或量表適用的群體，以提供有價值而可比對的資訊，供未來測驗發展者或其它研究者繼續研究發展的參考。如果一個測驗或量表，包含了數個小測驗或構念層面，則每個小量表或或構念層面的信度也要考驗，不能只呈現總量表的信度係數。因為信度是測驗題項數的函數，子測驗或構念層面所涵括的題項數較少，因而多數子測驗或構念層面的信度係數值，通常會低於總測驗或總量表的信度係數值；但如果子測驗或構念層面間的差異性太大，亦即總量表的同質性不高，則構念層面的信度係數反而高於總量表的信度，但此種情形較少發生，在研究報告中出現的機率也較小。

在信度係數的接受度上面，因素層面的 Cronbach α 係數最好在 .70 以上，如果是在 .60 以上勉強也可以接受。而總量表的 α 係數最好在 .80 以上，如果在 .90

以上則信度更佳。在信度係數解釋時，要注意以下幾個原則：一為團體變異影響信度係數的大小，異質團體比同質團體產生較高的係數；二為計分的信度限制測驗的信度，如果測驗的計分不可信，會造成誤差進而限制測驗的信度，測驗的信度不可能比計分的信度高，此點在說明量化資料計分可信度的重要；三為在其它因素相等下，測驗題目愈多，測驗的信度愈高，因為試題數會增加分數的潛在變異，即團體變異將會增加；此外，如果測驗增加試題，將更能包含所測屬性的樣本；四為如果測驗太簡單或太難，信度傾向降低 (Kubiszyn & Borich, 1996；陳李綢校訂，民 89)。

內部一致性 α 係數求法公式為：

$\alpha = (\frac{k}{k-1})(1-\frac{\Sigma S_k^2}{S^2})$，其中 k 為測量題項數 S_k^2 為所有受試者在每一個題項的變異數，S^2 為每位受試者在量表總得分變項的變異數。

受試者	題項1	題項2	題項3	題項4	總分
S1	4	5	4	2	15
S2	2	4	1	3	10
S3	4	4	4	3	15
S4	1	2	1	1	5
S5	4	4	4	5	17

敘述統計						
題項	個數	最小值	最大值	平均數	標準差	變異數
題項 1	5	1	4	3.00	1.41	2.00
題項 2	5	2	5	3.80	1.10	1.20
題項 3	5	1	4	2.80	1.64	2.70
題項 4	5	1	5	2.80	1.48	2.20
						8.10
總分	5	5	17	12.40	4.88	23.80

$$\alpha = (\frac{k}{k-1})(1-\frac{\Sigma S_k^2}{S^2}) = (\frac{4}{4-1})(1-\frac{8.10}{23.80}) = 1.333 \times 0.660 = .880$$

可靠性統計量

Cronbach's Alpha 值	以標準化項目為準的 Cronbach's Alpha 值	項目的個數
.880	.886	4

以「SPSS」統計軟體求出的 Cronbach's Alpha 值為 .880，「項目的個數」欄為題項的個數，納入分析的測量題項共有 4 題。

在「工作倦怠感量表」的因素分析中，共抽取四個共同因素，四個因素層面所包括的題項分別為：

1. 元件 1 (因素一)：包括題項 A1、A3、A5、A2、A4、A6 等六題。
2. 元件 2 (因素二)：包括題項 A7、A8、A10、A11、A9 等五題。
3. 元件 3 (因素三)：包括題項 A17、A16、A18 等三題。
4. 元件 4 (因素四)：包括題項 A14、A15、A12 等三題。

進一步的信度考驗，要求出四個因素層面的內部一致性 α 係數及整體工作倦怠感的信度係數。

壹、操作說明

求出各因素層面及總量表的內部一致性係數。

【操作 1】

執行功能表列「分析 (A)」/「尺度 (A)」(Scale)/「信度分析 (R)」(Reliability Analysis) 程序，開啟「信度分析」(Reliability Analysis) 主對話視窗。

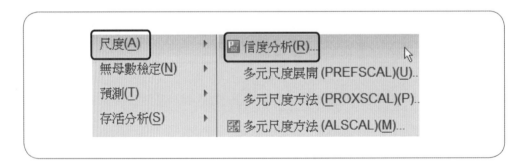

【操作 2】

　　將第一個層面因素的題項選入右邊「項目 (I)」(Items) 下的方盒內，例題中第一個層面的題項為 A1、A2、A3、A4、A5、A6。

　　在「模式 (M)」(Mode) 右邊下拉式選單中選取「Alpha 值」(內部一致性 α 係數考驗)(如要求出其折半效度係數則選取「折半信度」選項)。

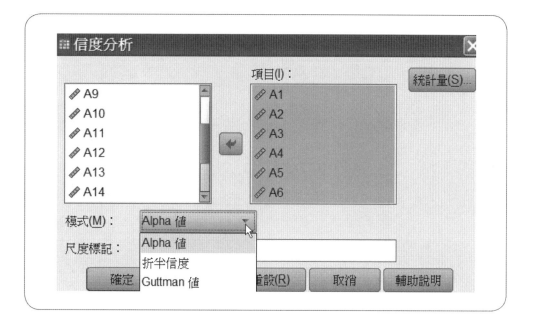

　　「信度分析」(Reliability Analysis) 主對話視窗中，左下方「模式 (M)」右側下拉式選單共有五種信度考驗的方法：「Alpha 值」(Cronbach α 係數，如果是二分資料，此係數相當於 KR20 係數)、「折半信度」(Split-half)、「Guttman值」(Guttman 最低下限真實信度法，信度係數從 lambda1 到 lambda6)、「平行模式檢定」(Parallel)、「嚴密平行模式檢定」(Strict parallel)(嚴密平行模式檢定信度係數，表示各題目平均數與變異數均同質時的最大概率信度)。

【操作 3】

　　按『統計量』(Statistics) 鈕，開啟「信度分析：統計量」(Reliability Analysis: Statistics) 次對話視窗。

　　在「敘述統計量對象」(Descriptives for) 方盒中選取「☑ 刪除項目後之量

尺摘要 (A)」(Scale if item deleted) 選項，「摘要」方盒中選取「☑ 相關 (R)」選項，按『繼續』鈕，回到「信度分析」對話視窗，按『確定』鈕。

「信度分析：統計量」(Reliability Analysis: Statistics) 次對話視窗中，有關的主要統計量數分別為：

1.「描述統計量對象」（Descriptives for）方盒

    (1)「□ 項目 (I)」(Item)：呈現各題項的描述統計量。

    (2)「□ 尺度 (S)」(Scale)：呈現量表題項加總後之描述統計量。

    (3)「□ 刪除項目後之量尺摘要 (A)」(Scale if item deleted)：呈現刪除某個題項後，其餘題項的描述性統計量與信度係數的變化。

2.「各分量表內項目之間」(Inter-Item) 方盒

    (1)「□ 相關矩陣 (R)」(Correlations)：呈現各題項間的相關係數矩陣，對角線數值為 1。

    (2)「□ 共變數矩陣 (E)」(Covariances)：呈現各題項間的變異數－共變數矩陣，對角線數值為題項的變異數。

3.「摘要」表方盒中的「□ 相關 (R)」選項

呈現配對題項相關係數的描述性統計量。

【操作 4】

開啟作用中的資料檔，重複前述步驟，回到「信度分析」對話視窗，此時右邊「項目 (I)」下方盒內保留剛才研究者選取的變項 A1 至 A6，將層面一的六個題項還原至左邊的空盒中：選取右邊「項目 (I)」下方盒內的所有變項，點選 ➡ 還原符號 (如要清除所有設定，按視窗中的『重設』鈕，可將所有設定還原)，再將第二個層面包含的題項 A7、A8、A9、A10、A11 等五個變項，選入右邊「項目 (I)」下方盒內，選取完後，按『確定』鈕，在結果視窗中會出現第二個因素層面的信度考驗表格。

在「信度分析」主對話視窗中，如按了『重設』鈕後，「模式 (M)」選單的方法要重新選取，「信度分析：統計量」次對話視窗中的選項也要重新選取。

貳、報表說明

⊃ 一、因素層面一的信度係數

可靠性統計量

Cronbach's Alpha 值	以標準化項目為準的 Cronbach's Alpha 值	項目的個數
.873	.874	6

向度一六個題項的內部一致性 α 係數為 .873，「項目的個數」為 6，表示有六個指標變項。

項目統計量

	平均數	標準離差	個數
A1	2.82	.783	100
A2	2.66	.781	100
A3	2.75	.809	100
A4	2.61	.777	100
A5	2.52	.915	100
A6	2.19	.825	100

「信度分析：統計量」次對話視窗中勾選「☑ 項目 (I)」選項，會增列輸出項目統計量摘要表，「項目」統計量指的是個別指標變項的相關統計量數，包括平均數、標準離差 (標準差)、有效樣本數。

項目間相關矩陣

	A1	A2	A3	A4	A5	A6
A1	1.000	.658	.694	.647	.695	.335
A2	.658	1.000	.647	.545	.617	.274
A3	.694	.647	1.000	.550	.682	.360
A4	.647	.545	.550	1.000	.615	.290
A5	.695	.617	.682	.615	1.000	.430
A6	.335	.274	.360	.290	.430	1.000

「信度分析：統計量」次對話視窗中勾選「☑ 相關 (R)」選項 (各分量表內項目之間方盒中的選項)，會增列輸出項目間相關矩陣表，表中的統計量數為積差相關係數，對角線的數值為變項與變項間的相關係數，對角線積差相關係數值均為 1。

項目間共變量矩陣

	A1	A2	A3	A4	A5	A6
A1	.614	.403	.439	.394	.499	.216
A2	.403	.611	.409	.331	.441	.176
A3	.439	.409	.654	.346	.505	.240
A4	.394	.331	.346	.604	.437	.186
A5	.499	.441	.505	.437	.838	.324
A6	.216	.176	.240	.186	.324	.681

「信度分析：統計量」次對話視窗中勾選「☑ 共變異數 (E)」選項，會增列輸出項目間共變異數矩陣表，表中非對角線的統計量數為題項變數間的共變異數，對角線的數值為變項的變異數 (標準差平方值)。

尺度統計量

平均數	變異數	標準離差	項目的個數
15.55	14.694	3.833	6

「信度分析：統計量」次對話視窗中勾選「☑ 尺度 (S)」選項，會增列項目加總後的統計量摘要表 (尺度統計量)，全部受試者在構面得分 (六個題項變數的加總) 的總平均數為 15.55、標準差為 3.833、變異數為 14.694。

摘要項目統計量

	平均數	最小值	最大值	範圍	最大值 / 最小值	變異數	項目的個數
項目間相關	.536	.274	.695	.422	2.541	.023	6

「信度分析：統計量」次對話視窗中勾選「摘要」方盒之「☑ 相關 (R)」選項，會增列輸出摘要項目統計量表，此表是以之前「項目間相關矩陣」摘要表中的相關係數為標的數值進行描述性統計量分析，配對題項相關係數 (共有 15 個相關係數) 的總平均數為 .536，最大的相關係數值為 .695、最小的相關係數值 .274，相關係數的全距 (範圍) 為 .422 (=.695-.274)，最大相關係數值與最小相關係數值的比值為 2.541，所有相關係數的變異數為 .023。

項目整體統計量

	項目刪除時的尺度平均數	項目刪除時的尺度變異數	修正的項目總相關	複相關平方	項目刪除時的 Cronbach`s Alpha 值
A1	12.73	10.179	.781	.642	.834
A2	12.89	10.564	.693	.527	.849
A3	12.80	10.162	.752	.595	.838
A4	12.94	10.703	.666	.481	.853
A5	13.03	9.444	.784	.620	.831
A6	13.36	11.728	.405	.194	.896

「信度分析：統計量」次對話視窗中勾選「敘述統計量對象」方盒之「☑ 刪除項目後之量尺摘要 (A)」選項，會增列輸出項目整體統計量摘要表，表中的數值共有六欄：

第一欄為因素層面的題項變數名稱。

第二直欄「項目刪除時的尺度平均數」(Scale Mean if Item Deleted) 為刪除該題項後構面的平均數，以第一題 (A1) 為例，刪除此題項項後，觀察值在剩下五個題項加總後的總平均數為 12.73。

第三直欄「項目刪除時的尺度變異數」(Scale Variance if Item Deleted) 為刪除該題項後構面的變異數，以第一題 (A1) 為例，刪除此題項項後，樣本在剩下五個題項加總後得分的變異數為 10.179。

第四直行「修正的項目總相關」(Corrected Item-Total Correlation) 為該題項與其餘五個題項加總後分數間的相關，如果此相關係數值太低，表示該題與其餘題項的同質性不高。

第五直欄「複相關平方」值為以該題為依變項，其餘題項為自變項進行迴歸分析所得出的多元相關係數平方值，複相關平方若是太低，表示該題與其餘題項反映的潛在特質相似度愈小。

第六直欄「項目刪除時的 Cronbach's Alpha 值」(Cronbach's Alpha if Item Deleted) 為刪除該題項後構面的 Alpha 係數改變情形，此數值如果與未刪除題項前的 α 係數差距較大，表示將此題刪除後，可提高量表的 Alpha 係數。以題項 1 而言，如果將 A1 變項刪除後，其餘五題的 Alpha 係數變為 .834，如果保留 A1 變項，構面一的 α 係數提高至 .873，表示題項 A1 不用刪除。以題項 A6 而言，刪除此題項後，構面一 (因素一 / 向度一) 的 α 係數會由 .873 變為 .896，如果研究者要考慮再刪除題項，構面一可優先考慮刪除題項 A6，但由於保留題項 A6 時，構面一的信度係數已高達 .873，表示構面一的內部一致性信度良好，此時研究者不用再提高信度係數值，而將題項 A6 刪除掉，除非題項數太多。

如果要求出構面一六個題項的折半信度係數 (split-half reliability coefficient)，於「信度分析」對話視窗中，「模式」(Model) 右邊的下拉式選單改選「折半信度」(Split-half) 選項即可。

　　因素層面一的折半信度係數如下：

可靠性統計量

Cronbach's Alpha 值	第 1 部分	數值	.857
		項目的個數	3[a]
	第 2 部分	數值	.708
		項目的個數	3[b]
	項目的總個數		6
形式間相關			.750
Spearman-Brown 係數	等長		.857
	不等長		.857
Guttman Split-Half 係數			.857

a. 項目為＼：A1, A2, A3。
b. 項目為＼：A4, A5, A6。

　　折半信度即單獨利用一次測驗結果，以隨機方式將分量表或測驗分成二半，求出這二半測驗結果的相關係數，此係數即稱為「折半相關」(split-half correlation)。折半相關又為「折半信度係數」或簡稱「折半信度」，折半信度愈高，表示兩半測驗或量表的內容一致性愈高，由於折半信度只是半份測驗的信度而已，它會低估原來試題長度的測驗信度，因而在求折半信度時必須使用斯布校

正公式 (Spearman-Brown formula)，將折半信度加以還原估計。上表中六個題項以順序分成二部份，第一部份包含 A1、A2、A3 三題；第二部份包含 A4、A5、A6 三題，兩半的題項數相等，第一部份三題的 Cronbach α 值為 .857；第二部份三題的 Cronbach α 值為 .708。兩個量表之間的相關為 .750、折半信度等長度 (兩半題項數相等) 之斯布校正信度值等於 .857、折半信度不等長度 (兩半題項數不相等) 之斯布校正信度值等於 .857，由於本因素層面中題數為偶數題，因而等長度 (Equal Length) 與不等長度 (Unequal Length) 之折半信度係數值會相等，若採用「Guttman Split-Half 係數」校正公式，構面一的折半信度係數值也為 .857。

⊃ 二、因素層面二的信度係數

可靠性統計量

Cronbach's Alpha 值	以標準化項目為準的 Cronbach's Alpha 值	項目的個數
.857	.861	5

因素構面二：A7、A8、A9、A10、A11 五個題項的內部一致性 α 信度係數為 .857。

摘要項目統計量

	平均數	最小值	最大值	範圍	最大值 / 最小值	變異數	項目的個數
項目間相關	.554	.462	.794	.332	1.717	.008	5

構面二配對題項十對相關係數統計量的最大值為 .794、最小值為 .462，相關係數總平均數為 .554，高於臨界指標值 .300。

項目整體統計量

	項目刪除時的尺度平均數	項目刪除時的尺度變異數	修正的項目總相關	複相關平方	項目刪除時的 Cronbach's Alpha 值
A7	6.85	5.624	.763	.663	.803
A8	6.61	5.553	.760	.664	.804
A9	6.84	6.358	.590	.351	.850
A10	6.91	6.467	.675	.480	.828
A11	7.27	7.250	.623	.415	.846

從複相關平方欄可以看出，R^2 值介於 .351 至 .664 之間，各題項的 R^2 均高於 .300，題項刪除後整體構面的內部一致性 α 係數值均較原先信度 .857 為低，表示構面二的信度佳。

⊃ 三、因素層面三的信度係數

可靠性統計量

Cronbach's Alpha 值	以標準化項目為準的 Cronbach's Alpha 值	項目的個數
.712	.712	3

因素構面三：A16、A17、A18 等三個題項的內部一致性 α 信度係數為 .712。

摘要項目統計量

	平均數	最小值	最大值	範圍	最大值 / 最小值	變異數	項目的個數
項目間相關	.452	.358	.553	.195	1.545	.008	3

構面三配對題項三對相關係數統計量的最大值為 .553、最小值為 .358，相關係數總平均數為 .452，高於臨界指標值 .300。

項目整體統計量

	項目刪除時的尺度平均數	項目刪除時的尺度變異數	修正的項目總相關	複相關平方	項目刪除時的 Cronbach's Alpha 值
A16	5.13	1.852	.603	.376	.527
A17	5.12	2.107	.537	.322	.615
A18	4.37	2.134	.457	.216	.711

從複相關平方欄可以看出，R^2 值介於 .216 至 .376 之間，有一個題項的 R^2 小於 .300，題項刪除後整體構面的內部一致性 α 係數值均較原先信度 .712 為低，表示構面三的信度尚可。

⊃ 四、因素層面四的信度係數

可靠性統計量

Cronbach's Alpha 值	以標準化項目為準的 Cronbach's Alpha 值	項目的個數
.500	.498	3

　　因素構面四：A12、A14、A15 等三個題項的內部一致性 α 信度係數為 .500，低於構面信度最低要求標準數 .600，表示第四個構面的信度欠理想。

摘要項目統計量

	平均數	最小值	最大值	範圍	最大值 / 最小值	變異數	項目的個數
項目間相關	.248	.198	.325	.127	1.640	.004	3

　　構面四配對題項三對相關係數統計量的最大值為 .325、最小值為 .198，相關係數總平均數為 .248，低於臨界指標值 .300，當摘要項目統計量表中的「平均數」欄的數值低於 .300，構面的信度係數值會較低。

項目整體統計量

	項目刪除時的尺度平均數	項目刪除時的尺度變異數	修正的項目總相關	複相關平方	項目刪除時的 Cronbach's Alpha 值
A12	4.15	1.159	.259	.067	.488
A14	3.72	1.012	.340	.122	.359
A15	3.87	.882	.355	.131	.330

　　上表中因素層面四的內部一致性 α 係數只有 .500，此層面的信度偏低，題項刪除後信度係數也降低。在信度係數值的指標方面，層面因素的 α 係數最好在 .60 以上，如果低於 .60，如果時間許可，研究者最好修改題項詞句內容或再增加題項數。

⊃ 五、整體工作倦怠感量表的信度係數

可靠性統計量

Cronbach's Alpha 值	以標準化項目為準的 Cronbach's Alpha 值	項目的個數
.891	.888	17

　　整體工作倦怠感量表十七個測量題項的內部一致性 α 信度係數為 .891，高於 .800（良好指標值），表示量表有良好的信度。

摘要項目統計量

	平均數	最小值	最大值	範圍	最大值 / 最小值	變異數	項目的個數
項目間相關	.318	.039	.794	.755	20.481	.023	17

　　量表配對題項相關係數統計量的最大值為 .794、最小值為 .039，相關係數總平均數為 .318，高於臨界指標值 .300。

項目整體統計量

	項目刪除時的尺度平均數	項目刪除時的尺度變異數	修正的項目總相關	複相關平方	項目刪除時的Cronbach's Alpha 值
A1	34.53	55.565	.644	.666	.881
A2	34.69	56.075	.600	.605	.883
A3	34.60	55.434	.632	.617	.881
A4	34.74	56.396	.574	.616	.884
A5	34.83	53.355	.711	.668	.878
A6	35.16	57.045	.480	.317	.887
A7	35.58	55.600	.582	.694	.883
A8	35.34	54.065	.694	.738	.879
A9	35.57	57.136	.482	.515	.887
A10	35.64	57.566	.519	.601	.886
A11	36.00	59.596	.441	.513	.888
A12	35.63	60.357	.329	.299	.891
A14	35.20	60.081	.333	.284	.891
A15	35.35	58.432	.450	.297	.888
A16	35.17	55.516	.583	.567	.883
A17	35.16	57.287	.477	.435	.887
A18	34.41	56.345	.520	.364	.886

　　題項刪除後，量表信度係數變化值均沒有突然變得很大的數值，表示所有測量題項反映的潛在心理特質同質性很高。

參、結果說明

　　由以上信度考驗報表，可以發現四個分量表的 Alpha 係數分別為 .873、.857、.712、.500，而總量表的 α 係數為 .891。以四個因素構面而言，除第四個因素構面信度係數低於 .600 外，餘三個因素構念的 α 係數均大於 .70 以上，此外，總量表的 α 係數為 .891，代表此量表的信度良好。

　　就工作倦怠感量表而言，如要提高第四個因素構面的信度，除對題項內容詞句修飾外，如時間許可研究者可再增列題項，再挑選新的受試者重新預試一次。如果時間不允許，在研究論文限制中，應加以說明，以作為未來進一步研究的參考。

○ **表 X　工作倦怠感信度檢定摘要表**

構面名稱	α 係數	題項數
因素構面一	.873	6
因素構面二	.857	5
因素構面三	.712	3
因素構面四	.500	3
總量表	.891	17

　　「工作倦怠感」量表經因素分析結果，正式問卷與預試問卷的題項對照如下表：

預試問卷題項	從未如此	很少如此	有時如此	經常如此	正式問卷題號
	1	2	3	4	
1. 對工作感覺到有挫折感。	☐	☐	☐	☐	第 1 題
2. 覺得自己不被了解。	☐	☐	☐	☐	第 2 題
3. 我的工作讓我情緒疲憊。	☐	☐	☐	☐	第 3 題
4. 我覺得我過度努力工作。	☐	☐	☐	☐	第 4 題
5. 面對工作時，有力不從心的感覺。	☐	☐	☐	☐	第 5 題
6. 覺得自己推行工作的方式不適當。	☐	☐	☐	☐	第 6 題
7. 想暫時休息一陣子或另調其它職務。	☐	☐	☐	☐	第 7 題
8. 只要努力就能得到好的結果。	☐	☐	☐	☐	第 8 題
9. 我能肯定這份工作的價值。	☐	☐	☐	☐	第 9 題

10. 認為這是一份相當有意義的工作。	☐	☐	☐	☐	第 10 題
11. 我可以由工作中獲得心理上的滿足。	☐	☐	☐	☐	第 11 題
12. 我有自己的工作目標和理想。	☐	☐	☐	☐	第 12 題
13. 我在工作時精力充沛。	☐	☐	☐	☐	刪除
14. 我能夠冷靜的處理情緒上的問題。	☐	☐	☐	☐	第 13 題
15. 從事這份工作後，我覺得對人變得更冷淡。	☐	☐	☐	☐	第 14 題
16. 對某些同事所發生的事我並不關心。	☐	☐	☐	☐	第 15 題
17. 同事將他們遭遇到的問題歸咎於我。	☐	☐	☐	☐	第 16 題
18. 我擔心這份工作會使我逐漸失去耐性。	☐	☐	☐	☐	第 17 題

第四節　逐題刪除法求量表建構效度

　　範例中的「擇偶偏好量表」是尤家欣(民100)修訂黃麗莉(民97)編著的「擇偶條件量表」。「擇偶偏好量表」根據相關文獻編製而成，量表初稿共有33題，包含三個構面(層面或向度)：生理條件、心理條件、社會條件，生理條件構面有 8 題、心理條件構面有 12 題、社會條件構面有 13 題。「擇偶偏好量表」的題項與設定變數名稱(SPSS 資料檔中的變數名稱)如下表：

層面	題目 您擇偶的考量因素是……	變數名稱
生理條件	1. 與對方的「年齡差距」。	A01 生理
	2. 對方的「身高」。	A02 生理
	3. 對方的「身材勻稱」。	A03 生理
	4. 對方的「體重接近理想體型」。	A04 生理
	5. 對方的「身體健康」。	A05 生理
	6. 對方的「面貌好看」。	A06 生理
	7. 對方「沒有家族遺傳病史」。	A07 生理
	8. 對方與我「性生活協調」。	A08 生理

層面	題目 您擇偶的考量因素是……	變數名稱
心理條件	9. 對方「無不良嗜好」。	A09 心理
	10. 對方「願意分擔家務」。	A10 心理
	11. 對方「有領導能力」。	A11 心理
	12. 對方「獨立自主」。	A12 心理
	13. 對方「有責任感」。	A13 心理
	14. 對方個性「成熟」。	A14 心理
	15. 對方「脾氣好、情緒穩定」。	A15 心理
	16. 對方有「幽默感」。	A16 心理
	17. 對方「活潑開朗」。	A17 心理
	18. 對方「溫柔體貼」。	A18 心理
	19. 對方「有包容力」。	A19 心理
	20. 對方的「抗壓性」。	A20 心理
社會條件	21. 對方的「職業」。	A21 社會
	22. 對方的「經濟能力」。	A22 社會
	23. 對方的「種族」。	A23 社會
	24. 對方的「宗教信仰」。	A24 社會
	25. 家人的「接納認同」。	A25 社會
	26. 朋友的「認同」。	A26 社會
	27. 對方「無婚姻經驗」。	A27 社會
	28. 對方的「居住地」。	A28 社會
	29. 對方與我「門當互對」。	A29 社會
	30. 對方與我「價值觀相近」。	A30 社會
	31. 對方與我「教育程度相當」。	A31 社會
	32. 婚後是否「與長輩同住」。	A32 社會
	33. 對方有無「生育意願」。	A33 社會

資料來源：尤家欣 (民 100)。

　　量表編製完成且預式後，進行題項的項目分析，根據項目分析指標刪除第 23 題 (A023 社會)、第 24 題 (A024 社會)，因素分析程序共保留 31 題。量表經項目分析後題項保留與刪除摘要表如下 (其中項目分析刪除的二題不納入因素分析程序中)：

層面	您擇擇偶的考量因素是……	變數名稱	項目分析結果
生理條件	1. 與對方的「年齡差距」。	A01 生理	保留
	2. 對方的「身高」。	A02 生理	保留
	3. 對方的「身材勻稱」。	A03 生理	保留
	4. 對方的「體重接近理想體型」。	A04 生理	保留
	5. 對方的「身體健康」。	A05 生理	保留
	6. 對方的「面貌好看」。	A06 生理	保留
	7. 對方「沒有家族遺傳病史」。	A07 生理	保留
	8. 對方與我「性生活協調」。	A08 生理	保留
心理條件	9. 對方「無不良嗜好」。	A09 心理	保留
	10. 對方「願意分擔家務」。	A10 心理	保留
	11. 對方「有領導能力」。	A11 心理	保留
	12. 對方「獨立自主」。	A12 心理	保留
	13. 對方「有責任感」。	A13 心理	保留
	14. 對方個性「成熟」。	A14 心理	保留
	15. 對方「脾氣好、情緒穩定」。	A15 心理	保留
	16. 對方有「幽默感」。	A16 心理	保留
	17. 對方「活潑開朗」。	A17 心理	保留
	18. 對方「溫柔體貼」。	A18 心理	保留
	19. 對方「有包容力」。	A19 心理	保留
	20. 對方的「抗壓性」。	A20 心理	保留
社會條件	21. 對方的「職業」。	A21 社會	保留
	22. 對方的「經濟能力」。	A22 社會	保留
	23. 對方的「種族」。	A23 社會	刪除
	24. 對方的「宗教信仰」。	A24 社會	刪除
	25. 家人的「接納認同」。	A25 社會	保留
	26. 朋友的「認同」。	A26 社會	保留
	27. 對方「無婚姻經驗」。	A27 社會	保留
	28. 對方的「居住地」。	A28 社會	保留
	29. 對方與我「門當互對」。	A29 社會	保留
	30. 對方與我「價值觀相近」。	A30 社會	保留
	31. 對方與我「教育程度相當」。	A31 社會	保留
	32. 婚後是否「與長輩同住」。	A32 社會	保留
	33. 對方有無「生育意願」。	A33 社會	保留

「擇偶偏好量表」初始內容效度之高階因素、構面名稱 (初階因素) 與反映潛在因素構念的指標變項架構圖如下：

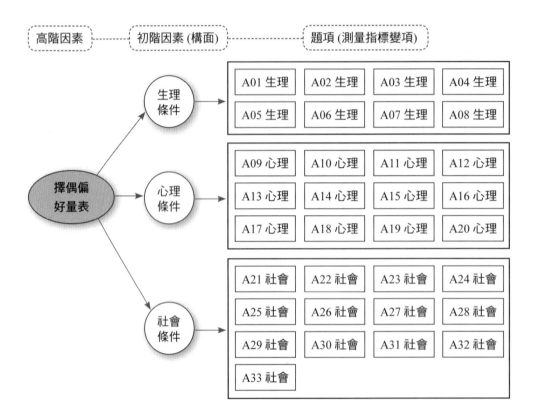

經項目分析後，進行因素分析程序時，高階因素、構面名稱 (初階因素) 與反映潛在因素構念的指標變項架構圖變更如下，其中社會條件構面的測量變項或指標題項剩 11 題。因素分析程序中先前於項目分析程序中刪除的題項第 23 題 (A23 社會)、第 24 題 (A24 社會) 不能納入分析的變數中，若是研究者將項目分析刪除的題項再納入因素分析程序的變數中，則分析的流程是錯誤的。

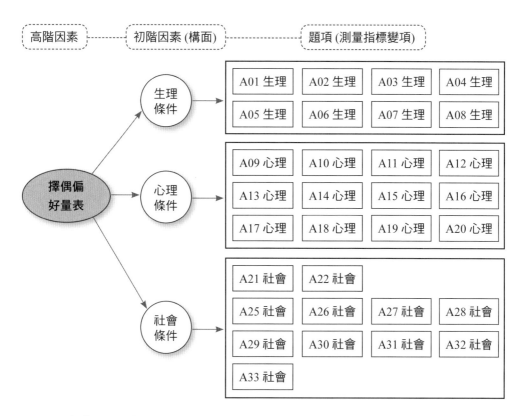

因素萃取方法採用主軸因子 (Principal axis factoring) 萃取法，於「因子分析：萃取」次對話視窗中，「方法 (M)」(Method) 右邊選單中選取「主軸因子」，因為原先量表的架構依據「生理條件」、「心理條件」、「社會條件」三個構面編製指標題項，表示量表構面的界定十分明確，因而限定因素分析程序中萃取三個共同因素，「萃取」(Extract) 方盒中選取「固定因子數目」(Fixed number of factors) 選項，於「要萃取的因子 (T)」(Factors to exact) 右邊方格中輸入數值「3」(表示萃取三個共同因素)；因子轉軸法採用直交轉軸之最大變異法 (Varimax)，於「因子分析：轉軸法」次對話視窗的「方法」方盒中選取「⊙ 最大變異法 (V)」選項；為便於判讀題項歸屬於那個因子，於「因子分析：選項」次對話視窗中，「係數顯示格式」(Coefficient Displsy Format) 方盒中勾選「☑ 依據因素負荷排序 (S)」(Sorted by size) 選項及「☑ 隱藏較小的係數」(Suppress small coefficient) 選項，「絕對值低於 (A)」右邊的數值後面界定「.30」，表示因素負荷量絕對值數值小於 .300 者以空白表示。

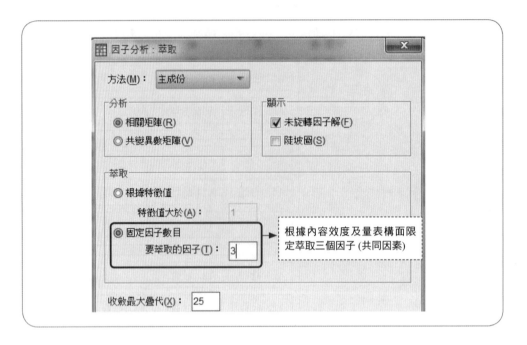

「因子分析：萃取」次對話視窗中，「萃取」(Extract) 方盒中選取「⦿ 固定因子數目」(Fixed number of factors) 選項，於「要萃取的因子 (T)」(Factors to exact) 右邊方格中輸入數值「3」，表示因素分析程序限定萃取三個因子 (共同因素)。

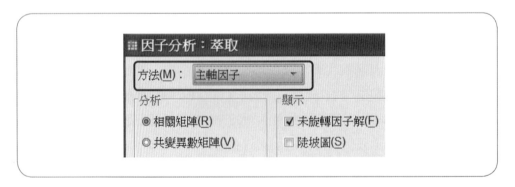

因素分析程序中因子萃取方法採用「主軸因子」法 (內定方法為主成份法)。

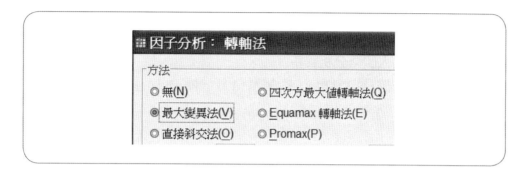

因素分析程序採用直交轉軸 (正交轉軸)，在「因子分析：轉軸法」次對話視窗選取「最大變異法 (V)」選項。

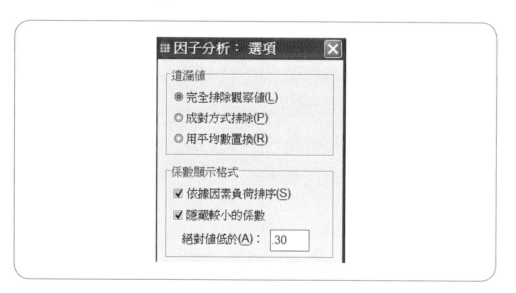

為便於題項與歸屬因素之判別，「因子分析：選項」次對話視窗「係數顯示格式」方盒中勾選「☑ 依據因素負荷排序 (S)」選項及「☑ 隱藏較小的係數」選項，「絕對值低於 (A)」右邊的數值後面界定「.30」，可將題項之因素負荷量絕對值值小於 .300 者以空白表示，在確定萃取因子及因子包含的測量題項後，最後因素分析的程序要呈現完整的轉軸後成份矩陣或完整的轉軸後因子矩陣，要輸出題項在每個萃取因素的因素負荷量，要取消勾選「□ 隱藏較小的係數」選項。

⊃ 一、量表建構效度

(一) 31 個題項納入因素分析程序

由於題項第 23 題 (A23 社會)、第 24 題 (A23 社會) 於項目分析程序中刪除，因而納入因素分析的變數共有 31 題。

轉軸後的因子矩陣 [a]

	因子		
	1	2	3
A15 心理	.814		
A19 心理	.750		.315
A09 心理	.722		
A13 心理	.697		
A20 心理	.655		.452
A10 心理	.640	.311	.366
A30 社會	.636		
A18 心理	.617		
A14 心理	.609		.309
A03 生理		.779	
A04 生理		.752	
A02 生理		.669	
A06 生理		.638	
A27 社會		.496	
A05 生理	.380	.462	
A32 社會		.432	
A01 生理		.406	
A29 社會		.404	.381
A31 社會		.401	
A08 生理		.394	
A07 生理	.325	.394	.379
A26 社會		.385	.381
A33 社會	.304	.384	
A28 社會		.352	
A16 心理	.306		.765
A11 心理			.752
A17 心理			.666

題項在二個以上因子有較高的因素負荷量，表示題項具有跨因素效度，此種題項可保留或刪除

	因子		
	1	**2**	**3**
A12 心理			.664
A22 社會	.310	.366	.575
A21 社會			.479
A25 社會			.367

註：萃取方法：主軸因子。

旋轉方法：含 Kaiser 常態化的 Varimax 法。

a. 轉軸收斂於 6 個疊代。

　　採用主軸因子法萃取的共同因素稱為「因子」。轉軸後的因子矩陣表中第二個共同因子包含生理條件與社會條件構面的題項，如果研究者要保留生理條件構面，則應把社會條件構面中因素負荷量絕對值最大的題項刪除，其中第 27 題 (A27 社會) 的因素負荷量為 .496，較其餘同屬社會條件構面題項的因素負荷量為大，之所以刪除構面中因素負荷量絕對值最大的題項，其緣由與班級教育社會學中瓦解小團體的意涵類似，當一個小團體中群體最重要領導者不存在時，同一團體中的其它組員可能移至其它群體中，當研究者把第 27 題 (A27 社會) 中從第二個共同因素中移除後，同一共同因素中屬社會條件構面的題項：第 32 題 (因素負荷量 =.432)、第 29 題 (因素負荷量 =.404)、第 31 題 (因素負荷量 =.401)、第 26 題 (因素負荷量 =.385)、第 33 題 (因素負荷量 =.432)、第 28 題 (因素負荷量 =.352) 可能在下一次因素分析程序移至別的共同因素中，這幾個題項之所以歸於第二個共同因素，可能因為這幾個題項與第 27 題 (A27 社會) 有較高的關聯，把第 27 題 (A27 社會) 從第二個共同因素中優先移除，可能讓這幾個歸於社會條件構面的題項移至共同因素「社會條件」構面中。第一個共同因素中，多數題項為心理條件構面的指標變項，因而因子 1 可命名為「心理條件」構面，此因子包含一個非原先心理條件構面的指標題項：第 30 題 (A30 社會)，於第二次因素分析程序中，將第 30 題 (A30 社會) 從因素分析程序中移除。

　　第一次因素分析結果，第 20 題 (A20 心理) 在因子 1 的因素負荷量為 .655、在因子 3 的因素負荷量為 .452，此種指標變項同時在二個共同因素有較高的因素負荷量 (一般是均大於 .450)，表示此種指標變項具有跨因素效度，這種題項是否要刪除或保留，可視最後因素保留的題項數而定，最佳的因素結構是最後保留的指標題項均沒有跨因素效度的指標變項，但若是某個因子中指標題項數較少，

此種題項也可以保留。

　　轉軸後的因子矩陣表的下方有三個註解，一為萃取因子 (成份) 的方法，範例中以主軸因子法萃取因子 (成份)；二為因子軸旋轉方法，範例中採用 Varimax (最大變異法) 進行因素軸之轉軸，最大變異法屬正交轉軸法的一種；三為轉軸收斂時共進行多少次的疊代 (運算次數)，範例中轉軸收斂只經過 6 次疊代。

(二) 刪除第 30 題 (A30 社會) 的因子矩陣

轉軸後的因子矩陣 [a]

	因子		
	1	2	3
A15 心理	.803		
A19 心理	.745		.329
A09 心理	.744		
A13 心理	.683		
A20 心理	.653		.463
A10 心理	.638	.311	.377
A18 心理	.621		
A14 心理	.614		.317
A03 生理		.781	
A04 生理		.756	
A02 生理		.665	
A06 生理		.634	
A27 社會		.496	
A05 生理	.367	.464	
A32 社會		.430	
A01 生理		.405	
A29 社會		.400	.392
A31 社會		.400	.308
A07 生理	.303	.393	.393
A08 生理		.390	
A33 社會		.385	
A28 社會		.352	
A16 心理			.768

	因子		
	1	2	3
A11 心理			.744
A12 心理			.668
A17 心理			.664
A22 社會		.362	.592
A21 社會			.499
A25 社會			.380
A26 社會		.377	.377

　　由於因子 1 為「心理條件」構面，因而其餘二個共同因素中屬於心理條件構面的其餘指標題項可優先考量刪除，因子 3 中屬於心理條件構面的題項有第 16 題 (因素負荷量 =.768)、第 11 題 (因素負荷量 =.744)、第 12 題 (因素負荷量 =.668)、第 17 題 (因素負荷量 =.664)，其中第 16 題 (A16 心理) 的因素負荷量絕對值最大 (因素負荷量 =.768)，因而次一回合的因素分析程序將第 16 題 (A16 心理) 從標的變數中移除。

(三) 刪除第 16 題 (A16 心理) 的因子矩陣

轉軸後的因子矩陣 [a]

	因子		
	1	2	3
A15 心理	.799		
A19 心理	.763		
A09 心理	.733		
A13 心理	.676		
A18 心理	.670		
A20 心理	.663		.467
A10 心理	.649		.374
A14 心理	.620		.311
A04 生理		.804	
A03 生理		.791	
A06 生理		.656	
A02 生理		.650	
A05 生理	.386	.473	

	因子		
	1	2	3
A27 社會		.467	
A32 社會		.401	.328
A01 生理		.390	
A08 生理		.382	
A26 社會		.365	.361
A33 社會		.364	
A28 社會		.335	
A12 心理			.686
A22 社會		.318	.658
A11 心理			.644
A21 社會			.603
A17 心理	.364		.501
A29 社會		.367	.454
A07 生理	.305	.370	.416
A31 社會		.361	.404
A25 社會			.382

　　因子 2 中前五個題項均為生理條件構面，因而此共同因素歸為「生理條件」較為適宜，非屬於生理條件構面的題項中以第 27 題 (A27 社會) 的因素負荷量最大 (=.467)，因而在次一回合的因素分析程序將第 27 題 (A27 社會) 移除，移除第 27 題 (A27 社會) 後，可能讓第 32 題 (屬社會條件構面的指標變項)、第 26 題 (屬社會條件構面的指標變項)、第 33 題 (屬社會條件構面的指標變項)、第 28 題 (屬社會條件構面的指標變項) 等從此共同因素中移除 (但也可能沒有變動，題項仍歸屬於原先的因子)。

(四) 刪除第 27 題 (A27 社會) 的因子矩陣

轉軸後的因子矩陣 [a]

	因子		
	1	**2**	**3**
A15 心理	.792		
A19 心理	.768	.300	
A09 心理	.732		
A13 心理	.680		
A18 心理	.677		
A20 心理	.669	.466	
A10 心理	.654	.386	
A14 心理	.625	.304	
A22 社會		.678	
A12 心理		.670	
A21 社會		.627	
A11 心理		.611	
A17 心理	.377	.486	
A29 社會		.481	.343
A31 社會		.431	.311
A07 生理	.314	.430	.356
A25 社會		.390	
A26 社會		.373	.350
A32 社會		.362	.346
A04 生理			.842
A03 生理			.799
A06 生理			.667
A02 生理			.648
A05 生理	.396		.484
A01 生理			.380
A08 生理			.377
A33 社會			.306
A28 社會			

　　由於因子 1 為「心理條件」構面，因子 2 中屬於心理條件構面的題項可考量刪除，其中原為心理條件構面之指標變項的第 12 題 (因素負荷量 =.670)、第 11 題 (因素負荷量 =.611)、第 17 題 (因素負荷量 =.486) 的因素負荷量絕對值中以第 12 題 (A12 心理) 最大，在下一回合因素分析程序中將 12 題 (A12 心理) 從因素結構中移除。

(五) 刪除第 12 題 (A12 心理) 的因子矩陣

轉軸後的因子矩陣 [a]

	因子		
	1	2	3
A19 心理	.783		
A15 心理	.763		
A09 心理	.736		
A20 心理	.700	.421	
A13 心理	.691		
A18 心理	.689		
A10 心理	.675	.375	
A14 心理	.639		
A22 社會	.316	.751	
A21 社會		.680	
A29 社會		.574	
A31 社會		.481	
A11 心理	.302	.470	
A07 生理	.337	.453	.302
A17 心理	.415	.452	
A25 社會		.404	
A28 社會		.388	
A26 社會		.375	.322
A32 社會		.354	.326
A04 生理			.865
A03 生理			.827
A06 生理			.652
A02 生理		.357	.600
A05 生理	.391		.469
A08 生理			.365
A01 生理			.334
A33 社會			

移除第 12 題 (A12 心理) 後,因子 2 包含題項中又有二個為原先歸為心理條件構面的題項:第 11 題 (A11 心理)、第 17 題 (A17 心理),二個指標變項的因素負荷量分別為 .470、.452,其中因素負荷量絕對值較高者為第 11 題 (A11 心理),因而下一回合的因素分析程序中將第 11 題 (A11 心理) 從標的變數方格中移除。

(六) 刪除第 11 題 (A11 心理) 的因子矩陣

轉軸後的因子矩陣 [a]

	因子		
	1	**2**	**3**
A19 心理	.796		
A15 心理	.751		
A09 心理	.728		
A20 心理	.718	.381	
A18 心理	.700		
A13 心理	.698		
A10 心理	.691	.340	
A14 心理	.648		
A17 心理	.437	.344	
A33 社會			
A22 社會	.344	.760	
A21 社會		.706	
A29 社會		.632	
A31 社會		.515	
A28 社會		.437	
A07 生理	.354	.437	
A25 社會		.383	
A32 社會		.350	.320
A04 生理			.837
A03 生理			.810
A06 生理			.693
A02 生理		.395	.573
A05 生理	.400		.455
A08 生理			.404
A26 社會		.339	.343
A01 生理			.321

因子 2 構面中的指標變項除第 7 題 (A07 生理) 外，其餘題項均為社會條件構面的指標變項，由於第 7 題 (A07 生理) 歸於因子 2(因子 2 共同因素八個題項中有七個題項為社會條件構面的題項，因而因子 2 命名為社會條件構面最為適切) 與原先研究者編製的量表不同，在下一回合的因素分析程序中將第 7 題 (A07 生理) 從標的變數方格中移除。在上一回合因素分析程序中，第 17 題 (A17 心理) 與第 11 題 (A11 心理) 二個題項原歸於共同因素 2，將第 11 題 (A11 心理) 指標變項移除後，第 17 題 (A17 心理) 指標變項便移至因子 1 中 (心理條件構面)，其因素負荷量絕對值為 .437。

(七) 刪除第 7 題 (A07 生理) 的因子矩陣

轉軸後的因子矩陣 [a]

	因子		
	1	2	3
A19 心理	.796		
A15 心理	.750		
A09 心理	.728		
A20 心理	.721		.367
A13 心理	.703		
A18 心理	.701		
A10 心理	.697		.340
A14 心理	.651		
A17 心理	.437		.348
A33 社會			
A04 生理		.838	
A03 生理		.814	
A06 生理		.697	
A02 生理		.578	.382
A05 生理	.397	.451	
A08 生理		.405	
A01 生理		.322	
A22 社會	.349		.749
A21 社會			.716
A29 社會			.631
A31 社會			.488

	因子		
	1	2	3
A28 社會			.461
A25 社會			.385
A26 社會		.347	.349
A32 社會		.322	.331

　　因子 3 共同因素為「社會條件」構面，共同因素包含的八個指標變項均為社會條件構面題項，其中第 32 題 (A32 社會) 在因子 3、因子 2 的因素負荷量分別為 .331、.322，第 32 題 (A32 社會) 雖具有跨因素效度的特性，但在共同因素 3 的因素負荷量低於 .350，因而下一回合的因素分析程序中將第 32 題 (A32 社會) 從標的變數方格中移除。上述轉軸後的因子矩陣表格中，第 33 題 (A33 社會) 於三個因子中的因素負荷量絕對值均小於設定的係數顯示格式數值「.300」，因而三個因素負荷量均為空白，此一步驟中，研究者也可考量於下一回合中將此第 33 題 (A33 社會) 從標的變數方格中移除，因為此題被歸於因子 1 「心理條件」構面，而實際上此題原先編製時被明確歸類於「社會條件」構面，下一回合程序中先刪除第 33 題 (A33 社會) 可能比刪除第 32 題 (A32 社會) 較佳。

　　在「因子分析：萃取」次對話視窗，取消勾選「□ 隱藏較小的係數」選項，則題項在三個因子的因素負荷量不管是多少均會呈現 (小數點內定至小數第三位)。

取消勾選「□ 隱藏較小的係數」選項，因素分析結果可呈現所有題項在每個萃取因子的因素負荷量。

轉軸後的因子矩陣 [a]

	因子		
	1	**2**	**3**
A19 心理	.796	.137	.233
A15 心理	.750	-.025	-.082
A09 心理	.728	.049	-.038
A20 心理	.721	.054	.367
A13 心理	.703	.144	.210
A18 心理	.701	.104	.110
A10 心理	.697	.235	.340
A14 心理	.651	.033	.249
A17 心理	.437	.168	.348
A33 社會	.281	.261	.237
A04 生理	.073	.838	-.028
A03 生理	.107	.814	.102
A06 生理	.016	.697	.143
A02 生理	.025	.578	.382
A05 生理	.397	.451	.160
A08 生理	.089	.405	.199
A01 生理	.128	.322	.243
A22 社會	.349	.123	.749
A21 社會	.245	.046	.716
A29 社會	-.058	.205	.631
A31 社會	.282	.203	.488
A28 社會	.100	.168	.461
A25 社會	.290	.160	.385
A26 社會	.002	.347	.349
A32 社會	.159	.322	.331

第 33 題 (A33 社會) 在三個因子的因素負荷量絕對值均小於 .300

上述中第 33 題 (A33 社會) 在三個因子的因素負荷量分別為 .281、.261、.237，三個因素負荷量均小於 .300，若是在「因子分析：萃取」次對話視窗中，勾選「☑ 隱藏較小的係數」選項，「絕對值低於 (A)」指定值右邊空格輸入 .300，則表示因素負荷量絕對值小於 .300 者不會呈現，其空格數值會被隱藏，

此種情形表示題項無法有效反映一個潛在特質構念，當指標變項沒有在任何一個因子有大於 .300 以上的因素負荷量時 (最低寬鬆臨界值為小於 .300、中度標準臨界值為小於 .350、高度嚴苛臨界值為小於 .400)，此種題項於因素分析程序中最好刪除。

(八) 刪除第 32 題 (A32 社會) 的因子矩陣

轉軸後的因子矩陣 [a]

	因子		
	1	2	3
A19 心理	.799		
A15 心理	.747		
A09 心理	.731		
A20 心理	.726		.352
A13 心理	.704		
A10 心理	.704		.326
A18 心理	.699		
A14 心理	.651		
A17 心理	.441		.345
A33 社會			
A04 生理		.838	
A03 生理		.819	
A06 生理		.703	
A02 生理		.591	.394
A05 生理	.401	.450	
A08 生理		.397	
A26 社會		.335	.331
A01 生理		.318	
A22 社會	.353		.760
A21 社會			.712
A29 社會			.632
A31 社會			.488
A28 社會			.465
A25 社會			.392

第 33 題 (A33 社會) 於三個因子中的因素負荷量絕對值均小於設定的係數顯示格式數值「.300」，因而三個因素負荷量均為空白，此外，第 33 題 (A33 社會) 的因素結構與原先編製時不同，下一回合因素分析程序中將此第 33 題 (A33 社會) 從標的變數方格中移除。

(九) 刪除第 33 題 (A33 社會) 的因子矩陣

轉軸後的因子矩陣 [a]

	因子		
	1	**2**	**3**
A19 心理	.795		
A15 心理	.743		
A09 心理	.726		
A20 心理	.725		.354
A13 心理	.708		
A18 心理	.701		
A10 心理	.697		.327
A14 心理	.658		
A17 心理	.443		.347
A04 生理		.841	
A03 生理		.818	
A06 生理		.705	
A02 生理		.588	.395
A05 生理	.402	.454	
A08 生理		.394	
A26 社會		.334	.331
A01 生理		.311	
A22 社會	.353		.765
A21 社會			.710
A29 社會			.632
A31 社會			.490
A28 社會			.465
A25 社會			.393

第 26 題 (A26 社會) 具有跨因素效度，題項可同時反映生理條件構面與社會條件構面，原先編製時歸於「社會條件」構面，但題項於共同因素 3 的因素負

荷量絕對值等於 .331，小於 .350，因而下一回合因素分析程序中將第 26 題 (A26 社會) 從標的變數方格中移除。

(十) 刪除第 26 題 (A26 社會) 的因子矩陣

轉軸後的因子矩陣 [a]

	因子		
	1	**2**	**3**
A19 心理	.804		
A15 心理	.733		
A20 心理	.723	.357	
A18 心理	.720		
A09 心理	.714		
A10 心理	.692	.336	
A13 心理	.690		
A14 心理	.647		
A17 心理	.462	.311	
A22 社會	.338	.789	
A21 社會		.738	
A29 社會		.619	
A31 社會		.516	
A28 社會		.440	
A25 社會	.307	.361	
A04 生理			.839
A03 生理			.829
A06 生理			.697
A02 生理		.408	.595
A05 生理	.404		.453
A08 生理			.398
A01 生理			.309

最後因素結構中因子 1 為「心理條件」構面、因子 2 為「社會條件」構面、因子 3 為「生理條件」構面。生理條件構面中的第 1 題 (A01 生理) 的因素負荷量等於 .309，低於 .350，若是要刪除題項可考慮於下一回合因素分析程序中將第 1 題 (A01 生理) 從標的變數方格中移除。

(十一) 重新移入第 32 題 (A32 社會) 的因子矩陣

轉軸後的因子矩陣 [a]

	因子		
	1	2	3
A19 心理	.803	.224	.129
A15 心理	.736	-.062	-.021
A18 心理	.722	.088	.095
A20 心理	.719	.371	.052
A09 心理	.712	-.015	.049
A13 心理	.688	.245	.158
A10 心理	.688	.349	.231
A14 心理	.645	.273	.047
A17 心理	.461	.316	.154
A22 社會	.335	.783	.132
A21 社會	.223	.743	.046
A29 社會	-.059	.622	.202
A31 社會	.265	.520	.214
A28 社會	.107	.437	.159
A25 社會	.306	.356	.145
A32 社會	.153	.298	.274
A04 生理	.073	-.019	.842
A03 生理	.098	.119	.828
A06 生理	.022	.139	.696
A02 生理	.011	.400	.585
A05 生理	.401	.162	.454
A08 生理	.078	.214	.406
A01 生理	.121	.247	.313

第 32 題 (A32 社會) 在三個因子的因素負荷量絕對值均小於 .300

　　嘗試將之前從標的變數中移除的第 32 題 (A32 社會) 還原至變數方格中，第 32 題 (A32 社會) 歸類於因子 2 共同因素「社會條件」構面，與原先編製的內容效度符合，但題項指標於因子 2 共同因素的因素負荷量只有 .298，因而因素分析程序中最好還是將第 32 題 (A32 社會) 指標題項移除較佳。

(十二)再移除第 32 題 (A32 社會) 的因子矩陣

經過逐題移除法之因素探索建構，量表題項依序刪除第 30 題、第 16 題、第 27 題、第 12 題、第 11 題、第 7 題、第 32 題、第 33 題、第 26 題等九個題項，量表題項從原先 31 題變為 22 題。

共同性

	初始	萃取
A01 生理	.506	.168
A02 生理	.655	.521
A03 生理	.774	.712
A04 生理	.679	.709
A05 生理	.527	.394
A06 生理	.577	.506
A08 生理	.484	.207
A09 心理	.603	.512
A10 心理	.720	.642
A13 心理	.693	.561
A14 心理	.593	.496
A15 心理	.634	.542
A17 心理	.675	.334
A18 心理	.735	.538
A19 心理	.766	.710
A20 心理	.713	.652
A21 社會	.682	.599
A22 社會	.787	.754
A25 社會	.352	.247
A28 社會	.527	.232
A29 社會	.548	.427
A31 社會	.507	.385

註：萃取法：主成份分析。

以主軸因子法萃取三個因子，二十二個指標題項的共同性介於 .168 至 .754 間，其中共同性小於 .200 的指標題項為第 1 題 (A01 生理)，指標題項的共同性只有 .168，若是要再刪除題項，可考量將第 1 題 (A01 生理) 從因素分析程序中刪除。

解說總變異量

因子	初始特徵值			平方和負荷量萃取			轉軸平方和負荷量		
	總數	變異數的 %	累積 %	總數	變異數的 %	累積%	總數	變異數的 %	累積 %
1	7.367	33.485	33.485	6.907	31.394	31.394	4.874	22.156	22.156
2	2.957	13.442	46.926	2.510	11.409	42.803	2.995	13.615	35.771
3	1.865	8.479	55.405	1.430	6.498	49.300	2.977	13.530	49.300
4	1.343	6.103	61.508						
5	1.117	5.076	66.585						

　　二十二個因子之特徵值大於 1.000 者共有五個，若未限定萃取的共同因素個數，則會萃取五個因子，這與原先研究者編製的量表結構有很大的差距，原先內容效度的編製中，「擇偶偏好量表」明確分為三個構面因素：生理條件構面、心理條件構面、社會條件構面，若是萃取五個共同因素，則其餘二個因素構面名稱較難命名，將要萃取的共同因素個數限定 (固定因子萃取數目)，則因素分析之建構效度可以與內容效度相互檢核，未轉軸前的三個因子的特徵值分別為 6.907、2.510、1.430，採用直交轉軸之最大變異法將因素軸加以轉軸後，三個共同因素的特徵值分別為 4.874、2.995、2.977，三個共同因素可以解釋所有指標變項的變異分別為 22.156%、13.615%、13.530%，三個共同因素可以解釋所有指標變項的累積變異量為 49.300。

轉軸後的因子矩陣 [a]

	因子		
	1	2	3
A19 心理	.804	.219	.125
A15 心理	.733	-.061	-.022
A20 心理	.723	.357	.044
A18 心理	.720	.097	.101
A09 心理	.714	-.025	.043
A10 心理	.692	.336	.223
A13 心理	.690	.242	.159
A14 心理	.647	.273	.048
A17 心理	.462	.311	.151

	因子		
	1	**2**	**3**
A22 社會	.338	.789	.134
A21 社會	.228	.738	.046
A29 社會	-.054	.619	.203
A31 社會	.269	.516	.214
A28 社會	.109	.440	.162
A25 社會	.307	.361	.149
A04 生理	.076	-.022	.839
A03 生理	.101	.117	.829
A06 生理	.025	.139	.697
A02 生理	.012	.408	.595
A05 生理	.404	.158	.453
A08 生理	.084	.202	.398
A01 生理	.125	.238	.309

註：萃取方法：主軸因子。

旋轉方法：含 Kaiser 常態化的 Varimax 法。

a. 轉軸收斂於 5 個疊代。

以主軸因子法萃取三個共同因素，因子 1 為「心理條件」構面，包含第 19 題、第 15 題、第 20 題、第 18 題、第 9 題、第 10 題、第 13 題、第 14 題、第 17 題等九個指標題項；因子 2 為「社會條件」構面，包含第 22 題、第 21 題、第 29 題、第 31 題、第 28 題、第 25 題等六個指標題項；因素 3 為「生理條件」構面，包含第 4 題、第 3 題、第 6 題、第 2 題、第 5 題、第 8 題、第 1 等七個指標題項。

【表格範例】

表 X 「擇偶偏好量表」因素分析摘要表 (N=122)

指標變項 題項	因子 1 心理條件	因子 2 社會條件	因子 3 生理條件	共同性
A19 心理	0.804	0.219	0.125	0.710
A15 心理	0.733	-0.061	-0.022	0.542
A20 心理	0.723	0.357	0.044	0.652
A18 心理	0.720	0.097	0.101	0.538
A09 心理	0.714	-0.025	0.043	0.512
A10 心理	0.692	0.336	0.223	0.642
A13 心理	0.690	0.242	0.159	0.561
A14 心理	0.647	0.273	0.048	0.496
A17 心理	0.462	0.311	0.151	0.334
A22 社會	0.338	0.789	0.134	0.754
A21 社會	0.228	0.738	0.046	0.599
A29 社會	-0.054	0.619	0.203	0.427
A31 社會	0.269	0.516	0.214	0.385
A28 社會	0.109	0.440	0.162	0.232
A25 社會	0.307	0.361	0.149	0.247
A04 生理	0.076	-0.022	0.839	0.709
A03 生理	0.101	0.117	0.829	0.712
A06 生理	0.025	0.139	0.697	0.506
A02 生理	0.012	0.408	0.595	0.521
A05 生理	0.404	0.158	0.453	0.394
A08 生理	0.084	0.202	0.398	0.207
A01 生理	0.125	0.238	0.309	0.168
特徵值	4.874	2.995	2.977	
解釋變異 %	22.156	13.615	13.530	
累積解釋變異 %	22.156	35.771	49.300	

上述因素分析摘要表中由於因素負荷量絕對值不可能大於 +1.000，共同性的數值也不可能大於 +1.000，此種統計量數係數或參數與積差相關係數一樣，介於 -1.000 至 +1.000，即統計量數絕對值必小於 +1.000，在論文表格中可以將小數點中的個位數 0 取掉，論文表格的另一種格式如下 (表格數值序號置於第一列，表的標題置於第二列：

● 表 X-X 「擇偶偏好量表」因素分析摘要表 (N=122)

指標變項 題項	因子 1 心理條件	因子 2 社會條件	因子 3 生理條件	共同性
A19 心理	.804	.219	.125	.710
A15 心理	.733	-.061	-.022	.542
A20 心理	.723	.357	.044	.652
A18 心理	.720	.097	.101	.538
A09 心理	.714	-.025	.043	.512
A10 心理	.692	.336	.223	.642
A13 心理	.690	.242	.159	.561
A14 心理	.647	.273	.048	.496
A17 心理	.462	.311	.151	.334
A22 社會	.338	.789	.134	.754
A21 社會	.228	.738	.046	.599
A29 社會	-.054	.619	.203	.427
A31 社會	.269	.516	.214	.385
A28 社會	.109	.440	.162	.232
A25 社會	.307	.361	.149	.247
A04 生理	.076	-.022	.839	.709
A03 生理	.101	.117	.829	.712
A06 生理	.025	.139	.697	.506
A02 生理	.012	.408	.595	.521
A05 生理	.404	.158	.453	.394
A08 生理	.084	.202	.398	.207
A01 生理	.125	.238	.309	.168
特徵值	4.874	2.995	2.977	
解釋變異 %	22.156	13.615	13.530	
累積解釋變異 %	22.156	35.771	49.300	

　　量表因素分析採用逐題刪除法後建構的效度結構如下，生理條件構面保留 7
個題項、心理條件構面保留 9 個題項、社會條件構面保留 6 個題項。

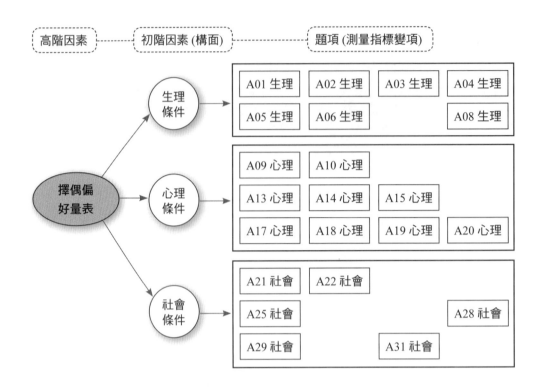

⊃ 二、構面的信度

以內部一致性 Cronbach α 係數求出擇偶偏好量表三個構面的信度。

可靠性統計量

Cronbach's Alpha 值	項目的個數
.900	9

「心理條件」構面的內部一致性 α 係數等於 .900，構面包含的指標題項有 9 題。

項目整體統計量

	項目刪除時的尺度平均數	項目刪除時的尺度變異數	修正的項目總相關	項目刪除時的Cronbach's Alpha 值
A19 心理	34.25	19.080	.788	.881
A15 心理	34.06	19.889	.621	.892
A20 心理	34.35	18.709	.752	.882
A18 心理	34.30	18.987	.716	.885
A09 心理	34.10	19.775	.604	.893
A10 心理	34.28	18.037	.734	.884
A13 心理	34.02	19.495	.695	.887
A14 心理	34.23	19.715	.659	.890
A17 心理	34.68	18.897	.525	.904

「項目刪除時的 Cronbach's Alpha 值」欄來看，「心理條件」構面 9 個題項若刪除第 17 題 (A17 心理)，其餘 8 個題項的內部一致性 α 係數變為 .904，若是原先構面或共同因素的內部一致性 α 係數已經大於 .700，表示構面的信度佳；如果原先構面或共同因素的內部一致性 α 係數已經在 .800 以上，表示構面的信度良好，範例中「心理條件」構面 9 個指標題項的內部一致性 α 係數已高達 .900，表示 9 個指標題項測得的潛在特質或心理構念的一致性很高，此時，研究者不用為提升 α 信度係數再將第 17 題 (A17 心理) 刪除，此非整體問卷的指標題項很多，為簡化量表的題項數，若是研究者將第 17 題 (A17 心理) 從「心理條件」構面中刪除，「擇偶偏好量表」的因素結構會改變，此時，研究者必須再重新執行因素分析程序，以確認量表的建構效度。

可靠性統計量

Cronbach's Alpha 值	項目的個數
.790	6

「社會條件」構面的內部一致性 α 係數等於 .790，構面包含的指標題項有 6 題。

項目整體統計量

	項目刪除時的 尺度平均數	項目刪除時的 尺度變異數	修正的項目 總相關	項目刪除時的 Cronbach's Alpha 值
A22 社會	17.49	11.707	.704	.722
A21 社會	17.66	11.352	.648	.731
A29 社會	18.36	12.001	.535	.760
A31 社會	17.58	13.237	.474	.773
A28 社會	18.20	11.106	.504	.776
A25 社會	17.51	13.227	.435	.781

由於「社會條件」構面的 Cronbach α 係數已接近 .800，表示構面或向度有不錯的信度，因而「項目刪除時的 Cronbach's Alpha 值」欄的數值只作為參考 (欄中的數值並沒有高於 .790 者，表示指標題項刪除後構面的信度係數會下降)。

可靠性統計量

Cronbach's Alpha 值	項目的個數
.815	7

「生理條件」構面的內部一致性 α 係數等於 .815，構面包含的指標題項有 7 題。

項目整體統計量

	項目刪除時的 尺度平均數	項目刪除時的 尺度變異數	修正的項目 總相關	項目刪除時的 Cronbach's Alpha 值
A04 生理	20.75	13.166	.696	.763
A03 生理	20.78	13.165	.715	.760
A06 生理	20.78	14.273	.614	.780
A02 生理	20.68	13.889	.595	.782
A05 生理	19.77	15.352	.461	.805
A08 生理	20.58	15.551	.434	.809
A01 生理	20.61	15.512	.363	.823

由於「社會條件」構面的 Cronbach α 係數已大於 .800，表示構面或向度的信度良好，因而「項目刪除時的 Cronbach's Alpha 值」欄的數值只作為參考，如

果此構面要再刪除題項，可考量將第 1 題 (A01 生理) 刪除，因為將第 1 題 (A01 生理) 指標變項刪除後，「社會條件」構面的 Cronbach α 係數會從 .815 增加至 .823。

可靠性統計量

Cronbach's Alpha 值	項目的個數
.892	22

「擇偶偏好量表」22 個題項的內部一致性 α 係數為 .892，接近 .900，表示總量表的信度良好。

「擇偶偏好量表」經項目分析、因素分析後題項變動情形如下表：

層面	您擇偶的考量因素是……	項目分析 刪除題項	因素分析 刪除題項	正式問卷 題號
生理條件	1. 與對方的「年齡差距」。			1
	2. 對方的「身高」。			2
	3. 對方的「身材勻稱」。			3
	4. 對方的「體重接近理想體型」。			4
	5. 對方的「身體健康」。			5
	6. 對方的「面貌好看」。			6
	7. 對方「沒有家族遺傳病史」。		●	-----
	8. 對方與我「性生活協調」。			7
心理條件	9. 對方「無不良嗜好」。			8
	10. 對方「願意分擔家務」。			9
	11. 對方「有領導能力」。		●	-----
	12. 對方「獨立自主」。		●	-----
	13. 對方「有責任感」。			10
	14. 對方個性「成熟」。			11
	15. 對方「脾氣好、情緒穩定」。			12
	16. 對方有「幽默感」。		●	-----
	17. 對方「活潑開朗」。			13
	18. 對方「溫柔體貼」。			14
	19. 對方「有包容力」。			15
	20. 對方的「抗壓性」。			16

層面	您擇偶的考量因素是……	項目分析 刪除題項	因素分析 刪除題項	正式問卷 題號
社會條件	21. 對方的「職業」。			17
	22. 對方的「經濟能力」。			18
	23. 對方的「種族」。	●	-----	-----
	24. 對方的「宗教信仰」。	●	-----	-----
	25. 家人的「接納認同」是我擇偶的考量因素。			19
	26. 朋友的「認同」。		●	-----
	27. 對方「無婚姻經驗」。		●	-----
	28. 對方的「居住地」。			20
	29. 對方與我「門當互對」。			21
	30. 對方與我「價值觀相近」。		●	-----
	31. 對方與我「教育程度相當」。			22
	32. 婚後是否「與長輩同住」。		●	-----
	33. 對方有無「生育意願」。		●	-----

●：該程序刪除的題項。

第 **19** 章

區別分析 (判別分析)

區別分析 (discriminant analysis) 與 Logistic 迴歸分析常用來進行對觀察體的預測與分類。區別分析程序中的自變項為連續變項 (計量變項)，依變項為間斷變項 (名義變項或非計量變項)，如果依變項是二分名義變項則可採用區別分析或 Logistic 迴歸分析，區別分析程序中，依變項只有二個水準群體，稱為二群組區別分析 (two-groups discriminant analysis)，依變項的水準群體有三個以上類別，稱為多元區別分析 (multiple discriminant analysis；[MDA])。

第一節　區別分析統計原理

【研究問題】：學校組織氣氛、校長領導角色、學校組織文化對不同學校組織效能組是否有顯著的區別作用？

【統計方法】：區別分析 / 判別分析

　　研究問題中的預測變項有三個：學校組織氣氛、學校組織文化、校長領導角色，皆屬連續變項，而依變項為學校組織效能，為符合研究問題，將組織效能依受試者實際填答情形，劃分為高組織效能組、中組織效能組、低組織效能組的學校，在分組的依據上，組織效能分量表共有 20 個題項，採五點量表作答法，學校總得分平均在 40 分以下 (含 40 分) 者 (選填 1、2 者) 為「低組織效能學校組」；而總得分平均在 80 分以上者 (含 80 分) 為「高組織效能學校組」(選填 4、5 者)，總得分平均在 40 分以上且在 80 分以下者為「中組織效能學校組」。如此，學校效能變項便由連續變項轉化為間斷變項 (類別或次序變項)。

壹、理論基礎

　　區別分析的主要目的在於計算一組「預測變項」(自變項) 的線性組合，對依變項 (間斷變項) 加以預測分類，並檢查其再分組的正確率，自變項間的線性組合即為區別函數。

　　在迴歸分析中，預測變項 (predictor variable) 與效標變項 (criterion variable) 通常是連續變項，自變項 (預測變項) 如果是間斷變項，投入迴歸模式中須轉化為虛擬變項。如果依變項是間斷變項且為二分名義變項，則可使用「邏輯斯迴歸」(Logistic regression) 方析法，Logistic 迴歸分析法，自變項仍是等距或比率

變項，而依變項則是二分類別變項 (水準數值分別編碼為 0、1)。若是依變項為間斷變項且為三分以上名義變項，則可使用區別分析法 (discriminant analysis 或譯為判別分析)。區別分析之自變項 (預測變項)/ 區別變項為連續變數 (等距或比率變項)；依變項 (一般稱為分組變項) 則是間斷變數 (名義變項或次序變項)。

　　行為科學領域中，區別分析應用的實例很多，如某教育學者根據高中畢業生的在學成績、社經地位、投入動機、家長支持度等變項作為自變項，以探究學生是否考上大學的預測變項，此時的依變項分為「考取國立大學」、「考取私立大學」、「未錄取」等三類，此三類為三分類別變項；如果依變項只分為二個水準：「錄取」與「未錄取」，則除了採用區別分析方法外，也可用 Logistic 迴歸分析法；此外，再如以員工的工作承諾、工作滿意、組織氣氛等變項來預測組織的績效表現，此時的依變項為組織的績效表現，分為「高績效」、「中績效」、「低績效」等三個類組。依變項如果是間斷變項，研究者若再以迴歸分析進行預測，以探究自變項對依變項的解釋變異量，則會得到錯誤的結果。

　　區別分析與多變項變異數分析及多元迴歸分析有密切關係，開始之初依研究者根據的分類標準，將觀察體或受試者劃分成二個以上的群組，接著使用區別分析程序，來辨認計量性預測變項的一個線性組合，以能最適區隔群體間差異的特徵。預測變項的線性組合類似多元迴歸方程式右邊乘積和，區別分析中它是變項與區別函數係數的乘積總和 (加權總和)。區別分析與 MANOVA 的基本原理相近，二者的計算過程也相當類似，都是在使組間的變異量與組內變異量的比值最大化，但 MANOVA 目的在了解各組樣本究竟在哪幾個依變項之平均數差異值達到顯著水準；而區別分析則是透過得到觀察值在自變項 (此自變項在 MANOVA 中為依變項) 之線性組合方程函數，以能了解觀察值在依變項上分類之正確性，進而知悉究竟是哪幾個預測變項可以有效區分 (differentiation) 觀察值在依變項上之分類 (王保進，民 93)。

　　在統計研究中，使用區別分析的原因，在於區別分析程序的使用，不僅可以建立函數將新個體予以分類、考驗群體間多變量的差異，而且可以探究或描述下列情形 (SPSS Inc., 1998)：

1. 在許多不同的變項中看何種變項最能有效的區別不同群體。

2. 如果一組變項要與其它一組變項有同樣的功能表現。

3. 那些群體最為相似。

4. 群體中那些個體不同質。

　　就預測的效用而言，區別分析有二種取向：一是預測取向的區別分析 (predictive discriminant analysis；PDA)；一是描述區向的區別分析 (descriptive discriminant analysis；DDA)(Huberty, 1994)。預測取向的區別分析其功用與迴歸分析類似，主要在於解釋與預測。其概念基礎與迴歸分析有許多相同的地方，它的主要目的在計算一組預測變項 (或稱區別變項) 的線性組合，以對另一個分組變項重新加以分類，並檢查其分組的正確性。預測取向的區別分析與迴歸分析概念相似之處在於：二者都是在求得一組自變項 (預測變項) 的線性組合，其加權值在迴歸分析中稱為迴歸係數，在區別分析中則稱為「區別函數係數」，二者都有原始的係數 (未標準化的係數) 與標準化的係數。不過，區別分析通常會計算單一預測變項與線性組合分數 (實際上就是效標變數的預測值) 的相關係數。不過，許多學者建議在進行迴歸分析時，仍應留意結構係數 (傅粹馨，民 85)。描述取向的區別分析主要使用分組變項，或稱為解釋變項 (explanatory variable) 以了解它與預測變項，或稱為反應變項 (response variable) 的關係，此種描述取向的區別分析與多變量變異數分析 (multivariate analysis of variance) 的關係較為密切 (陳正昌等，民 92)。

　　區別分析的基本原理與單因子多變量變異數分析十分類似，二者計算的過程也相似，都是在使組間的變異量與組內變異量的比值極大化，因而在單因子多變量變異數分析的檢定顯著後，進一步可以採用區別分析法 (林清山，民 77)。但二者間也有差異存在，MANOVA 檢定的目的在了解各組樣本究竟在那幾個依變項上之平均數差異達到顯著水準；而區別分析則是在透過得到觀察值在自變項 (這些自變項在 MANOVA 檢定中為依變項－計量資料) 之線性組合函數，以了解觀察值在依變項 (MANOVA 檢定中為自變項－分組變項) 上分類之正確性，進而了解究竟是那幾個自變項可以有效區分觀察值在依變項之分類 (王保進，民 93)

　　進行區別分析時有以下的假定 (吳明隆，民 91；陳正昌等，民 92；SPSS 2000)：

1. 有 k 個分組群體、p 個變項、相等的共變數矩陣，而樣本來自一個多變量常

態分配的母群。亦即每一組內共變異數矩陣應大致相等,否則區別函數就不能使各組的差異達到最大,如果樣本數不多,而各組內共變異數矩陣差異性也不大,使用區別分析亦是適切的。此外,樣本的每一組是從多變量常態分配的母群中抽選出來的,不過,隨著樣本數增加,此基本假設通常無法符合,如果資料嚴重違反多變量常態分配的假設,可以改用 Logistic 迴歸分析法。

2. 第二個假定為共變數矩陣相等性的檢定,群組間共變數矩陣同質性檢定一般採用 Box's M 考驗,當統計量未達 .01 或 .001 顯著水準,接受虛無假設。區別分析的預測變項是計量性變項(連續變項),所屬母群是一個常態分配母群,如果預測變項是間斷變項,與進行迴歸分析一樣,應先轉化為虛擬變項,分組變項須有二個或二個以上的水準,每個水準群組至少要有 20 個觀察值。

3. 區別分析對於樣本大小與預測變項比值的大小十分敏感,許多研究建議:每個預測變項對應的觀察值個數比值應大於 20,最小比值的準則為觀察值個數是預測變項數的 5 倍,類別變項最小群組的觀察值個數必須多於預測變項數,實務準則標準是分組變項每個水準數值群體的觀察值個數至少要有 20 以上。如果水準群體的個數都大於 20,但水準群體間觀察值個數差異很大,研究者可以採用隨機選取方法從大群組中抽取與小群組差不多的樣本納入分析,以確保分組變數中各水準數值群體的人數不要差距太大 (Hari, Jr. et al., 2010)。

4. 任何預測變項都不是其它預測變項的線性組合(亦即是線性重合)。

在區別分析中,以變異數分析進行組別平均數顯著的差異考驗,此外,也呈現了 Wilks' lambda 值。Wilks' lambda 是組內離均差平方和與總離均差平方和的比,Λ 值大小介於 0 至 1 之間,如果 Λ 值愈小,表示組內離均差平方和愈小,相對的,組間離均差平方和愈大,表示各組平均數間的差異也就愈大;如果 Λ 值愈大,表示各組平均數間愈沒有差異。

區別分析在各分析階段時,應把握以下原則 (Tacq, 1997):

1. 事前組別分類標準要儘可能有可靠性。

觀察值真正分組必須有其可靠性,分組的效標須有效度,如果是根據量

表測得的結果分類，量表本身必須有良好的信效度；若是採用觀察歸類，觀察者本身必須受過良好訓練，且觀察者間須有良好的一致性；若是根據外在指標或評鑑績效將群組分類，評鑑指標間必須有良好的效度。

2. 自變項是重要屬性，初始分析之數目不能太少，亦即研究者要從許多不同的特性中搜集統計資料，統計分析的平均數與加權總和會決定它們的區別能力。加權總和即是預測變項間的線性組合，此線性組合就是所謂的「區別函數」(discriminant function)，區別函數又稱區別 Z 分數 (discriminant Z scores)，區別函數的普通表示法為：

$Z_{jk} = a + W_1 X_{1k} + W_2 X_{2k} + \cdots\cdots + W_n X_{nk}$，式子中

Z_{jk}：表示第 k 位觀察值在區別函數 j 的區別 Z 分數。

a：截距項 (常數項)。

W_i：第 i 個自變項的區別係數。

X_{ik}：表示第 k 位觀察值的第 i 個自變數。

3. 如果個別變項與加權總和有顯著的區別能力，則可以有效的將觀察值歸類為組別中的一組，此歸類的正確率愈高愈好。

4. 挑選具重要特性而又有區別能力的變項，達到以最少變數而有高區別力的目標。

區別分析配合 SPSS 報表，在分析時有以下幾個步驟 (Hair, Jr. et al., 2010; Meyer, 1993; Sharma, 1996)：

(一) 根據依變項組別，自變項間有顯著的不同？

如果要以一組分數來預測組別，則每一個組別間的分數應有顯著的不同，自變項間整體差異分析結果可參考 Wilks' Λ 值，每個自變項考驗結果可參考 F 值，Wilks' Λ 值考驗的群組間形心之差異，單變量 F 值統計量考驗的是群組間平均數的差異。

這個考驗，即是將原先劃分之組別變項當作自變數，而將數個預測變項當作依變項，進行多變量與單變量變異數分析，在 SPSS 報表中，可參考 Wilks' Λ 值及單變量 F 值。如果 MANOVA 分析結果群組間的形心 (centorids) 皆沒有顯著差異，則計量變項構成的線性組合 (區別函數) 對分組變項的預測分類也不會達到

顯著。

(二) 根據自變項獲取線性方程式，並從中發掘自變項對組別預測的重要程度

1. 線性方程式即是區別函數

　　區別函數數目的最大值是組別數 (G) 減一或預測變項數 (p) 的最小值，如果組別數為三組，而預測變項數有四個，則區別函數個數 =[最小值 (G-1, p)]=[最小值 (3-1, 4)]=2；如果組別數為二組，預測變項數有五個，則區別函數個數 =[最小值 (G-1, p)]=[最小值 (2-1, 5)]=1，即一個區別函數即可以分割二個群體。區別函數中只考量到整體區別函數加權值，則簡化的區別函數 1 為：$Z_1 = a_1 + W_{11}X_1 + W_{21}X_2 + \cdots\cdots + W_{k1}X_k$、區別函數 2 為：$Z_2 = a_2 + W_{12}X_1 + W_{22}X_2 + \cdots\cdots + W_{k2}X_k$，區別函數與複迴歸分析中的迴歸方程式類似，均是一組自變項間的線性組合分數，迴歸分析的加權值稱為非標準化迴歸係數；區別分析的加權值稱為區別係數 (discriminant coefficient)。

2. 估計每個區別函數的重要性與顯著性

　　區別函數的統計顯著性考驗 (statistical significant of the discriminant function) 有卡方值 (Chi-square)、估計變異數百分比與特徵值等統計量數。χ^2 值統計量與多變量顯著性檢定統計量 Λ 值可以互換，當第一個 Λ 值顯著 (或 χ^2 值顯著)，表示至少第一個區別函數是顯著的 (p<.05)。若符號 N 表示全部觀察值個數、G 為分組變項的水準數值群組數、p 為區別變項 (自變項) 的個數，Λ 值轉換近似卡方值的自由度 = p×(G-1)，近似卡方值求法如下：

　　$\chi^2 = - \{N - [(p + G)/2 - 1]\} \ln(\Lambda)$，根據 Λ 值求出的近似效果量為：$\eta^2 = 1 - \Lambda$。

3. 決定每個自變項或預測變項的重要性

　　此方面的數據，可參考下列二個指標：「標準化的典型區別函數係數」與「結構矩陣」。區別函數程序中區別函數 (discriminant function) 是根據未標準化的資料推估而得，而區別分析又是典型相關分析的一種特例，因而未標準化區別加權值又稱為「典型區別函數」(canonical discriminant function)，由於典型區別函數係數不是唯一值，其數值本身是一種相對值 (relative values)，分類變項間較

難比較，將典型區別函數標準化或正規化 (normalized)，可以得到「標準化區別函數」(normalized discriminant function)，根據標準化典型區別函數值可以判別分類自變項對區別函數的貢獻度。

另一個判別分類自變項對區別函數的貢獻度的指標為「區別負荷量」(discriminant loading)，區別負荷量又稱為「結構相關」(structure correlation) 係數，結構相關矩陣是區別變項與典型區別函數間之組內聯合相關矩陣，相關係數的絕對值愈大，表示區別變項對區別函數的影響力愈大。區別負荷量表示的是自變項與區別函數間的簡單相關，區別負荷量反映的是自變項可以分享區別函數變異的程度大小，其性質及解釋與因素分析程序中的因素負荷量類似，根據其數值絕對值的高低可以評估每個自變項 (分類變項) 對區別函數的相對的貢獻，其判別標準是區別負荷量的數值 ≥ ±.400 以上，自變項對區別函數的貢獻才有實質的意義，較為嚴謹的臨界值是自變項區別負荷量之數值 ≥ ±.500 以上。

4. 決定每個區別函數對分類組別成員的重要性

此判別可以檢驗每個函數中每個組別之形心大小，如果有差異，表示區別函數可以區別不同組別。

(三) 根據自變項所建立的方程式來預測組別成員，並估算預測正確率多少

觀察值的分類結果，在 SPSS 報表中，可參考「分類函數係數」(Fisher 線性區別函數)，分類結果的正確率可參考「分類結果」摘要表。一般而言，區別分析程序的結果，整體分類結果正確百分比在 60.0% 以上，表示自變項的預測分類結果普通；整體分類結果正確百分比在 70.0% 以上，表示自變項的預測分類結果佳；整體分類結果正確百分比在 80.0% 以上，表示自變項的預測分類結果良好。若從統計推論觀點而言，整體分類結果的分類正確性是否因機遇 (chance) 導致，必須根據統計量數加以考驗，若是檢定結果未達顯著 (p>.05)，表示分類結果的正確性是導因於機遇，而非是自變項正確預測分類結果，其常用的統計公式為 Q 檢定：

Press's $Q = \dfrac{[N-(nK)]^2}{N(K-1)}$，其中 N 為全部觀察值總數、n 被正確分類的觀察值個數、K 為群組個數，在顯著水準為 .01 時，其統計量臨界值為 6.63，若是統計量 Q 數值大於 6.63，表示分類結果不是機遇造成的，預測變項正確預測分類

的正確率超過 50.0%。以下列預測分類結果表格為例，n=42、N=50、K=2 個群組，Press's $Q = \dfrac{[N-(nK)]^2}{N(K-1)} = \dfrac{[50-(42\times2)]^2}{50(2-1)} = 23.12$，Q 統計量 =23.12>6.63，拒絕虛無假設，表示預測分類百分比並不是由機遇造成的，整體預測歸類正確百分比 84.0% 是有統計上實質意義存在的。

實際組別	預測分類組別		實際組別觀察值個數	分類正確百分比
	1	2		
1	22	3	25	88
2	5	20	25	80
預測分類組別觀察值個數	27	23		84

註：84.0% = (22+20)/50×100%。

　　區別分析的自變項 (預測變項) 必須是連續變項 (等距 / 比率變項)，而依變項則屬間斷變項，如果預測變項為非連續變項，也應轉化為虛擬變項，部份學者主張為探討集群分析 (cluster) 後之群組劃分的正確性，認為研究者在使用集群分析法後，可進一步以區別分析法加以考驗。由於區別分析與多變量變異數分析中的變項屬性剛好相反，多變量變異數分析中，自變項是名義或次序變項，而依變項則為連續變項，因而也有學者提出：在多變量變異數分析中，如果整體考驗顯著，也可以採用區別分析作為其追蹤考驗，以找出最能區辨依變項的自變項。有關以區別分析程序作為 MANOVA 的追蹤考驗，有興趣的讀者可參閱吳明隆編著《SPSS 操作與應用 - 多變量變異數分析實務》一書。

　　區別分析資料分析的步驟，可以簡要分成以下幾個步驟 (王保進，民 93；陳正昌等，民 92)：

○ 一、區別分析之基本假設

　　進行區別分析時必須符合二個最基本的假設：一是觀察值在自變項的測量值必須呈現多變量常態分配；二是依變項各組樣本在自變項上之變異數與共變數必須具有同質性 (homogeneity)，此為共變異數矩陣的相等性假定。如果是違反多變量常態性分配的假定，統計分析時最好改用 Logistic 迴歸分析。

⊃ 二、建立區別函數並進行顯著性檢定

在區別函數的數目中，如果有 p 個自變項，依變項有 G 個分組變項，共可得到 [最小值 (p,G-1)] 條線性區別方程。標準化區別方程的線性模性如下：

$$D_1 = d_{j1}Z_1 + d_{j2}Z_2 + d_{j3}Z_3 + \cdots\cdots + d_{jp}Z_p$$

其中 Z_p 為標準化的自變項、D_j 為標準化區別函數 (standardized discriminant function)，d_{jp} 為標準化區別函數係數。

⊃ 三、解釋自變項在各區別函數之意義

標準化區別函數中各自變項之標準化區別係數，代表各自變項於計算觀察值在該區別函數上區別分數之相對重要性，係數愈大，表示該自變項之重要性愈高。在區別分析中標準化區別函數係數與結構係數的意義不盡相同，結構係數是預測變項與區別函數的簡單相關，是聯合組內相關矩陣右乘標準化區別函數係數矩陣而得。標準化區別函數係數考慮到預測變項對區別函數的整體貢獻，某個預測變項的標準化係數，是排除其它自變項後，與區別函數的部份相關 (part correlation)。當所有預測變項之間的相關為 0 或很低時，標準化區別函數係數與結構係數值會一樣或很接近。如果標準化區別函數係數與結構係數值差異過大，或是方向有所不同時，可能就有多元共線性問題 (Klecka, 1980)。部分學者認為在解釋區別函數時，應以結構係數為主，因為結構係數比較穩定，不過，也有其他學者提出不同看法，如 Johnson (1998)、Stevens (1996) 認為：當樣本與變數太少時 (少於 20)，標準化區別函數係數與結構係數值都不是很穩定。因而對於進行區別分析時，許多研究均建議 (Hari et al., 1995; Stevens, 1996)，每個預測變項應有 20 個觀察值，如此分析結果才較穩定 (陳正昌等，民 92)。

⊃ 四、分類與預測

區別分析的目的在於能夠區分觀察值在依變項上之差異 (分類)，進而對新觀察值進行預測工作，因此，分類與預測正確性的高低，是決定區別分析之效度最重要的關鍵因素。區別分析常用的方法有以下四種 (Johnson, 1998; SPSS 2000)：截斷值法 (cutoff-value)、線性分類函數 (linear classification)、距離函數

(distance function)、最大可能法 (maximum likelihood)。線性分類函數法是將觀察值依線性組合的函數分類，將其分類到分數最高的一組，這種方法最先由 Fisher 建議使用，因而又稱 Fisher 分類函數 (Fisher classification function) 或 Fisher 線性分類函數。一般而言，當樣本的測量值符合多變量常態分配及共變數同質的假設時，上述四種分類方法應會相同。

區別函數透過分類矩陣及最佳切截分數將觀察值加以分類，如果二個群組的大小相等，二個群組形心的平均數即可作為切截分數點；若是二個群組的大小不相等，根據各群組觀察值人數進行加權，再以二個平均數作為切截分數點，下圖為二個群組大小時，切截分數點的圖示，最佳切截分數公式為：$Z_{CE} = \dfrac{Z_A + Z_B}{2}$，$Z_A$ 為群組 A 的形心、Z_B 為群組 B 的形心、Z_{CE} 為相同群組大小的臨界分割分數 (Hair, Jr. et al., 2010, pp. 362-364)。

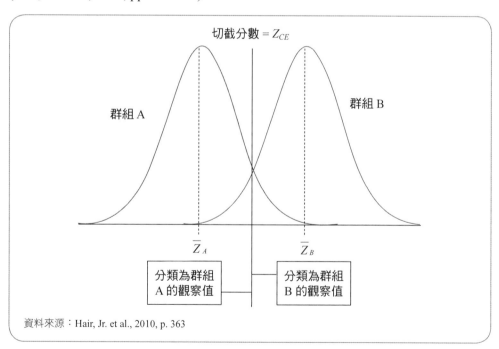

資料來源：Hair, Jr. et al., 2010, p. 363

如果二個群組大小不同 (二個群組觀察值個數的差異較大)，最佳切截分數或切割值的公式為：$Z_{CS} = \dfrac{N_B Z_A + N_A Z_B}{N_A + N_B}$，$Z_A$ 為群組 A 的形心、Z_B 為群組 B 的形心、N_A 為群組 A 觀察值的個數、N_B 為群組 B 觀察值的個數、Z_{CB} 為群組 A 與群

組 B 最佳分割分數。切截分數點的圖示如下：

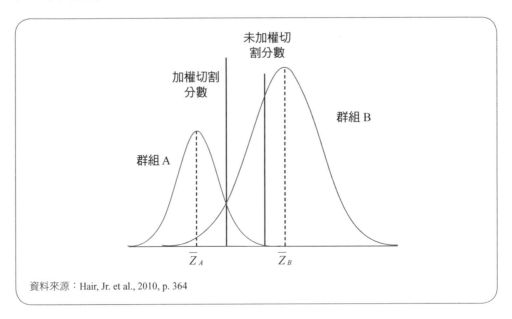

資料來源：Hair, Jr. et al., 2010, p. 364

　　區別分析程序的區別函數以下列假設性資料為例：三個群組在 X1 預測分類變項的平均數分別為 2.0、4.6、3.8；在 X2 預測分類變項的平均數分別為 2.0、2.2、6.2。

第一個群組			第二個群組			第三個群組		
編號	X1	X2	編號	X1	X2	編號	X1	X2
A1	2	2	B1	4	2	C1	2	6
A2	1	2	B2	4	3	C2	3	6
A3	3	2	B3	5	1	C3	4	6
A4	2	1	B4	5	2	C4	5	6
A5	2	3	B5	5	3	C5	5	7
	2.0	2.0		4.6	2.2		3.8	6.2

資料來源：Hair, Jr. et al., 2010, p.347

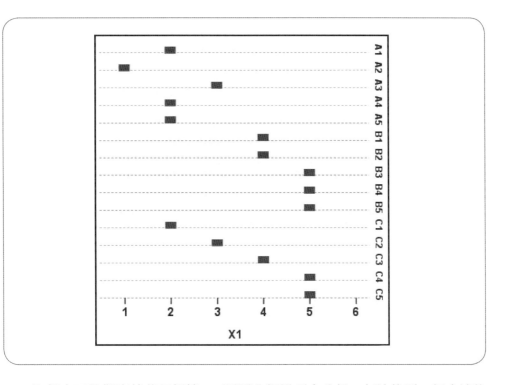

　　全部十五位觀察值若只根據 X1 預測分類變項來分組，無法找到一個合適的
分割點或切割值 (cutoff value)。

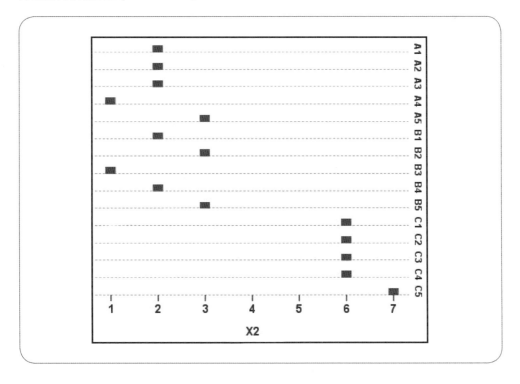

相同的，全部十五位觀察值若只根據 X2 預測分類變項來分組，無法找到一個合適的分割點或切割值 (cutoff value)。

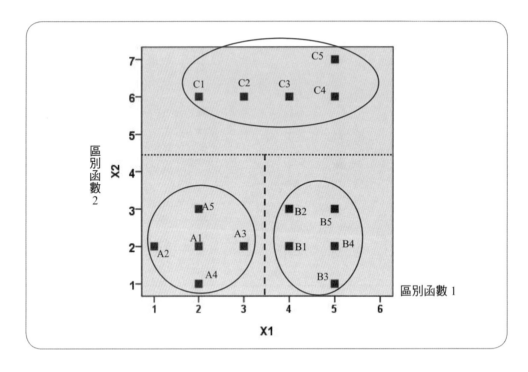

如果根據二個預測分類變項建立二條區別函數 (discriminant function)，假設區別函數係數加權值分別為 1.0、0.0 及 0.0、1.0，則二條區別函數如下：

區別函數 1 = 1.0×X1 + 0.0×X2

區別函數 2 = 0.0×X1 + 1.0×X2

根據二條區別函數可以很明確將全部十五位觀察值分成三個群組，群組 1 的觀察值為 A1、A2、A3、A4、A5；群組 2 的觀察值為 B1、B2、B3、B4、B5；群組 3 的觀察值為 C1、C2、C3、C4、C5。

ANOVA、複迴歸與區別分析模式效果值與變項統計顯著性檢定比較摘要表如下 (Warner, 2008, p.698)：

資訊型態	ANOVA	複迴歸	區別分析
投入模式整體效果值	η^2(或ω^2):Y結果分數可以被組別變數解釋的變異	多元相關係數 R 或多元相關係數 R^2:Y結果變項數可以被測變數解釋的變異	$\Lambda = 1 - \eta^2$:區別函數分數無法組別成員預測或沒有關聯的變異部份
投入模式整體顯著性檢定	$F = \dfrac{MS_{組間}}{MS_{組內}}$	$F = \dfrac{MS_{迴歸}}{MS_{殘差}}$	Wilks's Λ(可以轉換為近似 F 值或 χ^2 值)
每個 X 個別預測變項的統計顯著性	-----	檢定 b 原始分數(斜率係數)的 t 值統計量是否達顯著?	SPSS 統計軟體沒有提供個別 X 預測變項貢獻度的顯著性統計量檢定
每個 X 個別預測變項的預測貢獻強度及本質	-----	檢定原始迴歸係數 b 及標準化迴歸係數值 β(及 sr^2)	檢定原始區別函數係數、標準化分數區別函數係數或結構係數

三個分組變項之區別分析圖如下:

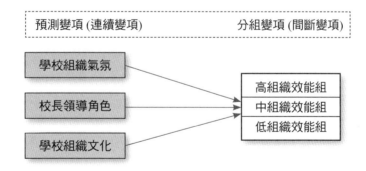

本範例之數據資料檔如下:

學校編號	學校組織文化	學校組織氣氛	校長領導角色	學校組織效能分組	學校編號	學校組織文化	學校組織氣氛	校長領導角色	學校組織效能分組
S1	22	78	60	1	S9	25	47	19	2
S2	31	75	90	1	S10	28	41	20	2
S3	11	90	81	1	S11	90	25	71	3
S4	20	62	92	1	S12	61	30	82	3
S5	21	71	78	2	S13	82	27	91	3
S6	45	50	31	2	S14	82	20	77	3
S7	22	45	41	2	S15	79	21	80	3
S8	32	37	51	2					

　　如果直接根據學校組織效能量表得分情形 (或校務發展指標評定)，十五所學校中，歸類於高組織效能組者有四所、屬於中組織效能組者有六所、屬於低組織效能組者有五所。學校組織效能組的區別中，如果以學校組織文化、學校組織氣氛、校長領導角色三個變項，是否可以有效加以預測區別呢？其區別正確率如何？這就是區別分析的應用。

第二節　區別分析的實例

壹、操作程序

【操作 1】

　　執行功能表列「分析 (A)」(Analyze) /「分類 (Y)」(Classify)/「判別 (D)」(Discriminant) 程序，開啟「判別分析」(Discriminant Analysis) 主對話視窗。

註：在 SPSS 中文版視窗，將區別分析 (Discriminant) 一詞譯成「判別分析」，國內有些多變量統計書籍也將其譯為判別分析 (沈明來，87)，但多數多變量相關的書籍則多譯為區別分析。

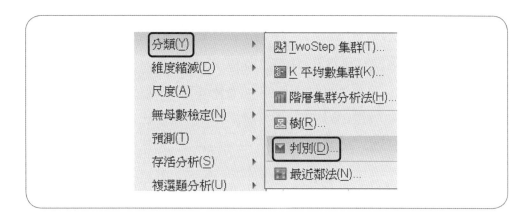

【操作 2】

將左邊變數清單中的分組變項「組織效能組」變數選入右邊「分組變數 (G)」(Grouping Variable) 下的空格中。

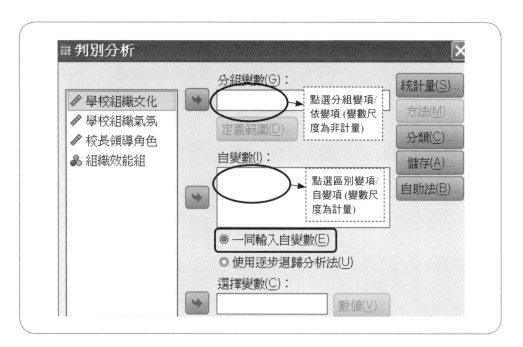

選取「組織效能組 (? ?)」，按其下之『定義範圍 (D)』(Define Range) 鈕 (定義範圍在於分組變數之水準數值的界定)，出現「判別分析：定義範圍」 (Discriminant Analysis: Define Range) 次對話視窗，在「最小值 (N)」(Minimum)

的後面方格輸入「1」；在「最大值 (X)」(Maximum) 的後面方格輸入「3」，按
『繼續』鈕。「判別分析：定義範圍」次對話視窗的界定，與獨立樣本 T 檢定
程序中界定自變項的水準數值範圍的操作相同，回到「判別分析」主對話視窗
中，「分組變數 (G)」下的方格訊息由「組織效能組 (? ?)」變為「組織效能組 (1
3)」，表示分組變數「組織效能組」水準數值群體的界定是 1 (最小值)、2、3
(最大值)。

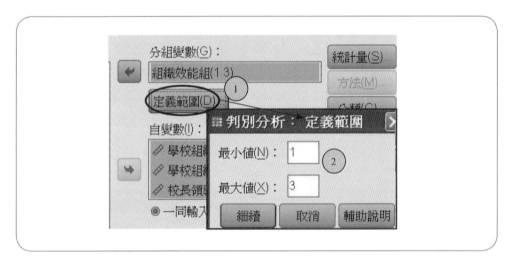

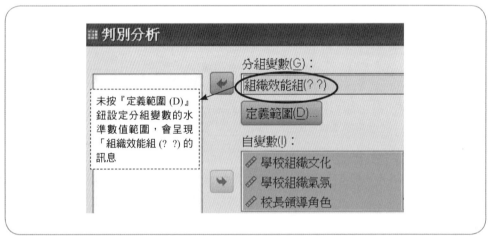

　　於「判別分析」主對話視窗中，將三個分類變項 (預測變項)：學校組織文
化、學校組織氣氛、校長領導角色選入右邊「自變數 (I)」(Independents) 下的空
盒中 (自變數或稱預測變數)，選取內定選項「◉ 一同輸入自變數 (E)」(Enter

independent together)。

　　「判別分析」主對話視窗中點選至「自變數 (I)」下方格的變數必須為連續變項 (計量變數)，自變數方盒或稱預測變數，與迴歸分析程序一樣，若是預測變項不是連續尺度 (等距或比率尺度的變數)，必須將間斷變項轉換為虛擬變項才能點選至「自變數 (I)」的方盒中。

【操作 3】

　　按『統計量 (S)』(Statistics) 鈕，出現「判別分析：統計量」(Discriminant Analysis: Statistics) 次對話視窗，此對話視窗中的選項簡要說明如下：

1. 「描述性統計量」(Descriptives) 方盒選項

    (1) 「□ 平均數 (M)」(Means)：印出自變項的總平均數、組平均數與標準差。

    (2) 「□ 單變量 ANOVA」(Univariate ANOVAs)：自變項平均數在群組間差異考檢的單因子變異數分析。

    (3) 「□ Box's M 共變異數相等性檢定 (B)」(Box's M)：組共變數是否相等之 Box's M 檢定。

2. 「判別函數係數」(Function Coefficients) 方盒選項

    (1) 「□ Fisher's 線性判別函數係數 (F)」(Fisher's)：Fisher 分類係數 (線性區別函數)，又稱分類係數，可直接用來進行分類。

    (2) 「□ 未標準化 (U)」(Unstandardized)：未準化區別函數係數，即以變數原來的單位計算出的區別函數係數。

3. 「矩陣」(Matrices) 方盒選項

    (1) 「□ 組內相關矩陣 (R)」(Within-groups correlation)：為結構矩陣，勾選可輸出合併的組內相關矩陣。

    (2) 「□ 組內共變異數矩陣 (V)」(Within-groups covariance)：合併的組內共變異數矩陣。

    (3) 「□ 各組共變異數矩陣 (E)」(Separate-groups covariance)：每一組個別的共變異數矩陣。

    (4) 「□ 全體觀察值的共變異數 (T)」(Total covariance)：輸出所有觀察值的

共變異數矩陣。

範例視窗界面中，除未勾選「□ 全體觀察值的共變異數 (T)」選項外，其餘選項均勾選，按『繼續』鈕，回到「判別分析」(Discriminant Analysis) 主對話視窗。

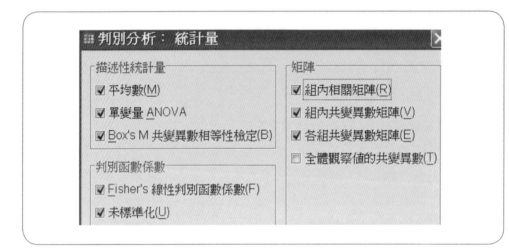

【操作 4】

按『分類 (C)』(Classify) 鈕，開啟「判別分析：分類結果摘要」(Discriminant Analysis: Classification) 次對話視窗。

1. 在「事前機率」(Prior Probabilities) 方盒中選取

「⊙ 所有組別大小均等 (A)」(All groups equal) 選項：將所有組別的事前機率值均假定相等 (此為內定法)。

當分組變數中各水準群體人數差距較大，事前機率選項可改選「⊙ 依據組別大小計算 (Compute from sample sizes)」選項；相反的，如果分組變數中各水準群體人數差距較小，事前機率選項選取「⊙ 所有組別大小均等 (A)」選項較為適宜。

2. 在「顯示」(Display) 方盒中選取

(1)「☑ 逐觀察值的結果 (E)」(Casewise results)：每一個觀察值預測分類結果 (分類結果不會以變數方式存檔)。

(2) 「☑ 摘要表 (U)」(Summary table)：呈現實際分組與預測的分組結果摘要表。

3. 在「使用共變異數矩陣」(Use Covariance Matrix) 方盒中

選取內定之「⦿ 組內變數 (W)」(Within-groups) 選項，表示選擇使用組內共變異數矩陣來將觀察值分類。

4. 「圖形」顯示方盒中勾選「合併組散佈圖 (O)」選項及「地域圖 (T)」選項。

按『繼續』鈕，回到「判別視窗」主對話視窗，按『確定』鈕。

「判別分析：分類結果摘要」(Discriminant Analysis: Classification) 次對話視窗中，「顯示」方盒的選項「☑ 摘要表 (U)」一定要勾選，否則預測分類正確度百分比無法得知，相關選項的關鍵字中英文與簡要功能說明如下：

事前機率 (Prior Probabilities) 方盒	計算事前分類的機率方式
1. 所有組別大小均等 (All groups equal)	假定所有組別事前的機率均相同
2. 依據組別大小計算 (Compute from sample sizes)	以各組樣本占總樣本人數比率為依據
顯示 (Display) 方盒	**分類結果表格形式**
1. 顯示逐觀察值的結果 (Casewise results)	以個別觀察值作為分類結果表
2. 摘要表 (Summary table)	將實際分組與預測分組結果做成分類摘要表
3. Leave-one-out classification	每次剔除一個觀察值之分類摘要表
使用共變異數矩陣 (Use covariance matrix) 方盒	**使用共變異數矩陣－分類之變異數共變數矩陣型式**
1. 組內變數 (Within-group)	組內變數－組內變異數共變數矩陣
2. 各組散佈圖 (Separate-group)	組間變數－組間變異數共變數矩陣
圖形 (Plots) 方盒	**顯示分類結果圖形方式**
1. 合併組散佈圖 (Combined-groups)	合併組散佈圖－整體樣本的分類圖
2. 各組散佈圖 (Separate-groups)	各組散佈圖－各組樣本的分類圖
3. 地域圖 (Territorial map)	地域圖－根據組的分類，畫出各組的中心點和範圍
用平均數置換遺值 (Replace missing with mean)	以平均數代替缺失值

　　研究者如果要將區別分析結果數據，轉成新的變數加入於資料檔中，可於「判別分析」主對話視窗，按『儲存 (A)』(Save) 鈕，然後選擇相關的選項即可。增列的變數資料於資料編輯視窗中還是要做一次檔案存檔的動作，否則退出系統後，分析所得的各項數據就會消失不見。範例視窗界面中於「判別分析：儲存」次對話視窗中勾選「☑ 預測的組群 (P)」選項、「☑ 區別分數 (D)」選項、「各組別成員的事後機率 (R)」選項。

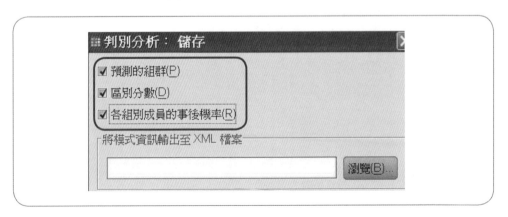

在「判別分析：儲存」次對話視窗中若勾選「☑ 預測的組群 (P)」選項、「☑ 區別分數 (D)」選項、「各組別成員的事後機率 (R)」選項，於變數檢視工作表視窗中會增列相關變數，視窗圖示增列六個變數為：Dis_1、Dis1_1、Dis2_1、 Dis1_2、 Dis2_2、Dis3_2、六個變數分別為預測分類的群組 (變數標記為 1 分析的預測組群)、區別分數 1 (變數標記為 1 分析之 1 函數的判別分數)、區別分數 2 (變數標記為 1 分析之 2 函數的判別分數)、第一組的機率 (變數標記為 1 分析之 1 組別的成員機率)、第二組的機率 (變數標記為 1 分析之 2 組別的成員機率)、第三組的機率 (變數標記為 1 分析之 3 組別的成員機率)。

	名稱	類型	寬度	小數	標記	值	遺漏	欄	對齊	測量
1	受試者	字串	8	0		無	無	8	靠左	名義(N)
2	學校組織文化	數字的	8	0		無	無	8	靠右	尺度(S)
3	學校組織氣氛	數字的	8	0		無	無	8	靠右	尺度(S)
4	校長領導角色	數字的	8	0		無	無	8	靠右	尺度(S)
5	組織效能組	數字的	8	0		{1, 高組織…	無	8	靠右	名義(N)
6	Dis_1	數字的	8	0	1 分析的預測組群	{1, 高組織…	無	8	靠右	名義(N)
7	Dis1_1	數字的	8	3	1 分析之 1 函數的判別分數	無	無	13	靠右	尺度(S)
8	Dis2_1	數字的	8	3	1 分析之 2 函數的判別分數	無	無	13	靠右	尺度(S)
9	Dis1_2	數字的	8	3	1 分析之 1 組別的成員機率	無	無	10	靠右	尺度(S)
10	Dis2_2	數字的	8	3	1 分析之 2 組別的成員機率	無	無	10	靠右	尺度(S)
11	Dis3_2	數字的	8	3	1 分析之 3 組別的成員機率	無	無	10	靠右	尺度(S)

貳、結果解析

判別

觀察值處理摘要分析

未加權的觀察值		個數	百分比
有效的		15	100.0
排除	遺漏值或超出範圍的組別碼	0	.0
	至少一個遺漏值區別變數	0	.0
	遺漏值或超出範圍的組別碼，以及至少一個遺漏值區別變數	0	.0
	總和	0	.0
總和		15	100.0

上表為樣本的相關訊息－觀察值處理摘要表，包括有效樣本數、依變項的遺漏值或超出範圍的組別碼、至少一個遺漏值區別變數 (自變項) 等。若樣本於自變項上的遺漏值太多，則於「Discriminant Analysis: Classification」(判別分析：分類結果摘要) 次對話視窗，提供一個以平均數置換遺漏值的選項 (Replace missing value with mean)，作為替代之用。

組別統計量

組織效能組		平均數	標準差	有效的 N (列出)	
				未加權	加權
高組織效能組	學校組織文化	21.00	8.206	4	4.000
	學校組織氣氛	76.25	11.500	4	4.000
	校長領導角色	80.75	14.637	4	4.000
中組織效能組	學校組織文化	28.83	8.886	6	6.000
	學校組織氣氛	48.50	11.929	6	6.000
	校長領導角色	40.00	22.307	6	6.000
低組織效能組	學校組織文化	78.80	10.756	5	5.000
	學校組織氣氛	24.60	4.159	5	5.000
	校長領導角色	80.20	7.328	5	5.000
總和	學校組織文化	43.40	27.523	15	15.000
	學校組織氣氛	47.93	22.534	15	15.000
	校長領導角色	64.27	25.683	15	15.000

上表為組織效能三個水準群體在三個分類變項的描述性統計量，即高組織效能、中組織效能、低組織效能學校組在學校組織文化、學校組織氣氛、校長領導角色等三個變項的平均數、標準差及其原先實際被劃分的組別數，其中高組織效能組有四所、中組織效能組有六所、低組織效能組有五所。當以組織效能三個水準群體為自變項，以學校組織文化、學校組織氣氛、校長領導角色三個變項為依變項，進行單因子 MANOVA 分析時，檢定比較的平均數為上述平均數所構成的形心。

各組平均數的相等性檢定

	Wilks' Lambda 值	F 檢定	分子自由度	分母自由度	顯著性
學校組織文化	.100	54.052	2	12	.000
學校組織氣氛	.166	30.225	2	12	.000
校長領導角色	.362	10.562	2	12	.002

　　上表為各組平均數的相等性檢定，即三組各預測變項平均數顯著性的差異考驗。以高、中、低組織效能三組為自變項，而以學校組織氣氛、學校組織文化、校長領導角色為依變項所執行單變量變異數分析，F 值愈大 (Wilks' Λ 值愈小)，平均數的差異值就愈大。由上表可知，不同學校效能組群體在學校組織氣氛、學校組織文化、校長領導角色的 F 值統計量均達顯著差異，其 F 值分別為 30.225 (p<.001)、54.052 (p<.001)、10.562 (p<.001)，表示三個學校效能群體觀察值感受的學校組織文化有顯著不同、三個學校效能群體觀察值感受的學校組織氣氛有顯著不同、三個學校效能群體觀察值感受的校長領導角色有顯著不同。

合併組內矩陣 [a]

		學校組織文化	學校組織氣氛	校長領導角色
相關	學校組織文化	88.303	-32.158	-30.900
	學校組織氣氛	-32.158	98.121	61.304
	校長領導角色	-30.900	61.304	278.796
相關	學校組織文化	1.000	-.345	-.197
	學校組織氣氛	-.345	1.000	.371
	校長領導角色	-.197	.371	1.000

a. 共變數矩陣有 12 個自由度。

　　上表為合併組內矩陣，共變數矩陣有 12 個自由度，上半部的聯合組內共變數是由 3 組的組內共變異數矩陣相加而成。而下半部的聯合組內相關矩陣，是由聯合組內共變數轉換而得。如學校組織氣氛與學校組織文化的相關 = -.345= $\dfrac{-32.158}{\sqrt{98.121}\sqrt{88.303}}$，此計算式和積差相關 (全體相關矩陣) 不同，積差相關的求法雖然也與上述類似，不同的是積差相關是由全體共變數矩陣求得。

共變數矩陣

組織效能組		學校組織文化	學校組織氣氛	校長領導角色
高組織效能組	學校組織文化	67.333	-44.667	19.333
	學校組織氣氛	-44.667	132.250	-68.250
	校長領導角色	19.333	-68.250	214.250
中組織效能組	學校組織文化	78.967	-30.500	-63.600
	學校組織氣氛	-30.500	142.300	178.600
	校長領導角色	-63.600	178.600	497.600
低組織效能組	學校組織文化	115.700	-24.850	-27.700
	學校組織氣氛	-24.850	17.300	11.850
	校長領導角色	-27.700	11.850	53.700

上表為各組內及全體的共變數矩陣。如果將全體的共變異數矩陣乘於其自由度，即是全體的 SSCP 矩陣。要出現全體的共數數矩陣及其自由度，於「判別分析：統計量」次對話視窗勾選「☑ 全體觀察值的共變異數」(☑ Total covariance) 選項即可。

分析 1：Box 共變數矩陣相等性檢定
對數行列式

組織效能組	等級	對數行列式
高組織效能組	3	14.027
中組織效能組	3	14.819
低組織效能組	3	11.021
合併組內	3	14.416

註：列印出的行列式之等級與自然對數屬於組別共變數矩陣。

上表為 Box 共變數矩陣相等性檢定，對數行列式結果呈現的是依變項各組組內變異數共變數矩陣與組內變異數與共變數矩陣之行列式值 (determinant) 與階數 (rank)。由於區別分析是根據組內與組間變異數共變數矩陣而演算出區別方程式，若變項間有高度多元共線性問題，將會使行列式值接近 0，且階數不等於自變項個數之現象 (王保進，民 93)。

檢定結果

Box's M 共變數相等性檢定		12.739
F 檢定	近似值	.633
	分子自由度	12
	分母自由度	492.007
	顯著性	.814

註：相等母群共變數矩陣的虛無假設檢定。

　　上表為各組內共變異數矩陣相等性的假設考驗，Box's M 值統計量為 12.739，轉換成 F 值統計量為 .633，顯著性 p=.814>.05，未達顯著水準，接受虛無假設，表示各組的組內共變異數矩陣相等，符合區別分析的假定，可以使用聯合組內共變異矩陣為分析的基礎。二個群組之共變異矩陣 (covariance matrices) 相等性考驗的虛設假設與對立假設如下：$H_0 : \Sigma_1 = \Sigma_2$、$H_a : \Sigma_1 \neq \Sigma_2$；三個群組之共變異數矩陣相等性考驗的虛無假設與對立假設如下：$H_0 : \Sigma_1 = \Sigma_2 = \Sigma_3$、$H_a : \Sigma_1 \neq \Sigma_2$ 或 $\Sigma_1 \neq \Sigma_3$ 或 $\Sigma_2 \neq \Sigma_3$ (至少有一配對群組間的共變異數矩陣不相等)，Σ_g 是 g 水準群組的共變異數矩陣。SPSS 統計軟體中共變異數矩陣相等性的檢定統計量為 Box's M 值，此統計量值可轉換為近似 F 值統計量。Box's M 值統計量與卡方值統計量相同，對於樣本大小特別敏感，在大樣本的情況下，共變異數矩陣間微小的差異也會讓顯著性 p 值達到 .05 顯著水準，而造成拒絕虛無假設的結果 (群組間的共變異數矩陣不相等)。

　　上述考驗中，如果機率值小於 .05，則應拒絕虛無假設，接受對立假設，表示各組的組內共變異數矩陣不相等，此時應使用個別組內共變異矩陣進行分析，此稱為二次區別分析。幸好區別分析是個富有相當「強韌性」(robust) 的統計方法，對於資料結構違反共變異數矩陣相等性與常態性假定，不會造成統計偏誤情形 (一般資料結構若違反常態性假定或共變異數矩陣相等性的假定，會影響統計顯著性考驗及分類結果的正確性)，但研究者在解釋結果時仍應要謹慎些 (Sharma, 1996, p.264；陳正昌等人，民 92)。SPSS 手冊中也建議：如果 N/p 的比率很大，很容易就違反同質性的假定，此時較佳處理方法，即是將第一類型的錯誤值 α 設小一點，如由 .05 改為 .01 或 .001 (SPSS, 2000)。

典型區別函數的摘要

特徵值

函數	特徵值	變異數的 %	累積 %	典型相關
1	12.835ᵃ	86.8	86.8	.963
2	1.951ᵃ	13.2	100.0	.813

a. 分析時會使用前 2 個典型區別函數。

上表為典型區別函數 (Canonical Discriminant Functions) 摘要表，第一欄為區別方程 (Function) 的編號、第二欄為特徵值 (Eigenvalue)、第三欄為解釋變異量 (% of Variance)、第四欄為累積解釋變異量 (Cumulative)、第五欄為典型相關係數值 (Canonical Correlation)，此值是把分類變項化為一組虛擬變項，而把預測變項當成另一組變項而求得的線性組合。區別函數數目 q=[最小值 (p,G-1)]，本例中有三個自變項 (p)、三個組別 (G)，因此 q=[最小值 (3,2)]=2，可以得到二個區別函數，其中第一個區別函數的特徵值等於 12.835、可解釋依變項 86.8% 的變異量；第二個區別函數的特徵值等於 1.951、可解釋依變項 13.2% 的變異量。第三直欄的解釋變異量為每個區別函數的特徵值與總特徵值的比值，如：

$$0.868=12.835÷(12.835+1.951)=12.835÷14.786=86.80\%$$
$$0.132=1.951÷(12.835+1.951)=1.951÷14.786=13.20\%$$

每個區別函數的特徵值乃由其典型相關求得：$\lambda = \dfrac{\rho^2}{1-\rho^2}$

此摘要表中有二個典型區別函數，特徵值愈大，表示此函數愈有區別力。典型相關係數表示區別分數與組別間關聯的程度，相當於變異數分析中的 eta 值 (效果值)(以組別為自變數，以區別分數為依變數)，第一個區別函數之典型相關平方值 =.963×.963=.927，表示區別函數 1 可以解釋群組間差異 92.7% 的變異量。

Wilks' Lambda 值

函數檢定	Wilks' Lambda 值	卡方	自由度	顯著性
1 到 2	.024	40.804	6	.000
2	.339	11.905	2	.003

上表為向度縮減分析，亦即在考驗區別函數的顯著性。區別分析對區別函數顯著性的檢定是採用逐一剔除法。首先，先考驗所有的區別函數，如表中 Wilks'

Lambda 值 =.024、卡方值 =40.804，p<.001，達 .05 顯著水準，表示二個區別函數中，第一個區別函數對依變項有顯著的預測力，第一區別函數顯著；其次，剔除第一區別函數的影響後，第二區別函數的 Wilks' Lambda 值 =.339、卡方值 =11.905，p=.003<.05，達 .05 顯著水準，表示第二個區別函數對依變項的解釋力也達顯著。

二個典型區別函數值的顯著性考驗，二個典型區別函數均達顯著。第一欄中「1 到 2」(1 through 2) 表示二個區別函數 (函數 1、函數 2) 的平均數 (形心) 在三個組別的差異情形，卡方值為 Wilks' Λ 值的轉換，藉以考驗其差異是否達到顯著，範例中的 χ^2 值統計量為 40.804，顯著性 p<.001，達到 .05 顯著水準。「2」表示在排除第一個函數 (典型變項) 後，函數 2 在三個組別間形心之差異考驗，由於 p=.003<.01，因而函數 2 也達到顯著。二個典型區別函數的檢定結果均達顯著，表示二條區別方程皆能有效解釋樣本在依變項上之變異量。

第一個典型區別函數的 Wilks' Λ 值 $=[1/(1+\lambda_1)] \times [1/(1+\lambda_2)] = [1/(1+12.835)] \times [1/(1+1.951)]=.024$。

第二個典型區別函數 Wilks' Λ 值 $=1/(1+\lambda_2) = 1/(1+1.951)=.339$。

第一個典型區別函數的自由度 =p(G-1)= 自變項 ×(組別數 - 1)=3×2=6。

第二個典型區別函數的自由度 =(p-1)(G-2)=(自變項 - 1)×(組別數 - 2)=2×1=2。

標準化的典型區別函數係數

	函數	
	1	2
學校組織文化	.775	.270
學校組織氣氛	-.470	.627
校長領導角色	.509	.648

此為二個典型區別函數的標準化係數 (稱為標準化典型區別函數係數 – Standardized Canonical Discriminant Function Coefficients)，標準化區別係數代表各自變項在各區別函數上之相對重要性，係數值愈大，代表該自變項在區別函數的重要性愈大。從標準化典型區別函數 (Standardized Canonical Discriminant Function) 值中，可以看出預測變項在組別區別函數時之相對的貢獻度。二個標

準化典型區別函數分別為：

第一個典型區別函數 D_1 =.775× 學校組織文化 -.470× 學校組織氣氛 +.509× 校長領導角色

第二個典型區別函數 D_2 =.270× 學校組織文化 +.627× 學校組織氣氛 +.648× 校長領導角色

從標準化典型區別函數值大小可以看出，「學校組織文化」變項與第一個典型區別函數關係較密切；「學校組織氣氛」及「校長領導角色」變項與第二個典型區別函數關係較密切。標準化典型區別函數係數計算是由未標準化區別函數係數乘以聯合組內共變異矩陣主對角線的平方根而得，如第一區別函數上學校組織文化的原始加權係數為 .082 (見 Canonical Discriminant Function Coefficients 報表)，而聯合組內共變異矩陣對角線組織文化係數值為 88.303 (見 Pooled Within-Groups Matrices 表)，其標準化典型區別函數係數＝.082× $\sqrt{88.303}$ =.775，標準化典型區別函數係數的絕對值有可能大於 1。

結構矩陣

	函數	
	1	2
學校組織文化	.837*	-.074
校長領導角色	.182	.827*
學校組織氣氛	-.549	.773*

註：區別變數和標準化典型區別函數之間的合併後組內相關。
變數係依函數內相關的絕對大小加以排序。
*. 在每個變數和任一區別函數之間的最大絕對相關。

上表為結構矩陣 (Structure Matrix) 摘要表。結構矩陣係數為預測變項與典型區別函數的聯合組內相關係數，此係數為聯合組內相關係數矩陣乘上標準化區別函數係數矩陣而得。「*」號表示區別變項與標準化典型區別函數的相關值 (含正 / 負相關) 較大者。相關係數的絕對值愈大者，表示此變數與區別函數的相關愈高，對區別函數的影響力愈大，從此結構矩陣中可以看出，學校組織文化變項對第一個區別函數的影響力較大；而校長領導角色、學校組織氣氛變項對第二個區別函數的影響較大。其結果與上述用標準化典型區別函數呈現的結果相同，根據結構係數負荷量的值，進一步可為每個區別函數命名。運用結構係數的優

點有二：一為可以避免共線性問題，二是在小樣本的分析時會比較穩定 (SPSS, 2000)。以第一區別函數三個結構係數而言，其求法分別如下：

學校組織文化：$.837=(-.345)\times(-.470)+(.775)\times(1.000)+(.509)\times(-.197)$

校長領導角色：$.182=(.371)\times(-.470)+(-.197)\times(.775)+(1)\times(.509)$

學校組織氣氛：$-.549=(1.000)\times(-.470)+(-.345)\times(.775)+(.371)\times(.509)$

第二個區別函數學校組織文化的結構係數等於：

$$(-.345)\times(.627)+(1.000)\times(.270)+(-.197)\times(.648)=-.074$$

典型區別函數係數

	函數	
	1	2
學校組織文化	.082	.029
學校組織氣氛	-.047	.063
校長領導角色	.030	.039
（常數）	-3.265	-6.771

註：未標準化係數。

上表為未標準化的區別函數係數。SPSS 內定選項中不列出未標準化的區別函數係數，因為在實際報表分析時，這個係數的實用性不大，尤其是區別函數不只一組時 (SPSS, 2000)。若要輸出未標準化區別函數係數 (典型區別函數係數)，於「判別分析：統計量」次對話視窗中勾選「☑ 未標準化 (U)」選項。

區別函數 1=-3.265+.082× 學校組織文化 -.047× 學校組織氣氛 +.030× 校長領導角色

區別函數 2=-6.771+.029× 學校組織文化 +.063× 學校組織氣氛 +.039× 校長領導角色

各組重心的函數

	函數	
組織效能組	1	2
高組織效能組	-2.689	1.787
中組織效能組	-1.969	-1.324
低組織效能組	4.513	.159

註：未標準化的典型區別函數以組別平均數加以評估。

　　上表為分類變項 (依變項) 各組樣本在區別函數之形心 (centroid)。形心係數值由未標準化區別函數係數乘上各組平均數而得。形心的意涵與平均數相同，它是計算得出每一觀察值在區別函數之區別分數後，依變項各組樣本在區別分數之平均數。當二組樣本之形心差異值愈大，表示二組間在該區別函數上的差異愈大 (王保進，民 93)。由上表可知，三組的第一區別函數平均明顯不同 (-2.689、-1.969、4.513)，因此第一區別函數可以明顯區分三組；而第二區別函數平均亦有差異 (-1.324、.159、1.787)，因此第二區別函數也可以明顯區分三組。

分類統計
分類處理摘要

處理過		15
排除	遺漏值或超過範圍的組別碼	0
	至少一個遺漏區別變數	0
用於輸出中		15

　　上表為分類統計摘要表，有效分類的樣本數為 15、遺漏值為 0。

組別的事前機率

組織效能組	事前	分析中使用的觀察值	
		未加權	加權
高組織效能組	.333	4	4.000
中組織效能組	.333	6	6.000
低組織效能組	.333	5	5.000
總和	1.000	15	15.000

　　上表為區別分析之組別的事前機率值，如果沒有理論基礎為根據，通常會假設分發到各組的機率均相等。事前機率的界定方式會影響常數項及事後機率的計算，也會影響分類結果的正確性，但對於其它係數則無顯著影響。在「判別分析：分類結果摘要」(Discriminant Analysis: Classification) 次對話視窗，「事前機率」方盒選取的選項為「 ⊙ 所有組別大小均等 (A) 」，因而三個水準數值群體的事前機率值相等，其數值各為 .333。問卷調查程序中，除非研究者對分組變數採用分層抽樣法，否則作為分組變數各群組人數有時差異較大，此時「事前機率」方盒中研究者應改選「 ⊙ 依據組別大小計算 (C) 」選項較為適合。

分類函數係數

	組織效能組		
	高組織效能組	中組織效能組	低組織效能組
學校組織文化	.614	.584	1.162
學校組織氣氛	.875	.644	.430
校長領導角色	.165	.067	.322
(常數)	-47.590	-26.479	-65.069

註：Fisher's 線性區別函數。

　　分類函數係數可將觀察值分類，分類時採用 Fisher 方法，特稱為 Fisher's 線性區別函數，每一群組均有一組係數，如：

1. 第一群組分類函數

F_1 =.614× 學校組織文化 +.875× 學校組織氣氛 +.165× 校長領導角色 -47.590

2. 第二群組分類函數

F_2 =.584× 學校組織文化 +.644× 學校組織氣氛 +.067× 校長領導角色 -26.479

3. 第三群組分類函數

F_3 =1.162× 學校組織文化 +.430× 學校組織氣氛 +.322× 校長領導角色 -65.059

　　觀察值分類時，將每一個觀察值代入三個群組的分類函數，以其分類函數值大小來比較，函數值最大者，代表是觀察值所屬的群組。

　　藉用 SPSS (PASW) 統計語法編輯器視窗，利用「轉換 (T)」/「計算變數 (C)」程序語法可以快速求出區別函數與分類函數，語法如下：

```
COMPUTE 區別函數 1=-3.265+.082* 學校組織文化 -.047* 學校組織氣氛
+.030* 校長領導角色 .
COMPUTE 區別函數 2=-6.771+.029* 學校組織文化 +.063* 學校組織氣氛
+.039* 校長領導角色 .
COMPUTE 分類函數 1=.614* 學校組織文化 +.875* 學校組織氣氛 +.165* 校長領導角色 -47.590.
```

COMPUTE 分類函數 2=.584* 學校組織文化 +.644* 學校組織氣氛 +.067* 校長領導角色 -26.479.
COMPUTE 分類函數 3=1.162* 學校組織文化 +.430* 學校組織氣氛 +.322* 校長領導角色 -65.059.
EXECUTE.

　　依據分類函數可以求出每位觀察值或受試者在三個分類函數的得分，觀察值於分類函數測量值最高者被預測分類為那個分類函數 (群組)，如第一位觀察值 S1 在三個分類函數的測量值分別為 44.07、40.62、13.37，在分類函數 1 測量值最高，因而觀察值 S1 被預測分類為群組 1。根據分類函數的分類結果，被預測分類為第一個群組 (高組織效能群組) 的觀察值有 S1、S2、S3、S4、S5；被預測分類為第二個群組 (中組織效能群組) 的觀察值有 S6、S7、S8、S9、S10；被預測分類為第三個群組 (低組織效能群組) 的觀察值有 S11、S12、S13、S14、S15。其中觀察值 S5 預測分類結果錯誤，其實際組別為第二個群組 (中組織效能群組)，但根據區別分類函數被預測分類為第一個群組 (高組織效能群組)。

受試者	學校組織文化	學校組織氣氛	校長領導角色	組織效能組	區別函數 1	區別函數 2	分類函數 1	分類函數 2	分類函數 3
S1	22	78	60	1	-3.33	1.12	44.07	40.62	13.37
S2	31	75	90	1	-1.55	2.36	51.92	45.96	32.19
S3	11	90	81	1	-4.16	2.38	51.28	43.33	12.51
S4	20	62	92	1	-1.78	1.30	34.12	31.29	14.47
S5	21	71	78	2	-2.54	1.35	40.30	36.74	14.99
S6	45	50	31	2	-1.00	-1.11	28.91	34.08	18.71
S7	22	45	41	2	-2.35	-1.70	12.06	18.10	-6.94
S8	32	37	51	2	-0.85	-1.52	12.85	19.45	4.46
S9	25	47	19	2	-2.85	-2.34	12.02	19.66	-9.68
S10	28	41	20	2	-2.30	-2.60	8.78	17.62	-8.45
S11	90	25	71	3	5.07	0.18	41.26	46.94	73.13
S12	61	30	82	3	2.79	0.09	29.64	33.96	45.13
S13	82	27	91	3	4.92	0.86	41.40	44.89	71.14
S14	82	20	77	3	4.83	-0.13	32.96	39.45	63.62
S15	79	21	80	3	4.63	-0.04	32.49	38.54	61.53

　　根據觀察值在二個區別函數的測量值可以求出三個群組在二個區別函數的重心 (形心)。高組織效能組、中組織效能組、低組織效能組三個群體在區別函數 1 的平均數分別為 -2.7043、-1.9802、4.4464；三個群體在區別函數 2 的平均數分別為 1.7910、-1.3193、0.1918，平均數欄的數值為「各組重心的函數」輸出結果摘要表中的數值。

敘述統計

組織效能組		個數	最小值	最大值	平均數	標準差
1 高組織效能組	區別函數 1	4	-4.16	-1.55	-2.7043	1.25283
	區別函數 2	4	1.12	2.38	1.7910	.67271
2 中組織效能組	區別函數 1	6	-2.85	-.85	-1.9802	.84361
	區別函數 2	6	-2.60	1.35	-1.3193	1.41788
3 低組織效能組	區別函數 1	5	2.79	5.07	4.4464	.94146
	區別函數 2	5	-.13	.86	.1918	.39041

　　以單因子 ANOVA 程序分析三個組織效能群組在二個區別函數重心的差異值是否顯著不等於 0，其結果如下：

ANOVA

		平方和	自由度	平均平方和	F	顯著性
區別函數 1	組間	151.616	2	75.808	77.011	.000
	組內	11.813	12	.984		
	總和	163.429	14			
區別函數 2	組間	23.456	2	11.728	11.709	.002
	組內	12.019	12	1.002		
	總和	35.475	14			

　　就區別函數1而言，三個組織效能群組的三個重心(平均數)間有顯著不同，整體差異檢定 F 值統計量為 77.011，顯著性 $p<.001$；就區別函數 2 而言，三個組織效能群組的三個重心 (平均數) 間也有顯著不同，整體差異檢定 F 值統計量為 11.709，顯著性 $p=.002<.05$。

多重比較　　**Scheffe 法**

依變數	(I) 組織效能組	(J) 組織效能組	平均差異 (I-J)	標準誤	顯著性	95% 信賴區間 下界	上界
區別函數 1	1 高組織效能組	2 中組織效能組	-.72408	.64044	.545	-2.5094	1.0612
		3 低組織效能組	-7.15065*	.66556	.000	-9.0060	-5.2953
	2 中組織效能組	1 高組織效能組	.72408	.64044	.545	-1.0612	2.5094
		3 低組織效能組	-6.42657*	.60078	.000	-8.1013	-4.7518
	3 低組織效能組	1 高組織效能組	7.15065*	.66556	.000	5.2953	9.0060
		2 中組織效能組	6.42657*	.60078	.000	4.7518	8.1013
區別函數 2	1 高組織效能組	2 中組織效能組	3.11033*	.64601	.002	1.3095	4.9111
		3 低組織效能組	1.59920	.67136	.098	-.2723	3.4707
	2 中組織效能組	1 高組織效能組	-3.11033*	.64601	.002	-4.9111	-1.3095
		3 低組織效能組	-1.51113	.60601	.082	-3.2004	.1782
	3 低組織效能組	1 高組織效能組	-1.59920	.67136	.098	-3.4707	.2723
		2 中組織效能組	1.51113	.60601	.082	-.1782	3.2004

*. 平均差異在 0.05 水準是顯著的。

經事後比較發現：就區別函數 1 而言，低組織效能群組的重心位置與高組織效能群組的重心位置顯著不相等，平均數差異值為 7.15；低組織效能群組的重心位置與中組織效能群組的重心位置顯著不相等，平均數差異值為 6.43；就區別函數 2 而言，高組織效能群組的重心位置與中組織效能群組的重心位置顯著不相等，平均數差異值為 3.11。區別函數 1 可以有效預測分類三個組織效能群組，區別函數 2 可以有效預測分類高、中組織效能群組。

依觀察值計算統計量

	觀察值個數	實際組別	預測組別	最高組別					第二高組別			區別分數	
				P(D>d | G=g)		P(G=g | D=d)	到重心的 Mahalanobis 距離平方		組別	P(G=g | D=d)	到重心的 Mahalanobis 距離平方	函數 1	函數 2
				p	自由度								
原始的	1	1	1	.656	2	.970	.844		2	.030	7.813	-3.322	1.122
	2	1	1	.431	2	.998	1.682		2	.002	13.726	-1.523	2.354
	3	1	1	.285	2	1.000	2.511		2	.000	18.510	-4.159	2.379
	4	1	1	.571	2	.947	1.121		2	.053	6.896	-1.752	1.293
	5	2	1**	.896	2	.974	.220		2	.026	7.448	-2.524	1.348
	6	2	2	.600	2	.994	1.020		1	.006	11.332	-.981	-1.114
	7	2	2	.870	2	.998	.278		1	.002	12.303	-2.336	-1.703
	8	2	2	.509	2	.999	1.349		1	.001	14.497	-.826	-1.534
	9	2	2	.402	2	1.000	1.823		1	.000	17.088	-2.854	-2.343
	10	2	2	.422	2	1.000	1.728		1	.000	19.386	-2.291	-2.598
	11	3	3	.823	2	1.000	.390		2	.000	52.669	5.138	.149
	12	3	3	.247	2	1.000	2.798		2	.000	25.070	2.844	.059
	13	3	3	.716	2	1.000	.669		2	.000	53.063	4.993	.822
	14	3	3	.881	2	1.000	.252		2	.000	48.495	4.898	-.164
	15	3	3	.958	2	1.000	.086		2	.000	45.968	4.695	-.071

　　上表為每一觀察值的實際分組摘要表 (Casewise Statistics)，包括觀察值編號 (Case Number)、實際組別 (Actual Group)、預測組別 (Predicted Group)、條件機率。實際組別為研究者依學校效能得分高低標準實際劃分的學校群組 (或以相關校務發展指標加以綜合評分分類)，而預測組別為根據學校組織文化、學校組織氣氛與校長領導角色三個變項，所區分的學校組別，「 ** 」符號表示實際劃分組別與預測最可能的組別不符合。根據此表，研究者可以發現，編號為 5 的學校，依區別分析結果，最有可能分類為第一組 (高效能組織學校組)，但在實際劃分上，卻分類為第二組 (中效能組織學校組)，因而在其列上，預測組別 1 的旁邊出現二個「 ** 」號。要呈現此表格，在「判別分析：分類結果摘要」(Discriminant Analysis: Classification) 次對話視窗中勾選「☑ 逐觀察值的結果 (E)」選項。

分類結果 [a]

		組織效能組	預測的各組成員			總和
			高組織效能組	中組織效能組	低組織效能組	
原始的	個數	高組織效能組	4	0	0	4
		中組織效能組	1	5	0	6
		低組織效能組	0	0	5	5
	%	高組織效能組	100.0	.0	.0	100.0
		中組織效能組	16.7	83.3	.0	100.0
		低組織效能組	.0	.0	100.0	100.0

a. 93.3% 個原始組別觀察值已正確分類。

　　上表為分類結果摘要表，分類結果摘要表之對角線為正確分類的個數，其餘為錯誤分類的個數。左邊的項目為原始的分類結果，高組織效能組有四所、中組織效能組有六所、低組織效能組有五所。直行為重新分類之組別及百分比。以中效能學校組而言，五個觀察值正確，一個錯誤，此錯誤觀察值分類最大可能應屬高效能學校組，而非中效能學校組。全部正確分類的百分比為 93.3%。整體分類正確性的求法如下：$(4+5+5) \div 15 = .933 = 93.3\%$。

　　分類正確性統計顯著性檢定中，n=14、N=15、K=3 個群組，Press's $Q = \dfrac{[N-(nK)]^2}{N(K-1)} = \dfrac{[15-(14\times3)]^2}{15(3-1)} = 24.30$，Q 統計量 =24.30>6.63 (p<.01)，表示整體分類正確百分比 93.3% 統計量並不是純粹由機遇造成的。

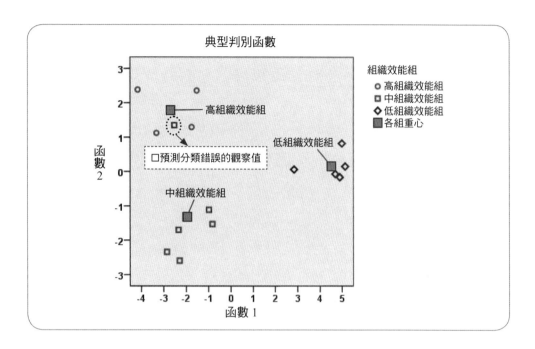

在「判別分析：分類結果摘要」(Discriminant Analysis: Classification) 次對話視窗中勾選「合併組散佈圖 (O)」選項，可以輸出全部觀察值的形心與分類結果圖，圖中 ■ 為各組重心 (形心) 所在位置，O 為觀察值原先實際分組為高組織效能組、□ 為觀察值原先實際分組為中組織效能組、◇ 為觀察值原先實際分組為低組織效能組，高組織效能組重心附近有四個 O 觀察值、一個 □ 觀察值，□ 符號之觀察值原先為中組織效能組，但預測分類時卻歸於高組織效能組，此觀察值為分類錯誤者。五個低組織效能組 ◇ 觀察值均圍繞於其重心附近，五個觀察值的預測分類均正確；五個中組織效能組 □ 觀察值圍繞於其重心附近，五個觀察值的預測分類正確；四個高組織效能組 O 觀察值圍繞於其重心附近，四個觀察值的預測分類均正確。

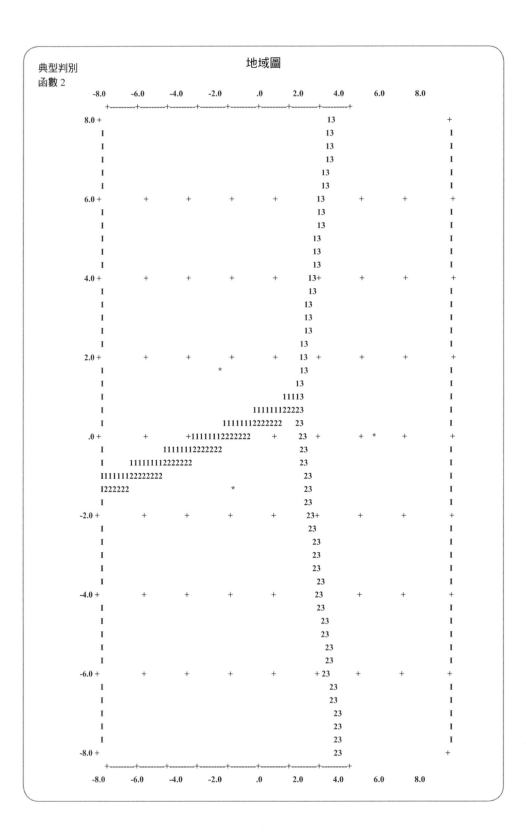

典型判別函數 1

地域圖所使用的符號

符號	組別	註解
----	----	----------------
1	1	高組織效能組
2	2	中組織效能組
3	3	低組織效能組
*		指示組別重心

　　由地域圖可以看出二個典型區別函數所區隔的三個群組的重心有顯著不同，表示區別函數可以預測區別觀察值歸屬於那一個群組，地域圖中的符號 * 表示各組的重心，此圖由逐筆觀察值預測分類結果表的數據繪製而成，當符號 * 相距愈遠，表示各群組重心的差異愈明顯，區別函數的預測分類效度愈佳。

參、結果說明

　　由以上報表解析，可以將區別分析結果整理成以下二個表格。

表 I　學校組織文化、組織氣氛與校長領導角色在不同學校效能組之區別分析摘要表

自變項	標準化典型區別係數		結構係數		未標準化區別函數	
	區別函數 1	區別函數 2	區別函數 1	區別函數 2	區別函數 1	區別函數 2
學校組織文化	.775	.270	.837#	-.074	-.047	.063
學校組織氣氛	-.470	.627	-.549#	.773#	.082	.029
校長領導角色	.509	.648	.182	.827#	.030	.039
截距 (常數項)					-3.265	-6.771

第一個區別函數：λ =12.835　Wilks' Λ =.024　卡方值 =40.804[***]
第二個區別函數：λ =1.951　Wilks' Λ =.339　卡方值 =11.905[**]

** $p<.01$　*** $p<.001$　# 絕對值 $\geq .500$

表 II 分類結果正確率交叉摘要表

效能組別	實際分類樣本	預測分類結果		
		高效能	中效能	低效能
高組織效能組	4	4 (100%)	0 (0.0%)	0 (0.0%)
中組織效能組	6	1 (16.7%)	5 (83.30%)	0 (0.0%)
低組織效能組	5	0 (0.0%)	0 (0.0%)	5 (100%)
總預測區別正確率 = 93.30%	Press's Q=24.30[**]			

** $p<.001$

　　由表 I 可以得知：學校組織文化、學校組織氣氛與校長領導角色三個變項可以有效區別學校效能高、中、低三個組別，有二個區別函數達到顯著，第一個區別函數的 Wilks' Λ 值為 .024 ($p<.001$)、第二個區別函數的 Wilks' Λ 值為 .339 ($p<.01$)。從標準化典型區別係數與結構係數來看，與第一區別函數相關較密切者為學校組織文化變項；與第二個區別函數相關較密切者為學校組織氣氛與校長領導角色。因而第一區別函數主要藉由組織文化而有效區別不同組織效能組的學校；以第二區別函數來看，對不同組織效能組的學校區別分析中，則以學校組織氣氛及校長領導角色二個自變項的區別力較高。

　　此外，從表 II 分類結果正確率交叉表來看，四所高組織效能學校組中，四所全部被正確預測歸類屬於這一組，正確預測率為 100.0%；六所中組織效能學校組中，有五所被正確預測歸類屬於這一組，正確預測率為 83.3%；五所低組織效能學校組中，五所全部被正確預測歸類屬於這一組，正確預測率為 100.0%；就全體總預測率而言，三個區別變項的正確預測歸類百分比高達 93.3%，區別效度的 Press's Q 統計量為 24.30，大於臨界值 6.63，表示此區別預測歸類結果是有實質意義的，三個區別變項的區別力佳。

　　研究結果顯示：從學校組織文化狀況、學校組織氣氛情形、校長領導角色類型三個變項，便可有效區別學校為何種組織效能類型，其區別命中力頗高，預測分類的結果顯著不是由機遇造成的。

第三節　MANOVA 與區別分析

　　MANOVA 分析程序與區別分析程序的變項順序剛好相反，MANOVA 分

析程序的自變項為群組間斷變數、依變項為連續變數 (計量變項)；區別分析中的自變項為連續變項、分組變數 (被預測分類的變數) 為間斷變數，若是 MANOVA 分析程序的多變量檢定統計量均未達 .05 顯著水準 (p>.05)，表示各群組在依變項的形心 (重心) 均沒有顯著不同，改用區別分析程序時，區別函數也不會達到 .05 顯著水準。

下述範例資料中，社經地位為三分名義變數，水準數值 1 為高社經地位群組、水準數值 2 為中社經地位群組、水準數值 3 為低社經地位群組；學業成就為三分名義變數，水準數值 1 為高學業成就群組、水準數值 2 為中學業成就群組、水準數值 3 為低學業成就群組；四個自變項 (區別變項)：課堂壓力、考試壓力、期望壓力、人際關係 (同儕人際關係) 均為計量變數。

受試者	社經地位	學業成就	課堂壓力	考試壓力	期望壓力	人際關係	受試者	社經地位	學業成就	課堂壓力	考試壓力	期望壓力	人際關係
S01	1	1	5	4	5	3	S16	1	2	8	9	5	7
S02	2	1	6	5	4	1	S17	2	2	7	6	4	2
S03	3	1	4	3	4	2	S18	3	2	9	8	4	8
S04	1	1	3	3	2	3	S19	1	2	2	3	1	9
S05	2	1	10	6	7	4	S20	2	2	9	7	10	10
S06	3	1	3	2	4	5	S21	3	3	10	8	6	6
S07	1	1	1	2	4	2	S22	1	3	9	3	2	7
S08	2	1	3	4	7	4	S23	2	3	8	9	8	8
S09	3	1	2	4	3	5	S24	3	3	9	9	6	4
S10	1	1	6	6	8	3	S25	1	3	10	10	7	5
S11	2	2	8	9	6	6	S26	2	3	10	8	6	6
S12	3	2	9	8	7	7	S27	3	3	9	10	5	7
S13	1	2	10	9	6	9	S28	1	3	8	10	6	8
S14	2	2	5	6	4	10	S29	2	3	8	5	4	9
S15	3	2	6	7	3	6	S30	3	3	9	9	3	4

二個區別分析的圖示架構如下：

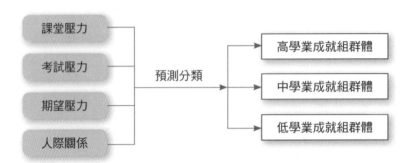

區別分析程序圖中的自變項或區別變項為課堂壓力、考試壓力、期望壓力、人際關係等四個計量變數，依變項或分組變項為學業成就三個群組。

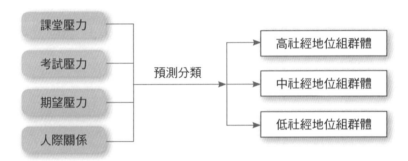

區別分析程序圖中的自變項或區別變項為課堂壓力、考試壓力、期望壓力、人際關係等四個計量變數，依變項或分組變項為社經地位三個群組。

壹、MANOVA 分析程序

MANOVA 分析程序中，依變項為課堂壓力、考試壓力、期望壓力、人際關係等四個計量變數。

⬤ 一、以學業成就為自變項

受試者間因子

		數值註解	個數
學業成就	1	高學業成就組	10
	2	中學業成就組	10
	3	低學業成就組	10

學業成就三個水準數值群組各有 10 位觀察值。

敘述統計

	學業成就	平均數	標準離差	個數
課堂壓力	1 高學業成就組	4.30	2.584	10
	2 中學業成就組	7.30	2.406	10
	3 低學業成就組	9.00	.816	10
	總數	6.87	2.825	30
考試壓力	1 高學業成就組	3.90	1.449	10
	2 中學業成就組	7.20	1.874	10
	3 低學業成就組	8.10	2.331	10
	總數	6.40	2.608	30
期望壓力	1 高學業成就組	4.80	1.932	10
	2 中學業成就組	5.00	2.449	10
	3 低學業成就組	5.30	1.829	10
	總數	5.03	2.025	30
人際關係	1 高學業成就組	3.20	1.317	10
	2 中學業成就組	7.40	2.413	10
	3 低學業成就組	6.40	1.713	10
	總數	5.67	2.564	30

學業成就三個水準數值群組在四個計量變數的平均數與標準差。若符號 M_{ij} 表示群組 j 第 i 個變數的平均數，MANOVA 分析程序的虛無假設為：

$$\begin{bmatrix} \mu_{11} \\ \mu_{21} \\ \mu_{31} \\ \mu_{41} \end{bmatrix} = \begin{bmatrix} \mu_{12} \\ \mu_{22} \\ \mu_{32} \\ \mu_{42} \end{bmatrix} = \begin{bmatrix} \mu_{13} \\ \mu_{23} \\ \mu_{33} \\ \mu_{43} \end{bmatrix}$$ ，虛無假設為三個群組的形心（重心）距離為 0（三個群組的

形心間沒有顯著不同）；對立假設為至少二個群組的形心距離顯著不等於 0。高學業成就群組的平均數向量為 [4.30，3.90，4.80，3.20]、中學業成就群組的平均數向量為 [7.30，7.20，5.00，7.40]、低學業成就群組的平均數向量為 [9.00，8.10，5.30，6.40]。

多變量檢定 [c]

效果		數值	F	假設自由度	誤差自由度	顯著性
截距	Pillai's Trace	.970	196.248[a]	4.000	24.000	.000
	Wilks' Lambda 變數選擇法	.030	196.248[a]	4.000	24.000	.000
	多變量顯著性檢定	32.708	196.248[a]	4.000	24.000	.000
	Roy 的最大平方根	32.708	196.248[a]	4.000	24.000	.000
學業 成就	Pillai's Trace	.943	5.575	8.000	50.000	.000
	Wilks' Lambda 變數選擇法	.167	8.693[a]	8.000	48.000	.000
	多變量顯著性檢定	4.339	12.475	8.000	46.000	.000
	Roy 的最大平方根	4.182	26.136[b]	4.000	25.000	.000

a. 精確的統計量。

b. 統計量為在顯著水準上產生下限之 F 的上限。

c. Design：截距 + 學業成就。

　　多變量檢定統計量摘要表顯示四個多變量統計量的顯著性均達 .05 顯著水準 (p<.05)，Pillai V 值統計量等於 .943、Wilks' Λ 值等於 .167、 Hotelling Trace 值等於 4.339、Roy 最大根統計量等於 4.182，四個多變量檢定統計量的顯著性機率值 p 值均小於 .001，達 .05 顯著水準，表示三個群組的形心間有顯著不同，四個依變項 (檢定變項) 中，至少有一個依變項在學業成就群組平均數的差異達到顯著。至於是那一個依變項造成的，進一步則進行單因子單變量變異數分析或區別分別，以找出三組樣本在依變項上平均數的差異情形。

受試者間效應項的檢定

來源	依變數	型 III 平方和	df	平均平方和	F	顯著性
學業成就	課堂壓力	113.267	2	56.633	12.937	.000
	考試壓力	97.800	2	48.900	13.283	.000
	期望壓力	1.267	2	.633	.145	.865
	人際關係	96.267	2	48.133	13.767	.000
誤差	課堂壓力	118.200	27	4.378		
	考試壓力	99.400	27	3.681		
	期望壓力	117.700	27	4.359		
	人際關係	94.400	27	3.496		
校正後的總數	課堂壓力	231.467	29			
	考試壓力	197.200	29			
	期望壓力	118.967	29			
	人際關係	190.667	29			

族系錯誤率 $\alpha_p = \alpha_{fw} \div p$ (p 為依變項個數)，範例中依變項有四個，採用族系錯誤率時，追蹤考驗之 ANOVA 分析程序的顯著水準 $p_F = \alpha \div 4 = .05 \div 4 = .0125$，當 ANOVA 分析之 F 值統計量的顯著性機率值小於 .0125，才能拒絕虛無假設。四個依變項的單變量檢定中，課堂壓力、考試壓力、人際關係三個依變項的 F 值統計量分別為 12.937、13.283、13.767，顯著性 p<.001，均小於 .0125，表示不同學業成就組群體在課堂壓力、考試壓力、人際關係三個依變項的平均數間均至少有一配對組群體的平均數顯著不相同。

● 二、以社經地位為自變項

受試者間因子

		數值註解	個數
社經地位	1	高社經地位組	10
	2	中社經地位組	10
	3	低社經地位組	10

社經地位三個水準數值群組各有 10 位觀察值。

敘述統計

	社經地位	平均數	標準離差	個數
課堂壓力	1 高社經地位組	6.20	3.327	10
	2 中社經地位組	7.40	2.221	10
	3 低社經地位組	7.00	2.981	10
	總數	6.87	2.825	30
考試壓力	1 高社經地位組	5.90	3.281	10
	2 中社經地位組	6.50	1.716	10
	3 低社經地位組	6.80	2.781	10
	總數	6.40	2.608	30
期望壓力	1 高社經地位組	4.60	2.319	10
	2 中社經地位組	6.00	2.055	10
	3 低社經地位組	4.50	1.434	10
	總數	5.03	2.025	30
人際關係	1 高社經地位組	5.60	2.716	10
	2 中社經地位組	6.00	3.232	10
	3 低社經地位組	5.40	1.776	10
	總數	5.67	2.564	30

　　社經地位變數三個水準數值群組在四個計量變數的平均數與標準差。高社經地位群組的平均數向量為 [6.20，5.90，4.60，5.60]、中社經地位群組的平均數向量為 [7.40，6.50，6.00，6.00]、低社經地位群組的平均數向量為 [7.00，6.80，4.50，5.40]。

多變量檢定[c]

效果		數值	F	假設自由度	誤差自由度	顯著性
截距	Pillai's Trace	.922	70.676[a]	4.000	24.000	.000
	Wilks' Lambda 變數選擇法	.078	70.676[a]	4.000	24.000	.000
	多變量顯著性檢定	11.779	70.676[a]	4.000	24.000	.000
	Roy 的最大平方根	11.779	70.676[a]	4.000	24.000	.000
社經 地位	Pillai's Trace	.212	.741	8.000	50.000	.655
	Wilks' Lambda 變數選擇法	.793	.737[a]	8.000	48.000	.659
	多變量顯著性檢定	.254	.730	8.000	46.000	.665
	Roy 的最大平方根	.224	1.398[b]	4.000	25.000	.264

a. 精確的統計量。

b. 統計量為在顯著水準上產生下限之 F 的上限。

c. Design：截距 + 社經地位。

　　多變量檢定統計量摘要表顯示四個多變量統計量的顯著性均未達 .05 顯著水準，Pillai V 值統計量等於 .212、Wilks' Λ 值等於 .793、Hotelling Trace 值等於 .254、Roy 最大根統計量等於 .224，四個多變量檢定統計量的顯著性機率值 p 值均大於 .05，接受虛無假設：$\begin{bmatrix} \mu_{11} \\ \mu_{21} \\ \mu_{31} \\ \mu_{41} \end{bmatrix} = \begin{bmatrix} \mu_{12} \\ \mu_{22} \\ \mu_{32} \\ \mu_{42} \end{bmatrix} = \begin{bmatrix} \mu_{13} \\ \mu_{23} \\ \mu_{33} \\ \mu_{43} \end{bmatrix}$，表示四個依變項 (檢定變項) 中，沒有一個依變項在社經地位群組平均數的差異達到顯著 (三個群組任何二個群組中心點的距離均顯著等於 0)。

受試者間效應項的檢定

來源	依變數	型 III 平方和	df	平均平方和	F	顯著性
社經地位	課堂壓力	7.467	2	3.733	.450	.642
	考試壓力	4.200	2	2.100	.294	.748
	期望壓力	14.067	2	7.033	1.810	.183
	人際關係	1.867	2	.933	.133	.876
誤差	課堂壓力	224.000	27	8.296		
	考試壓力	193.000	27	7.148		
	期望壓力	104.900	27	3.885		
	人際關係	188.800	27	6.993		
校正後的總數	課堂壓力	231.467	29			
	考試壓力	197.200	29			
	期望壓力	118.967	29			
	人際關係	190.667	29			

　　四個依變項之單變量檢定統計量的 F 值分別為 .450 (p=.642>.0125)、.294 (p=.748>.0125)、1.810 (p=.183>.0125)、.133 (p=.876>.0125)，均未達顯著，表示不同社經地位群組在課堂壓力、考試壓力、期望壓力、人際關係四個依變項的平均數間均沒有顯著不同。

貳、區別分析結果

➲ 一、以學業成就三分名義變項為分組變數

分析 1　典型區別函數的摘要

特徵值

函數	特徵值	變異數的 %	累積 %	典型相關
1	4.182[a]	96.4	96.4	.898
2	.157[a]	3.6	100.0	.369

a. 分析時會使用前 2 個典型區別函數。

　　區別分析中二個特徵值分別為 4.182、.157。第一個特徵值與單因子變異數分析程序中，組別在區別函數 1 比較的統計量 $\dfrac{SS_{組間}}{SS_{組內}}$ 類似，當特徵值愈大，表

示組別在區別函數平均數的差異值愈大，區別函數愈能有效區別組別群體，特徵值可轉換為典型相關係數：$r_c = \sqrt{\dfrac{4.182}{1+4.182}} = \sqrt{0.807} = .898$。

Wilks' Lambda 值

函數檢定	Wilks' Lambda 值	卡方	自由度	顯著性
1 到 2	.167	45.675	8	.000
2	.864	3.724	3	.293

第一個區別函數 (1 到 2 列之函數檢定) 統計顯著性檢定的 Wilks' Λ 值為 .167，卡方值統計量為 45.675，顯著性 p<.001，第一個區別函數可以有效預測分類社經地位三個群組；第二個區別函數 (2 列之函數檢定) 統計顯著性檢定的 Wilks' Λ 值為 .864，卡方值統計量為 3.724，顯著性 p=.293>.05，表示四個計量變數建立的第二個區別函數無法有效預測分類三個不同學業成就群組。區別函數 1 的效果值 $\eta^2 = 1 - \Lambda = 1 - .167 = .833$，區別函數 1 可以被組別變數解釋的變異量約為 83.3%。

標準化的典型區別函數係數

	函數	
	1	**2**
課堂壓力	.576	-.837
考試壓力	.814	.163
期望壓力	-.885	.146
人際關係	.811	.630

標準化典型區別函數係數摘要表顯示四個自變項對第一個區別函數的貢獻均有實質的意義，四個自變項標準化典型區別函數係數分別為 .576、.814、-.885、.811，數值絕對值均大於 .500。標準化典型區別函數係數與複迴歸分析中的標準化迴歸係數 β 類似，當 β 係數絕對值愈大，表示預測變項對迴歸方程式的貢獻愈大，區別分析程序中表示的是控制其它預測變項後，個別預測變項對區別函數的重要性程度，由於區別分析無法檢定個別預測變項對區別函數貢獻度的統計顯著性，因而一般以臨界值為判定個別預測變項的重要性，臨界值可採用絕對值大於 .500 或絕對值大於 .400。至於標準化區別函數係數的符號 (正值或負值)，表示個別預測變項對區別函數影響的方向。

結構矩陣

	函數	
	1	2
考試壓力	.480*	-.359
課堂壓力	.457	-.740*
人際關係	.473	.730*
期望壓力	.043	-.143*

註：區別變數和標準化典型區別函數之間的合併後組內相關。
變數係依函數內相關的絕對大小加以排序。
*. 在每個變數和任一區別函數之間的最大絕對相關。

從結構矩陣表可以發現：四個自變項中對第一個區別函數貢獻度較大者為考試壓力、課堂壓力、人際關係等三個，其區別負荷量分別為 .480、.457、.473，結構相關係數絕對值均大於 .400，就納入區別分析的四個自變項而言，考試壓力、課堂壓力、人際關係等三個自變數均可以有效區別不同學業成就群組 (此結果與之前 MANOVA 分析程序之單變量分析結果相同，不同學業成就群組在考試壓力、課堂壓力、人際關係等三個計量變數的平均數間有顯著不同)。結構矩陣係數表示的是個別預測變項與區別函數係數間的相關，一般判別的準則是結構矩陣係數的數值絕對值大於 .500 或大於 .400，絕對值愈大表示個別預測變項對區別函數的影響愈重要或貢獻度愈大。結構矩陣表之第一個區別函數的變項順序是依區別負荷量絕對值大小的順序排列，而非依選入的變項順序呈現。

各組重心的函數

	函數	
學業成就	1	2
1 高學業成就組	-2.738	-.032
2 中學業成就組	1.224	.476
3 低學業成就組	1.514	-.444

註：未標準化的典型區別函數以組別平均數加以評估。

三個學業成就群組在第一個區別函數的重心分別為 -2.738、1.224、1.514，重心大小間有顯著不同，各個群組重心的函數數值由典型區別函數係數表可以求出。

典型區別函數係數

	函數	
	1	**2**
課堂壓力	.275	-.400
考試壓力	.424	.085
期望壓力	-.424	.070
人際關係	.433	.337
（常數）	-4.930	-.057

註：未標準化係數。

　　區別函數 1=-4.930+.275×課堂壓力 +.424×考試壓力-.424×期望壓力 + .433×人際關係

　　區別函數 2=-.057-.400×課堂壓力 +.085×考試壓力 +.070×期望壓力 + .337×人際關係

　　三十位觀察值在二個區別函數的分數如下表：

受試者	學業成就	課堂壓力	考試壓力	期望壓力	人際關係	Dis1_1	Dis2_1
S01	1	5	4	5	3	-2.675	-0.357
S02	1	6	5	4	1	-2.418	-1.417
S03	1	4	3	4	2	-3.384	-0.449
S04	1	3	3	2	3	-2.378	0.148
S05	1	10	6	7	4	-0.863	-1.711
S06	1	3	2	4	5	-2.784	0.877
S07	1	1	2	4	2	-4.635	0.666
S08	1	3	4	7	4	-3.640	0.920
S09	1	2	4	3	5	-1.786	1.376
S10	1	6	6	8	3	-2.822	-0.377
S11	2	8	9	6	6	1.150	-0.053
S12	2	9	8	7	7	1.011	-0.131
S13	2	10	9	6	9	3.002	0.158
S14	2	5	6	4	10	1.633	2.100
S15	2	6	7	3	6	1.023	0.367
S16	2	8	9	5	7	2.008	0.214
S17	2	7	6	4	2	-1.284	-1.395
S18	2	9	8	4	8	2.716	-0.004
S19	2	2	3	1	9	0.371	2.499

受試者	學業成就	課堂壓力	考試壓力	期望壓力	人際關係	Dis1_1	Dis2_1
S20	2	9	7	10	10	0.615	1.006
S21	3	10	8	6	6	1.277	-0.938
S22	3	9	3	2	7	1.009	-0.905
S23	3	8	9	8	8	1.169	0.761
S24	3	9	9	6	4	0.559	-1.127
S25	3	10	10	7	5	1.268	-1.035
S26	3	10	8	6	6	1.277	-0.938
S27	3	9	10	5	7	2.708	-0.101
S28	3	8	10	6	8	2.442	0.706
S29	3	8	5	4	9	1.601	0.478
S30	3	9	9	3	4	1.831	-1.337

資料檔中要儲存觀察值在二個區別函數的分數變數：Dis1_1、Dis2_1，可在「判別分析：儲存」次對話視窗中勾選「☑ 區別分數 (D)」選項即可。

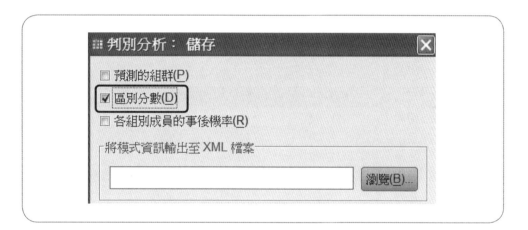

以學業成就變項為因子變數、以二個區別函數：Dis1_1、Dis2_1 變項為依變數執行單因子 ANOVA 程序，輸出結果如下：

描述性統計量

		個數	平均數	標準差	標準誤	平均數的 95% 信賴區間	
						下界	上界
1 分析之 1 函數的判別分數	1 高學業成就組	10	-2.738	1.027	0.325	-3.473	-2.004
	2 中學業成就組	10	1.224	1.232	0.389	0.343	2.105
	3 低學業成就組	10	1.514	0.654	0.207	1.046	1.982
	總和	30	0.000	2.196	0.401	-0.820	0.820
1 分析之 2 函數的判別分數	1 高學業成就組	10	-0.032	1.020	0.323	-0.762	0.698
	2 中學業成就組	10	0.476	1.134	0.359	-0.335	1.287
	3 低學業成就組	10	-0.444	0.820	0.259	-1.030	0.143
	總和	30	0.000	1.038	0.190	-0.388	0.388

　　三個群組在區別函數 1 的平均數分別為 -2.738、1.224、1.514 (輸出的表格數值小數點為 7 位，表格只呈現至小數第三位)，三個群組在區別函數 1 的總平均數為 0.000；三個群組在區別函數 2 平均數分別為 -0.032、0.476、-0.444，三個群組在區別函數 1 的總平均數為 0.000，各群組的平均數為各群組在區別函數分數的重心 (形心)。

ANOVA

		平方和	自由度	平均平方和	F	顯著性
1 分析之 1 函數的判別分數	組間	112.907	2	56.454	56.454	.000
	組內	27.000	27	1.000		
	總和	139.907	29			
1 分析之 2 函數的判別分數	組間	4.245	2	2.123	2.123	.139
	組內	27.000	27	1.000		
	總和	31.245	29			

　　學業成就三個群組在區別函數 1 的平均數間有顯著不同 (F 值 =56.454，顯著性 p<.001)，學業成就三個群組在區別函數 2 平均數間沒有顯著不同 (F 值 =2.123，顯著性 p=.139>.05)。

多重比較　　Scheffe 法

依變數	(I) 學業成就	(J) 學業成就	平均差異 (I-J)	標準誤	顯著性	95% 信賴區間 下界	95% 信賴區間 上界
1 分析之 1 函數的 判別分數	1 高學業成就組	2 中學業成就組	-3.963*	0.447	0.000	-5.121	-2.805
		3 低學業成就組	-4.253*	0.447	0.000	-5.411	-3.094
	2 中學業成就組	1 高學業成就組	3.963*	0.447	0.000	2.805	5.121
		3 低學業成就組	-0.290	0.447	0.812	-1.448	0.869
	3 低學業成就組	1 高學業成就組	4.253*	0.447	0.000	3.094	5.411
		2 中學業成就組	0.290	0.447	0.812	-0.869	1.448

*. 平均差異在 0.05 水準是顯著的。

　　從事後比較發現：群組 2 在區別函數 1 的平均數顯著大於群組 1 在區別函數 1 的平均數，平均差異值為 3.963；群組 3 在區別函數 1 的平均數顯著大於群組 1 在區別函數 1 的平均數，平均差異值為 4.253。從事後比較摘要表可以得知學業成就三個群體在區別函數 1 的平均數間有顯著不同，即學業成就三個群體在區別函數 1 的重心位置顯著不相等。

多重比較　　Scheffe 法

依變數	(I) 學業成就	(J) 學業成就	平均差異 (I-J)	標準誤	顯著性	95% 信賴區間 下界	95% 信賴區間 上界
課堂壓力	1 高學業成就組	2 中學業成就組	-3.000*	.936	.013	-5.42	-.58
		3 低學業成就組	-4.700*	.936	.000	-7.12	-2.28
	2 中學業成就組	1 高學業成就組	3.000*	.936	.013	.58	5.42
		3 低學業成就組	-1.700	.936	.211	-4.12	.72
	3 低學業成就組	1 高學業成就組	4.700*	.936	.000	2.28	7.12
		2 中學業成就組	1.700	.936	.211	-.72	4.12
考試壓力	1 高學業成就組	2 中學業成就組	-3.300*	.858	.003	-5.52	-1.08
		3 低學業成就組	-4.200*	.858	.000	-6.42	-1.98
	2 中學業成就組	1 高學業成就組	3.300*	.858	.003	1.08	5.52
		3 低學業成就組	-.900	.858	.583	-3.12	1.32
	3 低學業成就組	1 高學業成就組	4.200*	.858	.000	1.98	6.42
		2 中學業成就組	.900	.858	.583	-1.32	3.12
期望壓力	1 高學業成就組	2 中學業成就組	-.200	.934	.977	-2.62	2.22
		3 低學業成就組	-.500	.934	.867	-2.92	1.92

依變數	(I) 學業成就	(J) 學業成就	平均差異 (I-J)	標準誤	顯著性	95% 信賴區間 下界	上界
人際關係	2 中學業成就組	1 高學業成就組	.200	.934	.977	-2.22	2.62
		3 低學業成就組	-.300	.934	.950	-2.72	2.12
	3 低學業成就組	1 高學業成就組	.500	.934	.867	-1.92	2.92
		2 中學業成就組	.300	.934	.950	-2.12	2.72
	1 高學業成就組	2 中學業成就組	-4.200*	.836	.000	-6.37	-2.03
		3 低學業成就組	-3.200*	.836	.003	-5.37	-1.03
	2 中學業成就組	1 高學業成就組	4.200*	.836	.000	2.03	6.37
		3 低學業成就組	1.000	.836	.498	-1.17	3.17
	3 低學業成就組	1 高學業成就組	3.200*	.836	.003	1.03	5.37
		2 中學業成就組	-1.000	.836	.498	-3.17	1.17

*. 平均差異在 0.05 水準是顯著的。

以學業成就名義變數為固定因子，而以課堂壓力、考試壓力、期望壓力、人際關係為依變項進行單因子 ANOVA 分析程序，從事後比較可以得知：在課堂壓力、考試壓力、人際關係三個依變項上，低學業成就組平均數顯著高於高學業成就組平均數、中學業成就組平均數顯著高於高學業成就組平均數，即水準數值 1 群體平均數及水準數值 2 群體平均數與水準數值 3 群體平均數有顯著不同，至於三個群在期望壓力依變項的平均數間則沒有顯著不同，表示「期望壓力」變數在群組間的差異並不明顯，若以期望壓力變數作為預測變項，則其預測分類學業成就三個群體的區辨度很差，此結果與結構矩陣表示的意涵相同。

分類統計
分類結果 [a]

		學業成就	預測的各組成員 1 高學業成就組	2 中學業成就組	3 低學業成就組	總和
原始的	個數	1 高學業成就組	10	0	0	10
		2 中學業成就組	1	4	5	10
		3 低學業成就組	0	3	7	10
	%	1 高學業成就組	100.0	.0	.0	100.0
		2 中學業成就組	10.0	40.0	50.0	100.0
		3 低學業成就組	.0	30.0	70.0	100.0

a. 70.0% 個原始組別觀察值已正確分類。

　　預測分類結果中，全部三十位觀察值，被正確預測分類的觀察值有 10 + 4 + 7 = 21 位，整體分類正確百分比為 21÷30×100% = 70.0。分類正確性統計顯著性檢定中，n=21、N=30、K=3 個群組，Press's $Q = \dfrac{[N-(nK)]^2}{N(K-1)} = \dfrac{[30-(21\times3)]^2}{30(3-1)} =$ 66.15，Q 統計量 = 66.15>6.63 (p<.01)，表示整體分類正確百分比 70.0% 統計量並不是純粹由機遇造成的。

　　區別分析程序一定要呈現分類結果表，在「判別分析：分類結果摘要」次對話視窗中，「☑ 摘要表 (U)」選項一定要勾選，如果要呈現「合併組散佈圖」，再勾選「☑ 合併組散佈圖 (O)」選項。

　　區別分析程序勾選「合併組散佈圖」之圖形如下：

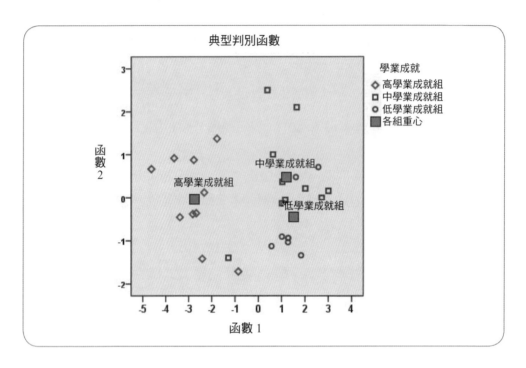

從合併組散佈圖可以看出,中學業成就組群體與低學業成就組群體在區別函數 1 的重心十分接近,但與高學業成就組群體的重心有較大的差距,表示區別函數 1 可以有效區別學業成就三個群體。就區別函數 2 而言,三個群組的垂直軸位置差不多,表示區別函數 2 無法有效預測分類三個群組。

○ 表 1 課堂壓力、考試壓力、期望壓力與人際關係對不同學業成就組之區別分析摘要表

	標準化典型區別係數		區別負荷量	
區別變項	區別函數 1	區別函數 2	區別函數 1	區別函數 2
課堂壓力	.576	-----	.457#	-----
考試壓力	.814	-----	.480#	-----
期望壓力	-.885	-----	.043	-----
人際關係	.811	-----	.473#	-----

區別函數 1 的 Λ 值 =.167 χ^2 =45.675***

區別函數 2 的 Λ 值 =.864 χ^2 =3.724ns

ns p>.05   *** p<.001   # 區別負荷量絕對值 ≧ .400

　　區別分析程序中若是自變項很多，研究者不一定將全部的自變項投入分析程序，此時研究者可挑選重要的自變數或是自變項平均數在群組間差異達顯著的變項即可。範例中，原先投入的自變項有四個，於「判別分析：統計量」次對話視窗中直接勾選「☑ 單變量 ANOVA」選項，可呈現「各組平均數的相等性檢定」摘要表。

各組平均數的相等性檢定

	Wilks' Lambda 值	F 檢定	分子自由度	分母自由度	顯著性
課堂壓力	.511	12.937	2	27	.000
考試壓力	.504	13.283	2	27	.000
期望壓力	.989	.145	2	27	.865
人際關係	.495	13.767	2	27	.000

　　從「各組平均數的相等性檢定」摘要表中可以發現：「期望壓力」區別變項在群組間平均數的差異未達顯著水準，表示三個水準群組在「期望壓力」變項的平均數沒有顯著不同 (此結果與之前進行 MANOVA 程序所得之分析結果相同)，因而區別分析程序可以直接將此一變數從模型中移除。下列結果自變項只選入課堂壓力、考試壓力、人際關係三個計量變數。

各組平均數的相等性檢定

	Wilks' Lambda 值	F 檢定	分子自由度	分母自由度	顯著性
課堂壓力	.511	12.937	2	27	.000
考試壓力	.504	13.283	2	27	.000
人際關係	.495	13.767	2	27	.000

　　從「各組平均數的相等性檢定」摘要表中可以發現：課堂壓力、考試壓力、人際關係三個預測變項在群組間平均數的差異均達 .05 顯著水準 ($p<.001$)，表示不同學業成就群組在課堂壓力、考試壓力、人際關係三個變項的平均數均有顯著不同。

分析 1

特徵值

函數	特徵值	變異數的 %	累積 %	典型相關
1	2.528[a]	94.2	94.2	.846
2	.154[a]	5.8	100.0	.366

a. 分析時會使用前 2 個典型區別函數。

二個區別函數的特徵值分別為 2.528、.154。

Wilks' Lambda 值

函數檢定	Wilks' Lambda 值	卡方	自由度	顯著性
1 到 2	.246	36.509	6	.000
2	.866	3.732	2	.155

區別函數 1 顯著性檢定的 Wilks' Λ 值為 .246，近似卡方值為 36.509，自由度為 6，顯著性 $p<.001$，表示區別函數 1 達到顯著。

結構矩陣

	函數	
	1	2
考試壓力	.615*	.418
課堂壓力	.583	.800*
人際關係	.612	-.682*

註：區別變數和標準化典型區別函數之間的合併後組內相關。
變數係依函數內相關的絕對大小加以排序。
*. 在每個變數和任一區別函數之間的最大絕對相關。

從結構矩陣表可以得知：考試壓力、課堂壓力、人際關係三個區別變項與區別函數 1 的負荷量值分別為 .615、.583、.612，三個自變項的區別負荷量均大於 .500，表示三個區別變項與區別函數 1 均有密切關聯。

分類結果 ᵃ

		學業成就	預測的各組成員			總和
			1 高學業成就組	2 中學業成就組	3 低學業成就組	
原始的	個數	1 高學業成就組	9	0	1	10
		2 中學業成就組	1	5	4	10
		3 低學業成就組	0	3	7	10
	%	1 高學業成就組	90.0	.0	10.0	100.0
		2 中學業成就組	10.0	50.0	40.0	100.0
		3 低學業成就組	.0	30.0	70.0	100.0

a. 70.0% 個原始組別觀察值已正確分類。

整體分類結果顯示：30 位觀察值中有 21 位預測歸類結果正確，有 9 位預測歸類結果錯誤 (誤判)，整體分類預測正確百分比為 21÷30=70.0%。區別分析程序中，投入考試壓力、課堂壓力、人際關係三個區別變項的分類正確百分比 (70.0%)，與投入投入考試壓力、課堂壓力、人際關係、期望壓力四個區別變項的分類正確百分比 (70.0%) 相同。

◯ 二、以社經地位三分名義變項為分組變數

典型區別函數的摘要

特徵值

函數	特徵值	變異數的 %	累積 %	典型相關
1	.224ᵃ	88.1	88.1	.427
2	.030ᵃ	11.9	100.0	.171

a. 分析時會使用前 2 個典型區別函數。

區別分析中二個特徵值分別為 .224、.030，當區別函數的特徵值愈小，表示群組間差異的變異愈小，區別函數無法有效區別群組。

Wilks' Lambda 值

函數檢定	Wilks' Lambda 值	卡方	自由度	顯著性
1 到 2	.793	5.906	8	.658
2	.971	.760	3	.859

第一個區別函數 (1 到 2 列之函數檢定) 統計顯著性檢定的 Wilks' Λ 值為 .793，卡方值統計量為 5.906，顯著性 p=.658>.05，第二個區別函數 (2 列之函數檢定) 統計顯著性檢定的 Wilks' Λ 值為 .971，卡方值統計量為 .760，顯著性 p=.859>.05，表示四個計量變數建立的二個區別函數均無法有效預測分類三個不同社經地位群組。

結構矩陣

	函數 1	函數 2
期望壓力	.754*	.483
人際關係	.210*	-.024
課堂壓力	.207	.886*
考試壓力	-.031	.844*

註：區別變數和標準化典型區別函數之間的合併後組內相關。
變數係依函數內相關的絕對大小加以排序。
*. 在每個變數和任一區別函數之間的最大絕對相關。

當區別函數未達 .05 顯著水準，結構矩陣中的區別負荷量數值沒有實質意義，從結構矩陣中可以發現「期望壓力」自變項與區別函數 1 關係最密切，「課堂壓力」自變項與「考試壓力」自變項對區別函數的貢獻最大，但由於二個區別函數均無法有效預測區別社經地位三個組別，表示四個自變項均無法正確預測分類分組變數。

各組重心的函數

社經地位	函數 1	函數 2
1 高社經地位組	-.146	-.227
2 中社經地位組	.608	.067
3 低社經地位組	-.462	.160

註：未標準化的典型區別函數以組別平均數加以評估。

第一個區別函數在三個社經地位群組的重心分別為 -.146、.608、-.462，三個重心的差異間的差異很小；相似的，第二個區別函數在三個社經地位群組的重心分別為 -.227、.067、.160，三個重心的差異也很小。

執行單因子 ANOVA 分析程序，考驗分組變項三個水準群體分別在二個函數的形心 (平均數) 間是否有顯著不同，描述性統計量如下，「平均數」欄為三個群體在二個區別函數的形心數值，形心 (平均數欄) 為每位觀察值在區別函數分數的總平均值。

		個數	平均數	標準差	標準誤	平均數的 95% 信賴區間	
						下界	上界
1 分析之 1 函數的判別分數	1 高社經地位組	10	-0.146	0.769	0.243	-0.696	0.404
	2 中社經地位組	10	0.608	1.248	0.395	-0.285	1.501
	3 低社經地位組	10	-0.462	0.922	0.292	-1.121	0.198
	總和	30	0.000	1.067	0.195	-0.399	0.399
1 分析之 2 函數的判別分數	1 高社經地位組	10	-0.227	1.122	0.355	-1.030	0.576
	2 中社經地位組	10	0.067	0.783	0.248	-0.493	0.627
	3 低社經地位組	10	0.160	1.061	0.336	-0.599	0.919
	總和	30	0.000	0.979	0.179	-0.366	0.366

從區別函數變項的描述性統計量可以得知：區別函數 1 與區別函數 2 分數的總平均數為 0.000。

ANOVA

		平方和	自由度	平均平方和	F	顯著性
1 分析之 1 函數的判別分數	組間	6.037	2	3.019	3.019	.066
	組內	27.000	27	1.000		
	總和	33.037	29			
1 分析之 2 函數的判別分數	組間	.817	2	.408	.408	.669
	組內	27.000	27	1.000		
	總和	27.817	29			

從變異數分析摘要表可以得知：就區別函數 1 而言，三個社經地位群組的平均數 (形心) 間沒有顯著不同，整體差異檢定的 F 值統計量為 3.019，顯著性 p=.066>.05；就區別函數 2 而言，三個社經地位群組的平均數 (形心) 間沒有顯著不同，整體差異檢定的 F 值統計量為 0.408，顯著性 p=.669>.05。區別函數 1 之三個平均數值的差異量均顯著等於 0、區別函數 2 之三個平均數值的差異量也均顯著等於 0，表示二個區別函數均無法預測分類社經地位變數三個水準群體。

分類結果 [a]

		社會地位	預測的各組成員			總和
			1 高社經地位組	2 中社經地位組	3 低社經地位組	
原始的	個數	1 高社經地位組	5	2	3	10
		2 中社經地位組	1	6	3	10
		3 低社經地位組	3	2	5	10
	%	1 高社經地位組	50.0	20.0	30.0	100.0
		2 中社經地位組	10.0	60.0	30.0	100.0
		3 低社經地位組	30.0	20.0	50.0	100.0

a. 53.3% 個原始組別觀察值已正確分類。

分類結果摘要表顯示正確分類的百分比為 53.3%，當所有區別函數統計顯著
性檢定統計量均未達 .05 顯著水準時，表示四個自變項所建立的區別函數無法有
效預測分類社經地位分組變數，分類結果正確百分比即使超過 50.0% 也沒有實
質意義，因而此種分類結果純粹是由機遇 (chance) 造成的。

第四節　二個群體區別分析

研究者搜集二十四位參加高中科學班的甄選考試的學生資料，研究者想進一
步以受試者之智力、國中三年的數學成績、國中三年的理化成績、投入準備時間
及家庭社經地位等五個變數來預測分類參加科學班甄選錄取與否。

二個群組區別分析程序的簡要步驟如下 (Hari Jr. et al., 2010)：

階段 1：確定區別分析的目標

區別分析在於根據自變項來預測歸類群組觀察值。

階段 2：區別分析的研究設計

選取自變項與依變項，評估樣本大小，若是樣本夠大可以將樣本分割為二個
資料檔，第一個資料檔作為分析樣本、第二個資料檔作為效度樣本。

階段 3：區別分析的假定是否符合

區別分析的假定為資料結構符合常態性、線性與符合群組之變異數 - 共變數
矩陣相同。

階段 4：區別模型的估計與整體適配度評估

此階段包括評估計量變數在群組間的差異是否有顯著？區別函數的估計、預測歸類結果、分類結果效度的檢核等。

階段 5：區別分析結果的解釋

此階段包括重要區別變項的識別、區別函數與區別負荷量的詮釋。

階段 6：區別分析程序的效度

此階段包括區別函數的內在效度與外在效度，選取的區別變項是否有理論根據或經驗法則支持、區別變項正確歸類的百分比值多少？分析的樣本數大小及代表性為何？

壹、研究架構

群體分組變數為「錄取與否」，變項為二分名義變數，0 表示參加高中科學班甄選未錄取者、1 表示參加高中科學班甄選錄取者，五個預測分類變項為「智力」、「數學成績」、「理化成績」、「投入時間」、「社經地位」。此區別分析的目的在於根據國中畢業生五個重要資訊變數建立高中科學班甄選錄取與未錄取群體的區別函數，進一步依據區別函數對未來參加甄選考試的學生進行事先預測分類。區別分析程序的架構圖如下：

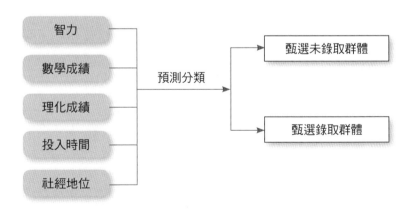

受試者	錄取與否	智力	數學成績	理化成績	投入時間	社經地位	Dis_1	Dis1_1	Dis1_2	Dis2_2
S1	0	2	5	4	6	2	0	-1.782	0.992	0.008
S2	0	3	4	6	4	3	0	-2.210	0.998	0.002
S3	0	5	4	9	5	5	0	-1.136	0.956	0.044
S4	0	4	5	3	3	4	0	-1.999	0.996	0.004
S5	0	6	7	5	8	3	0	-0.063	0.543	0.457
S6	0	7	5	4	7	6	1	0.307	0.303	0.697
S7	0	10	8	9	6	9	1	1.324	0.027	0.973
S8	0	3	6	4	2	7	0	-1.707	0.990	0.010
S9	0	2	8	3	3	3	0	-2.274	0.998	0.002
S10	0	4	4	3	4	4	0	-1.748	0.991	0.009
S11	0	3	2	4	5	6	0	-1.286	0.971	0.029
S12	0	2	1	2	2	1	0	-3.728	1.000	0.000
S13	1	5	7	9	10	6	1	1.104	0.047	0.953
S14	1	4	5	3	10	9	1	1.613	0.012	0.988
S15	1	6	6	8	9	8	1	1.326	0.027	0.973
S16	1	9	8	10	8	9	1	1.835	0.007	0.993
S17	1	10	8	7	6	10	1	1.608	0.012	0.988
S18	1	10	6	8	5	9	1	0.816	0.098	0.902
S19	1	9	9	6	6	6	1	0.604	0.162	0.838
S20	1	8	10	5	10	4	1	1.458	0.019	0.981
S21	1	7	8	10	10	8	1	1.969	0.005	0.995
S22	1	9	5	9	8	9	1	1.578	0.014	0.986
S23	1	8	9	9	7	10	1	1.689	0.010	0.990
S24	1	10	6	7	6	7	1	0.701	0.130	0.870

　　變數「Dis_1」的註解為「1 分析的預測組群」，變數「Dis1_1」的註解為「1 分析之 1 函數的判別分數」，變數「Dis1_2」的註解為「1 分析之 0 組別的成員機率」，變數「Dis2_2」的註解為「1 分析之 1 組別的成員機率」，這四個變數是執行區別分析程序中，開啟「判別分析：儲存」次對話視窗，選取「☑ 預測的組群 (P)」選項、「☑ 區別分數 (D)」選項、「☑ 各組別成員的事後機率 (R)」選項產生的新變項。

貳、區別分析結果

執行區別分析的結果如下：

警告

無可供單一判別函數使用的 COMBINED 圖。

由於分組變數為二分名義變項，因而只能導出一個線性區別函數，一個線性區別函數無法繪製合併組的散佈圖或地域圖。

各組平均數的相等性檢定

	Wilks' Lambda 值	F 檢定	分子自由度	分母自由度	顯著性
智力	.575	16.256	1	22	.001
數學成績	.713	8.854	1	22	.007
理化成績	.674	10.635	1	22	.004
投入時間	.545	18.372	1	22	.000
社經地位	.561	17.233	1	22	.000

當依變項顯示的 F 值統計量愈大、Wilks' Λ 值愈小，則群組在依變項間的差異愈明顯，當 F 值統計量的顯著性 p 達到 .05 顯著水準時，依變項對區別函數會有較大的貢獻度或影響。

Box 共變數矩陣相等性檢定

檢定結果

Box's M 共變數相等性檢定		27.113
F 檢定	近似值	1.355
	分子自由度	15
	分母自由度	1948.737
	顯著性	.161

註：相等母群共變數矩陣的虛無假設檢定。

區別分析的假定是依變項或區別函數符合常態性假定、線性關係假定、沒有多元共線性問題。此外，另一重要假定是二個群組間的共變異數矩間相等，進行

組間共變異數矩陣同質性檢定時，顯著水準 α 最好定為 .01 或 .001，表中統計量數 Box's M 值為 27.113，近似 F 值統計量為 1.355，顯著性 p=.161>.01，接受虛無假設：$H_0 : \sum_1 = \sum_2 = \sum$，二個群組的變異數 - 共變數矩陣相同。

分析 1　典型區別函數的摘要

特徵值

函數	特徵值	變異數的 %	累積 %	典型相關
1	2.013[a]	100.0	100.0	.817

a. 分析時會使用前 2 個典型區別函數。

典型區別函數的特徵值為 2.013，典型相關係數為 .817，典型相關係數的平方值 ，表示分組變項 (依變項)「錄取與否」可以被五個自變項建立模型解釋的變異量為 66.7%。

Wilks' Lambda 值

函數檢定	Wilks' Lambda 值	卡方	自由度	顯著性
1	.332	21.508	5	.001

區別函數 (1 列之函數檢定) 顯著性檢定的 Wilks' Λ 統計值為 .332，卡方值統計量為 21.508，顯著性 p=.001<.05，區別函數可以有效預測分類受試者錄取與否二個群組。區別函數的效果值 $\eta^2 = 1 - \Lambda = 1 - .332 = .668$，區別函數分數可以被組別變數解釋的變異量約為 66.8%。

標準化的典型區別函數係數

	函數
	1
智力	.349
數學成績	.178
理化成績	-.047
投入時間	.656
社經地位	.497

　　標準化典型區別函數係數摘要表顯示五個自變項中，有二個自變項對區別函數的貢獻度較大，二個貢獻度較大的自變項為投入時間與社經地位變項，二個變項標準化典型區別函數係數分別為 .656、.497，參數值絕對值均大於 .450，其影響均為正向。此外，智力自變項與數學成績自變項對區別函數亦有正向影響，二個自變項標準化典型區別函數係數依序為 .349、.178，至於理化成績自變項對區別函數的貢獻度甚小。在區別分析程序中，採用區別負荷量係數比標準化區別函數係數的解釋應用較廣，因而實際解釋自變項對區別函數的貢獻度時，不宜只參考標準化迴歸係數值單一指標。

結構矩陣

	函數
	1
投入時間	.644
社經地位	.624
智力	.606
理化成績	.490
數學成績	.447

註：區別變數和標準化典型區別函數之間的 合併後組內相關。
變數係依函數內相關的絕對大小加以排序。

　　從結構矩陣表可以發現：五個自變項中對區別函數貢獻度的大小依序為投入時間、社經地位、智力、理化成績、數學成績，區別負荷量分別依序為 .644、.624、.606、.490、.447，五個自變項的結構相關係數絕對值均大於 .400，就納入區別分析程序的五個自變項而言，「投入時間」、「社經地位」、「智力」、「理化成績」、「數學成績」等自變數均可以有效區別科學班甄選錄取與否二個群組，表中結構矩陣 (structure matrix) 的區別負荷量是按照其絕對值大小排列，當區別負荷量數值 ≧ .400 以上者，區別變項對區別函數的貢獻度才有實質意義。

典型區別函數係數

	函數
	1
智力	.157
數學成績	.093
理化成績	-.022
投入時間	.344
社經地位	.241
(常數)	-5.019

註:未標準化係數。

區別函數方程 = -5.019 + .157× 智力 +.093× 數學成績 -.022× 理化成績 +.344× 投入時間 +.241× 社經地位,根據未標準化區別函數係數可以計算區別 Z 分數,以進行觀察值的分類預測。

各組重心的函數

	函數
錄取與否	1
0 未錄取	-1.358
1 錄取	1.358

註:未標準化的典型區別函數以組別平均數加以評估。

區別函數的建立是使五個自變項的線性組合分數讓二個群體的組間變異達到最大,群組內的變異儘量最小,如此區別函數的特徵值會最大化。未錄取與錄取二個群組在區別函數分數的重心值分別為 -1.358、1.358,二個群組的重心位置有顯著不同。若是二個群體的觀察值人數相等,則最佳分割點為二個形心數值的平均值;相對的,如果二個群體的觀察值人數不相等,則最佳分割點應採用加權的數值,範例中未錄取的人數有 12 人、錄取的人數也有 12 人,分割點為二個形心數值的平均值 = (-1.358 + 1.358) ÷ 2 = 0。

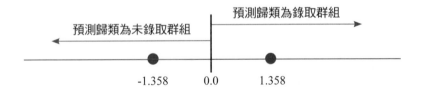

以分組變數「錄取與否」作為因子變項，以區別分數變項「Dis1_1」(變數註解為 1 分析之 1 函數的判別分數) 為依變數進行單因子變異數分析的結果如下：

描述性統計量：1 分析之 1 函數的判別分數

	個數	平均數	標準差	標準誤	平均數的 95% 信賴區間 下界	上界	最小值	最大值
0 未錄取	12	-1.35845	1.339742	.386750	-2.20968	-.50721	-3.728	1.324
1 錄取	12	1.35845	.452870	.130732	1.07071	1.64619	.604	1.969
總和	24	.00000	1.697684	.346538	-.71687	.71687	-3.728	1.969

區別函數變項的總平均數為 0，第 1 組 (0 未錄取群體) 的平均數為 -1.358，第 2 組 (1 錄取群體) 的平均數為 1.358。

ANOVA：1 分析之 1 函數的判別分數

	平方和	自由度	平均平方和	F	顯著性
組間	44.289	1	44.289	44.289	.000
組內	22.000	22	1.000		
總和	66.289	23			

二個群組平均數差異檢定的 F 值統計量為 44.289，顯著性 $p<.001$，拒絕二個群組平均數相等的假設，二個群組的平均數的差異顯著不等於 0，即二個群組形心間的距離顯著不為 0，區別函數可以有效對二個群組加以歸類或分組。

分類統計

分類函數係數

	錄取與否 0 未錄取	1 錄取
智力	.094	.520
數學成績	.984	1.236
理化成績	.223	.164
投入時間	1.092	2.027
社經地位	.861	1.515
(常數)	-8.237	-21.874

註：Fisher's 線性區別函數。

　　區別函數係數又稱為 Fisher 線性區別函數，根據分類函數係數可以求出每位觀察值在群體的測量值，進行觀察值的預測歸類。未錄取群體的分類函數為：-8.237+.094× 智力 +.984× 數學成績 +.223× 理化成績 +1.092× 投入時間 +.861× 社經地位；錄取群體的分類函數為：-21.874+.520× 智力 +1.236× 數學成績 +.164× 理化成績 +2.027× 投入時間 +1.515× 社經地位。

　　根據 Fisher 線性區別函數可以求出每位受試者在未錄取群組與錄取群組上的加權值，比較「未錄取群體」變項與「錄取群體」變項上的分數，分數較高者便預測歸類為該群體，在「計算變數」對話視窗中，目標變數與對應的數值運算式如下：

目標變數 (T)	數值運算式 (E)
未錄取群體	-8.237+.094* 智力 +.984* 數學成績 +.223* 理化成績 +1.092* 投入時間 +.861* 社經地位
錄取群體	-21.874+.520* 智力 +1.236* 數學成績 +.164* 理化成績 +2.027* 投入時間 +1.515* 社經地位

受試者	錄取與否 （原先組別）	預測歸類 （預測組別）	未錄取群體	錄取群體	備註
S1	0	0	6.037	1.194	預測歸類正確
S2	0	0	4.270	-1.733	預測歸類正確
S3	0	0	7.941	4.856	預測歸類正確
S4	0	0	4.448	-0.981	預測歸類正確
S5	0	0	11.649	11.479	預測歸類正確
S6	0	1	11.043	11.881	預測歸類錯誤
S7	0	1	16.883	20.487	預測歸類錯誤
S8	0	0	7.052	2.417	預測歸類正確
S9	0	0	6.351	0.172	預測歸類正確
S10	0	0	4.556	-0.190	預測歸類正確
S11	0	0	5.531	2.039	預測歸類正確
S12	0	0	-3.574	-13.701	預測歸類正確
S13	1	1	17.214	20.214	預測歸類正確
S14	1	1	16.397	20.783	預測歸類正確
S15	1	1	16.731	20.337	預測歸類正確
S16	1	1	19.196	24.185	預測歸類正確
S17	1	1	17.298	21.674	預測歸類正確
S18	1	1	13.600	15.824	預測歸類正確

受試者	錄取與否 (原先組別)	預測歸類 (預測組別)	未錄取群體	錄取群體	備註
S19	1	1	14.521	16.166	預測歸類正確
S20	1	1	17.834	21.796	預測歸類正確
S21	1	1	20.331	25.684	預測歸類正確
S22	1	1	16.021	20.313	預測歸類正確
S23	1	1	19.632	24.225	預測歸類正確
S24	1	1	12.747	14.657	預測歸類正確

　　24 位觀察值中根據區別函數預測歸類正確者有 22 位、預測歸類錯誤者有 2 位，這二位預測分類錯誤的觀察值為 S6、S7，二位實際為「未錄取群組」的受試者，預測分類結果為「錄取群組」的受試者。

分類結果 [a]

	錄取與否		預測的各組成員		總和
			0 未錄取	1 錄取	
原始的	個數	0 未錄取	10	2	12
		1 錄取	0	12	12
	%	0 未錄取	83.3	16.7	100.0
		1 錄取	.0	100.0	100.0

a. 91.7% 個原始組別觀察值已正確分類。

　　預測分類結果，全部 24 位觀察值被正確歸類群體者有 22 位，總預測分類百分比為 91.7%。二個群組區別分析之分類正確性效度的評估有以下三種 (Hari Jr. et al., 2010, pp.384-385)：

1. 比率機遇準則

　　比率機遇準則 (proportional chance criterion) 假定錯誤分類所付出的成本是相同的 (此準則在應用識別於二個群組觀察值人數相等是會便好)，比率機遇準則的定義如下：

　　$C_{PRO} = p^2 + (1-p)^2$，算式中 p^2 為群組 0 (第 1 個群組) 觀察值的樣本數佔總樣本數的比值、$(1-p)$ 群組 1 (第 2 個群組) 觀察值的樣本數佔總樣本數的比值 (群組 0、群組 1 表示分組變項的二分水準數值編碼為 0 及 1)。假定觀察值總樣數共 100 人，第 1 個群組的人數有 39 人 (p=.39)、第 2 個群組的人數有 61 人 (1-p=.61)，

則 $C_{PRO} = p^2 + (1-p)^2 = .39^2 + (1-.39)^2 + .39^2 + .61^2 = .524$，當整體分類結果正確百分比值大於 .524 的 1.25 倍 =.524×1.25=65.5%，則分類結果可以說明非機遇造成的。

2. 最大機遇準則

最大機遇準則 (max chance criterion) 指的是以 $[\max(p^2, (1-p)^2)] \times 1.25$ 為指標值，當整體分類結果正確百分比值大於 p^2 或 $(1-p)^2$ 中的最大值的 1.25 倍，則分類結果可以說明非機遇造成的。以上述範例而言，採用最大準則的臨界指標值為 $(1-p)^2 = .61$，如果整體分類結果正確百分比值大於 .610×1.25=76.3%，則分類結果可以說明非機遇造成的。

3. Press's Q 統計量

Press's $Q = \dfrac{[N-(nK)]^2}{N(K-1)}$，當 Press's Q 統計量的數值大於 6.63，表示分類結果的百分比非機遇產生。

範例中全部觀察值有 24 位，水準數值為 0 群組 (未錄取群體) 的觀察值有 12 位 (p=.50)，水準數值為 1 組 (錄取群體) 的觀察值有 12 位 (1-p=.50)，$C_{PRO} = p^2 + (1-p)^2 = .50^2 + (1-.50)^2 = .50$，比率機遇準則指標值為 .50×1.25=.625 (臨界指標值為 62.5%)，整體分類結果百分比值為 91.7%>62.5%，表示分類結果非機遇造成的，分類結果是有統計意義的。

最大機遇準則指標值為 .50×1.25=.625 (臨界指標值為 62.5%)，整體分類結果百分比值為 91.7%>62.5%，表示分類結果非機遇造成的，分類結果是有統計意義的。

範例二群組區別分析結果可以統整成下列表格：

自變項	區別函數		區別負荷量	
	未標準化	標準化	負荷量	排序
智力	.157	.349	.606#	3
數學成績	.093	.178	.447#	5
理化成績	-.022	-.047	.490#	4
投入時間	.344	.656	.644#	1
社經地位	.241	.497	.624#	2
(常數)	-5.019			

特徵值 =2.013　Wilks' Λ 值 =.332　$\chi^2 = 21.508^{**}$

** p<.01　# 表示負荷量絕對值 >.400

參考書目

王文中 (民 89)。**統計學與 Excel 資料分析之實習應用**。台北：博碩文化。

王文科 (民 80)。**教育研究法**。台北：五南。

王保進 (民 91)。**視窗版 SPSS 與行為科學研究**。台北：心理。

王國川 (民 91)。**圖解 SAS 在變異數分析上的應用**。台北：五南。

王瑞安 (民 87)：**公立非正規成人教育機構員工工作壓力、工作倦怠與學習需求之關係研究**。高師大成人教育研究所碩士論文 (未出版)

朱經明 (民 92)。**教育及心理統計學**。台北：五南。

余民寧 (民 84)。**心理與教育統計學**。台北：三民。

吳冬友、楊玉坤 (民 92)。**統計學**。台北：五南。

吳明隆 (民 100)。**論文寫作與量化研究 (第三版)**。台北：五南。

吳明隆 (民 91)。**SPSS 統計應用實務**。台北：松崗。

吳明隆 (民 95)。**SPSS 統計應用學習實務**。台北：知城。

吳明隆 (民 99)。**SPSS 操作與應用──問卷統計分析實務 (第二版)**。台北：五南。

周文欽 (民 93)。**研究方法實徵性研究取向**。台北：心理。

林生傳 (民 91)。**教育研究法**。台北：心理。

林清山 (民 81)。**心理與教育統計學**。台北：東華。

林清山 (民 92)。**多變項分析統計法 (五版)**。台北：東華。

林惠玲、陳正倉 (民 92)。**統計學──方法與應用 (下)**。台北：雙葉。

邱皓政 (民 89)。**量化研究與統計分析──SPSS 中文視窗版資料分析範例解析**。台北：五南。

徐志明 (民 98)。**統計方法與資料分析：Excel 在問卷分析之應用**。台北：藍海文化。

張紹勳、張紹評、林秀娟 (民 93a)。**SPSS For Windows (上冊) 統計分析──初等統計與高等統計**。台北：松崗。

張紹勳、張紹評、林秀娟 (民 93b)。**SPSS For Windows (下冊) 統計分析──初等統計與高等統計**。台北：松崗。

張漢宜 (民 92)。**教學實驗中的考驗力分析**。國立高雄師範大學教育學系博士論文 (未出版)。

梁遠如 (民 100)。**大高雄地區國中生依附風格、失落經驗與生活適應之相關研**

究。國立高雄師範大學輔導與諮商研究所碩士論文 (未出版)。

莊文忠譯 (民 98)(R. L. Miller, C. Acton,D. A. Fullerton, & J. Maltby 著，2002)。
　　SPSS 在社會科學的應用。台北：五南。

郭生玉 (民 76)。心理與教育測驗。台北：精華書局。

陳正昌、程炳林、陳新豐、劉子鍵 (民 92)。多變量分析方法——統計軟體應
　　用。台北：五南。

陳明華 (民 93)。高中職學校行政主管時間管理現況及其策略運用之研究。國立
　　高雄師範大學成人教育研究所組織發展與領導專班碩士論文 (未出版)。

陳英豪、吳裕益 (民 80)。測驗與評量 (修訂一版)。高雄：復文。

傅粹馨 (民 87a)。影響積差相關係數與信度係數之因素。教育學刊，14，193-
　　206。

傅粹馨 (民 91a)。主成份分析和共同因素分析相關議題之探究。教育與社會研
　　究，3，107-132。

傅粹馨 (民 91b)。信度、Alpha 係數與相關議題之探究。教育學刊，18，163-
　　184。

彭仁信 (民 83)。李克特式量表中選項問題之探究——以學生在疏離量表上的反
　　應為研究案例。國立高雄師範大學教育研究所碩士論文 (未出版)。

儲全滋 (民 81)。抽樣方法。台北：三民。

謝季宏、涂金堂 (民 87)。t 考驗的統計考驗力之研究。教育學刊，14，93-114。

Borg, W. R., & Gall, M . D. (1983). *Educational Research: An introduction* (4th ed.).
　　New York: Longman.

Bryman, A., & Cramer, D. (1997). *Quantitative Data Analysis with SPSS for
　　Windows*. London: Routledge.

Cliff, N. (1988). The eigenvalue-greater-than-one rule and the reliability of
　　components. *Psychological Bulletin, 103,* 276-279.

Cohen, J. (1988). *Statistical power analysis for the behavioral sciences* (2nd ed).
　　Hillsdale, NJ: Eribaum.

Comrey, A. L. (1973). *A first course in factor analysis*. New York: Academic Press.

Comrey, A. L., (1988). Factor analytic methods of scale development in personality
　　and clinical psychology. *Journal of Consulting and Clinical Psychology, 56,*
　　754-761.

Conover, (1980). *Practical Nonparametric Statistics (2nd ed.)*. New York: Wiley & Sons.

Cowles, M., & Davis, C. (1982). On the origins of the .05 level of statistical significant. *American Psychologist,* 37, 553-558.

Cureton, E. E. (1957). The upper and lower twenty-seven percent rule, *Psychometrika, 22,* 293-296.

DeVellis, R. F. (1991). *Scale Development Theory and Applications.* London: SAGE.

Fan, X., & Thompson, B. (2001). Confidence intervals about score reliability coefficient please: An EPM guidelines editorial. *Educational and Psychological Measurement, 61* (4), 517-531.

Ford, J. K., MacCllum, R. C., & Tait, M. (1986). The application of exploratory factor analysis in applied psychology: A critical review and analysis. *Personnel Psychology, 39,* 291-314.

Gardner, P. L. (1995). Measuring attitudes to science: Unidimensionality and internal consistency revisited. *Research in Science Education, 25* (3), 283-289.

Gay, L. R. (1992). *Educational Research Competencies for Analysis and Application.* New York: Macmillan.

Girden, E. R. (1992). *ANOVA: Repeated measures.* Newbury Park: Sage Publication.

Gorsuch, R. L. (1983). *Factor Analysis.* Hillsdale, NJ: Lawrence Erlbaum.

Greenhouse, S. W., & Geisser, S. (1959). On methods in the analysis of profile data. *Psychometrika, 24*, 95-122.

Hair, J. F. , Black, W. C, Babin, B. J. , & Anderson, R. E. (2010). *Multivariate data analysis: A Global Perspective.* Upper Sadder River, NJ: Prentice-Hall.

Hardy, M. A. (1993). *Regression with dummy variable.* Newbury Park: Sage.

Harman, H. H. (1960). *Modern factor analysis.* Chicago: The University of Chicago Press.

Hays, W. L. (1994). *Statistics. (5th ed.)*. Orlando, FL: Holt, Rinehart and Winston.

Henson, R. K. (2001). Understanding internal consistency reliability estimates: A conceptual primer on coefficient alpha. *Measurement and Evaluation in Counseling and Development, 34*, 177-189.

Huberty, C. J. (1993). Historical origins of statistical testing practices: The treatment of Fisher versus Neyman-Pearson views in textbooks. *Journal of experimental education, 6,* 317-333.

Huynh, H., & Feldt, L. (1976). Estimation of the Box correction for degrees of freedom from sample data in the randomized block and split plot designs. *Journal of Educational Statistics, 1,* 69-82.

Kaiser, H. F. (1960). The application of electronic computers to factor analysis. *Educational and Psychological Measurement, 20,* 141-151.

Kazdin, A. E., & Bass, D. (1989). Power to detect differences between treatments in comparative psychotherapy outcome research. *Journal of Consulting and Clinical Psychology, 57,* 138-147.

Kelley, T. L. (1939). The selection of upper and lower groups for the validation of test items. *Journal of Educational Psychology, 30,* 17-24.

Kenny, D. A. (1987). *Statistics for social and behavioral science.* Boston: Little, Brown and Company.

Kiess, H. O. (1989). *Statistical concepts for the behavioral science.* Boston: Allyn & Bacon.

Kirk, R. E. (1992). *Experimental Design Procedures for the Behavior Sciences.* Belmont, CA: Brooks-Cole.

Kirk, R. E. (1995). *Experimental Design Procedures for the Behavior Sciences* (3rd ed.). Pacific Grove, CA: Brooks/Cole.

Kleinbaum, D. G, Kupper, L. L., & Muller K. E. (1988). *Applied Regression Analysis and Other Multivariable Methods (2nd ed.).* Boston: PWS-KENT.

Loo, R. (2001). Motivational orientations toward work: An evaluation of the Work Preference Inventory (Student form). *Measurement and Evaluation in Counseling and Development, 33,* 222-233.

MacDonald, R. P. (1999). *Test theory: A unified treatment.* Mahwah, NJ: Lawrence Erlbaum.

Merrian, S. B. (1988). *Case study research in education: A qualitative approach.* San Francisco & London: Jossey-Bass Publishers.

Pedhazur, E. J. (1982). *Multiple regression in behavior research: Explanation and prediction (2nd ed.).* New York: Holt, Rinehart & Winston.

Reinhart, B. (1996). Factors affecting coefficient alpha: A mini Monte Carlo study. In B. Thompson (Ed.), *Advanced in Social Science Methodology* (Vol. 4, pp.3-20). Greenwich, CT: JAI Press.

Rossi, J. (1990). Statistical power of psychological research: What have we gained in 20 years? *Journal of Consulting and Clinical Psychology, 58,* 646-656.

Sadlmeier, P., & Gigerenzer, G. (1989). Do studies of statistical power have an effect on power of studies? *Psychological Bulletin, 105,* 309-316.

Sax, G., & Newton, J. W. (1997). *Principles of educational and psychological measurement(4th ed .).* Belmont, CA: Wadsworth.

Siegel, S., & Castellan, N. J. Jr. (1988). *Nonparametric statistics for the behavioral science.* New York: McGraw-Hill.

SPSS(1999). *SPSS Base 10.0 Applications guide.* Chicago: Editor.

Stevens, J. (1992). *Applied Multivariate Statistics for the Social Sciences (2nd ed.).* Hillsdale, NJ: Lawrence Erlbaum.

Sudman, S. (1976). *Applied Sampling.* New York: Academic Press.

Tabachnick, B. G., & Fidell, L. S. (2007). *Using multivariate statistics.* New York: Allyn and Bacon.

Tacq, J. (1997). *Multivariate analysis techniques in social science research.* London: SAGE.

Thompson, B. (1994). Guideline for authors. *Educational and Psychological Measurement, 54,* 837-847.

Tinsley, H. E. A., & Tinsley, D. J. (1987). Uses of factor analysis in counseling psychology research. *Journal of Counseling Psychology, 34,* 414-424.

Tzeng, O. S. (1992). On reliability and number of principal components jojinder with Cliff and Kaiser. *Perceptual and Motor Skill, 75,* 929-930.

Warner, R. M. (2008). *Applied statistics: From bivariate through multivariate techniques.* Thousand Oaks, CA: Sage.

Zwick, W. R., & Velicer, W. F. (1986). A comparison of five rules for determining the number of factors to retain. *Psychological Bulletin, 99,* 432-442.

五南文化廣場

橫跨各領域的專業性、學術性書籍
在這裡必能滿足您的絕佳選擇！

五南全國門市

【台大店】
【逢甲店】
【台大法學店】
【海洋書坊】
【嶺東書坊】
【環球書坊】
【台中總店】
【高雄店】
【屏東店】

海 洋 書 坊：202 基 隆 市 北 寧 路 2號　　TEL：02-24636590　　FAX：02-24636591
台 大 店：100 台北市羅斯福路四段160號　　TEL：02-23683380　　FAX：02-23683381
台大法學店：100 台北市中正區銅山街1號　　TEL：02-33224985　　FAX：02-33224983
逢 甲 店：407 台中市河南路二段240號　　TEL：04-27055800　　FAX：04-27055801
台 中 總 店：400 台 中 市 中 山 路 6號　　TEL：04-22260330　　FAX：04-22258234
嶺 東 書 坊：408 台中市南屯區嶺東路1號　　TEL：04-23853672　　FAX：04-23853719
環 球 書 坊：640 雲林縣斗六市嘉東里鎮南路1221號　　TEL：05-5348939　　FAX：05-5348940
高 雄 店：800 高 雄 市 中 山 一 路 290號　　TEL：07-2351960　　FAX：07-2351963
屏 東 店：900 屏 東 市 中 山 路 46-2號　　TEL：08-7324020　　FAX：08-7327357
中信圖書團購部：400 台 中 市 中 山 路 6號　　TEL：04-22260339　　FAX：04-22258234
政府出版品總經銷：400 台中市綠川東街32號3樓　　TEL：04-22210237　　FAX：04-22210238
網 路 書 店　http://www.wunanbooks.com.tw

專業法商理工圖書・各類圖書・考試用書・雜誌・文具・禮品・大陸簡體書
政府出版品總經銷・中信圖書館採購編目・教科書代辦業務

國家圖書館出版品預行編目資料

SPSS(PASW)與統計應用分析II／吳明隆，張毓
仁著.－－初版.－－臺北市：五南，2011.11
　　面；　公分
ISBN 978-957-11-6377-2（第1冊：平裝）
ISBN 978-957-11-6447-2（第2冊：平裝）
1.統計套裝軟體　2.統計分析
512.4　　　　　　　　　　　　100014942

1H73

SPSS (PASW) 與統計應用分析 II

作　　　者 ― 吳明隆（60.2）、張毓仁

發 行 人 ― 楊榮川

總 經 理 ― 楊士清

主　　　編 ― 侯家嵐

責任編輯 ― 侯家嵐

文字校對 ― 余欣怡

封面設計 ― 盧盈良

出 版 者 ― 五南圖書出版股份有限公司

地　　　址：106台北市大安區和平東路二段339號4樓

電　　　話：(02)2705-5066　　傳　　　真：(02)2706-6100

網　　　址：http://www.wunan.com.tw

電子郵件：wunan@wunan.com.tw

劃撥帳號：01068953

戶　　　名：五南圖書出版股份有限公司

法律顧問　林勝安律師事務所　林勝安律師

出版日期　2011年11月初版一刷
　　　　　2018年 7 月初版二刷

定　　　價　新臺幣760元